X.media.press

W0259197

Springer-Verlag
Berlin Heidelberg
GmbH

Klemens Hübner
Hans Seifert

Macromedia Director

Multimediaprogrammierung mit Lingo

Mit 233 Abbildungen, davon 98 farbig, und CD-ROM

Springer

Klemens Hübner
director@screenentwicklung.de

Hans Seifert
kontakt@hans-seifert.de

Additional material to this book can be downloaded from http://extras.springer.com.

ISSN 1439-3107

ISBN 978-3-642-62250-2 ISBN 978-3-642-18694-3 (eBook)
DOI 10.1007/978-3-642-18694-3

Bibliografische Information Der Deutschen Bibliothek
Die Deutsche Bibliothek verzeichnet diese Publikation in der Deutschen Nationalbibliografie; detaillierte bibliografische Daten sind im Internet über <http://dnb.ddb.de> abrufbar.

springer.de

Ursprünglich erschienen bei Springer-Verlag Berlin Heidelberg New York 2004
Softcover reprint of the hardcover 1st edition 2004

Umschlaggestaltung: KünkelLopka, Heidelberg
Texterfassung durch die Autoren
Datenaufbereitung: Stürtz AG, Würzburg
Gedruckt auf säurefreiem Papier 33/3142 ud 543210

Vorwort

Dieses Buch – ich weiß nicht genau wie lange wir daran geschrieben haben – soll all denjenigen ein Nachschlagewerk sein, die mit der Programmiersprache Lingo mehr aus Director herausholen wollen. Viele glauben alles, was man zum Erstellen von CD-ROMs benötigt, inzwischen mit Flash MX genauso zu können. Weit gefehlt. Seit der Version 8.5 wurde Lingo um sehr viele Möglichkeiten erweitert. Dort genau liegt der Schwerpunkt des Buches.

Im ersten Kapitel werden natürlich erst einmal die Grundlagen erläutert, wer allerdings schon mit dem Programm vertraut ist, kann dieses Kapitel getrost überfliegen. Es sei denn er interessiert sich für QTVR.

Was hat sich nun Grundsätzliches im Director MX zur Vorgängerversion 8.5 geändert?

Director MX oder 8.5: Eines ist beiden Versionen gemeinsam. Sie haben dasselbe Dateiformat. Das gab es in den vorangegangenen Versionen noch nie.

Das bedeutet im Klartext, dass man mit Director 8.5 eine Director-Datei, die mit MX erstellt worden ist, öffnen kann. Das bedeutet, dass eigentlich nichts Neues hinzugekommen sein kann. Dem ist jedoch nicht so.

Die Einbindung besonders von Flash-Technologien ist ein wichtiger Bestandteil der MX-Version. So z.B. der Flash Communication Server, die Remoting-Technologie zu ColdFusion-, Java- und Microsoft-Servern. Dafür wurde der Multiuser-Server aus dem Macromedia-Programm gestrichen – er wird nicht weiter entwickelt.

Director MX wird für den Mac-Anwender unumgänglich, da es die erste Version ist, die Mac OS X unterstützt. Für eine Hybrid-Anwendung ein Muss.

Leider ist es bei Director MX noch so, dass man sowohl die Mac- als auch die Windows-Version separat benötigt. Dies ändert sich erst mit Director MX 2004. Dort genügt eine Version um Anwendungen für beide Plattformen zu erstellen!

Wir würden uns freuen, wenn Sie uns unter „http://director.hans-seifert.de" oder „http://www.screenentwicklung.de/director" ein Feedback zukommen lassen würden.

Klemens Hübner
Hans Seifert

Inhalt

1 Grundlagen Director

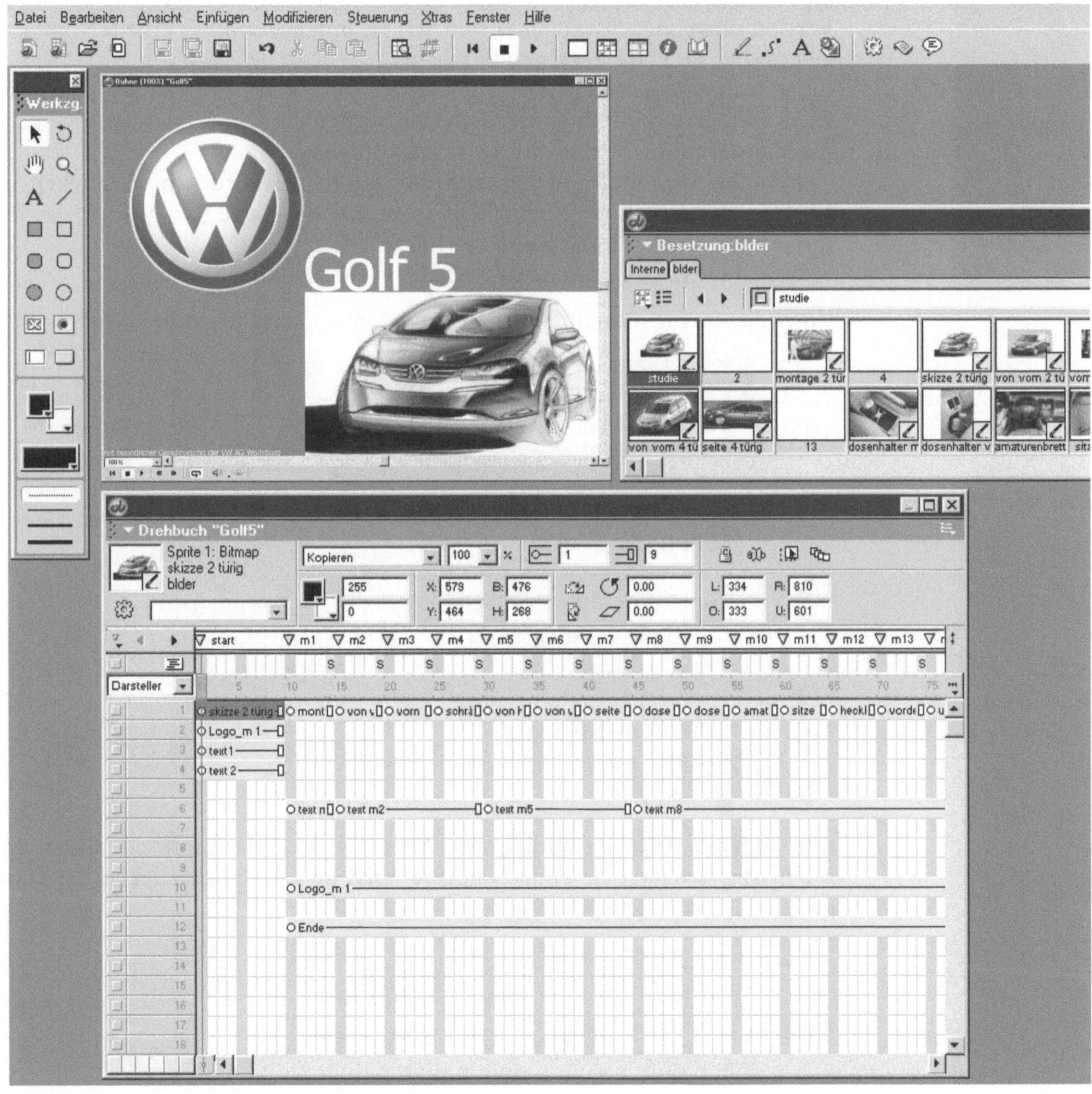

1.1 Einführung in die Arbeit mit Director

Ein paar kurze Erklärungen am Anfang sind notwendig um dieses Buch für Windows und Mac OS-Versionen zu verwenden. Wir haben grundsätzlich nur die Tastaturkürzel, Menüstruktur, Mausverwendung etc. für die Windows-Version verwendet. Damit Sie wissen, wie Sie unter Macintosh arbeiten müssen, gibt es ein paar klare Regeln zu beachten.

Die rechte Maustaste, die Sie bei der Standard-Maus am Mac vergeblich suchen, wird ersetzt durch das zusätzliche Drücken der Ctrl-Taste zusammen mit der Maus. Damit erreichen Sie das Kontext-Menü.

Wenn im Buch die Rede davon ist, die Strg-Taste zu drücken, so drücken Sie am Mac stattdessen die Apfel-Taste, denn die Strg-Taste (am Mac ist das die Ctrl-Taste) wird ja für das Kontextmenü benötigt.

Unter Mac OS X gibt es einen zusätzlichen Menüpunkt *Director.*

Unter diesem Menüpunkt befinden sich unter anderem folgende Angaben:

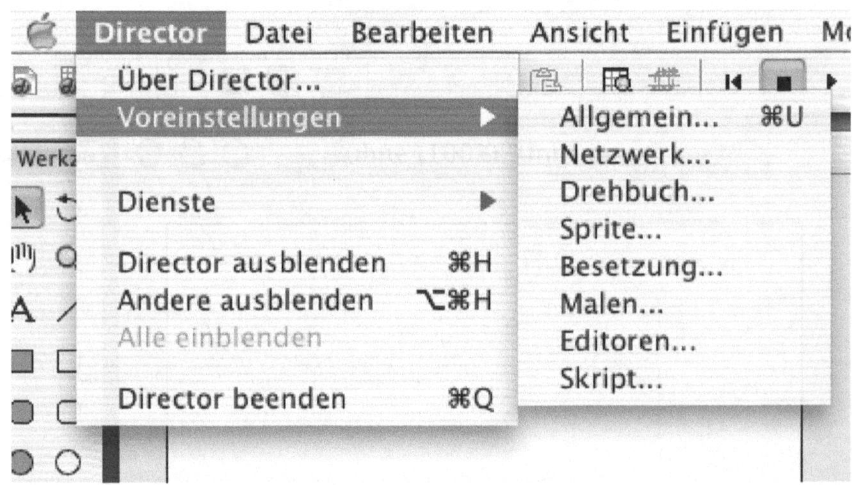

Abb. 1-1: Das Director-Menü unter Mac OS X

Alle anderen Angaben sind unter Windows und Macintosh identisch. Im Zweifelsfall schauen Sie einfach noch einmal im Handbuch oder in der Hilfe nach.

1.2 Voreinstellungen der Authoring-Umgebung

Bevor man mit der Arbeit oder dem Authoring beginnt, sollte man die grundlegenden Einstellungen im Director vornehmen. Diese findet man unter: Menü *Datei / Voreinstellungen.*

Viele Einstellungen erklären sich entweder von selbst oder sollten so bleiben wie sie sind. Was Sie eventuell ändern sollten, sind folgende Einstellungen:

Allgemeine Voreinstellungen

Die Texteinheit sollten Sie auf cm umstellen. Alles andere ist mehr oder weniger von Ihrem Geschmack abhängig.

Netzwerk

Hier sollten Sie Ihren bevorzugten Browser einstellen. Diesen benötigen Sie zum Testen für Shockwave-Entwicklungen.

Sollten Sie sich in einem durch Proxies geschützten Firmennetzwerk befinden, so müssen Sie hier den Proxy-Server benennen, sonst können Sie Shockwave-Anwendungen, die auf externe Medien zugreifen, nicht testen.

Wenn Sie ausschließlich CD-ROM erstellen, so benötigen Sie hier keine Einstellungen.

Drehbuchfenster

Auch hier gilt: Lassen Sie die Einstellungen wie sie sind.

Sprite-Einstellungen

Hier sollten Sie unbedingt die Einschlussdauer (Standardwert 28) auf eine sinnvolle Größe einstellen. Diese Einstellung bewirkt, dass beim Einfügen eines neuen Darstellers dieser in die hier eingestellte Anzahl vom Frames platziert wird. Da das Drehbuch in Fünferschritten eingeteilt ist, macht es Sinn dies auch zu verwenden. Stellen Sie also die Zahl auf einen durch fünf teilbaren Wert. Ich bevorzuge fünf Bilder. Ändern kann man das allemal.

Besetzungsfenster

Die Ansicht der Besetzungen lässt sich für jede Besetzung separat einstellen. Ich denke, das macht wenig Sinn. Aktivieren Sie hier die Option *Auf alle Besetzungen anwenden* um ein einheitliches Erscheinungsbild zu erreichen.

Welche Ansicht Sie bevorzugen ist wiederum Geschmacksache, ich stelle hier aus alter Gewohnheit die Ansicht auf Piktogramme. Auch diese Option lässt sich jederzeit im Besetzungsfenster umstellen.

Die Spaltenauflistung macht natürlich nur im Listenmodus Sinn. Stellen Sie diese nach Ihren Bedürfnissen ein.

Sinnvoll ist, wenn Sie Piktogramme als Anzeige gewählt haben, die Einstellung Beschriftung auf *Nummer:Name* zu ändern. Dann wird Ihnen zur Darstellernummer auch der Darstellername angezeigt.

Alles andere sollte so bleiben wie es ist.

Klicken Sie dann die Schaltfläche *Als Standard* um die Einstellungen als Standard festzulegen.

Malfenster

Die Einstellungen sollten Sie entweder so lassen, oder aber Ihren Bedürfnissen anpassen.

Editoren-Voreinstellungen

Auf die Einstellung der Editoren sollten Sie wirklich etwas Zeit verwenden. Wenn Sie später im Projekt einen Medientyp bearbeiten wollen, so werden Sie das spätestens dann zu schätzen wissen.

Sie können erst einmal grundsätzlich für jeden Medientyp, der in Ihrer Anwendung vorkommt, festlegen, ob Sie ihn mit einem internen oder einem externen Editor bearbeiten wollen. Hier gilt: Haben Sie einen vernünftigen externen Editor, so wählen Sie *extern.*

Das Einstellen der Editoren ist simpel. Sie wählen ein Dateiformat aus, klicken auf *Bearbeiten* und wählen mit *Durchsuchen* ein passendes Programm aus Ihrem Programmordner aus. Danach aktivieren Sie die Schaltfläche *Externer Editor verwenden.*

Abb. 1-2: Editoren-Voreinstellungen unter Mac OS X

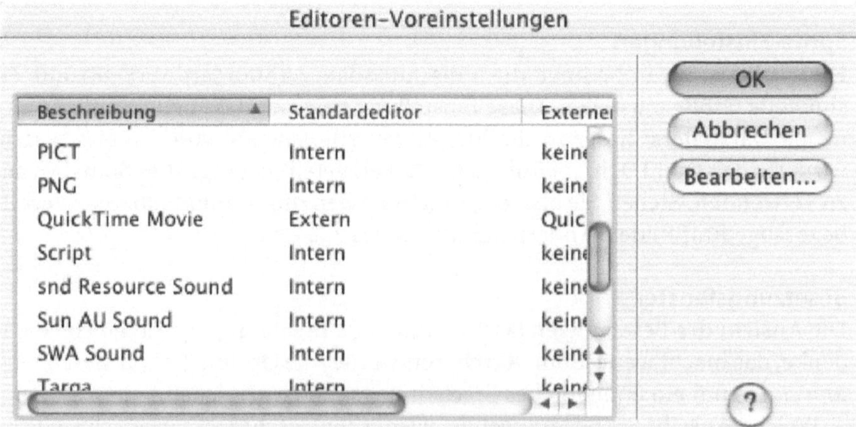

Wenn Sie Fireworks, Flash etc. installiert haben, so werden die Editoren von Macromedia automatisch für die in Frage kommenden Medien gewählt. Aber es wird nicht automatisch auf *Externe Editoren verwenden* umgeschaltet. Dies müssen Sie für jeden Editor einzeln tun.

Skriptfenster Voreinstellungen
Die Formatierung und Farbgebung des Skriptfensters ist sinnvoll und sollte so bleiben wie sie ist. Jedoch die Schriftgröße sollten Sie Ihren Bedürfnissen anpassen. Eine voreingestellte Schriftgröße von 9 pt zeigt zwar sehr viel Skript auf einmal an, aber es schleichen sich sehr schnell Fehler ein, da diese Schriftgröße zum vernünftigen Arbeiten zu klein ist. Ein Punkt mehr macht da schon viel aus. 12 Punkt ist noch besser.

1.3 Der Arbeitsbereich

Nachdem Macromedia nun in der MX-Version das Interface vom Director an die Macromedia-Produktlinie angepasst hat, hat man noch weniger Platz in der Arbeitsumgebung. Ich bin nun nicht gerade ein Freund von ständiger Änderung, aber ich würde mir wünschen, dass sich in absehbarer Zeit das Interface wieder in ein besser Handhabbares wandelt. Das ständige Andocken von Fenstern, dort wo man es gar nicht will, ist lästig und behindert das zügige Arbeiten.

Ich benötige jetzt wirklich einen sehr großen Monitor oder besser zwei Monitore, damit das Auslagern der Paletten die Übersicht erleichtert.

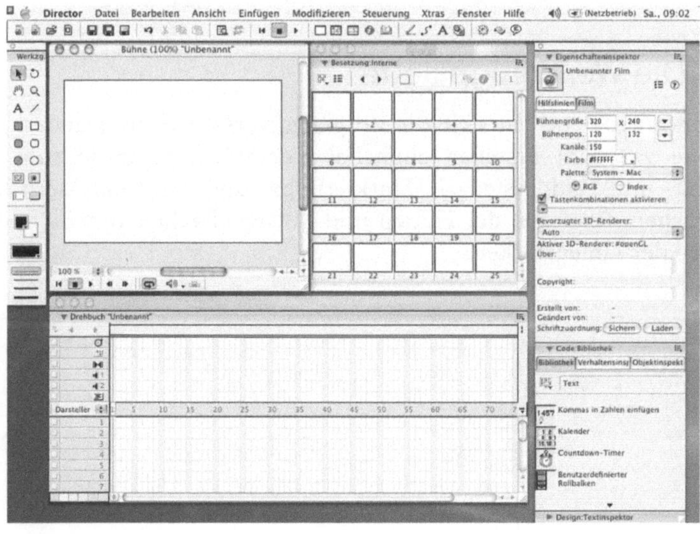

Abb. 1-3: Verkleinerte Darstellung eines Arbeitsbereiches bei einer Monitorauflösung von 1024 × 768 Pixeln mit Bühne, Drehbuch, Besetzungsfenster, Werkzeugpalette, Eigenschafteninspektor, Code Bibliothek unter Mac OS X

Als erstes sollte man sich seine persönliche Arbeitsumgebung schaffen, ausgehend von der Anzahl der Monitore und der eingestellten Größe. Optimal arbeitet es sich mit zwei Monitoren mit jeweils einer Auflösung von 1280 × 1024 Pixeln.

Eine nützliche Funktion um den Überblick zu behalten ist die Möglichkeit, *Bedienfeldlayouts* abzuspeichern.

Über Menü *Fenster / Bedienfeldsätze / Bedienfeldlayout speichern* können Sie die verschiedenen Versionen Ihrer Palettenanordnung speichern und aufrufen. Sie rufen dann nur noch den für Ihre Arbeit benötigten Satz auf und haben sofort alle Paletten, die Sie benötigen, im Griff.

1.3.1 Die Symbolleiste

Über die neu gestaltete Symbolleiste können Sie die wichtigsten Fenster öffnen, den Film abspielen, anhalten und vieles mehr.

Abb. 1-4: Die Symbolleiste

1.3.2 Das Steuerpult

Dieses Fenster wird gebraucht um Ihre Anwendung zu steuern, außerdem können Sie hier die Abspielgeschwindigkeit in *Bilder pro Sekunde* oder *Sekunden pro Bild* einstellen. Während der *Laufzeit* wird Ihnen die tatsächliche Abspielgeschwindigkeit angezeigt. Diese ist nicht immer mit der eingestellten Geschwindigkeit identisch, sie hängt von der Leistung des Rechners ab.

Abb. 1-5: Das Steuerpult

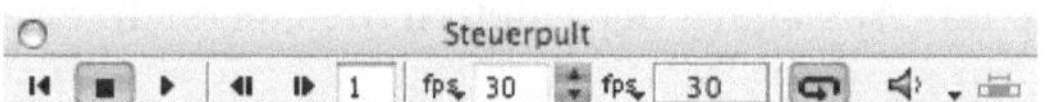

1.3.3 Die Werkzeugpalette

Die Werkzeugpalette hat sich zur Vorgängerversion nicht geändert. Sie dient nach wie vor zum Erstellen einfacher Vectorformen sowie zum Einfügen von Text- und Felddarstellern, Markierungs- und Auswahlfeldern, einfacher Schaltflächen, Festlegen der Farben und Muster, Drehen von Darstellern und Festlegen der Linienstärken.

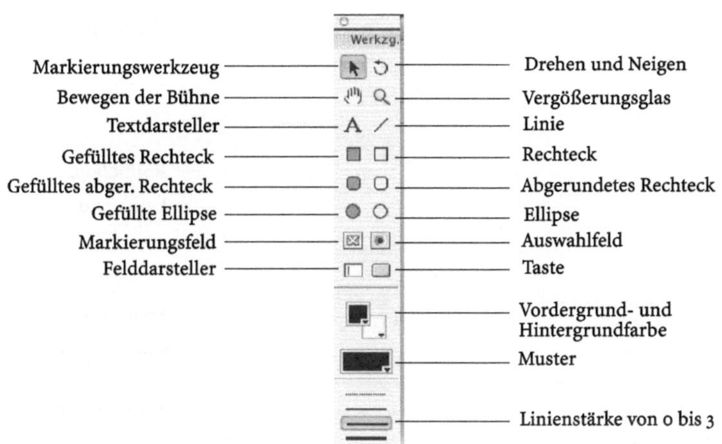

Abb. 1-6: Die Werkzeugpalette unter Mac OS X

1.3.4 Die Bühne

Die Bühne ist Ihr eigentlicher Anwendungsbereich. Den sichtbaren Bereich der Bühne nennt Macromedia jetzt auch im Director Leinwand, wie auch in Flash und Fireworks. Damit haben sich auch hier die Begriffe vereinheitlicht.

Die Bühne lässt sich leider nur in festen Schritten zoomen: 12%, 25%, 50%, 100%, 200%, 400%, 800%. Ich hoffe, dass in einer den nächsten Versionen das stufenlose Zoomen möglich wird. In vielen Fällen ist entweder 50% zu klein oder 200% zu groß.

Wenn Sie einen Darsteller auf der Bühne platzieren, wird dieser automatisch in das nächste freie Sprite im Drehbuch und in den nächsten freien Platz in der Besetzung gelegt. Wenn Sie das nicht dem Zufall überlassen wollen, markieren Sie vor dem Platzieren des Darstellers einen Sprite im Drehbuch und einen freien Platz in der Besetzung Ihrer Wahl. Dann wird der Darsteller genau dort im Drehbuch und in der Besetzung platziert.

Wenn Sie sich auf der Bühne bewegen wollen, benötigen Sie die Hand aus der Werkzeugpalette. Mit Drücken der Leertaste können Sie diese aktivieren ohne ständig das Werkzeug wechseln zu müssen.

Beim Entfernen eines Darstellers von der Bühne wird der Sprite-Inhalt gelöscht, der Darsteller bleibt Ihnen aber in der Besetzung erhalten, so dass Sie ihn später wieder verwenden können, wenn Sie wollen.

Abb. 1-7:
Die Bühne unter Mac OS X

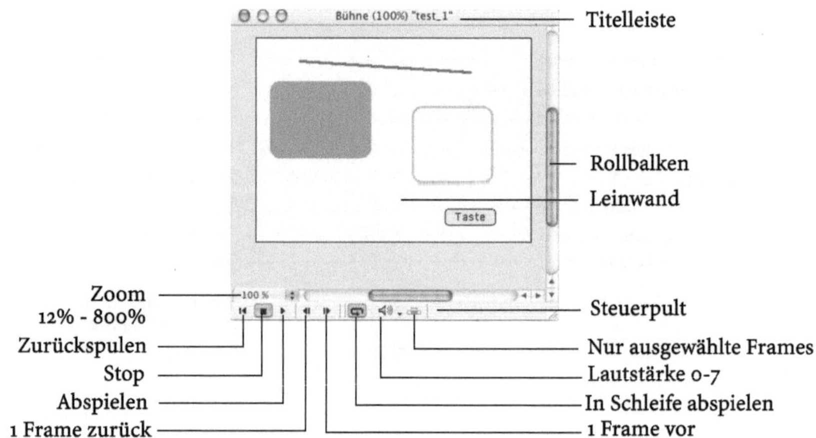

1.3.5 Das Drehbuch

Das Drehbuch (eine Form von Zeitleiste) bestimmt den zeitlichen Ablauf der Anwendung. Es enthält die so genannten Effektkanäle und die Spritekanäle. Die Effektkanäle, auf die wir gleich zu sprechen kommen, beinhalten bestimmte Effekte oder Darsteller.

Die Spritekanäle beinhalten die Darsteller, die auf der Leinwand platziert sind. Es kann immer nur ein Darsteller in einem Spritekanal zur gleichen Zeit platziert werden. Im Übrigen ist es ratsam, grundsätzlich für jeden Darsteller einen Sprite zu belegen. Erstens erhöht es die Übersicht und zweitens kann es unter Umständen zu unvorhersehbaren Problemen kommen, wenn man mit Lingo oder Verhalten arbeitet.

Des Weiteren kann man Sprites farbig hervorheben. Dafür stehen am unteren Ende des Drehbuches sechs Farben zur Auswahl. Somit kann man zur besseren Übersicht alle Sprites, die Navigationsdarsteller enthalten, mit einer Farbe versehen und Textdarsteller wieder mit einer anderen Farbe hervorheben. Das macht das Drehbuch bei größeren Projekten übersichtlicher.

Im oberen Teil des Drehbuches kann man Markierungen setzen; diese können mit Navigationsbefehlen angesprochen werden. Diese Möglichkeit wurde später ja auch in Flash übernommen (Bildbezeichnungen). Anders als in Flash gibt es im Director aber ein Fenster zum Verwalten der Markierungen. Dort lassen sich außer der Bezeichnung ab der zweiten Zeile auch noch Hilfstexte eingeben, um die Markierungen näher zu beschreiben. Eine sehr nützliche Sache.

Um einen besseren Überblick zu erhalten kann man den Drehbuchbereich bis zu 1600% zoomen. Leider auch hier nur in festen Schritten.

Die Ansicht der Sprites lässt sich auch insoweit verändern, dass man die angezeigten Informationen ändern kann. Standard ist die Anzeige des Darstellers. Mögliche Einstellungen hierbei sind aber auch: *Verhalten*, *Position*, *Farbeffekt*, *Mischung*, *Erweitert*. Bei der erweiterten Darstellung werden alle eben erwähnten Möglichkeiten angezeigt. Dadurch, dass Sie die Ansicht per Menü schnell ändern können, erhalten Sie sehr schnell alle wichtigen Informationen Ihrer Darsteller im Drehbuch.

Außerdem lassen sich alle Sprites (jedes für sich) im Drehbuch deaktivieren. Eine nützliche Sache, wenn man mal ein paar Darsteller ausblenden will.

Wenn Sie den Spritedarsteller bewegen oder ihn in einen anderen Spritekanal bewegen wollen, so brauchen Sie ihn nur mit gedrückter Maustaste zu bewegen.

Die nachfolgenden Abbildungen geben Ihnen einen Überblick über das Drehbuch und die Einstellmöglichkeiten.

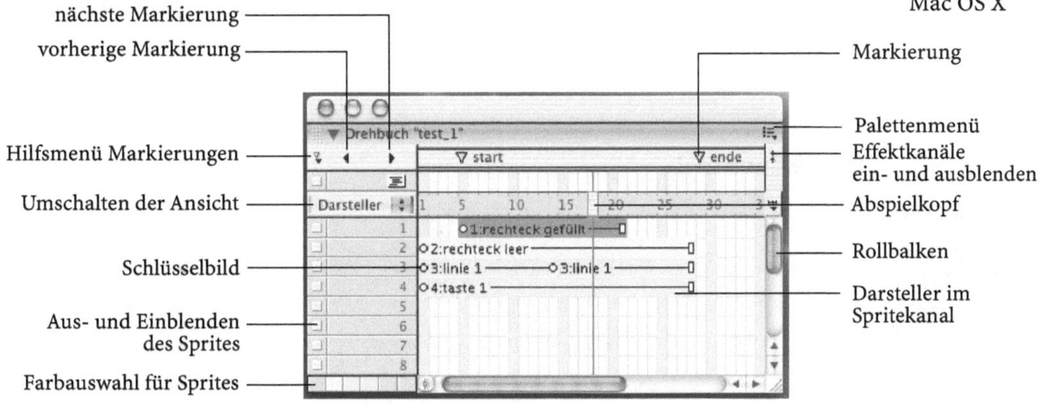

Abb. 1-8: Drehbuch mit ausgeblendeten Effektkanälen Mac OS X

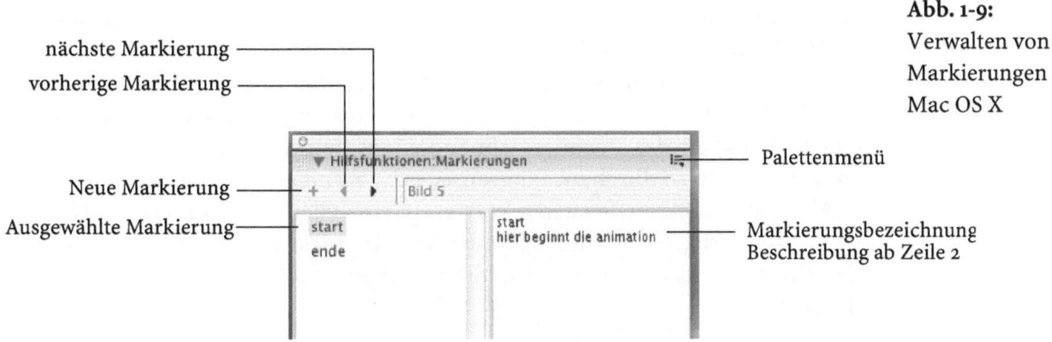

Abb. 1-9: Verwalten von Markierungen Mac OS X

1.3.5.1 Die Effektkanäle

Die Effektkanäle *Tempokanal, Farbkanal, Übergänge, Sound1, Sound2, Skript*, so die Reihenfolge von oben nach unten, sind unverändert schon seit Urzeiten des Director vorhanden und ermöglichen verschiedene Einstell- und Synchronisationsmöglichkeiten ohne Lingo-Kenntnisse.

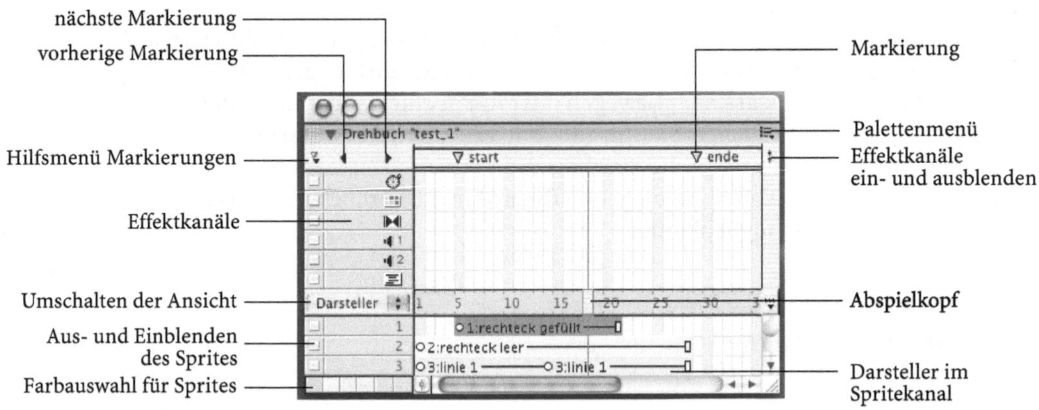

Abb. 1-10: Drehbuch mit eingeblendeten Effektkanälen Mac OS X

Der Tempokanal

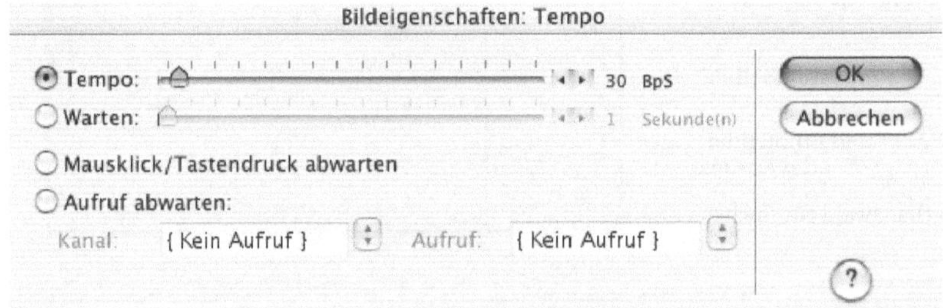

Abb. 1-11: Einstellungen im Tempokanal Mac OS X

Doppelklicken Sie in dem Frame, in dem Sie eine Einstellung vornehmen wollen, in der Ebene *Tempokanal* um das Dialogfeld zu öffnen.

Zum einen können Sie im Tempokanal die *Bilder pro Sekunde* einstellen, mit der Director den Film abspielt. Diese Einstellung ist jedoch auch von der Geschwindigkeit des Rechners abhängig, auf dem der Directorfilm abgespielt wird. Es kann also durchaus langsamer sein, als hier eingestellt worden ist.

Alternativ können Sie eine Wartezeit einstellen, die der Directorfilm anhalten soll, oder Sie wählen *Mausklick, Tastendruck abwarten.* Dadurch wird der Directorfilm angehalten, bis Sie entweder die Maustaste oder eine Taste drücken.

Eine der wichtigsten Optionen ist *Aufruf abwarten*. Wenn Sie diese Einstellung wählen, so wartet der Abspielkopf so lange, bis ein Aufrufpunkt erreicht ist. Ein Sound oder ein Quicktimemovie kann mehrere dieser Punkte enthalten. Quicktimemovie-Darsteller müssen in einem Spritekanal platziert werden. Sie wählen zum einen das Sprite und zum anderen den Aufrufpunkt aus. Sind keine Aufrufpunkte enthalten, so wartet der Abspielkopf, bis der Sound zu Ende ist. Die Möglichkeit können Sie nutzen um den Directorfilm zu synchronisieren (Bild und Ton). Das heißt, Sie können Sound mit anderen Leinwandinhalten unabhängig von der Geschwindigkeit des Abspielrechners synchronisieren.

Zum Erstellen der Punkte in einer AIF-Datei können Sie die im Director-Paket mitgelieferten Soundprogramme verwenden. Für das Setzen von Punkten in Quicktimemovies benötigen Sie ein Videobearbeitungsprogramm wie z.B. Premiere oder FinalCut.

Der Farbkanal

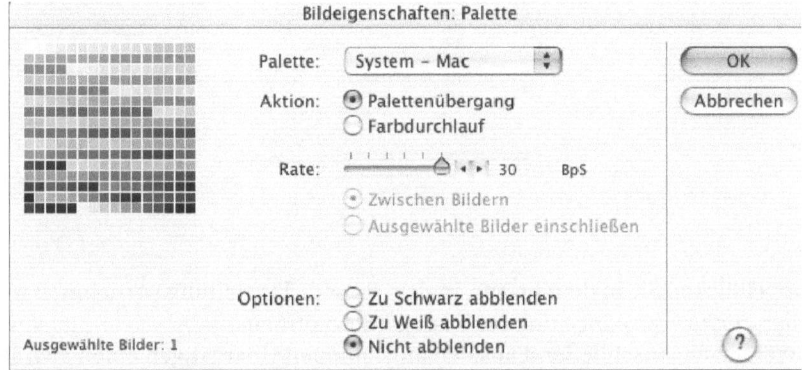

Abb. 1-12: Einstellungen der Farbpaletten Mac OS X

Doppelklicken Sie in dem Frame, in dem Sie eine Einstellung vornehmen wollen, in der Ebene *Farbkanal* um das Dialogfeld zu öffnen.

Die Einstellungen im Farbkanal haben nur Auswirkungen, wenn der Directorfilm im 8-Bit-Modus abgespielt wird. Truecolor-Filme stellen 8-Bit-Darsteller (auch mehrere verschiedene auf der Leinwand) korrekt dar. Nur eben im 256-Farben-Modus geht das nicht so einfach. Es ist immer nur eine Palette darstellbar. Welche das ist, können Sie in diesem Kanal definieren. Die Einstellung bleibt so lange erhalten, bis diese geändert wird oder ein neuer 8-Bit-Darsteller im Film (der Erste in einem neuen Frame) erscheint. Dann wird automatisch auf die neue Palette umgeschaltet. Erscheint im selben Bild ein weiterer 8-Bit-Darsteller mit einer anderen Palette, wird nicht aktualisiert. Der Zweite (und jeder weitere im selben Frame) wird mit der Palette des ersten 8-Bit-Darstellers angezeigt. Sollen mehrere 8-Bit-Darsteller in einem Frame optimal angezeigt werden, so benötigen diese Darsteller eine gemeinsame Palette (Superpalette). Um diese Palette zu erstellen benötigen Sie z.B. das Programm Debabelizer.

Nun zu den Einstellungen. Wählen Sie eine Palette aus. Wenn Sie zwischen dem Palettenwechsel mit einer Überblendung kaschieren wollen, klicken Sie auf *Palettenübergang* und stellen Sie die Übergangszeit mit dem Schieberegler ein. Danach wählen Sie *zu Schwarz oder zu Weiß abblenden.* Wenn Sie die Option *zwischen Bildern* wählen, so wird der Film so lange angehalten, wie Sie mit dem Schieberegler eingestellt haben.

Der Übergangskanal

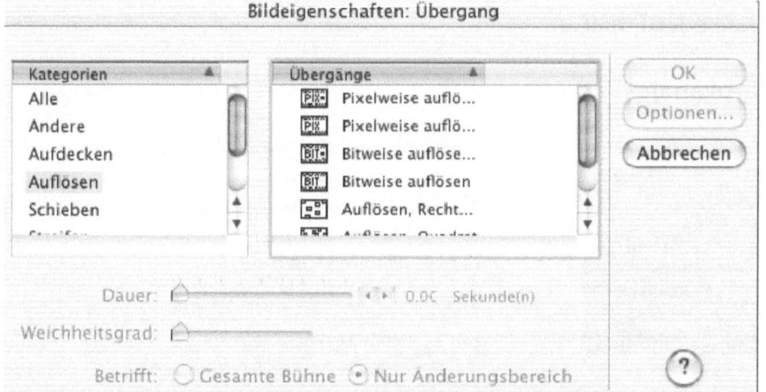

Abb. 1-13: Einstellungen der Übergänge Mac OS X

Doppelklicken Sie in dem Frame, in dem Sie eine Einstellung vornehmen wollen, in der Ebene *Übergänge* um das Dialogfeld zu öffnen.

Wählen Sie anschließend aus den angebotenen Übergängen einen aus, stellen Sie die Übergangszeit ein und wählen Sie (nicht bei allen Übergängen möglich), ob Sie den Übergang auf die ganze Bühne oder nur auf sich ändernde Bereiche der Bühne anwenden wollen. Gerade diese Möglichkeit ergibt sehr schöne Effekte.

Wenn Sie einen Übergang ausgewählt haben, befindet sich in Ihrer Besetzung ein neuer Darsteller, ein Übergangsdarsteller. Jedesmal wenn Sie einen neuen Übergang auswählen, erzeugen Sie auch einen neuen Darsteller in der Besetzung. Diesen können Sie auch per Drag and Drop in einen Frame des Übergangskanals ziehen um ihn zu platzieren.

Bei der Anwendung von Übergängen gibt es aber noch einiges zu beachten, so verhalten sich die Übergänge *Pixel-Auflösen*, *Pixel-Auflösen schnell*, *Auflösen*, *Muster* auf dem Mac anders als unter Windows. Sie sollten das unbedingt auf beiden Plattformen testen, damit Sie am Ende nicht eine Überraschung erleben. Des Weiteren kann es zu Problemen kommen, wenn Sie Digitalvideo-Darsteller platziert haben und einen Übergang anwenden. Nicht alle Übergänge eignen sich dafür, außerdem kann es dazu kommen, dass der Directorfilm anhält, wenn die Leistung des Abspielrechners zu schwach ist. Verkürzen Sie in so einem Fall die Übergangszeit oder wählen Sie einen anderen Übergang.

Die Soundkanäle

Um Sounddarsteller in den Soundkanälen verwenden zu können, müssen diese in der Besetzung vorhanden sein. Mögliche Soundformate sind AIF, WAV, MP3 (siehe Importformate). Wenn Sie Quicktime-Sounddarsteller verwenden, so werden diese in den Sprite-Kanälen und nicht in den Soundkanälen platziert.

Am besten fügen Sie Sound-Darsteller per Drag and Drop aus der Besetzung in die Soundkanäle ein. Der Sound sollte in so vielen Frames platziert werden, wie er spielen soll oder lang ist. Wenn ein anderer Sound abspielen soll, so brauchen Sie diesen nur in das nächste Frame im selben Soundkanal einzufügen. Stellen Sie aber sicher, dass Sie die Sounds in einem Soundbearbeitungsprogramm auf Länge bearbeitet haben, sonst endet der Sound abrupt und der neue Sound spielt ab. Mit den Schaltflächen links vor der Kanalbezeichnung lassen sich Sounds auch aus- bzw. einschalten.

Die Soundkanäle sind die einfachste Möglichkeit Sound abzuspielen. Besser ist es jedoch, Sie verwenden dazu Lingo; geht einfach besser. Außerdem haben Sie dann den Zugriff auf alle acht Soundkanäle im Director (siehe weiter hinten im Buch).

Der Skriptkanal

Mit Doppelklick auf ein Frame des Skriptkanals öffnet automatisch das Skriptfenster und die Standardprozedur für Frames ist dann schon vorhanden. Jetzt können Sie Ihren Lingo-Befehl direkt eintippen. Eine andere Möglichkeit besteht darin aus der Bibliothek ein so genanntes Verhalten zu platzieren. Die Anwendung von Skript im Skriptkanal nennt man Drehbuch Skripte.

Weiteres zur Erstellung von Skripten erfahren Sie im Lingo-Teil des Buches.

Die Spritekanäle

Wie eingangs bereits erwähnt sind die Spritekanäle für alle anderen Darsteller-Typen so genannte Container, die diese auf der Bühne darstellen.

Es können bis zu 1000 Spritekanäle im einem Directorfilm belegt werden. Bedenken Sie aber, je mehr Spritekanäle Sie aktivieren, desto schneller muss auch der Abspielrechner sein, um die Informationen auch schnell genug verarbeiten zu können.

Mit dem Klick der rechten Maustaste auf einen Spritedarsteller öffnet sich das Kontext-Menü. Hier können Sie z.B. Schlüsselbilder hinzufügen oder löschen, Eigenschaften aufrufen, Verhalten anfügen, Verhalten erstellen mit dem Skripteditor.

Weitere Möglichkeiten ergeben sich über Menü *Modifizieren*. Hier können Sprites verbinden, aufteilen, erweitern, Sequenz umkehren etc.

Wenn Sie ständig mit dem Director arbeiten, so ist es sinnvoll sich nach und nach die Tastaturkürzel einzuprägen. Hinter fast jedem Menüpunkt finden Sie diese. Das Einprägen geht schnell, wenn Sie wie gesagt ständig mit Director arbeiten.

1.3.6 Die Besetzung

Standardmäßig hat Director beim Öffnen eines neuen Projektes eine interne Besetzung. Für das Strukturieren von Medien ist es sinnvoll mehrere Besetzungen anzulegen. Hierbei haben Sie die Wahl zwischen einer internen und einer externen Besetzung. Interne Besetzungen werden in den Projektor eingeschlossen. Externe Besetzungen hingegen müssen mit dem Projekt zusammen bereitgestellt werden. Dabei merkt sich Director den Pfad ausgehend vom Projektor, wo sich die externe Besetzung befindet.

Der Vorteil einer externen Besetzung ist nicht gleich offensichtlich. Per Lingo können Sie komplette Besetzungen austauschen. Gerade bei der Produktion von mehrsprachigen Anwendungen ist dies ein großer Vorteil. Nehmen wir einmal an, Sie haben für jede Sprache spezielle Schaltflächen, Texte, Schriften, Grafiken etc. erstellt. Verwalten Sie diese Medien in verschiedenen externen Besetzungen und **(wichtig!)** platzieren Sie diese Darsteller an genau derselben Darstellernummer in der Besetzung, so können Sie einfach beim Starten der Anwendung mit einer Sprachauswahl die Besetzung laden, die Sie für die jeweilige Sprache benötigen.

1.3.6.1 Beispiel: Externe Besetzung tauschen

Ein Beispiel für das Laden von externen Besetzungen finden Sie auf der CD-ROM

Zuerst erstellen Sie Ihre Anwendung in Deutsch, mit einer externen Besetzung für alle Darsteller, die ausgetauscht werden sollen. Wenn Sie das fertig haben, erstellen Sie eine neue externe Besetzung, die Sie **nicht** im Film verwenden. In dieser Besetzung platzieren Sie die Darsteller in genau derselben Position wie in der deutschen Besetzung.

Mit dem folgenden Lingo-Skript, das sich auf der jeweiligen Schaltfläche befindet, können Sie die Besetzungen zur Laufzeit tauschen.

```
castlib("texte").filename = the moviepath & "english"
```

Das Extension .cst lassen Sie weg, da ja am Ende des Projekts die Besetzungen geschützt werden und sich dadurch das Extention in .cxt ändert.

1.3.6.2 Besetzung allgemein

Die Darstellung der Besetzung können Sie ja schon länger zwischen der klassischen und der Listenansicht umschalten. Schön ist seit MX die Möglichkeit des Umschaltens zwischen den Besetzungen durch die Karteikartenreiter. Wenn Sie einen Darsteller von einer Besetzung in eine andere transportieren wollen, so geht das jetzt sehr einfach, indem Sie den Darsteller einfach per Drag and Drop auf die Karteikarte der Zielbesetzung ziehen. Nach Öffnen der Besetzung suchen Sie einen freien Platz und lassen die Maustaste los, fertig.

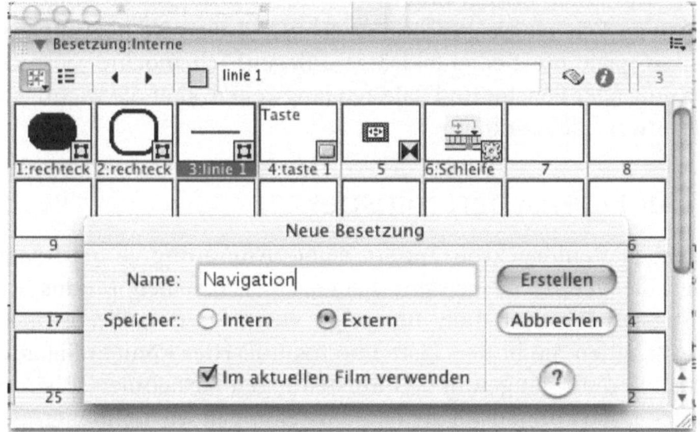

Abb. 1-14: Besetzung mit geöffnetem Dialogfeld für eine neue Besetzung

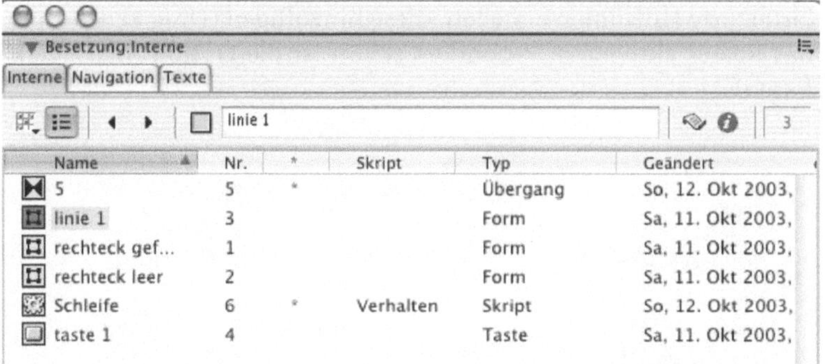

Abb. 1-15: Besetzung im Listenmodus

Auch das Löschen und Hinzufügen von Besetzungen hat sich nicht geändert: Menü *Modifizieren / Film / Besetzungen …*

1.4 Die Fenster und Paletten

Durch die neue MX-Anmutung sieht der Arbeitsplatz mit seinen vielen Fenstern und Paletten auf den ersten Blick sehr aufgeräumt aus. In der späteren Arbeit wird man feststellen, dass man in Wirklichkeit mehr Platz auf den Monitoren benötigt als auf den ersten Blick ersichtlich ist, wenn man mehrere Fenster oder Paletten im direkten Zugriff haben möchte.

Sehr schön ist das in MX geteilte Nachrichtenfenster. Oben gibt man den Befehl ein und unten erfolgt die Ausführung. Im Kapitel zu Lingo erfahren Sie mehr darüber. Wie eingangs schon erwähnt, können Sie jetzt für verschiedene Arbeiten so genannte Bedienfeldsätze anlegen. Ich möchte Sie nicht mit der Beschreibung aller Fenster und Paletten langweilen, aber die wichtigsten möchte ich Ihnen etwas näher erklären.

1.4.1 Der Eigenschafteninspektor

Der Eigenschafteninspektor ändert seine Anmutung je nachdem welchen Darsteller Sie gerade ausgewählt haben. Im normalen Modus werden nur die wichtigsten Eigenschaften angezeigt; wenn Sie detaillierte Informationen möchten, schalten Sie in den Listenmodus um. Hier können Sie auch, je nach Darsteller, Veränderungen in den Einstellungen vornehmen. Wenn Sie auf die Bühne klicken, so können Sie die Filmeinstellungen wie Bühnengröße, Position, Farbe, Anzahl der Spritekanäle (max 999) verändern. Außerdem lassen sich mit der Karteikarte Hilfslinien erstellen, diese hinzufügen (Drag and Drop), sperren und das Raster aktivieren. Besonders schön ist die Option *Ausrichten an den Hilfslinien!*

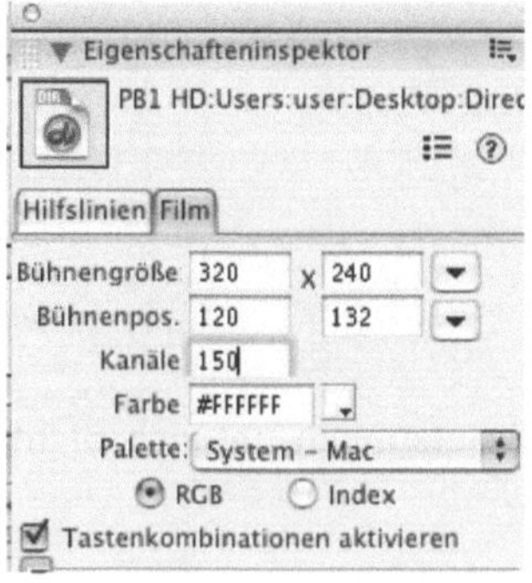

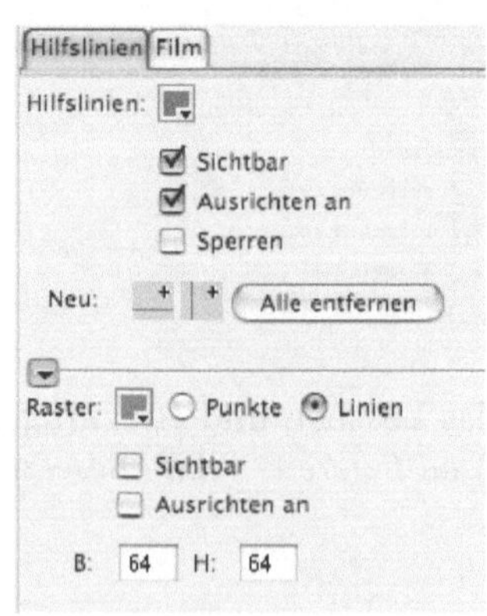

Abb. 1-16: Einstellen der Bühneneigenschaften, Sprites, Bühnenfarbe, Bühnenposition und Bühnengröße sowie das Hinzufügen von Hilfslinien und das Einstellen des Rasters

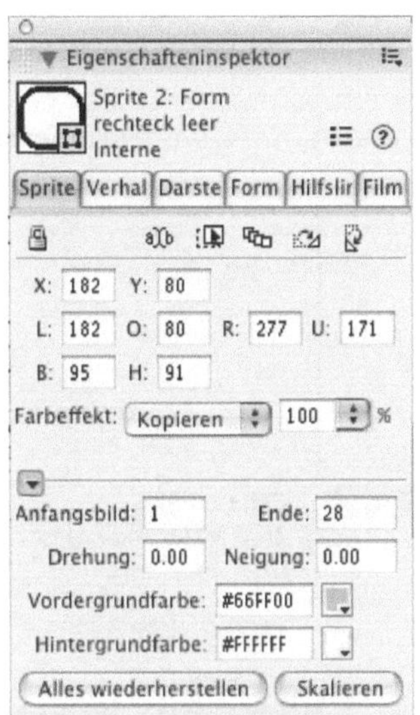

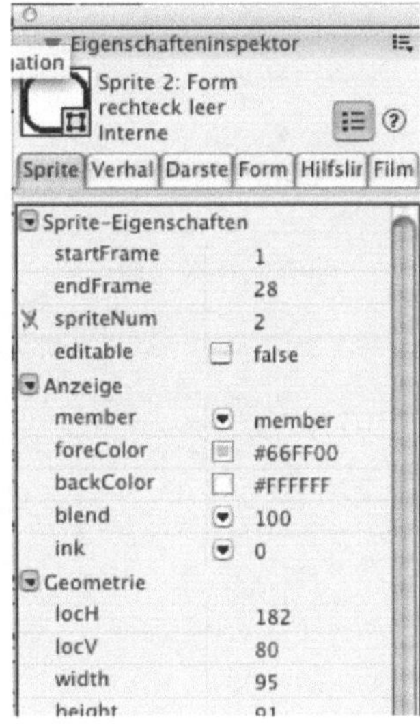

Abb. 1-17:
Einstellen der Eigenschaften einer Vektorform:
links Normaldarstellung, rechts Listendarstellung

Das Umschalten in den Listenmodus erfolgt über das Palettenmenü (rechts oben).

1.4.2 Die Verhalten

Mit den Verhalten liefert Ihnen Macromedia eine ganze Reihe von vorgefertigten Lingo-Skripten, die Sie, mehr oder weniger ohne Lingo-Kenntnisse zu besitzen, anwenden können. Ganz ohne Kenntnisse geht es auch, aber es ist eben schwieriger.

Ein Verhalten ist nichts anderes (wer mit Dreamweaver arbeitet, kennt das ja schon) als eine Aktion, die auf ein Ereignis folgt. Die Ereignisse können verschiedener Art sein (siehe Abb. 1-16). Der Menüpunkt *Neues Ereignis* gibt Ihnen die Möglichkeit eine benutzerdefinierte Prozedur anzulegen. Prozeduren sind eine Folge von Befehlen, die mit dem Prozedurnamen aufgerufen werden. Dies können Sie tun, indem sie bei Aktionen *Neue Aktion* wählen und dort den Prozedurnamen angeben. Des Weiteren können Sie auch noch Werte übergeben, die abgearbeitet werden sollen. Haben Sie ein Verhalten erstellt, so befindet es sich in der Besetzung und Sie können es per Drag and Drop auf Frames, Schaltflächen, Darsteller etc. anwenden.

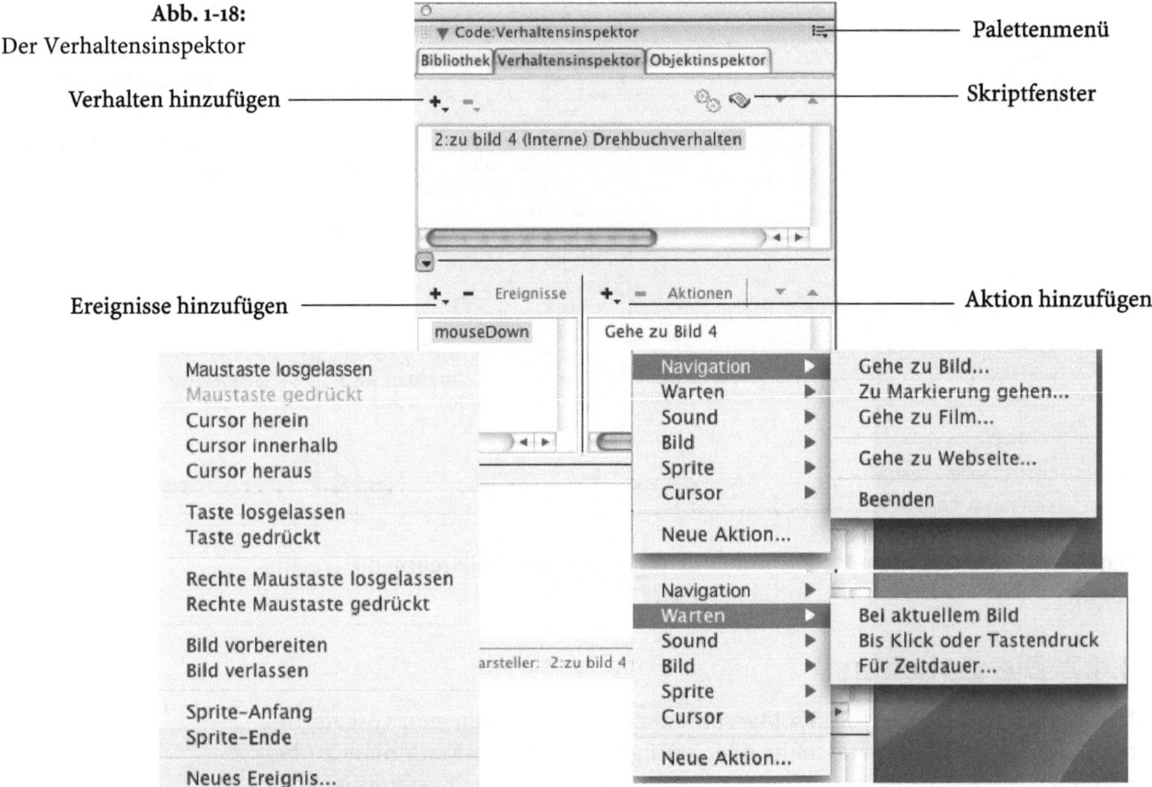

Abb. 1-18:
Der Verhaltensinspektor

1.4.2.1 Erstellen eines eigenen Verhaltens

Um das in Abb. 1-16 gezeigte Verhalten zu erstellen gehen Sie folgendermaßen vor. Klicken Sie auf *Verhalten hinzufügen* und vergeben Sie einen Namen. In unserem Fall „zu Bild 4“. Wählen Sie dann mit *Ereignis hinzufügen* das Ereignis *Maustaste gedrückt*. Anschließend wählen Sie mit *Aktion hinzufügen* die Aktion *Gehe zu Bild* und geben Sie „4“ ein, fertig.

Diese Verhalten können Sie jetzt auf eine beliebige Grafik oder Schaltfläche anwenden. Klickt man mit der Maus in Laufzeit auf diese Schaltfläche, würde der Abspielkopf zum Drehbuch-Frame 4 gehen.

Wenn Sie das Lingo-Skript sehen wollen, das Director erzeugt hat, dann klicken Sie einfach auf das Symbol *Skriptfenster* im Verhaltensinspektor.

1.4.2.2 Die Verhalten-Bibliothek

Wenn Sie im Verhaltensinspektor nicht das finden, was Sie wollen, so hilft Ihnen vielleicht die Bibliothek weiter. In der Verhalten-Bibliothek sind für sehr viele mögliche Anwendungen Lingo-Skripte vordefiniert. Es würde den Rahmen des Buches sprengen, hier auf alle Skripte einzugehen; das ist auch nicht notwendig, da sie einen (in den meisten Fällen) ausreichenden Hilfstext anzeigen, wenn Sie mit der Maus über ein Icon fahren.

Achten Sie bitte unbedingt darauf, dass nicht alle Skripte auf alle Darsteller angewendet werden können. Diese Skripte sind speziell auf bestimmte Darstellertypen, Ereignisse und Aktionen abgestimmt.

Abb. 1-19: Bibliothek

Anwendungsbeispiele für Verhalten finden Sie bei den Produktpräsentationen in Abschnitt 1.10.

1.4.3 Das Malfenster

Das Malfenster ist schon seit Urzeiten im Director in fast unveränderter Form vorhanden. Sie können hier schnell und unkompliziert Bitmapgrafiken erstellen oder bearbeiten. Der Funktionsumfang ist eher bescheiden und deckt eigentlich nur das Nötigste ab. Ich verwende es eigentlich nur zum Erzeugen von Dummy-Grafiken und zum Ändern des Registrierungspunktes. Dieser Punkt ist der Drehpunkt der Grafik und dient zur Positionierung.

Die Werkzeuge sind ähnlich Photoshop in einer Werkzeugpalette angeordnet. Es können gefüllte und nicht gefüllte Formen mit Vollfarbe oder Verläufen erzeugt werden. Wichtig ist noch zu erwähnen, dass die Grafiken nicht geglättet (kein Anitalising) erzeugt werden.

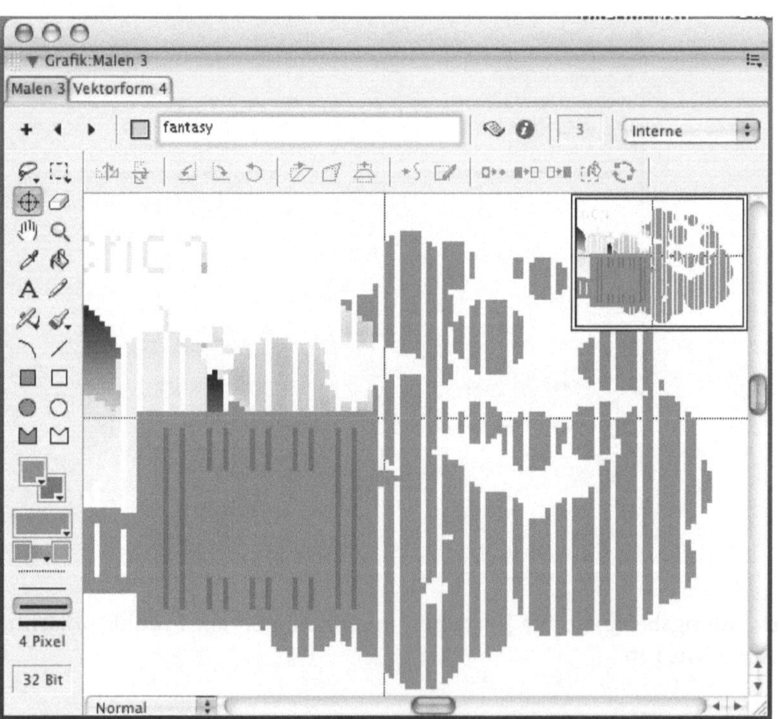

Abb. 1-20: Malfenster

1.4.4 Das Vektorform-Fenster

Das Vektorform-Fenster hat man mit Sicherheit nicht als Alternative zu Freehand im Director implementiert. Es ist wirklich nur dazu da um mal eben schnell, ohne das Programm wechseln zu müssen, eine Form zu erzeugen, die als Hintergrund zu einem Text, als Schaltflächenanmutung oder ähnlicher Zierde dient. Das Werkzeug wurde inzwischen weiterentwickelt, so dass man inzwischen mehrere Formen (auch überlappende) erzeugen kann. Leider kann man Transparenzen nur mittels Farbeffekt *Transparent* und der Prozentangabe erstellen. Das macht einen Verlauf von nichttransparent zu transparent nicht möglich, da dadurch die ganze Grafik ja transparent wird.

Sehr schön gelöst ist das Ändern des Pfeiles von Schwarz nach Weiß, wenn man einen Punkt oder Anfasser bearbeiten will. Durch zusätzliches Drücken der Strg-Taste und der Shift-Taste können die Kurven verändert werden.

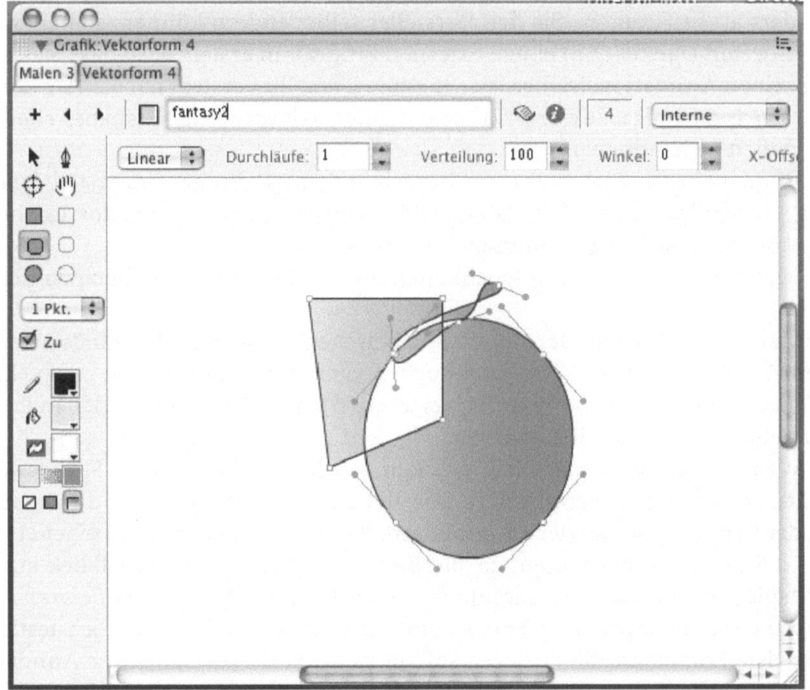

Abb. 1-21: Vektorform-Fenster

1.5 Animationstechniken

Im ursprünglichen Sinne ist Director einmal als Animationsprogramm auf die Welt gekommen. Für damalige Verhältnisse waren die Animationsmöglichkeiten sehr ausgereift, heute jedoch werden diese durch Flash weitestgehend besser realisiert.

Dennoch sind die Möglichkeiten, die Director hier bietet, etwas anders. Neben der Bild-für-Bild-Animation und dem Tweening (Bewegungs-Tweening) können Sie auch Animationen durch schrittweises Aufzeichnen oder Echtzeitaufnahme des Drehbuches erstellen. Außerdem können Animationen zu Filmschleifen zusammengefasst werden.

1.5.1 Bild-für-Bild-Animationen

Beispiele für Animationen finden Sie auf der CD-ROM

Anders als in Flash, wo Sie den Darsteller selbst ändern können, sollten Sie die geänderten Darsteller in einem externen Programm erstellen, so dass Sie für die einzelnen Animationsframes jeweils einen Darsteller erstellt haben. (Sie können natürlich auch das Vektorform- oder Malfenster verwenden, ist aber eher umständlich zu handhaben.)

In meinem Beispiel wurde ein Intro in einem 3D-Programm erstellt und als jpg-Einzelbilder exportiert. Diese Bilder wurden dann in Director importiert und befinden sich in der internen Besetzung.

Jetzt haben Sie mehre Möglichkeiten die Darsteller im Drehbuch zu platzieren.

Markieren Sie alle Darsteller und bewegen diese mit der Maustaste und gedrückter ALT-Taste ins Drehbuch (Alternativ können Sie auch Menü *Modifizieren / Darsteller in Kanal* verwenden). Alle Darsteller werden in Frames aufgeteilt. Die Animation ist fertig.

Wenn Sie die ALT-Taste nicht drücken, werden die Darsteller in Sprites aufgeteilt, also untereinander platziert. Das gibt Ihnen die Möglichkeit, die Darsteller in der Position zueinander zu verändern, da Sie ja alle gleichzeitig sehen. Haben Sie das gemacht, markieren Sie alle Bilder eines Frames (Doppelklick auf den Aufspielkopf in einem Frame) und können jetzt mit Menü *Modifizieren / Bild in Kanal…* die Sprites in Frames aufteilen; dabei können Sie noch festlegen, wie viele Frames ein Bild belegen soll. Je mehr, desto langsamer die Animation. Wenn Sie die Anwendung jetzt abspielen, wird die Animation abgespielt. Die Animation enthält so viele Frames, wie Sie Einzelbilder für die Animation benötigen. Wenn Sie Frames entfernen, so wird die Animation um die fehlenden Frames verkürzt.

1.5.1.1 Filmschleifen

Sie haben jetzt eine Animation erzeugt, die so viele Frames belegt, wie sie benötigt, um alle Einzelbilder abzuspielen. Das ganze können Sie jetzt noch vereinfachen, indem Sie die Animation im Drehbuch zu einer Filmschleife zusammenfassen. Dazu markieren Sie bitte alle Frames im Drehbuch und wählen Sie Menü *Einfügen / Filmschleife...* Geben Sie einen Namen an und in der nächsten freien Besetzung befindet sich jetzt die Filmschleife. Jetzt können Sie die Frames aus dem Drehbuch entfernen und dafür die Filmschleife positionieren. Im Eigenschafteninspektor können Sie jetzt noch wählen, ob dies in Schleife abgespielt werden soll oder nicht. Die Filmschleife benötigt zum Abspielen nur ein Frame. Dadurch wird Ihr Drehbuch übersichtlicher. Die Darsteller in der Besetzung dürfen Sie aber nicht löschen, da die Filmschleife nur einen Verweis auf die Darsteller enthält.

1.5.2 Schrittweise aufzeichnen

Eine sehr schöne Technik ist das schrittweise Aufzeichnen des Drehbuches. Diese Technik eignet sich besonders dann, wenn Sie unkontinuierliche Bewegungen erzeugen wollen. Gehen Sie dazu folgendermaßen vor.

In meinem Beispiel auf CD-ROM habe ich im Vektorform-Fenster einen Ball mit Verlauf erzeugt, diesen habe ich im Frame 1 Sprite 1 platziert. Sie benötigen zum Aufzeichnen entweder das Steuerpult (Menü *Fenster / Steuerpult*) oder die Zehnertastatur am Rechner (Nummerblock ausschalten).

Markieren Sie jetzt das Sprite und wählen Sie Menü *Steuerung / Schrittweise aufzeichnen*. Um den nächsten Frame zu erzeugen drücken Sie entweder die Taste 3 auf der Zehnertastatur oder wählen Sie *nächstes Frame* am Steuerpult aus. Es wird ein neues Schlüsselbild im Drehbuch im nächsten Frame erzeugt. Verändern Sie jetzt die Position des Darstellers und wiederholen Sie die Schritte so lange, bis Sie mit der Animation fertig sind. Spielen Sie die Animation ab. Auch hiervon können Sie, wenn Sie wollen, eine Filmschleife erstellen.

1.5.3 Echtzeitaufnahme

Bei der Echtzeitaufzeichnung funktioniert die Erzeugung der Frames vollautomatisch. Auch in diesem Beispiel habe ich den Ball im Frame 1 Sprite 1 platziert. Markieren Sie das Sprite und wählen Sie Menü *Steuerung / Echtzeit-Aufnahme*. Jetzt brauchen Sie nur noch den Darsteller auf der Bühne langsam oder schnell oder beides zu bewegen, und Ihre Bewegung wird in Frames umgesetzt. Wenn Sie die Maus loslassen, spielt die Animation von selbst ab.

1.5.4 Tweening

Eine weitere Möglichkeit Animationen zu erzeugen ist das Tweening. Im Director versteht man darunter Bewegungstweening mit Änderungen einiger Eigenschaften, wie z.B.: Vordergrundfarbe, Hintergrundfarbe, Mischung, Größe etc. Im Gegensatz zu Flash müssen Sie hier nicht gruppieren oder teilen. Platzieren Sie den Ball in so viele Frames, wie die Animation lang sein soll, fügen Sie an den Frames mit dem Kontextmenü ein Schlüsselbild ein, an dem Sie Änderungen vornehmen wollen und ändern Sie die Position bzw. die Attribute, die Sie ändern wollen. Mit dem Menüpunkt *Tweening…* im Kontextmenü (alternativ: Menü *Modifizieren / Sprite / Tweening…*), können Sie die Einstellungen ändern.

Abb. 1-22: Tweening-Einstellungen

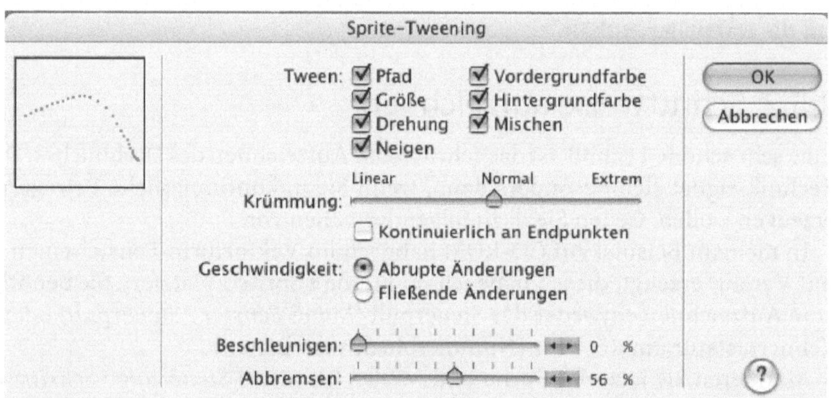

Abb. 1-23: links: Tweening-Animation mit Pfad, rechts: Drehbuch

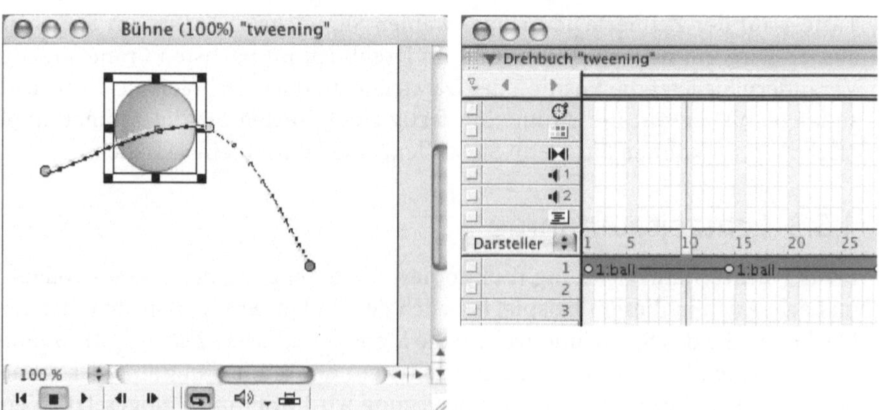

1.6 Import und Export von Medien

1.6.1 Importformate

Director kann so ziemlich alles importieren, was man für Multimedia-Produktionen benötigt. Eine Übersicht über die Importformate von Director MX gibt Ihnen folgende Tabelle:

Dateityp	Unterstützte Formate
Animation und Multimedia	Flash-Filme, animierte GIFs, PowerPoint-Präsentationen, Director-Filme, externe Director-Besetzungsdateien
Grafik	BMP, GIF, JPEG, LRG (xRes), Photoshop 3.0 (oder neuer), MacPaint, PNG, TIFF, PICT, Targa
Datei mit mehreren Grafiken	Nur Windows: FLC, FLI Nur Macintosh: PICS, Album
Sound	AIFF, WAV, MP3-Audio, Shockwave Audio, Sun AU, unkomprimiert und IMA-komprimiert Nur Macintosh: System 7-Sounds
Video	QuickTime 2, 3, 4 und 6, AVI, Real-Media
Text	RTF, HTML, ASCII (oft bezeichnet als „Nur Text"), Lingo-Skripts
Palette	PAL, Photoshop CLUT, Microsoft-Palette

Das Importieren der Medien erfolgt über zwei Wege. Grundsätzlich werden alle Medien über Menü *Datei / importieren* (alternativ: rechte Maustaste auf ein Besetzungsfenster) importiert. Hierbei haben Sie die Wahl zwischen dem Standardimport, *Mit externer Datei verknüpfen*, *Originalitäten zur Bearbeitung integrieren* und für PICT-Dateien *als PICT importieren*, um das Umwandeln in ein Bitmap zu verhindern.

Wenn Sie Quicktime oder AVI-Medien importieren, so werden diese immer verknüpft importiert, unabhängig von der Einstellung. Beim Importieren mit Originaldaten wird eine Kopie der Originaldatei mit importiert; diese bleibt unverändert und kann dann mit einem externen Editor bearbeitet werden.

Weiterhin haben Sie die Wahl lokale Dateien oder Dateien aus dem Internet zu importieren.

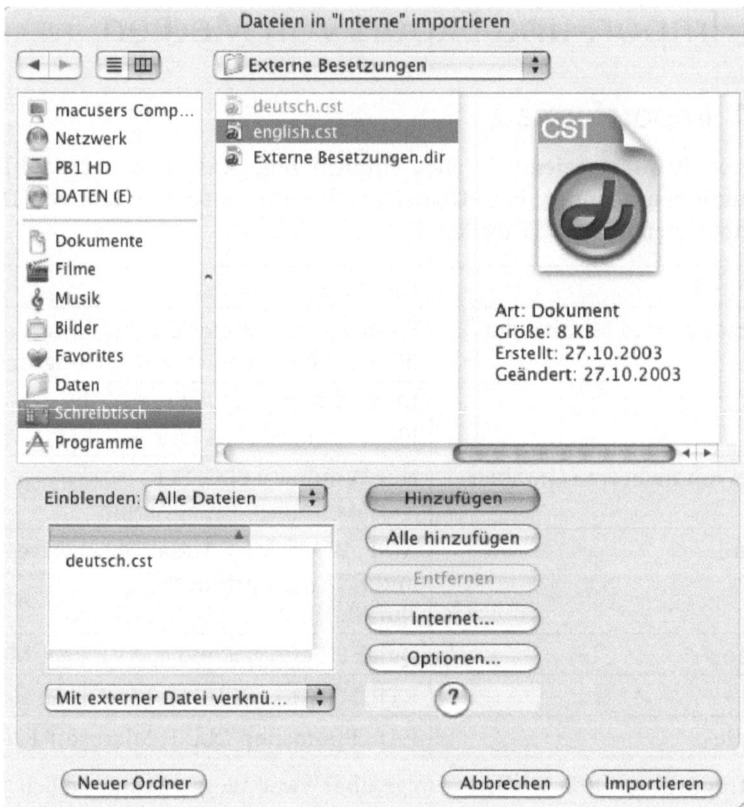

Abb. 1-24: Importfenster von Director MX unter Mac OS 10.3 Panther

1.6.2 Einfügen Medienelement

Die in diesem Menüpunkt aufgeführten Medienelemente importieren Sie mit der vorhin beschriebenen Methode; bis auf drei Ausnahmen werden Ihnen hier nur noch die Medieneigenschaften des Darstellers angezeigt.

Das sind zum einen die Shockwave 3D-Objekte und zum anderen das Erstellen eines animierten Cursors. Beides wird weiter hinten im Buch ausführlich erklärt. Zum dritten ist das Einbetten von Schriften einer der interessantesten Punkte im Director.

Abb. 1-25: Der Menüpunkt zum Einfügen von Medienelementen

Schriften importieren

Es war immer ein Problem, das Arbeiten mit Schriften, gerade bei der Verwendung von Felddarstellern, die ja auf Systemschriften zugreifen und die Anmutung nicht einbetten. Und bei der Erstellung von Hybrid-CDs. Die Lösung des Problems ist das Einbetten von Schriften in die Anwendung. Egal auf welcher Plattform Sie arbeiten (Windows, Mac), betten Sie auf der einen Plattform die Schrift ein und auf der anderen können Sie die Schrift verwenden. Völlig stressfrei! Die Schriften können Sie mit Suitcase verwalten, wenn Sie wollen, das Programm gibt es ja inzwischen auch für Windows-Rechner. Aktivieren Sie die Schrift und importieren Sie die in eine Besetzung. Die Schrift wird standardmäßig mit einem * gekennzeichnet, damit Sie wissen, dass es sich um eine importierte Schrift handelt.

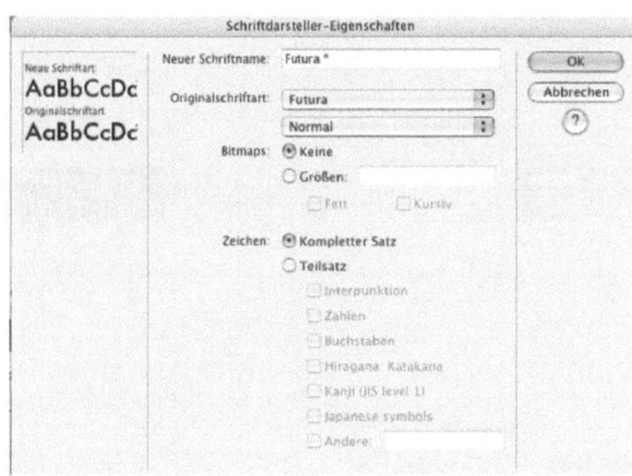

Abb. 1-26: Schriften einbetten

1.6.3 Exportformate

Standardmäßig wird mit Director entweder ein Projektor erzeugt für die CD-Produktion oder eine Shockwave-Datei für das Internet. Mit Menü *Datei / Exportieren...* können Sie einen Directorfilm in weitere Formate exportieren. Diese Formate sind unter Windows andere als unter Mac OS.
Macintosh: PICT, Album, PICS, Quicktime-Film
Windows: AVI, Quicktime-Film, DIB-Sequenz.bmp

1.7 Die Hybrid-CD (Mac / Windows)

Ganz so leicht, wie Sie vielleicht unter Flash gewohnt sind, plattformübergreifende Anwendungen zu schreiben, ist es mit Director nicht. Erstens benötigen Sie das Programm für Windows und Mac, da die Windows-Version nur den Windows-Projektor und die Mac-Version nur den Mac-Projektor erzeugt.

Und zweitens müssen Sie schon bei der Programmierung einiges beachten, sonst kann es sein, das Ihre auf dem Mac programmierte Anwendung unter Windows nicht funktioniert und umgekehrt. Hier ein paar Tricks und Tipps für das Erstellen von Hybrid-CD-ROMs.

Abb. 1-27: Export-Formate Mac OS

Projektor erstellen allgemein

Erstellen Sie zuerst eine lauffähige Version unter Windows, anschließend kopieren Sie den gesamten Projektordner auf einen Mac. Erzeugen Sie mit der Mac-Version den Mac-Projektor, brennen Sie die Anwendung mit Toast auf dem Mac und testen Sie die Anwendung auf Mac und Windows.

Ab Director MX 2004 lassen sich auch unter Windows Projektoren für den Mac und umgekehrt auf dem Mac für Windows erzeugen.

Kopieren Sie einen Mac-Projektor niemals auf einen Windows-Rechner. Der Macintosh-Projektor würde zerstört werden und nicht mehr funktionieren.

Autostart

Das Erzeugen einer Autostart-Anwendung wird häufig verlangt. Unter Windows ist das kein Problem. Sie erzeugen eine Text-Datei mit dem Namen: AUTORUN.INF mit folgendem Inhalt:

```
[autorun]
open=Projektor.exe
```

Das war's schon; wenn der User auf seinem Rechner die Autorun-Funktion nicht deaktiviert hat, so startet die Anwendung beim Einlegen von selbst.

Unter Macintosh sieht das schon ganz anders aus. Sie können beim Brennen in Toast die Autostart-Datei angeben. Das funktioniert nur bis Mac OS 9; unter Mac OS X funktioniert die Autostart-Funktion nicht.

Schriften

Auch wenn Sie bei der Hybridproduktion immer importierte Schriften verwenden, kann es zu unterschiedlichen Darstellungen kommen. Das hängt mit der unterschiedlichen Auflösung der Plattformen zusammen. Eine 10-Punkt-Schrift wirkt am Mac kleiner als am PC.

Mit der Abfrage

```
if the platform contains "Mac" then
    member("meinMenue").fontSize = 12
  else
    member("meinMenue").fontSize = 11
end if
```

können Sie die plattformspezifischen Unterschiede ausgleichen. In unserem Beispiel wird der Textdarsteller „meinMenue" auf dem Mac mit 12 und auf Windows mit 11 Punkt dargestellt. Dazu muss der Textdarsteller mindestens ein Zeichen (kann auch ein Leerzeichen sein) enthalten. Das Skript können Sie entweder als on `startMovie`- oder als on `enterFrame`-Prozedur verwenden.

Externe Medien und Pfadzuweisungen

Wenn Sie Ihr Projekt in mehrere Directorfilme aufgeteilt haben oder in Laufzeit externe Darsteller nachladen, so müssen Sie nicht plattformspezifisch das Pfadnamentrennzeichen setzen. Folgende Trennzeichen sind gleichberechtigt zu verwenden:

Trennzeichen	1 Ordner nach oben	2 Ordner nach oben
/	//	///
:	::	:::
\	\\	\\\

Diese Pfadnamentrennzeichen zusammen mit dem Zeichen für den gerade laufenden Directorfilm „@" funktioniert unter Mac und unter Windows. Um einen Directorfilm aufzurufen, der sich im Ordner „daten" befindet, können Sie also gleichberechtigt schreiben:

```
go to movie "@:daten:directorfilm"
go to movie "@/daten/directorfilm"
go to movie "@\daten\directorfilm"
```

Verwenden Sie aber stattdessen den Befehl `the moviepath`, so funktioniert das leider nicht mehr. Hier müssen Sie die plattformspezifischen Trennzeichen verwenden. Für Macintosh ist das „:" und Windows verwendet „/". Das Skript müsste also so aussehen:

```
If the platform contains "Mac" then
       go to movie the moviepath & "daten:directorfilm"
              else
       go to movie the moviepath & "daten\directorfilm"
end if
```

Um allem Ärger aus dem Weg zu gehen verwenden Sie stattdessen eine globale Variable, die Sie je nach Plattform setzen. Dies sollten Sie gleich zu Anfang im Projektor realisieren. Mehr dazu bei den Projektorskripten.

1.7.1 Der Projektor

Damit Sie nicht ständig aus Ihrem Projekt heraus einen neuen Projektor erzeugen müssen um Ihre Anwendung zu testen, macht es Sinn einen Standardprojektor zu erstellen, der nur ein paar grundlegende Skripte enthält. Dieser Projektor öffnet dann Ihre eigentliche Anwendung oder den ersten Directorfilm Ihrer eigentlichen Anwendung.

Der Projektor sollte keinerlei Medien enthalten, sondern nur grundsätzliche Systemabfragen, die Bühnengröße und Farbe definieren, sowie die allgemeinen Projektoreinstellungen enthalten.

Zu diesem Dialogfenster gelangen Sie über das Menü *Datei / Projektor erstellen…* und den Button *Optionen…*

Abb. 1-28: Projektoreinstellungen Optionen

Alle Filme abspielen sollten Sie aktivieren, wenn Sie Ihr Projekt in mehrere Directorfilme aufgeteilt haben und im Projektor eingebettet sind. Bei Deaktivierung dieser Option können Sie aber trotzdem per Lingo weitere Filme aufrufen und abspielen. *Im Hintergrund animieren* sollten Sie aktivieren, wenn Sie wollen, dass der Directorfilm weiter abspielt, wenn der User ein anderes Programm aufruft. *Vollbild* bewirkt, dass der gesamte Monitor von der Anwendung ausgefüllt wird. Hierbei wird im Gegensatz zu Flash die Anwendung nicht skaliert. Auf einem Monitor mit 1024 × 768 Auflösung wird eine Anwendung, die mit 800 × 600 erstellt wurde, mit einem Rand abgespielt. Die Randfarbe entspricht der eingestellten Hintergrundfarbe des Directorfilms. *Titelleiste einblenden* können Sie aktivieren, wenn Sie den Film nicht als Vollbild, sondern in einem Fenster abspielen wollen. Für die Einstellung der Bühnengröße können Sie zwischen der Bühnengröße des Projektors und der Größe des jeweiligen geladenen Films wählen. In der Regel sind bei einem Projekt die Bühnengrößen aller Filme gleich, damit hat die Einstellung keine Auswirkung. Wählen Sie immer *zentriert*, damit die Bühne in der Mitte des Monitors angezeigt wird, wenn die Auflösung des Monitors größer ist als das Projekt, ansonsten wird die Anwendung oben links ausgerichtet. Die Option

Bildschirm an Farbtiefe anpassen ist nur für den Mac verfügbar, damit können Sie beim Starten des Films die Farbtiefe des Computers umschalten. Ebenfalls nur unter Mac verfügbar ist die Option den Projektor für Mac OS X und Mac OS Classic zu erzeugen. Da noch eine ganze Menge Mac-User mit dem Mac OS Classic unterwegs sind, empfiehlt es sich hier beide Möglichkeiten zu nutzen. Erstellen Sie zwei Projektoren, einen für Classic und einen für OS X, und überlassen es dem User, welche Anwendung er startet.

1.7.1.1 Die Projektor-Skripte

Erstellen Sie in Ihrem Projektor eine startMovie-Prozedur:

```
-- Plattformabhängige Variable für das Pfadtrennzeichen setzen
global gt

on startMovie
-- hier stehen die Systemabfragen und Befehle
end
```

Hier die wichtigsten Systemabfragen und Einstellungen:

Das Unterdrücken der Esc-Taste verhindert, dass Ihre Anwendung unerlaubt beendet wird:

```
-- das Unterdrücken der Esc und anderen Tasten zum Beenden
     the exitLock = TRUE
```

Die komplette Prozedur finden Sie auf der CD-ROM im Film Standardprojektor.dir

Den Cursor schalten Sie immer dann ab, wenn keine Interaktion gewollt ist, zum Beispiel wenn eine Intro-Animation abgespielt werden soll:

```
-- eventuell Cursor ausschalten (einschalten cursor -1)
     cursor 200
```

Die eingestellte Farbtiefe benötigen Sie um sicherzustellen, dass Ihre Grafiken auf dem User-Rechner auch so aussehen, wie Sie es gewollt haben, wenn Sie mit Truecolor arbeiten:

```
-- Auf Highcolor überprüfen und gegebenenfalls Programm beenden
     if the colordepth < 16 then go to "Farbe"
```

Sollten Sie Quicktime-Darsteller verwenden, wird auf dem Zielrechner Quicktime in einer bestimmten Version benötigt. Mit dieser Abfrage können Sie zu einem Frame verzweigen, von dem aus dann die Quicktime-Installation gestartet werden kann:

```
-- Überprüfen der installierten QT-Version
     if quicktimeVersion() < 6.0 then go to frame "QT"
```

Die Sprachversion benötigen Sie für eine eventuelle Quicktime-Installation oder um bei einer mehrsprachigen CD-ROM automatisch die richtigen Besetzungen zu laden:

```
-- Sprachversion des Betriebssystems
      if the environment.oslanguage() = "German" then
         gSprache = "deutsch"
      end if
```

Die Monitorauflösung benötigen Sie um sicherzustellen, dass Ihre Anwendung auch genug Platz auf dem Monitor hat, sonst werden vielleicht wichtige Teile Ihrer Anwendung abgeschnitten, Menüs etc.

```
-- Überprüfen der erforderlichen Monitorgröße von Monitor 1
if the deskTopRectList[1] > rect(0, 0, 800, 600) then put "Ja"
```

Damit Sie nicht ständig eine Abfrage nach der Plattform machen müssen, fragen Sie das einmal am Anfang Ihrer Anwendung ab und definieren Sie eine Variable für das Pfadtrennzeichen:

```
-- Pfadtrennzeichen nach Plattform setzen
if the platform contains "Mac"" then
    set gt = ":"
  else
    set gt = "\"
  end if
```

Mit der globalen Variablen gt brauchen Sie jetzt nicht mehr bei jeder Pfadangabe die Plattform abzufragen; verwenden Sie stattdessen die Variable gt:

```
go to movie the moviepath & "daten" & gt & "directorfilm"
```

1.7.1.2 Der Schnellstart-Projektor

Der Vorteil von Director ist es, das er durch die Verwendung von Xtras erweiterbar ist. Viele Funktionen werden dem Director durch diese Xtras zur Verfügung gestellt. In der Regel werden beim Erstellen des Projektors die notwendigen Xtras eingebunden, das führt dazu, dass beim Starten des Projektors diese entpackt werden müssen. Damit der Projektor schneller startet, deaktivieren Sie das Einbetten der Xtras über Menü *Modifizieren / Film / Xtras* und deaktivieren Sie nacheinander für alle Xtras die Option *In Projektor einschließen*. Wenn Ihr Projekt aus mehreren Directorfilmen besteht, wiederholen Sie das für jeden Film. Jetzt können Sie aus Ihrem Startfilm den Projektor erstellen.

Erstellen Sie im Hauptverzeichnis Ihrer Anwendung einen Ordner mit dem Namen „Xtras“ und kopieren Sie alle notwendigen Xtras aus dem Programmordner mit dem Namen „Xtras“ in diesen Ordner. Sie müssen die Xtras sowohl für den Mac als auch für Windows zur Verfügung stellen. Außerdem müssen Sie auf der Windows-Plattform die Dateien: dirapi.dll; iml32.dll; proj.dll und mavcrt.dll in den Xtras-Ordner kopieren.

Überprüfen Sie anschließend, ob Ihre Anwendung noch funktioniert. Ein Xtra ist schnell vergessen.

1.7.1.3 Die Director.ini

Die für den Projektor eingestellten Optionen können Sie auch in einer .ini-Datei festlegen, sowohl für den Mac als auch für Windows. Die Datei muss den Namen des Projektors gefolgt von .ini tragen und sich im Hauptverzeichnis der Anwendung befinden. Also nicht Director.ini sondern, wenn Ihr Projektor Start.exe oder Start (Mac) heißt, muss die Datei Start.ini heißen, sonst funktioniert sie nicht. In der Regel benötigt der Projektor unter Mac keine .ini-Datei. Die können Sie getrost weglassen, da alle sinnvollen Einstellungen über die Projektor-Optionen eingestellt werden können.

Unter Windows sieht das etwas anders aus, da macht es Sinn die .ini-Datei zu verwenden. In der Originaldatei sind alle Einstellungen auskommentiert, durch Entfernen des Semikolons am Anfang der Zeile aktivieren Sie den Befehl.

Folgende Einstellung ist unter Windows sinnvoll:

```
singleInstance=1
```

Sie verhindert, dass durch mehrmaligen Doppelklick ungeduldiger Windows-User die Anwendung mehrmals geöffnet wird.

Alle anderen Einstellungen sind entweder über die Optionen einstellbar oder betreffen spezielle Soundeinstellungen, die in der Regel nicht notwendig sind.

1.7.1.4 Die Lingo.ini

Die Datei Lingo.ini muss sich im Hauptverzeichnis der Anwendung befinden, wenn Sie diese verwenden wollen. Sie funktioniert sowohl unter Mac als auch unter Windows. Diese Textdatei ermöglicht es Ihnen, Lingo-Befehle zu erteilen, bevor der Projektor startet. Das ist dann sinnvoll, wenn Sie z.B. globale Variablen initialisieren müssen.

1.7.1.5 Die Fontmap.txt

Diese Datei wird nur noch von Felddarstellern verwendet, Textdarsteller nutzen diese Datei nicht. Wenn Sie für Ihre Hybridproduktion eingebettete Fonts verwenden, so benötigen Sie diese Datei in der Regel auch nicht mehr.

Mit der Fontmap.txt legen Sie die Ersatz-Fonts der Mac- zur Win-Plattform fest. Sie muss sich ebenfalls im Hauptverzeichnis befinden, damit sie genutzt werden kann. Außerdem können Sie bestimmte Sonderzeichen konvertieren. Wie gesagt, verwenden Sie eingebettete Fonts und Textdarsteller, so ist die Datei überflüssig.

1.7.1.6 Directorfilme schützen / aktualisieren

Wenn Sie Ihre Anwendung veröffentlichen wollen, so sollten Sie zuvor alle externen Directorfilme und Besetzungen schützen, damit niemand Ihre Filme und Besetzungen mit Director öffnen kann. Dies erfolgt über das Menü *Xtras / Filme aktualisieren.*

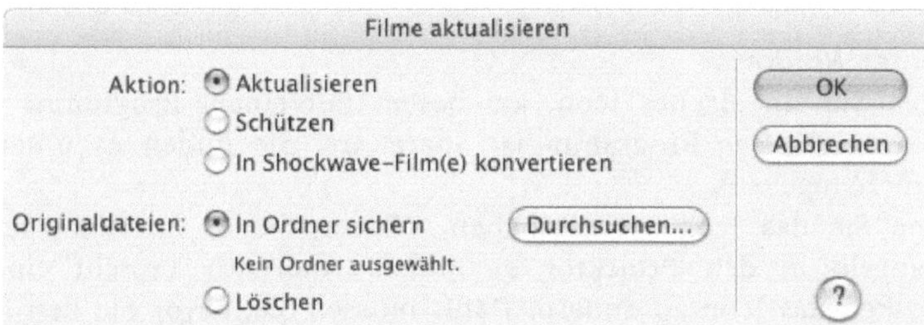

Abb. 1-29: Filme aktualisieren und schützen

Aktualisieren benötigen Sie für das Aktualisieren Ihrer Directorfilme, wenn Sie Filme von älteren Directorversionen in Filme einer neueren Directorversion aktualisieren wollen. Von 8.5 zu MX ist dies nicht notwendig, da die Formate sich nicht geändert haben.

Um Ihre Filme und Besetzungen zu schützen wählen Sie *Schützen* aus und vergessen Sie nicht einen Ordner für Ihre Originaldateien anzugeben. Wenn Sie die Option *Löschen* auswählen, sollten Sie vorher unbedingt eine Sicherheitskopie Ihres Projektordners gemacht haben, denn die geschützten Filme und Besetzungen können mit Director nicht mehr bearbeitet werden!

1.7.1.7 Ein eigenes Icon

Professionell ist es, wenn Sie ein eigenes Icon für Ihre Anwendung verwenden, anstatt des Standard-Director-Icons. Sie können sowohl ein eigenes Icon für die CD-ROM als auch für das Programm selbst verwenden. Das CD-ROM-Icon wird beim Mounten der CD angezeigt.

Hinweis: Ab Director MX 2004 lässt sich das Icon für jeden Directorfilm auch ganz einfach im Eigenschafteninspektor unter der Karteikarte *Anzeigevorlage* mit der Option *Symbol* angeben.

Icon unter Macintosh

Erstellen Sie ein eigenes Icon, am besten verwenden Sie dazu ein Programm wie den „Iconographer“ Das Programm finden Sie unter: http://www.mscape.com/products/iconographer.html. Das Programm ist Shareware und ermöglicht

Ihnen Icons bis zu 128 × 128 Pixel zu erstellen. Wenn Sie das Icon erstellt haben, so kopieren Sie das Icon in die Zwischenablage und rufen Sie dann die Eigenschaften des Projektors mit Apfel-I auf. Klicken Sie auf das Icon und fügen Sie mit Apfel-C das Icon ein. Fertig ist das Programm-Icon.

Zum Anwenden des Icons als CD-Icon gehen Sie wie folgt vor. Mit dem Brennprogramm „Toast" erstellen Sie eine virtuelle Partition mit 650 MB Größe. In diese Partition werden alle Daten kopiert, die auf der Macintosh-Seite ihrer Hybrid-CD benötigt werden. Kopieren Sie mit Apfel-C das Icon in die Zwischenablage. Über Apfel-I lassen Sie sich die Eigenschaften der Partition anzeigen. Klicken Sie auf das Laufwerks-Icon und fügen Sie mit Apfel-V das Icon ein. Jetzt wird anstelle des Standard-CD-Icons Ihr Programm-Icon beim Mounten angezeigt.

Icon unter Windows

Erstellen Sie ein eigenes Icon, am besten mit einem Programm wie dem „Microangelo". Das Programm ist Shareware, Sie finden es unter: http://www.microangelo.us

Wenn Sie das Icon erstellt haben, können Sie es mit dem Programm Microangelo in den Projektor einbinden. Alternativ besteht eine zweite Möglichkeit das Icon zu ändern. Dafür müssen Sie, bevor Sie den Projektor erstellen, die Datei „Projec32.skl" ändern. In dieser Datei ist das Projektor-Icon gespeichert. Die Datei befindet sich im Director-Ordner. Wenn Sie diese Datei ändern, werden alle zukünftigen Projektoren das neue Icon haben. Erstellen Sie also vorher eine Sicherheitskopie dieser Datei. Sollten Sie die Datei nicht öffnen können, so benennen Sie die Datei um in: „Projec32.dll". Jetzt sollten Sie die Datei öffnen können. Ändern Sie das Icon und speichen Sie die Datei ab. Ändern Sie die Extension wieder in „.skl". Wenn Sie jetzt einen Projektor erzeugen, so bekommt dieser das neue Icon.

Um unter Windows das Laufwerks-Icon zu ändern, benötigen Sie eine „.ico"-Datei, in der das Icon gespeichert ist. Das können Sie am besten mit der Shareware „IrfanView". Das Programm finden Sie unter: http://www.irfanview.com

Dieses Programm konvertiert Ihre .jpg-(oder anderes Format)Datei in eine Windows-Icon-Datei mit der Endung .ico. Diese Datei kopieren Sie dann ins Hauptverzeichnis Ihrer Anwendung. Ändern Sie jetzt Ihre autorun.ini so ab, dass Sie in der nächsten freien Zeile Folgendes einfügen:

```
ICON=bildname.ico
```

Damit wird beim Anzeigen der CD-ROM das Icon mit dem Dateinamen bildname.ico als Laufwerks-Icon angezeigt.

1.7.2 Presswerk-Cover und Lizenzen

Um Ihre Anwendung als CD-ROM zu veröffentlichen benötigen Sie die Director-Lizenzen für die jeweilige Plattform, bei einer Hybrid-CD also beide. Damit können Sie so viele Anwendungen verteilen wie Sie wollen, also in beliebiger Auflagenhöhe.

Macromedia-Lizenz

Macromedia verlangt zwar kein Geld für das Verteilen Ihrer Anwendung, aber einiges müssen Sie dennoch beachten.

Die PDF-Datei mwmdocs.pdf liegt im Ordner Lizenzen auf der CD-ROM

Das Macromedia-Logo muss nach bestimmten Kriterien sowohl im Impressum Ihrer Anwendung als auch auf der Verpackung angebracht werden. Diese Kriterien finden Sie auf der Original-CD vom Director. Sie sollten diese unbedingt einhalten. Außerdem ist innerhalb von 30 Tagen nach Veröffentlichung Ihrer Anwendung das sogenannte Run-Time Distribution Agreement ausgefüllt zusammen mit zwei Beleg-CD-ROMs an Macromedia zu schicken.

Quicktime-Lizenz

Die PDF-Datei QT6FreeSWSDA.pdf liegt im Ordner Lizenzen auf der CD-ROM

In der Regel werden Sie sicher Medieninhalte verwenden, für die Sie eine Quicktime-Installation benötigen. Sie können zwar sicher sein, dass auf jedem Mac Quicktime vorhanden ist (ob in der Version, die Sie benötigen, sollten Sie dennoch überprüfen), aber unter Windows nicht. Damit Sie die Full-Installation von Quicktime mitliefern können, benötigen Sie einen Vertrag mit Apple. Diesen Vertrag sollten Sie unbedingt rechtzeitig vor der Veröffentlichung mit Apple abschließen. In diesem Vertrag (er ist im Übrigen mit keinerlei Kosten verbunden außer dem Porto) ist genau beschrieben, wie Sie das Quicktime-Logo in Ihrer Anwendung und auf der Verpackung anbringen müssen. Des Weiteren verpflichten Sie sich dazu, quartalsweise an Apple die verbreiteten Quicktime-Lizenzen zu melden. Wenn Sie den Vertrag unterschrieben von Apple zurückbekommen haben, können Sie die Quicktime-Installer für Windows, Macintosh und in den jeweiligen Sprachen, die Sie benötigen, mit auf die CD-ROM bringen.

Musik-Lizenzen

Haben Sie auf Ihrer CD-ROM oder in Ihrer Anwendung Musik verwendet, so sollte diese lizenzfrei sein. Ist sie das nicht, müssen Sie die Titel der GEMA melden. Das muss zeitlich vor der Veröffentlichung passieren, da Sie dies dem Presswerk mitteilen müssen. Sie bekommen dann von der GEMA für die verwendeten Titel eine Rechnung. Je nachdem was für Titel Sie verwendet haben ist diese Position nicht unerheblich.

Xtras-Lizenzen

Dass der Director mit Xtras erweiterbar ist, macht ihn ja so interessant. Sollten Sie also kostenpflichtige Xtras verwendet haben, so müssen Sie unbedingt die jeweiligen Lizenzbedingungen des Xtra-Herstellers beachten; diese können sehr unterschiedlich ausfallen. Einige Hersteller erlauben die uneingeschränkte Verteilung, andere wiederum verlangen zusätzlich für jede verteilte Kopie eine Gebühr. Erkundigen Sie sich deshalb vorher, ob das eine oder andere Xtra notwendig ist und was es kostet.

Andere Lizenzen

Sollten Sie weitere Software zur Sicherstellung der Lauffähigkeit Ihrer Anwendung benötigen, wie z.B. Real-Software oder Browser wie Netscape oder den Internetexplorer, gelten die jeweiligen Lizenzbedingungen der Hersteller.

Presswerk

Nachdem Sie alle Lizenzen haben, können Sie die CD-ROM brennen und ins Presswerk schicken. Füllen Sie dazu den Vertrag des jeweiligen Presswerkes aus, geben Sie gegebenenfalls die Lizenzen an, nach denen Sie gefragt werden. Das Brennen einer Hybrid-CD für Windows und Macintosh kann nur auf dem Macintosh erfolgen. Am besten verwenden Sie dazu das Programm Toast.

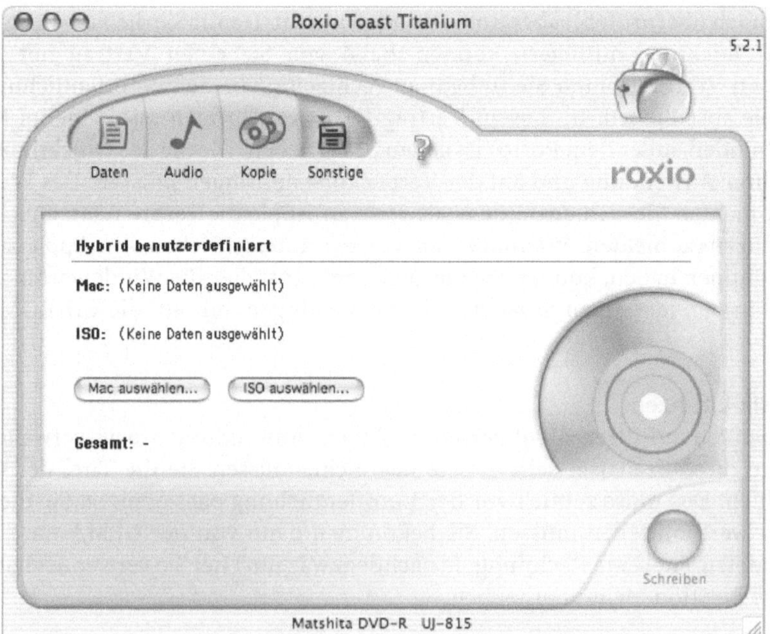

Abb. 1-30: Toast – Brennen der CD-ROM

Nachdem Sie alle Datei auf den Mac kopiert haben, öffnen Sie Toast und erstellen eine virtuelle Partition von der Größe Ihrer CD. Vergeben Sie diesem Laufwerk einen Namen und kopieren Sie alle für den Mac notwendigen Dateien in die Partition. Geben Sie der Partition, wie oben beschrieben, noch das individuelle Programm-Icon.

Wählen Sie in Toast unter Sonstige *Hybrid Benutzerdefiniert*. Ziehen Sie jetzt per Drag and Drop das virtuelle Laufwerk auf MAC:. Klicken Sie anschließend auf *ISO auswählen* und wählen Sie *Neue CD*. Vergeben Sie der CD einen Namen (Das kann der gleiche sein wie unter Mac). Bewegen Sie per Drag and Drop alle Dateien auf die CD, die nur unter Windows benötigt werden. Jetzt brauchen Sie nur noch die gemeinsam von Win und Mac benutzten Dateien von der Mac-Partition in die Win-Partition zu bewegen. Diese Dateien werden nicht doppelt kopiert, sondern es wird ein Verweis von der Mac- auf die Win-Partition geschrieben. Klicken Sie anschließend auf *brennen*. Diese CD-ROM ist Ihr Master für das Presswerk.

1.8 Shockwave – Inhalte für das Internet erstellen

Bei der Erstellung von Shockwave-Inhalten mit Director ist die Vorgehensweise eine andere als bei der Erstellung einer CD-ROM. Leider können Sie nicht im Nachhinein entscheiden, auf welchem Wege Sie Ihre Anwendung veröffentlichen; das muss schon bei der Planung feststehen, da die Lingo-Befehle, die Sie benötigen, völlig andere sind; außerdem ist die Art und Weise der Übertragung eine andere. Eine Veröffentlichung über das Internet erfolgt meistens als Streaming-Anwendung.

1.8.1 Filmabspieloptionen

Über das Menü *Modifizieren / Film / Abspielen…* können Sie die Streaming-Einstellungen Ihres Films vornehmen. Wenn Sie den Film auf Ihre aktuelle Tempoeinstellung festlegen wollen, so aktivieren Sie die Option *Bilddauer festsetzen*. Wenn Sie wollen, dass der Film angehalten wird, wenn das Programmfenster inaktiv ist, so aktivieren Sie die Option *Unterbrechen, wenn Fenster inaktiv.*

Wollen Sie, dass der Film abgespielt wird, wenn der Film geladen wird, so aktivieren Sie diese Option und geben die Anzahl der Bilder an, die vorgeladen werden sollen. Wenn Sie wollen, dass noch nicht geladene Darsteller als

Rechteck auf der Bühne angezeigt werden sollen, so aktivieren Sie die Option *Platzhalter anzeigen.*

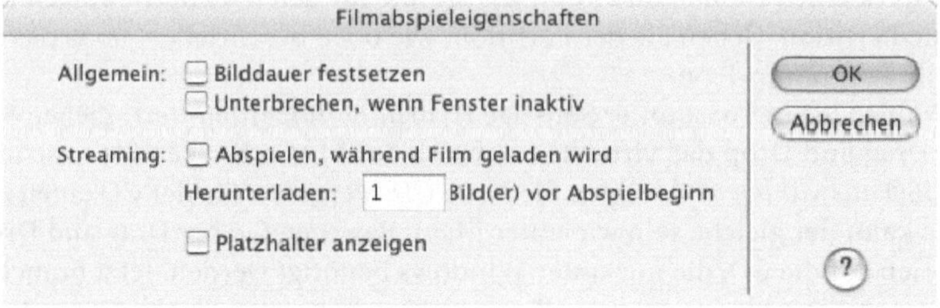

Abb. 1-31: Streaming-Einstellungen

1.8.2 Das Shockwave-Plugin

Damit Ihr Film im Internet abgespielt werden kann, benötigt der User das Shockwave-Director-Plugin. Dieses Plugin kann nur über das Internet installiert werden. Für viele (leider ist es auch heute noch so) ist das Herunterladen eines Plugins eine fast unüberwindliche Hürde, zumal die Größe mit 3440 KB (56 K Modem benötigt 8 min) nicht unerheblich ist. Wer natürlich einen DSL-Zugang sein Eigen nennt, der hat dies schnell installiert. Außerdem wird mit dieser Installation nicht alles installiert. Haben Sie Quicktime-Medien in Ihrer Anwendung, dann wird zusätzlich die aktuelle Quicktime-Version benötigt, außerdem wird das Quicktime-Xtra für den Shockwave-Player nachgeladen. Hat man diese Prozedur aber einmal geschafft, dann steht einem die große Welt der Shockwave-Anwendungen offen!

1.8.3 Shockwave-Einstellungen

Shockwave-Anwendungen werden in eine HTML-Umgebung eingebettet. Im Menü *Datei / Veröffentlichungseinstellungen…* können Sie die Einstellungen für die HTML-Datei und die Shockwave-Datei vornehmen. Über die 5 Karteikarten gelangen Sie zu den einzelnen Einstellungen.

Formate

In dieser Karteikarte wählen Sie, ob Sie eine HTML-Vorlage für Ihre Shockwave-Datei erstellen wollen und wenn ja, welche. Folgende Einstellungen sind möglich: *Keine HTML-Vorlage; 3D Inhalt laden; Shockwave Standard; Auf Shockwave prüfen; Browserfenster ausfüllen; Pausenspiel; Verlaufsanzeige mit Grafik; Shockwave mit Grafik; Einfache Verlaufsanzeige; Shockwave Zentrieren.* Wenn Sie eine der aufgeführten Vorlagen wählen, so wird Ihnen eine kurze Erklärung dazu angezeigt. Die verwendeten HTML-Dateien finden Sie im Programmordner vom Director MX im Ordner „Publish Templates“. Die

Vorladefilme für 3D-Verlaufsanzeige, Verlaufsanzeige, Pausenspiel etc. finden Sie im Ordner „Loader Movies". Dort befinden sich sowohl die .dir- als auch die .dcr-Filme. Wenn Sie einen individuellen Directorfilm als Vorlader-Film verwenden wollen, so brauchen Sie nur die hier gespeicherten .dir-Dateien nach Ihren Bedürfnissen ändern.

Weiterhin geben Sie hier die Namen für Ihre HTML-Datei und Ihren Shockwave-Film an.

Allgemein

Hier geben Sie an, welche Maße Ihr Shockwave-Film haben soll. Möglich ist die Angabe in Pixel und Prozent. Bei der Einstellung *Film skalieren* wird der Film auf die Maße Ihres Directorfilms eingestellt. Mit *Seitenhintergrundfarbe* wählen Sie die Hintergrundfarbe der HTML-Datei aus, in der Ihr Shockwave-Film geladen wird.

Abspielen	Auswirkung bei aktivierter Einstellung
Lautstärkeregler	Bewirkt, dass der User die Lautstärke selbst einstellen kann
Transportsteuerung	Zurückspulen, anhalten und schrittweise abspielen erlaubt
Zoomen	Der Film darf gestreckt werden, wenn aktiviert
Lokal sichern	Der Film darf in Shockmachine gespeichert werden
Verlaufsanzeige ein	Wird beim Laden des Films angezeigt
Logo anzeigen	Wird beim Laden des Films eingeblendet

Skalierung	Auswirkung
Nicht Skalieren	Der Film wird in seiner ursprünglichen Größe wiedergegeben (Standardeinstellung)
Proportionen beibehalten	Der Film wird proportional skaliert angezeigt
Ausfüllendes Skalieren	Nicht proportionales Skalieren auf die Größe des Browserfensters
Bühne vergrößern	Nicht proportionales Skalieren der Bühne durch den User möglich
Skalierposition	Hier geben Sie die horizontale und vertikale Position der Shockwave-Anwendung in der HTML-Seite an

Wenn Sie in der Registrierkarte *Allgemein* die Standardeinstellung *Nicht Skalieren* verwendet haben, so haben die Skalierungseinstellungen keinerlei Auswirkung!

Shockwave

Die hier zu treffenden Einstellungen sind wichtig für das Aussehen Ihrer Shockwave-Anwendung. Testen Sie ausführlich Ihre Anwendung, nachdem Sie hier die Einstellungen vorgenommen haben.

Komprimierung

Hier geben Sie entweder die Standard-Komprimierung an, die bis Director 7 verwendet wurde, oder Sie stellen individuell die JPEG-Komprimierung Ihrer Grafiken ein. Welchen Wert Sie wählen, hängt von der Qualität ab, die sie erreichen wollen. Sollten Sie Sounddarsteller verwenden, so können Sie für Ihren Shockwave-Film hier die Komprimierung festlegen. Im Zweifelsfall können Sie ja für die verschiedenen Bandbreiten verschiedene Versionen erstellen und es dem User überlassen, welchen Film er sich ansehen möchte. Die Option *Darsteller Kommentare anfügen* vergrößert Ihre Anwendung um die von Ihnen für die Darsteller vergebenen Kommentare, die Sie im Eigenschafteninspektor anzeigen lassen können.

Shockwave sichern

Die hier gemachten Einträge werden nur für die Shockmachine von Macromedia gebraucht. Das ist eine Spiele-Plattform für Shockwave-Anwendungen. Siehe: http://www.shockwave.com. Nähere Informationen in Englisch erhalten Sie hier: www.macromedia.com/support/director/internet/shockmachine_for_d8/

Wenn Sie diese Plattform nicht nutzen wollen, so ist hier nur die Option für das Kontextmenü von Belang.

1.8.4 Besonderheiten in der Programmierung für Shockwave

Wenn Sie eine Anwendung entwickeln, die in Laufzeit Sound- oder Flash-Darsteller nachladen soll, müssen Sie schon bei der Planung Ihres Projektes daran denken. Wenn Sie Ihre Anwendung sowohl als CD-ROM als auch im Internet veröffentlichen wollen, so können Sie mit der Abfrage `the runmode` festlegen, von wo die Darsteller geladen werden sollen. Während der Laufzeit gibt die Funktion folgende Strings zurück:

Author	Wenn die Anwendung in der Autorenumgebung abgespielt wird.
Projector	Wenn die Anwendung im Projektor abgespielt wird.
BrowserPlugin	Wenn die Anwendung als Shockwave im Browser abgespielt wird.
Java Applet	Wenn die Anwendung als Java Applet abgespielt wird

Verknüpfen Sie die Darsteller mit der Darstellereigenschaft .URL und verzweigen Sie je nachdem in welcher Abspielumgebung Sie gerade sind:

```
if the runmode = "BrowserPlugin" then
    member("flashfilm").url = "http://www.meineURL/flashfilm.swf"
  else
    member("flashfilm").url = the moviepath & "flashfilm.swf"
end if
```

Mit der Eigenschaft `mediaReady` können Abfragen erfolgen, ob der Darsteller aus dem Internet vollständig geladen ist oder nicht:

```
If member("flashfilm").mediaReady = TRUE then
   go to next frame
     else
   go to the frame
end if
```

Ist der Darsteller nicht geladen, ergibt die Abfrage `FALSE`.

Wenn Sie einem externen Darsteller, eine externe Besetzung oder einen Directorfilm laden wollen, so arbeiten Sie mit der Eigenschaft `filename`. In `filename` können Sie auch eine URL angeben:

```
member("quicktime").fileName = "http://www.meineURL/quicktime.mov"
```

Wenn Sie einem Darsteller eine neue URL zuweisen, so wird dieser aus dem Netz geladen und dann angezeigt.

Wenn Sie Texte aus dem Internet nachladen wollen, so verwenden Sie dazu den Befehl `getNetText`. Dazu vergeben Sie eine NetID und laden den Text in diese NetID, überprüfen Sie mit dem Befehl `NetDone`, ob der Text vollständig geladen ist, und weisen Sie dem geladenen Inhalt einen Textdarsteller zu.

```
on extitFrame me
theNetID1 = getNetText ("http://www.meineURL.de/info.txt")
    if netDone(theNetID1) then
      member("Info").text = netTextResult(theNetID1)
    else
      go to the frame
    end if
end
```

Ein kleines Anwendungsbeispiel für einen einfachen Ladebalken mit Erklärung finden Sie auf der CD-ROM

Bedenken Sie, dass die Anwendung während des Ladevorgangs anhält. Laden Sie also kleinere Dateien nach bzw. geben Sie einen Hinweis, dass etwas geladen wird oder zeigen Sie dies mit einem Ladebalken an. Dazu können Sie die Eigenschaft `percentStreamed` verwenden. Diese eignet sich für Shockwave Audio, Flash und Quicktime-Darsteller.

Ein Beispiel finden Sie in meinem virtuellen Stadtführer: www.360-grd.de. Dort habe ich die eben beschriebenen Techniken angewendet.

1.8.5 Aktualisierung der Inhalte durch das Internet

Bei der Programmierung einer CD-ROM ist es manchmal notwendig, diese mit aktuellen Inhalten aus dem Internet zu versorgen.

Damit Sie diese verwenden können, sollten die Dateien lokal auf dem User-Rechner zur Verfügung stehen. Es bietet sich also an, die Dateien zuerst mit dem Befehl `downloadNetThing` aus dem Internet auf den lokalen Rechner zu laden. Dazu müssen Sie einen Speicherort auf der Festplatte festlegen. Da es heute nicht mehr üblich ist irgendetwas, z.B. den Projektor, auf die Festplatte zu kopieren, können Sie nicht mit der Eigenschaft `the moviepath` arbeiten. Denn diese würde ja die CD-ROM als Ziel angeben. Darauf können Sie aber schlecht etwas speichern. Auf Windows-Rechnern ist das einfach, ein Laufwerk C: gibt es immer, so können Sie einfach auf c:\ speichern. Unter Macintosh gibt es aber keine Laufwerksbuchstaben und jeder kann seiner Festplatte einen beliebigen Namen geben. Wir benötigen also eine Möglichkeit um festzustellen, wie die Festplatte heißt. Mit der Funktion `getOSDirectory()` wird plattformunabhängig der Ort des Systemordners abgefragt. Sie erhalten folgende Ergebnisse:

Windows	„C:\WINDOWS“
Mac OS bis 9	„MeineHD:Systemordner:“
Mac OS X	„MeineHD:System:“

Interessanterweise wird unter Mac am Ende das Pfadtrennzeichen angefügt und unter Windows nicht. Auf dem Mac ist das Ordnertrennzeichen ein

„:“. Die HD heißt in unserem Fall also „MeineHD“ gefolgt vom Ordnernamen des Systemordners „System“ oder „Systemordner“ getrennt mit einem „:“. Der Systemordner unter Mac OS X ist schreibgeschützt, deshalb können wir in ihm keine Dateien ablegen, aber auf der HD können wir das. Jetzt müssen wir nur noch den Festplattennamen von dem String trennen; das können wir, indem wir die Systemeigenschaft `the itemdelimiter` auf „:“ setzen. Dann brauchen wir nur noch das erste Item mit `getOSDirectory().item[1]` abfragen. Das Ergebnis dieser Abfrage ist der Name unserer Festplatte. Anschließend sollten wir den `the itemdelimiter` auf Standard „,“ zurücksetzen.

In meinem Beispiel laden wir eine Textdatei mit dem Namen „info.txt“ auf die Festplatte des jeweiligen Rechners. Nach dem Überprüfen wird die Datei einen Textdarsteller in der Besetzung „Texte“ ersetzen.

Und so lautet das komplette plattformübergreifende Skript:

```
on TextdateiLaden
 if the platform contains "Mac" then
   the itemdelimiter = ":"
   MyPfad = getOSDirectory().item[1] & ":info.txt"
   the itemdelimiter = ","
     else
   MyPfad = "C:" & "\info.txt"
 end if
 downLoadNetThing "http://www.meinServer.de/info.txt", MyPfad
end
```

Den Aufruf dieser Prozedur können Sie entweder über ein Frame-Skript oder über eine Schaltfläche realisieren. Zum Aufrufen brauchen Sie nur den Namen anzugeben.

```
on exitFrame me
  TextdateiLaden
end
```

Selbst die Groß- und Kleinschreibung können Sie vernachlässigen. Aber über Lingo erfahren Sie ja im nächsten Kapitel mehr. Sollten Sie also nicht genau wissen, was ich meine, so lesen Sie zuerst im Kapitel Lingo nach und versuchen Sie es dann nochmal.

Mit `getDone()` überprüfen Sie, ob die Datei vollständig vom Internet geladen wurde.

```
on exitFrame me
  if netDone() = 0 then go to the frame
end
```

Dies funktioniert natürlich nur mit einer bestehenden Internetverbindung. Kann die Internetverbindung nicht aufgebaut werden, können Sie diesen Fehler beim Laden mit der Eigenschaft `environment.InternetConnected` abfangen.

```
if the environment.InternetConnected = #offline then
  go to frame "fehler"
end if
```

In diesem Frame *fehler* können Sie einen Hinweis auf die fehlende Internetverbindung geben und den User auffordern, jetzt eine Internetverbindung manuell aufzubauen und den Ladevorgang erneut einzuleiten.

War der Ladevorgang aber erfolgreich, so können Sie jetzt mit dem Befehl `importFileInto` den Textdarsteller in eine Besetzung laden. Auch hier benötigen Sie wieder die Abfrage von vorhin.

```
on TextdateiImportieren
 if the platform contains "Mac" then
   the itemdelimiter = ":"
   MyPfad = getOSDirectory().item[1] & ":info.txt"
   the itemdelimiter = ","
     else
   MyPfad = "C:" & "\info.txt"
 end if
 importFileInto(member 1 of castlib "Texte", MyPfad)
end
```

Die Prozedur rufen Sie entweder wie in unserem Beispiel mit einem Frameskript oder mit einer Schaltfläche und einer `on mouseUp me`-Prozedur auf.

```
on exitFrame me
  TextdateiImportieren
end
```

Dadurch wird der in Position 1 der Besetzung „Texte“ befindliche Darsteller durch den importierten Darsteller ersetzt. Das funktioniert natürlich nicht nur mit Textdarstellern. Allerdings sollten Sie bedenken, dass es keinen Sinn macht, den kompletten Inhalt einer CD zu aktualisieren. Speicherintensive Medien sollten also weniger Verwendung finden.

Einmal heruntergeladene neue Inhalte können Sie bei jedem Start der CD-Anwendung automatisch laden. Dazu müssen Sie nur beim Start der Anwendung überprüfen, ob sich aktuelle Inhalte auf der Festplatte befinden.

1.9 Drucken

Für das Arbeiten am Projekt und die Archivierung, Korrektur, Übersichtlichkeit etc. ist die Möglichkeit des Druckens von Teilen des Projekts nicht unwichtig. Director bietet Ihnen hierbei die verschiedensten Möglichkeiten.

Über Menü *Datei / Drucken…* gelangen Sie zu den Druckoptionen.

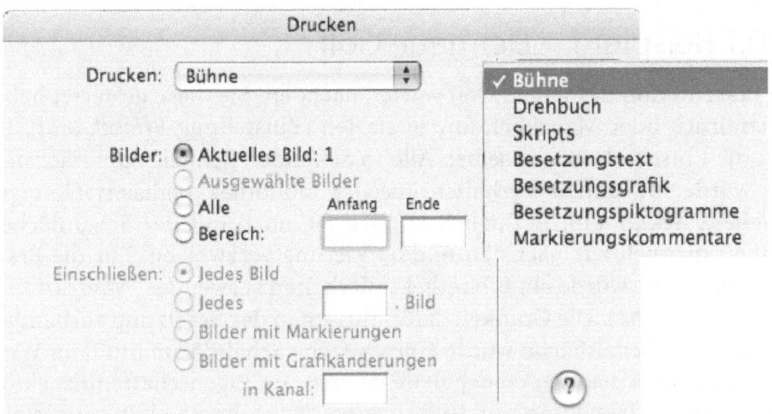

Abb. 1-32: Druckmenü

Sie können Teile der Bühne drucken, Skripte, Besetzungen, Piktogramme, Markierungskommentare und natürlich das Drehbuch. Für das Drucken der Bühne haben Sie zusätzliche Einstellmöglichkeiten über die Optionen.

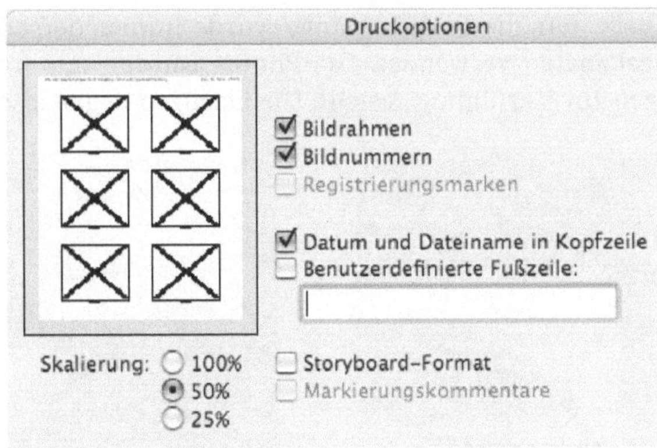

Abb. 1-33: Optionen beim Drucken der Bühne

1.10 Beispiel: Produktpräsentation

Anhand von zwei Produktpräsentationen, die mit Hilfe von Verhalten aus der Bibliothek, also ohne große Lingo-Kenntnisse realisiert worden sind, möchte ich Ihnen zeigen, wie schnell und effektiv man mit Director kleine Anwendungen erstellen kann.

1.10.1 Beispiel 1 – Der neue Golf

Die Anwendung finden Sie auf der CD-ROM

Die Präsentation des neuen Golf wartet, nachdem Sie diese gestartet haben, auf Tastendruck oder Mausklick um zu starten (Einstellung *Effektkanal*). Danach läuft die Präsentation von selbst. Alle 10 Sekunden geht sie zum nächsten Bild, dies wurde mit einem Verhalten aus der Bibliothek realisiert (*Navigation / Schleife X Sekunden*). Zusätzlich können Sie noch mit der Schaltfläche (*VW-Symbol*) manuell zur nächsten Bildmarkierung verzweigen. Für die Erstellung der Schaltfläche wurde ein Bibliotheks-Verhalten verwendet (*Navigation / Taste* bzw. *Schaltfläche*). Die Grafiken dafür müssen in der Besetzung vorhanden sein. Für die Ende-Schaltfläche wurde eine einfache Schaltfläche mit dem Werkzeug Schaltfläche aus der Werkzeugpalette erzeugt. Im Eigenschafteninspektor wurde die Sprite-Einstellung auf *Hintergrund Transparent 100%* eingestellt. Das Skript für die Schaltfläche wurde manuell erstellt. Es enthält den Befehl `quit` zum Beenden der Anwendung. Für die Texte wurde die Schrift importiert, damit diese auf dem Mac und Windows gleichermaßen zur Verfügung steht. Die Musik wurde in den Soundkanälen platziert. Hierbei handelt es sich um lizenzfreie Musik. Für die Bildübergänge wurde immer derselbe Übergang in den Übergangskanälen verwendet. Die Photos wurden uns freundlicherweise von Volkswagen zur Verfügung gestellt. Die Lizenzen liegen also bei VW.

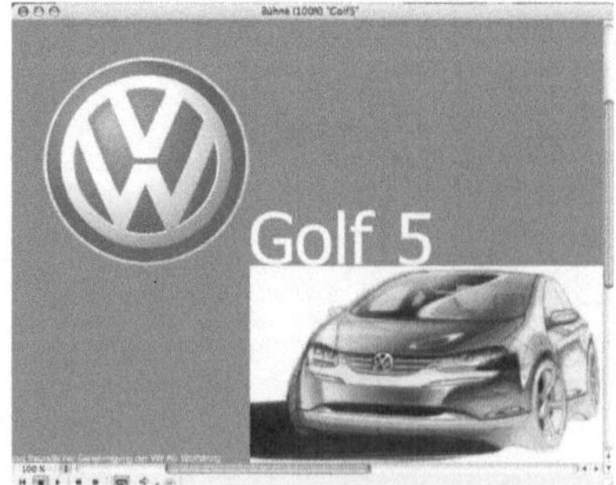

Abb. 1-34: Links: Startscreen Rechts: Hauptscreen 800 × 600

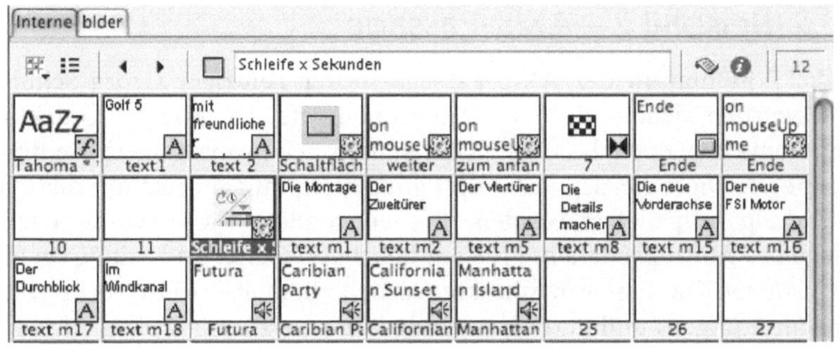

Abb. 1-35:
Die interne Besetzung mit Schrift, Verhalten, Übergängen, Sounds und Texten

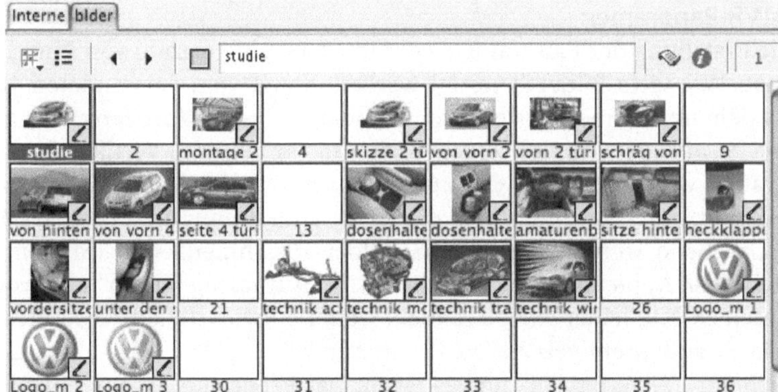

Abb. 1-36:
Die Besetzung Bilder mit den Bildern von VW

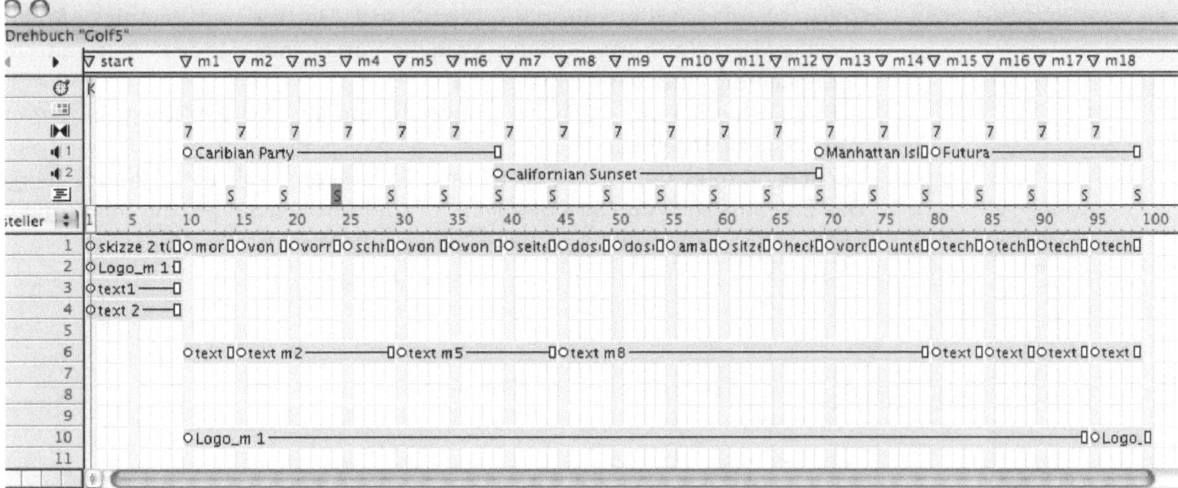

Abb. 1-37:
Das Drehbuch mit den Effektkanälen

1.10.2 Beispiel 2 – AXIS-Passage

Für die Präsentation der AXIS-Passage in der Leipziger Georg-Schuhmann-Straße wurden sieben 360-Grad-Panoramen gefertigt. Mit der QuicktimeVR-Technologie von Apple lassen sich die Panoramen problemlos in die Bibliothek importieren. Diese werden verknüpft importiert, müssen also mit der Director-Anwendung mitgeliefert werden. Die verwendete Karte wurde nach einer Vorlage des Auftraggebers in Freehand nachgezeichnet und mit Fireworks weiterverarbeitet. Die Panoramapunkte wurden ebenfalls in Fireworks erstellt (in zwei Anmutungen) und in die Besetzung importiert.

Die QTVR-Panoramen

Für die Erstellung der Panoramen werden zuerst eine Anzahl von Einzelbildern benötigt. Wie viele Bilder benötigt werden, hängt vom verwendeten Objektiv ab. Bei dem im Beispiel verwendeten Standard-Objektiv (umgerechnet auf analog von 35 mm Brennweite) ergeben sich 16 Einzelbilder vertikal fotografiert. Fotografiert wurde mit einer Olympus 2020z mit der niedrigsten Auflösung von 480 × 640 Pixeln. Dabei muss sich die Kamera im Brennpunkt drehen können.

Anschließend werden die 16 Einzelbilder zusammengefügt (*Stiching*). 1998 veröffentliche Apple mit dem „Quicktime VR Authoring Studio" ein Programm für diesen Zweck; leider wurde es nicht weiter entwickelt, läuft also nicht unter Mac OS X, außerdem gab es das Programm nur für den Mac. Inzwischen bin auch ich auf „VR Worx 2.1" umgestiegen. Das Programm ist für Windows und Mac OS X verfügbar und funktioniert noch besser als das Apple-Programm. Genau wie das Studio kann „VR Worx" auch Objekte und komplexe Szenen erstellen. Hier eine kurze Einführung in die Vorgehensweise des Programms bei der Erstellung eines Panoramas.

Es sind hierbei nur 7 Schritte notwendig um aus den einzelnen Bildern ein Panorama zu erstellen.

Zuerst erfolgt die Grundeinstellung, in unserem Fall ein Zylinder-Image. Das Ergebnis soll 360 Grad betragen, es sind 16 Einzelbilder, die Bildgröße ist 480 × 640. Daraus ergibt sich eine Überlappung von ca. 20%.

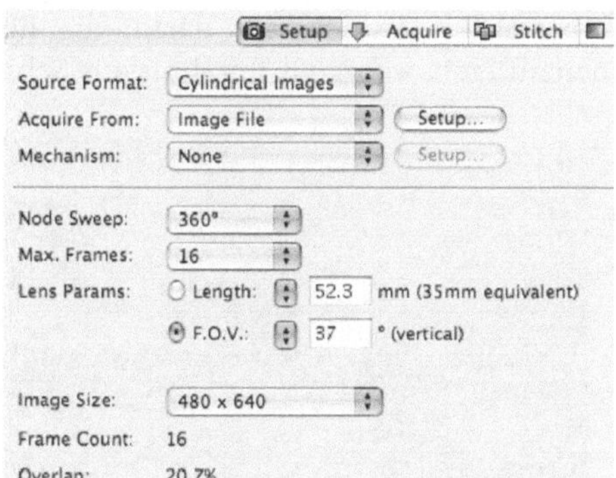

Abb. 1-38: VR Worx Setup

Der zweite Schritt ist das Importieren der Bilder.

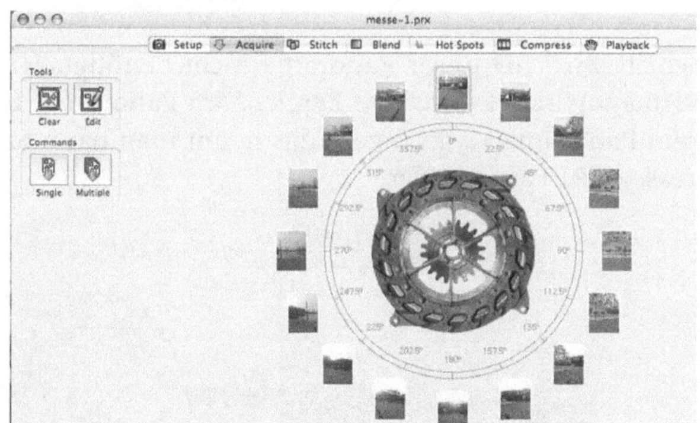

Abb. 1-39: VR Worx Bilder-Import

Der dritte Schritt ist das *Stiching*. Durch das Einstellen der Toleranz können Sie das Ergebnis beeinflussen. Alles andere erfolgt automatisch.

Abb. 1-40: VR Worx Bilder-Stiching

Der vierte Schritt besteht eigentlich nur darin, die Einzelbilder zu einem Panorama zusammenzufügen, wenn das Ergebnis aus Schritt drei O.K. war.

Abb. 1-41: VR Worx. Die Bilder werden zu einem Panoramabild zusammengefügt.

Der fünfte Schritt wird für unser Panorama nicht benötigt. Hier könnten Sie so genannte Hotspots (klick-sensitive Bereiche im Panorama) festlegen um zu einem anderem Panorama zu gelangen (das nennt man dann Szene) oder eine Internet-Adresse (URL) aufzurufen.

Abb. 1-42: VR Worx Hotspot Editor

Im sechsten Schritt legen Sie den Codec fest. In unserem Falle wurde Sorenson 3 mit 50% verwendet. Außerdem legen Sie hier die PAN-, TILT- und ZOOM-Parameter fest. Diese Parameter legen den horizontalen und vertikalen Winkel fest. Den Zoom geben Sie in Prozent an.

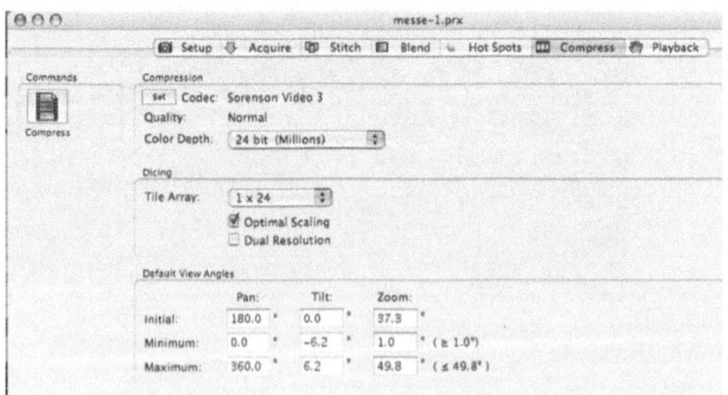

Abb. 1-43: VR Worx Kompressor (Codec) festlegen

Im siebenten und letzten Schritt legen Sie noch die Ausgabegröße fest. In unserem Fall 800 × 300 Pixel. Außerdem können Sie hier noch den Start-Bildausschnitt ändern. Wenn Sie jetzt auf Export Movie klicken, so wird das QTVR-Panorama erstellt.

Abb. 1-44:
VR Worx Playback

Die Director-Datei

Nun zur Director-Anwendung. Der Startscreen gibt Ihnen den Hinweis, dass Sie in der Karte auf einen der Panorama-Punkte klicken sollen.

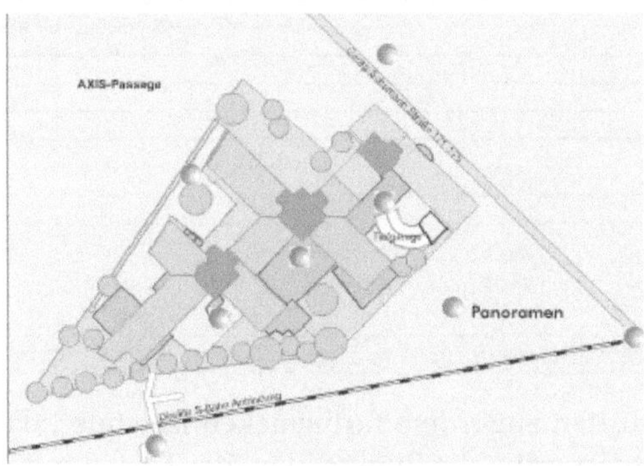

Abb. 1-45:
Übersichtskarte für die Panoramen der AXIS-Passage

Wenn Sie das tun, so wird zum jeweiligen Panorama-Frame verzweigt. Die Karte bleibt sichtbar, so dass Sie sich weitere Panoramen ansehen können. Die Schaltfläche wurde wieder mit einem Bibliotheks-Verhalten erzeugt (*Animation / Interaktiv / Rollover-Darsteller*). Für die Bild-Skripte wurde aus der Bibliothek das Skript für Schleife verwendet (*Navigation / Schleife*). Die Ende-

Schaltfläche wurde wie auch in „Golf“ das Schaltflächen-Werkzeug verwendet. Auch erfolgte die Einstellung des Hintergrundes auf Transparent 100%. Das Ende-Skript wurde wieder mit dem Skript-Editor erstellt und enthält den Befehl `quit` zum Beenden der Anwendung. Die Schrift wurde ebenfalls importiert. Alle Darsteller befinden sich in der internen Besetzung.

Abb. 1-46: Besetzung von AXIS-Passage

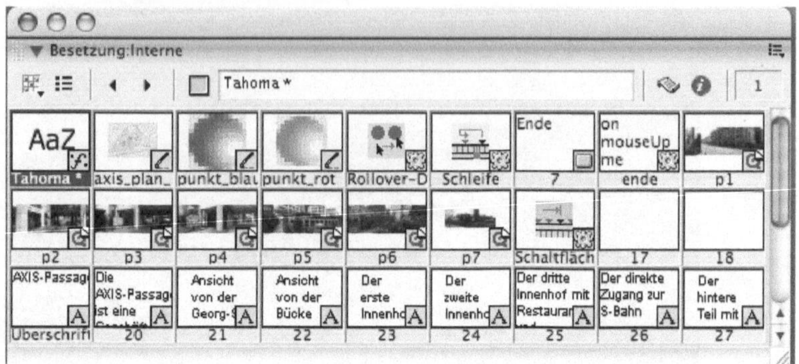

Im Drehbuch wurden die jeweiligen Panorama-Frames mit Markierungen versehen, die zur Navigation verwendet wurden.

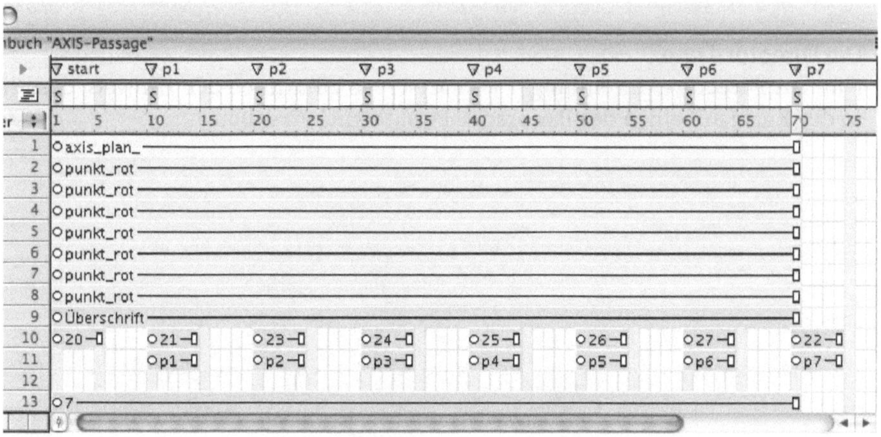

Abb. 1-47: Drehbuch von AXIS-Passage

Alle Darsteller wurden außerdem farbig gekennzeichnet, damit man sie besser erkennt. Die Karte ist grün, die Punkte blau, die Texte pink und die Panoramen orange gekennzeichnet. Die Effektkanäle wurden in unserem Fall nicht benötigt. In dem Skriptkanal liegt das Skript für die Schleife, auf Hintergrundmusik wurde verzichtet.

Und so sieht der Hauptscreen der Anwendung aus:

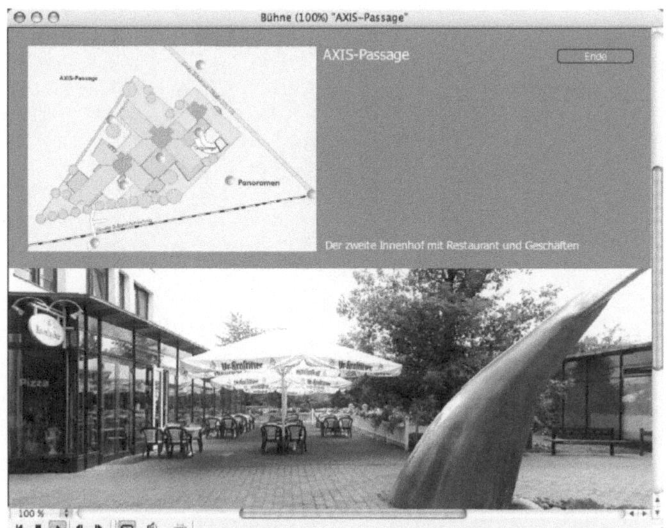

Abb. 1-48:
Hauptscreen mi einem Panorama der AXIS-Passage

2 Grundlagen der Programmierung

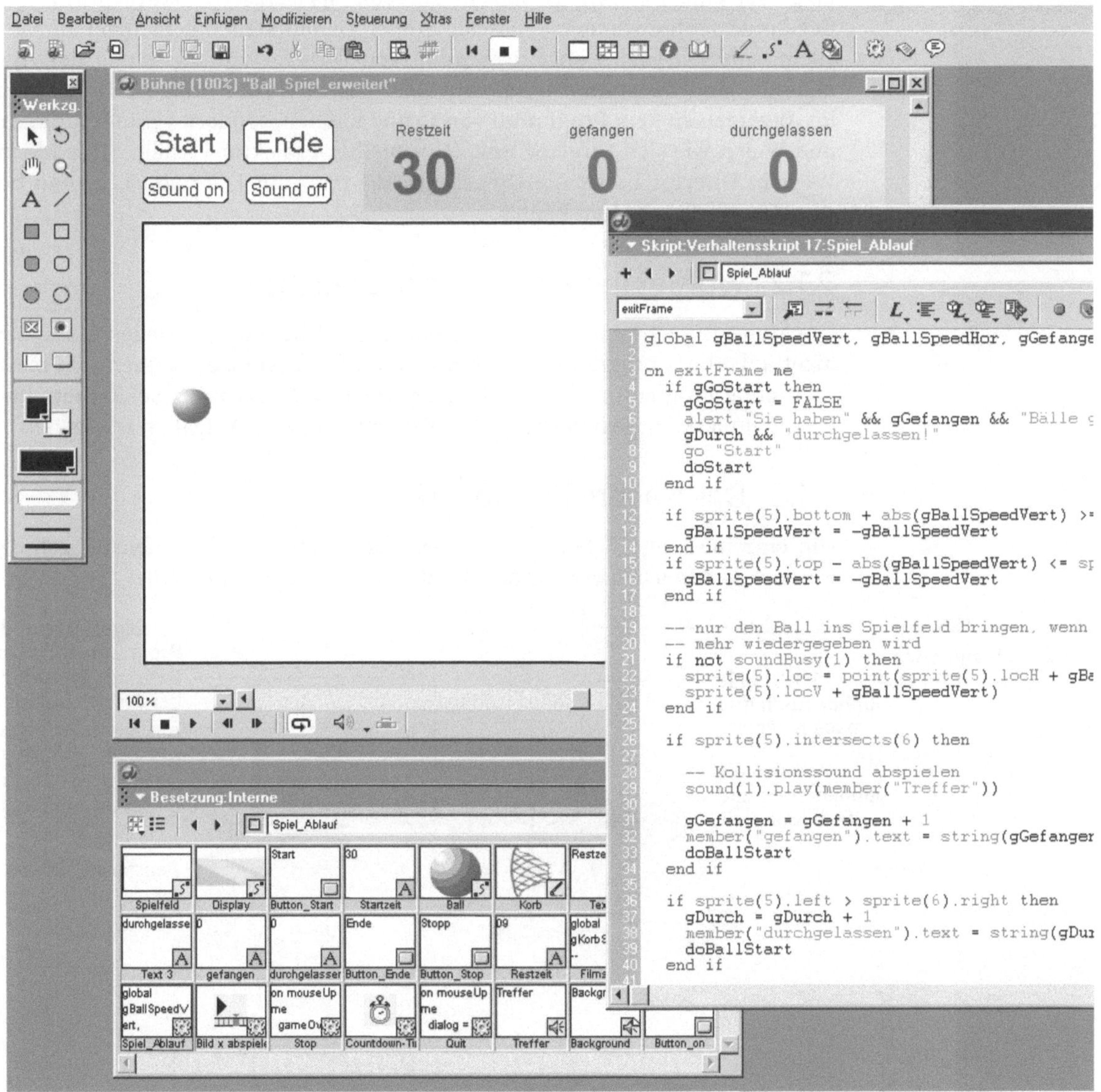

2.1 Grundlagen Lingo

2.1.1 Was ist Lingo?

Lingo ist eine für den Einsatz in Director spezialisierte Skriptsprache. Im Gegensatz zu Sprachen wie Pascal, C oder Delphi steht Lingo nicht für sich allein, sondern stellt eine Erweiterung von Director zur Steuerung der Animations- und Programmfunktionen dar. Das heißt, mit Lingo schreibt man im Allgemeinen kein Programm von Grund auf neu, sondern verändert die Art und Weise, wie sich Director bzw. ein erstellter Projektor verhält. Mit anderen Worten, Director bildet die Umgebung, die man mit Hilfe von Lingo an bestimmten Stellen ändern kann.

2.1.2 Wofür eine Programmiersprache?

Um Multimediaanwendungen mit Macromedia Director zu erstellen muss man nicht unbedingt programmieren können. Einfache Aufgaben lassen sich meist auch ohne Programmierung realisieren. Doch nur durch die Flexibilität einer Programmiersprache kann auch die Lösung komplexer Aufgaben erfolgen.

2.1.3 Das Nachrichtenfenster

Um einzelne Lingo-Befehle einzugeben kann das Nachrichtenfenster genutzt werden. Sie erreichen es über den Menüpunkt *Fenster / Nachricht.*

Abb. 2-1: Nachrichtenfenster

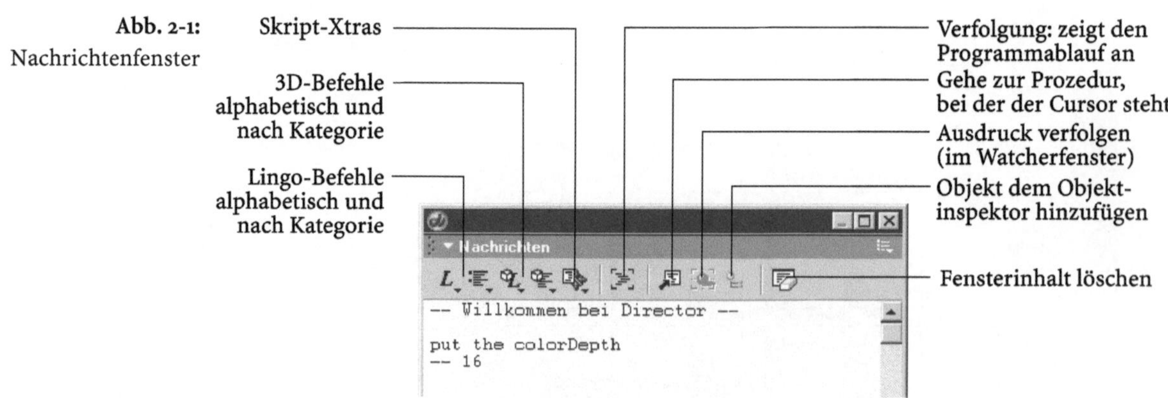

Geben Sie dort den Befehl `put the colorDepth` ein und bestätigen ihn mit der Enter-Taste. Ob Sie die Buchstaben des Befehls groß, klein oder gemischt groß und klein schreiben, ist egal, da Lingo nicht *case sensitive* ist. Das heißt, Lingo unterscheidet nicht zwischen Klein- und Großschreibung. Als Ergebnis Ihrer Eingabe erhalten Sie die aktuelle Farbtiefe, die auf Ihrem Computer eingestellt ist, als Potenz zur Basis 2 angezeigt, z.B. 16. In diesem Fall beträgt die Farbtiefe = 2^{16}, also 65 536 Farben.

Allerdings lassen sich nicht mehrere Befehle auf einmal im Nachrichtenfenster abarbeiten. Sie können dort also keine Skripte, sprich Programme, schreiben, dafür ist das Skriptfenster vorgesehen.

2.1.4 Das Skriptfenster

Zum Programmieren von Lingo-Skripten dient das Skriptfenster. Um es zu öffnen, wählen Sie den Menüpunkt *Fenster / Skript* oder das entsprechende Icon . Das Skriptfenster lässt sich aber auch mit einem Klick der rechten Maustaste auf einen Darsteller oder auf ein Sprite öffnen. Die dritte Möglichkeit ist ein Doppelklick im Skriptkanal des Drehbuches.

Egal welche Möglichkeit Sie wählen, in jedem Fall erhalten Sie das Skriptfenster zur Programmierung mit Lingo angezeigt:

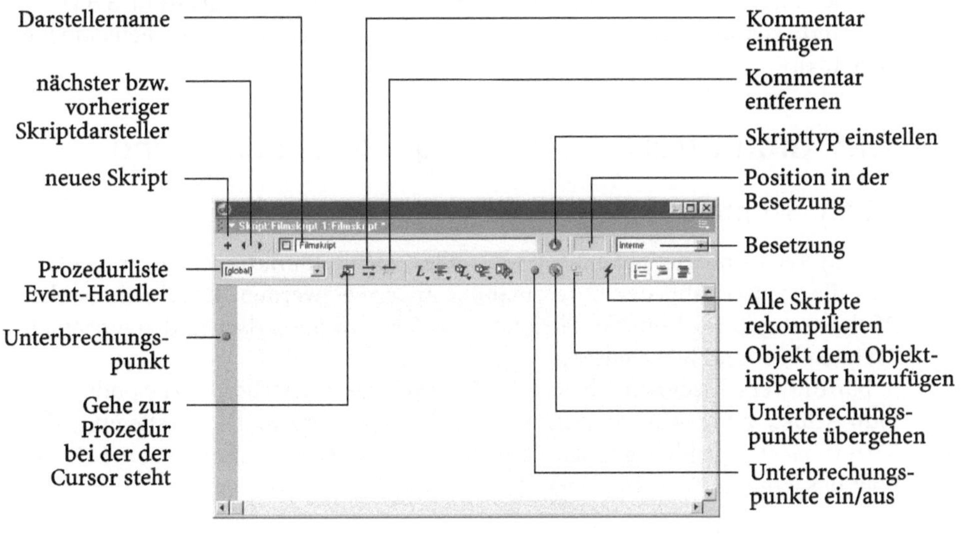

Abb. 2-2: Skriptfenster

Prozedurliste: Hiermit schalten Sie zwischen den einzelnen Prozeduren (Event-Handlern) eines Skripts hin und her.

Gehe zu Prozedur: Steht der Cursor auf dem Namen einer Prozedur und Sie klicken auf diese Schaltfläche, so gelangen Sie direkt zu der entsprechenden Prozedur (Event-Handler).

Kommentar einfügen/entfernen: Mit diesen beiden Schaltflächen können Kommentare eingefügt bzw. gelöscht werden (Kommentare beginnen immer mit zwei Bindestrichen).

Lingo alphabetisch/nach Kategorien: Ein Mausklick auf die jeweilige Schaltfläche zeigt alle Lingo-Befehle alphabetisch bzw. nach Kategorien geordnet an.

Ausdruck verfolgen: Fügt die Variable, auf der sich der Cursor befindet, in das Watcherfenster ein. Dies dient zur Fehlersuche (s. S. 101).

Alle Skripte rekompilieren: Mit einem Klick auf diese Schaltfläche werden alle Skripte rekompiliert, dadurch werden die Skripte auch auf Syntaxfehler geprüft.

Skripttyp einstellen: Hierüber gelangen Sie zum Eigenschafteninspektor um festzulegen, ob es sich um ein Film-, Verhaltens- oder Parentskript handeln soll.

Darstellername: Der Name, unter dem das Skript in der Besetzung angezeigt wird.

Besetzung: Name der Besetzung, in der das Skript gespeichert ist (s. S. 14).

Unterbrechungspunkt: Dient der Programmsteuerung bei der Fehlersuche (s. S. 103).

2.1.5 Grundstrukturen der Lingo-Programmierung

2.1.5.1 Skripte und Skripttypen

Als ein Skript bezeichnet man jeweils alle Befehle, Funktionen, Kommentare etc., die im Skriptfenster untereinander angezeigt werden. Durch die beiden Pfeiltasten ‹ › im Kopf des Skriptfensters können Sie zwischen den einzelnen Skripten hin- und herschalten.

Für die verschiedenen Objekte in Director, wie Darsteller, Sprites oder den Film selbst, gibt es auch unterschiedliche Skripttypen. Die Festlegung des Skripttyps erfolgt über das Icon im Skriptfenster oder ab Director 8 direkt über das Register *Skript* des Eigenschafteninspektors:

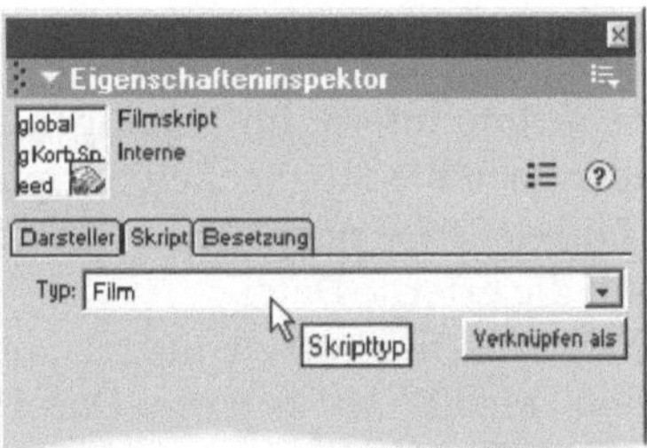

Abb. 2-3: Eigenschafteninspektor

Je nach Typ wird dem jeweiligen Skript in der Besetzung ein entsprechendes Icon zur Kennzeichnung zugeordnet. Einen Überblick der verfügbaren Skripttypen und der zugehörigen Icons zeigt die folgende Grafik:

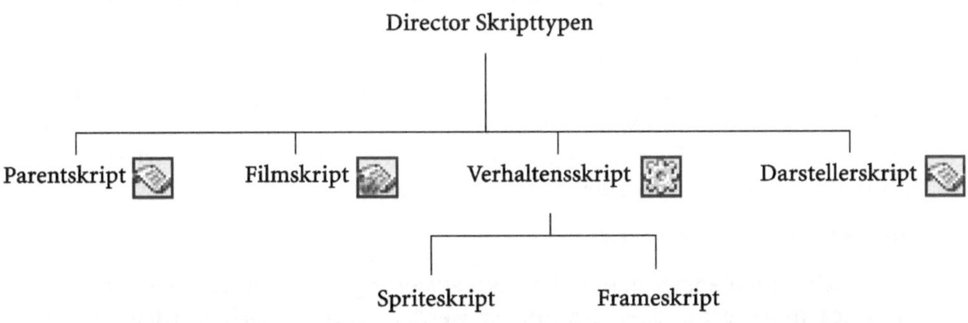

Abb. 2-4: Skripttypen

Parentskript: Dieser Skripttyp wird für die objektorientierte Programmierung verwendet. Im Gegensatz zu Verhaltensskripten müssen sie keinem Director-internen Objekt zugeordnet werden.

Filmskript: Dies sind Skripte, die den gesamten Film betreffen. Event-Handler (s. S. 63) in Filmskripten sind von jeder Stelle des Directorfilms aus nutzbar, egal in welchem Frame sich der Film gerade befindet. Event-Handler, die auf Filmereignisse reagieren, wie z.B. `on prepareMovie` oder `on startMovie` **müssen** als Filmskript gespeichert werden, da sie sonst nicht ausgeführt würden. Ebenfalls bietet sich der Skripttyp für Anweisungen und Befehle an, die an verschiedenen Stellen im Film benötigt werden.

Verhaltensskript: Ein Skript, das Sprites und Frames zugeordnet werden kann, bezeichnet man in Director als Verhalten (engl. Behavior). Es wird wie Filmskripte in der Besetzung gespeichert. Damit ein Verhaltensskript abgearbeitet wird, **muss** es zuvor einem Sprite auf der Bühne bzw. im Drehbuch oder einem Frame im Skriptkanal zugewiesen werden. Entsprechend wird es dann auch als *Spriteskript* bzw. *Frameskript* bezeichnet.

Darstellerskript: Diese Art von Skripten erscheinen nicht als eigenständige Darsteller in der Besetzung. Sie können sie über das Kontextmenü (rechter Mausklick auf einen Darsteller), Menüpunkt *Darstellerskript...* erstellen und anzeigen. Darstellerskripte gelten immer nur für den jeweiligen Darsteller.

2.1.5.2 Externe Skripte

Standardmäßig werden Skripte intern, im jeweiligen Directorfilm gespeichert. Ab Director 8 gibt es aber auch die Möglichkeit Skripte als externe Textdateien mit der Endung .ls für *Linked Script* zu speichern. In der Besetzung erfolgt dann nur noch ein Verweis auf die externe Datei.

Um ein externes Skript in Director zu nutzen, importieren Sie es in die Besetzung mit der Option „Media“ *Mit externer Datei verknüpfen* (s. S. 25). Die Textdatei muss dabei die Endung .ls oder .txt besitzen (s. auch S. 70/71).

Wollen Sie ein bereits vorhandenes internes Skript in ein externes umwandeln, so gehen Sie wie folgt vor: Wählen Sie das Skript in der Besetzung aus, öffnen Sie den Eigenschafteninspektor und dort das Register *Skript*. Klicken Sie auf die Schaltfläche *Verknüpft…* und speichern das Skript im darauf folgenden Dialog.

So können Sie Ihre Skripte auch in einem externen Editor außerhalb von Director bearbeiten. Die automatische Übernahme von Änderungen in einen geöffneten Directorfilm klappt leider nur, wenn der Directorfilm zuvor gespeichert war. Wird der Film erst nach der externen Änderung gespeichert, so überschreibt Director diese wieder! Mit der Anweisung:

```
member("SkriptName").unload()
```

im Nachrichtenfenster kann die Aktualisierung der Anzeige des externen Skriptes in Director aber erzwungen werden. Automatisch werden externe Änderungen von Skripten nur sicher beim Öffnen der jeweiligen Directordatei übernommen.

Ändern Sie ein externes Skript im Skriptfenster von Director, wird die externe Datei immer beim Speichern des Directorfilms aktualisiert.

Einen etwas einfacheren Umgang mit externen Editoren ermöglicht der Eintrag eines solchen in die Editoren-Voreinstellungen, Menü *Datei / Voreinstellungen / Editoren…*:

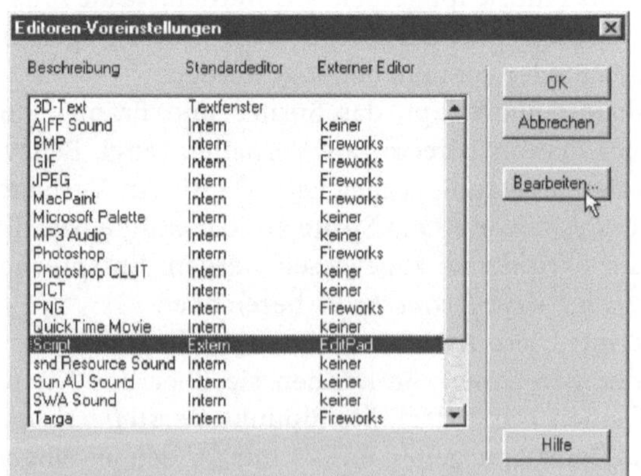

Abb. 2-5: Editoren – Voreinstellungen

Tragen Sie dort einen externen Editor ein, so wird dieser jedesmal gestartet, wenn Sie ein Skript per Doppelklick in der Besetzung zur Bearbeitung öffnen. Dies gilt dann allerdings **für alle Skripte** und nicht nur für externe!

2.1.5.3 Event-Handler

Lingo-Skripte (s. S. 60) sind immer dazu da, auf Ereignisse zu reagieren. Ereignisse können durch den Programmablauf bestimmt sein, z.B. der Start eines Films (`startMovie`) oder durch Benutzereingaben eintreten, wie z.B. das Betätigen einer Taste (`keyDown`). Die Namen dieser Ereignisse sind durch Lingo fest vorgegeben.

Der Name eines Ereignisses ist mit einem vorangestellten `on` gleichzeitig auch der Name der Prozedur, die beim Eintritt des Ereignisses abgearbeitet wird. Eine Prozedur, die z.B. auf die Betätigung einer Taste reagiert, sieht wie folgt aus:

```
on keyDown
  -- Hier stehen die Befehle, die aus-
  -- geführt  werden sollen, wenn der
  -- Benutzer eine Taste gedrückt hat
  beep
end
```

Diese Prozeduren werden auch als *Handler* bzw. *Event-Handler* (dt. *Ereignis-Prozedur*) bezeichnet, da sie auf ein Ereignis (Event) auf eine ganz bestimmte Art und Weise reagieren. Zwei hintereinander stehende Bindestriche in Lingo-Skripten bedeuten, dass ab dieser Position bis zum Zeilenende nur *Kommentar* steht. Das heißt, Anmerkungen des Programmierers, die nicht von Director als Programm-Code abgearbeitet werden. Der Befehl `beep` im obigen Event-Handler steht hier beispielhaft und erzeugt einen Ton des Computer-Lautsprechers.

Ein Skript kann beliebig viele Event-Handler enthalten. Deren Reihenfolge im Skript spielt keine Rolle, da jeder Event-Handler nur beim Eintritt eines entsprechenden Ereignisses abgearbeitet wird. Derselbe Event-Handler darf aber nur einmal innerhalb eines Skriptes stehen!

Auch eigene Event-Handler können in Lingo definiert werden. Diese beginnen ebenfalls mit dem Schlüsselwort `on` gefolgt von einem frei gewählten Namen, der folgende Kriterien erfüllen muss:

- mit einem Buchstaben beginnen
- keine Leerzeichen oder Umlaute enthalten
- keine Satz- oder Sonderzeichen aufweisen

Abgeschlossen wird ein eigener Event-Handler wie bereits vordefinierte mit dem Schlüsselwort `end`, z.B.:

```
on meinEreignis
  put "Befehle werden abgearbeitet"
  -- Hier folgen weitere Anweisungen
end
```

Um einen solchen Event-Handler durch seinen Namen aufzurufen, muss er im selben Skript oder in einem Filmskript stehen!

Soll ein Event-Handler aufgerufen werden, der in einem anderen Verhaltensskript steht, können Sie dafür die Funktionen `call()`, `sendSprte()` und `sendAllSprites()` verwenden. Wobei mit `call()` auch Event-Handler in Darsteller-, Film- und Parentskripten aufrufbar sind:

```
call(#meinEreignis, scriptInstanz)          oder
sendSprite(1, #meinEreignis)                oder
sendAllSprites(#meinEreignis)
```

Mit dem ersten Befehl wird an das mit `scriptInstanz` bezeichnete Skript das Ereignis `#meinEreignis` gesendet. Für `scriptInstanz` können Sie eine Referenz auf das betreffende Skript, z.B. `me` oder `script "MachWas"` angeben. Auch eine Liste mit Skript-Referenzen kann für `scriptInstanz` stehen. Dann wird das Ereignis nacheinander an alle in der Liste enthaltenen Skripte gesendet. Existiert ein mit `call()` angegebenes Skript oder ein aufgerufener Event-Handler nicht, kommt es zu einem Skriptfehler.

Der zweite Befehl geht davon aus, dass Sprite 1 ein Skript mit dem selbst definierten Event-Handler on mein Ereignis zugeordnet ist. Alternativ kann der zweite Befehl genutzt werden, der die Nachricht mein Ereignis an alle Sprites im Film sendet. Wenn bei einem Aufruf kein entsprechendes Skript oder kein Event-Handler existiert, passiert nichts, es wird auch kein Skriptfehler erzeugt.

2.2 Praxisteil I – ein Countdown-Zähler per Verhalten

Um die Verwendung von Lingo anschaulicher und leichter erfassbar zu gestalten, werden wir uns im Folgenden die wichtigsten Elemente, Strukturen und Befehle für die Programmierung an zwei Beispielen ansehen. Zunächst nutzen wir ein Verhalten aus der Bibliothekspalette für einen Zähler. Darauf aufbauend werden wir dann ab Seite 68 ein kleines Geschicklichkeitsspiel mit Lingo entwickeln.

2.2.1 Beschreibung

Mit Hilfe des Verhaltens *Countdown-Timer* aus der Bibliothek von Director (Menüpunkt *Fenster / Bibliothekspalette / Text*) soll ein Zähler erstellt werden, der von 30 bis 0 zählt. Diesen Zähler werden wir dann im Praxisteil II nutzen, um dort die restliche Spielzeit anzuzeigen.

2.2.2 Verwendete Darsteller

Besetzung		**Drehbuch**		**Beschreibung**
Nr.	Name	Kanal	Frame	
1	Startzeit	1	1 bis 10	**Textdarsteller „30"**
2	Restzeit	1	20 bis 30	**Textdarsteller „00" für aktuelle Zeit**
3	Countdown-Timer	1	20 bis 30	Verhalten aus der Bibliothek/Text für Darsteller
4	Button_Start	2	1 bis 10	Startbutton, mit Werkzeugpalette/Taste erzeugt
5	Start	2	1 bis 10	eigenes Verhaltensskript für den Startbutton
6	Pause	SK *	1	eigenes Verhaltensskript für Pause bei Frame 1
6	Pause	SK *	20	dasselbe Skript für Frame 20

* mit SK ist hier der Skriptkanal des Drehbuches bezeichnet

2.2.3 Das Drehbuch

Der Aufbau des Drehbuches für den Counter gestaltet sich entsprechend der oben aufgeführten Darstellerliste.

Der verwendete Framebereich ist Frame 1 bis 30. Frame 1 erhält die Markierung „Start" und Frame 20 „Counter".

Bei Frame 1 soll der Abspielkopf so lange warten, bis ein Mausklick auf den Startbutton erfolgt. Darauf springt dann der Abspielkopf auf Frame 20, wo der Countdown abläuft.

Wie das Drehbuch erstellt wird, sehen wir uns im nächsten Abschnitt an.

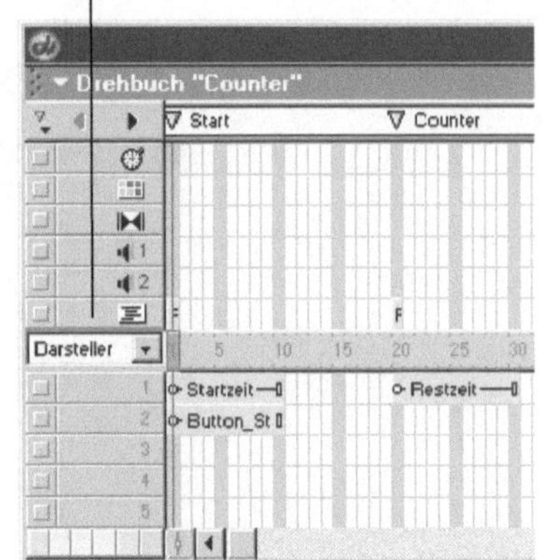

Abb. 2-6: Drehbuch-Counter

2.2.4 Erstellung des Films

Zunächst legen Sie in Director über das Menü *Datei / Neu / Film* einen neuen Film an und speichern diesen unter dem Namen „Counter". Erzeugen Sie dann, entsprechend obiger Tabelle, zwei neue Darsteller mit dem Textwerkzeug (Strg + 6), einmal „30“ als Darsteller 1 und „00“ als Darsteller 2. Beide Darsteller ziehen Sie nacheinander aus der Besetzung in den Spritekanal 1 des Drehbuches, Darsteller 1 auf Frame 1 und Darsteller 2 auf Frame 20.

2.2.4.1 Countdown-Timer

Anschließend ziehen Sie aus der Bibliothek/Text (Menüpunkt *Fenster / Bibliothekspalette*) das Verhalten *Countdown-Timer* auf Position 3 der Besetzung:

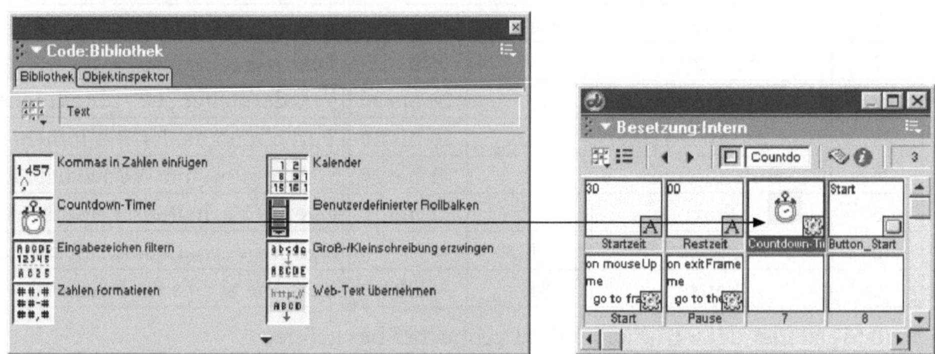

Abb. 2-7: Verhalten und Bibliothek

Ziehen Sie dann den Darsteller 3 (Countdown-Timer) mit der Maus aus der Besetzung auf den Textdarsteller 2 im Drehbuch (Spritekanal 1, Frame 20). Damit weisen Sie dem Textdarsteller 2 das Countdown-Verhalten zu. In der darauf angezeigten Dialogbox wählen Sie als Countdown-Zeit 30 Sekunden:

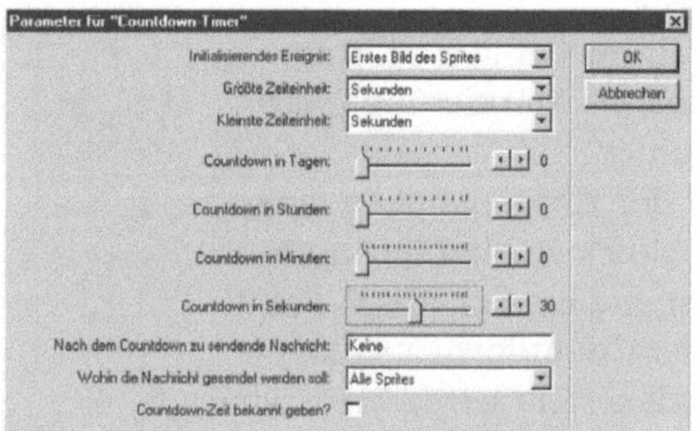

Abb. 2-8: Parameter für Counter

2.2.4.2 Start-Schaltfläche

Mit dem Icon *Schaltfläche* der Werkzeugpalette (Strg + 7) platzieren Sie nun eine Schaltfläche auf die Bühne, die die Beschriftung „Start“ erhält. Im Drehbuch legen Sie die Schaltfläche in Spritekanal 2, Frame 1 bis 10 (s. S. 65).

Diese Schaltfläche benötigt jetzt noch eine Funktionalität, die, immer wenn sie gedrückt wird, den Countdown startet, d.h. den Abspielkopf auf Frame 20 bewegt.

Dafür programmieren Sie ein erstes Verhaltensskript, das als Darsteller 5 gespeichert werden soll. Markieren Sie also mit der Maus die Position 5 in der Besetzung und öffnen Sie das Skriptfenster (Menü *Fenster / Skript*). Stellen Sie im Eigenschafteninspektor unter *Skript* (über das Icon im Skriptfenster erreichbar) den Typ auf *Verhalten* ein.

Das nun zu schreibende Skript muss zuerst in Erfahrung bringen, ob die Start-Schaltfläche gedrückt wurde. Dafür können wir den Event-Handler `on mouseUp` nutzen, der immer beim Loslassen der Maustaste aktiviert wird. Ist dies der Fall, soll der Abspielkopf im Drehbuch auf Frame 20 bewegt werden. Der Lingo-Befehl dafür lautet `go to frame 20`. Das komplette Skript sieht dann so aus:

```
on mouseUp me
  go to frame 20
end
```

Anstelle von Frame 20 können Sie auch dessen Namen verwenden, hier „Counter“. Der Befehl lautet dann also: `go to frame "Counter"`.

2.2.4.3 Pause-Skript

Damit wäre unser Counter schon fast fertig. Allerdings hat Director die Eigenart, ohne besondere Anweisung einen Film fortlaufend abzuspielen. Um dies zu verhindern, müssen wir bei Frame 1 und Frame 20 einen Pause-Befehl programmieren.

Markieren Sie dafür die Position 6 in der Besetzung mit der Maus und öffnen Sie das Skriptfenster (Menü *Fenster / Skript*). Stellen Sie dort über das Icon wieder den Skripttyp auf *Verhalten* im Eigenschafteninspektor ein. Anschließend notieren Sie im Skriptfenster folgende drei Zeilen:

```
on exitFrame me
  go to the frame
end
```

Der Event-Handler `on exitFrame` wird immer aktiv, wenn der Abspielkopf im Drehbuch den jeweiligen Frame verlassen will. Mit dem Befehl `go to the frame` wird Director veranlasst wieder zum Anfang desselben Frames zu gehen. Das heißt, der Abspielkopf wird nicht wirklich angehalten, sondern Director tritt sozusagen auf der Stelle.

Würde man den Film z.B. mit dem Befehl `halt` anhalten, könnte Director auf keine Eingabe mehr reagieren, d.h. der Film würde nicht mehr weiterlaufen und müßte neu gestartet werden. Ähnlich verhält es sich mit dem Befehl `delay`, der den Abspielkopf eine bestimmte Zeit anhält. Deshalb lässt man in Director in der Regel den Abspielkopf nicht wirklich anhalten, sondern ihn immer wieder dasselbe Frame durchlaufen.

Ziehen Sie dafür das als Darsteller 6 abgelegte Verhaltensskript aus der Besetzung einmal auf Frame 1 und einmal auf Frame 20, jeweils in den Skriptkanal des Drehbuches (s. S. 66).

Zum Schluss sollten Sie noch die beiden Marken „Start“ und „Counter“ auf Frame 1 bzw. 20 im Drehbuch setzen. Sonst können Sie die Frames nur mit ihren Nummern, aber nicht per Namen aufrufen.

Jetzt können Sie den Film über das Menü *Steuerung / Abspielen* testen. Sobald Sie auf den Startbutton klicken, beginnt unser Counter zu zählen.

2.3 Praxisteil II – ein Geschicklichkeitsspiel mit Lingo

2.3.1 Die Spieloberfläche und -handlung

Um die Programmierung von Director für eine konkrete Anwendung zu zeigen, werden wir jetzt ein kleines Geschicklichkeitsspiel mit Hilfe von Lingo entwickeln:

Abb. 2-9: Bühne Geschicklichkeitsspiele

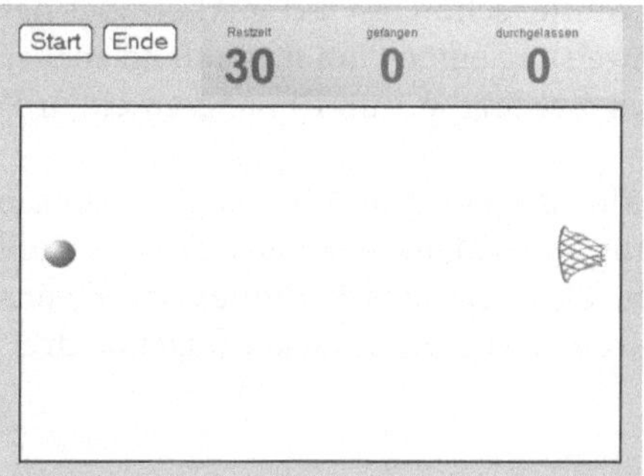

Bei diesem Spiel soll sich, nach dem Anklicken der Start-Schaltfläche, der Ball mit zufälliger Geschwindigkeit und Richtung auf den rechten Spielfeldrand zu bewegen. Die Spielaufgabe besteht darin, den Korb mit den beiden Tasten „H“ und „B“ auf- bzw. abwärts zu bewegen und dabei den Ball zu fangen.

Wenn ein Ball gefangen wurde, soll dies in der Spielstandsanzeige dargestellt werden, d.h., der Zähler für „gefangen“ wird um eins erhöht. Wurde der Ball nicht gefangen, wird der Zähler für „durchgelassen“ um eins erhöht. In beiden Fällen wird anschließend am linken Bildschirmrand ein neuer Ball ins Spielfeld gebracht, welchen es wieder zu fangen gilt.

Während des Spielverlaufes sollen die beiden Schaltflächen *Start* und *Ende* ausgeblendet sein. Dafür wird die Schaltfläche *Stopp*, mit der das Spiel jederzeit angehalten werden kann, eingeblendet. In der Spielstandsanzeige soll außerdem ein Timer laufen, der nach einer festgelegten Zeit, hier 30 Sekunden, selbstständig das Spiel stoppt.

Um das Spiel zu schließen, wird die Schaltfläche *Ende* mit der entsprechenden Programmfunktion belegt.

2.3.2 Die Darsteller für das Spiel

In der folgenden Tabelle finden Sie alle für das Spiel benötigten Darsteller mit ihrer Anordnung in der Besetzung und im Drehbuch des Directorfilms. Diese Anordnung muss für das Spiel unbedingt eingehalten werden, wenn Sie die Skripte von Seite 91 unverändert verwenden wollen.

Besetzung		**Drehbuch**		**Beschreibung**
Nr.	Name	Kanal	Frame	
1	Spielfeld	1	1 bis 20	Spielfläche 600 × 360, mit Vektorformfenster erzeugt
2	Display	2	1 bis 20	Anzeigefläche 330 × 85 für Spielstand (Vektorform)
3	Button_Start	3	1 bis 10	Startbutton, mit Werkzeugpalette/Taste erzeugt
4	Startzeit	4	1 bis 10	Textdarsteller „30“ für Spielzeit
5	Ball	5	1 bis 20	Ball, Vektorform-Darsteller
6	Korb	6	1 bis 20	Figur, die den Ball fangen soll, importierte Grafik
7	Text 1	7	1 bis 20	Textdarsteller „Restzeit“
8	Text 2	8	1 bis 20	Textdarsteller „gefangen“
9	Text 3	9	1 bis 20	Textdarsteller „durchgelassen“
10	gefangen	10	1 bis 20	Textdarsteller „0“ für Spielstandsanzeige
11	durchgelassen	11	1 bis 20	Textdarsteller „0“ für Spielstandsanzeige
12	Button_Ende	12	1 bis 10	Endebutton, mit Werkzeugpalette/Taste erzeugt
13	Button_Stop	3	20 bis 30	Stoppbutton, mit Werkzeugpalette/Taste erzeugt
14	Restzeit	4	20 bis 30	Textdarsteller „00“ für restliche Spielzeit
15	Filmskript	—	—	Filmskript, s. Skriptteil S. 91
16	Pause bei aktuellem Bild	SK *	1	Verhalten aus der Bibliothek/Navigation f. Frame 1
17	Spiel_Ablauf	SK *	20	eigenes Verhaltensskript, s. Skriptteil S. 93
18	Bild x ➡ 20 abspielen	3	1 bis 10	Verhalten aus der Bibliothek/Navigation für Darst. 3
19	Stop	3	20 bis 30	eigenes Verhaltensskript für den Stoppbutton
20	Countdown-Timer	4	20 bis 30	Verhalten aus der Bibliothek/Text für Darsteller 14
21	Quit	12	1 bis 10	eigenes Verhaltensskript für das Programmende

* mit SK ist hier der Skriptkanal des Drehbuches bezeichnet

2.3.2.1 Besetzung und Drehbuch

Der Aufbau der Besetzung und des Drehbuches gestaltet sich entsprechend der obigen Tabelle. Der verwendete Framebereich im Drehbuch ist Frame 1 bis 30. Frame 1 erhält die Markierung „Start“ und Frame 20 „Spiel“.

Außerdem wird das Verhaltensskript Darsteller 16 dem Skriptkanal im Frame 1 zugeordnet sowie das Verhaltensskript Darsteller 17 dem Skriptkanal im Frame 20. Die Skripte für den Start-, Stopp- und Endebutton werden diesen mit der Maus per Drag & Drop aus der Besetzung zugewiesen.

Im nächsten Abschnitt werden wir uns die einzelnen Schritte zur Erstellung des Drehbuches genauer ansehen. Mit den in den Lingo-Skripten verwendeten Daten- und Programmstrukturen befassen wir uns ab S. 73 näher.

Die beiden folgenden Abbildungen zeigen die Besetzung und das Drehbuch des Spiels:

Abb. 2-10:
Besetzung und Drehbuch

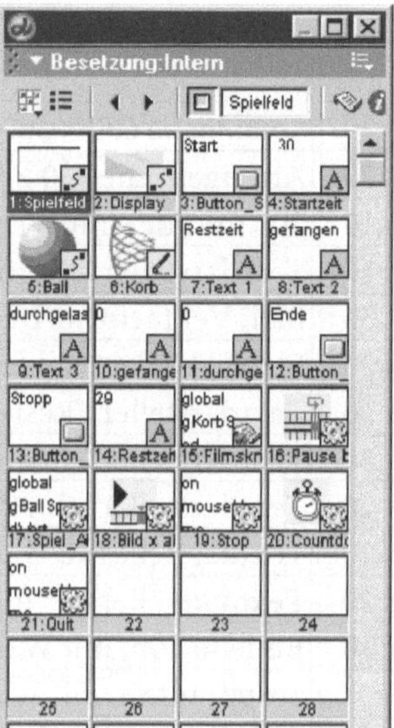

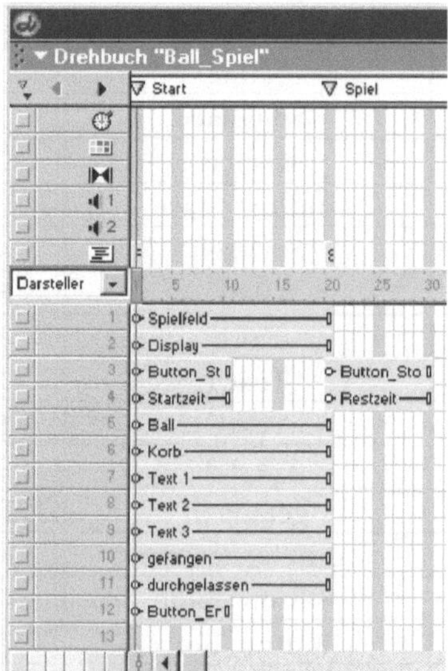

2.3.3 Erstellung des Films

Legen Sie in Director über das Menü *Datei / Neu / Film* einen neuen Film an und speichern diesen unter dem Namen „Ball_Spiel“. Klicken Sie mit der linken Maustaste auf die Bühne, damit der Eigenschafteninspektor (Strg + Alt + S) die Einstellungen für die Bühne anzeigt, falls er dies noch nicht tat. Stellen Sie dort die Bühnengröße auf 640 × 480 und die -farbe auf RGB: #CCCC66 ein.

Erstellen Sie dann alle benötigten Darsteller wie in obiger Tabelle aufgeführt. Die beiden Grafiken Korb und Ball können Sie auch von der beiliegenden CD-

ROM importieren, indem Sie mit der rechten Maustaste (beim Mac Ctrl + Maustaste) in die Besetzung auf Position 5 (Ball) und 6 (Korb) klicken und im Kontextmenü *Import...* wählen. Die Farbtiefe in dem daraufhin angezeigten Dialogfenster können Sie hier auf 8 Bit (entspricht 256 Farben) belassen:

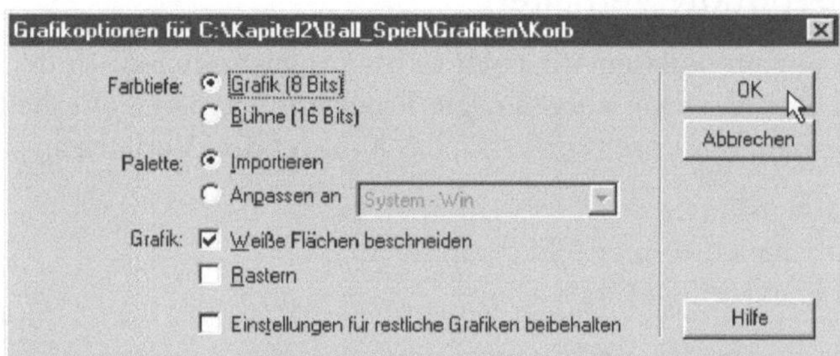

Abb. 2-11: Grafikoptionen

Auf die gleiche Weise werden die Skripte, die als Textdateien auf der CD-ROM vorliegen, importiert. Im Dialogfenster für den Import haben Sie dann die Auswahl zwischen *Text* und *Skript*:

Abb. 2-12: Importeinstellung für Texte und externe Skripte

Hier müssen Sie unbedingt *Skript* wählen, da Skripte als *Text* nur angezeigt, aber nicht abgearbeitet werden! Achten Sie bei den Skripten auch darauf, dass Sie nach dem Import im Eigenschafteninspektor (Menü *Fenster / Inspektoren / Eigenschaften*) den „Typ" der Skripte auf *Verhalten* einstellen. Nur Skript 15 wird als Filmskript verwendet.

Anschließend sollten Sie die Darsteller, die bereits automatisch auf der Bühne und im Drehbuch durch Director platziert wurden, löschen. Danach ziehen Sie mit der Maus die einzelnen Darsteller aus der Besetzung in die jeweiligen Spritekanäle bzw. Frames des Drehbuches. (So erhalten Sie eine bessere Kontrolle darüber, in welchen Spritekanälen und Frames sich welche Darsteller befinden.) Die Darsteller müssen dabei genau wie in obiger Tabelle beschrieben angeordnet werden. Andernfalls würden die vorgegebenen Skripte (s. S. 91) nicht oder nur teilweise funktionieren.

Vergessen Sie nicht, die beiden Marken „Start" und „Spiel" auf Frame 1 bzw. 20 im Drehbuch zu setzen. Da diese bei der Programmierung der Skripte mit verwendet wurden, sind sie für die korrekte Funktion des Spiels notwendig.

Sind alle Darsteller auf ihren Plätzen, dann speichern Sie das Spiel noch zum Schluss. Jetzt können Sie über das Menü *Steuerung / Abspielen* testen, ob Ihr

Film funktioniert. Sobald Sie auf die Start-Schaltfläche klicken, sollte sich der Ball von links nach rechts bewegen und der Korb mit den beiden Tasten „H" und „B" nach oben bzw. unten bewegen lassen.

2.3.3.1 Benötigte Verhalten

Nicht alle Skripte müssen wir auch selbst programmieren. In der Verhaltensbibliothek gibt es schon vorgefertigte Programmelemente (Verhalten), die wir nutzen können. Für unser Spiel sind das konkret drei Verhalten:

- ➢ Countdown-Timer
- ➢ Bild x abspielen ➡ hier Bild (Frame) 20
- ➢ Pause bei aktuellem Bild

Öffnen Sie dafür die Verhaltensbibliothek über das Menü *Fenster / Bibliothekspalette* und weisen Sie den Darstellern entsprechend der Tabelle auf Seite 69 das jeweilige Verhalten zu. Dafür müssen Sie die Verhalten nur mit der Maus auf die einzelnen Darsteller bzw. Frames ziehen (Drag & Drop).

Beim Verhalten *Countdown-Timer* bekommen Sie für die Einstellung des Counters folgende Dialogbox angezeigt:

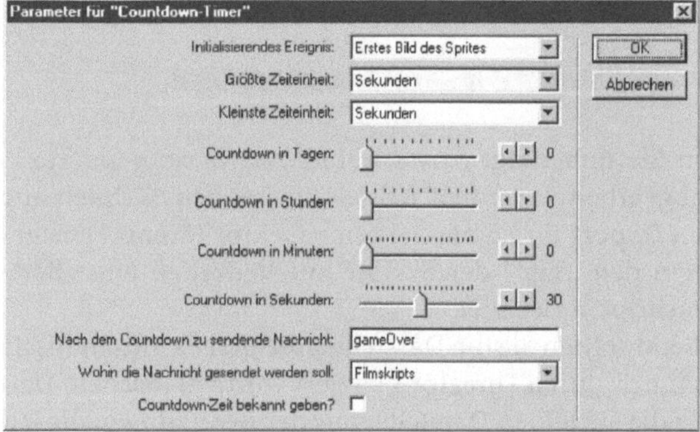

Abb. 2-13: Parameter-Einstellungen

Hier tragen Sie die Werte aus der obigen Abbildung ein. Wichtig dabei ist der Eintrag „gameOver". Damit wird der Event-Handler `on gameOver` im Filmskript (Darsteller 15) aufgerufen.

2.3.3.2 Countdown-Timer auswerten

Sobald der Timer abgelaufen ist, sendet er die Nachricht „gameOver" an das Filmskript. Eine Nachricht ist dabei nichts anderes als ein Ereignis, auf das ein entsprechender Event-Handler, hier `on vgameOver`, reagiert.

Dieser Event-Handler setzt die globale Variable `gGoStart` auf `TRUE`. Die Variable wird vom Verhaltensskript in Frame 20 (Darsteller 17) im Event-Handler `on exitFrame` abgefragt. Hat diese Variable dabei den Wert `TRUE`, wird der Abspielkopf auf Frame 1 gesetzt und das Spiel damit beendet. Außerdem wird der Spielstand in einem extra Fenster mit dem Befehl

```
alert "Sie haben" && gGefangen && "Bälle gefangen und" && \
gDurch && "durchgelassen!"
```

angezeigt.

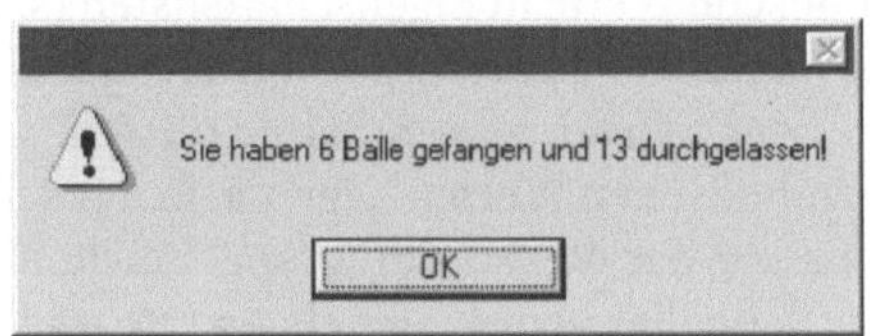

Abb. 2-14:
Trefferanzeige

2.3.4 Datentypen und -strukturen

2.3.4.1 Einfache Datentypen

Zur Speicherung von Daten verwendet man Variable. Dies sind Namen, denen Daten (Werte) zugewiesen werden können, die veränderbar, sprich variabel sind. Es gibt verschiedene Typen von Variablen, je nachdem welchen Typ von Daten sie beherbergen:

Integer: Ganzzahlen, also `1`, `2`, `3` etc., d.h. Zahlen ohne Komma. In Lingo reicht der Wertebereich für Ganzzahlen von `-2.147.483.648` bis `+2.147.483.647`. Mit der Systemvariablen `the maxInteger` lässt sich die maximal mögliche Ganzzahl des jeweiligen Rechnersystems ermitteln.

Floating Point: Gleitkommazahlen, also Zahlen mit Nachkommastellen, z.B.: `1.23` und `4.5` oder in Exponentialschreibweise `2.562e+6`. Die anzuzeigen-den Dezimalstellen stehen in der Systemvariablen `the floatPrecision`. Standardmäßig werden 4 Stellen angezeigt, maximal sind 15 möglich. Die Systemvariable `the vfloatPrecision` ändert dabei nicht die Anzahl der verwendeten Dezimalstellen bei Rechenoperationen. Wichtig ist, dass Dezimalstellen in Director mit einem Punkt und **nicht** mit Komma angegeben werden müssen.

String: Dies sind Zeichenkettenvariable, hier können Sie also beliebigen Text unterbringen, z.B. „Das Haus wird gebaut". Der Inhalt von Stringvariablen wird immer in Anführungszeichen („...") geschrieben; Hochkommas ('...') sind in Lingo nicht zulässig.

Boolean: Boolsche Variable werden durch die Zuweisung von TRUE (wahr) oder FALSE (falsch) erzeugt. Dabei sind TRUE und FALSE feste Schlüsselworte in Lingo, die nicht anderweitig verwendet werden dürfen. Allerdings kennt Lingo keinen eigenständigen Datentyp Boolean wie andere Sprachen, sondern Variable, denen TRUE oder FALSE zugewiesen wird, werden als Integer deklariert. Daher kann man statt TRUE und FALSE auch 1 und 0 schreiben, diese Werte sind in Lingo gleichbedeutend.

Symbol: Symbolische Werte sind ein spezieller Datentyp in Director, der durch ein vorangestelltes Doppelkreuz (#) gekennzeichnet wird. Besonders häufig werden symbolische Werte in Eigenschaftslisten (s. S. 81) eingesetzt, können aber auch einer Variablen zugeordnet werden. Dabei ist zu beachten, dass Symbole keine Leer- oder Satzzeichen enthalten dürfen.

Der Vorteil von symbolischen Werten liegt u.a. in der schnelleren Ausführung von Anweisungen als bei der Verwendung von Zeichenketten. Beispielsweise wird A=#Schalter schneller verarbeitet als A="Schalter".

2.3.4.2 Wertzuweisung

Werte werden Variablen mittels des Operators „=" zugewiesen, den man daher auch als *Zuweisungsoperator* bezeichnet. Dabei wird der Wert oder Ausdruck, der auf der rechten Seite des Operators steht, der Variablen auf der linken Seite zugewiesen.

Mit dem folgenden Befehl erhält z.B. die Variable a die Zeichenkette "Haus" zugewiesen:

```
a = "Haus" -- weist a die Zeichenkette "Haus" zu
```

Damit wird a als Variable vom Typ *String* (Zeichenkette) deklariert. Im weiteren Programmablauf könnte dieser Variablen z.B. der Wert 42 zugewiesen werden, wodurch a automatisch in den Typ *Integer* (Ganzzahl) konvertiert würde:

```
a = 42 -- weist a die Ganzzahl 42 zu
```

Wie die meisten Anweisungen muss auch eine Wertzuweisung in Lingo innerhalb eines Event-Handlers (s. S. 63) erfolgen. Zum Testen können Sie aber alle Befehle auch in das Nachrichtenfenster (Menü *Fenster / Nachricht*) schreiben und mit der Enter-Taste bestätigen.

Die oben zugewiesene Zeichenkette "Haus" und die Zahl 42 werden auch als *Literale* bezeichnet. Literale sind in der Programmierung Werte, die für sich selber stehen. Im Gegensatz dazu gibt es Variable, z.B. a, und Konstante, z.B. PI, die einen bestimmten Wert repräsentieren. Sowohl Literale als auch Variable und Konstante können einzeln oder gemischt Variablen zugewiesen werden, z.B.:

```
a = 42 + PI  -- weist a die Summe von 42 und PI zu
b = a        -- weist b die Variable a zu
```

Achtung! Der Zuweisungsoperator ist nicht mit dem Gleichheitszeichen in der Mathematik identisch, denn in der Programmierung ist auch folgender Ausdruck möglich:

```
a = a + 1    -- erhöht a um 1
```

Zuerst wird der Wert des Ausdrucks auf der rechten Seite ermittelt und dann der Variablen a zugewiesen. In der Quintessenz wird a dadurch um 1 erhöht. Diese Form von Anweisungen wird in der Programmierung oft benötigt um Variable um einen bestimmten Wert zu ändern.

2.3.4.3 Pass by Value vs. Pass by Reference

Insbesondere bei der Wertübergabe von Variablen ist es wichtig zwischen zwei grundsätzlichen Methoden zu unterscheiden. Gehen wir dafür von folgenden Anweisungen aus:

```
b = 12
c = b
```

Zunächst erhält die Variable b den Wert 12 zugewiesen. Anschließend wird b der Variablen c zugewiesen, womit c auch 12 ist. Schauen wir uns nun die zweite Anweisung etwas genauer an.

Einmal kann die Wertzuweisung hier erfolgen, indem eine Kopie des Inhalts von b erzeugt wird und c dieser Kopie zugeordnet wird. Diese Methode nennt man *pass by value*, also Weitergabe mittels Wert.

Die zweite Möglichkeit wird als *pass by reference* bezeichnet, also Weitergabe mittels Referenz. Hierbei wird nicht eine neue Kopie von b im Arbeitsspeicher angelegt, sondern nur die Variable c derselben Speicheradresse zugeordnet, der auch b zugeordnet ist. Das geht natürlich schneller als bei der ersten Methode und spart außerdem noch Arbeitsspeicher.

Allerdings kann es bei der zweiten Methode einen Stolperstein für den Programmierer geben. Wenn sich nach der Wertzuweisung der Inhalt von b ändert, ändert sich zwangsläufig auch der Wert von c, da ja beide Variable auf denselben Speicherplatz zeigen.

Welche Methode Lingo bei der Wertzuweisung verwendet, ist vom Datentyp abhängig und kann nicht direkt vom Programmierer festgelegt werden. In der folgenden Tabelle ist die jeweilige Methode in Abhängigkeit des Datentyps aufgeführt:

Datentyp	Wertzuweisung
Ganzzahl	pass by value
Gleitkommazahl	pass by value
Zeichenkette	pass by value
boolsche Variable	pass by value
symbolischer Wert	pass by value
Liste	pass by reference
Objekt Instanz	pass by reference
Xtra Instanz	pass by reference

Wenn Sie bei der Verwendung von Listen die Methode *pass by value* benötigen, so können Sie mit der Funktion `duplicate()` *pass by value* erzwingen, z.B.:

```
liste2 = duplicate(liste1)  -- erstellt eine Kopie von liste1
```

Gleichwertig ist die Syntax (Schreibweise) als Objekt-Methode:

```
liste2 = liste1.duplicate() -- erstellt eine Kopie von liste1
```

Auf diese Art lassen sich außer Listen auch Darsteller, Images von Darstellern und 3D-Vektoren sowie Transformationen kopieren. Für Instanzen von Xtras ist keine entsprechende Funktion verfügbar. Diese müssen bei Bedarf neu erstellt werden.

3D-Objekte hingegen lassen sich mit der Methode `clone()` und `deepClone()` kopieren (s. S. 436).

2.3.4.4 Datentyp ermitteln

Wie Sie bereits wissen, ist der Datentyp einer Variablen nicht fest, sondern kann während des Programmablaufes durch eine entsprechende Zuweisung geändert werden. Um den aktuellen Typ einer Variablen zu ermitteln, stellt Director die Funktion `ilk()` zur Verfügung. Sie liefert den Typ einer Variablen als Symbol zurück.

Nehmen wir einmal an, Sie möchten den Typ der eben erzeugten Variablen `a` ermitteln, dann können Sie den folgenden Befehl in das Nachrichtenfenster eingeben:

```
put ilk(a)
```

Als Anzeige erhalten Sie daraufhin:

```
-- #integer
```

Für `ilk()` gibt es noch eine zweite Syntax (Schreibweise), dabei werden der Funktion zwei Parameter (Werte) übergeben. Der erste ist die zu testende Variable, der zweite ein Datentyp als Symbol. Stimmt der Datentyp der Variablen mit dem angegebenen Typ überein, liefert die Funktion `TRUE` zurück, andernfalls `FALSE`, z.B.:

```
put ilk(a, #integer)
```

liefert im Nachrichtenfenster

```
-- TRUE
```

Eine Zusammenfassung der mit `ilk()` ermittelbaren Datentypen (außer Typen für Shockwave 3D) finden Sie in der folgenden Tabelle:

Datentyp	Symbol	Datentyp	Symbol
Ganzzahl	#integer	Sound	#sound
Gleitkommazahl	#float	Bild	#picture
Zeichenkette	#string	Darsteller	#member
boolsche Variable	#integer	Xtra	#xtra
symbolischer Wert	#symbol	Fenster	#window
lineare Liste	#list	Besetzung	#castLib
Eigenschaftsliste	#propList	Sprite	#sprite
Xtra Instanz	#instance	Skript	#script
Punkt	#point	Media	#media
Vektor	#vector	Image	#image
Rechteck	#rect	me	#instance
Farbe	#color	Timeout	#timeout
Datum	#date	VOID (nicht definiert)	#void

2.3.4.5 Datentyp konvertieren

Erhält Director eine Anweisung mit Variablen unterschiedlichen Typs, so müssen diese zunächst in einen gemeinsamen Typ konvertiert werden. Zum Teil wird dies von Director automatisch erledigt, z.B. wenn eine Zeichenkette mit einem numerischen Wert verknüpft wird (`"hallo" & 11`).

Wird dagegen einem Textdarsteller ein numerischer Wert zugewiesen, kommt es zu einem Skriptfehler. Hier muss der Programmierer selbst die Umwandlung der numerischen Variable in eine Zeichenkette durchführen.

Funktionen zum Testen und Umwandeln von Datentypen:

Funktion	Beschreibung
`voidP()`	Liefert TRUE, wenn der angegebene Ausdruck nicht definiert ist, andernfalls ergibt `voidP()` FALSE, dies gilt auch, wenn der angegebene Ausdruck 0 ist, z.B.: `put voidP(gTest)`
`string()`	Konvertiert einen numerischen Wert oder ein Symbol in eine Zeichenkette, z.B.: `member("Summe").text = string(20)`

`stringP()`	Testet, ob ein Ausdruck eine Zeichenkette ist (TRUE) oder nicht (FALSE), z.B.:
	`put stringP("30") -- ergibt 1 im Nachrichtenfenster`
	`put stringP(30)   -- ergibt 0 im Nachrichtenfenster`
	(in Lingo ist TRUE und 1 sowie FALSE und 0 gleichbedeutend)

`value()`	Gibt den numerischen (Integer oder Float) oder Listenwert einer Zeichenkette zurück. Dabei werden auch enthaltene Funktionen und Operatoren ausgewertet, so ergibt z.B. die folgende Anweisung `-- 43.5000` im Nachrichtenfenster:
	`a = "+"`
	`b = "*"`
	`put value("3.5" & a & "4" & b & "10")`
	Im Folgenden wird aus der Zeichenkette `z` die lineare Liste `ergebnis` erzeugt:
	`a = QUOTE & "Fisch" & QUOTE`
	`b = QUOTE & “Ganz” & QUOTE`
	`c = QUOTE & «Huhn» & QUOTE`
	`z = «[« & a & «,» & b & «,» & c & «]»`
	`ergebnis = value(z)`
	`put ergebnis     -- ergibt ["Fisch", "Ganz", "Huhn"]`
	Mit `value()` lassen sich u.a. Ausdrücke parsen, die vom Nutzer in Textfeldern eingegeben wurden; die Funktion entspricht in etwa der JavaScript-Funktion `eval()`.

`float()`	Erzeugt aus einer Integer- oder Stringvariablen eine Floatvariable, z.B.: `put float("3.5") -- ergibt 3.5000 im Nachrichtenfenster`

`floatP()`	Testet, ob ein Ausdruck eine Floatvariable ist (TRUE) oder nicht (FALSE), z.B.:
	`put floatP(2.33) -- ergibt 1 im Nachrichtenfenster`
	`put floatP(2)    -- ergibt 0 im Nachrichtenfenster`
	(in Lingo ist TRUE und 1 sowie FALSE und 0 gleichbedeutend)

`integer()`	Erzeugt aus einer Float- oder **ganzzahligen** Stringvariablen eine Integervariable, eventuell vorhandene Nachkommastellen werden gerundet, so ergibt z.B. die folgende Anweisung 4: `put integer(3.5)  -- ergibt 4 im Nachrichtenfenster`

Funktion	Beschreibung
`integerP()`	Testet, ob ein Ausdruck eine Ganzzahl ist (TRUE) oder nicht (FALSE), z.B.: `put integerP(2.5) -- ergibt 0 im Nachrichtenfenster`
`symbol()`	Wandelt eine Zeichenkette in ein Symbol um, z.B. liefert die folgende Anweisung den symbolischen Wert `#hallo` im Nachrichtenfenster: `put symbol("hallo") -- ergibt #hallo`
`symbolP()`	Ermittelt, ob ein Ausdruck ein symbolischer Wert ist (TRUE) oder nicht (FALSE), z.B.: `put symbolP(#hallo) -- ergibt 1 im Nachrichtenfenster`

2.3.4.6 Gültigkeitsbereich und Lebensdauer

Eine Variable kann nur in dem Event-Handler (s. S. 63), in dem sie deklariert wurde, gelesen oder geändert werden. Nach dem Beenden dieses Event-Handlers wird sie automatisch gelöscht.

Soll eine Variable nach dem Beenden des Event-Handlers, in dem sie deklariert wurde, erhalten bleiben und auch von anderen Event-Handlern aus nutzbar sein, so muss sie in **jedem** dieser Event-Handler bzw. Skripte als global definiert werden. Das erfolgt mit dem Schlüsselwort `global`, beispielsweise:

```
global gBall
```

Diese Anweisung kann innerhalb der betreffenden Event-Handler stehen. Damit ist die globale Variable nur für diese les- und schreibbar. Alternativ ist die Deklarierung von globalen Variablen auch außerhalb von Event-Handlern im Skript möglich. Dann sind die Variablen für alle Event-Handler des betreffenden Skriptes nutzbar.

Es können hinter dem Schlüsselwort `global` auch mehrere Variable durch Komma getrennt aufgeführt werden, die als global deklariert werden sollen, z.B.:

```
global gBall, gGefangen, gDurch, gGoStart
```

Üblicherweise lässt man globale Variablen immer mit einem kleinen g beginnen. Das dient der Übersichtlichkeit für den Programmierer, ist aber für Lingo selbst nicht erforderlich.

2.3.4.7 Lineare Listen

Listen von Director werden in anderen Programmiersprachen als Felder (engl. Arrays) bezeichnet. Felder bzw. Listen dienen dazu mehrere Variable auch unterschiedlichen Typs aufzunehmen. So enthält die Liste L z.B. eine Zeichenkette, eine Ganz- und eine Gleitkommazahl sowie eine boolsche Variable:

```
L=["hallo", 12, 3.425, schalter]
```

Die einzelnen Elemente einer Liste werden mit Komma getrennt. Alle Elemente einer Liste werden durch eckige Klammern eingefasst. Director kennt dabei nur eindimensionale Listen (Felder). Es ist aber kein Problem, in einer Liste als Element wieder eine Liste zu verwenden und so mehrdimensionale Listen selbst zu erstellen:

```
L=[variable, 32, [3,4,5,2,2,6], [34,78,2], "zeichen"]
```

Zugreifen können Sie auf eine solche Liste durch mehrere eckige Klammern:

```
put L[4][1] -- gibt 34 im Nachrichtenfenster aus
```

Damit erhalten Sie im Beispiel den Wert 34, d.h. das **vierte** Element der Liste L, welches wiederum eine Liste ist, und daraus dann das **erste** Element.

Beachten Sie, dass in Lingo-Listen die Elemente immer mit 1 begonnen werden zu zählen, **nicht** wie in vielen anderen Programmiersprachen mit 0.

Wichtig! Bevor Sie **einzelnen** Elementen einer Liste Werte zuweisen können, muss die Liste deklariert (definiert) sein. Nachfolgend finden Sie dafür einige Beispiele:

```
L=[]   -- deklariert L als leere lineare Liste
L=[:]  -- deklariert L als leere Eigenschaftsliste
L=[2, 5, "Hallo"] -- deklariert eine lineare Liste mit 3 Elementen
L=[#Platz1:43, #Platz2:39] -- deklariert eine Eigenschaftsliste
```

Um die Anzahl der eingetragenen Elemente einer Liste zu ermitteln, können Sie die Eigenschaft count von Listen verwenden, z.B.:

```
myList = [25, "Welt", 30]
put myList.count
```

ergibt 3 im Nachrichtenfenster. Alternativ können Sie auch die Funktion count() nutzen:

```
myList = [25, "Welt", 30]
put count(myList)
```

was ebenfalls 3 im Nachrichtenfenster liefert. Beide Varianten gelten gleichfalls auch für Eigenschaftslisten.

2.3.4.8 Eigenschaftslisten

Neben linearen Listen gibt es noch einen speziellen Listentyp, der als Eigenschaftsliste bezeichnet wird. Dies sind im eigentlichen Sinn auch lineare Listen, nur dass hier jedem Element zusätzlich ein symbolischer Wert (s. S. 73) zugeordnet wird (in anderen Programmiersprachen werden sie auch als assoziative Arrays bezeichnet), z.B.:

```
Spielstand = [#restzeit:0, #gefangen:0, #durch:0]
```

Hier wird eine Eigenschaftsliste `Spielstand` mit drei Elementen definiert. `#restzeit` ist dabei die Bezeichnung des ersten Elements der Liste. Getrennt durch einen Doppelpunkt folgt der Wert des Elements. Die Angaben für das zweite Element werden mit einem Komma vom ersten Element getrennt. Zugreifen auf die einzelnen Listenelemente können Sie wie folgt:

```
Spielstand[#restzeit]  oder   Spielstand[1]
Spielstand[#gefangen]  oder   Spielstand[2]
Spielstand[#durch]     oder   Spielstand[3]
```

seit Director 7 ist auch der Zugriff mittels Punktsyntax möglich:

```
Spielstand.restzeit
Spielstand.gefangen
Spielstand.durch
```

2.3.4.9 Listen dynamisch ändern

Wie Sie Listen respektive Felder mit Lingo erzeugen und auf die einzelnen Listenelemente zugreifen können, haben Sie in den beiden letzten Abschnitten erfahren. In diesem Abschnitt werden wir uns ansehen, wie Elemente einer Liste hinzugefügt und daraus entfernt werden. Um ein neues Element einer Liste hinzuzufügen, kann der neue Listenplatz direkt in eckigen Klammern angegeben und ihm ein Wert zugewiesen werden, z.B.:

```
meineListe = [#rot:"heiss", #gruen:"normal"]
meineListe[#blau] = "kalt"
```

Der erste Befehl erstellt die Eigenschaftsliste `meineListe` mit zwei Elementen. Im nächsten Befehl wird dieser Liste ein neues Element mit der Eigenschaft `#blau` und dem Wert `"kalt"` hinzugefügt. Soll eine lineare Liste erweitert werden, so kann dies analog erfolgen:

```
temperatur[5] = 45.6
```

Hier wird der linearen Liste `temperatur` ein neues Element an der Position 5 mit dem Wert `45.6` zugewiesen. Falls die Liste zuvor weniger als vier Elemente besaß, werden die fehlenden Elemente ebenfalls erzeugt und mit 0 belegt. Dies können Sie auch leicht selbst nachvollziehen, indem Sie die folgenden Befehle im Nachrichtenfenster eingeben:

```
temperatur = []          -- erzeugt eine leere lineare Liste
temperatur[5] = 45.6     -- weist Listenelement 5 den Wert 45.6 zu
put temperatur
-- [0, 0, 0, 0, 45.6]
```

Das Resultat ist eine Liste mit fünf Elementen, wobei die ersten vier mit 0 belegt sind. Übrigens lassen sich Listen auf diese Art nur am PC anzeigen, beim Mac geht das leider nicht.

Wollen Sie einer linearen Liste am Ende ein neues Element hinzufügen ohne zu wissen, wie lang diese ist, können Sie die Funktion `append()` nutzen:

```
append(mitarbeiter, "Schmidt")
```

In diesem Fall wird am Ende der Liste `mitarbeiter` ein neues Element erzeugt und diesem die Zeichenkette `"Schmidt"` zugewiesen. Alternativ kann diese Funktion auch mit der Punktsyntax (s. S. 83) genutzt werden:

```
mitarbeiter.append("Schmidt")
```

Dies führt zum selben Resultat wie die erste Schreibweise. Auch für Eigenschaftslisten existiert eine Funktion zum Anfügen von Listenelementen:

```
addProp(meineListe, #blau, "kalt")
```

fügt der Eigenschaftsliste `meineListe` die Eigenschaft `#blau` mit dem Wert kalt hinzu. Dasselbe in Punktsyntax sieht dann wie folgt aus:

```
meineListe.addProp(#blau, "kalt")
```

Funktionen um ein Element am Anfang oder einer beliebigen Stelle einer Liste einzufügen, existieren leider nicht in Lingo. Werden derartige Funktionen benötigt, muss man Lingo selbst um diese erweitern.

Beim Löschen von Elementen zeigt sich Lingo wieder flexibler. Hier können Sie jedes beliebige Element entfernen. Mit der Funktion `deleteOne()` geben Sie den Wert des Elements an, das Sie löschen wollen. Die Funktion `deleteAt()` erwartet hingegen die Positionsnummer des zu löschenden Elements. Beide Funktionen können für lineare und Eigenschaftslisten genutzt werden.

Soll z.B. das dritte Element aus der Liste `termine` gelöscht werden, schreiben Sie:

```
deleteAt(termine, 3)
```

oder in Punktsyntax:

```
termine.deleteAt(3)
```

Zum Löschen eines Elements, z.B. mit dem Wert `montag`, verwenden Sie den Befehl:

```
termine.deleteOne("montag")
```

Existiert der Wert `montag` mehrmals in der Liste `termine`, wird **nur das erste** auftretende Element mit diesem Wert gelöscht.

Eine Eigenschaft als Angabe des zu löschenden Elements kann bei `deleteOne()` **nicht** verwendet werden. Dafür müssen Sie die Funktion `deleteProp()` nutzen:

```
termine.deleteProp(#wochentag)
```

Ist eine Eigenschaft mehrmals in der Liste vorhanden, wird **nur das erste** auftretende Element mit dieser Eigenschaft gelöscht.

Sie können bei `deleteProp()` auch die zu löschende Positionsnummer des Elements angeben. In diesem Fall ist `deleteProp()` identisch mit `deleteAt()`.

Auch eine Funktion um **alle** Elemente einer Liste zu löschen kennt Lingo. Sollen z.B. alle Elemente der Liste `termine` entfernt werden, schreiben Sie:

```
termine.deleteAll()
```

Annähernd gleichwertig dafür lässt sich auch folgende Syntax nutzen:

```
termine = []
```

wodurch `termine` als leere lineare Liste definiert wird. War `termine` zuvor eine Eigenschaftsliste, wird durch den letzten Befehl allerdings der Listentyp geändert!

2.3.4.10 Eigenschaften von Objekten

In Director 7 wurde die so genanne *Punktsyntax* (engl. Dot syntax) eingeführt, wie sie auch in anderen Programmiersprachen üblich ist. Dabei werden die einzelnen Objekte mittels Punkt entsprechend ihrer Hierarchieebene getrennt.

Das in der Hierarchie höchste Objekt steht ganz links, das niedrigste rechts. Die allgemeine Schreibweise sieht wie folgt aus:

```
objekt.{unterobjekt.}eigenschaft
```

Die wichtigsten Objekte in Lingo sind:

Objekt	Bemerkung
sprite	Instanzen (Kopien) der Darsteller im Drehbuch
member	Darsteller in der Besetzung
sound	Sound-Objekt, verfügbar seit Director 8.0 (s. S. 250)
image	Image-Objekt, verfügbar seit Director 8.0 (s. S. 310)
castLib	Besetzungen in Director
the stage	Die Bühne von Director
window	Directorfilme in einem eigenen Fenster, so genannte MIAWs (s. S. 194)
xtra	Xtra-Objekt, Erweiterungen für Director (s. auch: Xtras)

Um z.B. die Position von Sprite 4 im Nachrichtenfenster auszugeben, können Sie schreiben:

```
put sprite(4).loc
```

Hierbei ist `sprite` das Sprite-Objekt, 4 bezeichnet den Spritekanal und `loc` ist eine Eigenschaft, die jedes Sprite-Objekt enthält. Mit `loc` (Abk. für *location*) kann die Position, an der sich das Sprite auf der Bühne befindet, ermittelt bzw. neu bestimmt werden. Die Eigenschaften eines Darstellers in der Besetzung werden mit Lingo entsprechend angesprochen; die allgemeine Syntax sieht so aus:

```
member(Darsteller, Besetzung).Eigenschaft
```

Soll beispielsweise der Textinhalt eines Textdarstellers angesprochen werden, schreibt man:

```
member("darstellerName", "besetzungsName").text
```

Konkret für den Darsteller `Info` in der Besetzung `Texte` sieht das dann so aus:

```
member("Info", "Texte").text
```

Es ist prinzipiell egal, ob ein Darsteller über seinen Namen oder über seine Nummer in der Besetzung angesprochen wird. Bei größeren Projekten sollte man aber besser mit dem Darstellernamen arbeiten, da sich die Nummer eines Darstellers durch Verschieben in der Besetzung ändern kann.

Die Angabe der Besetzung kann bei eindeutiger Bezeichnung des Darstellers auch weggelassen werden. Das heißt, wenn der Darstellername nur einmal existiert, kann die Angabe der Besetzung entfallen. Gibt es den Namen dagegen mehrmals, so nimmt Director den ersten Darsteller mit diesem Namen, den er findet. Dabei wird zuerst Besetzung 1 durchsucht, dann Besetzung 2 und so fort.

Wird statt des Darstellernamens die Darstellernummer verwendet und die Besetzung dabei nicht mit angegeben, bezieht sich Director immer auf die **erste** Besetzung mit der Bezeichnung „Intern".

2.3.4.11 Variablen des Geschicklichkeitsspiels

Prinzipiell ist es egal, ob eine Variable am Anfang eines Filmprojektes deklariert wird oder erst an der Stelle, an der sie benötigt wird. Damit aber im Programm die Übersicht nicht verloren geht, sollten Variable in der Regel am Anfang deklariert werden. Dafür eignet sich ein Filmskript meist am besten.

In unserem Geschicklichkeitsspiel werden die wichtigsten Variablen in den Event-Handlern `on startMovie` und `on doStart` im Filmskript (s. S. 91) deklariert und initialisiert. Das heißt, die Namen der Variablen werden dort festgelegt und ihnen Anfangswerte zugewiesen.

Die erste Variablendeklaration in `on startMovie` ist:

```
gKorbSpeed = 5
```

Durch die Zuweisung von `5` wird `gKorbSpeed` als Integervariable deklariert. Im Spiel ist sie dafür verantwortlich, um wieviel Pixel der Korb pro Tastendruck bewegt wird.

In der nächsten Zeile wird die boolsche Variable `gGoStart` deklariert und mit dem Anfangswert `FALSE` initialisiert:

```
gGoStart = FALSE
```

Diese Variable dient im Spiel als Schalter, ob das Spiel neu gestartet werden soll (`TRUE`) oder nicht (`False`).

In der nächsten Zeile wird keine Variable neu deklariert, sondern der Systemvariablen `the randomseed` (Startwert des Zufallsgenerators) bei jedem Filmstart ein anderer Wert zugeordnet:

```
the randomseed = the ticks
```

Dabei ist `the ticks` die Zeit, die seit dem Start des Computers vergangen ist in Ticks (1/60 Sekunden). So wird im Spiel erreicht, dass der Ball nicht immer mit derselben Geschwindigkeit startet.

Zum Schluss wird mit der Anweisung `doStart` der eigene Event-Handler `on doStart` aufgerufen. Dort werden die beiden Zähler `gGefangen` und `gDurch` für die Anzahl der gefangenen bzw. durchgelassenen Bälle deklariert und mit dem Anfangswert 0 initialisiert. Anschließend wird den beiden Textdarstellern `gefangen` und `durchgelassen`, die für die Anzeige der Spielstände verantwortlich sind, die Zeichenkette „`0`" zugewiesen:

```
member("gefangen").text = "0"
member("durchgelassen").text = "0"
```

Die Syntax entspricht dabei der objektorientierten Schreibweise (s. S. 83). Der Eigenschaft `text` eines Textdarstellers darf nur eine Zeichenkette zugewiesen werden. Daher muss die 0 in Anführungszeichen stehen. Bei der Zuweisung einer Zahl, also z.B. 0 ohne Anführungszeichen, kommt es zu einem Skriptfehler.

Der nächste Befehl setzt Sprite 6, den Korb, auf die Ausgangsposition:

```
sprite(6).loc = point(580,250)
```

Dafür wird die Spriteeigenschaft `loc` genutzt, die die horizontale und vertikale Position in Pixeln, ausgehend vom oberen und linken Leinwandrand, bestimmt. Da die Eigenschaft `loc` gleich zwei Werte enthält, die vertikale und horizontale Koordinate eines Sprites, muss die Zuweisung eines neuen Wertepaares mit der speziellen Funktion `point()` erfolgen.

Neben `loc` gibt es noch sechs weitere Eigenschaften für die Position eines Sprites:

Abb. 2-15: Positionseigenschaften

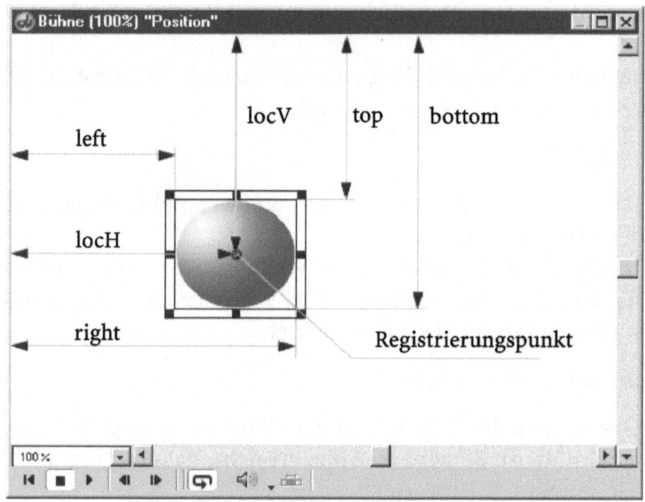

Für die Änderung der Position eines Sprites sollten allerdings nur die Eigenschaften `loc`, `locH` und `locV` genutzt werden, da nur diese das Sprite wirklich bewegen. Alle andern Eigenschaften ändern lediglich die jeweilige Begrenzung des Sprites und dehnen bzw. stauchen dadurch seine Darstellung auf der Bühne!

Sinnvoll lassen sich die Eigenschaften `right`, `left`, `top` und `bottom` nutzen, um z.B. zu ermitteln, ob ein Sprite eine Grenzlinie wie den Spielfeldrand bereits erreicht oder überschritten hat. In unserem Spiel ist diese Abfrage im Verhaltensskript 17 realisiert. Dort wird der Ball, wenn er den Spielfeldrand erreicht, in die jeweilige andere Richtung geschickt.

Die letzte Anweisung in `on doStart` ruft den Event-Handler `on doBallStart` auf. Dort wird, entsprechend dem oben Besprochenen, der Ball auf die Anfangsposition gesetzt:

```
sprite(5).loc = point(60,250)
```

Außerdem wird die horizontale `gBallSpeedHor`- und vertikale `gBallSpeedVert`-Geschwindigkeit des Balls per Zufallsfunktion `random()` ermittelt. Diese Funktion liefert Zufallszahlen im Bereich der beiden angegebenen Ganzzahlen, hier also von 5 bis 25:

```
gBallSpeedHor = random(5,25)
```

Wird nur eine Zahl angegeben, werden Zufallszahlen von 1 bis zu der angegebenen Zahl erzeugt. Ist der absolute Betrag der vertikalen Geschwindigkeit `gBallSpeedVert` kleiner als die horizontale Geschwindigkeit,

```
if abs(gBallSpeedVert) > gBallSpeedHor then
```

so werden beide Werte getauscht (die hier deklarierte Variable `temp` ist eine lokale Variable, d.h., nach der Abarbeitung von `on doBallStart` wird sie automatisch gelöscht):

```
temp = abs(gBallSpeedVert)
gBallSpeedVert = gBallSpeedHor
gBallSpeedHor = temp
```

So wird erreicht, dass sich der Ball immer schneller von links nach rechts bewegt als von oben nach unten.

2.3.5 Programmstrukturen

2.3.5.1 Bedingungen

Um Entscheidungen während des Programmablaufes auf unterschiedliche Ereignisse treffen zu können, z.B., ob der Ball mit dem Korb gefangen wurde, benötigen wir die Möglichkeit Bedingungen für die Programmausführung zu formulieren. Im allgemeinen Sprachgebrauch sähe das etwa so aus:

Wenn die Bedingung erfüllt ist, dann
    handle nach Anweisung A,
ansonsten
    handle nach Anweisung B

Vergleichsoperatoren für Bedingungen:	
Operator	**Bedeutung**
=	gleich
>	größer als
>=	größer als oder gleich
<	kleiner als
<=	kleiner als oder gleich
<>	ungleich
and	und-Verknüpfung
or	oder-Verknüpfung

In Lingo sieht das so aus:

```
if Bedingung then
        Anweisung A
else
        Anweisung B
end if
```

Die Befehle nach `then` werden nur ausgeführt, wenn die *`Bedingung`* TRUE (wahr) ergibt. Ansonsten werden die Befehle nach `else` abgearbeitet. Der `else`-Teil ist optional, d.h., er kann auch weggelassen werden. Das `end if` am Ende wird immer benötigt.

Eine zweite Möglichkeit um auf Bedingungen in Lingo zu reagieren sieht so aus:

```
case Variable of
        Wert1: Anweisung A
        Wert2: Anweisung B
        Wert3: Anweisung C
               .
               .
        otherwise: Anweisung X
end case
```

Hier werden verschiedene Werte mit dem Inhalt der Variablen, die nach `case` steht, verglichen. Stimmt einer dieser Werte mit der Variablen überein, dann werden die dahinter angegebenen Anweisungen ausgeführt. Es dürfen auch mehrere Werte für eine Bedingung angegeben werden:

```
case Variable of
              .
              .
Wert1, Wert2, Wert3: Anweisung D
       Wert4, Wert5: Anweisung E
              .
              .
       otherwise: Anweisung X
end case
```

`Anweisung D` wird also immer dann ausgeführt, wenn entweder `Wert1`, `Wert2` oder `Wert3` mit der Variablen nach `case` identisch ist. Wobei `Anweisung` hier für beliebig viele Befehle steht. Alle nachfolgenden Anweisungen werden bis `end case` übersprungen.

Trifft keiner der Werte zu, so werden die Anweisungen nach `otherwise` abgearbeitet. Der `otherwise`-Teil ist optional. Das `end case` am Ende wird immer benötigt.

2.3.5.2 Tastaturabfragen

Zur Auf- bzw. Abwärtsbewegung des Korbes wollen wir die Tasten „H“ und „B“ verwenden. Wir müssen also zuerst ermitteln, ob das Ereignis „Taste gedrückt“ eingetreten ist. Dazu können wir den in Lingo vorhandenen Event-Handler `on keyDown` nutzen. Als nächstes müssen wir abfragen, welche Taste gedrückt wurde, und entsprechend darauf reagieren. Zu diesem Zweck können wir die soeben kennen gelernte Programmstruktur für Bedingungen mit `case` verwenden.

Der prinzipielle Aufbau der entsprechenden Prozedur sieht dann wie folgt aus:

```
on keyDown
   case (the key) of
      "H": -- Korb aufwärts bewegen
      "B": -- Korb abwärts bewegen
   end case
end keyDown
```

Die vollständige Prozedur für die Tastaturabfrage finden Sie im Skriptteil auf Seite 93.

2.3.5.3 Kollisionserkennung

Als Kriterium, ob der Ball mit dem Korb gefangen wurde, soll uns das „Berühren" der beiden Sprites dienen. Dafür nutzen wir die Methode `intersects()` des Sprite-Objektes, die bei der Kollision zweier Sprites den Wahrheitswert TRUE (wahr) zurückliefert. Wir können dann mit einer bedingten Anweisung folgenden Programmcode notieren:

```
if sprite(5).intersects(6) then
  -- Anweisungen, wenn der Ball gefangen wurde
                .
                .

end if
```

Das heißt, nur wenn der Ball (Sprite 5) auf den Korb (Sprite 6) trifft, werden die Befehle in der `if`-Anweisung auch abgearbeitet. In diesem Fall wird in der `if`-Bedingung der Zähler `gGefangen` für die gefangenen Bälle um 1 erhöht und dem Darsteller gefangen für die Spielstandsanzeige zugewiesen. Der dritte Befehl ruft den Event-Handler `on doBallStart` im Filmskript auf, der den Ball an den linken Spielfeldrand zurücksetzt:

```
gGefangen = gGefangen + 1
member("gefangen").text = string(gGefangen)
doBallStart
```

Wichtig bei der Zuweisung des aktuellen Spielstandes ist es, zuvor den Wert der Variablen `gGefangen` mit der Funktion `string()` in eine Zeichenkette umzuwandeln. Da die Variable `gGefangen` vom Typ Integer (Ganzzahl) ist und die Eigenschaft `text` von Textdarstellern vom Typ String, würde es sonst zu einem Skriptfehler kommen.

2.3.5.4 Durchgelassene Bälle

Ähnlich wie die Kollisionserkennung arbeitet die Erkennung für die durchgelassenen Bälle. Wir fragen dafür in einer weiteren `if`-Bedingung die Position der rechten Begrenzung des Korbs und der linken des Balls ab. Ist die Position der linken Ballbegrenzung größer als die rechte des Korbs, gilt der Ball als durchgelassen. Daraufhin wird der Zähler `gDurch` für die durchgelassenen Bälle um 1 erhöht und dem Textdarsteller `durchgelassen` zugewiesen. Anschließend wird, wie bei der Kollisionserkennung, der Event-Handler `on doBallStart` im Filmskript aufgerufen, der den Ball wieder an den linken Spielfeldrand zurücksetzt:

```
if sprite(5).left > sprite(6).right then
    gDurch = gDurch + 1
    member("durchgelassen").text = string(gDurch)
    doBallStart
end if
```

Auch hier gilt zu beachten, dass vor der Zuweisung von `gDurch` erst eine Umwandlung in eine Zeichenkette erfolgen muss, da es sonst zu einem Skriptfehler käme.

2.3.5.5 Programm beenden

Um das Spiel zu schließen, d.h., das Programm ganz zu beenden, ist auf Frame 1 die Schaltfläche *Ende* vorhanden. Die Schaltfläche wird dafür einfach mit dem Befehl `quit` belegt. Das vollständige Verhaltensskript sieht so aus:

```
on mouseUp me
  quit
end
```

Das Skript wurde für dieses Beispiel im Darsteller 21 gespeichert. Durch den Event-Handler `on mouseUp` wird der Befehl `quit` zum Beenden des Programmes aufgerufen, sobald der Anwender die Schaltfläche *Ende* anklickt.

2.3.6 Alle Skripte des Geschicklichkeitsspiels

Filmskript (Darsteller 15):

```
global gKorbSpeed      -- Geschwindigkeit des Korbs in Pixel
global gBallSpeedVert -- vertk. Geschwindigkeit des Balls in Pixel
global gBallSpeedHor  -- horiz. Geschwindigkeit des Balls in Pixel
global gGefangen      -- Anzahl der gefangenen Bälle
global gDurch         -- Anzahl der durchgelassenen Bälle
global gGoStart       -- Hilfsvariable für Spielabbruch

on startMovie
  gKorbSpeed = 5
  gGoStart = FALSE
  the randomSeed = the ticks
  doStart
end startMovie
```

```
on doStart
  gGefangen = 0
  gDurch = 0
  member("gefangen").text = "0"
  member("durchgelassen").text = "0"
  sprite(6).loc = point(580,250)
  doBallStart
end doStart

on doBallStart
  gBallSpeedHor = random(5,25)
  gBallSpeedVert = random(51) - 26
  if abs(gBallSpeedVert) > gBallSpeedHor then
    temp = abs(gBallSpeedVert)
    gBallSpeedVert = gBallSpeedHor
    gBallSpeedHor = temp
  end if
  sprite(5).loc = point(60,250)
end doBallStart

on keyDown
  -- Sprite 6 aufwärts (Taste H) und abwärts (Taste B) bewegen. Um
  -- Sprite 6 mit den Cursortasten zu steuern, muss statt the key,
  -- the keyCode abgefragt werden. Als Ergebnis erhält man 123 für
  -- links, 124 f. rechts, 125 f. unten und 126 f. oben.

  case (the key) of
    "H": if sprite(6).top - gKorbSpeed <= sprite(1).top then
           sprite(6).locV = sprite(1).top + (sprite(6).locV - \
           sprite(6).top)
         else
           sprite(6).locV = sprite(6).locV - gKorbSpeed
         end if
    "B": if sprite(6).bottom + gKorbSpeed >= sprite(1).bottom then
           -- die Eigenschaft sprite.bottom bestimmt die untere ver-
           -- tikale Koordinate des Begrenzungsrechtecks des Sprites
           sprite(6).locV = sprite(1).bottom - (sprite(6).bottom - \
           sprite(6).locV)
         else
           sprite(6).locV = sprite(6).locV + gKorbSpeed
         end if
  end case
end keyDown
```

```
on gameOver
  gGoStart = TRUE
end gameOver
```

Verhaltensskript (Darsteller 17):

```
global gBallSpeedVert, gBallSpeedHor, gGefangen, gDurch, gGoStart

on exitFrame me
  if gGoStart then
    gGoStart = FALSE
    alert "Sie haben" && gGefangen && "Bälle gefangen und" && \
    gDurch && "durchgelassen!"
    go "Start"
    doStart
  end if

  if sprite(5).bottom + abs(gBallSpeedVert) >= sprite(1).bottom then
    gBallSpeedVert = -gBallSpeedVert
  end if

  if sprite(5).top - abs(gBallSpeedVert) <= sprite(1).top then
    gBallSpeedVert = -gBallSpeedVert
  end if

  sprite(5).loc = point(sprite(5).locH + gBallSpeedHor, \
  sprite(5).locV + gBallSpeedVert)

  if sprite(5).intersects(6) then
    gGefangen = gGefangen + 1
    member("gefangen").text = string(gGefangen)
    doBallStart
  end if

  if sprite(5).left > sprite(6).right then
    gDurch = gDurch + 1
    member("durchgelassen").text = string(gDurch)
    doBallStart
  end if

  go the frame
end
```

Verhaltensskript (Darsteller 19):

```
on mouseUp me
  gameOver -- Event-Handler im Filmskript
end
```

Verhaltensskript (Darsteller 21):

```
on mouseUp me
  quit      -- Spiel beenden
end
```

2.4 Praxisteil III – Ausbau des Geschicklichkeitsspiels

2.4.1 Spielfigur mit Cursortasten steuern

Im vorigen Abschnitt hatten wir das Geschicklichkeitsspiel so programmiert, dass sich der Korb mit der Taste „H“ nach oben und mit „B“ nach unten bewegen ließ. Verantwortlich für die Tastaturabfrage und Bewegung des Korbes war der Event-Handler on `keyDown` im Filmskript.

Wollen wir jetzt also den Korb mit den Cursortasten steuern, müssen wir genau bei diesem Event-Handler ansetzen. Dort lautete die Abfrage `case (the key) of`, d.h. der Name der gedrückten Taste wird abgefragt. Handelt es sich dabei um „H“ oder „B“, wird der Korb entsprechend bewegt.

Nun haben die Cursortasten aber keine solche Bezeichnung, so dass wir mit dieser Abfrage nicht weit kommen. Allerdings ist jeder Taste auf der Tastatur ein bestimmter Zahlencode zugewiesen, den wir für die Abfrage nutzen können. Dieser Zahlencode wird beim Drücken einer Taste in der Systemvariablen `the keyCode` gespeichert. Das heißt, statt `the key` müssen wir jetzt `the keyCode`, den Tastaturcode abfragen.

Natürlich benötigen wir für die Abfrage erst einmal den Tastaturcode der Cursortasten. Für die Taste nach oben ist es 125, für die nach unten 126. Also geben wir im Filmskript im Event-Handler on `keyDown` statt „H“ den Tastaturcode 125 und statt „B“ den Tastaturcode 126 an. Beim nächsten Filmstart sollte nun der Korb auf die Cursortasten reagieren.

2.4.2 Kollisionssound

Eine weitere mögliche Erweiterung für das Geschicklichkeitsspiel ist der Einbau von Soundeffekten. So könnte beispielsweise ein bestimmter Sound abgespielt werden, wenn der Ball gefangen und ein anderer, wenn der Ball durchgelassen wurde.

Dafür müssen wir uns die Programmstelle suchen, die registriert, ob ein Ball gefangen wurde. Das erfolgt im Verhaltensskript 17 (s. S. 93) mit der Methode (Funktion) `intersects`. Diese erkennt, ob sich zwei Sprites berühren (hier der Korb und der Ball). Ist das der Fall, liefert die Methode den Wahrheitswert `TRUE` (wahr) und die nachfolgenden Befehle in der `if`-Abfrage werden abgearbeitet. Das heißt, genau an dieser Stelle muss auch der Befehl zum Abspielen des Sounds für „Ball gefangen" stehen.

Zunächst importieren wir einen kurzen Sound in die Besetzung und nennen ihn z.B. „Treffer". Um den Sound abzuspielen verwenden wir den Befehl (s. auch Sound Lingo):

```
puppetsound 1, "Treffer" -- Syntax für Director 7 und früher
```

oder besser

```
sound(1).play(member("Treffer")) -- Syntax ab Director 8
```

Entsprechend kann auch ein Sound abspielt werden, wenn ein Ball durchgelassen wurde. Im Spiel wird das durch die nachfolgende `if`-Abfrage im Verhaltensskript 17 ermittelt. Immer wenn die linke Begrenzung des Korbes die rechte des Balles passiert hat, gilt der Ball als durchgelassen. Das heißt, hier muss der Befehl für den Sound „Ball durchgelassen" stehen.

Sobald der Sound abgespielt wird, wird auch der Ball neu ins Spielfeld gebracht. Das heißt, der Soundeffekt wird zum Teil noch im neuen Durchlauf wiedergegeben. Wenn Sie dies vermeiden wollen und der Ball erst nach dem Soundeffekt neu gestartet werden soll, können Sie dafür die Funktion `soundBusy(`*`soundKanal`*`)` nutzen. Diese Funktion ermittelt, ob in dem angegebenen Soundkanal gerade ein Sound abgespielt wird oder nicht. Als Rückgabewert liefert die Funktion `TRUE` (wahr) bzw. `FALSE` (falsch).

Das heißt, Sie müssen diese Funktion mit einer `if`-Abfrage an der Stelle im Skript einbauen, an der der Ball (Sprite 5) bewegt wird; nur wenn kein Soundeffekt abgespielt wird, darf der Ball bewegt werden. Vorausgesetzt der Soundeffekt wird im Soundkanal 1 abgespielt, kann Verhaltensskript 17 wie folgt erweitert werden:

```
...

if not soundBusy(1) then
    sprite(5).loc = point(sprite(5).locH + gBallSpeedHor, \
    sprite(5).locV + gBallSpeedVert)
end if

...
```

2.4.3 Hintergrundsound

Entsprechend können wir für das Spiel einen Hintergrundsound einbinden. Allerdings sollte dabei dem Anwender die Möglichkeit gegeben werden, den Sound ein- und ausschalten zu können. Das heißt, wir benötigen eine Schaltfläche mit einem entsprechenden Verhaltensskript.

Um den Sound einzuschalten, kann folgender Befehl genutzt werden:

```
puppetSound 3, "Background" -- Syntax für Director 7 und früher
```

oder besser

```
sound(3).play(member("Background")) -- Syntax ab Director 8
```

Achten Sie darauf, dass Sie hier einen anderen Soundkanal als bei den Soundeffekten verwenden. Andernfalls kann es zu gegenseitigen Störungen der einzelnen Sounds kommen.

Soll der Sound bereits beim Start des Films abgespielt werden, so schreiben Sie den entsprechenden Befehl in den Event-Handler `on prepareMovie` in ein Filmskript. Dieser Event-Handler wird bereits bei der Film-Vorbereitung ausgeführt, noch bevor er startet. Alternativ können Sie auch den Event-Handler `on startMovie` nutzen, dieser wird direkt beim Start ausgeführt.

Nun benötigen wir noch einen Befehl um den Sound zu stoppen:

```
puppetSound 3, 0 -- Syntax für Director 7 und früher
```

oder

```
sound(3).stop() -- Syntax ab Director 8
```

Da ein Hintergrundsound beim Abspielen ständig laufen soll, müssen wir die Darstellereigenschaft `loop` (Schleife) auf `TRUE` setzen. Dies können wir mit dem Befehl:

```
member("Background").loop = TRUE
```

ebenfalls im Event-Handler `on prepareMovie` im Filmskript erledigen.

Weiterführende Informationen zur Soundsteuerung mit Lingo finden Sie im Abschnitt „Sound Lingo" (s. S. 250).

2.4.4 Abfragefenster bei Spielende (MUI)

Beenden kann der Nutzer das Spiel über die Schaltfläche *Ende*, auf dem das Verhaltensskript (Darsteller 21) liegt. Allerdings wird das Spiel auch dann beendet, wenn der Nutzer die Schaltfläche versehentlich drückt. Viele professionelle Anwendungen fragen daher den Nutzer in einem Dialogfenster, ob er das Spiel wirklich beenden will.

Um ein derartiges Dialogfenster auch mit Lingo zu erzeugen, genügen die elementaren Befehle nicht mehr. Zwar können wir über die Funktion `alert` ein einfaches Hinweisfenster ausgeben, wie die Anzeige der gefangenen und durchgelassenen Bälle (Darsteller 5). Aber eine Möglichkeit dem Nutzer eine Auswahl (Ja/Nein) anzubieten ist damit nicht gegeben.

In einem solchen Fall bieten meist Xtras eine Lösung. Xtras sind Programmfunktionen, die Director um neue Fähigkeiten erweitern (s. S. 266 „Xtras“). Einige dieser Xtras werden von Macromedia schon bei Director mitgeliefert, andere kann man von entsprechenden Anbietern beziehen.

Für einen Auswahldialog können wir das Xtra „MUI“ (Macromedia User Interface) nutzen, das bei Director bereits mitgeliefert wird. Zunächst muss eine Instanz (Kopie) von diesem Xtra im Arbeitsspeicher erstellt werden, das erfolgt mit dem Befehl `new(xtra "MUI")`. Anschließend wird die Eigenschaftsliste `dListe` erstellt, sie bestimmt die Erscheinung des Dialogfensters. Danach erzeugt die Funktion `alert` das Dialogfenster:

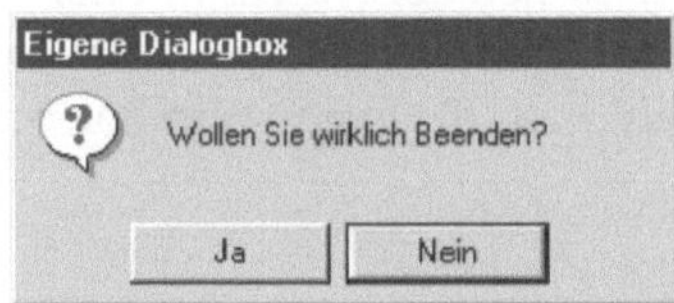

Abb. 2-16: Dialogbox zum Beenden

Die Auswahl des Anwenders wird in der Variablen `ergebnis` gespeichert. Schließlich wird in einer `if`-Abfrage die Variable `ergebnis` ausgewertet und entsprechend darauf reagiert:

```
on mouseUp me
  dialog = new(xtra "MUI")
  dListe = [#buttons:#YesNo,#default:2, #icon:#question, \
  #message:RETURN & "Wollen Sie wirklich Beenden?", \
  #movable:FALSE, #title:"Eigene Dialogbox"]
  ergebnis = alert(dialog, dListe)
  if ergebnis = 1 then quit
  dialog = 0  --löscht die Instanz des MUI Xtras
end
```

`#movable` ist nur beim Mac wirksam

Mit Hilfe des MUI-Xtras werden zwei Parameter der Funktion `alert()` übergeben. Der erste Parameter (`dialog`) ist die Referenz auf die mit `new` erzeugte Instanz des MUI-Xtras im Arbeitsspeicher. Der zweite Parameter (`dListe`) bestimmt die Eigenschaften der zu öffnenden Dialogbox. Mit `#buttons` wird dabei die Art und Anzahl der anzuzeigenden Schaltflächen bestimmt. Welche

Schaltfläche am Anfang aktiv ist, wird über `#default` festgelegt. Das Symbol links oben in der Dialogbox wird mit `#icon` ausgewählt, mögliche Werte sind:

```
#buttons:      #OK, #OKCancel, #AbortRetryIgnore, #YesNoCancel,
               #YesNo, #RetryCancel
#icon:         #stop, #note, #coution, #question, #error
```

Der anzuzeigende Text wird mit `#message` angegeben. Die Verwendung von `RETURN` bewirkt hier einen Zeilenumbruch, so dass der Text erst ab der zweiten Zeile der Dialogbox angezeigt wird. Über `#movable` wird festgelegt, ob die Dialogbox bewegbar ist (nur beim Mac wirksam) und `#title` erhält die Zeichenkette für die Titelleiste der Dialogbox.

2.4.5 Spielabbruch von Esc und Co. verhindern

Wenn wir uns schon die Mühe mit der eigenen Beenden-Dialogbox machen, wollen wir sicher nicht, dass sich der Nutzer mit der Esc-Taste oder irgendeiner anderen Schließ-Taste einfach aus dem Spiel „davonstiehlt“. Um dies zu verhindern genügt ein Befehl, z.B. im Event-Handler `on startMovie` im Filmskript:

```
the exitLock = TRUE
```

Damit werden alle Tastenkombinationen auf dem PC und Mac blockiert, die es dem Nutzer ermöglichen würden, das Spiel einfach zu beenden. Er kann jetzt also nur die „Ende“-Schaltfläche verwenden um das Spiel zu schließen.

Beachten Sie aber, dass `the exitLock` auch auf den Ende-Befehl `quit` von Lingo wirkt. Daher muss zum endgültigen Beenden des Films erst `the exitLock` auf `FALSE` zurückgesetzt werden.

2.4.5.1 Esc und Co. umleiten

Der Nutzer kann so allerdings den Film nur noch dann selbstständig beenden, wenn er eine entsprechende Schaltfläche zur Verfügung hat. Eine derartige Bevormundung wird aber schnell als lästig empfunden. Andererseits will man oft auch vermeiden, dass der Nutzer den Film beendet, ohne den Abspann gesehen zu haben.

Beide Anforderungen werden erfüllt, wenn man die Schließ-Tasten nicht nur abfängt, sondern auch umleitet. Das heißt, der User gelangt, drückt er Esc und Co., erst zum Abspann. Nur dort kann er den Film endgültig beenden. Und genau das macht das folgende Skript.

im Filmskript:

```
on startMovie
  the exitLock = TRUE
  the keyDownScript = "abbruchHandler"
end

on abbruchHandler
  kc = the keyCode
  ende = FALSE
  -- Esc (Mac/Win) oder Alt + F4 (Win)
  if kc = 53 or (the optionDown and kc = 118) then
    ende = TRUE
  else
    -- Strg + "Q" oder Strg + "."
    if the commandDown and (kc = 12 or kc = 47) then
      ende = TRUE
    end if
  end if
  if ende then go "Ende"
end
```

Verhaltensskript für Ende-Schaltfläche:

```
on mouseUp me
  the exitLock = FALSE
  quit
end
```

Die Tastenkombinationen Alt + F4, Strg + F4, Strg + „Q", Strg + „." und Esc werden abgefangen und der Abspielkopf auf den Frame mit der Marke „Ende" gesetzt.

2.5 Debuggen – Fehlersuche

Nachdem wir nun ein komplettes Beispiel für die Verwendung von Lingo durchgearbeitet haben und dabei die wichtigsten Grundlagen der Programmierung kennen lernen konnten, kommen wir nun zum *Debuggen* von Programmen. Debuggen bedeutet wörtlich übersetzt *Entwanzen* bzw. sinngemäß Fehlersuche und -beseitigung.

Das Debuggen ist bei der Programmierung genauso wichtig wie die Entwicklung des Programms selbst, denn es gibt kaum ein Programm, das über ein paar Befehlszeilen hinausgeht, das gleich von Anfang an fehlerfrei ist. Für die Fehlersuche stellt Director, wie auch andere Programmierumgebungen, einen so genannten *Debugger* zur Verfügung. Damit werden wir uns ab Seite 103 näher befassen. Das einfachste Hilfsmittel, das in Director zur Fehlersuche genutzt werden kann, ist aber das Nachrichtenfenster.

2.5.1 Nachrichtenfenster

Im Nachrichtenfenster, das Sie bereits auf Seite 58 kennen gelernt haben, können Sie auch während der Laufzeit eines Directorfilms Meldungen ausgeben lassen. Schreiben Sie dafür in Ihren Programmcode einfach an der Stelle, an der Sie beispielsweise den Wert einer Variablen wissen wollen:

```
put variable
```

So können Sie einfachen Fehlern schnell auf die Spur kommen. Das funktioniert auch mit Lingo-internen Variablen, sprich Systemvariablen. Beispielsweise ermitteln Sie mit:

```
put the frame
```

bei welchem Frame sich der Abspielkopf im Film gerade befindet. Zum Testen können Sie auch einzelne Befehle direkt in das Nachrichtenfenster schreiben und mit Enter bestätigen. Diese werden dann sofort ausgeführt, z.B.:

```
zaehler = 10
```

Damit wird die Variable `zaehler` auf `20` gesetzt. Zu beachten gilt dabei, dass alle Variablen, die Sie im Nachrichtenfenster manipulieren, globale Variable (s. S. 79) sein müssen. Bei lokalen Variablen und Eigenschaften (Properties) funktioniert diese Vorgehensweise nicht bzw. nicht zuverlässig.

Außerdem haben Sie im Nachrichtenfenster über die Schaltfläche [>] (Verfolgen) die Möglichkeit, den gesamten Programmablauf eines Directorfilms anzeigen zu lassen:

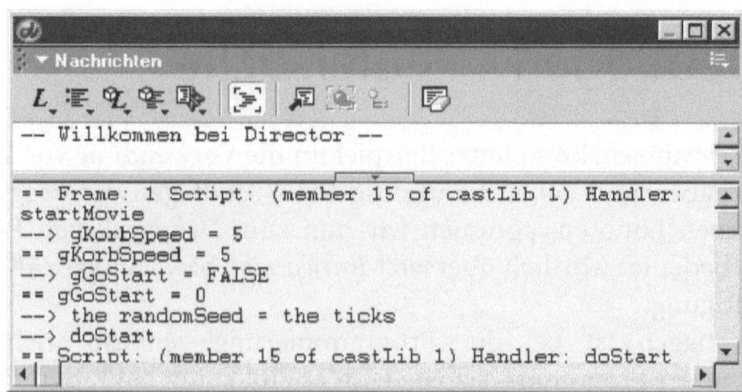

Abb. 2-17: Nachrichtenfenster mit Programmablauf

2.5.2 Watcherfenster

Das Watcherfenster gibt es **nur** bis zur Version 8.5.1 von Director als eigenständiges Fenster. Ab Director MX wurde es mit in den Debugger (s. S. 103) integriert. Für den Fall, dass Sie noch mit einer älteren Version von Director als MX arbeiten, soll es aber hier kurz vorgestellt werden.

Wie der Name schon erahnen lässt, dient das Watcherfenster zum Beobachten. Und zwar können Sie hier den aktuellen Inhalt von globalen Variablen während der Laufzeit eines Directorfilms anzeigen lassen. Lokale Variable werden in der Regel nicht angezeigt, das ist erst ab der Version MX möglich.

Um eine Variable in das Watcherfenster aufzunehemen, markieren Sie diese im Nachrichten-, Skript- oder Debuggerfenster und wählen das Icon (Ausdruck verfolgen). Alternativ können Sie eine Variable auch direkt im Watcherfenster (Menü *Fenster / Watcher*) aufnehmen. Schreiben Sie dazu den Namen der Variablen in die Eingabezeile und bestätigen diesen mit der Schaltfläche *Hinzufügen*. Fortan wird der aktuelle Wert der Variable im Watcherfenster angezeigt. Auch mehrere Variable können Sie in diesem Fenster aufnehmen und anzeigen lassen:

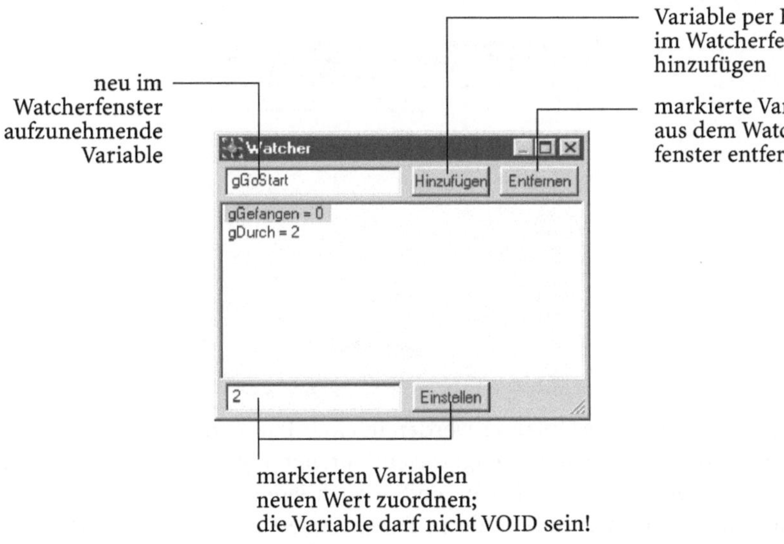

Abb. 2-18: Watcher

Auch können Sie einer Variablen über das Watcherfenster einen neuen Wert zuweisen, indem Sie diesen in die untere Eingabezeile schreiben und die betreffende Variable mit der Maus anklicken. Oder Sie markieren erst die Variable mit der Maus, schreiben den neuen Wert in die untere Eingabezeile und weisen ihn dann über die Schaltfläche *Einstellen* der Variablen zu. Wichtig dabei ist, dass die betreffende Variable bereits einen Wert hatte und **nicht** VOID (undefiniert) ist.

2.5.3 Objektinspektor

Neu in der Version MX von Director ist der Objektinspektor hinzugekommen. Er kann quasi als Nachfolger des Watcherfensters angesehen werden, obgleich er wesentlich leistungsfähiger ist. So zeigt er alle Eigenschaften von Lingo-Objekten und deren aktuelle Werte an, auch solche, die nicht im Eigenschafteninspektor aufgeführt werden. Dies gilt für globale Variable, Lingo-Ausdrücke, Sprites, Skript-Instanzen und 3D-Darstellereigenschaften. Dadurch können Sie auch deren Änderungen während der Filmwiedergabe verfolgen. Der Eigenschafteninspektor hingegen zeigt derartige Änderungen während der Filmwiedergabe nicht an.

Der Aufruf des Objektinspektors kann über den Menüpunkt *Fenster / Objektinspektor* erfolgen. Um ein Objekt dort anzuzeigen, markieren Sie es im Nachrichten- oder Skriptfenster und ziehen es dann mit der Maus in den Objektinspektor. Alternativ können Sie es auch über das Icon *Objekt inspizieren* [Abb. 2-27] des Nachrichten- und Skriptfensters in den Objektinspektor aufnehmen.

Die folgende Abbildung zeigt den Objektinspektor beispielsweise mit Sprite 5 aus dem zuvor erstelltem Geschicklichkeitsspiel (s. S. 68):

Abb. 2-19: Objektinspektor

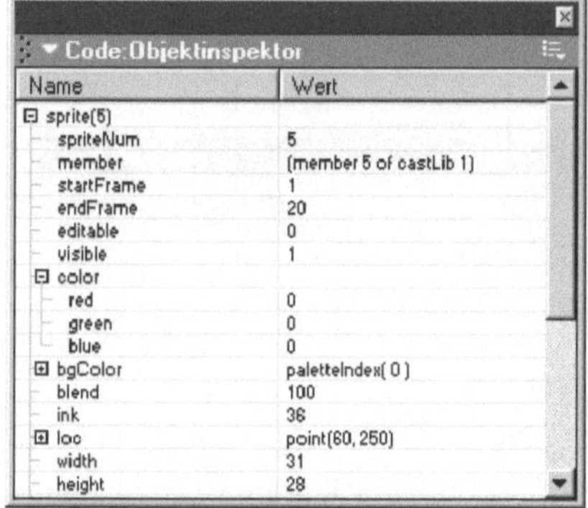

Die Eigenschaften eines Objektes werden in einer Baumstruktur dargestellt. Ein Mausklick auf ein Pluszeichen zeigt die enthaltenen Eigenschaften an. Während der Film wiedergegeben wird, können Sie auch jederzeit die Werte der Eigenschaften im Objektinspektor ändern. Diese Änderungen werden dann in den laufenden Film übernommen!

Bei selbst definierten Eigenschaften und Variablen können Sie auch deren Namen im Objektinspektor ändern. Allerdings wird dadurch nicht der Name im Skript geändert, sondern die Variable oder Eigenschaft des eingegebenen Namens angezeigt. Existiert diese nicht, wird als Wert `<Void>` angegeben.

2.5.4 Debugger

Der Debugger dient zur Fehlersuche im Programmcode. Seit der Version MX wurde er mit in das Skriptfenster integriert. In früheren Versionen konnte er noch über das Menü *Fenster / Debugger* geöffnet werden. Da dies nicht sehr sinnvoll war, ist dieser Menüpunkt seit der Version MX entfallen. Entsprechendes gilt auch für den Watcher. Beide Tools lassen sich jetzt nur noch auf zwei Arten öffnen. Entweder es ist während der Wiedergabe eines Directorfilms ein Skriptfehler aufgetreten. Dann erhalten Sie eine entsprechende Fehlermeldung und können über die Schaltfläche *Debugger* diesen aufrufen:

Director
Skriptfehler: Property not found
sprite(2).backgroundColor = rgb(255, 255, 0)
#backgroundColor
Debuggen...
Skript...
Abbrechen

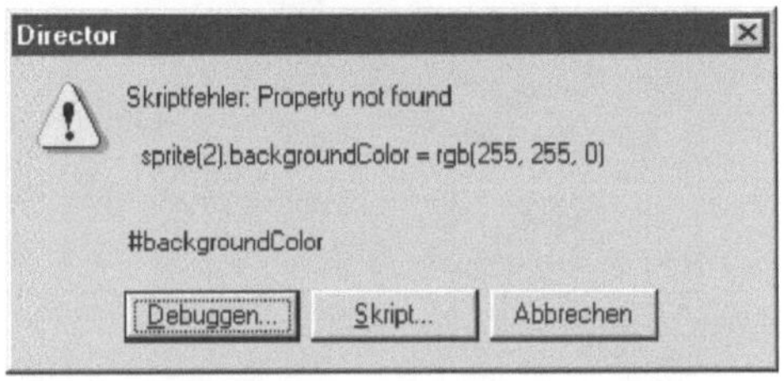

Abb. 2-20: Debugger

Die zweite Möglichkeit den Debugger zu öffnen besteht darin, einen Breakpoint (Haltepunkt) im Skriptfenster zu setzen. Dies erfolgt durch einen Mausklick links neben dem Programmcode auf die blaue Leiste des Skriptfensters, z.B.:

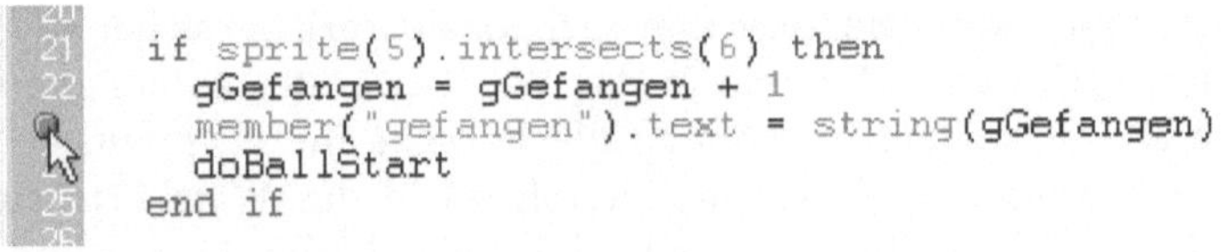

if sprite(5).intersects(6) then
gGefangen = gGefangen + 1
member("gefangen").text = string(gGefangen)
doBallStart
end if

Abb. 2-21: Breakpoint

Sobald die Skriptabarbeitung diesen Punkt erreicht, wird automatisch das Debugger- und Watcherfenster in das Skriptfenster mit eingeblendet.

Im oberen Drittel des Debuggers werden die aufgerufenen Event-Handler (in der Director-Hilfe als Prozeduraufrufe bezeichnet) angezeigt. Eingetretene Events, die keinem Event-Handler zugeordnet werden konnten, werden **nicht** angezeigt. Wurde z.B. ein Mausklick im Directorfilm an einer Stelle ausgeführt, an der sich kein Event-Handler `on mouseUp` befand, so wird der Event `mouseUp` auch nicht im Debugger angezeigt.

Abb. 2-22: Skriptfenster mit Debugger- und Watcherfenster

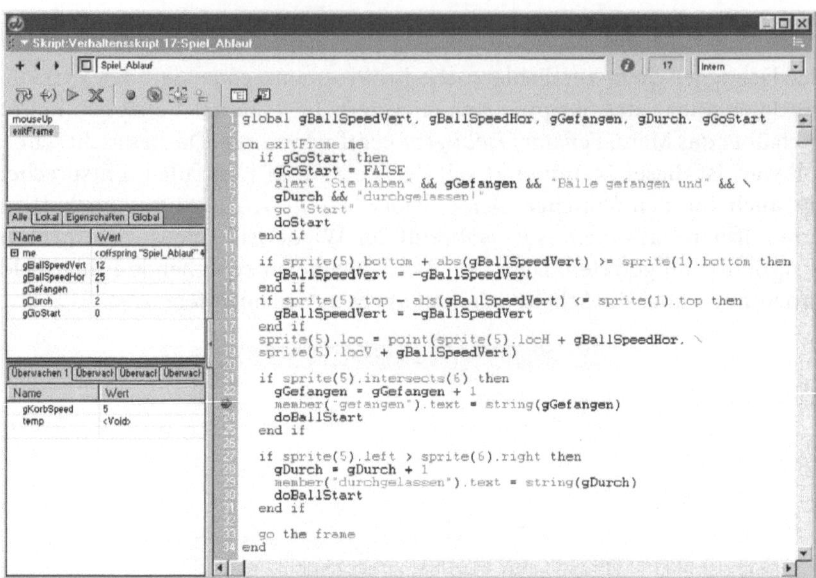

Im mittleren Fenster des Debuggers werden alle Variablen des Event-Handlers angezeigt, der im Fenster darüber markiert ist. Dabei sind die Variablen in vier Kategorien eingeteilt: „Alle“, „Lokal“, „Eigenschaften“ und „Global“.

Das untere Fenster stellt das Watcherfenster aus früheren Director-Versionen dar. Neu ist hier vor allem, dass nun auch lokale Variable sicher angezeigt werden können. Um eine Variable in das Watcherfenster aufzunehmen, gibt es mehrere Möglichkeiten. Sie können die Variable im Skriptfenster markieren und über das Icon (Ausdruck verfolgen) in das Watcherfenster aufnehmen. Oder Sie führen einen Doppelklick im Watcherfenster aus und tragen die Variable dort per Hand ein:

Abb. 2-23: Watcher mit Variable

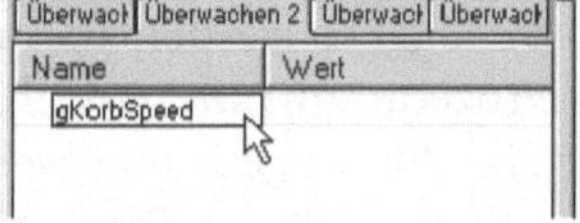

Eine dritte Möglichkeit eine Variable aufzunehmen besteht darin, dass Sie sie im Skriptfenster markieren und dann per Drag & Drop mit der Maus in das Watcherfenster ziehen.

Die vier Register, Überwachen 1 bis 4, dienen nur der besseren Strukturierung zusammengehöriger Variablen, sind aber ansonsten absolut gleichwertig. Das heißt, egal unter welchem Register Sie eine Variable eintragen, es wird immer ihr aktueller Wert in der gleichnamigen Spalte angezeigt.

Der Wert einer angezeigten Variablen kann sowohl im mittleren, als auch im unteren Fenster geändert werden. Dazu klicken Sie doppelt in die Spalte „Wert" neben die zu ändernde Variable und geben den neuen Wert ein. Wichtig dabei ist, dass die betreffende Variable bereits einen Wert hatte und **nicht** VOID (undefiniert) ist. Zur Kennzeichnung, dass eine Variable per Hand geändert bzw. eingetragen wurde, wird sie rot dargestellt:

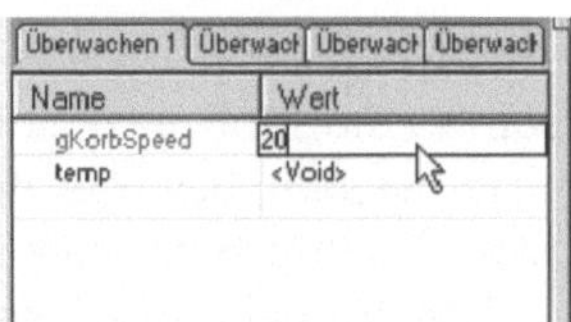

Abb. 2-24: Watcher und Ändern des Wertes

Um eine Variable aus dem Watcherfenster zu entfernen, markieren Sie diese mit der Maus und wählen die Backspace- oder Entf-Taste. Über das Kontextmenü, rechte Maustaste in das Watcherfenster klicken, lassen sich alle Variablen unter dem jeweiligen Register auf einmal entfernen:

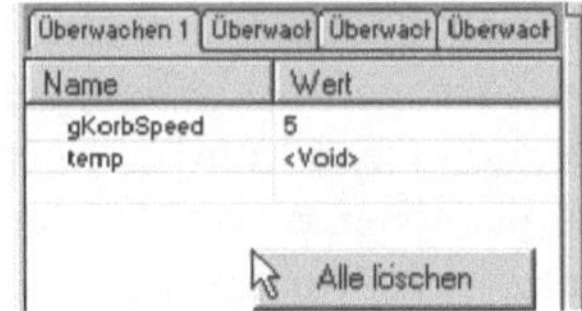

Abb. 2-25: Watcher und Kontextmenü

2.5.4.1 Schrittweise Programmabarbeitung

Nachdem sich das Debuggerfenster geöffnet hat und Sie eventuell einige Variable in das Watcherfenster aufgenommen haben, gibt es mehrere Möglichkeiten im weiteren Vorgehen. Sie können zunächst die einzelnen Variablen des Skripts kontrollieren, ob diese die vorgesehenen Werte aufweisen. Zum Testen können Sie auch, wie oben beschrieben, die Werte einzelner Variablen ändern.

Um den Wert von Variablen weiter über den Skriptverlauf zu verfolgen können Sie mit der Maus jederzeit weitere Breakpoints setzen oder auch wieder löschen. Mit dem Button (Skript ausführen) lassen Sie dann das Skript bis dorthin weiter abarbeiten und kontrollieren die dann aktuellen Werte der Variablen erneut.

Bei tiefer liegenden Problemen macht es sich mitunter auch recht gut, das Skript Schritt für Schritt durchzugehen. Dafür stehen die beiden Icons (schrittweise ausführen) und (schrittweise vorangehen) im Debugger zur Verfügung. So können Sie jeden einzelnen Schritt der Skriptabarbeitung verfolgen, sehen in welcher Reihenfolge welche Befehle abgearbeitet werden und erhalten die jeweils aktuellen Werte der Variablen angezeigt.

Hinweis! Das schrittweise Ausführen von Skripten können Sie, außer zur Fehlersuche, auch nutzen um ein besseres Verständnis für die Funktionsweise von Lingo-Skripten zu erhalten. Insbesondere dann, wenn Sie vorgegebene Skripte, wie z.B. von der beiliegenden CD-ROM, besser nachvollziehen wollen.

2.5.5 Fehlerwahrscheinlichkeit

In diesem Zusammenhang ist auch die Fehlerwahrscheinlichkeit eines Projektes von Interesse. Natürlich sollte eine Multimediaanwendung wie jedes andere Programm ausführlich getestet werden, bevor es dem Kunden übergeben oder in den Verkauf gebracht wird. Dazu gehört, möglichst viele Varianten in der Bedienung durchzuspielen. Das Verhalten des Programms bei Fehleingaben und „nervösem“ Klicken des Users mit der Maus ist zu berücksichtigen. Auch unterschiedliche Rechnerkonfigurationen sollten dabei nicht außer Acht gelassen werden. Aber wie wahrscheinlich ist es, dass das Programm danach fehlerfrei ist?

Nehmen wir einmal an, wir haben eine mittlere Multimedianwendung mit Director erstellt, die ca. 50 Event-Handler enthält. Da wir den Abschlusstest des Programms sehr gründlich durchgeführt haben, gehen wir davon aus, dass danach maximal ein Event-Handler von hundert noch einen Fehler aufweist. Ein eigentlich schon recht optimistischer Wert. Was denken Sie, wie wahrscheinlich ist die Fehlerfreiheit des gesamten Projektes?

Nun, wenn ein Event-Handler eine Fehlerfreiheit von 99 % besitzt und das Projekt aus 50 Event-Handlern besteht, ergibt dies eine wahrscheinliche Fehlerfreiheit des Gesamtprojektes von $0{,}99^{50}$ bzw. 60,5 %. Nehmen wir einen etwas realistischeren Wert an und gehen von 96 % Fehlerfreiheit eines Event-Handlers aus, ergibt dies für das Gesamtprojekt eine Fehlerfreiheit von $0{,}96^{50}$ bzw. 13 %.

Daran sehen Sie zum einen, wie unwahrscheinlich eine völlig fehlerfreie Applikation mit steigendem Komplexitätsgrad ist. Zum anderen die Notwendigkeit einer ausführlichen Testphase von Softwareprojekten um möglichst wenig Fehler und damit ein weitgehend funktionstüchtiges Endprodukt zu erhalten.

3 Programmierung für Fortgeschrittene

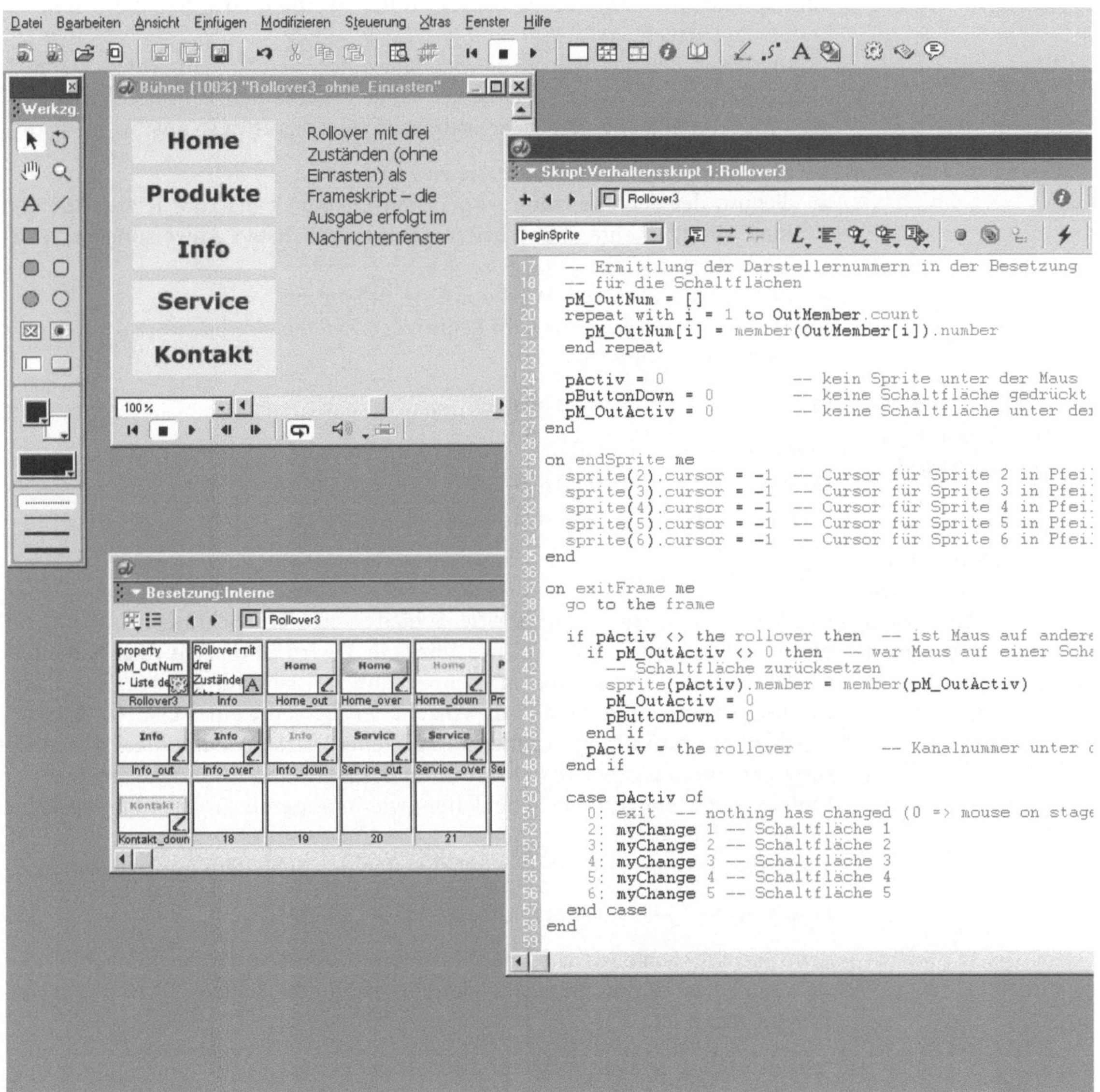

3.1 Schleifen in Lingo

Schleifen dienen in der Programmierung dazu, wiederkehrende Programmabläufe innerhalb von Prozeduren und Funktionen zu realisieren. Soll z.B. die Summe aller Elemente einer Liste ermittelt werden, so nutzt man dafür am besten eine Schleife.

Für dieses Beispiel würde die Schleife einen Befehl zum Aufaddieren der Listen-Elemente in einer Variablen so lange durchlaufen, bis alle Elemente addiert sind. Im allgemeinen Sprachgebrauch sähe das etwa so aus:

- merke die Summe der Liste, sie ist zu Beginn 0
- Beginn der Schleife, zähle von Listen-Element 1 bis zum letzten Element; sind alle Elemente abgearbeitet, gehe zur nächsten Anweisung nach dem Ende der Schleife
- addiere den aktuellen Wert der Liste zu Summe
- Ende der Schleife, gehe zum Beginn der Schleife
- Zeige die Summe an

Hinweis: Der Variablenname „Summe" ist frei wählbar. Der Name „Liste" bezeichnet eine Liste (Array), diese muss natürlich zuvor deklariert und initialisiert werden (statt „Liste" kann man natürlich auch jeden anderen gültigen Namen verwenden).

In Lingo sieht das dann so aus:

```
Summe = 0
repeat with i = 1 to Liste.count
  Summe = Summe + Liste[i]
end repeat
put Summe
```

Das heißt, in Lingo beginnt eine Schleife mit dem Schlüsselwort `repeat` und endet mit `end repeat`. Die Variable `i` wird in diesem Zusammenhang als *Laufvariable* bezeichnet; ihr Name kann frei gewählt werden. Die Listen-Eigenschaft `count` beinhaltet die Anzahl der Elemente einer Liste (s. S. 81).

Schleifen sind in Lingo immer kopfgesteuert. Das bedeutet, dass die Anweisung zur Abarbeitung der Schleife immer am Anfang und nicht am Ende der Schleife steht. Fußgesteuerte Schleifen, wie in anderen Programmiersprachen, gibt es in Lingo nicht.

Insgesamt kennt Lingo vier Möglichkeiten den Schleifenkopf zu definieren:

```
repeat with i = startWert to endWert
```

Beim Start der Schleife wird `i` der Wert von *`startWert`* zugewiesen, bei jedem weiteren Schleifendurchlauf wird `i` um 1 erhöht; die Schleife ist beendet, wenn `i` > *`endWert`* ist.

```
repeat with i = startWert down to endWert
```

Beim Start der Schleife wird `i` der Wert von *`startWert`* zugewiesen, bei jedem weiteren Schleifendurchlauf wird `i` um 1 erniedrigt; die Schleife ist beendet, wenn `i` < *`endWert`* ist.

`repeat with i in` *`Liste`*

Beim Start wird `i` das erste Element der *`Liste`* zugewiesen, beim nächsten Durchlauf das zweite Element usw., bis `i` einmal alle Elemente der *`Liste`* angenommen hat.

`repeat while` *`bedingung`*

Diese Schleife wird so lange abgearbeitet, wie *`bedingung`* den Wert TRUE (wahr) ergibt. Mit anderen Worten, ergibt *`bedingung`* FALSE (falsch), wird die Schleife verlassen.

Soll eine Schleife vorzeitig abgebrochen werden, so kann dies innerhalb der Schleife durch den Befehl `exit repeat` erfolgen. Die Abarbeitung des Skriptes wird dann unmittelbar nach dem Schleifenende, also nach `end repeat`, fortgesetzt.

3.1.1 Rekursion

Eine andere Möglichkeit von Programmschleifen besteht in der Rekursion. Rekursion bedeutet, dass sich eine Funktion immer wieder selbst aufruft und in der Regel dabei geänderte Parameter an sich selbst übergibt.

Im Prinzip muss man sich das folgendermaßen vorstellen: Eine Funktion wird aufgerufen und ihr werden dabei ein oder mehrere Parameter übergeben. Bei der Abarbeitung werden diese Parameter nach den vorgegebenen Programm-Algorithmen verändert. Mit den neuen Parametern ruft sich die Funktion dann selbst wieder auf.

Damit eine solche Programmschleife nicht unendlich läuft, wird in die Funktion eine Abbruchbedingung mit eingebaut. Diese fragt meist einen oder mehrere der übergebenen Parameter ab und entscheidet daraufhin, ob die Schleife weiterläuft oder abbricht.

Ein Beispiel für eine solche Schleife ist die Berechnung der Fakultät. Dabei wird das Ergebnis einer Multiplikation zweier aufeinander folgender Zahlen wieder mit der nächst höheren Zahl multipliziert usw.:

$1 \times 2 \times 3 \times 4 \times 5 \times 6 \ldots$

Als Rekursion sieht das in Lingo, z.B. in einem Filmskript, folgendermaßen aus:

```
on startMovie
  ergebnis = myFaktor(6) -- Faktorberechnung für 6
  put ergebnis           -- Ausgabe im Nachrichtenfenster
end
on myFaktor n
  if n > 1 then
    return n * myFaktor(n - 1)
  else
    return 1 -- notwendig, damit n = 0 den Wert 1 liefert
  end if
end
```

Besonders geeignet sind solche Schleifen um mathematisch rekursive Funktionen zu implementieren, d.h. in Programmcode umzusetzen. So z.B. die Lösung des Problems der „Türme von Hanoi", bei denen n Scheiben von einem Stab auf einen anderen bewegt werden sollen:

```
on startMovie
  T1 = "Turm 1" -- Name des ersten Turms
  T2 = "Turm 2" -- Name des zweiten Turms
  T3 = "Turm 3" -- Name des dritten Turms
  n = 4 -- Anzahl der Scheiben
  hanoi(T1, T2, T3, n)
end

on hanoi a, b, c, z
  if z > 1 then
    hanoi(a, c, b, z-1)
    put "Scheibe von" && a && "nach" && b
    hanoi(c, b, a, z-1)
  else
    put "Scheibe von" && a && "nach" && b
  end if
end
```

Die Gefahr gerade bei dieser Art von Schleifen besteht darin, dass die Abbruchbedingung nicht korrekt formuliert wurde und die Schleife ewig weiterläuft, sprich, dass sich das Programm „aufhängt".

3.1.2 Programmschleifen mittels Zeitleiste

Während die Rekursion auch in anderen Programmiersprachen, wie z.B. C möglich ist, sind Schleifen mit Hilfe der Zeitleiste eine spezielle Möglichkeit von Autorenprogrammen wie Director und Flash.

Das Prinzip sieht wie folgt aus: ein Frameskript, d.h. ein Verhalten, das einem bestimmten Frame zugewiesen wurde, setzt den Abspielkopf auf der Zeitleiste zurück. Director bewegt den Abspielkopf aber weiter vorwärts und trifft so wieder auf dasselbe Frameskript und das „Spiel" beginnt von vorn.

In einer solchen Schleife können mehrere Funktionen abgearbeitet und natürlich auch Änderungen auf der Bühne von Director durchgeführt werden. Das einfachste Beispiel für eine solche Schleife ist, den Abspielkopf der Zeitleiste beim Verlassen eines Frames wieder an den Anfang desselben Frames zu setzen:

```
on exitFrame me
  go to the frame
end
```

Der Abspielkopf wird dadurch quasi angehalten und dennoch werden alle Funktionen und Prozeduren, die diesem Frame zugeordnet sind, abgearbeitet.

3.1.3 the actorList

Eine spezielle Möglichkeit Ereignisse auf der Zeitleiste für eine Schleife, oder besser gesagt für einen periodischen Aufruf, zu nutzen ist `the actorlist`. Dies ist eine Lingo-eigene, globale Liste, in die Skripte, insbesondere Film- und Parentskripte, aufgenommen werden.

Nur Skripte, die in `the actorList` stehen, erhalten das Event (Ereignis) `stepFrame` übermittelt. Dieses Ereignis tritt immer dann auf, wenn der Abspielkopf auf der Zeitleiste in ein neues Frame gelangt oder wenn die Bühne von Director aktualisiert wird. Diese Technik ist besonders geeignet, wenn Funktionen ständig aufgerufen werden müssen, z.B. beim Verschieben eines Fensters (MIAWs) mit der Maus (s. S. 199).

Nutzen können Sie das Ereignis `stepFrame` mit dem gleichnamigen Event-Handler, der in dem Skript stehen muss, das in `the actorList` aufgenommen wurde:

```
on stepFrame me
  --hier folgen die periodisch abzuarbeitenden Befehle
      ...
end
```

Die Aufnahme des Skriptes in `the actorList` erfolgt mit dem Befehl:

```
add the actorList, new (script "skriptName")
```
oder
```
(the actorList).add(me)
```

Wichtig ist, dass das Skript, wenn es nicht mehr benötigt wird, spätestens aber beim Filmende aus `the actorList` entfernt wird. Andernfalls bleibt das Skript im Arbeitsspeicher des Rechners und beim nächsten Filmstart gelangt eine neue Kopie des Skriptes in den Speicher.

Um das Skript aus dem Arbeitsspeicher zu entfernen, gibt es zwei Möglichkeiten, entweder Sie löschen alle Skripte aus der Liste mit dem Befehl:

```
the actorList = []        -- löscht den Inhalt von "the actorList"
```

Oder, die zweite Möglichkeit, Sie entfernen das entsprechende Skript selektiv aus der Liste:

```
(the actorList).deleteOne(me)
```

3.2 Zeichenketten in Lingo

Sie haben verschiedene Möglichkeiten in Lingo Zeichenketten, also Text einzusetzen und zu bearbeiten. Sie können Text als Literal, d.h. als festen Wert verwenden. Der Text muss dabei durch Anführungszeichen als solcher gekennzeichnet werden. Mit:

```
put "Hallo Welt"
```

geben Sie z.B. die Zeichenkette `"Hallo Welt"` im Nachrichtenfenster aus. Und Text kann in Stringvariablen (Zeichenketten-) gespeichert werden:

```
a = "Wir lernen Lingo"
```

Die Variable a erhält die Zeichenkette `"Wir lernen Lingo"` als Wert zugewiesen und ist damit als Stringvariable definiert. Zum Kennzeichnen von Text können in Lingo nur Anführungszeichen ("...") verwendet werden. Hochkommas ('...'), wie in einigen anderen Sprachen, sind in Lingo **nicht** zulässig.

3.2.1 Zeichenketten verknüpfen

Die einfachste Operation für Zeichenketten ist das Verknüpfen von zwei oder mehreren Zeichenketten zu einer. Dafür stehen die beiden Operatoren `&` und `&&` zur Verfügung. Geben Sie den folgenden Befehl z.B. im Nachrichtenfenster ein:

```
put "Hallo Welt" & "Wir lernen Lingo"
```

so ergibt dies:

```
-- "Hallo WeltWir lernen Lingo"
```

Und mit:

```
put "Hallo Welt" && "Wir lernen Lingo"
```

erhalten Sie:

```
-- "Hallo Welt Wir lernen Lingo"
```

Das heißt, mit dem Operator `&` werden zwei Zeichenketten direkt miteinander verknüpft. Der Operator `&&` hingegen fügt zwischen den zu verknüpfenden Zeichenketten noch ein Leerzeichen ein.

Entsprechend den obigen Beispielen lassen sich auch Stringvariable und Zeichenketten miteinander verknüpfen:

```
a = "Textteil 1"
b = «Textteil 2»
c = a && «und» && b
```

Damit beinhaltet `c` die Zeichenkette:

```
"Textteil 1 und Textteil 2"
```

Natürlich beschränkt sich das Verknüpfen von Zeichenketten nicht nur auf zwei Teilketten. Sie können auch drei oder mehr Zeichenketten gleichzeitig zu einer Zeichenkette zusammenfügen. Außerdem können Sie auf die gleiche Art und Weise Inhalte von Text- und Felddarstellern verknüpfen und neu zuweisen, beispielsweise:

```
member("Text3").text = member("Text1").text & member("Text2").text
```

Dies weist dem Textdarsteller `Text3` den Inhalt von Darsteller `Text1` und `Text2` zu. Beachten Sie, dass Textdarstellern **nur** Text und keine anderen Datentypen zugewiesen werden dürfen. Wollen Sie z.B. einem Textdarsteller eine Zahl zuweisen, so müssen Sie diese erst mit der Funktion `string()` in eine Zeichenkette umwandeln, z.B.:

```
member("Text3").text = string(123)
```

Erfolgt die Umwandlung nicht, kommt es zu einem Skriptfehler.

3.2.1.1 Sonderzeichen einfügen

In Lingo gibt es keine Möglichkeit Sonderzeichen innerhalb von Zeichenketten, wie z.B. das Anführungszeichen, zu maskieren. Um dieses Zeichen dennoch verwenden zu können, gibt es die String-Konstante `QUOTE`, z.B.:

```
put "Das Buch" && QUOTE & "XYZ" & QUOTE && "war sehr umfangreich."
```

ergibt im Nachrichtenfenster:

```
-- "Das Buch "XYZ" war sehr umfangreich."
```

Außerdem stehen noch die String-Konstante `RETURN` und `TAB` zur Verfügung. Erstere fügt einen Zeilenumbruch in eine Zeichenkette, `TAB` einen Tabulatorabstand.

Eine weitere Möglichkeit Sonderzeichen in Zeichenketten einzubetten besteht darin, den Text in einem Textdarsteller einzugeben oder in diesen zu importieren und den Inhalt dann einer Variablen zuzuweisen.

```
a = member("inhalt").text
```

Interessant in diesem Zusammenhang ist auch die Verwendung von HTML-formatiertem Text für Textdarsteller, da sich auch so Sonderzeichen in Zeichenketten integrieren lassen. Damit werden wir uns ab Seite 134 befassen.

3.2.2 Zählen von Zeichen und Elementen

Mitunter ist es notwendig, die Länge des gesamten Inhalts einer Zeichenkette, d.h. die Anzahl der in ihr enthaltenen Zeichen (einschließlich der Leerzeichen) zu ermitteln. Dafür besitzt jede Zeichenkette die Property (Eigenschaft) `length` in Lingo:

```
a = "Hallo alte Welt"
put a.length
-- 15
```

Neben `length` gibt es noch zwei Funktionen, mit denen auch die Anzahl der Zeichen in Zeichenketten bestimmt werden kann: `number` und `count`. Mit beiden Funktionen können Sie außerdem ermitteln, wie viele Wörter, Zeilen, Absätze oder Textteile, die mit einem Komma getrennt wurden, in der Zeichenkette enthalten sind, z.B.:

```
a = "Hallo, hier gibt es neue Lingo-Befehle"
put the number of chars in a -- Anzahl der Zeichen
-- 38
```

Wie Ihnen sicher aufgefallen ist, wurde `number` hier in der alten Syntax von vor Director 7 verwendet. Der Grund dafür ist, dass `number` mit der Punktsyntax nicht verfügbar ist. Das gibt Anlass zu der Vermutung, dass der Befehl `number` früher oder später aus Lingo eliminiert werden wird. Wir gehen daher auf `number` auch nicht weiter ein. Macromedia selbst empfiehlt zum Zählen von Textelementen die effizientere Funktion `count` zu verwenden, z.B.:

```
a = "Hallo, hier gibt es neue Lingo-Befehle"
put a.chars.count       -- Anzahl der Zeichen
-- 38

put a.words.count       -- Anzahl der Wörter
-- 6

put a.lines.count       -- Anzahl der Textzeilen
-- 1

put a.paragraph.count  -- Anzahl der durch RETURN
-- 1                    -- getrennten Absätze

put a.items.count       -- Anzahl der durch Komma
-- 2                    -- getrennten Textteile
```

Beim Zählen mit `items` können außer Textteilen, die durch Komma getrennt sind, auch Teile mit jedem beliebigen anderen Trennzeichen unterschieden werden. Das zu verwendende Trennzeichen ist in der Systemvariablen `the itemDelimiter` gespeichert. Standardmäßig wird das Komma als Trennzeichen vorgegeben. Sie können `the itemDelimiter` aber auch jedes andere Zeichen zuweisen, z.B.:

```
the itemDelimiter = "+"
a = "Hallo + hier ist ein neues Trennzeichen + Ende"
put a.items.count -- Anzahl der Textteile, die durch
-- 3              -- das Pluszeichen getrennt sind
```

3.2.3 Zeichenkettenteile (Substrings)

Da Sie wahrscheinlich nicht immer den gesamten Text einer Zeichenkette benötigen, bietet Director eine Reihe von Möglichkeiten auf einzelne Textteile zuzugreifen und diese zu manipulieren. Textteile werden in Director als *chunk expressions* bezeichnet. Das können Wörter bzw. Textteile sein, die durch Delimiter (Trennzeichen), z.B. Leerzeichen oder Kommas, getrennt sind, aber auch Zeichenbereiche innerhalb einer Zeichenkette.

Die einfachste Möglichkeit einen Substring aus einem String (Zeichenkette) zu extrahieren, bieten die Funktion `chars()` und die Eigenschaft `char`, z.B.:

```
tmp = chars("Macromedia", 6, 10) -- ergibt den Substring "media"
put tmp
-- "media"
```

oder:

```
tmp = "Macromedia".char[6..10]     -- ergibt den Substring "media"
put tmp
-- "media"
```

Dabei wird der Originalstring nicht verändert, sondern ein entsprechender Substring neu erstellt. Das können Sie mit den folgenden Befehlen im Nachrichtenfenster auch leicht nachprüfen:

```
text1 = "Macromedia"
tmp = text1.char[6..10]
put text1
-- "Macromedia"
```

Nach demselben Prinzip können wir mit den Eigenschaften `word`, `line`, `paragraph` und `item`, Wörter, Zeilen, Absätze sowie mit einem beliebigen Trennzeichen (s. o.) separierte Abschnitte in Zeichenketten ansprechen oder extrahieren, z.B. liefert der folgende Befehl das dritte Wort der Zeichenkette `a`:

```
a = "Hallo, neue Welt"
put a.word[3]              -- ergibt "Welt" im Nachrichtenfenster
```

Genauso können wir auch auf Eigenschaften dieses Wortes zugreifen, hier z.B. auf die Anzahl seiner Zeichen:

```
put a.word[3].length       -- ergibt 4 im Nachrichtenfenster
```

Der nächste Befehl ermittelt die Anzahl der Zeichen in der ersten Zeile der Zeichenkette `a`:

```
put a.line[1].length       -- ergibt 16 im Nachrichtenfenster
```

Das heißt, einzelne Eigenschaften von Chunk-Ausdrücken, hier `line` und `char`, können auch miteinander kombiniert werden. Anstelle von `length` lässt sich auch hier `chars.count` verwenden um die Anzahl der enthaltenen Zeichen zu ermitteln.

Der Zugriff auf einen bestimmten Textabschnitt in einer Zeichenkette erfolgt wie bereits beim Zählen mit `count` gezeigt. Zunächst wird mit `the itemDelimiter` das Trennzeichen angegeben; standardmäßig ist das Komma vorgegeben. Anschließend greifen wir mit `item` auf die Textteile zu, z.B.:

```
the itemDelimiter = "*"
b = "Hallo * hier ist ein neues Trennzeichen * Ende"
b = b & RETURN & "Hier beginnt * die zweite Zeile"
put b.item[3..4]
-- " Ende
Hier beginnt * die zweite Zeile"
```

Natürlich kann auch `item` mit den anderen Eigenschaften von Zeichenketten kombiniert werden. Mit den folgenden Befehlen wird z.B. das Zeichen 3 bis 4 von Wort 1 in Zeile 2 von Abschnitt 1 bis 3 der Zeichenkette `b` ausgegeben:

```
the itemDelimiter = "*"
b = "Hallo * hier ist ein neues Trennzeichen * Ende"
b = b & RETURN & "Hier beginnt * die zweite Zeile"
put b.item[1..3].line[2].word[1].char[3..4]
-- "er"
```

Es ist aber nicht notwendig alle Eigenschaften immer hierarchisch aufzuführen. Auch der direkte Zugriff, z.B. auf das Zeichen 11 bis 16 im Abschnitt 1 bis 3, ist möglich:

```
put b.item[1..3].char[11..16]
-- "er ist"
```

Sogar mehrfach lassen sich diese Eigenschaften kombinbieren. Inwieweit das allerdings im Einzelnen immer sinnvoll ist, sei dahingestellt:

```
put b.item[1..3].char[1..32].line[1].word[3..6].char[10..20]
-- "ein neues"
```

Zum Testen können Sie die obigen Befehle in das Nachrichtenfenster eingeben und mit Enter bestätigen. Als Ausgabe sollten Sie dann `"er"`, `"er ist"` bzw. `"ein neues"` erhalten.

Zusammenfassend können wir festhalten, dass die fünf Eigenschaften `char`, `word`, `line`, `paragraph` und `item` beliebig, auch mehrfach in einem Befehl, kombinierbar sind. Letzteres sollte man aber möglichst vermeiden um unnötige Fehlerquellen auszuschließen. Auch darf nach `char` nie `word` innerhalb eines Befehls folgen, da das zu einem Zuordnungsfehler führen kann.

Gelegentlich kann es notwendig werden, das letzte Element (Zeichen, Wort, Zeile oder Abschnitt) zu ermitteln. In der alten Syntax (von vor Director 7) steht dafür das Schlüsselwort `last` zur Verfügung, das Sie auch mit Director 8 und MX nutzen können, z.B.:

```
a = "Hallo, neue Welt"
put the last char of a     -- ergibt "t" im Nachrichtenfenster
put the last word of a     -- ergibt "Welt" im Nachrichtenfenster
put the last line of a     -- ergibt "Hallo, neue Welt"
put the last item of a     -- ergibt " neue Welt"
```

Leider steht `last` nicht in der Punktsyntax zur Verfügung, aber mit ein bisschen mehr Aufwand geht es dann doch. Wir müssen nur die Anzahl der jeweiligen Elemente separat ermitteln um das letzte zu erhalten:

```
a = "Hallo, neue Welt"
put a.char[a.chars.count] -- ergibt "t" im Nachrichtenfenster
put a.word[a.words.count] -- ergibt "Welt" im Nachrichtenfenster
put a.line[a.lines.count] -- ergibt "Hallo, neue Welt"
put a.item[a.items.count] -- ergibt " neue Welt"
```

3.2.4 Inhalte von Zeichenketten ändern

Nachdem wir uns bereits angesehen haben, wie wir auf Teile von Zeichenketten zugreifen und daraus Substrings erzeugen können, ist es naheliegend, auch den Inhalt von Zeichenketten zu ändern. Der einfachste Weg ist dabei, den Inhalt einer Zeichenkette durch eine Zuweisung einer neuen Zeichenkette komplett auszutauschen, z.B.:

```
a = "Zeichenketten in Director"
put a
-- "Zeichenketten in Director"
a = "mit Lingo"
put a
-- "mit Lingo"
```

Hier wurden der Variablen a nacheinander zwei unterschiedliche Zeichenketten zugewiesen. Dabei wird immer der vorhergehende Inhalt komplett überschrieben. Um die aufgeführten Befehle nachzuvollziehen, können Sie sie wieder in das Nachrichtenfenster eingeben und jeweils mit Enter bestätigen.

Soll dagegen zu dem Inhalt einer Zeichenketten-Variablen eine neue Zeichenkette hinzugefügt werden, so können Sie dies, wie bereits auf Seite 112 besprochen, mit den beiden Operatoren & und && erledigen, z.B.:

```
a = "Zeichenketten in Director"
put a
-- "Zeichenketten in Director"
a = a && "Lingo"
put a
-- "Zeichenketten in Director mit Lingo"
```

Nun kann es durchaus erforderlich werden, einzelne Abschnitte, Absätze, Zeilen, Wörter oder Zeichen innerhalb einer Zeichenkette zu ändern. In diesem Fall ist es nahe liegend, sich an den letzten Abschnitt „Zeichenkettenteile (Substrings)" auf Seite 115 zu erinnern und diese Syntax entsprechend zu nutzen, z.B.:

```
a = "Zeichenketten in Director"
a.word[3] = "Lingo"
```

Dies führt aber unweigerlich zu einem Skriptfehler! Hier hat uns nun doch die alte Syntax von Director eingeholt, selbst in Director MX müssen wir noch schreiben:

```
a = "Zeichenketten in Director"
put "Lingo" into a.word[3]
put a
-- "Zeichenketten in Lingo"
```

Zwar können wir für die Bezeichnung eines Textteiles die Punktsyntax verwenden, doch wollen wir einen Textteil ersetzen, müssen wir auf das Konstrukt `put .. into` zurückgreifen. Bei der Gelegenheit lernen Sie gleich die zweite Bedeutung von `put`, neben der Ausgabe im Nachrichtenfenster, kennen. Auf diese Art lässt sich jeder Absatz, Abschnitt, Zeile, Wort oder Zeichen einer Zeichenkette ändern. Der folgende Befehl tauscht z.B. den ersten Buchstabe von Wort 3 in Zeile 2 aus:

```
b = "Wettkampfteilnehmer:"
b = b & RETURN & "Frank, Uwe, Torsten, Lutz"
put "T" into b.line[2].word[3].char[1]
put b
-- "Wettkampfteilnehmer:
Frank, Uwe, Torsten, Lutz"
```

Neben `put..into` gibt es noch die Konstrukte `put..before` und `put..after`. Damit kann man eine neue Zeichenkette vor bzw. nach der angegebenen Stelle in die ursprüngliche Zeichenkette einfügen ohne vorhandene Zeichen zu löschen, z.B.:

```
b = "Frank, Uwe, Torsten, Lutz"
put " Olaf," after b.word[3]
put b
-- "Frank, Uwe, Torsten, Olaf, Lutz"
```

oder:

```
b = "Frank, Uwe, Torsten, Lutz"
put "Olaf, " before b.word[3]
put b
-- "Frank, Uwe, Olaf, Torsten, Lutz"
```

Einmal wird die neue Zeichenkette `Olaf` vor und einmal nach dem angegebenen Wort, hier `Torsten`, eingefügt. Dabei gilt zu beachten, dass das Komma jeweils mit zu dem Wort gerechnet wird, als Trennzeichen für Wörter gelten in Lingo Leer- und Tabulatorzeichen sowie RETURN.

Last but not least steht noch der Befehl `delete` zur Verfügung, mit dem man einzelne Abschnitte, Absätze, Zeilen, Wörter und Zeichen aus Zeichenketten entfernen kann, z.B.:

```
b = "Frank, Uwe, Torsten, Lutz"
delete b.word[2..3]
put b
-- "Frank, Lutz"
```

Hier wird also Wort 2 bis 3 aus der Zeichenkette `b` gelöscht, so dass nur noch `"Frank, Lutz"` übrig bleibt. Diese wie auch alle anderen Befehlssequenzen können Sie zum Testen wie gehabt wieder in das Nachrichtenfenster eintragen und jeden Befehl dabei mit der Enter-Taste bestätigen.

3.2.5 Zeichenketten vergleichen

Der Vergleich von Zeichenketten ist eine in der Praxis häufig vorkommende Aufgabe. Sei es, dass man die Eingabe von Zeichen über die Tastatur ermitteln muss, wie bei unserem Ballspiel, oder dass z.B. eine Zeichenkette nach einer bestimmten Zeichenfolge abgesucht werden soll. Für diese und ähnliche Aufgaben stehen in Lingo der Vergleichsoperator „=“ und die beiden Befehle `contains` und `starts` sowie die Funktion `offset()` in Verbindung mit bedingten Programmaufrufen (`if` und `case`) zur Verfügung.

Mit dem Vergleichsoperator kann nur ermittelt werden, ob die Zeichenfolge der einen Zeichenkette vollständig mit der anderen übereinstimmt, z.B.:

```
a = "Zeichenketten in Director"
b = "zeichenketten in director"
if a = b then put "gleich"
```

Hier ergibt die Abfrage TRUE und somit wird `gleich` im Nachrichtenfenster ausgegeben. Die Zeichenfolgen beider Zeichenketten `a` und `b` sind gleich; dass sich einige Buchstaben in der Groß- und Kleinschreibung unterscheiden, wird dabei nicht berücksichtigt. Anders verhält es sich bei diakritischen Zeichen, wie z.B. A, Å und Ä, diese werden sehr wohl unterschieden, z.B.:

```
if "Å" = "Ä" then put "gleich"
```

ergibt **nicht** TRUE, wie auch:

```
if "Å" = "A" then put "gleich"
```

nicht TRUE ergibt. Dieses Verhalten ist in allen Versionen von Director von 7 bis MX identisch. Zum Testen der Befehle können Sie wieder das Nachrichtenfenster nutzen.

Ähnlich wie der Vergleichsoperator arbeitet der Befehl `contains`. Allerdings müssen hier nicht die Zeichenfolgen beider Zeichenketten gleich sein, sondern es wird nur ermittelt, ob die erste Zeichenkette die zweite enthält, z.B.:

```
a = "Zeichenketten in Director"
b = "director"
if a contains b then put "enthalten"
```

Dieser Vergleich ergibt TRUE, da `director` in der Zeichenkette a enthalten ist. Groß- und Kleinschreibung wird hier ebenfalls nicht berücksichtigt. Diakritische Zeichen, wie A, Å und Ä, werden aber auch mit `contains` unterschieden. Dieses Verhalten gilt ebenfalls ab Director 7 für alle Versionen bis Director MX.

Der Befehl `starts` entspricht dem Befehl `contains` mit dem einen Unterschied, dass eine Abfrage mit `starts` nur TRUE ergibt, wenn die erste Zeichenkette nicht nur die zweite enthält, sondern mit dieser auch beginnt, z.B.:

```
a = "Zeichenketten in Director"
b = "director"
if a starts b then put "beginnt"
```

Diese Abfrage ergibt FALSE, da `director` zwar in der Zeichenkette a vorkommt, diese aber nicht damit beginnt. Hingegen liefert die folgende Abfrage TRUE, weil die Zeichenkette a mit `ZEICHEN` beginnt. Die Groß- und Kleinschreibung wird auch bei `starts`, wie bei allen anderen Abfragen, außer Acht gelassen:

```
a = "Zeichenketten in Director"
b = "ZEICHEN"
if a starts b then put "beginnt"
```

Bleibt noch die Funktion `offset()` zum Vergleich von Zeichenketten zu besprechen. Sie arbeitet prinzipiell wie der Befehl `contains`. Allerdings gibt `offset()` nicht nur an, ob in einer Zeichenkette eine zweite enthalten ist, sondern liefert auch die Position zurück, an der die zweite Zeichenkette in der ersten beginnt, z.B.:

```
a = "Zeichenketten in Director"
put offset("Director", a)
-- 18
```

hingegen liefert:

```
put offset("Lingo", a)
-- 0
```

Das heißt, ist die erste Zeichenkette nicht in der zweiten enthalten, ist der Rückgabewert `0`. Somit kann `offset()` also vollwertig an Stelle von `contains` genutzt werden. Die beiden folgenden Abfragen sind vom Ergebnis her vollkommen identisch:

```
a = "Zeichenketten in Director"
b = "director"
if a contains b then put "enthalten"
```

und:

```
a = "Zeichenketten in Director"
b = "director"
if offset(b, a) then put "enthalten"
```

Auch die Groß- und Kleinschreibung wird bei `offset()` außer Acht gelassen. Diakritische Zeichen, wie A, Å und Ä, werden hingegen unterschieden.

3.2.6 Suchen in Texten

Eine ganz ähnliche Aufgabe wie der Vergleich von Zeichenketten stellt das Suchen in Texten dar. Der Unterschied liegt eigentlich nur im Umfang des zu durchsuchenden Textes; handelt es sich um längere Zeichenketten, spricht man eher vom Suchen in Texten. Dabei werden dieselben Vergleichsoperatoren wie eben besprochen verwendet.

Haben Sie gerade keinen längeren Textdarsteller zur Hand, finden Sie eine entsprechende Datei auf der beiliegenden CD-ROM im Verzeichnis „Kapitel_3".

Schauen wir uns am besten gleich ein entsprechendes Beispiel an. Wir benötigen dafür einen neuen Directorfilm mit einem Textdarsteller von ca. 100 000 Zeichen. Die Anzahl der Zeichen in einem Textdarsteller können Sie mit Hilfe der Eigenschaft `length`, z.B. für den Darsteller `info`, mit dem folgenden Befehl im Nachrichtenfenster ermitteln:

```
put member("info").text.length
-- 100000
```

Das Skript, das ein bestimmtes Suchwort in diesem Darsteller finden soll, realisieren wir als Filmskript mit dem Event-Handler `on startMovie`. Im Skript speichern wir zunächst die Startzeit in der Variablen `msStart` um die

Dauer der Suche zu ermitteln. Danach wird der Text des Darstellers `info` in der Variablen `inhalt` abgelegt und in `such` die zu suchende Zeichenkette. Anschließend wird noch die Anzahl der Wörter des Textes in der Variablen `woerter` gespeichert und `treffer` auf 0 gesetzt. Mit der Variablen `treffer` soll gezählt werden, wie oft der zu suchende Text im Darsteller vorkommt. Die eigentliche Suche erfolgt mit dem Vergleichsoperator „=“ in einer `repeat`-Schleife, die alle Wörter des Textes durchläuft:

```
on startMovie
  msStart = the milliSeconds  -- Startzeit merken

  inhalt = member("info").text
  such = "Lingo"              -- Suchtext
  treffer = 0                 -- gefundenen Wörter
  woerter = inhalt.word.count -- Anzahl der Wörter im Text

  repeat with i = 1 to woerter
    if inhalt.word[i] = such then treffer = treffer + 1
  end repeat
  put "Gefunden:" && treffer
  put "Zeit:" && the milliSeconds - msStart
end
```

Wenn Sie den Film starten, dauert es ein paar Sekunden, bis Sie eine Ausgabe im Nachrichtenfenster erhalten. Dass Director in dieser Zeit **nicht** auf Tastatureingaben oder Mausaktionen reagiert, ist normal. Auf einem 1,8 GHz-Rechner unter Windows XP und Director MX muss man bei dem vorgegebenen Text ca. 10 Sekunden warten. Das ist schon recht lange und kann nicht gerade als ergonomisch angesehen werden.

Eigentlich müsste das auf einem 1,8 GHz-Rechner erheblich schneller gehen. Die Ursache für diesen Schneckengang liegt hier bei Director. Die interne Stackgröße (Zwischenspeicher) ist einfach zu klein für größere Textmengen und das Handling beim Ein- und Auslesen des Textes etwas umständlich realisiert, so dass damit viel Zeit vertrödelt wird. Aber dieses Kapitel heißt nicht umsonst „Programmierung für Fortgeschrittene“ und wir werden hier mit Lingo korrigierend eingreifen.

Wie gesagt, die Ursache für den langsamen Suchprozess ist, dass Director größere Textmengen nicht effizient verarbeiten kann. Was liegt also näher, als ihm kleinere, „mundgerechte“ Textteile anzubieten. Und genau das werden wir im nächsten Skript tun. Wir führen dazu eine neue Variable `m` ein, mit der wir die Anzahl der Wörter für einen Textteil festlegen. Außerdem berechnen wir die Anzahl der daraus resultierenden Textteile und legen den Wert in der Variablen `teile` ab.

Vor der Suche werden jetzt in einer `repeat`-Schleife aus dem Gesamttext `inhalt` Textteile extrahiert und in der Variablen `abschnitt` gespeichert. Der eigentliche Vergleich erfolgt dann mit diesen Textteilen in einer weiteren `repeat`-Schleife:

```
on startMovie
  msStart = the milliSeconds  -- Startzeit merken
  inhalt = member("info").text
  such = "Lingo"              -- Suchtext
  treffer = 0                 -- gefundene Wörter
  woerter = inhalt.word.count -- Anzahl der Wörter im Text

  -- Anzahl der zu durch suchenden
  -- Wörter je Abschnitt
  m = 200

  -- Anzahl der zu durchsuchenden Textteile
  teile = woerter / m

  repeat with i = 0 to teile
    if i = teile then
      abschnitt = inhalt.word[1 + (i * m)..woerter]
    else
      abschnitt = inhalt.word[1 + (i * m)..m + (i * m)]
    end if

    -- Anzahl der Wörter im aktuellen Abschnitt
    anz = abschnitt.word.count

    repeat with j = 1 to anz
      if abschnitt.word[j] = such then treffer = treffer + 1
    end repeat
  end repeat

  put "Gefunden:" && treffer
  put "Zeit:" && the milliSeconds - msStart && " ms"
end
```

Das Resultat unserer Bemühungen kann sich sehen lassen. Director benötigt jetzt nur noch ca. 245 Millisekunden! Das heißt, eine Erhöhung der Suchgeschwindigkeit um den Faktor 40.

Eine Stellschraube, mit der Sie in Abhängigkeit unterschiedlicher Texte noch etwas experimentieren können, ist `m`, die Anzahl der Wörter je Textteil. In der Praxis hat sich ein Wert von etwa 150 bis 200 als optimal erwiesen.

3.2.7 Tastatureingaben filtern

Bei der Tastatureingabe in ein Textfeld kann es sinnvoll sein, von vornherein bestimmte Zeichen auszuschließen oder zuzulassen. Für diese Aufgabe gibt es in der Bibliothekspalette von Director unter *Text* das Verhalten *Eingabezeichen filtern*. Wem dies aber zu träge oder unflexibel ist, kann sich auch sein eigenes Skript schreiben.

Das Skript soll nur bestimmte, zuvor angegebene Zeichen in das Textfeld eintragen lassen. Alle anderen Zeichen sollen bei der Eingabe gar nicht erst im Textfeld erscheinen, statt dessen soll aber ein Warnton vom PC-Lautsprecher abgegeben werden. Dafür müssen wir uns kurz mit der Event-Hierarchie in Director befassen, auf die wir ab Seite 205 noch ausführlich zu sprechen kommen werden.

Die Event-Hierarchie legt fest, in welcher Reihenfolge die verschiedenen Elemente eines Directorfilms die Nachricht eines eingetretenen Ereignisses erhalten. Das Ereignis, das uns hier interessiert, ist `keyDown`, es erfolgt immer dann, wenn eine Taste gedrückt wurde. Der zugehörige Event-Handler lautet `on keyDown`. Wird nun eine Taste gedrückt, erhält das Textfeld, das sich gerade im Fokus befindet, dieses Ereignis. Besitzt es ein Skript mit dem Event-Handler `on keyDown`, so wird er jetzt abgearbeitet. Das wollen wir uns gleich mal an einem kleinen Beispiel anschauen.

Erzeugen Sie einen neuen Directorfilm und legen darin einen Textdarsteller an. Stellen Sie den Textdarsteller für die Texteingabe auf „Bearbeitbar" (Eigenschafteninspektor, Register „Text"). Außerdem benötigen wir noch das folgende Verhaltensskript:

```
on keyDown me
  put "Taste:" && the key
end
```

Weisen Sie das Skript mit der Maus dem Textfeld auf der Bühne zu und starten den Directorfilm. Achten Sie dabei darauf, dass sich das Textfeld im Fokus befindet. Klicken Sie dafür gegebenenfalls das Textfeld mit der Maus an. Wenn Sie nun Buchstaben und Zahlen über die Tastatur eingeben, werden im Nachrichtenfenster die gedrückten Tasten angezeigt, z.B.:

```
-- "Taste: z"
-- "Taste: f"
-- "Taste: B"
-- "Taste: a"
```

Allerdings erscheint im Textfeld kein einziges Zeichen. Das liegt daran, dass das Tastatur-Ereignis keyDown bereits durch den Event-Handler on keyDown in unserem Skript genutzt wird und damit für weitere Aktionen nicht mehr zur Verfügung steht. Aber genau dieses Ereignis ist auch erforderlich, um Zeichen in einem Textfeld einzufügen. Eine Lösung für dieses Problem bietet das Schlüsselwort pass. Es sorgt dafür, dass ein Ereignis von einem Event-Handler in der Ereignishierarchie weitergeleitet wird. Probieren wir das gleich einmal aus und ergänzen unser Skript entsprechend:

```
on keyDown me
  put "Taste:" && the key
  pass
end
```

Wenn Sie jetzt noch einmal den Film starten und Zeichen in das Textfeld eingeben, werden diese dargestellt. Außerdem erfolgt auch die Angabe der gedrückten Taste im Nachrichtenfenster.

Damit haben wir das Prinzip für das Filtern von Zeichen. Es muss jetzt noch abgefragt werden, ob ein bestimmtes Zeichen zulässig ist, um nur dann den Befehl pass auszuführen. Dies ist eine klassische Aufgabe für eine bedingte Programmanweisung mit if, wie es das folgende Skript zeigt:

```
property pErlaubt

on beginSprite me
  -- Angabe der erlaubte Zeichen
  pErlaubt = "ABCDEFGHIJKLMNOPQRSTUVWXYZ"
end

on keyDown me
  if pErlaubt contains the key then
    pass
  else
    beep -- Warnton erzeugen
  end if
end
```

Zunächst werden in der Variablen pErlaubt alle zulässigen Zeichen gespeichert. Anschließend wird mit contains abgefragt, ob das eingegebene Zeichen in pErlaubt enthalten ist. Ist das der Fall, wird der Befehl pass ausgeführt, der hier das Ereignis keyDown weiterleitet, so dass das Zeichen im Textfeld eingetragen wird. Andernfalls wird im else-Zweig der if-Bedingung mit beep ein Warnton ausgegeben.

Damit ist unser Filter-Skript eigentlich fertig. Eigentlich deshalb, weil noch ein Problem bleibt. Versuchen Sie mal, wie in Textfeldern üblich, den Textcursor mit den Pfeiltasten vor und zurück zu bewegen oder ein Zeichen mit der Entf-Taste zu löschen. Das wird nicht funktionieren. Es kann auch gar nicht funktionieren, da wir diese Zeichen nicht in `pErlaubt` als zulässige Zeichen mit aufgenommen haben. Allerdings ginge das auch nicht, da z.B. die Pfeiltasten kein Zeichen wie „A", „B" oder „C" besitzen, sondern nur einen Tastaturcode.

Das heißt für uns, vor der eigentlichen Abfrage eines Zeichens müssen wir ermitteln, ob es sich um ein zulässiges Steuerzeichen handelt, und dann das Ereignis `keyDown` mit `pass` an das Textfeld weiterleiten. Diese Aufgabe lässt sich mit der folgenden Befehlsequenz erledigen. Fügen Sie sie direkt nach dem Event-Handler `on keyDown` in das obige Skript ein:

```
tc = [48,51,115,116,117,119,121,123,124,125,126]
if tc.getPos(the keyCode) then
  pass  -- "keyDown" weiterleiten
  exit  -- Abbruch des Event-Handlers
end if
```

Im ersten Befehl wird der Tastaturcode für die zulässigen Steuerzeichen in der Liste `tc` gespeichert. Anschließend erfolgt mit `getPos()` die Abfrage, ob der Tastaturcode des eingegebenen Zeichens in der Liste `tc` enthalten ist. Trifft dies zu, wird mit `pass` das Ereignis `keyDown` weitergeleitet und mit `exit` der Event-Handler `on keyDown` beendet. Andernfalls liefert `getPos()` den Wert 0 zurück und die Befehle in der `if`-Bedingung werden nicht abgearbeitet.

Übrigens können Sie bei Bedarf auch die Abfragelogik im Skript leicht umkehren. Wollen Sie alle Zeichen für das Textfeld zulassen, **außer** denen in `pErlaubt`, so nehmen Sie in die `if`-Bedingung noch das Schlüsselwort `not` mit auf:

```
if not pErlaubt contains the key then
```

In diesem Fall ist dann die Extra-Abfrage der Sonderzeichen nicht notwendig, da ja bei allen Zeichen, bis zu denen in `pErlaubt`, das Ereignis `keyDown` vom Skript weitergeleitet wird. Allerdings stört die Abfrage die Funktionalität auch nicht, so dass Sie sie auch im Skript belassen können.

Noch ein Wort zur Groß- und Kleinschreibung. Wie bereits auf Seite 120 gezeigt, unterscheidet der hier verwendete Befehl `contains` nicht zwischen Groß- und Kleinschreibung, wie auch alle anderen Befehle für den Vergleich von Zeichenketten dies nicht tun. Ist eine Unterscheidung in einer Anwendung dennoch notwendig, müssen Sie die erlaubten bzw. verbotenen Zeichen als Elemente einer Liste abspeichern. Die Liste fragen Sie dann mit der Methode `getPos()` ab, wie dies bereits für die Sonderzeichen im Skript erfolgt.

Ein entsprechendes Beispiel finden Sie auch auf der beiliegenden CD-ROM.

3.2.8 Text- und Felddarsteller

Eine der grundlegenden Funktionen von Text- und Felddarstellern besteht im Speichern von Zeichenketten. Auf diese können wir über die Eigenschaft `text` zugreifen, z.B.:

```
member("termin").text = "Montag, 31.08., 18 Uhr"
```

Der Befehl speichert im Darsteller `termin` die angegebene Zeichenkette. Mit:

```
put member("termin").text
```

lässt sich die gespeicherte Zeichenkette z.B. im Nachrichtenfenster anzeigen. Anders als bei Zeichenketten-Variablen ist es bei Text- und Felddarstellern sehr wohl möglich, über die fünf Eigenschaften `item`, `paragraph`, `line`, `word` und `char` (s. S. 115), auch einzelne Textteile zu ändern, z.B.:

```
member("info").paragraph[1].line[3].word[1..2] = "neuer Text"
```

Darüber hinaus besitzen Text- und Felddarsteller noch Eigenschaften, um den Text für die Anzeige auf der Bühne mit Lingo zu formatieren. Beispielsweise lassen sich mit `font` und `fontSize` die Schrift und Schriftgröße festlegen:

```
member("termin").font = "Times"
member("termin").fontSize = 24
```

Während der erste Befehl dem Darsteller `termin` die Schrift Times zuweist, stellt der zweite Befehl die Größe der Schrift auf 24 Punkt (1 Punkt = 0,353 mm) ein. Auch die Farbe der Schrift und des Hintergrundes können mit Lingo eingestellt werden. Dies ist sowohl über die Darstellereigenschaft:

```
member("termin").color = rgb(255, 0, 0)      -- Vordergrund-Farbe
member("termin").bgColor = rgb(255, 255, 0) -- Hintergrund-Farbe
```

als auch über die Spriteeigenschaft:

```
sprite(1).color = rgb(255, 0, 0)      -- Vordergrund-Farbe
sprite(1).bgColor = rgb(255, 255, 0) -- Hintergrund-Farbe
```

möglich.

Vermeiden Sie es aber, die Darsteller- und Spriteeigenschaft bei Textdarstellern gleichzeitig zu verwenden. Da Director die Farbwerte beider Eigenschaften addiert, ergeben sich leicht ungewollte Resultate. So ergeben z.B. Rot für die Darstellereigenschaft `color` und Grün für die Spriteeigenschaft `color` die Schriftfarbe Gelb.

Um dieses Problem zu umgehen, sollten Sie die Schriftfarbe des Darstellers auf Schwarz und den Hintergrund auf Weiß einstellen, da dann die eingestellten Farben für das jeweilige Sprite korrekt angezeigt werden. Natürlich ist es auch umgekehrt möglich, die Schriftfarbe des Sprites auf Schwarz und den Hintergrund auf Weiß zu stellen; so werden die eingestellten Darstellerfarben korrekt angezeigt.

Bei Felddarstellern wird hingegen immer die eingestellte Darstellerfarbe angezeigt, unabhängig davon, welchen Wert die Spriteeigenschaft `color` besitzt.

Es gibt noch eine Reihe weiterer Eigenschaften zur Formatierung von Text- und Felddarstellern. So kann beispielsweise für Text in Felddarstellern mit der Eigenschaft `dropShadow` auch ein Schlagschatten erzeugt werden, z.B. mit einer Stärke von 4 Pixeln:

```
member("test").dropShadow = 4  -- Schlagschatten
```

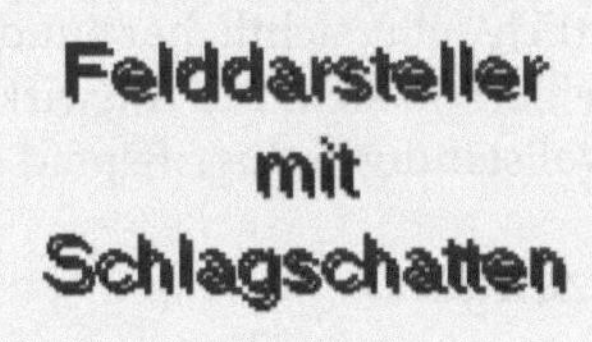

Abb. 3-1: Felddarsteller mit Schlagschatten

3.2.8.1 Chunk-Ausdrücke formatieren

Auch Chunk-Ausdrücke, das heißt, beliebige Zeichen, Wörter, Elemente oder Zeilen in einer Zeichenfolge, lassen sich mit den eben besprochenen Eigenschaften formatieren. Der Zugriff auf Teile einer Zeichenkette erfolgt wie auf Seite 115 unter „Zeichenkettenteile (Substrings)" beschrieben. Soll z.B. das zweite Wort in der zweiten Zeile des Textdarstellers `brief` fett formatiert werden, so erledigt das der nachfolgende Befehl:

```
member("brief").text = "Sehr geehrter Herr XYZ," & \
  RETURN & "vielen Dank für ..."
member("brief").line[2].word[2].fontStyle = [#bold]
```

Auf der Bühne wird der Darsteller `brief` dann entsprechend angezeigt:

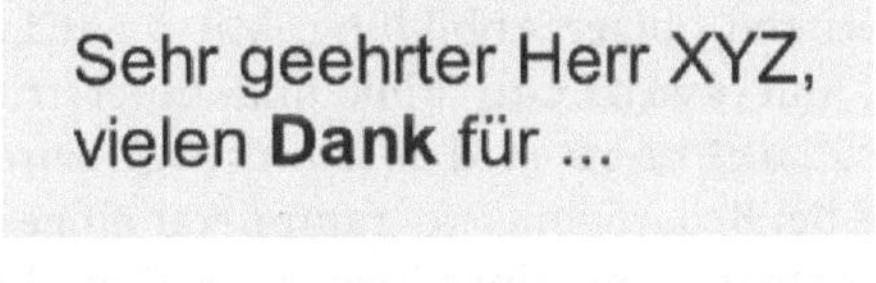

Sehr geehrter Herr XYZ,
vielen **Dank** für ...

Abb. 3-2: Felddarsteller mit fett dargestelltem Wort 2 in Zeile 2

Beachten Sie, dass die Formatierung von Chunk-Ausdrücken **nur** bei Zeichenketten von Feld- und Textdarstellern möglich ist. Einzelne Zeichenketten oder Teile davon lassen sich hingegen **nicht** formatieren!

Bei größeren Zeichenketten kann der Zugriff auf einen bestimmten Teil recht lang ausfallen. Wollen Sie dann noch mehrere Formatanweisungen auf denselben Teil der Zeichenkette anwenden, müssten Sie den Zugriffspfad in jedem Befehl neu schreiben. Um dies zu vermeiden, bietet Lingo das Schlüsselwort `ref`, mit dem eine Referenz auf einen Textteil eines Darstellers erzeugt werden kann. Wenn wir bei unserem obigen Beispiel bleiben, können wir mit dem folgenden Befehl eine Referenz auf das zweite Wort in der zweiten Zeile erzeugen:

```
ref1 = member("brief").line[2].word[2].ref
```

Damit können Sie über die Referenz `ref1` auf diesen Textteil zugreifen, z.B.:

```
ref1.font = "Times"
ref1.fontSize = 24
```

Diese Syntax ist wesentlich übersichtlicher und birgt auch weniger die Möglichkeit von Schreibfehlern in sich. Die Auswirkung ist aber dieselbe als ob Sie bei jedem Befehl den vollständigen Zugriffspfad angeben würden.

3.2.8.2 Hyperlinks erzeugen

Sie können auch Textdarsteller (aber nicht Felddarsteller), ähnlich wie in HTML, als Hyperlink formatieren. Dafür weisen Sie der Eigenschaft `hyperlink` von Textdarstellern eine Zeichenkette zu, die nicht leer sein darf, z.B.:

```
member("termin").hyperlink = "link1"
```

Der Darsteller `termin` wird daraufhin blau und unterstrichen formatiert. Außerdem ändert sich der Mauscursor jetzt in eine Hand, sobald er über diesen Darsteller gelangt:

Abb. 3-3: Felddarsteller mit Hyperlink

Montag, 31.08., 18 Uhr

Neben diesem Stil stehen noch zwei weitere Formatierungen für Hyperlinks zur Verfügung. Die Umschaltung zwischen den drei Stilen erfogt mit der Eigenschaft `hyperlinkState`, ihr kann einer der drei Werte `#normal`, `#active` und `#visited` zugewiesen werden. Ersterer ist der Standardwert und formatiert einen Link entsprechend obiger Abbildung. Mit `#active` wird ein Link rot und unterstrichen, mit `#visited` pink und unterstrichen dargestellt. Die Eigenschaft `hyperlinkState` wird aber nicht von Director automatisch gesetzt, sondern muss bei Bedarf vom Programmierer eingestellt werden.

Wollen Sie die Formatierung eines Textes als Hyperlink wieder entfernen, so weisen Sie der Eigenschaft `hyperlink` des Textdarstellers eine leere Zeichenkette zu:

```
member("termin").hyperlink = ""
```

Damit besitzt der Text dann auch keine Hyperlink-Funktionalität mehr. Um nur die Formatierung eines Hyperlinks beliebig ändern zu können, den Text aber als Verweis zu belassen, müssen Sie die Eigenschaft `useHypertextStyles` des Textdarstellers auf `FALSE` setzen:

```
member("termin").useHypertextStyles = FALSE
```

Nun können Sie dem Text eine beliebige Formatierung geben und ihn dennoch als Hyperlink nutzen. Beachten Sie aber, dass sich jetzt auch **nicht** mehr der Mauscursor in eine Hand verwandelt, wenn er über den Link gelangt. Bei Bedarf müssen Sie diese Funktionalität dann selbst programmieren (s. S. 142).

Natürlich ist es auch bei Hyperlinks möglich, nur Teile eines Textdarstellers als Link zu formatieren. Das Prinzip ist dasselbe, wie wir es bereits im letzten Abschnitt auf Seite 129 für Chunk-Ausdrücke kennen gelernt haben. Soll z.B. nur das erste Wort im obigen Textdarsteller `termin` als Hyperlink formatiert werden, können Sie schreiben:

```
member("termin").word[1].hyperlink = "link1"
```

Montag, 31.08., 18 Uhr

Abb. 3-4: Felddarsteller mit Hyperlink auf Wort 1

Über die Eigenschaft `hyperlinkRange` und `hyperlinks` lässt sich der Hyperlink-Bereich einer Zeichenkette auch ermitteln, z.B.:

```
put member("termin").hyperlinkRange
-- [1, 7]
```

Die erste Ziffer steht für die Position, an der der Hyperlink in der Zeichenkette beginnt. Die zweite Ziffer für die Position, an der er endet. Im Beispiel geht der Hyperlink also von Zeichen 1 bis 7. Besitzt die Zeichenkette mehrere Hyperlink-Bereiche, wird immer nur der erste angezeigt. Möchten Sie alle Hyperlink-Bereiche anzeigen lassen, verwenden Sie die Eigenschaft `hyperlinks`, z.B.:

```
put member("termin").hyperlinks
-- [[1, 7]]
```

Hierbei wird immer eine lineare Liste erzeugt, deren Elemente wiederum als Listen jeden Hyperlink-Bereich der Zeichenkette enthalten. Formatieren wir beispielsweise noch das vierte Wort im Textdarsteller `termin` als Hyperlink:

```
member("termin").word[4].hyperlink = "link2"
```

so liefert `hyperlinks` die folgende Angabe:

```
put member("termin").hyperlinks
-- [[1, 7], [20, 22]]
```

Das heißt, die Zeichen 1 bis 7 und 20 bis 22 sind jetzt als Hyperlink formatiert.

3.2.8.3 Text an Hyperlinks anfügen

Im Abschnitt „Zeichenketten verknüpfen“ auf Seite 112 konnten Sie erfahren, wie man Zeichenketten miteinander verbindet. Wollen Sie jetzt z.B. im Nachhinein an den Darsteller `termin` weiteren Text anfügen, könnten Sie dies wie folgt tun:

```
member("termin").text = member("termin").text && "am Bahnhof"
```

Das Resultat sähe dann so aus:

Abb. 3-5: Felddarsteller mit angefügtem Text

Montag, 31.08., 18 Uhr am Bahnhof

Fällt Ihnen etwas auf? Die Hyperlink-Formatierung fehlt! Das liegt daran, dass der Hyperlink-Bereich von Textdarstellern bei der Zuweisung einer neuen Zeichenkette oder einzelner Zeichen zurückgesetzt wird. Eine Kontrolle mit `hyperlinks` ergibt dann auch, dass wirklich keine Hyperlink-Formatierung mehr im Darsteller `termin` existiert:

```
put member("termin").hyperlinks
-- []
```

Um dies zu vermeiden muss neuer Text mit `put..after` oder mittels der undokumentierten Methode `setContentsAfter()` angefügt werden:

```
put "am Bahnhof" after member("termin")
```

oder

```
member("termin").setContentsAfter("am Bahnhof")
```

Und diesmal bleibt die Hypertext-Formatierung erhalten:

Abb. 3-6: Felddarsteller mit angefügtem Text und Hyperlink

Montag, 31.08., 18 Uhr am Bahnhof

Mit `hyperlinks` können wir uns auch noch bestätigen lassen, dass der Hyperlink-Bereich vollständig erhalten geblieben ist:

```
put member("termin").hyperlinks
-- [[1, 7], [20, 22]]
```

3.2.8.4 Hyperlinks nutzen

Nachdem wir uns nun ausführlich mit der Formatierung von Hyperlinks befasst haben, müssen wir uns noch ansehen, wie wir mit einem Hyperlink eine bestimmte Aktion auslösen können.

Wird auf einen Hyperlink ein Mausklick ausgeführt, so erzeugt dieser das Ereignis `hyperlinkClicked`. Sollen nun auf einen Mausklick hin bestimmte Befehle abgearbeitet werden, benötigen wir einen entsprechenden Event-Handler, der auf das Ereignis hin aktiv wird:

```
on hyperlinkClicked
  -- hier folgen die abzuarbeitenden Befehle
  ...

end
```

Dieser Event-Handler steht zwechmäßigerweise im selben Skript, in dem der Hyperlink formatiert wurde, oder in einem Filmskript. Andere Varianten sind aber gleichfalls möglich.

Da in einem Film, ja selbst in einem Textdarsteller mehrere Hyperlinks existieren können und wahrscheinlich nicht jeder Hyperlink dieselben Aktionen auslösen soll, benötigen wir bei einem Mausklick auch die Information, um welchen Link es sich handelt. Daher erzeugt ein Hyperlink bei einem Mausklick nicht nur das Ereignis `hyperlinkClicked`, sondern sendet auch noch zwei Parameter mit: die dem Hyperlink zugewiesene Zeichenkette (s. S. 130) und den Hyperlink-Bereich (s. S. 131). Diese können wir dann im Event-Handler entsprechend nutzen, wie z.B. in dem folgenden Spriteskript:

```
on beginSprite me
  member("termin").text = "Montag, 31.08., 18 Uhr"
  member("termin").word[1].hyperlink = "link1"
  member("termin").word[4].hyperlink = "link2"
end

on hyperlinkClicked me, link, bereich
  if link = "link1" then gotoNetPage("http://www.leipzig.de/")
  if link = "link2" then gotoNetPage("http://www.springer.de/")
end
```

Um das Skript zu testen, weisen Sie es einem Textdarsteller auf der Bühne zu. In Abhängigkeit vom angeklickten Link wird eine der beiden URLs im Browser aufgerufen. Natürlich könnte auch jede andere Aktion ausgelöst werden. Der dritte Parameter, `bereich`, wird hier nicht verwendet und wurde nur der Vollständigkeit halber mit angegeben.

Achtung! Falls unter dem Menüpunkt *Datei / Voreinstellungen / Netzwerk…* nicht *Optionen: Bei Bedarf starten* ausgewählt ist, arbeitet die Funktion `gotoNetPage()` **nicht** in der Autorenumgebung von Director.

3.2.8.5 Textformate (TEXT, HTML, RTF)

Bis jetzt sind wir stillschweigend davon ausgegangen, dass ein Text- oder Felddarsteller nur einfachen, unformatierten Text aufnimmt. Director bietet aber für Textdarsteller die Möglichkeit, auch Text in den Formaten RTF (Rich Text Format) und HTML (Hypertext Markup Language) zuzuweisen und auszugeben. Dafür stehen in Lingo die drei Eigenschaften `text`, `html` und `rtf` für Textdarsteller zur Verfügung.

Nehmen wir als Beispiel den Textdarsteller `termin` aus dem letzten Abschnitt und geben ihn einmal als Text:

```
put member("termin").text
-- "Montag, 31.08., 18 Uhr"
```

dann als HTML:

```
put member("termin").html
-- "<html>
<head>
<title>Untitled</title>
</head>
<body bgcolor="#FFFFFF">
<font size=7>Montag, 31.08., 18 Uhr</font></body>
</html>»
```

und auch als RTF aus:

```
put member("termin").rtf
-- "{\rtf1\ansi\deff0 {\fonttbl{\f0\fswiss Arial;}}{\colortbl\red0\
green0\blue0;\red0\
green0\blue224;\red224\green0\blue0;\red224\green0
\blue224;}{\stylesheet{\s0\fs24 Normal Text;}}\pard
\f0\fs24{\fs72 Montag, 31.08., 18 Uhr\par}}"
```

Umgekehrt können wir auch z.B. einen HTML-formatierten Text einem Textdarsteller zuweisen, z.B.:

```
member("test").html = "<html><body>Hallo <b>Welt</b></body></html>"
```

Das Ergebnis zeigt die folgende Abbildung:

Hallo **Welt**

Abb. 3-7: Textdarsteller mit HTML erzeugt

Gerade die HTML-Formatierung birgt die Möglichkeit in sich, Text relativ einfach und ohne großen Aufwand zu formatieren. Zwar werden von Director nur einige HTML-Tags unterstützt (s. Tabelle S. 136), doch reichen sie aus, um z.B. eine Tabelle zu erzeugen:

Name	**Vorname**	**Geb.-Datum**
Mustermann	Frank	01.03.11
Musterfrau	Sabine	23.08.09

Abb. 3-8: Textdarsteller als HTML-Tabelle

Um das Beispiel nachzuvollziehen, weisen Sie die nachfolgenden HTML-Anweisungen einem Textdarsteller zu und nennen ihn `HTML`. Dieser Darsteller bleibt in der Besetzung und wird nicht auf die Bühne gezogen. Erstellen Sie einen zweiten Textdarsteller, den Sie `Tabelle` nennen und auf die Bühne ziehen. Nun müssen Sie nur noch die HTML-Anweisungen dem Darsteller `Tabelle` als HTML formatiert zuweisen. Dies erledigt der folgende Befehl, z.B. im Nachrichtenfenster eingegeben:

```
member("Tabelle").html = member("HTML").text
```

Und hier die HTML-Anweisungen für die Tabelle, die im Textdarsteller `HTML` abgelegt werden:

```
<html><head>
<title>Tabellen</title>
</head>
<body>

<table border="2">
  <tr bgcolor="#00FFAF">
    <td align="right"><b>Name</b></td>
    <td align="left"><b>Vorname</b></td>
    <td align="center"><b>Geb.-Datum</b></td>
  </tr>
  <tr>
    <td bgcolor="silver">Mustermann</td>
    <td bgcolor="yellow">Frank</td>
    <td bgcolor="aqua">01.03.11</td>
  </tr>
  <tr>
    <td bgcolor="silver">Musterfrau</td>
    <td bgcolor="yellow">Sabine</td>
    <td bgcolor="aqua">23.08.09</td>
  </tr>
</table>
</body>
</html>
```

Von Director werden die Tags für das HTML-Grundgerüst unterstützt, sowie Listen, Tabellen und einige Stil-Tags. Außerdem werden die meisten Sonderzeichen, aber nicht das Eurosymbol `€` unterstützt.

Nicht unterstützt werden auch alle eingebetteten Objekte, Formularbefehle, sortierte Listen, verschachtelte Tabellen sowie die Tags `FRAME`, `IMG`, `APPLET`, `OBJECT` und `EMBED`. Nicht unterstützte Befehle werden in der Anzeige ignoriert.

Die folgende Tabelle fasst die wichtigsten HTML-Tags, die Director unterstützt, zusammen:

HTML-Tag	Attribute
Grundbefehle	
html, head, title, body, hr, br, a, p, ul, ol (wird aber als ul dargestellt)	align, alink, link, color, bgColor, href
Stilbefehle	
b, i, u, s, blockquote, center, cite, code, dfn, em, font, h1 bis h7, small, strike, strong, sub, sup, tt, var	align, size, color
Tabellen	
table, tr, th, td	align, bgColor, border, width*, height*

* Die Attribute width und height werden nur bei den Tags th und td unterstützt, width bezieht sich dabei immer nur auf eine Zelle, nicht auf die gesamte Spalte wie im Browser

3.2.8.6 Text scrollen

Die einfachste Möglichkeit Text in einer Textbox zu scrollen, bietet die Einstellung *Rollen* unter der Option *Rahmen* im Eigenschafteninspektor:

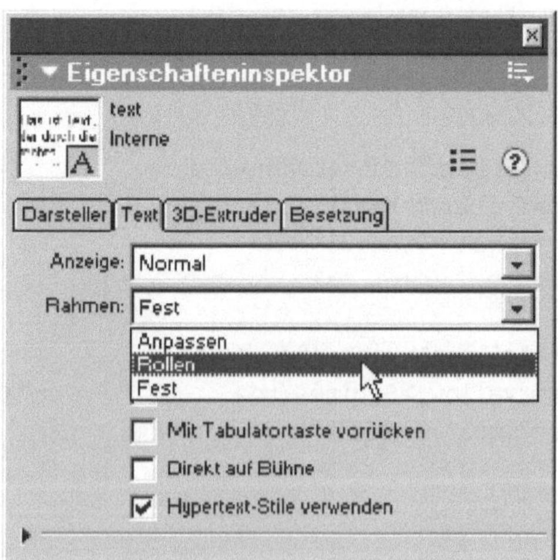

Abb. 3-9: Eigenschafteninspektor zum Scrollen von Text

Mit Lingo können Sie diese Option wählen, indem Sie der Eigenschaft `boxType` von Text- und Felddarstellern den Wert `#scroll` zuweisen, z.B.:

```
member("test").boxType = #scroll
```

Damit wird eine senkrechte Scrollleiste am rechten Rand der Textbox integriert:

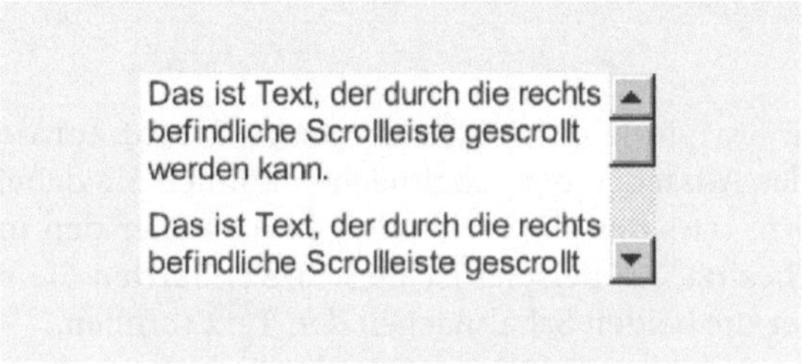

Abb. 3-10: Textdarsteller mit Scrollbalken

Allerdings mag es die eine oder andere Anwendung geben, bei der die graue Scrollleiste nicht ins restliche Layout passt. Für diese Fälle ist es sinnvoll eine eigene Scrollfunktion zu entwickeln. Ausgangspunkt dafür ist die Eigenschaft `scrollTop` von Text- und Felddarstellern. Sie bestimmt den Abstand des Textes zum oberen Rand der Textbox in Pixeln. Der Standardwert ist 0, dabei befindet sich die erste Zeile des Textes in der Textbox oben. Größere Werte scrollen im Text nach unten. Der folgende Befehl scrollt z.B. im Text des Darstellers `test` um 20 Pixel nach unten:

```
member("test").scrollTop = member("test").scrollTop + 20
```

Darauf aufbauend können wir zwei Skripte schreiben, die einen Text nach oben und unten scrollen. Beide Skripte sollen als Spriteskript arbeiten, das heißt, sie werden den Schaltflächen (Buttons) zugewiesen, die die Scrollfunktion auslösen sollen.

Das erste Skript dient zum Scrollen im Text nach oben:

```
on mouseDown me
  repeat while the stillDown
    member("test").scrollTop = member("test").scrollTop - 10
    updateStage  -- Bühne aktualisieren
  end repeat
end
```

Das zweite Skript scrollt im Text nach unten:

```
on mouseDown me
  repeat while the stillDown
    member("test").scrollTop = member("test").scrollTop + 10
    updateStage  -- Bühne aktualisieren
  end repeat
end
```

Ein komplettes Beispiel mit beiden Skripten finden Sie auf der beiliegenden CD-ROM im Verzeichnis „Kapitel_3".

Weisen Sie die Skripte je einer Schaltfläche (s. S. 140) auf der Bühne zu. Die Position und das Aussehen der Schaltflächen können Sie dabei frei bestimmen. Wichtig ist noch, dass der zu scrollende Textdarsteller den im Skript verwendeten Namen besitzt, im Beispiel ist dies `test`. Starten Sie nun den Film, so können Sie über die beiden Schaltflächen den Text scrollen.

Beachten Sie bei `scrollTop`, dass das Scrollverhalten von Text- und Felddarstellern unterschiedlich ist. In Textdarstellern kann nach oben nur bis zur ersten und nach unten nur bis zur letzten Textzeile gescrollt werden. Felddarsteller lassen sich auch beliebig darüber hinaus scrollen.

Neben der Eigenschaft `scrollTop` könnte man auch über die Funktion `scrollByLine()` eine eigene Scrollfunktion entwickeln. Allerdings würde der Text damit immer zeilenweise gescrollt.

3.2.9 Zeichenketten und Listen ineinander umwandeln

Teilweise kann es notwendig sein, eine Zeichenkette in eine Liste oder auch eine Liste in eine Zeichenkette umzuwandeln. Die meisten Skriptsprachen stellen dafür eigene Funktionen zur Verfügung, in Lingo allerdings fehlen solche Funktionen. Das ist aber kein großes Problem, da man diese mit ein paar Lingo-Befehlen schnell nachrüsten kann, wie es das folgende Filmskript zeigt:

```
-- konvertiert eine Zeichenkette in eine Liste
on toList myString, myDelimiter
  myList = []
  saveDelimiter = the itemDelimiter
  the itemDelimiter = myDelimiter
  itemsCount = myString.items.count

  repeat with i = 1 to itemsCount
    myList.add(myString.item[i])
  end repeat
  the itemDelimiter = saveDelimiter
  return myList
end
```

```
-- verbindet Listen-Elemente zu einer Zeichenkette
on toString myList, myDelimiter
  listCount = myList.count
  myString = ""

  repeat with i = 1 to listCount
    myString = myString & myList[i]
    if i < listCount then myString = myString & myDelimiter
  end repeat

  return myString
end
```

Der Aufruf, um eine Zeichenkette in eine Liste zu konvertieren, sieht wie folgt aus:

```
liste =  toList(zeichenkette, trenner)
```

Für `zeichenkette` steht die zu konvertierende Zeichenkette und für `trenner`, das Zeichen, bei dem die Zeichenkette jeweils getrennt werden soll. Die erzeugte Liste wird in der Variablen `liste` gespeichert, z.B.:

```
liste =  toList("Das ist + ein + Test", "+")
put liste
-- ["Das ist ", " ein ", " Test"]
```

Soll dagegen eine Liste in eine Zeichenkette konvertiert werden, so verwenden Sie den folgenden Befehl:

```
zeichen =  toString(liste, trenner)
```

Für `liste` steht die zu konvertierende Liste und für `trenner` das Zeichen, das in die Zeichenkette mit eingefügt werden soll. Die erzeugte Zeichenkette wird in der Variablen `zeichen` gespeichert, z.B.:

Ein komplettes Beispiel zur Umwandlung von Zeichenketten und Listen finden Sie auch auf der beiliegenden CD-ROM im Verzeichnis „Kapitel_3“.

```
zeichen =  toString([1, 35, "Montag", 10], " _ ")
put zeichen
-- "1 _ 35 _ Montag _ 10"
```

3.3 Schaltflächen

Grundsätzlich kann jedes grafische Sprite auf der Bühne zu einer Schaltfläche gemacht werden. Dafür muss ihm lediglich ein Verhaltensskript zugeordnet werden, das auf eine Mausaktion, wie z.B. `on mouseUp`, reagiert. Ein entsprechendes Beispiel haben wir bereits auf Seite 64 für den Start eines Countdown-Timers besprochen:

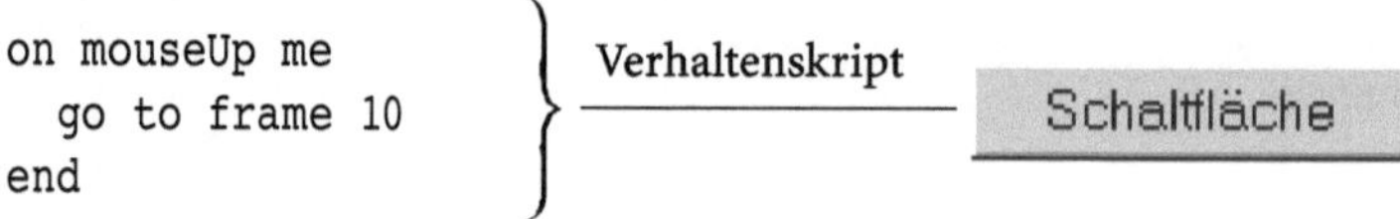

Der Abspielkopf wird hier bei einem Mausklick zu Frame 10 geschickt. Damit ist prinzipiell die Funktion einer Schaltfläche erfüllt.

Allerdings fehlen noch wichtige Elemente für eine typische Multimedia-Anwendung. So ändert der Mauszeiger nicht seine Erscheinungsform, wenn er über eine Schaltfläche gelangt. Und auch die Schaltfläche selbst ändert sich nicht, wenn sich der Mauszeiger über ihr befindet oder die Maustaste gedrückt wird. Wie diese Effekte erzeugt werden, erfahren Sie in den beiden nachfolgenden Abschnitten „Mauscursor ändern“ und „Rollovereffekte“.

Außerdem haben wir noch keine Überlegungen zum systemkonformen Verhalten unserer Schaltflächen angestellt. Systemkonform bedeutet dabei, dass sich eine Schaltfläche so verhält wie die Schaltflächen des Betriebssystems. Ausführlich werden wir uns damit im Abschnitt „Systemkonformes Verhalten“ auf Seite 154 befassen.

Hier sei nur kurz darauf hingewiesen, dass eine Schaltfläche des Betriebssystems (Win oder Mac) erst dann eine Aktion auslöst, wenn die Maustaste gedrückt und **darüber** wieder losgelassen wird. Das gibt dem User die Möglichkeit, falls er die Maustaste versehentlich auf einer Schaltfläche gedrückt hat, diese mit gedrückter Maustaste zu verlassen. Lässt er dann außerhalb der Schaltfläche die Maustaste los, wird die Schaltfläche nicht aktiviert. Das heißt, die hinterlegten Befehle werden nicht ausgeführt.

Damit in Director erzeugte Schaltflächen entsprechend reagieren, verwenden Sie den Event-Handler `on mouseUp`. Nutzen Sie dagegen den Event-Handler `on mouseDown`, werden die darin enthaltenen Befehle bereits beim Drücken und nicht erst beim Loslassen der Maustaste abgearbeitet.

Und noch eins gilt es bei Schaltflächen, insbesondere für Multimedia-Anwendungen zu beachten. Bis jetzt haben wir stillschweigend vorausgesetzt, dass unsere Schaltflächen rechteckig sind; zumindest der aktive Bereich einer Schaltfläche, also der Bereich, in dem eine Mausaktion registriert wird.

Zwar können Sie einen Kreis zeichnen und diesen als Schaltfläche verwenden, die Maus kann aber im gesamten Begrenzungsrechteck des Kreises eine Aktion auslösen. Besonders deutlich tritt dies zu Tage, wenn man, wie im Abschnitt „Mauscursor ändern“ ab Seite 142 beschrieben, die Erscheinungsform des Mauszeigers über einer Schaltfläche ändert:

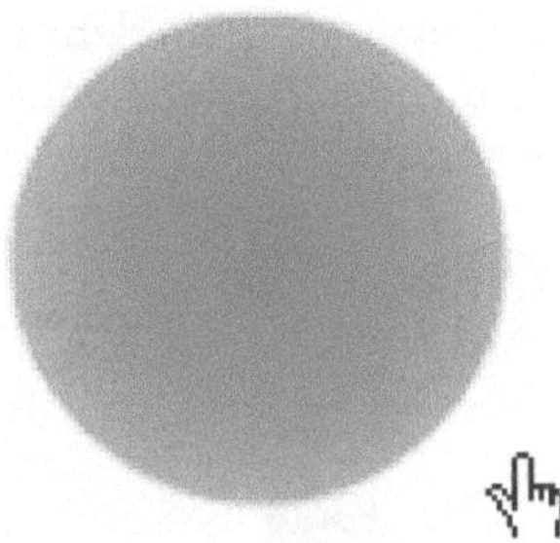

Abb. 3-11: Schaltfläche mit Mauszeiger

Wie wir dieses Verhalten so modifizieren, dass die optische Erscheinung einer Schaltfläche und der aktive Bereich der Maus übereinstimmen, sehen wir uns im folgenden Abschnitt ausführlich an.

3.3.1 Nicht-rechteckige Schaltflächen

Standardmäßig ist der aktive Bereich des Mauszeigers, wie gesagt, durch das Begrenzungsrechteck des jeweiligen Sprites definiert. Um den aktiven Bereich der Maus an Schaltflächen mit beliebiger Form anzupassen, müssen wir zunächst zwischen Vektor- und Bitmap-Darstellern unterscheiden. Beide Darstellertypen besitzen diesbezüglich unterschiedliche Eigenschaften und Einstellungen.

3.3.1.1 Vektordarsteller

Hierzu zählen Text-, Vektorform- und Flashdarsteller, **nicht** jedoch Elemente aus der Werkzeugpalette. Bei Vektordarstellern ist es recht einfach, den aktiven Mausbereich der Form des Vektors anzupassen. Wählen Sie dafür in den Spriteeinstellungen des Drehbuches oder im Eigenschafteneditor unter dem Register *Sprite* die Ink-Methode *Transparent* oder *Hintergrund transparent*. Die Maus reagiert dann nur noch direkt auf dem Vektordarsteller:

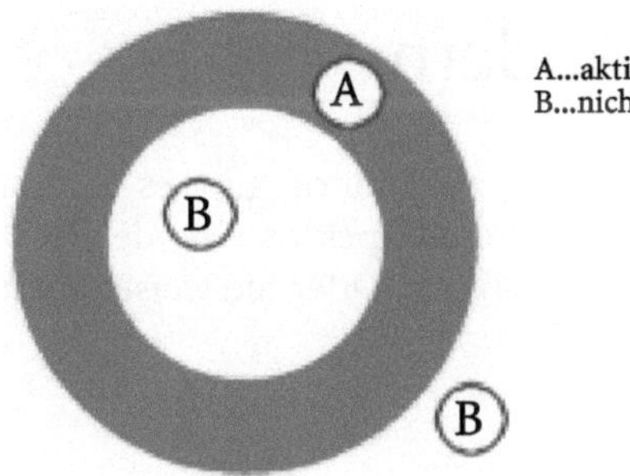

Abb. 3-12: Vektordarsteller mit aktivem und passivem Maus-Bereich

3.3.1.2 Bitmap-Darsteller

Um bei Bitmap-Darstellern den aktiven Bereich der Maus der Form der Bitmap anzupassen, wählen Sie für die Bitmap den Ink-Mode *Matt* in den Spriteeinstellungen des Drehbuches oder im Eigenschafteneditor unter dem Register *Sprite*. Allerdings wird dadurch nur der äußere Bereich einer Bitmap als nicht aktiver Bereich festgelegt. Befinden sich innerhalb der Bitmap Farbbereiche, die identisch mit der Hintergrundfarbe sind, so bleiben diese trotzdem für den Mauszeiger aktiv:

Abb. 3-13: Bitmap-Darsteller mit aktivem und passivem Maus-Bereich

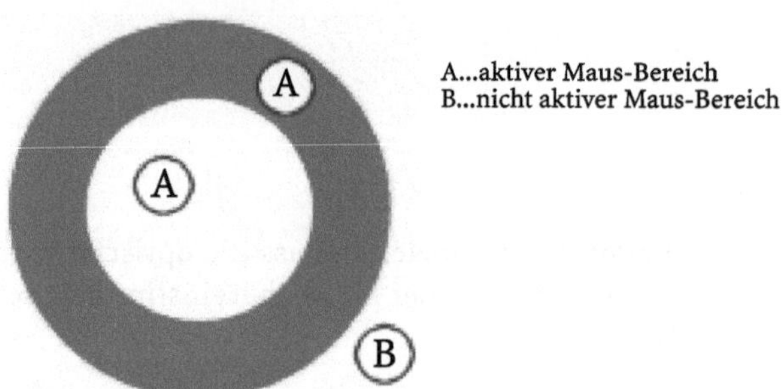

Zusätzlich zu der Einstellung *Matt* von Bitmaps, kann auch eine eventuell vorhandene Alphamaske genutzt werden, um die Form des für den Mauszeiger aktiven Bereichs zu bestimmen. Die dafür notwendigen Einstellungen erfolgen über den Eigenschafteninspektor unter dem Register *Bitmap* durch die Optionen *Eigenen Alphawert verwenden* und *Alphawert bei Mausklick* oder mit Hilfe der beiden Lingo-Befehle:

```
member("bitmap").useAlpha = TRUE
member("bitmap").alphaThreshhold = 175  -- Werte von 0 bis 255
```

Die Option *Alphawert bei Mausklick* bzw. der Befehl `alphaThreshold` funktionieren nur, wenn der Ink-Mode des Sprites auf *Matt* eingestellt ist. Aber auch bei der Verwendung der Alphamaske eines Darstellers lassen sich **keine** Bereiche innerhalb einer Bitmap als für den Mauszeiger inaktiv definieren!

3.4 Mauscursor ändern

Um den Cursor in Directorfilmen zu ändern gibt es zwei Möglichkeiten. Entweder Sie wählen mittels Verhaltensinspektor eine der in Director bereits vorhandenen Cursorformen (s. S. 148) aus. Oder Sie weisen dem Cursor direkt mit Lingo eine andere Form zu (s. S. 147).

Wenn Sie dem Cursor mit Lingo eine neue Form zuweisen, haben Sie die Wahl zwischen einer in Director bereits vorhandenen Cursorform und einem frei definierbaren Cursordarsteller. Letzterer kann mit dem Cursoreigenschaften-Editor erstellt werden.

3.4.1 Der Cursoreigenschaften-Editor

Um eigene Cursorformen zu kreieren benötigen Sie einen entsprechenden Bitmap-Darsteller. Diesen können Sie in Director über das Malwerkzeug erzeugen. Oder Sie importieren eine Bitmap, die in einem externen Programm erstellt wurde. Die Größe der Bitmap sollte 32 × 32 Pixel sein. Andernfalls passt Director die Größe automatisch an, was meist zu keinem guten Ergebnis führt.

Voraussetzung für eigene Cursorformen ist außerdem, dass die Bitmap-Darsteller, aus denen sie erzeugt werden, höchstens eine Farbtiefe von 8 Bit besitzen. Bei einer höheren Farbtiefe muss zunächst der als Cursor vorgesehene Darsteller auf 8 Bit reduziert werden. Dies können Sie in Director über den Menüpunkt *Modifizieren / Bitmap transformieren…* erledigen:

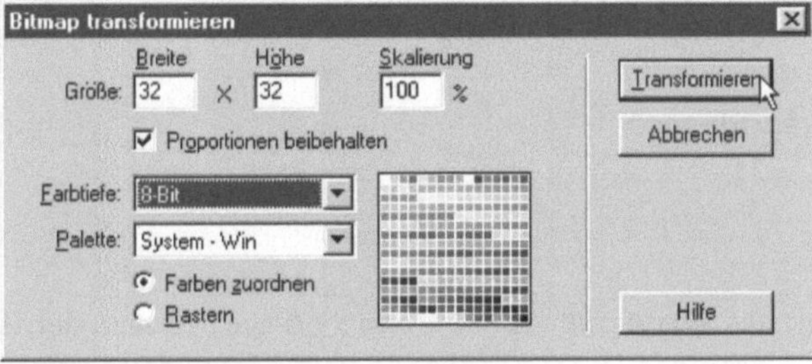

Abb. 3-14: Einstellen der Farbtiefe eines Bitmap-Darstellers

Über den Menüpunkt *Einfügen / Mediaelement / Cursor…* können Sie anschließend aus dem so vorbereiteten Bitmap-Darsteller einen Cursordarsteller in der Besetzung erzeugen:

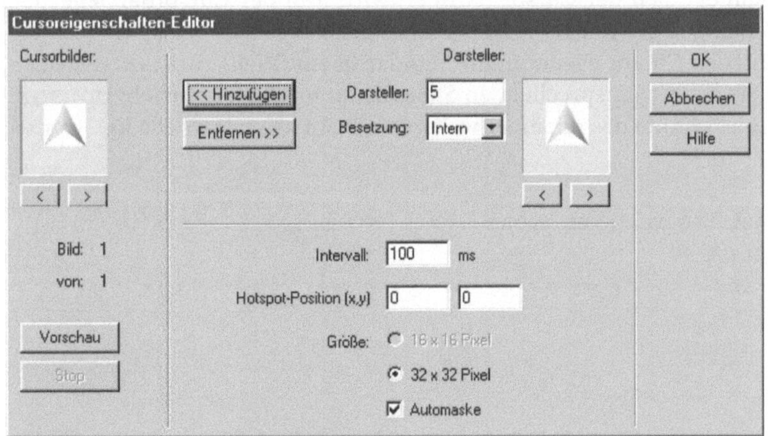

Abb. 3-15: Cursoreigenschaften Editor

Es ist auch möglich einen Cursordarsteller aus mehreren Bitmaps zusammenzusetzen und die Zeit (Intervall) anzugeben, nach der eine Bitmap durch die nächste ersetzt werden soll. Sie erhalten dadurch einen so genannten animierten Cursor.

3.4.1.1 Cursordarsteller zuweisen

Der mit dem Cursoreigenschaften-Editor in der Besetzung erzeugte Cursordarsteller, erkennbar an dem Symbol, kann nun mit Hilfe von Lingo als aktueller Cursor definiert werden. Dazu dient der Befehl:

```
cursor [darstellernummer]
```

Binden Sie den Befehl an der Stelle Ihres Directorfilms ein, an der sich der Cursor ändern soll; beispielsweise in ein Frameskript, d.h. in ein Verhaltensskript, das Sie einem Frame im Drehbuch zuweisen:

```
on exitFrame me
  go to the frame
  if rollover(5) then
    cursor [10]
  end if
  if rollover(6) then
    cursor [12]
  end if
end
```

Zunächst hält das Skript mit dem Befehl `go to the frame` den Abspielkopf am zugewiesenen Frame. Die erste `if`-Anweisung fragt dann mit `rollover(5)` ab, ob sich die Maus über Sprite 5 befindet. Ist das der Fall, wird durch den Befehl `cursor [10]` dem Cursor der Darsteller 10 aus der Besetzung zugewiesen. In der zweiten `if`-Anweisung wiederholt sich der Vorgang für Sprite 6. Befindet sich der Cursor darüber, wird ihm der Cursordarsteller 12 aus der Besetzung zugewiesen.

Um den Cursor wieder in die Standardform (Pfeil) zurückzuversetzen, notieren Sie an der entsprechenden Stelle in Ihrem Skript einfach: `cursor -1`. Im Beispiel könnte das mit einer weiteren `if`-Anweisungen erledigt werden:

```
...

if not the rollover then
  cursor -1
end if

...
```

Als Bedingung wird hier die Systemvariable `the rollover` genutzt. Sie beinhaltet die Kanalnummer des Sprites, über dem sich gerade die Maus befindet. Befindet sich die Maus über keinem Sprite, ist ihr Wert `0`. Allerdings ist das obige Skript nicht sehr flexibel und wird bei mehreren Sprites schnell unübersichtlich. Dies lässt sich ändern, indem wir statt mehrerer `if`-Anweisungen eine `case`-Anweisungen (s. S. 88) verwenden:

```
on exitFrame me
  go to the frame
  case the rollover of
    5: cursor [10]       -- für Sprite 5
    6: cursor [12]       -- für Sprite 6
    otherwise: cursor -1 -- Cursor auf Standard setzen
  end case
end
```

Auf Seite 150 finden Sie ein Beispiel zur Änderung des Cursors in eine der bereits vordefinierten Cursorformen mittels Spriteskript, d.h. einem Verhaltensskript, das Sie einem Sprite zuweisen. Dieses Beispiel können Sie natürlich auch bei eigenen Cursorformen verwenden.

3.4.1.2 Masken für Cursordarsteller

In der Dokumentation und Online-Hilfe zu Director wird auch die Verwendung von Masken für eigene Cursor beschrieben. Das ist aber leider nur dann möglich, wenn Sie als Cursordarsteller 1-Bit-Bitmaps mit 16×16 Pixeln verwenden, sowohl für den Cursor als auch für die Maske. Da dies aber recht unflexibel ist und wenig gestalterischen Spielraum lässt, gehen wir hier nicht weiter darauf ein. Wollen Sie dennoch einen solchen Cursor mit einer entsprechenden Maske verwenden, so lautet die Syntax dafür:

```
cursor [cursor, maske]
```

Für *`cursor`* und *`maske`* ist die Platznummer des jeweiligen Darstellers in der Besetzung anzugeben, z.B.:

```
cursor [6, 7]
```

Bei Cursordarstellern, die Sie mit dem Cursoreigenschaften-Editor erstellt haben (s. S. 142), werden leider keine Maskendarsteller unterstützt. Hier haben Sie nur die Möglichkeit die Option *Automaske* zu verwenden.

3.4.2 Vordefinierte Cursor per Verhaltensinspektor

Die zweite Möglichkeit den Cursor zu ändern besteht in der Verwendung des Verhaltensinspektors. Ziehen Sie dafür einen Darsteller aus der Besetzung auf die Bühne, bei dem sich der Mauszeiger ändern soll. Achten Sie darauf, dass dieses Sprite markiert ist und rufen dann den Verhaltensinspektor auf (*Fenster / Inspektoren / Verhalten* bzw. *Fenster / Verhaltensinspektor*) . Über das Icon + links oben erstellen Sie ein neues Verhalten für das Sprite und nennen es z.B. „Mauszeiger". Anschließend tragen Sie über das Icon + links unten im Feld *Ereignisse* die beiden Ereignisse (Events) `mouseEnter` und `mouseLeave` ein. Wählen Sie dafür die Menüpunkte *Cursor herein* und *Cursor heraus*:

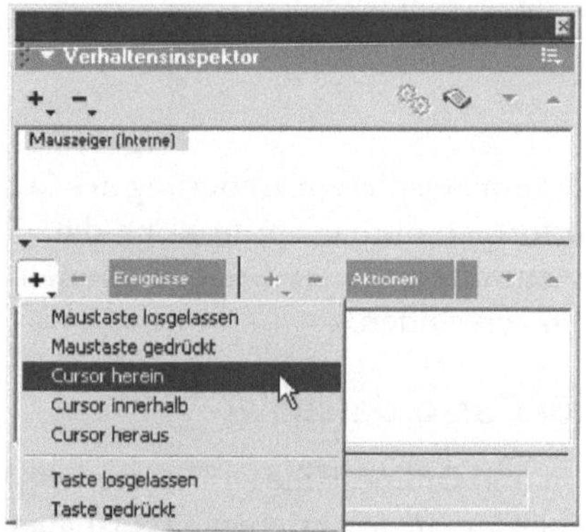

Abb. 3-16:
Cursor Verhalten zuweisen

Markieren Sie dann das Ereignis `mouseEnter` und wählen über das Icon + rechts unten den Menüpunkt *Cursor / Cursor ändern...*

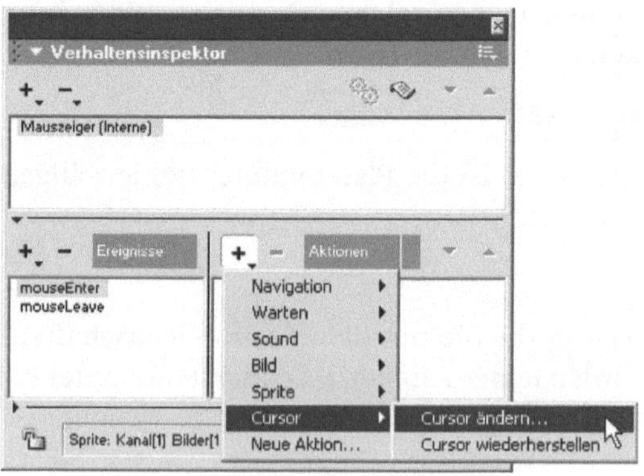

Abb. 3-17:
Cursor Verhalten zum Ändern des Cursors

Sie erhalten daraufhin ein Popup-Menü, aus dem Sie verschiedene Cursorformen auswählen und in das Skript einfügen können:

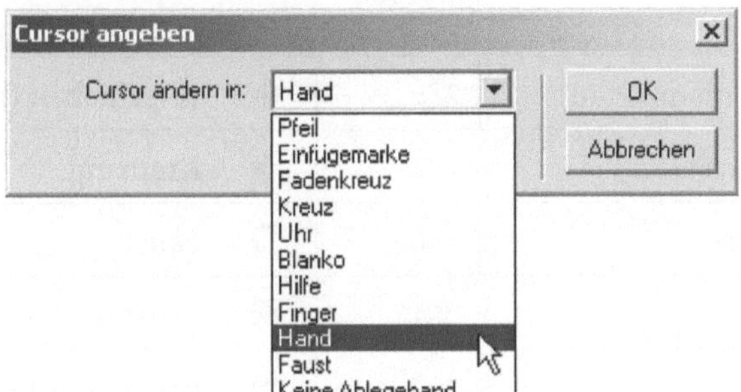

Abb. 3-18:
Auswahl des Cursors

Danach markieren Sie das Ereignis `mouseLeave` links unten im Verhaltensinspektor (Abb. 3-17) und wählen unter *Aktionen* den Menüpunkt *Cursor / Cursor wiederherstellen*, um den Cursor beim Verlassen des Sprites zurückzusetzen.

3.4.3 Vordefinierte Cursor per Lingo

Die dritte Variante um die Form eines Mauscursors zu ändern ist zugleich die einfachste. Außerdem haben Sie hier die Wahl zwischen 34 Cursorformen (s. Tabelle) im Gegensatz zum Verhaltensinspektor, wo Ihnen nur 24 unterschiedliche Formen angeboten werden. Während die Zuweisung mittels Verhaltensinspektor immer den Cursor global ändert, können Sie selbst mit Lingo eine Cursorform sowohl global als auch spritebezogen zuweisen.

Global bedeutet hierbei, dass die Form des Cursors für den gesamten Directorfilm dauerhaft geändert wird. Erst durch eine erneute Zuweisung einer anderen Cursorform ändert sich wieder die Darstellung des Cursors. Bei einer spritebezogenen Zuweisung des Cursors ändert sich hingegen die Darstellung nur, wenn der Cursor auf das entsprechende Sprite gelangt. Verlässt der Cursor dieses wieder, wird er auf die vorhergehende Cursorform zurückgesetzt (s. S. 150).

Die bereits in Director vordefinierten Cursorformen im Überblick:

Cursor-nummer	Beschreibung	Cursor-nummer	Beschreibung
-1 od. 0	Standardcursor (Pfeil)	285	verschieben (horizontal)
1	Schreibmarke	286	Kreuzung
2	Fadenkreuz	290	Faust
3	Kreuz	291	Faust mit Verbotszeichen
4	Sanduhr	292	Faust mit Pluszeichen
200	kein Cursor	293	großer Pfeil
254	Fragezeichen mit Plus	294	Kreispfeil
256	Stift	295	Rhombus
257	Rechteck	297	Doppelpfeil (vertikal)
258	Fadenkreuz mit Punkt	298	Doppelpfeil (diagonal)
259	Farbeimer	299	Doppelpfeil (diagonal)
260	offene Hand	300	Winkel nach unten
261	Fadenkreuz	301	Spritzpistole
271	Kreuz mit Mittelpunkt	302	Lupe mit Pluszeichen
272	Lasso	303	Lupe mit Minuszeichen
280	Hand mit Zeigefinger	304	Lupe (leer)
281	Pipette	305*	Fadenkreuz mit Quadrat
284	verschieben (vertikal)	306*	Fadenkreuz mit Textsymbol

* Nur beim Mac verfügbar!

3.4.3.1 Globaler Cursor

Um eine in Director bereits vorhandene Cursorform als globalen Cursor zuzuweisen, schreiben Sie in Ihr Skript an die Stelle, an der sich der Cursor ändern soll, den Befehl:

```
cursor cursornummer
```

Im Prinzip entspricht das der Cursorauswahl über den Verhaltensinspektor. Die Cursornummer können Sie der Tabelle oben entnehmen. Um den Cursor beispielsweise in eine Hand zu verwandeln schreiben Sie:

```
cursor 280 -- zeigt Cursor als Hand an
```

Soll der Cursor wieder in die Standardform zurückgesetzt werden, notieren Sie in Ihrem Skript an der entsprechenden Stelle:

```
cursor -1  -- zeigt Cursor als Pfeil an
```

Damit lässt sich ein Verhaltensskript für ein Sprite schreiben, das den Cursor immer dann in eine Hand verwandelt, wenn er auf das Sprite gelangt und ihn beim Verlassen wieder zurück in die Standardform (Pfeil) setzt:

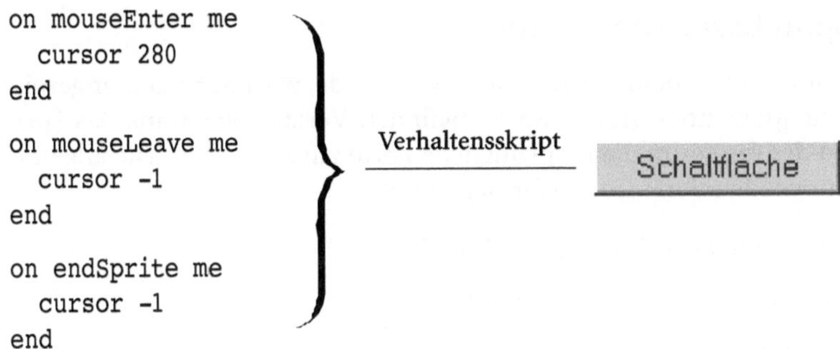

Der Event-Handler on `mouseEnter` wird aktiviert, sobald der Cursor auf das Sprite (Schaltfläche) gelangt, und ändert daraufhin den Cursor in eine Hand. Verlässt der Cursor das Sprite wieder, wird der Event-Handler on `mouseLeave` aktiviert, der den Cursor in die Standardform (Pfeil) zurücksetzt.

Der dritte hier verwendete Event-Handler, on `endSprite`, ist notwendig, falls der Abspielkopf im Drehbuch weiterbewegt wird, an der neuen Position das Sprite aber nicht mehr vorhanden ist. In diesem Fall würde der Cursor durch on `mouseLeave` nicht zurückgesetzt werden. Das heißt, das Sprite (Schaltfläche) würde auf der Bühne nicht mehr angezeigt, aber der Cursor hätte noch die Form, die ihm über dem Sprite zugewiesen wurde. Um dies zu verhindern, wird mit on `endSprite` das Ende des Sprites im Drehbuch registriert und der Cursor dann zurückgesetzt.

Statt einer vordefinierten Cursorform können Sie mit dem obigen Skript auch eigene Cursor (s. S. 142) nutzen. Sie müssen dafür lediglich statt des Befehls `cursor 280` die Platznummer des zu verwendenden Cursordarstellers in der Besetzung angeben, z.B.:

```
cursor [5]
```

Damit wird der Cursordarsteller auf Position 5 der Besetzung zugewiesen.

3.4.3.2 Spritebezogener Cursor

Eine Cursorform, die einem Sprite zugewiesen wurde, wird nur dann angezeigt, wenn sich die Maus über diesem Sprite befindet. Verlässt die Maus das Sprite wieder, wird der Cursor in die ursprüngliche Form zurückgesetzt. Die allgemeine Syntax für vordefinierte Cursorformen lautet:

```
sprite(kanalnummer).cursor = cursornummer
```

Und für Cursordarsteller in der Besetzung:

```
sprite(kanalnummer).cursor = [darstellernummer]
```

So können wir z.B. das Skript aus dem letzten Abschnitt auch mit spritebezogenen Zuweisungen formulieren:

```
on beginSprite me
  sprite(me.spriteNum).cursor = 280
end

on endSprite me
  sprite(me.spriteNum).cursor = -1
end
```

Verhaltensskript

Schaltfläche

Wie Sie sehen, benötigen wir jetzt nur noch zwei Event-Handler: `on beginSprite` und `on endSprite`. Ersterer weist dem Cursor die Form einer Hand zu, sobald der Abspielkopf im Drehbuch das Sprite erreicht. Letzterer setzt den Cursor wieder in die Standardform (Pfeil) zurück, sobald der Abspielkopf das Sprite wieder verlässt.

Einen Event-Handler, der beim Verlassen des Sprites den Cursor in seine ursprüngliche Form zurücksetzt, benötigen wir hier nicht. Dies wird von Director automatisch erledigt, da wir die neue Cursorform nur dem betreffenden Sprite und nicht global zugewiesen haben. Um das Skript noch etwas flexibler zu gestalten, wird die Kanalnummer des Sprites nicht direkt angegeben, sondern mit `me.spriteNum` durch Lingo ermittelt.

3.4.3.3 Beliebige Sprites als Cursor nutzen

Prinzipiell können Sie jedes grafische Sprite auf der Bühne auch als Mauscursor verwenden. Das Prinzip dafür ist recht simpel: Der Mauscursor wird mit `cursor 200` ausgeblendet und die Position des betreffenden Sprites durch die Mausposition vorgegeben. Ein entsprechendes Verhalten für ein solches Sprite könnte wie folgt aussehen:

```
on beginSprite me
  cursor 200 -- Cursor ausblenden
  sprite(me.spriteNum).locZ = 1000
end

on endSprite me
  cursor -1  -- Standardcursor (Pfeil)
end

on exitFrame me
  sprite(me.spriteNum).loc = the mouseLoc
end
```

Wie träge bzw. wie flüssig sich so ein Mauszeiger bewegen lässt, hängt einmal von seiner Größe und zum anderen von der Bildwiederholrate (Menü *Fenster / Steuerpult*) des Directorfilms ab und natürlich auch von der Leistungsfähigkeit des jeweiligen Rechners.

Der Befehl:

```
sprite(me.spriteNum).locZ = 1000
```

im obigen Skript wurde verwendet um sicherzustellen, dass das Sprite über allen anderen Sprites auf der Bühne angeordnet wird, unabhängig davon, in welchem Spritekanal es sich befindet.

3.4.4 Mauscursor von Flashdarstellern

Achten Sie bei der Verwendung von Flash darauf, dass die Version der Shockwave-Flashdatei (*.swf), die Sie verwenden, auch von der eingesetzten Director-Version unterstützt wird. Welche Version von Director mit welcher von Flash kompatibel ist, finden Sie im Abschnitt „Import von Flashanimationen" auf Seite 234.

In Flash erstellte Schaltflächen erhalten automatisch eine Mausaktion zugewiesen. Das heißt, der Mauscursor ändert sich in eine Hand, sobald der Nutzer mit der Maus darüberfährt. Diese Funktion wird allerdings bei Flashdarstellern in Director **nicht** unterstützt.

Für einzelne Flash-Schaltflächen können Sie den Mauscursor, wie im letzten Abschnitt beschrieben, beim Rollover ändern. Gleiches gilt auch, wenn ein Flashdarsteller mehrere Schaltflächen enthält. Allerdings müssen Sie dann darauf achten, dass der Flashdarsteller mit der Ink-Methode *Hintergrund Transparent* oder *Transparent* in die Bühne eingefügt wird. Das funktioniert aber nur bei einem einfarbigen Hintergrund des Flashdarstellers.

Falls Ihr Flashdarsteller keinen einfarbigen Hintergrund besitzt oder Sie diesen nicht ausblenden wollen, haben Sie noch zwei weitere Möglichkeiten, den Mauszeiger nur direkt über einer Flash-Schaltfläche und nicht über dem gesamten Flash-Sprite aktiv werden zu lassen:

- Aus Flash heraus Lingo anweisen den Mauscursor zu setzen.
- In Director ermitteln, ob sich die Maus über einer Flash-Schaltfläche befindet, und den Cursor entsprechend ändern.

3.4.4.1 Mauscursor mit Flash ändern

Mit der Funktion `getURL()` in ActionScript können Sie Director direkt aus Flash anweisen Lingo-Befehle auszuführen. Um dies für den Mauszeiger beim Rollover zu nutzen, notieren Sie die folgenden Befehle in Flash für die entsprechenden Schaltflächen:

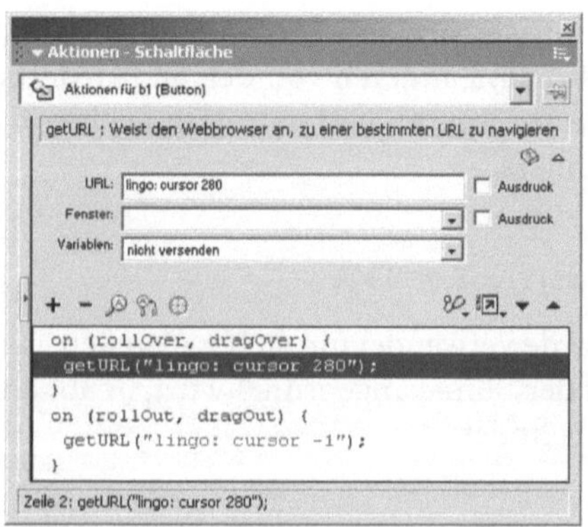

Abb. 3-19: Actionscript in Flash zuweisen

Nachteilig an dieser Vorgehensweise ist allerdings, dass Sie, falls Sie einmal einen anderen Mauscursor beim Rollover verwenden wollen, dies in allen Flash-Schaltflächen ändern und anschließend einen neuen Flashfilm erzeugen müssen.

3.4.4.2 Mauscursor mit Director ändern

Für die Abfrage, ob sich der Cursor innerhalb eines Flash-Sprites befindet, können wir in einem Spriteskript den Event-Handler on `mouseWithin` nutzen. Dieser wird, wenn sich die Maus über dem Flash-Sprite befindet, so oft pro Sekunde aktiviert, wie dies die aktuelle Bildrate des Directorfilms vorgibt.

Innerhalb des Event-Handlers fragen wir mit Hilfe der Eigenschaft `mouseOverButton` von Flash-Sprites ab, ob sich die Maus gerade über einer Flash-Schaltfläche befindet. Trifft dies zu, wird der Mauszeiger entsprechend geändert. Ist das nicht der Fall, setzen wir ihn in den Ausgangszustand (Pfeil) zurück.

Verhaltensskript für Flash-Sprites mit Schaltflächen:

```
on mouseWithin me
  if sprite(me.spriteNum).mouseOverButton then
    cursor 280 -- Cursor als Hand anzeigen
  else
    cursor -1  -- Cursor als Pfeil anzeigen
  end if
end
```

Eigentlich genügt das für die Änderung des Mauscursors bereits. Allerdings kann es passieren, besonders wenn sich eine Schaltfläche direkt am Rand des Flash-Sprites befindet, dass das Ereignis `mouseWithin` nicht mehr beim Status `FALSE` von `mouseOverButton` eintritt. Das Resultat wäre ein Mauscursor außerhalb der Schaltflächen in Handform. Um dies zu vermeiden, fügen Sie dem obigen Skript noch den folgenden Event-Handler hinzu:

```
on mouseLeave me
  cursor -1    -- Cursor als Pfeil anzeigen
end
```

Hiermit wird der Mauscursor **immer** beim Verlassen des Flash-Sprites in die Standardanzeige (Pfeil) zurückgesetzt. Allerdings wird noch nicht der Fall berücksichtigt, dass sich der Abspielkopf im Drehbuch weiterbewegt und das Flash-Sprite verlässt. Befindet sich in dem Moment die Maus über dem Flash-Sprite, so wird der Mauszeiger nicht in die Standardanzeige zurückgesetzt. Dafür benötigen wir im Skript noch den Event-Handler on `endSprite`:

```
on endSprite me
  cursor -1    -- Cursor als Pfeil anzeigen
end
```

Dieser Event-Handler wird immer genau dann aktiv, wenn der Abspielkopf im Drehbuch das betreffende Sprite gerade verlässt.

Ein Beispiel für eine komplette Menüleiste mit Flash finden Sie ab Seite 248.

3.5 Rollovereffekte

Für die Realisierung von Rollovereffekten, also für die Änderung des Aussehens einer Schaltfläche (Button) beim Darüberfahren mit der Maus, gibt es mehrere Möglichkeiten.

- Erstellen der benötigten Schaltflächen in dem mitgelieferten Web-Grafikprogramm Macromedia Fireworks, das u.a. auf Rollovereffekte spezialisiert ist. Anschließend werden die Schaltflächen über das Fireworks-Xtra in Director importiert. Dabei bleibt ihre Funktionalität erhalten.
- Die zweite Möglichkeit besteht darin, entsprechende Schaltflächen in Macromedia Flash zu erstellen und in Director zu nutzen (s. S. 234). Dabei bleibt ebenfalls die Funktionalität erhalten. Für die Erstellung von Flash-Schaltflächen können auch andere Programme, wie Adobe LiveMotion, verwendet werden, die Flash (*.swf) ausgeben.
- Als dritte Möglichkeit sind Rollovereffekte natürlich auch in Director selbst erstellbar. Einmal mit Hilfe der Verhaltensbibliothek (s. S. 156) und zum anderen über ein selbst programmiertes Lingo-Skript (s. S. 157).

3.5.1 Systemkonformes Verhalten

Bevor wir für eine Anwendung Schaltflächen mit Rollovereffekten erstellen, sollten wir uns zunächst einmal überlegen, wie diese reagieren sollen und ob ein systemkonformes Verhalten zweckmäßig wäre. Systemkonform bedeutet in diesem Zusammenhang, dass die Schaltflächen genauso reagieren wie die des Betriebssystems (Win oder Mac). Dies ist sicher nicht in jeder Anwendung notwendig, erhöht aber die intuitive Bedienung durch den User.

Noch wichtiger aber als systemkonformes Verhalten ist, dass die Schaltflächen innerhalb einer Anwendung einheitlich reagieren und der User nicht mit unterschiedlichen Bedienkonzepten konfrontiert wird.

Dazu gibt es zwei Aspekte zu beachten. Erstens: wann werden die der Schaltfläche zugewiesenen Befehle abgearbeitet? Und zweitens: wie reagiert der Rollovereffekt? Den ersten Punkt haben wir bereits auf Seite 140 besprochen.

Eine systemkonforme Schaltfläche arbeitet die zugewiesenen Befehle erst dann ab, wenn der User die Maustaste darüber drückt und auch darüber wieder loslässt, d.h. bei einem Mausklick. In Lingo erreichen wir dieses Verhalten mit dem Event-Handler `on mouseUp`.

Der zweite Aspekt, d.h., wie reagiert der Rollovereffekt, ist etwas komplexerer Natur. Schauen wir uns dafür zunächst eine einzelne Schaltfläche an. Die dabei möglichen Maus-Zustände und der jeweilige systemkonforme Status der Schaltfläche ist in der nachfolgenden Tabelle zusammengefasst. Entscheidend für ein systemkonformes Verhalten ist vor allem der *Down-Status*, d.h., wenn sich die Maus mit gedrückter Taste über der Schaltfläche befindet.

Maus-Zustand	**Schaltfläche**
die Maus befindet sich außerhalb der Schaltfläche	Out-Status
die Maus befindet sich mit nicht gedrückter Taste über der Schaltfläche	Over-Status
die Maus gelangt mit außerhalb gedrückter Taste auf die Schaltfläche	Over-Status
die Maustaste wurde erst über der Schaltfläche gedrückt	Down-Status
die Maus wurde über der Schaltfläche gedrückt, hat diese mit gedrückter Taste verlassen und gelangt bei immer noch gedrückter Taste wieder auf die Schaltfläche zurück	Down-Status

Handelt es sich bei der Schaltfläche um einen Teil einer Navigationsleiste (s. S. 165), kommt noch der *OverDown-Status* hinzu, d.h. wenn die Maus auf eine eingerastete Schaltfläche gelangt. Dies hat aber nur dann eine Bedeutung, wenn für den OverDown-Status auch ein extra Effekt der Schaltfläche vorgesehen ist. In diesem Fall sollte das Verhalten dem Over-Status entsprechen. Vorgaben des Betriebssystems gibt es hierfür aber nicht.

Bei Schaltflächen, deren Verhalten Sie mit Lingo selbst programmieren, haben Sie die Möglichkeit diese Ihren Anforderungen anzupassen. Bei den nachfolgenden Beispielskripten für Rollovereffekte ist jeweils vermerkt, wenn das betreffende Skript ein systemkonformes Verhalten bewirkt. Erzeugen Sie dagegen die Schaltenflächen mit einem Tool, wie Fireworks oder Flash, ist deren Verhalten bereits vorgegeben und nur noch eingeschränkt zu modifizieren.

Sie sollten sich daher schon vor der Entwicklung einer Anwendung Gedanken machen, auf welche Weise Sie Schaltflächen und Navigationselemente erzeugen, damit diese anschließend auch ein einheitliches Erscheinungsbild und Verhalten aufweisen.

3.5.2 Rollovereffekt mittels Verhaltensbibliothek

In der Palette *Steuerung* der Verhaltensbibliothek (Menü *Fenster / Bibliothekspalette*) finden sich auch einige Skripte zur Erzeugung von Rollovereffekten:

Abb. 3-20: Verhalten aus der Bibliothek für Rollover-Effekte

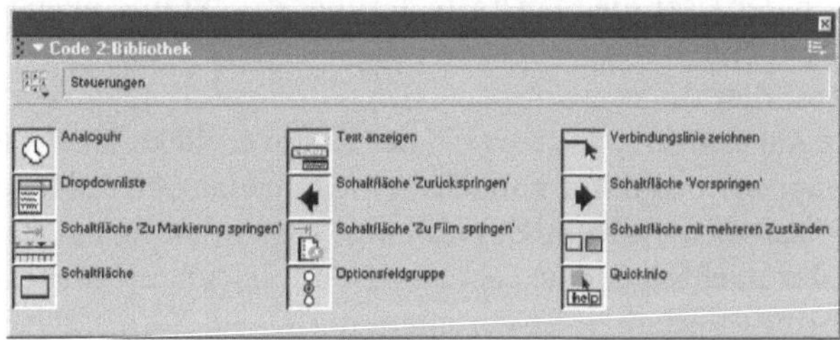

Exemplarisch werden wir eine Navigationsleiste mit dem Verhalten *Schaltflächen mit mehreren Zuständen* erstellen. Insgesamt sind damit sechs Zustände für jede Schaltfläche realisierbar. Wir werden uns im Beispiel aber mit den drei Zuständen Out, Over und Down begnügen, da dies in der Praxis meist völlig ausreicht.

Für das Beispiel benötigen wir je Schaltfläche drei Bitmap-Darsteller, die die unterschiedlichen Zustände repräsentieren. Diese können Sie im Malfenster oder mit einem externen Programm erzeugen. Außerdem müssen wir noch die Verhalten *Schaltflächen mit mehreren Zuständen* und *Pause bei aktuellem Bild* aus der Palette *Navigation* in die Besetzung ziehen.

Auf der Bühne ordnen wir anschließend die Schaltflächen für den Out-Zustand an und ziehen auf jede Schaltfläche das Verhalten *Schaltflächen mit mehreren Zuständen* aus der Besetzung. Dabei wird für jede Schaltfläche eine Dialogbox angezeigt, in der die Darsteller für die einzelnen Zustände angegeben werden können sowie die Gruppe, zu der die Schaltfläche gehört:

Abb. 3-21: Dialogbox zum Einstellen von Parametern

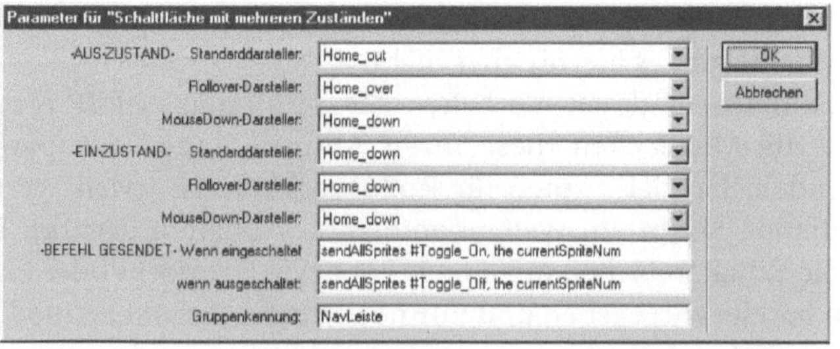

In den ersten drei Pulldown-Boxen werden die Darsteller für den Out-, Over- und Down-Zustand eingetragen. Da wir nur mit drei Zuständen arbeiten, wird in die nächsten drei Pulldown-Boxen auch der Darsteller für den Down-Zustand eingetragen. In den beiden vorletzten Feldern belassen Sie bitte die Vorgaben.

Diese dienen der internen Kommunikation mit den Skripten der anderen Schaltfächen. Im letzten Feld wird ein frei wählbarer Name für die Navigationsleiste eingetragen. Er dient als Kennzeichnung für die Schaltflächen, die als Navigationsleiste zusammenarbeiten sollen. Das heißt, alle Schaltflächen einer Navigationsleiste müssen dieselbe Gruppenkennung besitzen.

Nachdem Sie allen Schaltflächen das Skript *Schaltflächen mit mehreren Zuständen* zugewiesen haben, müssen Sie noch das Skript *Pause bei aktuellem Bild* in den Skriptkanal des Drehbuches ziehen. Die Besetzung und das Drehbuch für dieses Beispiel könnten dann bei der Verwendung von drei Schaltflächen wie folgt aussehen:

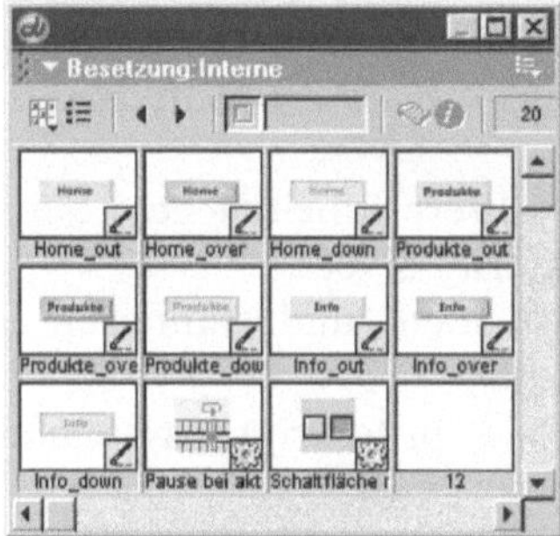

Abb. 3-22:
Besetzung und Drehbuch für Schaltflächen-Effekte

Starten Sie nun den Directorfilm, sollte jede Schaltfläche, über die Sie mit der Maus fahren, den Over-Zustand anzeigen. Sobald Sie auf eine Schaltfläche klicken, wird der Down-Zustand angezeigt. Falls sich schon eine andere Schaltfläche im Down-Zustand befand, wird diese in den Out-Zustand zurückgesetzt.

Schaltflächen, die sich im Down-Zustand befinden, verändern beim Darüberfahren mit der Maus nicht ihr Aussehen. Ist dies gewünscht, so erstellen Sie einen weiteren Bitmap-Darsteller und weisen diesen dem Skript als *Rollover-Darsteller* für den *-EIN-ZUSTAND-* zu (s. Abb. oben).

Wichtig! Alle Darsteller für eine Schaltfläche sollten exakt dieselbe Größe aufweisen. Ist dies nicht der Fall, kann es zum „Flackern" der Schaltfläche kommen, sobald sich die Maus in ihrem Randbereich befindet, da dann ständig zwischen zwei Zuständen umgeschaltet wird.

3.5.3 Rollovereffekt mittels Lingo-Skript

Der Vorteil von eigenen Skripten in Director liegt zum einen in ihrer Flexibilität, d.h., dass sie genau auf die benötigte Aufgabenstellung abgestimmt werden können. Zum anderen sind eigene Skripte meist wesentlich kleiner als jene in der Bibliothekspalette. An neun Beispielen wollen wir uns dies genauer ansehen:

- Rollover mit zwei Zuständen, bei dem eine Schaltfläche ihre Erscheinung nur beim Darüberrollen der Maus ändert – systemkonform (S. 163)
- Wie zuvor, nur genügt hier ein Skript für beliebig viele Schaltflächen (S. 159)
- Rollover mit drei Zuständen ohne Einrasten, bei dem eine Schaltfläche auch bei *MouseDown* ihre Erscheinung ändert – systemkonform (S. 160)
- Rollover mit drei Zuständen ohne Einrasten, als Frameskript (S. 162)
- Rollover mit drei Zuständen und Einrasten, bei dem mehrere Schaltflächen als eine Navigationsleiste reagieren (S. 164)
- Radiobutton mit zwei Zuständen – markiert/nicht markiert (S. 167)
- Checkbox mit drei Zuständen, mehrere Schaltflächen können gleichzeitig einrasten – systemkonform (S. 168)
- Navigationsleiste mit drei Zuständen und Einrasten als Spriteskript – systemkonform (S. 170)
- Radiobutton mit zwei Zuständen als Spriteskript – systemkonform (S. 174)

3.5.3.1 Rollover mit zwei Zuständen

Dieses einfache Skript reicht bereits für viele Anwendungen aus. Sobald sich der Mauszeiger über einer Schaltfläche befindet, ändert er seine Erscheinung und wird zur Hand. Beim Verlassen der Schaltfläche wird wieder der Ausgangszustand hergestellt. Erfolgt auf eine Schaltfläche ein Mausklick, wird der Event-Handler on `mouseUp` aktiviert und die dort angegebenen Befehle, z.B. `go to frame "info"`, werden abgearbeitet.

Um das Skript zu nutzen, schreiben Sie es im Skriptfenster und stellen den Typ auf *Verhalten* ein. Ziehen Sie das Skript anschließend aus der Besetzung auf die jeweilige Schaltfläche. Bei mehreren Schaltflächen benötigt jede ihr **eigenes** Skript in der Besetzung.

Die einzige Änderung, die Sie im Skript vornehmen müssen, ist, die entsprechenden Darsteller für die Schaltflächen anzugeben. Das heißt, statt `"Blover"` und `"Blout"` die in Ihrer Besetzung vorgesehenen Darsteller für die Schaltflächen einzutragen.

```
property spriteNum

on mouseEnter me
  cursor 280  -- Mauszeiger zur Hand
  sprite(spriteNum).member = member("Blover")
end

on mouseLeave me
  cursor -1    -- Mauszeiger zum Pfeil
  sprite(spriteNum).member = member("Blout")
end

on endSprite me
  cursor -1    -- Mauszeiger zum Pfeil
end

on mouseUp me
  -- Befehl(e) für Mausklick, z.B.:
  go to frame "Info"
end
```

3.5.3.2 Rollover mit zwei Zuständen – erweitert

Der Nachteil des letzten Skripts war es, dass jede Schaltfläche ihr eigenes Skript in der Besetzung benötigt. Das folgende Skript soll dies vermeiden und für beliebig viele Schaltflächen verwendbar sein. Dafür setzen wir eine Konvention voraus, die bei der Programmierung von Schaltflächen mit Lingo häufig verwandt wird: Alle Darsteller, die die verschiedenen Zustände einer Schaltfläche repräsentieren, werden in der Besetzung hintereinander angeordnet. Dabei ist die Position in der Besetzung an sich egal. Wichtig ist nur, dass immer dieselbe Reihenfolge, z.B. Out-, Over-, Down- und OverDown-Zustand, eingehalten wird.

Davon ausgehend, bestimmt das folgende Skript mit der Spriteeigenschaft `member.number` die Besetzungsnummer der Schaltfläche für den Out-Zustand und speichert diese in der Property-Variablen `pSpriteMem`. Um den Darsteller für den Over-Zustand zu ermitteln, muss jetzt nur von der Variablen `pSpriteMem` eins weiter gezählt werden. Entsprechend kann man auch die Besetzugsnummern für den Down- und OverDown-Darsteller ermitteln. Allerdings begnügen wir uns in diesem Skript mit den beiden Zuständen Out und Over.

Nun fehlt noch die Möglichkeit, jeder Schaltfläche eigene Befehle zuzuweisen, die beim Anklicken abgearbeitet werden. Dafür nutzen wir im Event-Handler `on mouseUp` eine `case`-Anweisung, in der der Name des Out-Darstellers der Schaltfläche in der Besetzung abgefragt wird. Das heißt, für jede Schaltfläche geben Sie in der `case`-Anweisung diesen Namen an und gefolgt von einem Doppelpunkt den oder die auszuführenden Befehle.

Um das Skript zu nutzen, ziehen Sie die Darsteller für den Out-Zustand der einzelnen Schaltflächen auf die Bühne und weisen diesen das Skript zu. Dabei können die Schaltflächen auch in verschiedenen Frames des Drehbuches angeordnet werden. Wie bereits das letzte Skript arbeitet auch dieses systemkonform (s. S. 154).

```
property spriteNum  -- Kanalnummer der Schaltfläche
property pSpriteMem -- Platznummer des Out-Darstellers

on beginSprite me
  -- 'member.number' ist im Gegensatz zu 'memberNum' auch
  --  bei Verwendung mehrerer Besetzungen eindeutig!!!
  pSpriteMem = sprite(spriteNum).member.number
end

on mouseEnter me
  cursor 280  -- Mauszeiger zur Hand
  sprite(spriteNum).member = member(pSpriteMem + 1)
end

on mouseLeave me
  cursor -1   -- Mauszeiger zum Pfeil
  sprite(spriteNum).member = member(pSpriteMem)
end

on endSprite me
  cursor -1   -- Mauszeiger zum Pfeil
end

on mouseUp me
  case member(pSpriteMem).name of
      -- Befehl(e), der bei Mausklick
      -- ausgeführt werden soll, z.B.
    "B1out": put "Button 1 gedrückt"
    "B2out": put "Button 2 gedrückt"
  end case
end
```

3.5.3.3 Rollover mit drei Zuständen (ohne Einrasten) als Spriteskript

Das nachfolgende Verhaltensskript zeigt drei unterschiedliche Zustände einer Schaltfläche systemkonform an: MouseOut, MouseOver und MouseDown. Allerdings behalten die Schaltflächen den Down-Zustand nicht dauerhaft, sondern nur solange die Maustaste gedrückt ist. Daher eignet sich das Skript besonders für Menüs, bei denen nach einem Mausklick eine andere Darstellung auf der Bühne folgt, also das Menü nicht mehr angezeigt wird.

Das Skript baut auf dem vorhergehenden auf und setzt damit auch voraus, dass die Darsteller für die verschiedenen Zustände einer Schaltfläche in der Besetzung hintereinander angeordnet sind. Damit genügt ein Skript in der Besetzung für beliebig viele Schaltflächen.

Zur Erstellung des Skriptes öffnen Sie das Skriptfenster (Menü *Fenster / Skript*) und stellen den Typ im Eigenschafteninspektor auf *Verhalten*. Tragen Sie dann das unten aufgelistete Skript in das Fenster ein. Anschließend ziehen Sie das Skript aus der Besetzung auf die einzelnen Schaltflächen auf der Bühne. Dabei können die Schaltflächen auch in verschiedenen Frames des Drehbuches angeordnet sein.

Zum Schluss sollten Sie noch den Abspielkopf in dem Frame anhalten, in dem die Schaltflächen angezeigt werden. Dafür verwenden Sie den Befehl `go to the frame` mit dem Event-Handler `on exitFrame` (siehe „Pause-Skript" S. 67).

Die Angabe der abzuarbeitenden Befehle für die einzelnen Schaltflächen erfolgt, wie im letzten Skript, im Event-Handler `on mouseUp` mit Hilfe einer `case`-Anweisung.

```
property spriteNum     -- Kanalnummer der Schaltfläche
property pSpriteMem    -- Platznummer des Out-Darstellers
property pButtonDown   -- TRUE, bei gedrückter Schaltfläche

on beginSprite me
  pButtonDown = FALSE -- Schaltfläche ist nicht gedrückt

  -- 'member.number' ist im Gegensatz zu 'memberNum' auch
  --  bei Verwendung mehrerer Besetzungen eindeutig!!!
  pSpriteMem = sprite(spriteNum).member.number

  sprite(spriteNum).cursor = 280 -- Mauszeiger als Hand
end

on endSprite me
  sprite(spriteNum).cursor = -1  -- Mauszeiger zum Pfeil
end

on mouseEnter me
  if pButtonDown then
    sprite(spriteNum).member = member(pSpriteMem + 2)
  else
```

```
    sprite(spriteNum).member = member(pSpriteMem + 1)
  end if
end

on mouseLeave me
  sprite(spriteNum).member = member(pSpriteMem)
end

on mouseDown me
  pButtonDown = TRUE
  sprite(spriteNum).member = member(pSpriteMem + 2)
end

on mouseUpOutside me
  pButtonDown = FALSE
end

on mouseUp me
  pButtonDown = FALSE
  sprite(spriteNum).member = member(pSpriteMem + 1)
  case member(pSpriteMem).name of
      -- Befehl(e), der bei Mausklick
      -- ausgeführt werden soll, z.B.
    "B1out": put "Schaltfläche 1 gedrückt"
    "B2out": put "Schaltfläche 2 gedrückt"
  end case
end
```

3.5.3.4 Rollover mit drei Zuständen (ohne Einrasten) als Frameskript

Dieses Skript wird im Gegensatz zu den vorherigen nicht den einzelnen Schaltflächen zugewiesen, sondern dem Frame im Skriptkanal, bei dem das Menü angezeigt werden soll. Von der Funktionsweise ist es ähnlich dem letzten Skript, allerdings arbeitet es nicht systemkonform.

Um die Kanalnummer der Schaltfläche, die sich gerade unter dem Mauszeiger befindet, zu speichern, wird im Event-Handler on `beginSprite` zuvor die Property-Variable `pActiv` deklariert und auf den Anfangswert 0 (kein Sprite unter dem Mauszeiger) gesetzt. Ob eine Schaltfläche gedrückt wurde, wird mit der Kanalnummer in der Variablen `pButtonDown` gespeichert. Ist keine Schaltfläche gedrückt, erhält `pButtonDown` den Wert 0.

Zur Erstellung des Frameskriptes (Verhaltensskript im Skriptkanal) klicken Sie mit der Maus doppelt in den Frame des Skriptkanals (s. S. 13), in dem Sie die Schaltflächen anzeigen lassen wollen. Im sich darauf öffnenden Skriptfenster notieren Sie das nachfolgende Frameskript. Es ist für zwei Schaltflächen, die sich im Kanal 5 bzw. 6 des Drehbuches befinden, ausgelegt. Sie können das Skript aber für beliebig viele Schaltflächen erweitern.

Wie bereits bei den vorhergehenden Skripten wird auch hier vorausgesetzt, dass alle Darsteller, die zu einer Schaltfläche gehören, in der Reihenfolge Out, Over, Down in der Besetzung hintereinander angeordnet sind.

```
property pM_OutNum       -- Liste der Nummern der Out-Darsteller
property pActiv          -- Kanalnummer des Sprites unter der Maus
property pButtonDown     -- Kanalnummer der gedrückten Schaltfläche
property pM_OutActiv     -- Out-Darsteller unter der Maus

on beginSprite me
  -- Namen der Out-Darsteller für die Schaltflächen
  -- in der Besetzung
  OutMember = ["Blout", "B2out"]

  sprite(5).cursor = 280 -- Cursor für Sprite 5 in Hand ändern
  sprite(6).cursor = 280 -- Cursor für Sprite 6 in Hand ändern
  -- Ermittlung der Darstellernummern in der Besetzung
  -- für die Schaltflächen
  pM_OutNum = []
  repeat with i = 1 to OutMember.count
    pM_OutNum[i] = member(OutMember[i]).number
  end repeat

  pActiv = 0             -- kein Sprite unter der Maus
  pButtonDown = 0        -- keine Schaltfläche gedrückt
  pM_OutActiv = 0        -- keine Schaltfläche unter der Maus
end

on endSprite me
  sprite(5).cursor = -1  -- Cursor für Sprite 5 in Pfeil ändern
  sprite(6).cursor = -1  -- Cursor für Sprite 6 in Pfeil ändern
end
```

```
on exitFrame me
  go to the frame

  if pActiv <> the rollover then  -- ist Maus auf anderem Sprite?
    if pM_OutActiv <> 0 then  -- war Maus auf einer Schaltfläche?
      -- Schaltfläche zurücksetzen
      sprite(pActiv).member = member(pM_OutActiv)
      pM_OutActiv = 0
      pButtonDown = 0
    end if
    pActiv = the rollover          -- Kanalnummer unter der Maus
  end if

  case pActiv of
    0: exit  -- nothing has changed (0 => mouse on stage)
    5: myChange 1 -- Schaltfläche 1
    6: myChange 2 -- Schaltfläche 2
  end case
end

on myChange s
  pM_OutActiv = pM_OutNum[s]        -- Out-Button speichern
  if the mouseDown then
    pButtonDown = pActiv
    sprite(pActiv).member = member(pM_OutNum[s] + 2)
  else
    sprite(pActiv).member = member(pM_OutNum[s] + 1)
    if pButtonDown = pActiv then
      pButtonDown = 0
      case pActiv of
        5: put "Schaltfläche 1 gedrückt" -- Befehl für Mausklick
        6: put "Schaltfläche 2 gedrückt" -- Befehl für Mausklick
      end case
    end if
  end if
end
```

3.5.3.5 Navigationsleiste mit drei Zuständen (mit Einrasten) als Frameskript

Das folgende Skript arbeitet analog zum vorherigen Skript. Zusätzlich bleibt aber beim Anklicken die jeweilige Schaltfläche so lange im gedrückten Zustand, bis auf eine andere Schaltfläche geklickt wird. Dieses Verhalten wird auch als Navigationsleiste bezeichnet.

Entsprechend dem letzten Skript wird hier im Event-Handler on `beginSprite` die Property-Variable `pActiv` deklariert und auf 0 gesetzt. Sie speichert die Kanalnummer des Sprites, über dem sich der Mauszeiger befindet. Der Wert 0 bedeutet, dass die Maus direkt auf die Bühne zeigt und sich somit über keinem Sprite respektive keiner Schaltfläche befindet. Zusätzlich wird noch die Property-Variable `pButtonDown` deklariert und auf 0 gesetzt. Sie speichert die Kanalnummer der gedrückten Schaltfläche. Die Kanalnummer der eingerasteten Schaltfläche wird in der Variablen `pButtonOn` gespeichert.

Die Funktionalität für den Rollovereffekt und die Änderung des Mauszeigers wurde für diese Navigationsleiste als Frameskript realisiert. Das heißt, dass das Skript in den Skriptkanal des Drehbuches in den Frame abgelegt wird, in dem die Navigationsleiste anzeigt werden soll. Ausgelegt ist das Skript wieder für zwei Schaltflächen, die sich im Kanal 5 bzw. 6 des Drehbuches befinden. Sie können das Skript aber für beliebig viele Schaltflächen erweitern. Bei der Verwendung des Skriptes müssen Sie, wie bereits bei den letzten Skripten, darauf achten, dass sich die Darsteller für eine Schaltfläche immer in der Reihenfolge Out, Over und Down im Drehbuch hintereinander befinden.

```
property pM_OutNum      -- Besetzungsnummern der Out-Darsteller
property pActiv         -- Kanalnummer des Sprites unter der Maus
property pButtonDown    -- Kanalnummer der gedrückten Schaltfläche
property pButtonOn      -- Kanalnummer der eingerasteten Schaltfläche
property pM_OutActiv    -- Out-Darsteller Schaltfläche unter der Maus
property pM_OutDown     -- Out-Darsteller eingerastete Schaltfläche

on beginSprite me
  -- Out-Darsteller für die Schaltflächen
  OutMember = ["B1out", "B2out"]

  sprite(5).cursor = 280 -- Cursor für Sprite 5 in Hand ändern
  sprite(6).cursor = 280 -- Cursor für Sprite 6 in Hand ändern

  -- Ermittlung der Darstellernummern in der Besetzung
  pM_OutNum = []
  repeat with i = 1 to OutMember.count
    pM_OutNum[i] = member(OutMember[i]).number
  end repeat

  pActiv = 0            -- kein Sprite unter der Maus
  pButtonDown = 0       -- keine Schaltfläche gedrückt
  pButtonOn = 0         -- keine Schaltfläche eingerastet
  pM_OutActiv = 0       -- keine Schaltfläche unter der Maus
end
```

```
on endSprite me
  sprite(5).cursor = -1  -- Cursor für Sprite 5 in Pfeil ändern
  sprite(6).cursor = -1  -- Cursor für Sprite 6 in Pfeil ändern
end

on exitFrame me
  go to the frame
  if pActiv <> the rollover then -- Maus auf anderes Sprite bewegt?
    if pM_OutActiv <> 0 then      -- war Maus auf einer Schaltfläche?
      -- Schaltfläche zurücksetzen bei Rollover
      sprite(pActiv).member = member(pM_OutActiv)
      pM_OutActiv = 0
      pButtonDown = 0
    end if
    pActiv = the rollover          -- Kanalnummer unter der Maus
  end if

  case pActiv of
    0: exit  -- nothing has changed (0 => mouse on stage)
    5: myChange 1 -- Schaltfläche 1
    6: myChange 2 -- Schaltfläche 2
  end case
end

on myChange s

  -- ist Schaltfläche nicht eingerastet?
  if pButtonOn <> pActiv then
    pM_OutActiv = pM_OutNum[s]       -- Out-Zustand speichern
    if the mouseDown then

      -- Down-Zustand der Schaltfläche anzeigen
      sprite(pActiv).member = member(pM_OutNum[s] + 2)
      -- Kanalnummer der gedrückten Schaltfläche speichern
      pButtonDown = pActiv
    else
      if pButtonDown = pActiv then -- wurde Schaltfläche gedrückt?
        pButtonDown = 0
```

```
        -- eingerastete Schaltfläche in Out-Zustand setzen
        sprite(pButtonOn).member = pM _ OutDown

        pM _ OutDown = pM _ OutActiv    -- Out-Darsteller speichern
        pM _ OutActiv = 0               -- kein Darsteller für Rollover
        pButtonOn = pActiv              -- Kanalnummer der Schaltfläche
        case pActiv of
          5: put "Schaltfläche 1 gedrückt"
          6: put "Schaltfläche 2 gedrückt"
        end case
      else
        -- Over-Darsteller anzeigen
        sprite(pActiv).member = member(pM _ OutNum[s] + 1)
      end if
    end if
  end if
end
```

3.5.3.6 Radiobutton mit zwei Zuständen als Frameskript

Wir werden jetzt das letzte Skript insofern abändern, als nur noch zwei Zustände für jede Schaltfläche existieren: markiert oder nicht markiert. Wie zuvor kann aber weiterhin immer nur eine Schaltfläche (Button) durch den Nutzer ausgewählt werden. Damit eignet sich das Skript dann besonders für Optionen, bei denen der Nutzer nur eine von mehreren auswählen darf, z.B. die Zahlungsart bei einem Shopsystem.

Dieses Verhalten wird auch als *Radiobutton* bezeichnet. Der Begriff stammt von der Auswahl des Frequenzbandes (UKW, MW, LW, etc.) bei Radiogeräten. Es kann immer nur ein Frequenzband ausgewählt werden. Und genau so funktionieren Schaltflächen (Buttons), die so bezeichnet werden; immer nur eine Schaltfläche kann sich im ausgewählten Zustand befinden.

Die erste Änderung des vorhergehenden Beispiels betrifft die Besetzung. Entfernen Sie dort die Darsteller für den Over-Zustand und ordnen Sie die Darsteller für den Out- und Down-Zustand einer Schaltfläche hintereinander an.

Im Skript entfernen Sie im Event-Handler on `myChange` den letzten `else`-Zweig für die Anzeige des Over-Zustandes:

```
else
  -- Over-Darsteller anzeigen
  sprite(pActiv).member = member(pM _ OutNum[s] + 1)
```

Außerdem müssen Sie bei der Anzeige des Down-Zustandes vom Out-Darsteller nur um 1 weiter zählen, da sich dieser jetzt ja direkt nach dem Out-Darsteller in der Besetzung befindet:

```
-- Down-Zustand der Schaltfläche anzeigen
sprite(pActiv).member = member(pM_OutNum[s] + 1)
```

Damit wären alle notwendigen Änderungen erledigt. Eine Einschränkung bleibt allerdings, Sie können das Skript so immer nur für eine Gruppe von Optionsfeldern (Radiobuttons) je Frame nutzen. Für mehrere Gruppen gleichzeitig auf der Bühne lässt sich das vorgestellte Skript nur mit einem relativ hohen Aufwand anpassen. Sie sollten dann besser das Spriteskript auf Seite 174 nutzen.

3.5.3.7 Checkbox mit drei Zuständen als Spriteskript

Durch den Nutzer können beliebig viele Checkboxen (Schaltflächen) ausgewählt werden, alle Schaltflächen reagieren unabhängig voneinander. Damit eignet sich das Skript vor allem für mehrere Optionen, die der Nutzer auswählen kann. Die Abwahl einer Checkbox erfolgt durch einen wiederholten Mausklick auf eine zuvor ausgewählte.

Zur Verwendung des Skripts erstellen Sie für jede Checkbox (Schaltfläche) drei Darsteller, je einen für den Out-, Over- und Down-Zustand. Die Darsteller müssen dabei, wie bei den vorherigen Skripten, für jede Schaltfläche hintereinander in der Besetzung angeordnet werden. Ziehen Sie dann die Darsteller für den Out-Zustand auf die Bühne und weisen jedem das folgende Skript zu. Die Funktionsweise des Skriptes ist systemkonform (s. S. 154).

```
property spriteNum     -- Kanalnummer der Schaltfläche
property pButtonDown   -- TRUE => Schaltfläche gedrückt
property pButtonOn     -- TRUE => Schaltfläche eingerastet
property pSpriteMem    -- Platznummer des Out-Darstellers

on beginSprite me
  pButtonDown = FALSE -- Schaltfläche ist nicht gedrückt
  pButtonOn = FALSE   -- Schaltfläche ist nicht eingerastet

  -- 'member.number' ist im Gegensatz zu 'memberNum' auch
  --  bei Verwendung mehrerer Besetzungen eindeutig!!!
  pSpriteMem = sprite(spriteNum).member.number

  sprite(spriteNum).cursor = 280 -- Mauszeiger als Hand
end
```

```
on endSprite me
  sprite(spriteNum).cursor = -1  -- Mauszeiger zum Pfeil
end

on mouseEnter me
  if pButtonOn then exit         -- Schaltfläche eingerastet?
  if pButtonDown then            -- Schaltfläche gedrückt?

    -- Down-Darsteller anzeigen
    sprite(spriteNum).member = member(pSpriteMem + 2)
  else

    -- Over-Darsteller anzeigen
    sprite(spriteNum).member = member(pSpriteMem + 1)
  end if
end

on mouseLeave me
  if pButtonOn then exit         -- Schaltfläche eingerastet?
  -- Out-Darsteller anzeigen
  sprite(spriteNum).member = member(pSpriteMem)
end

on mouseDown me
  pButtonDown = TRUE
  if pButtonOn then exit         -- Schaltfläche eingerastet?
  -- Down-Darsteller anzeigen
  sprite(spriteNum).member = member(pSpriteMem + 2)
end

on mouseUpOutside me
  pButtonDown = FALSE            -- Maustaste wurde losgelassen
end

on mouseUp me
  if not pButtonDown then exit   -- war Maustaste nicht gedrückt?

  pButtonDown = FALSE  -- Maustaste wurde losgelassen
  if pButtonOn then    -- war Schaltfläche eingerastet?
    sprite(spriteNum).member = member(pSpriteMem + 1)
    pButtonOn = FALSE
  else
    pButtonOn = TRUE   -- Schaltfläche einrasten
```

```
        case spriteNum of
            -- Befehl(e), der bei Mausklick
            -- ausgeführt werden soll, z.B.
          1: put "Option 1 ausgewählt"    -- Spritekanal 1
          2: put "Option 2 ausgewählt"    -- Spritekanal 2
        end case
    end if
end
```

3.5.3.8 Navigationsleiste mit drei Zuständen (mit Einrasten) als Spriteskript

Das folgende Beispiel arbeitet auch mit drei Rollover-Zuständen und Einrasten der angeklickten Schaltfläche, allerdings als Navigationsleiste. Das heißt, immer nur eine Schaltfläche kann eingerastet werden. Sobald eine andere Schaltfläche eingerastet wird, wird die vorhergehende in den Out-Zustand zurückgesetzt. Ein ähnliches Verhalten hatten wir bereits auf Seite 160 mit einem Frameskript realisiert. Im Gegensatz dazu verhält sich dieses Skript aber systemkonform und eignet sich auch für mehrere Navigationsleisten in einem Frame.

Eine weitere Besonderheit in diesem Beispiel ist die Verwendung des Event-Handlers `on getPropertyDescriptionList`. Damit ist es möglich, Property-Variablen eines Skriptes für jede Skript-Instanz mit unterschiedlichen Anfangswerten zu initialisieren. Das heißt, das Skript kann mehreren Sprites zugewiesen werden, dabei werden die Anfangswerte der Property-Variablen, die in `on getPropertyDescriptionList` definiert sind, in einem Dialogfenster für jedes Sprite separat festgelegt. Dies entspricht demselben Vorgehen wie bei den Verhalten aus der Bibliothekspalette von Director.

In diesem Beispiel werden die Variablen `pGruppe`, `pBefehl1`, `pBefehl2` und `pButtonOn` für jedes Sprite bei der Zuweisung abgefragt:

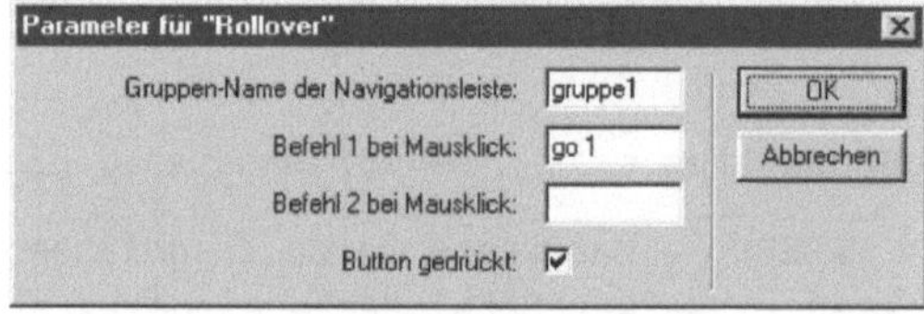

Abb. 3-23: Parameter für Rollover

Der Name der Gruppe kann frei gewählt werden. Jedoch müssen alle Schaltflächen, die zu einer Navigationsleiste gehören, auch denselben Namen erhalten. Für eine zweite Navigationsleiste im selben Frame geben Sie den dazugehörigen Schaltflächen einen anderen Namen. Prinzipiell sind beliebig viele Navigationsleisten in einem Frame möglich.

Mit den beiden folgenden Feldern, in obiger Dialogbox, kann den beiden Variablen `pBefehl1` und `pBefehl2` je ein Lingo-Befehl zugewiesen werden. Diese werden dann beim Anklicken der Schaltfläche abgearbeitet, z.B. `go 1`, um den Abspielkopf zu Frame 1 zu schicken.

Die letzte Option in der Dialogbox ermöglicht es, die Variable `pButtonOn` auf `TRUE` zu setzen. Dadurch wird diese Schaltfläche gleich beim Start als gedrückt angezeigt. Achten Sie aber darauf, dass innerhalb einer Navigationsleiste höchstens eine Schaltfläche als gedrückt angegeben wird. Andernfalls arbeitet das Skript nicht korrekt.

Um das Skript zu nutzen, erstellen Sie für jede Schaltfläche drei Darsteller, je einen für den Out-, Over- und Down-Zustand. Achten Sie dabei auch darauf, dass die Darsteller in dieser Reihenfolge in der Besetzung angeordnet werden. Ziehen Sie dann die Darsteller für den Out-Zustand auf die Bühne und weisen diesen das nachfolgende Verhaltensskript zu.

Ein Beispiel für die Verwendung des Skriptes finden Sie, wie auch für die vorherigen, auf der beiliegenden CD-ROM als fertigen Directorfilm.

```
global gActivList     -- Liste für alle NavLeisten des Films

property spriteNum    -- Kanalnummer des Sprites mit diesem Skript
property pGruppe      -- Gruppenname, dem diese Schaltfläche angehört
property pButtonDown -- Maustaste auf der Schaltfläche gedrückt
property pButtonOn    -- Schaltfläche ist eingerastet
property pSpriteMem   -- Nummer des Out-Members in der Besetzung
property pBefehl1     -- Befehl 1 bei Mausklick auszuführen
property pBefehl2     -- Befehl 2 bei Mausklick auszuführen

on beginSprite me
  -- 'member.number' ist im Gegensatz zu 'memberNum' auch
  --  bei Verwendung mehrerer Besetzungen eindeutig!!!
  pSpriteMem = sprite(spriteNum).member.number
  pGruppe = symbol(pGruppe)

  -- falls gActivList nicht existiert => anlegen
  if gActivList = VOID then gActivList = [:]

  -- soll die Schaltfläche gedrückt dargestellt werden:
  if pButtonOn then
    sprite(spriteNum).member = member(pSpriteMem + 2)
    gActivList.setaProp(pGruppe, me)
  end if
  -- pButtonDown initialisieren (Maustaste gedrückt)
  pButtonDown = FALSE
end
```

```
on endSprite me
  -- setzt den Mauscursor zurück
  cursor -1

  -- entfernt das Skript aus der Liste 'gActivList'
  if pButtonOn then
    gActivList.deleteOne(me)
  end if
end

on mouseEnter me
  cursor 280 -- Mauscursor zur Hand
  if pButtonOn then exit
  if pButtonDown then
    sprite(spriteNum).member = member(pSpriteMem + 2)
  else
    sprite(spriteNum).member = member(pSpriteMem + 1)
  end if
end

on mouseLeave me
  cursor 0 -- Mauscursor zurücksetzen
  if pButtonOn then exit
  sprite(spriteNum).member = member(pSpriteMem)
end

on mouseDown me
  -- wenn Schaltfläche bereits eingerastet
  -- ist, Event-Handler sofort verlassen!
  if pButtonOn then exit
  pButtonDown = TRUE
  sprite(spriteNum).member = member(pSpriteMem + 2)
end

on mouseUpOutside me
  pButtonDown = FALSE
end

on mouseUp me
  if pButtonOn then exit        -- ist Schaltfläche eingerastet,
  if not pButtonDown then exit -- wurde Maustaste nicht gedrückt
```

```
  pButtonDown = FALSE          -- Maustaste wurde losgelassen
  pButtonOn = TRUE             -- Schaltfläche ist eingerastet
  if gActivList[pGruppe] <> VOID then
    call(#ButtonUp, gActivList[pGruppe]) -- ButtonUp setzen
  end if
  -- Skript-Instanz der Schaltfläche in 'gActivList' aufnehmen
  gActivList.setaProp(pGruppe, me)
  -- Befehle, die bei Mausklick ausgeführt werden
  if stringP(pBefehl1) then do pBefehl1
  if stringP(pBefehl2) then do pBefehl2
end

-- Schaltfläche in Out-Zustand setzen; wird aus den Skript-In-
-- stanzen der anderen Schaltflächen von 'on mouseUp' genutzt
on ButtonUp
  sprite(spriteNum).member = member(pSpriteMem)
  pButtonOn = FALSE
end

on getPropertyDescriptionList me
  return \
[ \
 #pGruppe: \
 [ \
  #comment: "Gruppen-Name der Navigationsleiste:", \
  #format:  #string, \
  #default:  "" \
 ], \
 #pBefehl1: \
 [ \
  #comment: "Befehl 1 bei Mausklick:", \
  #format:  #string, \
  #default:  "" \
  ], \
 #pBefehl2: \
 [ \
  #comment: "Befehl 2 bei Mausklick:", \
  #format:  #string, \
  #default:  "" \
  ], \
```

```
  #pButtonOn: \
 [ \
  #comment: "Schaltfläche gedrückt:", \
  #format:  #boolean, \
  #default:  FALSE \
 ] \
]
end getPropertyDescriptionList
```

3.5.3.9 Radiobutton mit zwei Zuständen als Spriteskript

Das letzte Skript lässt sich, mit ein paar kleinen Änderungen, auch für Radiobuttons nutzen, also für Optionsgruppen, bei denen immer nur eine Option ausgewählt werden kann.

Entfernen Sie dafür im Event-Handler on `mouseEnter` den `else`-Zweig der zweiten `if`-Bedingung:

```
else
  sprite(spriteNum).member = member(pSpriteMem + 1)
```

Nun müssen Sie nur noch an allen drei Stellen im Skript den Ausdruck:

```
pSpriteMem + 2
```

gegen:

```
pSpriteMem + 1
```

ersetzen. Damit sind alle Änderungen durchgeführt, um das Skript für Radiobuttons zu nutzen. Sie müssen nur noch darauf achten, dass in der Besetzung die Darsteller für den nicht markierten und den markierten Zustand hintereinander angeordnet sind, wie in der folgenden Abbildung:

Abb. 3-24: Besetzung für Radiobutton

Einen fertigen Directorfilm, der dieses Skript für zwei Optionsfeldgruppen (Radiobuttons) nutzt, finden Sie auf der beiliegenden CD-ROM.

3.6 Menü- und Steuerelemente

Zum Teil haben wir uns mit Menüelementen, den Schaltflächen, bereits im letzten Abschnitt befasst. Hier werden wir uns zunächst die Möglichkeiten des Standard-Pulldown-Menüs von Director anschauen. Anschließend stehen List- und Pulldown-Boxen zur Navigation auf dem Programm. Zum Schluss des Abschnitts werden wir dann noch Dreh- und Schieberegler als weitere interaktive Elemente für Multimediaanwendungen erstellen.

3.6.1 Standard-Pulldown-Menü

Mit dem Befehl `installMenu` lassen sich in Director Pulldown-Menüs auf der Bühne bzw. am oberen Bildschirmrand anzeigen, je nachdem, welche Projektor-Option (*Im Fenster* oder *Vollbild*) Sie gewählt haben, z.B.:

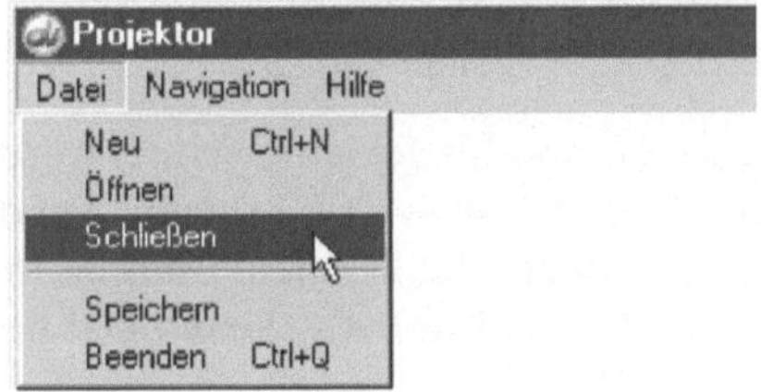

Abb. 3-25: Erzeugtes Pulldown-Menü

Die Struktur des Menüs legen Sie in einem Felddarsteller mit der folgenden Syntax fest:

```
menu: menuName1
Menüeintrag | Lingo-Befehl
Menüeintrag | Lingo-Befehl
Menüeintrag | Lingo-Befehl
...
menu: menuName2
Menüeintrag | Lingo-Befehl
Menüeintrag | Lingo-Befehl
Menüeintrag | Lingo-Befehl
...
```

Beim Mac können Sie als Menünamen auch das @-Zeichen angeben. Dadurch binden Sie das Apple-Systemmenü mit ein. Da beim PC das @-Zeichen keine besondere Funktion hat und als solches als Menünamen angezeigt wird, benötigen Sie bei der Verwendung von @ zwei Felddarsteller, einen für den PC und einen für den Mac. Bei der Installation des Menüs fragen Sie dann zuvor ab, auf welchem System der Film abgespielt wird, z.B.:

```
if the platform contains "win" then
  installMenu member("meinMenuWin")
else
  installMenu member("meinMenuMac")
end if
```

Die beiden Felddarsteller `meinMenuWin` und `meinMenuMac` beinhalten die jeweilige Menüstruktur für den PC bzw. Mac.

Für jeden Menüeintrag kann mit / auch eine Taste vergeben werden, mittels derer der Menüpunkt aufrufbar ist, z.B.:

```
Menüeintrag/N | Lingo-Befehl
```

Damit ist der Menüeintrag alternativ über die Tastenkombination Strg + N aufrufbar. Eine Linie zwischen zwei Menüeinträgen erzeugen Sie mit `(-`, z.B.:

```
Menüeintrag | Lingo-Befehl
(-
Menüeintrag | Lingo-Befehl
```

Soll ein Menüeintrag als ausgewählt gekennzeichnet werden, können Sie mit der Zeichenkombination `!È` einen Haken davor setzen. Auf dem Macintosh können Sie die Menüeinträge noch durch die Zeichenkombinationen `<B` (fett), `<I` (kursiv), `<U` (Unterstrichen), `<O` (Outline), `<S` (Schattiert) formatieren, z.B.:

```
Menüeintrag <B | Lingo-Befehl
```

Nachdem Sie die Menüstruktur in dieser Form in einem Felddarsteller festgelegt haben, können Sie das Menü gleich beim Start des Directorfilms oder an der Stelle, an der Sie es benötigen, installieren.

Um das Menü gleich beim Start des Directorfilms zu installieren, bietet sich ein Filmskript mit dem Event-Handler `on prepareMovie` an:

```
on prepareMovie
  installMenu member("meinMenu")
end
```

Der Darsteller `meinMenu` ist in diesem Fall der Felddarsteller der die Menüstruktur beinhaltet. Das Menü bleibt so lange in Ihrem Directorfilm installiert, bis dieser beendet wird oder Sie mit dem Befehl:

```
installMenu 0
```

das Menü wieder deinstallieren.

Beachten Sie, dass das so erstellte Menüsystem nur in der Autorenumgebung von Director und im Projektor angezeigt werden. Filme im Shockwave-Format für das Internet unterstützen diese Art von Menüs nicht!

3.6.2 Listbox als Navigationselement

Für umfangreiche Menüpunkte, Aufzählungen, Adresslisten etc. eignen sich besonders Listboxen zur Darstellung und Navigation. Die einzelnen Menüeinträge werden zeilenweise, z.B. in einen Felddarsteller eingetragen. Beim Darüberrollen mit der Maus sollen die einzelnen Menüeinträge hervorgehoben und bei Mausklick die hinterlegten Befehle abgearbeitet werden:

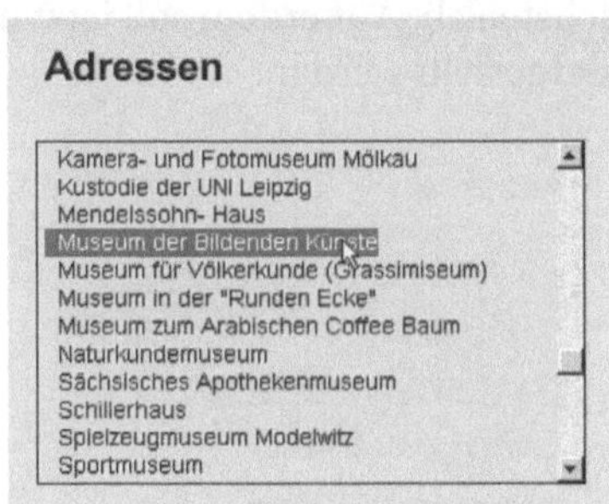

Abb. 3-26: Listbox als Navigation

Das entsprechende Verhaltensskript ist nachfolgend aufgelistet. Es wird dem Felddarsteller auf der Bühne zugewiesen. Zum Hervorheben eines Eintrags nutzt das Skript die Methode `hilite()` von Felddarstellern, die auch zeilenweise verwendbar ist.

Um die einzelnen Zeilen im Felddarsteller mit Lingo-Befehlen zu hinterlegen, die bei einem Mausklick ausgeführt werden sollen, wird eine `case`-Anweisung verwendet. Diese fragt mit der Systemeigenschaft `the mouseLine` ab, in welcher Zeile sich der Mauszeiger gerade befindet, und arbeitet dann die dafür angegebenen Befehle ab.

```
-- Darsteller, dem das Skript zugewiesen wurde
property pSpriteMem

on beginSprite me
  pSpriteMem = sprite(me.spriteNum).member
end

on mouseWithIn me
  -- Zeile unter dem Mauszeiger hervorheben
  pSpriteMem.line[the mouseLine].hilite()
end

on mouseUp
  case (the mouseLine) of
    01: -- Befehl für Zeile 1
    02: -- Befehl für Zeile 2
    03: -- Befehl für Zeile 3

      ...
end
```

Nun kann es aber durchaus vorkommen, dass man nicht jede Textzeile des Felddarstellers als Menüzeile verwenden möchte. Sei es, dass man zwischen zwei Menüzeilen immer eine Leerzeile einfügen will oder zu jeder Menüzeile noch weitere Textinformationen bereitstellen möchte. Das obige Skript muss dann entsprechend angepasst werden.

Unser obiges Adressen-Menü ergänzen wir dafür noch um zwei Zeilen für die Anschrift, Telefon- sowie Faxnummer und setzen jeweils mit einer Leerzeile eine Adresse von der nächsten ab. Außerdem soll jetzt der Mauszeiger bei jedem Menüeintrag als Hand dargestellt werden:

Abb. 3-27: Listbox mit in jeder vierten Zeile versetzter Navigation

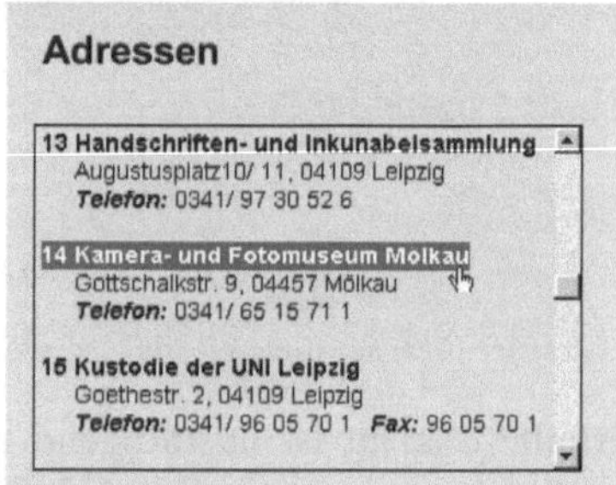

Die wichtigste Änderung im Skript betrifft die Abfrage:

```
if (pMouseLine mod 4) = 1 then
```

im Event-Handler `on mouseWithIn`, bevor eine Textzeile im Felddarsteller hervorgehoben wird. Durch den Modulo-Operator `mod` wird sichergestellt, dass nur jede vierte Zeile hervorgehoben wird. Das gleiche Prinzip, nur mit umgekehrter Logik, verwendet die Abfrage:

```
if (pMouseLine mod 4) <> 1 then exit
```

im Event-Handler `on mouseUp`. Handelt es sich nicht um die erste, fünfte, neunte etc. Zeile, wird der Event-Handler sofort beendet und nicht die `case`-Anweisung abgearbeitet. Ansonsten wird in der `case`-Anweisung die aktuelle Mauszeile mit `(pMouseLine + 3)/4` auf eine ganzzahlige Reihe transformiert und anschließend der zugehörige Befehl abgearbeitet. Auf die Befehle für die Cursor-Änderung werden wir nicht weiter eingehen, da wir uns damit bereits in den vorangegangenen Abschnitten ausführlich befasst haben.

```
property pSpriteMem -- Darsteller, dem das Skript zugewiesen wurde
property pMouseLine -- aktuelle Zeile des Mauszeigers
```

```
on beginSprite me
  pSpriteMem = sprite(me.spriteNum).member
end

on endSprite me
  cursor -1
end

on mouseLeave me
  cursor -1
end

on mouseWithIn me
  pMouseLine = the mouseLine
  if (pMouseLine mod 4) = 1 then
    pSpriteMem.line[pMouseLine].hilite()
    cursor 280
  else
    cursor -1
  end if
end

on mouseUp
  if (pMouseLine mod 4) <> 1 then exit
  case (pMouseLine + 3)/4 of
    01: -- Befehl für Zeile 1
    02: -- Befehl für Zeile 2
    03: -- Befehl für Zeile 3

      ...
end
```

3.6.3 Pulldown-Menü

Pulldown- oder auch Dropdown-Menüs ähneln von der Arbeitsweise sehr den Listboxen. Der Unterschied besteht darin, dass ein Pulldown-Menü „eingeklappt" und somit auf eine Menüzeile reduziert werden kann. Natürlich klappt das Pulldown-Menü nicht wirklich ein, sondern wir werden einen Felddarsteller als Listbox, wie im letzten Beispiel, verwenden und schalten ihn nur mit der Spriteeigenschaft `visible` sichtbar bzw. nicht sichtbar.

Damit benötigen wir außer einer Listbox jetzt noch einen einzeiligen Felddarsteller, der den „eingeklappten" Zustand des Menüs darstellt, und ein grafisches Element als Schaltfläche zum „Ausklappen" des Menüs, z.B.:

Abb. 3-28: Pulldown-Menü zur Navigation

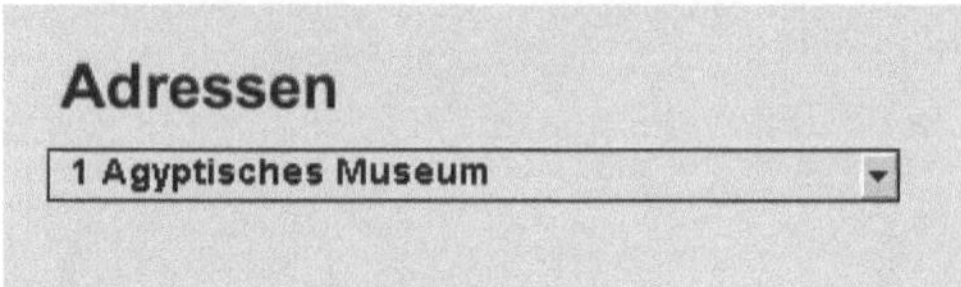

Für das grafische Element, den Pfeil, erstellen wir ein Skript, das die Listbox unterhalb des einzeiligen Felddarstellers bei Mausklick sichtbar bzw. wieder unsichtbar schaltet. Außerdem soll das Skript einen einfachen Rollover-Effekt mit zwei Zuständen für den Pfeil realisieren. Ein entsprechendes Verhalten haben wir bereits im letzten Abschnitt auf Seite 160 erstellt. Dieses an die Anforderungen unseres Pulldown-Menüs angepasst könnte wie folgt aussehen:

```
property spriteNum     -- Kanalnummer der Schaltfläche
property pSpriteMem    -- Besetzungsnummer des Out-Darstellers
property pButtonDown   -- Platznummer des Out-Darstellers
property pFeldSprite   -- Kanalnummer des Felddarsteller-Sprites

on beginSprite me
  -- PullDown-Menü ausblenden
  sprite(pFeldSprite).visible = FALSE

  pButtonDown = FALSE -- Schaltfläche nicht gedrückt
  pSpriteMem = sprite(spriteNum).member.number
end

on mouseEnter me
  if pButtonDown then

    -- Down-Darsteller anzeigen
    sprite(spriteNum).member = member(pSpriteMem + 1)
  end if
end

on mouseLeave me

  -- Out-Darsteller anzeigen
  sprite(spriteNum).member = member(pSpriteMem)
end
```

```
on mouseDown me
  pButtonDown = TRUE

  -- Down-Darsteller anzeigen
  sprite(spriteNum).member = member(pSpriteMem + 1)
end

on mouseUpOutside me
  pButtonDown = FALSE
end

on mouseUp me
  pButtonDown = FALSE
  if sprite(pFeldSprite).visible then
    sprite(pFeldSprite).visible = FALSE  -- PullDown ausblenden
  else
    sprite(pFeldSprite).visible = TRUE   -- PullDown anzeigen
  end if

  -- Down-Darsteller anzeigen
  sprite(spriteNum).member = member(pSpriteMem)
end

on getPropertyDescriptionList me
  tmpList = [:]
  tmpList[#pFeldSprite] = [#comment:"Kanalnummer des  \
    Felddarstellers:", #format:#integer, #default:1]
  return tmpList
end
```

Wenn das Skript dem Pfeil zugewiesen wird, wird die Kanalnummer der Listbox (Felddarsteller) im Drehbuch abgefragt und der Variablen `pFeldSprite` zugewiesen:

Abb. 3-29: Parameter für Pulldown-Menü

Dadurch „weiß" das Skript, welches Sprite es bei Mausklick sichtbar bzw. nicht sichtbar setzen muss. Für die Abfrage nutzen wir den Event-Handler `on getPropertyDescriptionList`, den wir bereits für das Rollover-Skript auf Seite 170 genutzt haben. Alle in diesem Event-Handler definierten Property-

Variablen werden bei der Zuweisung eines Skriptes abgefragt und können mit Anfangswerten initialisiert werden.

Nun fehlt nur noch die Anpassung des Skriptes für die Listbox als Pulldown-Menü. Sie können dafür sowohl das erste Skript vom Listbox-Menü verwenden (s. S. 177), bei dem jede Textzeile als Menüeintrag dient, als auch das zweite Skript (s. S. 178), bei dem nur jede vierte Textzeile als Menüeintrag fungiert. Je nachdem, wie Ihr Pulldown-Menü gestaltet sein soll.

Ergänzen Sie in jedem Fall den Event-Handler on `beginSprite` um den Befehl:

```
member("MenuZeile").text = pSpriteMem.line[1]
```

Dadurch wird die erste Textzeile in den einzeiligen Felddarsteller übernommen, der hier den Namen `MenuZeile` trägt. Die nächsten beiden Ergänzungen betreffen den Event-Handler on `mouseUp`. Tragen Sie dort direkt nach der `if`-Abfrage den Befehl ein:

```
member("MenuZeile").text = pSpriteMem.line[pMouseLine]
```

Damit wird ein angeklickter Menüeintrag in den einzeiligen Felddarsteller übernommen. Zum Schluss fügen Sie noch nach der `case`-Anweisung den Befehl ein:

```
sprite(me.spriteNum).visible = FALSE
```

Dieser sorgt dafür, dass nach einem Mausklick auf einen Menüeintrag das Listbox wieder „eingeklappt", sprich auf nicht sichtbar gesetzt wird. Mit diesen drei Ergänzungen arbeitet das Skript jetzt als Pulldown-Menü.

3.6.4 Schieberegler

Schieberegler können in Multimediaanwendungen für viele Einstellungen durch den Nutzer verwendet werden, z.B. Lautstärke, Skalierung, Farbwerte etc.

Einen solchen Regler in Lingo zu erstellen ist besonders einfach unter Verwendung der Funktion `constrainV()` oder `constrainH()`. Mit deren Hilfe kann eine vertikale bzw. horizontale Positionsangabe auf den Bereich eines Sprites begrenzt werden. Die allgemeine Syntax der beiden Funktionen lautet:

```
newPos = constrainV(kanalnummer, positionV)
```

bzw.

```
newPos = constrainH(kanalnummer, positionH)
```

Für *`kanalnummer`* geben Sie den Kanal des Sprites an, das die Position begrenzen soll. Die beiden Angaben *`positionV`* und *`positionH`* sind

Bühnenpositionen in Pixeln bezogen auf den oberen bzw. linken Leinwandrand. Der Rückgabewert *newPos* ist bei `constrainV()` solange mit *positionV* identisch, wie sich diese im vertikalen Bereich des angegebenen Sprites befindet. Ist dies nicht der Fall, erhält *newPos* den Wert der oberen bzw. unteren Position des Begrenzungsrechtecks des Sprites zugewiesen.

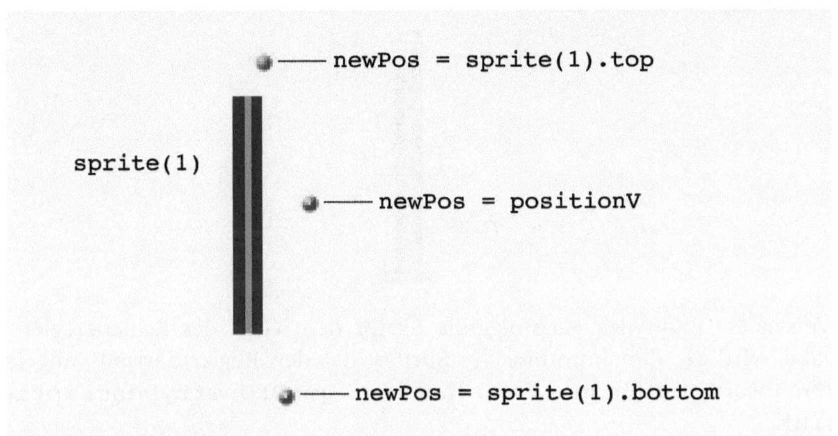

Abb. 3-30: Drei beliebige Positionen in Bezug zu Sprite 1 und der dazugehörige Rückgabewert `newPos` von `constrainV()`

Entsprechend gilt dies auch für `constrainH()`:

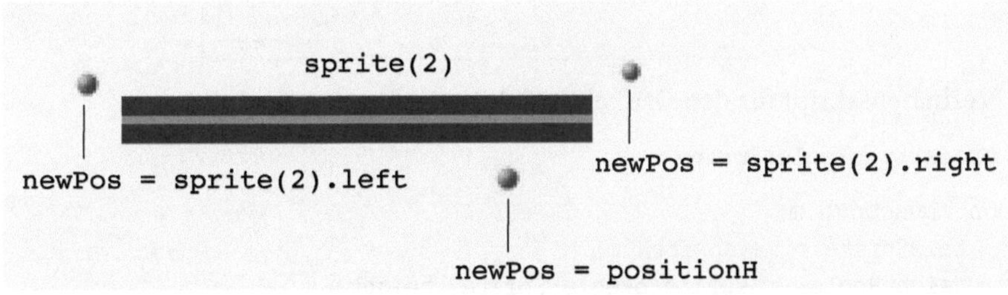

Abb. 3-31: Drei beliebige Positionen in Bezug zu Sprite 2 und der dazugehörige Rückgabewert `newPos` von `constrainH()`

Aufbauend darauf können wir z.B. einen senkrechten Schieberegler entwickeln, bei dem *positionV* durch die vertikale Mausposition `the mouseV` angegeben wird. Dann benötigen wir nur noch ein Sprite als Griff für den Schieberegler, das wir auf den Rückgabewert *newPos* der Funktion `constrainV()` setzen.

```
sprite(spriteNum).locV = constrainV(1, the mouseV)
```

Dadurch bewegt sich der Griff vertikal mit der Maus, kann aber nicht das Begrenzungsrechteck von Sprite 1 verlassen. Damit der Griff nun nicht ständig durch die Maus bewegt wird, sondern nur bei gedrückter Maustaste, schreiben wir den obigen Befehl in den Event-Handler `on mouseDown`. Dort fragen wir in einer `repeat`-Schleife mit `the stillDown` ab, ob die Maustaste noch gedrückt ist. Trifft das zu, setzen wir den Griff auf die vertikale Mausposition. Wird die Maustaste losgelassen, verbleibt der Griff an der letzten Position.

Wir benötigen für den Schieberegler also zwei Sprites auf der Bühne, eins für den Griff und eins für den Regler. Ordnen Sie diese entsprechend der folgenden Abbildung an:

Abb. 3-32: Anordnung der Schieberegler-Elemente auf der Bühne

Weisen Sie dann das nachfolgende Skript dem Griff des Schiebereglers zu. Dabei wird die Kanalnummer des Sprites, das den Regler darstellt, abgefragt. Verantwortlich dafür ist der Event-Handler `on getPropertyDescriptionList`.

Abb. 3-33: Parameter für ReglerPos

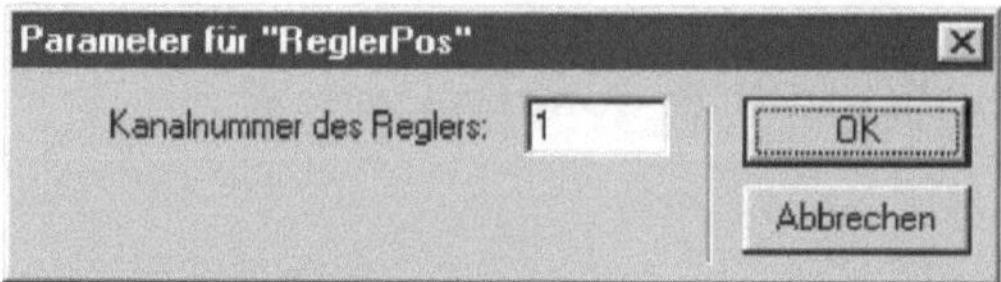

Verhaltensskript für den Griff eines Schiebereglers:

```
property pReglerSprite

on mouseDown me
  thisSprite = me.spriteNum
  heightRegler = sprite(pReglerSprite).height
  bottomRegler = sprite(pReglerSprite).bottom
  repeat while the stillDown
    sprite(thisSprite).locV = constrainV(pReglerSprite, the mouseV)
    updateStage
    -- erzeugt einen Wert von 0 bis 255
    relPos = float(bottomRegler - sprite(thisSprite).locV)
    relPos = integer(relPos/heightRegler * 255)
    -- relative Position an alle Sprites senden
    sendAllSprites(#reglerMove, relPos)
  end repeat
end
```

```
on getPropertyDescriptionList me
  tmpList = [:]
  tmpList[#pReglerSprite] = [#comment:"Kanalnummer des \
    Reglers:", #format:#integer, #default:1]
  return tmpList
end
```

3.6.4.1 Eigenschaften per Schieberegler einstellen

Zusätzlich zur Positionierung ermittelt das Skript eine relative Positionsangabe `relPos`, die Werte von 0 bis 255 in Abhängigkeit der Position des Griffs liefert und diese mit der Funktion `sendAllSprites()` an alle Verhaltensskripte im Directorfilm sendet. So könnte z.B. ein Textdarsteller mit dem folgenden Verhaltensskript den Wert `relPos` vom Schieberegler auf der Bühne anzeigen.

```
on reglerMove me, wert
  sprite(me.spriteNum).member.text = string(wert)
end
```

Soll dagegen mit dem Regler die Bühnenfarbe geändert werden, fügen Sie den folgenden Befehl in das obige Skript für den Griff nach `sendAllSprites()` ein:

```
the stageColor = relPos
```

Oder wollen Sie die Lautstärke, z.B. von Soundkanal 1 (s. S. 257), mittels Schieberegler einstellen, so fügen Sie den Befehl:

```
sound(1).volume = relPos
```

nach oder statt `sendAllSprites()` in das obige Verhaltensskript ein. Entsprechend können Sie auch die Transparenz, z.B. von Sprite 1 einstellen:

```
sprite(1).blendLevel = relPos
```

Ab Seite 471 finden Sie ein Beispiel, in dem wir die Geschwindigkeit und Drehrichtung eines Riesenrads mittels Schieberegler vorgeben werden.

3.6.5 Drehregler

Ein weiteres Steuerelement um Eingaben durch den Nutzer zu ermöglichen sind Drehregler. Dabei erfolgt die Festlegung eines Wertes proportional zum Rotationswinkel des Reglers, der wiederum der Änderung des Mauswinkels zum Regler folgt. Das heißt, wir müssen den Winkel von zwei Mauspositionen zum Regler bestimmen, daraus die Differenz bilden und um diese den

Rotationswinkel des Reglers ändern. Die dabei relevanten Angaben zeigt die nachfolgende Abbildung.

Für die Berechnung des Winkels `startWinkel` für die erste Mausposition können wir die Funktion `atan()` nutzen, die aus der *Gegenkathete* `diffH` und *Ankathete* `diffV` den Winkel in Bogenmaß liefert. Zur Umrechnung in Grad müssen wir noch mal `180` multiplizieren und durch `PI` dividieren:

```
startWinkel = atan(diffH, diffV) * 180/PI
```

Entsprechend wird der Winkel `neuWinkel` für die zweite Mausposition berechnet:

```
neuWinkel = atan(diffH, diffV) * 180/PI
```

Die Werte für `diffH` werden aus der Differenz der jeweiligen horizontalen Mausposition `the mouseH` und der horizontalen Position des Registrierungspunktes `reglerSprite.locH` des Drehreglers ermittelt. Die Berechnung von `diffV` erfolgt analog, aus der Differenz der vertikalen Position des Registrierungspunktes `reglerSprite.locV` des Drehreglers und der jeweiligen vertikalen Mausposition `the mouseV`.

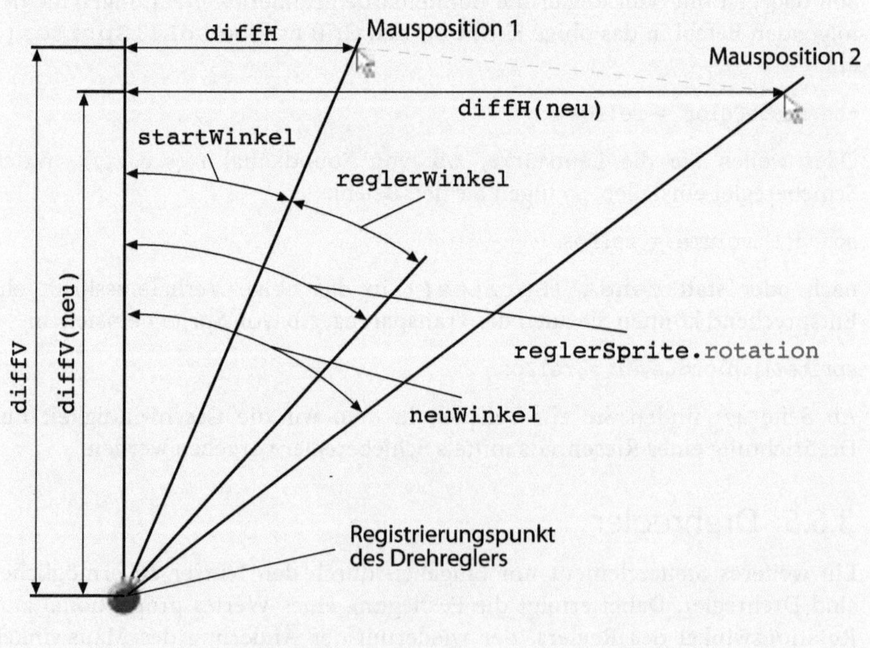

Abb. 3-34: Angaben für die Berechnung des Rotationswinkels eines Drehreglers in Abhängigkeit der Mausposition

Für die erste Mausposition wird noch der Winkel `reglerWinkel` aus der Differenz des aktuellen Winkels `reglerSprite.rotation` des Reglers und des Startwinkels `startWinkel` gebildet:

```
reglerWinkel = reglerSprite.rotation - startWinkel
```

Das ist notwendig, da die Einstellung des Reglers ja bereits geändert sein kann und diese Änderung bei einer erneuten Einstellung berücksichtigt werden muss. Der **neue** Rotationswinkel für den Drehregler ergibt sich dann aus den Winkeln `reglerWinkel` und `neuWinkel` für die zweite Mausposition:

```
reglerSprite.rotation = reglerWinkel + neuWinkel
```

Ein komplettes Verhaltensskript für einen Drehregler könnte dann z.B. wie folgt aussehen:

```
on mouseDown me
  -- Referenz auf das Drehregler-Sprite
  reglerSprite = sprite(me.spriteNum)

  diffH = the mouseH - reglerSprite.locH
  diffV = reglerSprite.locV - the mouseV
  startWinkel = atan(diffH, diffV) * 180/PI
  reglerWinkel = reglerSprite.rotation - startWinkel

  repeat while the stillDown
    diffH = the mouseH - reglerSprite.locH
    diffV = reglerSprite.locV - the mouseV
    neuWinkel = atan(diffH,diffV) * 180/PI
    w = (reglerWinkel + neuWinkel) mod 360
    reglerSprite.rotation = w
    updateStage

    -- erzeugt einen Wert von -255 bis 255
    if w >  180 then w = w - 360
    else if w < -179 then w = w + 360
    relPos = w * 255/180
    -- relative Position an alle Sprites senden
    sendAllSprites(#reglerMove, relPos)
  end repeat

end
```

3.6.5.1 Eigenschaften per Drehregler einstellen

Das obige Skript ermittelt, in Abhängigkeit des Winkels des Drehreglers, einen relativen Wert `relPos` von −255 bis 255 und sendet diesen mit der Funktion `sendAllSprites()` an alle Sprites. Damit kann z.B. die Stellung des Drehreglers, wie bereits beim Schieberegler, mit einem Textdarsteller auf der Bühne angezeigt werden. Weisen Sie dafür einem Textdarsteller das folgende Verhaltensskript zu:

```
on reglerMove me, wert
  sprite(me.spriteNum).member.text = string(wert)
end
```

Sie können mit einem Drehregler u.a. auch die Balance in einem Soundkanal einstellen. Notieren Sie dafür den folgenden Befehl nach oder statt der Funktion `sendAllSprites()` im obigen Skript:

```
sound(1).pan = relPos
```

Da die Eigenschaft `pan` nur Werte von −100 bis +100 akzeptiert, müssen Sie die Berechnung von `relPos` entsprechend anpassen:

```
relPos = w * 100/180                -- Werte von -100 bis +100
```

Wollen Sie hingegen mit einem Drehregler die Lautstärke eines Soundkanals steuern, müssen Sie Werte zwischen 0 und 255 erzeugen:

```
relPos = (w + 180) * 255/360        -- Werte von 0 bis 255
```

So kann dann z.B. auch ein Farbwert eines Sprites oder dessen Transparenz eingestellt werden:

```
sprite(1).color = rgb(0, 0, relPos)    -- Blau für Sprite 1
sprite(1).blendLevel = relPos          -- Transparenz für Sprite 1
```

3.7 Strukturieren von Director-Projekten

3.7.1 Projekte in mehrere Filme aufteilen

Grundsätzlich ist es sinnvoll bei größeren Director-Projekten, diese in mehrere Teilfilme zu untergliedern. Zum einen behält man so leichter den Überblick im Projekt und kann einzelne Aufgaben besser im Team verteilen. Zum anderen ist es eine Stabilitätsfrage, wie sicher Ihr fertiges Projekt auch auf schwächeren Rechnern läuft. Denn je größer ein einzelner Film ist, desto mehr Ressourcen benötigt Director um ihn problemlos darzustellen. Daher ist es auch aus technischer Sicht günstiger, mehrere kleine Teilfilme zu verwenden, als eine große Datei.

Die logische Aufteilung eines Projektes in mehrere kleinere Teilfilme hängt zum einen vom Inhalt des Projektes, zum anderen von der Größe und Struktur der Projektgruppe ab. Letztlich hängt von dieser Aufteilung wesentlich die Effizienz Ihrer Multimediaproduktion ab. Daher sollten Sie bereits bei der Konzeption Ihres Projektes diesem Punkt eine entsprechende Bedeutung beimessen.

Um die einzelnen Teilfilme zu einem großen Projekt zusammenzufügen, haben Sie technisch gesehen drei prinzipielle Möglichkeiten:

1. Sie können Ihre Teilfilme sequentiell, d.h. nach einer festgelegten Reihenfolge hintereinander ablaufen lassen (s.u.).
2. Sie können interaktiv aus einem Directorfilm einen weiteren aufrufen und von diesem wieder zu einem anderen Film oder zum aufrufenden Film verzweigen (s. S. 190). Dabei wird aber immer nur ein Film gleichzeitig angezeigt.
3. Sie lassen einzelne Teilfilme in einem Extrafenster (MIAW) ablaufen. Diese Technik werden wir uns auf Seite 194 näher ansehen.

3.7.2 Sequentieller Aufruf von Filmen

Das ist die einfachste Technik um mehrere Teilfilme anzuzeigen. Sie müssen dafür die einzelnen Filme nicht extra vorbereiten. Erstellen Sie aus allen Teilfilmen einen neuen Projektor (Menü *Datei / Projektor erstellen…*)

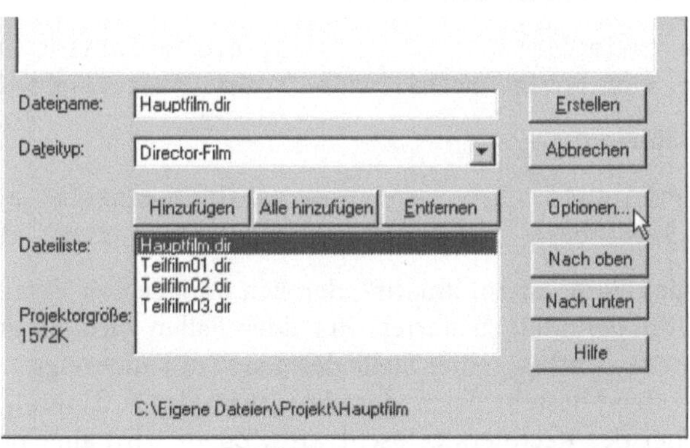

Abb. 3-35: Projektor mit mehreren Filmen erstellen

und wählen unter *Optionen…* bei Abspielen: *Alle Filme abspielen.*

Abb. 3-36:
Projektoroptionen

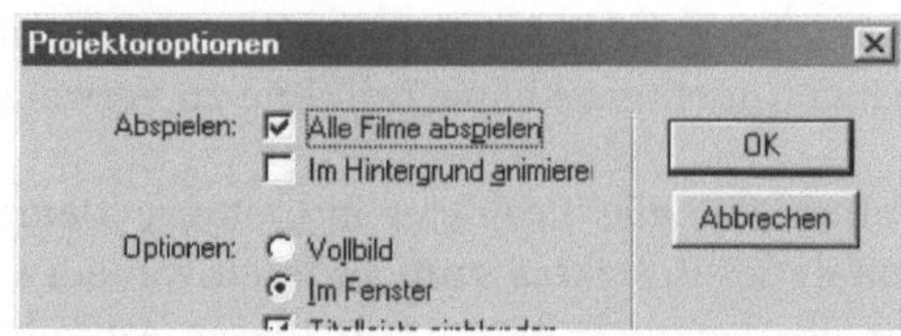

Wenn Sie den so erstellten Projektor starten, werden alle Filme in der Reihenfolge, in der Sie sie in der obigen Dialogbox angeordnet haben, abgespielt. Nachdem der letzte Teilfilm abgespielt ist, wird der Projektor automatisch beendet. Die Abspielreihenfolge der einzelnen Teilfilme im fertigen Projektor lässt sich mit Hilfe der Datei „director.ini" unter Windows noch im Nachhinein ändern (s. S. 34).

Nachteil bei dieser Vorgehensweise ist, dass alle Teilfilme zu einer großen Projektordatei zusammengefasst werden. Wenn Sie dies vermeiden wollen, müssen Sie die Aufrufe der einzelnen Filme mit Lingo steuern (s. nächster Abschnitt).

3.7.3 Filme interaktiv aufrufen

Wesentlich flexibler können Sie einzelne Filme in Director über Lingo aufrufen. Dabei müssen auch nicht alle Teilfilme zu einem großen Projektor zusammengefügt werden. Es genügt, wenn Sie nur den Startfilm als Projektor erstellen und alle weiteren Filme als *.dir- oder *.dxr-Dateien (s. S. 35, „Directorfilme schützen / aktualisieren") im Projekt verwenden.

Um aus einem Directorfilm einen anderen Film aufzurufen, gibt es zwei Möglichkeiten. Sie können den Befehl:

```
go to movie "meinFilm"              -- spielt "meinFilm" ab Frame 1 ab
go to frame 5 of movie "meinFilm" -- spielt "meinFilm" ab Frame 5 ab
```

oder den Befehl:

```
play movie "meinFilm"               -- spielt "meinFilm" ab Frame 1 ab
play frame 5 of movie "meinFilm"  -- spielt "meinFilm" ab Frame 5 ab
```

nutzen, um den Film „meinFilm.dir", der sich im gleichen Verzeichnis wie der aufrufende Film befindet, zu starten. In beiden Fällen wird der gerade laufende Film abgebrochen und an seiner Stelle der neue Film angezeigt.

Der Unterschied besteht darin, dass bei `go to` der aufrufende Film aus dem Arbeitsspeicher des Rechners gelöscht wird. Zuvor wird aber noch der Event-Handler, in dem der Befehl `go to` steht, zu Ende abgearbeitet. Will man vom neuen Film wieder zurück zum aufrufenden Film, muss man dessen Namen kennen. Nur dann kann man mit einem der beiden oben aufgeführten Befehle den vorhergehenden Film wieder ablaufen lassen.

Beim Aufruf eines neuen Films mit `play movie` verbleibt der aufrufende Film im Arbeitsspeicher des Rechners. Der Event-Handler, in dem der Befehl `play movie` steht, wird dabei an dieser Stelle unterbrochen. Möchte man vom neuen Film zum aufrufenden Film zurückkehren, so schreibt man an entsprechender Stelle im neuen Film den Befehl `play done`. Damit wird der vorhergehende Film sowie der Event-Handler, aus dem der Aufruf erfolgte, an der unterbrochenen Stelle fortgesetzt.

Welche der beiden Methoden man verwendet, hängt davon ab, ob und wie schnell man zum aufrufenden Film zurückkehren will und wie groß die einzelnen Teilfilme sind. Bei größeren Teilfilmen sollte man eher `go to` verwenden um die Ressourcen des Rechners zu schonen.

Rufen Sie einen neuen Film nicht am ersten Frame, sondern z.B. am fünften Frame auf, werden dennoch die beiden Event-Handler `on prepareMovie` und `on startMovie` abgearbeitet, sofern sie in einem Filmskript des aufgerufenen Films enthalten sind.

Übrigens, wenn Sie zu einem Projektorfilm (s. S. 30) zurückspringen wollen, so wird dieser ebenfalls immer mit dem Namen angesprochen, unter dem er als *.dir-Datei gespeichert wurde. Auch dann, wenn Sie dem Projektor einen völlig anderen Namen geben.

3.7.4 Pfadangabe für Directorfilme

Im vorigen Abschnitt sind wir beim Aufruf von Teilfilmen immer davon ausgegangen, dass sich alle Filme im selben Verzeichnis befinden. Ist dies nicht der Fall, so müssen wir den kompletten Pfad des aufzurufenden Films angeben. Beispielsweise:

```
"E:\CD-ROM\Daten\Tiergarten\Film04"
```

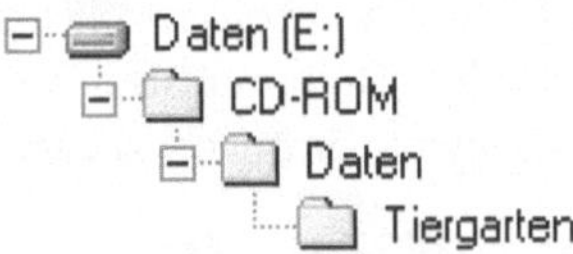

Abb. 3-37: Explorerdarstellung der Pfade eines Projektes

Dabei gibt es zwei Schwierigkeiten. Zum einen wissen wir nicht, unter welcher Laufwerksbezeichnung unser Projekt vom Nutzer abgespielt wird. Zum anderen gibt es beim PC andere Trennzeichen (Delimiter) für die Verzeichnishierarchie als beim Mac.

Beide Probleme lassen sich durch die Verwendung des symbolischen Namens `@` lösen. Dieser symbolische Name gibt innerhalb der Directorumgebung immer den Pfad vom Wurzelverzeichnis bis zum aktuellen Film an.

Nehmen wir an, bei der obigen Pfadangabe befindet sich der gerade laufende Film im Verzeichnis „Daten". Von dort soll der „Filmo4.dir" aufgerufen werden. Der Befehl dafür lautet bei Verwendung des symbolischen Namens @ wie folgt:

```
go to movie "@\Tiergarten\Film04"
```

Je nachdem unter welchem System der Film dann abgespielt wird (Mac oder PC), verwendet Director automatisch die richtigen Trennzeichen. Dabei ist es egal, welches Trennzeichen im Befehl steht (\, / oder :). Die Dateiendung (.dir) kann bei der Angabe des Films weggelassen oder mitgeschrieben werden. Dies ist für den korrekten Aufruf des Films unerheblich.

Mit @ ist es auch möglich auf Verzeichnisse zu verweisen, die sich über dem aktuellen Verzeichnis befinden. Soll bei obiger Pfadangabe (`"E:\CD-ROM\...")` aus dem „Filmo4.dir" der Film „Intro.dir" im Verzeichnis „CD-ROM" aufgerufen werden, dann sieht das so aus:

```
go to movie "@\\\Intro"
```

Da es sich bei @ nur um einen symbolischen Namen handelt, können Sie, z.B. mit `put @`, **nicht** den aktuellen Pfad des gerade laufenden Films ermitteln. Dafür gibt es die Systemeigenschaft `the moviePath`, die immer den aktuellen Pfad des gerade laufenden Films enthält. Das heißt, mit dem Befehl:

```
put the moviePath
```

erhalten Sie den aktuellen Pfad des laufenden Films im Nachrichtenfenster angezeigt. Sie können auch Filme statt mit @, mit `the moviePath` aufrufen. Für unser obiges Beispiel sieht das wie folgt aus:

```
go to movie the moviePath & "Tiergarten\Film04"
```

Allerdings würde das so nur auf einem Windows-PC funktionieren, da Director bei dieser Art der Pfadangabe **nicht** automatisch die richtigen Trennzeichen für das jeweilige System verwendet. Dies müssten Sie dann selbst, beispielsweise über die Abfrage der Systemeigenschaft `the platform`, erledigen:

```
if the platform contains "windows" then
  -- Pfadangabe für Windows
else
  -- Pfadangabe für Mac
end if
```

Sie können mit `the moviePath` auch auf einen Film verweisen, z.B. „start.dir", der sich ein Verzeichnis höher befindet, bei Windows mit:

```
go to movie the moviePath & "..\start"
```

Und beim Mac mit:

```
go to movie the moviePath & "..:start"
```

3.7.4.1 Pfadangaben für externe Programme

Ein Director-Projekt muss nicht nur aus Directorfilmen bestehen. Sie können auch andere Programme aus einem Directorfilm aufrufen und so in Ihr Projekt mit einbinden. Dafür steht in Lingo der Befehl `open` zur Verfügung. Befindet sich das aufzurufende Programm im selben Verzeichnis wie der Directorfilm oder im System registriert, ist keine Pfadangabe notwendig, z.B.:

```
open "explorer.exe"
```

Dadurch wird unter Windows der Explorer geöffnet. Die Angabe des zu öffnenden Programms kann mit und ohne Dateiendung erfolgen.

Ist hingegen das aufzurufende Programm nicht im System registriert oder in einem anderen Verzeichnis als der aufrufende Directorfilm, müssen Sie den kompletten Pfad angeben. Dafür können Sie wieder den symbolischen Namen `@` verwenden, z.B.:

```
open "@\programm\editpad.exe"
```

Dies öffnet das Programm „editpad.exe", das sich im Verzeichnis „Programm" unterhalb des aufrufenden Films befindet. Soll aber mit dem aufzurufenden Programm gleichzeitig ein Dokument geöffnet werden, kann der symbolische Name `@` für den Pfad nicht mehr genutzt werden. Denn, wie bereits erwähnt, gibt `@` nur den Pfad bis zum aktuellen Film innerhalb von Director an.

Um mit einem externen Programm gleichzeitig ein Dokument zu öffnen, müssen wir auf die Systemeigenschaft `the moviePath` zurückgreifen. Da sie allerdings nicht die Delimiter für das jeweilige System setzt, müssen wir zuerst abfragen, auf welchem System der Film läuft. Anschließend rufen wir dann das zu öffnende Dokument mit dem entsprechenden Programm auf. Das folgende Skript öffnet z.B. die Datei „liesmich.pdf" mit Acrobat:

```
pfad = the moviePath
if the platform contains "windows" then
  -- Pfadangabe für Windows
  open pfad & "dateien\texte\liesmich.pdf" with \
       pfad & "acrobat\acrobat.exe"
else
  -- Pfadangabe für Mac
  open pfad & "dateien:texte:liesmich.pdf" with \
       pfad & "acrobat:acrobat.exe"
end if
```

3.7.5 Filme in einem Extrafenster abspielen (MIAW)

MIAW (**M**ovie **i**n **a** **W**indow) wird in Lingo die Technik genannt, aus dem Hauptfilm heraus einen oder mehrere weitere Directorfilme in eigenen Fenstern gleichzeitig zum Hauptfilm ablaufen zu lassen.

Achtung! MIAWs werden nur in der Arbeitsumgebung von Director und in Projektoren (s. S. 30) unterstützt. In Shockwave-Filmen oder Java-Applets, die aus Director-Anwendungen erstellt wurden, stehen MIAWs **nicht** zur Verfügung.

Um einen Film in einem eigenen Fenster ablaufen zu lassen, notieren Sie die folgenden Befehle an entsprechender Stelle, z.B. in einem Verhaltensskript für eine Schaltfläche:

```
-- "miawRef" als Referenz auf das neue Fenster (MIAW) mit
-- dem Directorfilm "nebenrolle.dir" festlegen:
miawRef = window("nebenrolle")

links = 400              -- Abstand zum linken Monitorrand
oben = 100               -- Abstand zum oberen Monitorrand
rechts = 720             -- Abstand zum linken Monitorrand
unten = 320              -- Abstand zum oberen Monitorrand

-- Größe und Position dem Fenster "miavRef" zuweisen:
miawRef.rect = rect(links, oben, rechts, unten)

miawRef.open()           -- das Fenster "miavRef" öffnen
miawRef.moveToFront() -- Fenster in den Vordergrund holen
```

- Im ersten Befehl wird eine neue Instanz (Kopie) des Window-Objektes erzeugt und ihr der Film „nebenrolle.dir" zugewiesen. Die Dateiendung (*.dir) kann dabei, muss aber nicht mit angegeben werden.
- In den nächsten vier Befehlen wird der Abstand der einzelnen Fensterränder zum **Monitorrand** festgelegt. Dadurch wird sowohl die Größe als auch die Position des neuen Fensters bestimmt; beides ist in Director untrennbar miteinander verbunden.
- Anschließend werden die festgelegten Fensterpositionen der Eigenschaft `rect` des neuen Fensters zugewiesen. Dieser Befehl und die vier Befehle zuvor könnten auch zu einem zusammengefasst werden: `miawRef.rect =rect(400, 100, 720, 320)`
- Mit dem Befehl `miawRef.open()` wird nun das neue Fenster angezeigt.
- Zum Schluss folgt noch der Befehl `moveToFront()` um das Fenster in den Vordergrund zu stellen, damit es nicht von anderen Fenstern verdeckt wird.

Um das geöffnete Fenster auch von anderen Stellen als von dem Skript, in dem es geöffnet wurde, verändern zu können, sollte die Referenz darauf als global definiert werden. Im obigen Beispiel also:

```
global miawRef -- definiert das Fenster "miawRef" als global
```

3.7.5.1 Fenster relativ zur Bühne positionieren

Die Positionierung des Fensters erfolgt immer absolut zum linken und oberen Monitorrand. Soll ein Fenster relativ zur Bühne platziert werden, können Sie die folgenden Befehle für die Angabe des Fensterrechtecks nutzen:

```
the stageLeft   -- Abstand vom linken Monitorrand zum Bühnenrand
the stageTop    -- Abstand vom oberen Monitorrand zum Bühnenrand
the stageRight  -- Abstand vom linken Monitorrand zum Bühnenrand
the stageBottom -- Abstand vom oberen Monitorrand zum Bühnenrand
```

Um ein Fenster relativ zur Bühne zu positionieren, müssen Sie die Abstände der Bühne zum linken und oberen Monitorrand zu der relativen Fensterposition addieren. Soll beispielsweise ein Fenster 320 Pixel breit, 220 Pixel hoch und 60 Pixel vom linken sowie 50 Pixel vom oberen Bühnenrand positioniert werden, berechnet sich das Rechteck dafür wie folgt:

```
breite = 320 -- Breite des Fensters
hoehe  = 220 -- Höhe des Fensters
links  =  60 -- Abstand zum linken Bühnenrand
oben   =  50 -- Abstand zum oberen Bühnenrand

miawRef.rect = rect(the stageLeft + links, the stageTop + oben, \
        the stageLeft + links + breite, the stageTop + oben + hoehe)
```

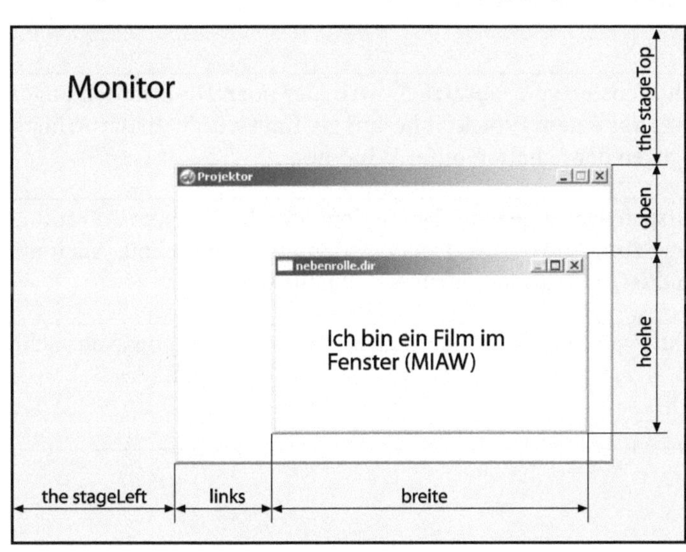

Abb. 3-38: Angaben für die relative Positionierung eines MIAWs in Bezug zur Bühne

3.7.5.2 Festlegen des Fenstertyps

Hinweis: Die hier gemachten Angaben gelten nicht für Director MX 2004! Dort wurde das gesamte Handling für den Fenstertyp grundlegend überarbeitet und erweitert, s. Beispiele im Verzeichnis „MX 2004" auf der beiliegenden CD-ROM.

Neben der Größe und Position eines Fensters kann auch der Typ des Fensters festgelegt werden. Insgesamt gibt es zehn Fenstertypen, die sowohl unter Windows als auch auf dem Mac genutzt werden können.

Die allgemeine Syntax um einem Fenster einen bestimmten Typ zuzuweisen lautet:

```
miawRef.windowType = ID
```

Dabei ist `miawRef` die Referenz auf das jeweilige Fenster. Und `ID` steht für eine Ganzzahl, die den Fenstertyp angibt. Die Zuweisung kann vor dem Öffnen des Fensters erfolgen, aber auch bei bereits geöffneten Fenstern. Zwar kann der Bühne `the stage` auch ein Fenstertyp zugewiesen werden, dies hat aber keine Auswirkung auf deren Darstellung. Die von Lingo unterstützten Fenstertypen und die dazugehörige ID finden Sie in der folgenden Tabelle:

Fenstertyp	ID	Beschreibung
MIAW 0	0	Dies ist die Voreinstellung, d.h. das Standardfenster. Es besitzt ein Systemmenü zum Verschieben, Schließen und Ändern der Fenstergröße. Außerdem besitzt das Fenster eine Titelleiste.
	1	Dieses Fenster besitzt kein Systemmenü und keine Titelleiste und kann weder in der Position noch Größe geändert werden.
	2	Das Fenster entspricht Typ 1, mit Ausnahme des Fensterrandes. Er wird hier nur als einfache Linie dargestellt.
	3	Entspricht Fenstertyp 2, zusätzlich wird hier noch ein Schatten angezeigt, wenn das Fenster aus einem Projektor heraus geöffnet wurde. In der Arbeitsumgebung fehlt hingegen der Schatten unter Windows.
MIAW 4	4	Typ 4 entspricht weitgehend Typ 0, dem Standardfenster. Allerdings fehlt hier der Eintrag zum Ändern der Fenstergröße im Systemmenü. Auch mit der Maus lässt sich die Größe dieses Fensters nicht ändern.
MIAW 5	5	Entspricht Typ 4, nur fehlt hier noch das Systemmenü sowie das Schließ-Icon.

Fenstertyp	ID	Beschreibung
	8	Dieses Fenster besitzt ein vollständiges Systemmenü und eine Titelleiste mit den drei Icons zum Minimieren, Maximieren und Schließen des Fensters.
	12	Entspricht dem Fenstertyp 8. Es fehlt im Systemmenü allerdings der Eintrag „Größe ändern". Auch mit der Maus lässt sich die Größe des Fensters nicht ändern. Einzig über das Icon „Maximieren" kann das Fenster auf maximale Größe gezoomt werden.
	16	Entspricht unter Windows dem Fenstertyp 4. Beim Mac hingegen wird ein Fenster mit abgerundeten Ecken dargestellt.
	49	Fenster mit einer schmalen Titelleiste und Schließ-Icon. In der Arbeitsumgebung unter Windows wird das Schließ-Icon rechts in der Titelleiste angezeigt.

Beachten Sie, dass das Erscheinungsbild der Fenster zwischen den verschiedenen Betriebssystem- und Director-Versionen unterschiedlich ausfallen kann. Auch ob ein Fenster in der Arbeitsumgebung oder aus einem Projektor geöffnet wurde, hat z.T. Einfluss auf sein Erscheinungsbild. Die Fenster in obiger Tabelle wurden aus einem mit Director MX erstellten Projektor unter Windows XP geöffnet.

Auf einen Bug bei der Zuweisung des Fenstertyps, der alle Director-Versionen betrifft, sei noch hingewiesen. Ändern Sie den Fenstertyp eines MIAWs, das sich **nur** im Arbeitsspeicher befindet, aber nicht auf der Bühne angezeigt wird, so erhalten Vektorform-, Flash- und Textsprites anschließend keine Mausereignisse mehr! Ist für die betreffenden Sprites der Modus „directToStage" auf `TRUE` gesetzt, so werden diese Elemente erst gar nicht mehr angezeigt, wenn das MIAW erneut geöffnet wird.

Als Gegenmaßnahme hilft hier, den Fenstertyp umzuschalten, sobald das Fenster wieder angezeigt wird. Nur den aktuellen Fenstertyp neu zu setzen hilft hingegen nicht. Auch der Befehl:

```
the stageColor = the stageColor
```

kann das Problem nicht lösen. Im Gegenteil, dadurch verschwinden die genannten Elemente ganz aus dem MIAW.

Bei QuickDraw- und Bitmap-Darstellern tritt das Problem nicht auf.

3.7.5.3 Nicht-rechteckige Fenster

Hinweis: Da hier die Eigenschaft `windowType` verwendet wird, ist diese Vorgehensweise **nicht** für Director MX 2004 geeignet. Dort lassen sich Masken für nicht-rechteckige Fenster im Eigenschafteninspektor unter dem Register „Anzeigevorlage“ angeben.

Seit Director 7.02 gibt es eine undokumentierte Funktion um nicht-rechteckige Fenster zu erzeugen. Das Prinzip dabei ist recht einfach. Anstatt der Fenstereigenschaft `windowType` eines MIAWs eine Ganzzahl zuzuweisen (s. S. 196), wird ihr einfach ein 1-Bit-Bitmap-Darsteller zugewiesen, z.B.:

```
miawRef.windowType = member("maske") -- 1-Bit-Bitmap zuweisen
```

Dabei ist `miawRef` die Referenz auf ein beliebiges Fenster, z.B. auf jenes, das wir auf Seite 194 erstellt haben. Der Darsteller `maske` ist eine 1-Bit-Bitmap in der Besetzung. Um eine 1-Bit-Bitmap zu erzeugen, können Sie entweder das Malfenster von Director verwenden oder ein Bild importieren. Anschließend stellen Sie die Farbtiefe auf 1-Bit ein (Menüpunkt *Modifizieren / Bitmap transformieren…*). Die schwarzen Bereiche der Bitmap sind dabei die sichtbaren Teile des Fensters, die weißen die transparenten.

Wenn Sie den 1-Bit-Bitmap-Darsteller dem MIAW zugewiesen haben (s.o.) und anschließend den Directorfilm abspielen, sehen Sie nichts von einer veränderten Fensterform. Das liegt daran, dass der Befehl nur im Projektor funktioniert. Das heißt, Sie müssen um den Effekt zu sehen erst einen Projektor von dem Directorfilm erstellen (s. S. 30).

Hier nun noch ein vollständiges Beispiel um ein MIAW zu öffnen und ihm eine nicht-rechteckige Form zuzuweisen:

```
on mouseUp me
  -- miawRef als Referenz für das neue Fenster (MIAW) mit
  -- dem Film "nebenrolle" festlegen:
  miawRef = window("nebenrolle")

  -- Größe und Position dem Fenster "miawRef" zuweisen:
  miawRef.rect = rect(400,100,720,320)

  -- 1-Bit-Bitmap-Darsteller dem Fenster als Maske zuweisen:
  miawRef.windowType = member("maske")

  miawRef.open()        -- Fenster "miawRef" öffnen
  miawRef.moveToFront() -- Fenster in den Vordergrund holen
end
```

Erstellen Sie mit dem obigen Event-Handler ein neues Verhaltensskript und weisen Sie es einer Schaltfläche zu. Anschließend erzeugen Sie aus dem Film einen neuen Projektor. Damit das MIAW auch angezeigt wird, benötigen Sie noch einen Directorfilm, der unter dem Namen „nebenrolle“ gespeichert werden muss.

Starten Sie anschließend den neu erstellten Projektor und klicken auf die Schaltfläche, der Sie den obigen Event-Handler als Verhaltensskript zugewiesen haben. Daraufhin öffnet sich ein neues Fenster mit der Form des Bitmap-Darstellers `maske`:

Abb. 3-39:
Fenster (MIAW) mit einem 1-Bit-Bitmap-Darsteller maskiert

Wollen Sie nun noch die Bühne unsichtbar machen um nur das neue Fenster mit der nicht-rechteckigen Form zu sehen, so geht dies mit dem Befehl:

```
(the stage).visible = 0
```

Sichtbar wird die Bühne wieder durch den Befehl:

```
(the stage).visible = 1
```

3.7.5.4 Fenster mit der Maus bewegen

Insbesondere bei nicht-rechteckigen Fenstern (s. vorigen Abschnitt), aber auch bei anderen Fenstertypen kann es sinnvoll sein, einen eigenen Bereich zu definieren, bei dem das Fenster mit gedrückter Maustaste verschoben werden kann.

Der erste Gedanke bei der Umsetzung dieser Funktionalität in Lingo könnte sein, das Fenster in einer `repeat`-Schleife so lange zu bewegen, bis der Nutzer die Maustaste loslässt:

```
on mouseDown me
  repeat while the stillDown
    -- Fenster bewegen
  end repeat
end
```

Allerdings wird bei dieser einfachen Lösung das Bild der Bühne hinter dem MIAW nicht aufgefrischt, was bei der Bewegung des MIAWs zu ungewollten Spuren auf der Bühne führt. Sie sollten daher diesen Weg vermeiden und statt dessen das Ereignis `stepFrame` nutzen, das immer dann eintritt, wenn der Abspielkopf in einen neuen Frame gelangt oder die Bühne aktualisiert wird. Damit das Skript aber überhaupt das Ereignis `stepFrame` erhält, muss es zuvor in die Lingo-eigene globale Liste `the actorList` aufgenommen werden (s. S. 111).

Anschließend kann das Fenster dann mit Hilfe des Event-Handlers `on stepFrame` bewegt werden:

```
global miawRef  -- Referenz auf das zu bewegende Fenster (MIAW)
property pMouse -- Startposition Maus (Point)

on mouseDown me
  -- Skript in the actorList aufnehmen
  (the actorlist).add(me)
  pMouse = the mouseLoc
end

on stepFrame me
  if the stillDown then

    -- neue Fensterposition berechnen:
    mouseOff = the mouseLoc - pMouse
    newRect = miawRef.rect + rect(mouseOff,MouseOff)

    -- Fenster auf neue Position bewegen:
    miawRef.rect = newRect
  else
    -- Skript aus the actorList entfernen:
    (the actorList).deleteOne(me)
  end if
end
```

Weisen Sie dieses Skript als Verhalten einem Sprite im Fenster zu. Wird der Film abgespielt, können Sie das Fenster bei gedrückter Maustaste auf das Sprite bewegen.

3.7.5.5 Kommunikation zwischen Fenstern und Bühne

Um zwischen der Bühne und Fenstern und zwischen Fenstern untereinander Anweisungen und Daten auszutauschen, gibt es in Lingo den Befehl `tell`. Mit `tell` kann man bestimmen, wo die nachfolgenden Befehle wirken sollen. Dieser Anweisungsblock, der mit `tell` beginnt, wird mit `end tell` beendet.

Mit dem folgenden Verhaltensskript lässt sich z.B. von einem Fenster (MIAW) aus per Mausklick die Farbe der Bühne zufällig ändern:

```
on mouseUp me
  tell (the stage)
    the stageColor = random(255)
  end tell
end
```

Verhaltensskript — Bühnenfarbe

Weisen Sie einer Schaltfläche das obige Skript zu, und lassen den Film in einem Extrafenster ablaufen (s. S. 194). Bei jedem Mausklick auf die Schaltfläche ändert sich dann die Bühnenfarbe.

Genauso können auch Fenster untereinander kommunizieren. Wollen Sie z.B. die Farbe des Fensters `miawRef` aus einem anderen Fenster heraus ändern, so geht dies ebenfalls mit dem Befehl `tell`.

Bevor Sie ein Extrafenster (MIAW) ansprechen, sollten Sie immer erst ermitteln, ob es im Arbeitsspeicher überhaupt existiert. Wird nämlich ein nicht vorhandenes Fenster angesprochen, kommt es zu einem Skriptfehler. Um das zu vermeiden, fragen Sie vor dem `tell`-Befehl, ob das betreffende Fenster **nicht** `VOID`, d.h. existent ist:

```
if not (miawRef = VOID) then
  tell miawRef
    the stageColor = random(255)
  end tell
end if
```

Falls bei der obigen Abfrage das Fenster `miawRef` nicht geöffnet ist, passiert gar nichts. Ansonsten wird seine Hintergrundfarbe geändert.

3.7.5.6 Schließen von Fenstern

Zum Schließen von Fenstern (MIAWs) existieren zwei Funktionen in Lingo. Um z.B. ein Fenster, das mit `miawRef` referenziert wurde, zu schließen, können Sie schreiben:

```
miawRef.close()  -- schließt das MIAW, belässt es aber im RAM
```

oder

```
miawRef.forget() -- schließt das MIAW und entfernt es aus dem RAM
```

Die Funktion `close()` schließt das Fenster `miawRef`, aber belässt es weiterhin im Arbeitsspeicher, wohingegen die Funktion `forget()` das Fenster schließt und aus dem Arbeitsspeicher entfernt. Die Funktion `close()` sollte daher nur dann angewendet werden, wenn es erforderlich ist das Fenster im späteren Programmablauf schnell wieder zu öffnen. Ansonsten ist die Verwendung der Funktion `forget()` günstiger, da sie die Ressourcen des Rechners schont.

Können Sie nicht sicher sein, ob ein Fenster, das Sie per Lingo schließen wollen, noch existiert, so sollten Sie dies zunächst überprüfen. Dafür eignet sich u.a. die Konstante `VOID`. Existiert das betreffende Fenster nicht, so besitzt es den Wert `VOID`. Ein Verhaltensskript, um das Fenster `miawRef` mittels einer Schaltfläche aus einem anderen Fenster heraus zu schließen, könnte dann so aussehen:

```
on mouseUp me
  global miawRef
  if not (miawRef = VOID) then
    miawRef.forget()
  end if
end
```

Eine andere Möglichkeit zu ermitteln, ob das betreffende Fenster noch existiert, ist die systemeigene Liste `the windowList`. Sie beinhaltet alle existierenden Fenster (MIAWs), auch solche, die bereits geschlossen wurden, aber noch im Arbeitsspeicher vorhanden sind.

Spätestens am Ende des Hauptfilms sollten Sie alle noch verbliebenen Fenster schließen und aus dem Arbeitsspeicher entfernen. Dafür eignet sich der Event-Handler `on stopMovie` innerhalb eines Filmskripts, z.B. wie folgt:

```
on stopMovie
  repeat with wObj in the windowList
    wObj.forget()
  end repeat
end
```

Dieses Skript sollte unbedingt im Hauptfilm stehen und nicht in einem MIAW! Denn es werden ja alle MIAWs gelöscht, also auch das, in dem dieses Skript stehen würde. Die Folge wäre ein unkontrolliertes Verhalten, bis hin zum Absturz der Applikation.

Falls Sie jetzt auf den Gedanken kommen, es ginge doch auch viel einfacher, alle Fenster zu schließen, indem man nur die globale Liste `the windowsList` leert, etwa in der Art:

```
the windowList = []
```

sollten Sie dies gleich wieder vergessen! Director löscht damit u.U. nicht alle Fenster und würde, insbesondere bei größeren Projekten mit mehreren Filmen, nicht wie erwartet reagieren.

3.8 me

Beim Aufruf von Event-Handlern in Verhaltens- und Parentskripten erhält der erste Parameter die Referenz (Bezug) auf das Objekt selbst, also auf die Instanz des Skriptes, in dem er enthalten ist. Normalerweise wird dieser Parameter mit `me` bezeichnet. Sie könnten aber auch jeden anderen gültigen Namen verwenden.

Um etwas besser zu verstehen, was es mit `me` auf sich hat, weisen Sie das folgende Skript einer Schaltfläche zu. Dadurch wird sowohl der Datentyp als auch `me` selbst auf Mausklick im Nachrichtenfenster ausgegeben:

```
on mouseUp me
  put ilk(me)
  put me
end
```

Im Nachrichtenfenster erhalten Sie:

```
-- #instance
-- <offspring "test" 4 21e5cc>
```

Die erste Ausgabe zeigt, dass es sich bei `me` wirklich um eine Referenz auf eine Instanz handelt. In dem Fall um die Skriptinstanz, die der Schaltfläche zugewiesen wurde. Die zweite Ausgabe zeigt `me` selbst. Dabei ist `"test"` der Name des Skripts und `4 21e5cc` die Speicheradresse der Skriptinstanz in Director.

Einzige Ausnahme, bei der `me` nicht übergeben wird, ist der Aufruf eines Event-Handlers innerhalb eines Skriptes nur durch seinen Namen, z.B.:

```
on mouseUp me
  myEvent
end

on myEvent me
  put me
end
```

Im Nachrichtenfenster erhalten Sie daraufhin:

```
-- <Void>
```

Hier wird offensichtlich `me` nicht an `on myEvent` übergeben, da `<Void>` für nicht existent steht. In allen anderen Fällen, also beim Aufruf über systemeigene Events wie `mouseUp`, oder über die Funktionen `call()`, `sendSprite()` und `sendAllSprites()`, wird immer `me` mit übergeben. Dies gilt auch für externe Events, so z.B. bei der Übergabe von Werten aus Flashfilmen (s. S. 245).

Das heißt, wenn Sie beim Aufruf eines Event-Handlers Parameter übergeben, müssen Sie in der Regel zuerst `me` übernehmen, erst danach erfolgt die Übergabe Ihrer eigenen Parameter. Ein kleines Beispiel soll das veranschaulichen.

Gehen wir davon aus, dass sich auf der Bühne zwei Sprites befinden, ein Bitmap- und ein Textsprite. Durch einen Mausklick auf die Bitmap soll das Textsprite einen neuen Inhalt anzeigen. Weisen Sie dafür der Bitmap das folgende Verhaltensskript zu:

```
on mouseUp me
  sendAllSprites(#anzeige, "Hallo Welt")
end
```

Und das Textsprite erhält dieses Skript:

```
on anzeige me, inhalt
  sprite(me.spriteNum).member.text = inhalt
end
```

Hier erfüllt `me` gleich zwei Aufgaben. Würden Sie es wegglassen, so würde die Referenz auf die Skriptinstanz in die Variable `inhalt` gespeichert. Der eigentlich Text `"Hallo Welt"` für die Anzeige würde dann nicht mit übergeben. Außerdem wird `me` auch gleich noch für die Ermittlung der Kanalnummer `spriteNum` des Textsprites genutzt. Wie gesagt, statt `me` hätte man auch jeden anderen gültigen Namen verwenden können. Aber da allgemein `me` für die Referenz auf eine Skriptinstanz verwendet wird, sollte man sich auch an diese Konvention halten.

Alternativ zu `me.spriteNum` können Sie auch nur `spriteNum` angeben. Dann müssen Sie diese Property aber zuvor im Skript als solche definieren:

```
property spriteNum
```

Sinnvoll lässt sich `me` bzw. `spriteNum` immer dann einsetzen, wenn irgendetwas über das Sprite, dem das Skript zugewiesen wurde, in Erfahrung gebracht werden soll bzw. muss.

Nehmen wir an, Sie haben ein Verhaltensskript mehreren Sprites zugeordnet. Wird auf ein Sprite mit der Maus geklickt, soll, je nachdem auf welches Sprite geklickt wurde, immer etwas anderes passieren. Das heißt, Sie müssen erst einmal in Erfahrung bringen, auf welches Sprite der Mausklick erfolgte. Hierfür bietet sich die Objektreferenz `me` an:

```
on mouseUp me
  put me.spriteNum -- gibt die Kanalnummer des Sprites aus
  ...
end
```

Um beispielsweise ein Skript zu erstellen, das jedes Sprite, dem es zugewiesen wird, bei einem Mausklick um 10 Pixel tiefer setzt, notieren Sie die folgenden Befehle in einem Verhaltensskript und weisen es den entsprechenden Sprites zu:

```
on mouseUp me
  newPos = sprite(me.spriteNum).locV + 10
  sprite(me.spriteNum).locV = newPos
end
```

Mit Hilfe der Property (Eigenschaft) `spriteNum` wird hier die jeweilige Kanalnummer des Sprites im Nachrichtenfenster ausgegeben. Sie können so aber auch auf alle anderen Properties des Skripts zugreifen:

```
me.property
```

Wollen Sie sich einen Überblick der Inhalte aller Properties einer Skriptinstanz verschaffen, so geht das z.B. mit einer `repeat`-Schleife, die alle aktuellen Werte im Nachrichtenfenster anzeigt:

```
repeat with i in me
  put i
end repeat
```

Die Anzahl der Properties in einer Skriptinstanz ermitteln Sie mit:

```
me.count
```

3.9 Event-Hierarchie in Director

Wir haben bereits einige Event-Handler, wie `on exitFrame` und `on mouseUp` in Director kennen gelernt. Außerdem haben wir erfahren, dass es unterschiedliche Arten von Skripten (Film-, Verhalten- etc.) gibt. Diese Skripte können an verschiedenen Stellen in Director genutzt werden. Dabei kann auch ein und derselbe Event-Handler öfter verwendet werden.

Für den Programmierer kann es nun wichtig werden zu wissen, welchem Skript und welchem Event-Handler ein Ereignis, wie z.B.: `mouseUp`, zuerst übermittelt wird und wie das Ereignis weitergeleitet wird. Diese Reihenfolge wird von der Event-Hierarchie in Director bestimmt:

Abb. 3-40:
Event-Hierarchie von Lingo-Skripten

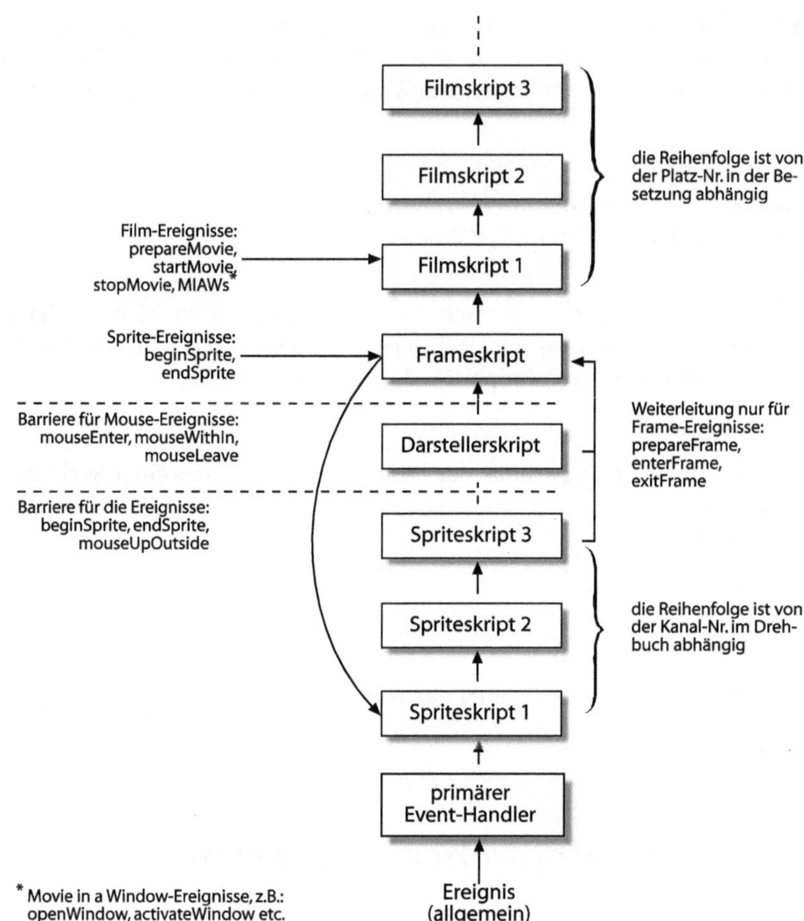

Tritt ein Ereignis ein, wird es in der Regel von der untersten Ebene bis zur obersten in der Event-Hierarchie weitergeleitet. Trifft es dabei auf einen gleichnamigen Event-Handler, so wird das Ereignis von diesem verarbeitet und der Nachrichtenfluss normalerweise gestoppt. Ist in der Hierarchie kein entsprechender Event-Handler vorhanden, wird auf das Ereignis nicht reagiert. Das heißt, es passiert in diesem Fall gar nichts.

Nehmen wir an, es existiert in einem Directorfilm ein Sprite, dem ein Skript mit dem Event-Handler `on mouseUp` zugeordnet wurde. Tritt nun bei diesem Sprite das Ereignis `mouseUp` ein (erfolgt z.B. ein Mausklick auf dieses Sprite), wird es von dem Skript mit dem Event-Handler `on mouseUp` verarbeitet. Das Ereignis `mouseUp` wird dann **nicht** weitergeleitet, auch wenn der Event-Handler `on mouseUp` noch in anderen Skripten, z.B. im Filmskript existiert.

Erfolgt ein Mausklick allerdings nicht auf das Sprite, sondern irgendwo in den leeren Bereich der Bühne, so wird das Ereignis an das entsprechende Frameskript übermittelt. Falls kein Frameskript am Ort des Ereignisses existiert oder das Frameskript nicht den Event-Handler `on mouseUp` besitzt, wird das Ereignis an die Filmskripte weitergeleitet. Sprite- und Darstellerskripte bleiben in diesem Fall außen vor.

Durch die Event-Hierarchie wird also festgelegt, auf welchem Weg eintretende Ereignisse in Lingo weitergeleitet werden. Im Einzelnen sieht das wie folgt aus:

1. Existiert für das Ereignis ein *primärer Event-Handler* (s. S. 209), so erhält dieser zunächst eine entsprechende Nachricht. Von dort wird die Nachricht standardmäßig immer weitergeleitet.
2. Die Nachricht gelangt nun zum Verhaltensskript, das dem Sprite zugeordnet ist, bei dem das Ereignis ausgelöst wurde. Gibt es hier einen entsprechenden Event-Handler, so verarbeitet dieser das Ereignis und die Nachricht wird **nicht** weitergeleitet. Falls an dem Ereignis kein Sprite beteiligt war, erhält auch **kein** Sprite- oder Darstellerskript die Nachricht.
3. Ansonsten gelangt die Nachricht zum Darsteller des betreffenden Sprites. Wurde ihm ein Darstellerskript mit einem entsprechenden Event-Handler zugewiesen, so wird die Nachricht von diesem abgearbeitet und **nicht** weitergeleitet.
4. Andernfalls erhält ein eventuell vorhandenes Frameskript die Nachricht.
5. Als letztes erhalten die Filmskripte das eingetretene Ereignis in der Reihenfolge ihrer Anordnung in der Besetzung übermittelt.

Sobald eine Nachricht von einem Event-Handler verarbeitet wird, wird sie standardmäßig nicht mehr weitergeleitet. Ist es programmtechnisch dennoch erforderlich die Nachricht z.B. an ein Filmskript weiterzuleiten, so können Sie hierfür den Befehl `pass` nutzen.

Soll beispielsweise das Ereignis `mouseUp` nicht nur im entsprechenden Spriteskript (Verhaltensskript, das einem Sprite zugeordnet wurde), sondern auch im Filmskript verfügbar sein, so muss das Spriteskript wie folgt aussehen:

```
on mouseUp me
  go to frame "weiter"
  pass --leitet das Ereignis mouseUp weiter
end
```

Eine Ausnahme bei der Weiterleitung bilden die Frame-Ereignisse (`prepareFrame`, `enterFrame`, `exitFrame`). Falls ein derartiges Ereignis bereits von einem Sprite- oder Darstellerskript verarbeitet wurde, wird es **trotzdem** an ein vorhandenes Frameskript übermittelt. Von dort kann es auch wieder mit dem Befehl `pass` in der Event-Hierarchie weitergeleitet werden. Existiert an dem Ort, an dem das Ereignis eintrat, kein Frameskript, so wird das Ereignis an die Filmskripte weitergereicht.

Eine weitere Ausnahme stellen die Filmereignisse dar. Sie werden immer direkt an die Filmskripte weitergeleitet und gelangen **nicht** zu den Verhaltens- oder Darstellerskripten.

Und dann gibt es noch die Sprite-Ereignisse `beginSprite` und `endSprite`. Sie werden in die Frame-Ebene der Event-Hierarchie eingeleitet und gelangen von dort **immer** zum Spriteskript mit der niedrigsten Kanalnummer. Dies lässt sich auch nicht mit einem `stopEvent` im Frameskript verhindern. Film- und Darstellerskripte erhalten diese Ereignisse **nicht**!

Eine Sonderstellung nehmen auch die Mouse-Ereignisse `mouseEnter`, `mouseWithIn`, `mouseLeave` sowie `mouseUpOutside` ein. Sie gelangen maximal bis zur Ebene der Darstellerskripte. Mit Ausnahme von `mouseUpOutside`; dieses Ereignis gelangt nur bis zur Spriteskript-Ebene.

Unabhängig von der Event-Hierarchie agiert das Ereignis `stepFrame`. Es wird immer in der Reihenfolge der Skripte in der globalen Liste `the actorList` (s. S. 111) an jene gesendet. Dabei kann `stepFrame` mit allen Skripttypen (Sprite-, Darsteller-, Frame- und Parentskripten) genutzt werden.

3.9.1 Sprites mit mehreren Skriptinstanzen

Bis jetzt sind wir stillschweigend davon ausgegangen, dass sich auf einem Sprite nur ein Skript befindet. Sie haben aber die Möglichkeit einem Sprite auch mehrere Skripte zuzuweisen. Und sogar ein und dasselbe Skript kann einem Sprite mehrfach zugewiesen werden, wenngleich das in der Regel nicht sehr sinnvoll ist.

Wurden einem Sprite mehrere Skripte zugeordnet, erhält jede Skriptinstanz die eintretenden Ereignisse. Auch dann, wenn das betreffende Ereignis in einer Skriptinstanz bereits auf einen zugehörigen Event-Handler traf. Die Reihenfolge, in der die einzelnen Skriptinstanzen die Ereignisse erhalten, ist von deren Reihenfolge im Verhaltensinspektor respektive im Eigenschafteninspektor abhängig. Dabei erhält die oberste Skriptinstanz das Ereignis zuerst, dann die zweite usw.:

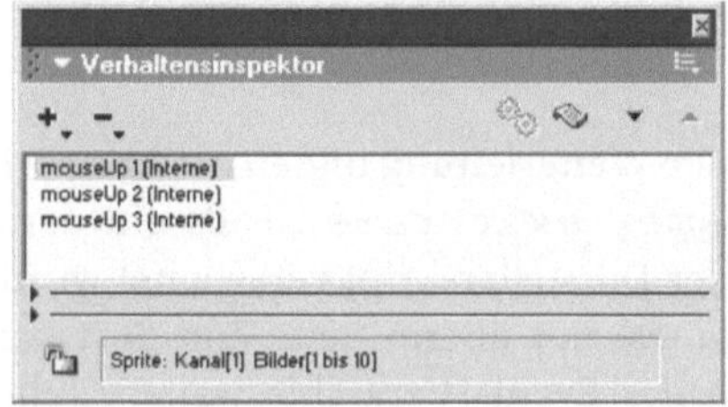

Abb. 3-41: Die drei Skripte „mouseUp1" „mouseUp2" „mouseUp3" wurden einem Sprite zugewiesen

Die obige Abbildung zeigt den Verhaltensinspektor für ein Sprite, dem drei Skripte zugewiesen wurden, wobei jedes Skript den Event-Handler on mouseUp enthält. Erfolgt auf dieses Sprite ein Mausklick, so werden alle drei Event-Handler in der Reihenfolge ihrer Anordnung im Verhaltensinspektor abgearbeitet.

Soll ein Ereignis, wie z.B. mouseUp, in der Event-Hierarchie weitergeleitet werden, obwohl es bereits von mehreren Event-Handlern genutzt wurde, genügt es nicht den Befehl pass nur in einen Event-Handler zu schreiben. Sondern pass muss in **jedem** Event-Handler für das betreffende Ereignis stehen. Andernfalls erfolgt keine Weiterleitung.

```
on mouseUp me
  pass -- leitet das Ereignis mouseUp weiter
         .
         .
end
```

Das ist deshalb notwendig, weil pass eigentlich keine Weiterleitung eines Ereignisses in der Event-Hierarchie bewirkt, sondern nur das Stoppen der Weiterleitung durch einen Event-Handler verhindert.

Etwas anders verhält es sich bei den Frame-Ereignissen. Sie werden von der Sprite-Ebene **immer** an die Frame-Ebene übermittelt. Unabhängig davon, ob in den Spriteskripten pass oder stopEvent steht.

3.9.2 Primäre Event-Handler

Primäre Event-Handler erhalten in der Ereignishierarchie immer als erste die Nachricht von einem eingetretenen Ereignis. Damit werden die ihnen zugeordneten Befehle auch zuerst ausgeführt. Derartige Event-Handler sind besonders gut geeignet für Skripte, die zu jeder Zeit ausgeführt werden sollen.

Die Bezeichnung für primäre Event-Handler setzt sich aus dem Schlüsselwort the, dem Namen des Ereignisses und dem Wort „Script" zusammen, z.B. the mouseUpScript. Es gibt insgesamt fünf primäre Event-Handler in Lingo:

- the keyUpScript
- the keyDownScript
- the mouseUpScript
- the mouseDownScript
- the timeoutScript

Mit der folgenden Anweisung wird z.B. der Abspielkopf immer um ein Frame weitergesetzt, wenn der Benutzer die Enter-Taste drückt:

```
the keyDownScript = "if the key = RETURN then go to the frame + 1"
```

Anschließend wird das Ereignis `keyDown` in der Event-Hierarchie weitergeleitet. Sie können einem primären Event-Handler auch einen eigenen Handler zuweisen. Dies ist meist sinnvoll am Anfang eines Films zu erledigen, d.h. also in einem Filmskript, z.B.:

```
on startMovie me
  the keyDownScript = "meinEventHandler"
end

on meinEventHandler
  -- hier folgen die Befehle, die bei einem
  -- Tastendruck ausgeführt werden sollen
        .
        .

end
```

Da bei primären Event-Handlern ein Ereignis standardmäßig immer weitergeleitet wird, gibt es hier den Befehl `stopEvent` um dies zu verhindern, falls es gewünscht wird. Für das obige Beispiel sieht das dann wie folgt aus:

```
on startMovie me
  the keyDownScript = "meinEventHandler"
end

on meinEventHandler
  -- hier folgen die Befehle, die bei einem
  -- Tastendruck ausgeführt werden sollen
.
.

  stopEvent -- verhindert die Weiterleitung des Events "keyDown"
end
```

Soll ein primärer Event-Handler wieder zurückgesetzt werden, weisen Sie ihm mit der Konstanten `EMPTY` oder mit `" "` eine leere Zeichenkette zu, z.B.:

```
the keyDownScript = EMPTY
```

Damit wird eine eventuell vorhandene Anweisung gelöscht und der Event-Handler reagiert nicht mehr auf ein entsprechendes Ereignis.

3.9.3 Ereignisse der Zeitleiste

Genauso wichtig für die Programmierung mit Lingo wie die Event-Hierarchie ist auch die Reihenfolge, in der Ereignisse eintreten. Dies gilt insbesondere für Frame-Ereignisse. Sie werden durch den Abspielkopf in der Zeitleiste des Drehbuches ausgelöst. Insgesamt gibt es sechs Ereignisse, die innerhalb eines Frames ausgelöst werden können. Die einzelnen Ereignisse und die Reihenfolge ihres Eintretens sehen Sie in der folgenden Grafik:

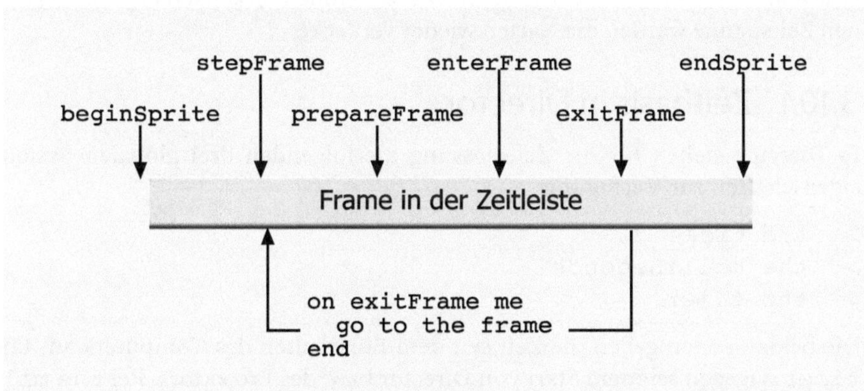

Abb. 3-42: Reihenfolge des Auftretens von Zeitleisten-Ereignissen

Das Ereignis `stepFrame` wird nur ausgelöst für Skripte, die in die globale Liste `the actorList` eingetragen wurden (s. S. 111). Wird der Abspielkopf mit `go to the frame` im Frame geloopt, werden die beiden Ereignisse `beginSprite` und `endSprite` dennoch nur jeweils einmal ausgelöst. Dabei gilt es noch eine Besonderheit zu beachten.

Wird der Abspielkopf in einem Frame geloopt, treten beim ersten Durchlauf die Ereignisse `stepFrame`, `prepareFrame` und `enterFrame` in der Regel **zweimal** hintereinander auf! Erst ab dem zweiten Durchlauf kommt dann auch `exitFrame` hinzu und die Reihenfolge entspricht der obigen Abbildung. Wird der Abspielkopf nicht geloopt, tritt dieses Phänomen nicht auf.

3.10 Timer

Für das Auslösen von Ereignissen durch den Programmierer mittels Lingo sind mitunter Timer sehr wichtig. Nicht immer soll eine bestimmte Funktion sofort, sondern erst nach einer festgelegten oder berechneten Zeitspanne ausgelöst werden. Beispielsweise sollte bei einem Memory-Spiel eine falsch aufgedeckte Karte nicht sofort wieder verdeckt werden, sondern der Spieler sollte zuvor die Gelegenheit erhalten, die Karte auch wahrzunehmen. Erst nach einer angegebenen Zeitspanne werden die Karten wieder verdeckt.

3.10.1 Zeitbasis in Director

In Director stehen für die Zeitmessung die folgenden drei globalen Systemeigenschaften zur Verfügung:

- `the ticks`
- `the milliSeconds`
- `the timer`

Die beiden ersten geben die Zeit seit dem Einschalten des Computers an, `the timer` dagegen seit dem Start von Director bzw. des Projektors. Bei `the milliSeconds` erfolgt die Zeitangabe in Millisekunden, bei den beiden anderen Systemeigenschaften in Ticks. Ticks ist dabei die klassische Zeiteinheit von Director und entspricht ca. 1/60 Sekunde.

Außer `the timer` lassen sich diese Systemeigenschaften nur abfragen, aber nicht setzen. Für `the timer` gibt es neben der einfachen Wertzuweisung, z.B.:

```
the timer = 600
```

auch die Möglichkeit, den Zähler mit dem Befehl `startTimer` auf `0` zurückzusetzen.

3.10.1.1 Ein einfacher Timer

Mit diesem Wissen können wir schon einen einfachen Timer bauen, wie ihn das folgende Spriteskript für eine Schaltfläche zeigt:

```
property pStartTimer

on mouseUp me
  pStartTimer = the ticks
  if not (the actorlist).getOne(me) then
    (the actorList).add(me)
  end if
end

on stepFrame me
  if (the ticks - pStartTimer) > (10 * 60) then
    (the actorList).deleteOne(me)
    alert "10 Sekunden sind um"
  end if
end
```

Bei einem Mausklick setzt das Skript die Variable `pStartTimer` auf den aktuellen Wert von `the ticks`. Anschließend wird mit `getOne()` geprüft, ob das Skript bereits in der globalen Liste `the actorlist` enthalten ist, das heißt, ob der Nutzer wiederholt auf die Schaltfläche geklickt hat. Ist dies nicht der Fall, fügt der nächste Befehl das Skript in `the actorList` ein.

Das Skript erhält dadurch bei jedem Eintritt des Abspielkopfes in einen Frame und beim Aktualisieren der Bühne das Ereignis `stepFrame`. Das wiederum aktiviert den Event-Handler on `stepFrame`. Dieser fragt ab, ob die Differenz von Startzeit `pStartTimer` und aktueller Zeit `the ticks` größer 10 ist, also ob bereits 10 Sekunden vergangen sind. Trifft dies zu, wird das Skript aus `the actorList` entfernt und ein Fenster mit dem Befehl `alert` angezeigt.

Bei einem wiederholten Mausklick startet der Timer immer wieder neu. Wollen Sie dies verhindern, das heißt, soll der Timer nach dem ersten Mausklick immer bis zum Ende durchlaufen, dann setzen Sie die Zuweisung für `pStartTimer` mit in die `if`-Bedingung.

3.10.2 Der Timeout-Event-Handler

Zur Zeitmessung in Director gibt es auch den Event-Handler on `timeout`. Er erhält periodisch, nach der in `the timeoutLength` festgelegten Zeit, das Ereignis `timout`. Wobei der Timer immer wieder von vorn beginnt zu zählen, sobald ein Tastatur-, Mausdown oder Mausklick-Ereignis erfolgte. Standardmäßig ist `the timeoutLength` auf 10800 gesetzt. Da die Angabe in Ticks erfolgt, also 1/60 Sekunden, entspricht dies 180 Sekunden.

Um den Event-Handler on `timeout` zu nutzen muss er in einem Filmskript stehen. Andere Skripttypen erhalten das Ereignis `timeout` nicht.

In diesem Zusammenhang ist noch die Systemeigenschaft `the timeoutLapsed` von Interesse. Sie gibt die Zeit an, die seit dem letzten Timeout-Ereignis vergangen ist. Diese Systemeigenschaft kann gelesen und gesetzt werden. Das heißt, hiermit kann auch der Timer für das Ereignis `timout` auf `0` zurückgesetzt werden:

```
the timeoutLapsed = 0
```

Mit dem Event-Handler `on timeout` lässt sich z.B. ein Filmskript erstellen, das dem Nutzer nach einer bestimmten Zeit, in der er keine Eingabe oder Mausaktion durchgeführt hat, weitere Unterstützung anbietet oder einen Bildschirmschoner startet:

```
on prepareMovie
  the timeoutLength = 300 * 60 -- 300 Sekunden bzw. 5 Minuten
end

on timeout
 go to frame 20
end
```

Im ersten Event-Handler wird der Timeout auf 5 Minuten gesetzt. Nach dieser Zeit erhält das Skript das Ereignis `timeout`, das den gleichnamigen Event-Handler aktiviert. Dieser schickt daraufhin den Abspielkopf zum Frame `20`. Dort kann der Nutzer einen entsprechenden Hinweis erhalten oder irgendeine andere Aktion, wie der Start eines Bildschirmschoners, ausgelöst werden.

Alternativ zu `on timeout` lässt sich auch der primäre Event-Handler (s. S. 209) `the timeoutScript` nutzen. Das komplette Filmskript sähe dann wie folgt aus:

```
on prepareMovie
  the timeoutLength = 300 * 60 -- 300 Sekunden bzw. 5 Minuten
  the timeoutScript = "go to frame 20"
end
```

Macromedia empfiehlt statt `on timeout` den primären Event-Handler `the timeoutScript` zu verwenden. Prinzipiell sind aber beide Varianten gleich.

3.10.3 Das Timeout-Objekt

In Director 8 ist ein neues Skript-Objekt zur Zeitmessung hinzugekommen, das Timeout-Objekt. Der besondere Vorteil dabei ist, dass beliebig viele, voneinander unabhängige Timeout-Objekte in einem Directorfilm erzeugt werden können.

3.10.3.1 Timeout-Objekte erstellen

Die allgemeine Syntax um ein Timeout-Objekt zu erstellen lautet:

```
timerRef = timeout("name").new(zeit, ereignis {, zielObjekt})
```

Die einzelnen Elemente haben die folgende Bedeutung:

timerRef Referenz auf das erzeugte Timeout-Objekt.

name Name des Timeout-Objektes, steht auch als Objekteigenschaft zur Verfügung (s. Tabelle). Außerdem ist das die Bezeichnung, mit der das Timeout-Objekt in die globale Liste `the timeoutList` aufgenommen wird.

zeit Zeit in Millisekunden (Integer) für das Timer-Intervall.

ereignis Ereignis, das periodisch nach der angegebenen Zeit ausgelöst wird.

zielObjekt Optionaler Parameter, er gibt das Skript an, das das Ereignis erhalten soll. Wird der Parameter weggelassen oder existiert in dem Skript kein zugehöriger Event-Handler für das Ereignis, sucht Director in den Filmskripten danach. Gibt es dort auch keinen passenden Handler, passiert nichts, auch **kein** Skriptfehler.

Beispiel:

```
timer1Ref = timeout("timer1").new(5000, #myAlarm , script "Anzeige")
```

Dieser Befehl erzeugt einen Timer mit dem Namen `timer1` und der Referenz `timer1Ref`, der alle 5 Sekunden das Ereignis `#myAlarm` an das Skript `Anzeige` sendet. Außerdem wird der Timer in die globale Liste `the timeoutList` aufgenommen, was Sie mit dem folgenden Befehl im Nachrichtenfenster überprüfen können:

```
put the timeoutList
-- [timeOut("timer1")]
```

Eine Weiterleitung von Ereignissen mit den `pass`-Befehlen, die per Timeout-Objekt ausgelöst wurden, ist nicht möglich. Das entspricht dem Verhalten von `stepFrame`-Ereignissen. Benötigen Sie dennoch eine Weiterleitung, so verwenden Sie eine der Funktionen `call()`, `sendSprite()` oder `sendAllSprites()` (s. S. 64).

Um einen Timer wieder zu löschen, können Sie die Methode `forget()` des Timeout-Objektes nutzen:

```
timer1Ref.forget()
```

Außer über seine Referenz lässt sich ein Timer auch über seinen Namen, z.B.:

```
timeout("timer1").forget()
```

oder die Position in `the tiomeoutList` ansprechen:

```
timeout(1).forget()
```

Prinzipiell kann ein solches Timeout-Objekt in jedem Skripttyp verwendet werden. Der Timer läuft aber auch dann weiter, wenn ein Sprite- oder Darstellerskript, in dem er erzeugt wurde, nicht mehr aktiv ist. Nur wenn der Film angehalten wird, werden auch automatisch alle Timeout-Objekte gelöscht, sofern deren Eigenschaft `persistent` auf `FALSE` (Standard) gesetzt ist. Daher ist es günstiger einen Timer in einem Film- oder besser noch in einem Parentskript (s. S. 230) zu erstellen um eine bessere Kontrolle zu ermöglichen.

3.10.3.2 Alternative Erstellung von Timeout-Objekten

Aber nicht nur mit `new` lässt sich ein neues Timeout-Objekt erzeugen, sondern auch, indem Sie der Liste `the timeoutList` ein solches mit der Methode `add()` hinzufügen:

```
(the timeoutList).add(timeOut("meinTimer"))
```

Allerdings müssen dann die entsprechenden Eigenschaften, wie zu sendendes Ereignis, Periode etc. separat eingestellt werden. Das schauen wir uns im nächsten Abschnitt an.

Entsprechend lässt sich ein Timeout-Objekte auch wieder löschen. Dazu muss es nur aus der Liste `the timeoutList` entfernt werden, z.B. mit der Methode `deleteOne()`:

```
(the timeoutList).deleteOne(timeOut("meinTimer"))
```

Beide Varianten, die Verwendung von Listen-Befehlen und die Nutzung der Funktionen `new()` und `forget()`, können auch gemischt eingesetzt werden. Das heißt, ein Timeout-Objekt kann z.B. mit `new()` erzeugt und mit `deleteOne()` gelöscht werden.

Diese Vorgehensweise ist übrigens entsprechend auch mit MIAW-Objekten und der globalen Liste `the windowList` möglich, aber nicht empfehlenswert. Bei Timeout-Objekten hingegen scheint die aktive Verwendung der Liste `the timeoutList` keinen negativen Einfluss auf die Systemintegrität zu haben.

3.10.3.3 Eigenschaften des Timeout-Objektes

Alle Eigenschaften des Timeout-Objektes können nicht nur bei der Erstellung gesetzt werden, sondern auch jederzeit, solange das Timeout-Objekt existiert. So lassen sich auch die Eigenschaften für Timer einstellen, die über den Eintrag in `the timeoutList` erzeugt wurden. Eine Zusammenfassung der einzelnen Eigenschaften und ihre Verwendung zeigt die folgende Tabelle:

Eigenschaft	Beschreibung

`name`	Name des erstellten Timeout-Objektes, schreib- und lesbar, z.B.:
	`timerRef = timeout("alarm").new(3000, #myAlarm)`
	`put timerRef.name`
	`-- "meinTimer"`

`period`	Zeitintervall des Timeout-Objektes, schreib- und lesbar, z.B.: `timerRef.period = 2000` Stellt das Intervall des Timers auf `2000` Millisekunden ein

`time`	gibt die Systemzeit (`the milliseconds`) an, zu der das nächste Timeout-Ereignis erfolgt, z.B.:
	`put timerRef.time`
	`-- 3129650`

`timeoutHandler`	Ereignis, das nach dem eingestellten Zeitintervall gesendet wird, z.B.:
	`put timerRef.timeoutHandler`
	`-- #myAlarm`

`target`	Zielobjekt (Skript), an das das Ereignis timeoutHandler gesendet wird. Wurde kein Zielobjekt angegeben, wird in den Filmskripten nach einem entsprechenden Handler gesucht, schreib- und lesbar, z.B.: `timerRef.target = script "Anzeige"` Die Eigenschaft kann auch während ein Timer aktiv ist gesetzt werden. Das heißt, es lassen sich so Ereignisse dynamisch umleiten, sprich an ein anderes Skript senden.
`persistent`	bestimmt, ob das angegebene Timeout-Objekt in der Liste `timeoutList` verbleibt (`TRUE`), wenn der aktuelle Directorfilm angehalten wird. Der Standardwert ist: `FALSE`

3.10.3.4 Timer mit dem Timeout-Objekt

Nun wollen wir einen solchen Timer auch mal in Aktion sehen. Dazu werden wir das Beispiel von Seite 212, „ein einfacher Timer“, jetzt mit dem Timeout-Objekt realisieren. Das heißt, das Skript soll wieder nach einer fest vorgegebenen Zeit, ein Hinweis-Fenster öffnen. Im Event-Handler `on mouseUp` des Spriteskripts müssen wir dafür nur ein neues Timeout-Objekt erzeugen:

```
property pTimer

on mouseUp me
  pTimer = timeout("timer").new(10000, #myAlarm, me)
end
```

Eine Abfrage, ob der Timer bereits in der Liste `the timeoutList` enthalten ist, ist nicht notwendig, da bei einem wiederholten Aufruf des Befehls nicht ein weiterer Timer in die Liste eingetragen wird, sondern dieser nur von vorn beginnt zu zählen.

Nun benötigen wir nur noch einen Event-Handler für das Ereignis `#myAlarm`, das der Timer auslöst. Durch die Angabe `me` schickt der Timer das Ereignis an das Skript, in dem er erzeugt wurde. Dort muss also auch der entsprechende Event-Handler stehen:

```
on myAlarm me
  pTimer.forget()
  alert "10 Sekunden sind um"
end
```

Zunächst wird der Timer gelöscht, da andernfalls der Timer weiter periodisch das Ereignis senden würde. Im nächsten Befehl wird dann die eigentliche Aktion ausgelöst, die nach der vorgegebenen Zeitspanne erfolgen soll, hier das Öffnen eines Hinweis-Fensters.

Auf ein Problem derartiger Timer sei noch hingewiesen. Da alle Timer des Timeout-Objektes in einer globalen Liste zentral verwaltet werden, kann auch von jeder Stelle in Director darauf zugegriffen werden. Sollte z.B. ein Timer mit demselben Namen an einer anderen Stelle im Directorfilm vorgesehen sein, so könnten sich diese Timer gegenseitig überschreiben und somit in ihrer Funktion stören.

Dieses Problem ist zwar auch nicht 100-prozentig mit Parentskripten zu lösen, die wir uns im nächsten Kapitel anschauen. Doch diese können u.a. den Umgang mit dem Timeout-Objekt wesentlich sicherer und flexibler gestalten.

3.11 Parentskripte

Parentskripte sind der vierte mögliche Skripttyp in Director (s. S. 60). Sie unterstützen den Programmierer vor allem bei der objektorientierten Programmierung (OOP). Es gibt immer wieder die Meinung zu hören, dass erst mit Parentskripten die OOP in Director erfolgt. Das ist aber nicht so! Wir haben bereits die ganze Zeit objektorientiert programmiert.

3.11.1 Objektorientierte Programmierung (OOP)

Objektorientierte Programmierung definiert die Struktur und Organisation, nicht aber die Syntax einer Sprache. Die Syntax ist bei unterschiedlichen Sprachen durchaus verschieden, das Prinzip ist jedoch weitestgehend gleich.

Im Zusammenhang von OOP sprechen wir von Klassen, Objekten und Instanzen. Klassen beschreiben dabei eine in sich geschlossene Einheit von Daten und Funktionen. Sie stellen eine Vorlage für die Erzeugung von konkreten Objekten dar. Das heißt, eine Klasse ist nur eine abstrakte Beschreibung, deren Realisierung wir als Objekt bezeichnen. Den Vorgang der Erzeugung eines solchen Objektes nennt man Instanzierung der Klasse. Daher heißen Objekte auch Instanz der Klasse.

Zumindest die beiden Begriffe Klasse und Objekt finden wir in entsprechender Bedeutung auch im allgemeinen Sprachgebrauch. So werden z.B. in der Biologie die Klassen der Säugetiere, Fische, Vögel etc. unterschieden. Dies sind, ebenso wie in der Programmierung, abstrakte Begriffe, die nur bestimmte Merkmale der Elemente dieser Klasse beschreiben. Ein konkretes Objekt der Klasse Säugetiere ist ein ganz bestimmtes Individum, z.B. ein ganz bestimmter Hund.

In Director sind Objekte z.B. Sprites, Skript-Instanzen, Image-Objekte etc. Sie besitzen Eigenschaften und Methoden, die wir für die Programmierung nutzen können. So haben wir mit dem Schlüsselwort `property` eigene Eigenschaften in Skripten definiert und, durch die Zuweisung der Skripte zu Sprites, diesen neue Eigenschaften hinzugefügt, z.B.:

```
property myWert

on beginSprite me
  myWert = 10
end

on anzeige me, inhalt
  put inhalt
end
```

Weisen Sie das Skript einem Sprite im Kanal 1 des Drehbuches zu und starten den Directorfilm. Anschließend geben Sie im Nachrichtenfenster den Befehl ein:

```
put sprite(1).myWert
```

Als Ergebnis erhalten Sie dann:

```
-- 10
```

Geben Sie dann den folgenden Befehl im Nachrichtenfenster ein:

```
sprite(1).anzeige("Hallo Welt")
```

Jetzt erhalten Sie als Ergebnis:

```
-- "Hallo Welt"
```

Das heißt, Sie haben Sprite 1 mit dem obigen Skript um die Eigenschaft `myWert` und die Methode `anzeige` erweitert. Parentskripte unterstützen uns aber noch weitergehend bei der objektorientierten Programmierung. Zum einen durch Vererbung (s. S. 226) zum anderen durch ihre Unabhängigkeit von anderen Objekten.

3.11.2 Parentskripte erstellen

Parentskripte sind Verhalten (engl. Behavior) sehr ähnlich. In beiden Skripttypen können Properties (Eigenschaften) definiert werden und beim Aufruf von Event-Handlern wird die Objektreferenz `me` (s. S. 203) entsprechend mit übergeben. Die Einstellung des Skripttyps erfolgt ebenfalls, wie bei Verhalten, im Eigenschafteninspektor unter dem Register „Skript".

Der wesentliche Unterschied zwischen Verhalten und Parentskripten besteht, neben der Vererbung (s. S. 226), darin, dass Parentskripte keinem Sprite oder Frame zuweisbar sind. Bei Verhaltensskripten wird automatisch ein Objekt im Arbeitsspeicher erzeugt, sobald sie der Abspielkopf im Drehbuch erreicht. Dies ist bei Parentskripten aber nicht möglich, da sie dem Drehbuch eben nicht zuweisbar sind. Auch werden Parentskripte nicht wie Filmskripte beim Start eines Directorfilms initialisiert. Dies muss daher vom Programmierer selbst mit Lingo erledigt werden. Im Allgemeinen wird dafür der Event-Handler `on new` im Parentskript genutzt, z.B.:

```
on new me
  return me
end
```

Das kurze Skript scheint eigentlich nicht viel zu machen. In Wirklichkeit wird dadurch aber das betreffende Skript initialisiert, d.h. ein konkretes Objekt im Speicher erzeugt. Die Anweisung `return me` ist nur notwendig, wenn von außen auf das Objekt zugegriffen werden soll. Sie liefert die Referenz auf das neue Objekt im Speicher zurück. Wird keine Referenz auf das Objekt erzeugt, wird es nach seiner Abarbeitung automatisch wieder gelöscht.

Natürlich hat der Event-Handler `on new` für sich genommen noch keinen großen Nutzen. Das Skript benötigt nun noch weitere Event-Handler, die die Funktionalität des Skriptes realisieren sowie Eigenschaften (Properties), die Werte aufnehmen können. Also ergänzen wir das obige Skript z.B. um noch einen Event-Handler und eine Property:

```
property pFaktor

on formel1 me, wert
  return (wert * pFaktor)/100.0
end
```

Damit besitzt das Parentskript eine Funktionalität, die wir von außen nutzen können. Doch zunächst muss aus dem Parentskript erst einmal ein konkretes Objekt erzeugt werden, bevor wir darauf zugreifen können.

3.11.2.1 Objekterstellung

Die Erzeugung eines konkreten Objektes aus einem Parentskript kann aus jedem Skripttyp, auch aus anderen Parentskripten, erfolgen mit:

```
objRef = (script "Parent").new()
```

oder:

```
objRef = new(script "Parent")
```

Dabei ist `objRef` die Referenz auf das neue Objekt und `new` der Konstruktor, der das Objekt erzeugt. Unter einem Konstruktor versteht man in der OOP immer eine spezielle Methode zur Erzeugung eines konkreten Objektes aus einer Klasse (Vorlage). Die Bezeichnung `Parent` im obigen Befehl ist der Name des Parentskriptes in der Besetzung.

Nachdem wir nun ein Objekt aus unserem Parentskript erzeugt haben – prinzipiell können Sie beliebig viele Objekte aus einem Parentskript erzeugen –, wollen wir seine Funktionalität auch nutzen. Dazu erstellen wir uns ein Verhaltensskript für eine Schaltfläche:

```
global objRef

on beginSprite me
  -- Instanz (Objekt) vom Parentskript erzeugen
  objRef = (script "Parent").new()
end

on mouseUp me
  objRef.pFaktor = 10
  ergebnis = objRef.formel1(35)
  put ergebnis   -- Ausgabe im Nachrichtenfenster
end
```

Im Event-Handler on `beginSprite` wird ein neues Objekt des Parentskriptes mit der Bezeichnung `Parent` erzeugt und eine Referenz darauf in der Variablen `objRef` gespeichert. Falls Sie die Objekt-Referenz weglassen, würde zwar auch ein Objekt erzeugt, es aber nach seiner Abarbeitung sofort wieder aus dem Arbeitspeicher gelöscht werden.

Auf das neue Objekt können Sie nun aus dem gesamten Directorfilm zugreifen, da es als global definiert wurde. Im Beispiel wird es aber gleich im selben Skript im Event-Handler on `mouseUp` genutzt. Der Zugriff auf die Eigenschaften und Methoden des Objektes erfolgt, wie wir es bereits von anderen Objekten in Lingo kennen. Zuerst wird die Referenz auf das Objekt angegeben, danach, gefolgt von einem Punkt, die Eigenschaft oder Methode, z.B.:

```
objRef.pFaktor = 10
```

Hier wird die Eigenschaft `pFaktor` des Objektes `objRef` angesprochen und ihr der Wert `10` zugewiesen. Entsprechend sieht dies für die Methoden des Objektes aus, z.B.:

```
ergebnis = objRef.formel1(35)
```

Diese Anweisung ruft die Methode `formel1()` des Objektes auf und übergibt ihr den Wert `35`. Der Rückgabewert der Methode wird anschließend in der Variablen `ergebnis` gespeichert.

Da wir jetzt wieder von Methoden sprachen und um einer gewissen Sprachverwirrung vorzubeugen, hier nochmals der Hinweis: Als Methoden bezeichnet man Funktionen bzw. Prozeduren, die Objekte zur Verfügung stellen. In Lingo werden Funktionen mit Event-Handlern realisiert. Das heißt, Event-Handler in Parentskripten stehen dem Programmierer als Methoden der erzeugten Objekte zur Verfügung.

3.11.2.2 Löschen von Objekten

Wenn ein Objekt nicht mehr benötigt wird, sollte es auch wieder aus dem Arbeitsspeicher gelöscht werden. Dies erfolgt in Lingo immer auf demselben Weg: Alle Referenzen auf das betreffende Objekt müssen auf einen anderen Wert gesetzt werden. Meist verwendet man dafür den Wert `0`, Macromedia selbst empfiehlt den Wert `VOID`. Prinzipiell ist es aber völlig egal, welchen Wert sie verwenden!

Im letzten Skript könnte das Objekt, z.B. mit Hilfe des Event-Handlers `on endSprite` gelöscht werden:

```
on endSprite me
  objRef = VOID    -- löscht die erzeugte Skript-Instanz
end
```

Soll das erzeugte Objekt noch länger zur Verfügung stehen, können Sie es auch in einem Filmskript mit dem Event-Handler `on stopMovie` zum Schluss des Films löschen, z.B.:

```
global objRef

on stopMovie
  objRef = VOID    -- löscht die erzeugte Skript-Instanz
end
```

Da es sich im Beispiel bei `objRef` um eine globale Variable handelt, würde sie Director am Filmende nicht automatisch löschen.

3.11.2.3 Übergabe von Parametern

Mit `new()` lassen sich auch bereits bei der Erstellung neuer Objekte Parameter übergeben und dadurch Properties mit Werten initialisieren:

```
objRef = (script "Parent").new(arg1, arg2, arg3)
```

oder:

```
objRef = new(script "Parent", arg1, arg2, arg3)
```

Die Übernahme im Parentskript erfolgt dann mit dem Event-Handler `on new`:

```
property p1, p2, p3

on new me, arg1, arg2, arg3
  p1 = arg1
  p2 = arg2
  p3 = arg3
  return me
end
```

Hier werden die drei Properties `p1`, `p2` und `p3` mit den Werten von `arg1`, `arg2` und `arg3` initialisiert. Somit ist es möglich, von ein und demselben Parentskript mehrere Objekte zu erzeugen, die unterschiedliche Startwerte besitzen. Für unser erstes Parentskript von Seite 220 können wir dies gleich nutzen, um die Property `pFaktor` mit einem Standardwert zu initialisieren:

```
-- Parentskript: "Parent"
property pFaktor

on formel1 me, wert
  return (wert * pFaktor)/100.0
end

on new me, arg1
  if not voidP(arg1) then pFaktor = arg1
  return me
end
```

Die Abfrage mit `voidP()`, ob `arg1` mit einem Wert belegt ist, hat den Vorteil, dass bei der Erzeugung eines neuen Objektes für `pFaktor` ein Wert angegeben werden kann, aber nicht muss. Der folgende Befehl erzeugt z.B. ein neues Objekt und belegt die Property `pFaktor` mit dem Wert 2:

```
objRef = (script "Parent").new(2)
```

3.11.2.4 Alternative Objekterstellung

Zu der eben besprochenen Möglichkeit der Erzeugung von Objekten gibt es noch weitere Varianten, die wir uns jetzt näher anschauen wollen.

Objekte ohne Referenz

Wie bereits oben angedeutet, muss der Event-Handler `on new` nicht unbedingt eine Referenz auf das neue Objekt zurückliefern. Dann werden zwar die Befehle im Skript abgearbeitet, das Objekt danach aber wieder aus dem Arbeitsspeicher gelöscht, z.B.:

```
property pInfo

on anzeige me
  return pInfo
end

on new me
  pInfo = "Ich bin Objekt:" && me
  put me.anzeige()
end
```

Beim Aufruf von `on new` erhalten wir z.B. im Nachrichtenfenster:

```
"Ich bin Objekt: <offspring "Parent" 2 4f2714>"
```

Anschließend löscht Director das Objekt wieder.

Selbst referenzierende Objekte

Eine weitere Möglichkeit stellen Objekte dar, die sich selber um ihre Referenzierung kümmern. Das heißt, sie liefern zwar keine Referenz an den Ort des Aufrufes zurück. Dafür speichern sie aber eine Referenz auf sich selbst an einer anderen Stelle, meist in einer globalen Liste, im Directorfilm. Dadurch wird das Objekt nach der Erzeugung nicht wie im vorherigen Fall gleich wieder gelöscht.

Prädestiniert dafür ist die globale Liste `the actorList`. Denn alle Skripte, die in dieser Liste eingetragen sind, erhalten bei jedem neuen Frame und beim Aktualisieren der Bühne das Ereignis `stepFrame` (s. S. 111). Mithin kann man solche Objekte für kontinuierlich zu erledigende Aufgaben verwenden. Beispielsweise könnte ein Skript immer die aktuelle Zeit in einem Textdarsteller auf der Bühne anzeigen:

```
property pInfo

on stepFrame me
  me.anzeige()
end
```

```
on anzeige me
  member("ZeitAnzeige").text = the long time
end

on new me
  (the actorList).add(me)
end
```

Nach der Erzeugung eines Objektes aus dem obigen Parentskript, z.B. mit:

```
(script "Parent").new()
```

erhält das Objekt regelmäßig das Ereignis `stepFrame` und ruft damit intern den Event-Handler `on anzeige` auf. Dieser stellt die aktuelle Systemzeit im Textdarsteller `ZeitAnzeige` dar. Natürlich hätte man die Aktualisierung des Textdarstellers auch gleich im Event-Handler `on stepFrame` erledigen können. Hier sollte aber gezeigt werden, wie sich das Parentskript besser strukturieren lässt und intern weitere Event-Handler aufrufbar sind.

Alternativer Konstruktor – rawNew()
Standardmäßig heißt der Konstruktor (also die Methode, die ein Objekt erzeugt) in Parentskripten `new()`. Es gibt aber noch eine zweite Methode, mit der sich aus einem Parentskript ein Objekt erzeugen lässt: `rawNew()`. Der Unterschied zu `new()` besteht darin, dass `rawNew()` eine interne Methode ist und nicht explizit im Parentskript steht. Außerdem können bei der Erzeugung des Objektes keine Properties initialisiert werden. Dies muss bei Bedarf in einer eigenen Methode im Parentskript erfolgen.

Ein Parentskript für den Aufruf mit `rawNew()` könnte z.B. wie folgt aussehen:

```
-- Parentskript: "Parent"
property pInfo

on anzeige me
  return pInfo
end

on init me
  pInfo = "Ich bin Objekt:" && me
  put me.anzeige()
end
```

Die Erzeugung eines Objektes kann dann mit dem Befehl erfolgen:

```
objRef = (script "Parent").rawNew()
```

Obwohl im Parentskript kein Event-Handler on `rawNew()` steht, wird dennoch eine Referenz auf das so neu erzeugte Objekt zurückgeliefert. Soll die Property `pInfo` initialisiert werden, muss das jetzt explizit erfolgen, z.B. mit:

```
objRef.pInfo = "Startwert"
```

oder durch den Aufruf einer entsprechenden Methode im Objekt selbst:

```
objRef.init()
```

3.11.2.5 Vererbung

Vererbung (engl. Inheritance) bietet bei Parentskripten die Möglichkeit, die Eigenschaften und Methoden eines anderen Objektes zu übernehmen, sprich zu erben. Das Objekt, das die Eigenschaften und Methoden vererbt, wird als Ancestor (dt. Vorfahre) bezeichnet. In Director kann prinzipiell jedes Objekt, also z.B. auch Sprites und Darsteller, als Ancestor genutzt werden. Doch zunächst wollen wir uns einmal ansehen, wie ein Parentskript Eigenschaften und Methoden eines anderen Parentskriptes erben kann.

Ein Parentskript als „Erblasser"
Zunächst benötigen wir ein Parentskript, das als Ancestor dient, z.B.:

```
-- Ancestor Parentskript: "Vorfahre"
property pInhalt

on new me
  return me
end

on mySave me, wert
  pInhalt = wert
end
```

Dieses Parentskript besitzt die uns schon bekannten Elemente: Eine Property-Variable -`pInhalt`, den Event-Handler on `new`, um ein neues Objekt zu erzeugen, und einen weiteren Event-Handler – on `mySave`, um der Property `pInhalt` einen Wert zuzuweisen.

Nun können wir ein Parentskript erstellen, das von dem obigen Skript die Methoden und Eigenschaften erbt, z.B.:

```
-- Parentskript: "Erbe"
property ancestor

on new me
  ancestor = (script "Vorfahre").new("leer")
  return me
end
```

```
on myStore me, a
  me.mySave(a)
  if me.pInhalt = a then
    put me.pInhalt & " (gespeichert)"
  else
    put "Fehler beim Speichern"
  end if
end
```

Dieses Parentskript weist mindestens eine Besonderheit gegenüber den bisher kennen gelernten Skripten auf. Die hier verwendetete Property `ancestor` ist ein reserviertes Schlüsselwort. Mit dessen Hilfe kann ein Parentskript bestimmen, von welchem Objekt es die Eigenschaften und Methoden erbt. Dabei fällt auf, dass nicht einfach das entsprechende Skript angegeben wird, sondern mit der Methode `new()` davon ein entsprechendes Objekt abgeleitet werden muss. Dabei können natürlich auch Parameter, wie hier die Zeichenkette `leer`, zur Initialisierung von Properties mit übergeben werden.

Eine weitere Besonderheit im obigen Skript stellt die Verwendung der Methode `mySave()` und der Property `pInhalt` dar. Beide wurden im Skript nicht deklariert, können aber dennoch verwendet werden. Verantwortlich dafür ist das Schlüsselwort `ancestor`, denn es hat die Referenz auf ein Objekt des ersten Parentskriptes erhalten. Und dort wurden sowohl `mySave()`, als auch `pInhalt` deklariert.

Zum Schluss benötigen wir jetzt noch ein Skript, das aus dem letzten Parentskript ein Objekt erzeugt. Dies könnte z.B. das folgende Verhalten für eine Schaltfläche sein:

```
on mouseUp me
  objRef = (script "Erbe").new()
  tmp = member("eingabe").text
  objRef.myStore(tmp)
end
```

Das Skript erzeugt ein neues Objekt vom letzten Parentskript und speichert den Textinhalt des Darstellers `Eingabe` mit Hilfe der Methode `myStore()` in `pInhalt.` Diese Methode bedient sich wiederum der geerbten Methode `mySave()`. Anschließend vergleicht `myStore()` die Property `pInhalt` mit dem übernommenen Parameter `a`. Stimmen beide überein, erfolgt die Ausgabe von `pInhalt` im Nachrichtenfenster. Anderfalls erscheint eine Fehlermeldung.

Beliebige Objekte als „Erblasser"

Wie bereits oben angedeutet, kann ein Parentskript nicht nur von einer anderen Skript-Instanz erben, sondern von jedem anderen Objekt in Director. Dazu wollen wir uns zwei Beispiele anschauen. Zuerst soll ein Parentskript die

Eigenschaften und Methoden eines Darstellers erben und anschließend die der Systemeigenschaft `the environment`.

Erstellen Sie dafür auf der Bühne einen Textdarsteller und nennen ihn in der Besetzung `infoText`. Legen Sie dann in der Besetzung das folgende Parentskript und nennen es `setTextMember`:

```
-- Parentskript: "setTextMember"
property ancestor

on new me
  ancestor = member("infoText")
  return me
end

on setText me, inhalt
  me.text = inhalt
end
```

Das Skript definiert den Textdarsteller info zu seinem Ancestor (Vorfahren). Außerdem greift es im Event-Handler `on setText` auf die geerbte Eigenschaft `text` des Textdarstellers zu. Um das Skript nutzen zu können, benötigen Sie ein entsprechendes Objekt. Dies erzeugt das folgende Verhalten, das einer Schaltfläche auf der Bühne zugewiesen wird:

```
on mouseUp me
  objRef = (script "setTextMember").new()
  objRef.setText("Neuer Inhalt")
end
```

Das Skript erzeugt per Mausklick ein neues Objekt vom Parentskript `setTextMember` und ruft dort den Event-Handler `on setText` auf. Dieser wiederum setzt die geerbte Eigenschaft `text` neu. Dadurch zeigt dann der Textdarsteller `infoText` den Text `Neuer Inhalt` an. Das heißt, das Parentskript hat wirklich die Eigenschaft `text` des Textdarstellers `infoText` geerbt und kann darauf zugreifen. Entsprechend kann auch auf alle anderen Eigenschaften und Methoden des Textdarstellers zugegriffen werden.

Für ein zweites Beispiel lassen wir ein Parentskript die Eigenschaften der Systemeigenschaft `the environment` erben. Die Bezeichnung Systemeigenschaft lässt zwar vermuten, dass es sich um eine einfache Variable handelt. In Wirklichkeit verbirgt sich dahinter aber ein internes Objekt, das wichtige Eigenschaften der Systemumgebung, wie Plattform, Sprache, Farbtiefe etc., enthält.

Das folgende Parentskript definiert `the environment` als Ancestor und stellt den Event-Handler on `getLanguage` zur Verfügung, der die eingestellte Sprache der Benutzeroberfläche des Computers zurückliefert:

```
-- Parentskript: "language"
property ancestor

on new me
  ancestor = the environment
  return me
end

on getLanguage me
  return me.uiLanguage
end
```

Ein Verhaltensskript für eine Schaltfläche, das aus dem obigen Skript ein Objekt erzeugt und anschließend die eingestellte Sprache in einem Textdarsteller anzeigt, könnte wie folgt aussehen:

```
on mouseUp me
  objRef = (script "language").new()
  member("anzeige").text = objRef.getLanguage()
end
```

Mehrfachvererbung

Mehrfachvererbung, das heißt, dass ein Parentskript die Eigenschaften und Methoden von mehreren Objekten direkt erben kann, ist in Lingo nicht möglich. Der Property `ancestor` kann immer nur ein Objekt zugewiesen werden. Weisen Sie ihr nacheinander mehrere Objekte zu, gilt immer die letzte Zuweisung.

Allerdings ist es sehr gut möglich, dass ein Parentskript die Eigenschaften und Methoden eines Objektes erbt, neue hinzufügt und diese insgesamt weiter vererbt. Das heißt, es kann eine Vererbungskette aufgebaut werden.

Daraus lässt sich ein Workaround für die Mehrfachvererbung entwickeln. Beispielsweise können Sie mehrere Parentskripte für verschiedene Aufgaben entwickeln und diese dann einem Sprite zuweisen:

```
-- Parentskript: "anc1"
on setInhalt me, wert
  me.pInhalt = wert
end
```

```
-- Parentskript: "anc2"
on getInhalt me
  return me.pInhalt
end

-- Parentskript: "anc3"
on display me
  put me.pInhalt
end

-- Parentskript: "Erbe"
property ancestor
property pInhalt

on new me, a
  ancestorList = [script "ancl", script "anc2", script "anc3"]
  sprite(100).scriptInstanceList = ancestorList
  ancestor = sprite(100)

  pInhalt = a
  return me
end
```

Dadurch erbt das Parentskript `Erbe` die Methoden und Eigenschaften der drei Skripte `anc1` bis `anc3`. Die Erzeugung von Objekten aus den drei Parentskripten `anc1` bis `anc3` übernimmt dabei Director automatisch beim Eintrag der Skripte in die `scriptInstanceList` des Sprites. Sie sollten nur darauf achten, dass in dem angegebenen Spritekanal, hier also `100`, **kein** Sprite im Drehbuch existiert.

Über den Umweg eines Dummy-Sprites ist es also doch möglich, auch in Director eine Mehrfachvererbung zu realisieren.

Inwieweit eine Mehrfachvererbung sinnvoll ist, daran scheiden sich die Geister. Einerseits besteht die Meinung, dass eine Mehrfachvererbung in der OOP nützlich und daher möglich sein sollte. Andererseits gibt es die Auffassung, dass dies keine Vorteile bringt, sondern auf ein schlechtes Design hinweist und die Objekthierarchie unüberschaubar wird. Einige Sprachen unterstützen die Mehrfachvererbung direkt, z.B. C++; andere, wie z.B. Java, bieten diese Technik nicht.

3.11.3 Beispiel: Timer

Jetzt wollen wir uns einmal ein etwas größeres Beispiel für die Nutzung von Parentskripten ansehen. Dafür werden wir für das Timeout-Objekt (s. S. 214) ein Parentskript schreiben, das den Umgang mit diesem Objekt vereinfacht und z.B. auch die Möglichkeit eines einmaligen Timer-Aufrufes bietet. Das Timeout-Objekt in Director kennt ja nur periodische Aufrufe.

Übrigens, ein Modul, das den Zugriff auf eine Funktionalität mit eigenen Methoden und Eigenschaften realisiert, wird auch als Wrapper (dt. Hülle) bezeichnet. Das heißt, unser beabsichtigtes Parentskript für die bessere Nutzung des Timeout-Objektes können wir auch als Wrapper bezeichnen.

Das Parentskript wollen wir so flexibel gestalten, dass für jedes abgeleitete Objekt unabhängig voneinander das zu sendende Ereignis, das Ziel des Ereignisses und die Intervall-Zeit anzugeben sind. Auch ob der Timer periodisch oder einmalig aufgerufen wird, soll für jedes Objekt separat einstellbar sein. Unser Parentskript erhält dafür entsprechende Properties, die bei der Erzeugung jedes neuen Objektes im Event-Handler `on new` gesetzt werden:

```
on new me, ereignis, target, intervall, periodical

  -- Properties initialisieren
  me.pEreignis  = ereignis
  me.pTarget    = target
  me.pIntervall = intervall
  me.pPeriode   = periodical

  -- Timer ID berechnen
  if voidP(gTimerIDlast) then gTimerIDlast = 0
  gTimerIDlast = gTimerIDlast + 1
  pTimerID = string(gTimerIDlast)

  -- Timer-Status setzen
  pTimerOn = FALSE

  return(me)
end
```

Die globale Variable `gTimerIDlast` speichert die ID, die die zuletzt erzeugte Instanz des Parentskriptes für dessen Timeout-Objekt erhielt. Wurde noch keine Instanz erzeugt und ist `pTmierIDlast` daher `VOID`, wird die Variable auf 0 gesetzt. Die ID `pTimerID` für das Timeout-Objekt der neuen Instanz erhalten wir durch Erhöhung von `pTimerIDlast` um eins.

Zur Erzeugung eines neuen Timeout-Objektes ist der Event-Handler `on my-StartTimer` im Parentskript vorgesehen:

```
on myStartTimer me, intervall, ereignis
  -- Wertzuweisung, falls Parameter übergeben werden
  if not voidP(intervall) then pIntervall = intervall
  if not voidP(ereignis) then pEreignis = ereignis
```

```
  -- timeout-Objekt erstellen
  timeout(pTimerID).new(pIntervall, #myActivate, me)

  -- Timer-Status setzen
  pTimerOn = TRUE
end
```

Als Parameter können die Dauer und das auszulösende Ereignis angegeben werden. Beide Angaben sind aber optional, können also auch entfallen. Dann werden die entsprechenden Parameter, die der Event-Handler `on new` beim Aufruf erhalten hat, verwendet. Das Timeout-Objekt ruft dabei immer den Event-Handler `on myActivate` im Parentskript auf. Erst von dort wird das in `pEreignis` gespeicherte Ereignis ausgelöst. Außerdem wird dort mittels der Property `pPeriode` geprüft, ob es sich um einen periodischen Timer handelt. Ist das nicht der Fall, wird das Timeout-Objekt mit der Methode `forget()` gelöscht:

```
on myActivate me
  -- wenn nicht periodisch, Timer löschen
  if not pPeriode then
    me.myStopTimer()
  end if

  -- zu sendendes Ereignis auslösen
  call(pEreignis, pTarget)
end

on myStopTimer me
  -- Timeout-Objekt löschen
  timeout(pTimerID).forget()

  -- Timer-Status setzen
  pTimerOn = FALSE
end
```

Das komplette Parentskript und ein Verhalten, das dieses nutzt, finden Sie auf der beiliegenden CD-ROM.

4 Medienarbeit

4.1 Flash und Director

Die Verwendung von Flash in Director bietet einige Vorteile bei der Entwicklung von Multimedia-Applikationen. So kann der gesamte Leistungsumfang von Flash, wie Tweening, Flash-Komponenten, Einbindung von WebCams, Videokompression u.a., in Director genutzt werden. Dadurch lassen sich auch komplexe Funktionen mit nur einem Darsteller realisieren, was nicht zuletzt für mehr Übersichtlichkeit und eine geringere Fehlermöglichkeit sorgt.

Auch können Anwendungen, die mit Flash für das Internet erstellt wurden, für eine CD-ROM-Produktion ohne größeren Aufwand in Director integriert werden. Zwar lassen sich mit Director auch so genannte Shockwavefilme fürs Internet erzeugen. Allerdings sind diese meist größer als entsprechende Flashfilme. Und vor allem ist das Browser-Plug-in für Shockwavefilme bei weitem nicht so verbreitet wie das für Flash, so dass man in der Praxis bei Entwicklungen fürs Internet vorrangig Flash einsetzt, zumindest so lange dessen Leistungsumfang ausreicht.

Ein Nachteil bei der Verwendung von Flash in Director sei aber auch nicht verschwiegen. In der Regel laufen Flashfilme in Director langsamer als im Browser ab.

4.1.1 Import von Flashanimationen

Bevor Sie Flashanimationen importieren, sollten Sie bedenken, dass nicht jede Director-Version jede Flash-Version unterstützt. So wird z.B. erst ab Director MX auch Flash MX unterstützt. Einen Überblick, welche Version von Director mit welcher von Flash kompatibel ist, zeigt die folgende Tabelle.

Director-Version	unterstützte Flash-Versionen
7.02	bis 3.0
8.0	bis 4.0
8.5	bis 5.0
MX	bis MX
MX2004	bis MX2004

In Flash kann die Version des zu erzeugenden Films über den Menüpunkt *Datei / Einstellungen für Veröffentlichungen* und dort unter dem Register *Flash* eingestellt werden. Anschließend wird die Flashanimation, z.B. über die Schaltfläche *Veröffentlichen*, als Shockwave-Flashdatei (*.swf) exportiert:

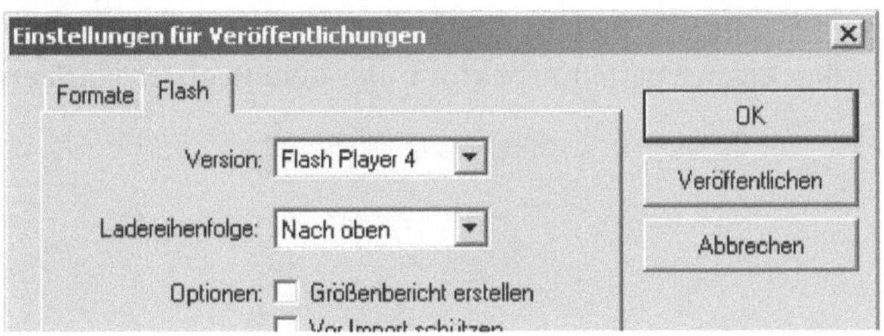

Abb. 4-1: Einstellungen für Veröffentlichungen in Flash

Director zeigt zwar meist auch Flashfilme in nicht unterstützten Versionen an, doch sobald es zu Interaktionen zwischen Flash und Director kommen soll, werden diese Anweisungen ignoriert oder es kommt zu Fehlern, die bis hin zum Absturz führen können.

Der Import von Flashfilmen selbst erfolgt, wie bei anderen Medien auch, über den Menüpunkt *Datei / Importieren…* oder das Kontextmenü bei einem rechten Mausklick in die Besetzung. Importiert wird dabei immer die Shockwave-Flashdatei (*.swf). Dies gilt sowohl für Flashanimationen, die mit Macromedia Flash erstellt wurden, als auch für Animationen, die mit anderen Programmen erzeugt wurden:

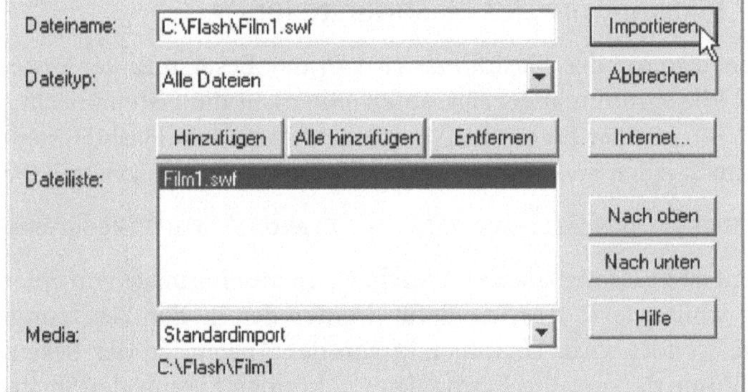

Abb. 4-2: Importfenster von Director

Die importierten Flashdarsteller lassen sich, entsprechend anderen grafischen Darstellern, auf die Bühne respektive in das Drehbuch ziehen und so in den Directorfilm integrieren.

4.1.2 Einstellungen für Flashfilme

Speziell für Flashdarsteller und Sprites stehen eine ganze Reihe von Einstellmöglichkeiten in Director zur Verfügung. Ein Teil der Einstellungen ist dabei über den Eigenschafteninspektor unter dem Register *Flash* erreichbar:

Abb. 4-3: Eigenschafteninspektor zum Einstellen der Flash-Eigenschaften

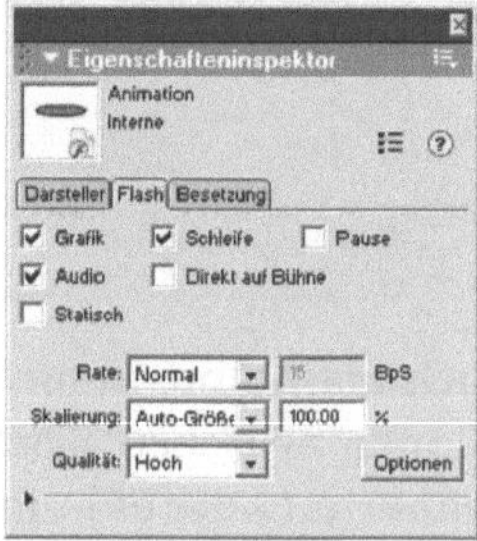

Um alle Einstellmöglichkeiten zu nutzen müssen wir aber wieder auf Lingo-Befehle zurückgreifen. Dabei gibt es noch einen Unterschied zwischen den Einstellungen im Eigenschafteninspektor und denen mit Lingo. Die Einstellungen im Eigenschafteninspektor werden mit dem aktuellen Directorfilm gespeichert. Dagegen gelten Einstellungen mit Lingo nur so lange, bis der Directorfilm angehalten wird.

4.1.2.1 Piktogramm des Flashdarstellers

Nach dem Import des Flashfilms wird in der Besetzung der erste Frame des Films als Piktogramm angezeigt, sofern Sie nicht die Listenansicht gewählt haben (s. S. 15). Mit der Eigenschaft `posterFrame` von Flashdarstellern können Sie aber auch jeden anderen Frame als Piktogramm anzeigen, z.B. Frame 16:

```
member("flash").posterFrame = 16  -- Frame 16 als Piktogramm
```

Der Befehl ist besonders dann nützlich, wenn Sie ein Image von einem Flashfilm erstellen wollen (s. S. 310), da dafür immer der in der Besetzung angezeigte Frame verwendet wird. Unabhängig von der Anzeige in der Besetzung ist der auf der Bühne dargestellte Frame. Diesen können Sie mit der Spriteeigenschaft `frame` (s. S. 239) einstellen.

4.1.2.2 Darstellung und Qualität

Auch für die Qualität der Darstellung eines Flashfilms und für das Ein- und Ausschalten von Medien, wie Sound, stehen eine ganze Reihe von Einstellungen in Director zur Verfügung. Diese können u.a. dafür genutzt werden, einen

Flashfilm auch auf weniger leistungsfähigen Rechnern flüssig abzuspielen. Eine Zusammenfassung der wichtigsten Eigenschaften bietet die folgende Tabelle:

Befehl	Beschreibung
`quality`	Diese Eigenschaft von Flashdarstellern und -sprites entscheidet darüber, ob ein Flashfilm mit Anti-Aliasing für eine bessere Bildqualität dargestellt wird oder nicht, z.B.: member("flash").quality = #autoHigh Folgende Werte sind möglich: `#autoHigh` – Der Film wird zu Anfang mit Anti-Aliasing dargestellt. Sinkt die reale Bildrate des Flashfilms aber unter die eingestellte, so wird das Anti-Aliasing ausgeschaltet. `#autoLow` – Der Film wird zunächst ohne Anti-Aliasing abgespielt. Stellt der Flash-Player fest, dass die Prozessorleistung aussreichend ist, wird Anti-Aliasing eingeschaltet. `#high` – Der Film wird immer mit Anti-Aliasing abgespielt (Standard). `#low` – Der Film wird immer ohen Anti-Aliasing abgespielt.

`flashRect`	Diese Darstellereigenschaft gibt die Originalgröße eines Flashfilms in Pixel an, z.B.:
	`put member("flash").flashRect`
	`-- rect(0, 0, 250, 200)`
	Die Angabe erfolgt, wie in Director üblich, als Rechteckswert. Der dritte Wert ist die Breite und der vierte die Höhe. Um die Werte einzeln zu erhalten, können Sie auch schreiben, für die Breite:
	`put member("flash").flashRect.width`
	`-- 250`
	und für die Höhe:
	`put member("flash").flashRect.height`
	`-- 200`
	Die Eigenschaft `flashRect` kann nur gelesen und nicht gesetzt werden.

`sound`	Diese Darstellereigenschaft bestimmt, ob der Sound eines Flashfilms abgespielt wird (TRUE) oder nicht (FALSE), z.B.: `member("flash").sound = FALSE` Der Befehl schaltet den Sound eines Flashfilms aus. Ein eventuell gerade aktiver Sound wird aber noch bis zum Ende abgespielt.
`image-Enabled`	Diese Darsteller- und Spriteeigenschaft bestimmt, ob die Grafiken eines Flashfilms angezeigt werden (TRUE) oder nicht (FALSE), z.B.: `member("flash").imageEnabled = FALSE` Der Befehl schaltet die Grafiken eines Flashfilms aus.

Befehl	Beschreibung
`scale`	Diese Darsteller- und Spriteeigenschaft gibt die Skalierung eines Flashfilms in Prozent an, Standard: 100. Der folgende Befehl skaliert einen Flashfilm z.B. auf 20,5 Prozent: `member("flash").scale = 20.5`
`scaleMode`	Darsteller- und Spriteeigenschaft, die bestimmt, wie ein Flashfilm in das Sprite-Rechteck auf der Bühne eingepasst wird, z.B.: `member("flash").scaleMode = #showAll` Folgende Werte sind möglich: `#showAll` – Zeigt die Bühne und eventuell den Randbereich des Flashfilms. Wird das Sprite-Rechteck skaliert, so wird auch der Flashfilm entsprechend skaliert, seine Proportionen werden dabei eingehalten. `#noBorder` – Wie zuvor, es wird aber beim Skalieren nie der Randbereich der Bühne angezeigt, wenn `scale` auf 100 (Standard) oder größer eingestellt ist. Beim Verkleinern des Sprite-Rechtecks können dadurch die Rändern des Flashfilms abgeschnitten werden, seine Proportionen werden aber immer eingehalten. `#exactFit` – Zeigt die Bühne des Flashfilms und passt sie exakt in das Begrenzungsrechteck des Sprites ein. Die Proportionen des Flashfilms werden dabei nicht berücksichtigt. Ist `scale` kleiner 100 Prozent, wird entsprechend auch der Randbereich des Flashfilms angezeigt. `#noScale` – Skaliert einen Flashfilm nicht bei der Änderung seines Begrenzungsrechtecks auf der Bühne, sondern entweder werden seine Ränder abgeschnitten oder es werden z.T. Bereiche außerhalb der Bühne des Flashfilms angezeigt. Mit `scale` lässt sich der Film aber weiterhin skalieren. `#autoSize` (Standard) – Dies ist wohl die gebräuchlichste Variante, nur die Bühne des Flashfilms wird im Sprite-Rechteck angezeigt. Dabei wird der Flashfilm exakt angepasst, das heißt, seine Proportionen werden bei der Skalierung nicht berücksichtigt. Der Unterschied zu `#exactFit` besteht darin, dass hier der Flashfilm bei Transformationen mit `rotation`, `skew`, `flipH` und `flipV` nicht zugeschnitten, sondern sein Sprite-Rechteck entsprechend angepasst wird. Alle Einstellungen können Sie auch mit dem Eigenschafteninspektor im Register „Flash“ unter der Option „Skalierung“ vornehmen.

4.1.2.3 Synchronisation

Mit der Eigenschaft `playBackMode` von Flash-Darstellern und -Sprites lässt sich die Bildrate von Flashanimationen in Director einstellen, z.B.:

```
sprite(1).playBackMode = #lockStep
```

Mögliche Werte für `playBackMode` sind:

`#normal` Standard, die Einstellung der Bildrate im Flashfilm wird für die Wiedergabe in Director verwendet.

`#lockStep` Passt die Bildrate des Flashfilms an die des Directorfilms an, das heißt, der Flashfilm wird mit dem Directorfilm synchronisiert.

`#fixed` Spielt den Flashfilm mit der durch `fixedRate` festgelegten Bildrate ab, z.B.:

```
sprite(1).fixedRate = 20 -- Bildrate: 20 Bilder/Sekunde
sprite(1).playBackMode = #fixed
```

Allerdings wird die maximal mögliche Bildrate eines Flashfilms durch die Bildrate des Directorfilms begrenzt. Das heißt, hat der Flashfilm z.B. eine Bildrate von 12 BpS und der Directorfilm eine Bildrate von 1 BpS, so wird der Flashfilm auch nur mit 1 BpS abgespielt, egal welche Einstellungen Sie für `playBackMode` vorgenommen haben.

Möchten Sie die Bildrate des Flashfilms unabhängig vom Directorfilm einstellen, so müssen Sie das Flashsprite im Modus „Direkt auf der Bühne“ abspielen, z.B.:

```
sprite(1).directToStage = TRUE
```

Dabei werden keine Ink-Effekte unterstützt, das heißt, der Hintergrund des Flashsprites kann nicht mehr auf transparent gesetzt werden.

4.1.2.4 Filmsteuerung

Ob ein Flashfilm abgespielt oder nur statisch angezeigt wird, können Sie mit der Eigenschaft `static` von Flash-Darstellern und -Sprites festlegen. Standardmäßig ist diese Eigenschaft auf `FALSE` gesetzt. Setzen Sie `static` auf `TRUE`, wird nur noch der gerade aktuelle Frame des Flashfilms angezeigt. Sounds, Animationen und Rollover-Effekte für Schaltflächen sind nicht mehr verfügbar, z.B.:

```
sprite(1).static = TRUE
```

Macromedia empfiehlt diese Einstellung um die Anzeige von statischen Flashfilmen zu beschleunigen. Allerdings sollte das Flashsprite dann nicht von anderen beweglichen Sprites in Director geschnitten werden, da es sonst zu Darstellungsfehlern des Flashfilms kommen kann.

In der Regel wird mit dem Setzen der Eigenschaft `static` auf `TRUE` nur noch der erste Frame eines Flashfilms angezeigt. Erfolgt die Zuweisung während des Abspielens einer Animation, so wird der Flashfilm am gerade aktuellen Frame angehalten. Um einen bestimmten Frame mit `static` anzuzeigen können Sie die Methode `goToFrame()` von Flashsprites nutzen, z.B.:

```
sprite(1).goToFrame(20)
```

Oder die Eigenschaft `frame` verwenden, z.B.:

```
sprite(1).frame = 20
```

Beide Befehle sind absolut gleichwertig. Der Unterschied besteht nur darin, dass Sie bei der Methode `goToFrame` statt der Bildnummer alternativ auch den Bildnamen, z.B. „Start", angeben können.

Etwas weniger radikal als `static` ist die Methode `hold()` von Flashsprites. Sie hält nur den Abspielkopf der obersten Zeitleiste eines Flashfilms an, aber nicht Animationen in Movieclips. Auch Sounds und Rollover-Effekte werden weiterhin dargestellt. Mit `play()` lässt sich auch das Flashsprite weiter abspielen. Dieselbe Wirkung wie `hold()` hat die Methode `stop()`.

Neben den eben besprochenen Befehlen zur Filmsteuerung gibt es weitere. Eine Zusammenfassung aller Befehle finden Sie in der folgenden Tabelle:

Befehl	Beschreibung
`pausedAt-Start`	Darstellereigenschaft, die die Werte `TRUE` oder `FALSE` (Standard) beinhalten kann. Bei `TRUE` wird die oberste Zeitleiste eines Flashfilms angehalten, Movieclips werden aber abgespielt, entspricht somit der Methode `stop()`, z.B.: `sprite(1).pausedAtStart = TRUE`
`static`	Darsteller- und Spriteeigenschaft, mögliche Werte `TRUE` und `FALSE` (Standard), bei `TRUE` wird nur der aktuelle Frame angezeigt, aber keine Animationen abgespielt.
`loop`	Sprite- und Darstellereigenschaft von Flashfilmen, die `TRUE` (Standard) oder `FALSE` beinhalten kann, bei `TRUE` wird der Flashfilm in einer Endlosschleife abgespielt.
`playing`	Diese Eigenschaft gibt an, ob ein Flashsprite gerade abgespielt (`TRUE`) wird oder angehalten wurde (`FALSE`); kann nur gelesen werden.
`frame`	Mittels dieser Spriteeigenschaft kann der Abspielkopf des Flashfilms in einen bestimmten Frame gesetzt werden. Die Angabe des Frames kann dabei nur über die Framenummer erfolgen, z.B.: `sprite(1).frame = 20`
`goToFrame()`	Methode von Flashsprites, die den Abspielkopf in den angegebenen Frame im Flashfilm setzt. Die Angabe kann dabei sowohl mit der Framenummer, als auch mit dem Framenamen erfolgen, z.B.: `sprite(1).goToFrame("Teil2")`
`hold()`	Diese Methode von Flashsprites hält nur die oberste Zeitleiste eines Flashfilms an, dort laufende Sounds werden aber noch zu Ende abgespielt, z.B.: `sprite(1).hold()`

Befehl	Beschreibung
`stop()`	Entspricht `hold()` mit dem Unterschied, dass Sounds in der obersten Zeitleiste sofort beendet werden.
`rewind()`	Setzt den Abspielkopf eines Flashfilms in Frame 1 zurück.
`play()`	Spielt einen mit `hold()`, `stop()` oder `pausedAtStart` angehaltenen Flashfilm weiter ab, z.B.: `sprite(1).play()`

4.1.2.5 Interaktionen und Ereignisse

Wichtig für die interaktive Nutzung von Flashfilmen in Director sind auch die Eigenschaften, die darüber entscheiden, ob und wie Ereignisse von Flashfilmen an Director und umgekehrt weitergeleitet werden, und ob z.B. Flash-Skripte abgearbeitet oder Aktionen von Schaltflächen verfügbar sind. Einen Überblick dieser Eigenschaften bietet die folgende Tabelle:

Befehl	Beschreibung
`actionsEnabled`	Diese Darsteller- und Spriteeigenschaft legt fest, ob die Aktionen (Skripte) in einem Flashfilm aktiviert (TRUE) oder deaktiviert (FALSE) sind, z.B.: `member("flash").actionEnabled = FALSE` Der Befehl schaltet die Abarbeitung der Skripte im Flashfilm aus.
`buttonsEnabled`	Darsteller- und Spriteeigenschaft, die bestimmt, ob die Schaltflächen in einem Flashfilm aktiv (TRUE) oder inaktiv (FALSE) sind, z.B.: `member("flash").buttonsEnabled = FALSE` Der Befehl deaktiviert die Schaltflächen im Flashfilm „flash". Das heißt, keinerlei Mausaktionen werden an den Flashfilm noch an Director übergeben, und dadurch auch keine Rollover-Effekte mehr angezeigt.
`clickMode`	Darsteller- und Spriteeigenschaft, die festlegt, welche Mausklick- und Rollover-Ereignisse ein Flashsprite erkennt. Folgende Werte sind möglich: `#boundingBox` – Alle Mausklicks innerhalb des Sprite-Rechtecks werden erkannt sowie Rollover an den Rändern des Sprites. `#opaque` (Standard) – Mausklick-Ereignisse werden nur erkannt, wenn sich die Maus über einem nicht-transparenten Bereich befindet. Rollover werden an den Rändern der nicht-transparenten Bereiche erkannt. Transparente Bereiche eines Flashsprites erhalten Sie, indem Sie den Ink-Effekt (s. S. 283) des Flashsprites auf *Hintergrund Transparent* oder *Transparent* stellen. Wurde ein anderer Ink-Effekt gewählt, hat `#opaque` dieselbe Wirkung wie `#boundingBox`. `#objekt` – Mausklick-Ereignisse werden erkannt, wenn sich die Maus über einem gefüllten, nicht zum Hintergrund gehörenden Bereich befindet. Rollover werden an den Rändern dieser Bereiche erkannt. Die Einstellung des Ink-Effektes spielt keine Rolle.

Befehl	Beschreibung
`eventPassMode`	Darsteller- und Spriteeigenschaft, die bestimmt, welche Mausereignisse ein Flashfilm an ein Lingo-Skript weiterleitet, das dem Flashsprite zugeordnet wurde, z.B.: `member("flash").eventPassMode = #passButton` Folgende Werte sind möglich: `#passAlways` (Standard) – übergibt alle Mausereignisse `#passButton` – nur Mausereignisse von Flash-Schaltflächen werden weitergeleitet `#passNotButton` – übergibt alle Mausereignisse vom Flashfilmen an Lingo-Skripte, bis auf solche, die von Flash-Schaltflächen kommen `#passNever` – Mausereignisse werden nie an Lingo-Skripte übergeben

`mouseOver-Button`	Diese Spriteeigenschaft gibt an, ob sich die Maus über einer Schaltfläche befindet (TRUE) oder nicht (FALSE), z.B.:
	`put sprite(1).mouseOverButton`
	`-- 1`
	Da 1 gleichwertig für `TRUE` steht, befindet sich in diesem Fall die Maus über einer Schaltfläche des Flashfilms, s. auch Beispiel Seite 153

`obeyScore-Rotation`	Darstellereigenschaft, erhält seit Director 7 standardmäßig den Wert TRUE, dadurch wird die Darstellereigenschaft `rotation` ignoriert und nur noch die Spriteeigenschaft `rotation` verwendet.

4.1.3 Abspielkopf in Director bis zum Ende des Flashfilms anhalten

Flashfilme werden u.a. gern als Intro in Directorfilmen genutzt. Dabei stellt sich die Aufgabe, den Abspielkopf in Director so lange anzuhalten, bis der Flashfilm zu Ende abgespielt ist oder einen vorgegebenen Frame erreicht hat. Dafür müssen wir zum einen feststellen, welcher Frame des Flashfilms gerade abgespielt wird. Diese Information liefert uns die Eigenschaft `frame` eines Flashsprites. Zum anderen benötigen wir die Anzahl der Frames im Flashfilm. Dafür können wir die Darstellereigenschaft `frameCount` nutzen.

Ein Skript, das den Abspielkopf in Director anhält, solange der Flashfilm läuft, muss dann nur abfragen, ob der aktuell angezeigte Frame bereits der letzte Frame des Flashfilms ist. Ist dies nicht der Fall, wird der Abspielkopf in

Director mit `go to the frame` im aktuellen Frame gehalten, wie es das folgende Frameskript zeigt:

```
on exitFrame
  if sprite(1).frame < sprite(1).member.frameCount then
    go to the frame
  end if
end
```

Setzen Sie dieses Skript in den Skriptkanal des Drehbuches in den Frame, in dem der Abspielkopf angehalten werden soll.

Statt `frameCount` können Sie natürlich auch jeden anderen Frame im Flashfilm angeben, bis zu dem der Abspielkopf in Director angehalten werden soll. Wollen Sie z.B. den Abspielkopf in Director nur bis Frame 20 des Flashfilms anhalten, sähe die `if`-Abfrage wie folgt aus:

```
if sprite(1).frame < 20 then
```

4.1.4 Kommunikation von Director mit Flash

Für die direkte Kommunikation von Director mit Flash, das heißt, für den Austausch von Daten, sind die vier wichtigsten Methoden von Flashsprites:

- `getVariable()`
- `setVariable()`
- `getFlashProperty()`
- `setFlashProperty()`

Mit den beiden ersteren, seit Director 7.02 verfügbar, lassen sich Flash-Variable der Filmebene 0 (`_root`) lesen und setzen, z.B.:

```
n = sprite(1).getVariable("anzahl", FALSE)
sprite(1).setVariable("anzahl", string(n+1))
```

Der erste Befehl liest die Variable `anzahl` des Flashfilms in Kanal 1 des Drehbuches und speichert den Wert in der Variablen n des Directorfilms. Der zweite optionale Parameter wurde mit `FALSE` angegeben, da bei `TRUE` (Standard) die Übergabe der Variablen als Zeichenkette erfolgt. Im zweiten Befehl wird der erhaltene Wert um 1 und in die Variable `anzahl` des Flashfilms zurückgeschrieben. Die Umwandlung in eine Zeichenkette mit der Funktion `string()` ist dabei notwendig, da setVariable nur Zeichenketten übergeben kann.

Handelt es sich bei der abgefragten Variablen um eine Objektreferenz in Flash, muss immer als zweiter Parameter `FALSE` angegeben werden. Andernfalls wäre der Rückgabewert nur eine Zeichenkette und kein Bezug auf das Objekt in Flash.

Die beiden Methoden `getFlashProperty()` und `setFlashProperty()` von Flashsprites sind verfügbar seit Director 8. Mit ihnen können Sie die Eigenschaften `#posX`, `#posY`, `#scaleX`, `#scaleY`, `#visible`, `#alpha`, `#name`, `#rotation` des Flashfilms, inklusive derer in Movieclips, lesen und setzen. Um z.B. die Rotation des Movieclips `"Stern"` im Flashfilm zu ermitteln, können Sie schreiben:

```
rotFlash = sprite(1).getFlashProperty("Stern", #rotation)
```

Der Befehl schreibt den aktuellen Rotationswinkel in die Variable `rotFlash`. Möchten Sie eine Eigenschaft der Filmebene 0 (`_root`) ermitteln, so geben Sie statt den Namen des Movieclips eine leere Zeichenkette an, z.B.:

```
visFlash = sprite(1).getFlashProperty("Stern", #visible)
```

Hiermit wird ermittelt, ob der Flashfilm sichtbar (TRUE) oder nicht sichtbar (FALSE) gesetzt ist.

Um eine Eigenschaft zu schreiben wird mit der Methode `setFlashProperty()` der Name des Movieclips, die zu setzende Eigenschaft sowie ihr neuer Wert mit übergeben, z.B.:

```
sprite(1).setFlashProperty("Himmel", #alpha, 80)
```

Damit wird die Sichtbarkeit des Movieclips `"Himmel"` auf 80 Prozent gesetzt.

Weitere nützliche Methoden für die Arbeit mit Flash in Director finden Sie in der folgenden Tabelle:

Methode	Beschreibung

`findLabel()`	Flashsprite-Methode, die die Framenummer für den angegebenen Framenamen zurückgibt, z.B.:
	`put sprite(1).findLabel("Teil2")`
	`-- 50`
	Existiert der Framename nicht, liefert die Methode den Wert 0 zurück.

`print()`	Flashsprite-Methode, die den ActionScript-Befehl `print()` aufruft, der wiederum den Druckerdialog anzeigt. Dort können Sie auswählen, ob Sie alle Frames oder nur die mit `#p` bezeichneten drucken wollen. Optional können mit `print()` auch der zu druckende Movieclip und die Druckbegrenzung angegeben werden, z.B.: `sprite(1).print("Stern", #bmax)` Statt `#bmax` können Sie auch `#bframe` und `#bmovie` angeben, für genauere Informationen s. Flash-Handbuch.

Methode	Beschreibung
`printAs-Bitmap()`	Flashsprite-Methode, die den ActionScript-Befehl `printAsBitmap()` aufruft. Entspricht von der Syntax der Methode `print()`. Allerdings lassen sich hier auch Objekte korrekt drucken, die über einen Alphakanal verfügen. Für weitere Informationen s. Flash-Handbuch.

`showProps()`	Diese Darsteller- und Sprite-Methode listet alle Eigenschaften eines Flashfilms und deren aktuelle Werte im Nachrichtenfenster auf, z.B.:
	`sprite(1).showProps()`
	`directToStage: 0`
	`sound: 1`
	`imageEnabled: 1`
	`pausedAtStart: 0`
	`...`

`callFrame()`	Mit dieser Sprite-Methode werden die ActionScript-Befehle im angegebenen Frame ausgeführt, z.B. in Frame 20: `sprite(1).callFrame(20)` Statt der Framenummer kann auch der Framename angegeben werden.

`flashToStage()`	Flashsprite-Methode, rechnet die angegebenen Koordinaten des Flashfilms in die Koordinaten der Director-Bühne um, z.B.:
	`put sprite(1).flashToStage(point(0, 0))`
	`-- point(114,36)`
	Das Beispiel gibt die Position der linken oberen Ecke (0, 0) des Flashfilms auf der Director-Bühne im Nachrichtenfenster aus.

`stageTo-Flash()`	Flashsprite-Methode, rechnet die angegebenen Koordinaten der Director-Bühne in die Koordinaten des Flashfilms um, z.B.:
	`put sprite(1).stageToFlash(the mouseLoc)`
	`-- point(30,40)`
	Der Befehl gibt die aktuelle Mausposition als Koordinaten des Flashfilms im Nachrichtenfenster aus. Bezugspunkt ist dabei immer die linke obere Ecke des Flashfilms, die die Koordinaten `point(0, 0)` besitzt.

4.1.5 Übergabe von Parametern aus Flash

Neben der Kommunikation aus Director heraus mit Flash-Darstellern (s. S. 243) gibt es drei Möglichkeiten Nachrichten und Werte von Flash nach Director zu übermitteln. In Flash wird dafür die Funktion `getURL()` genutzt. Erzeugen Sie dafür in Flash eine Schaltfläche (Menü *Einfügen / Neues Symbol*) und weisen dieser mit dem Fenster *Aktionen* (F9) eine der drei folgenden Skripte zu.

4.1.5.1 Übergabe Variante 1

Hiermit können Sie maximal zwei Parameter aus Flash übergeben. Die Übergabe der Parameter erfolgt immer als Zeichenketten. Benötigen Sie andere Datentypen, z.B. Listen, Ganz- oder Gleitkommazahlen, so müssen Sie diese in Director entsprechend konvertieren (s. S. 77) oder Variante 2 der Parameter-Übergabe nutzen.

Abb. 4-4: Action-Skript mit Parameter-Übergabe

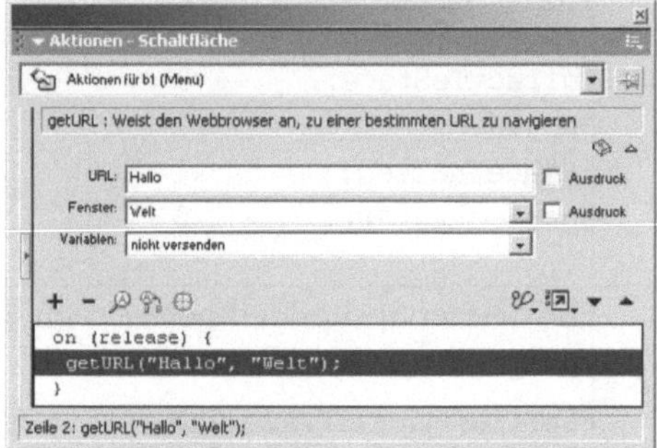

Natürlich können Sie in den Eingabefeldern *URL* und *Fenster* auch Variable des Flashfilms übergeben. In diesem Fall müssten Sie dann die jeweilige Checkbox Ausdruck mit einem Haken versehen. Die fertige Flashanimation wird als Shockwave-Flashfilm (*.swf) gespeichert und in Director importiert (s. S. 234).

Um die Parameter in Director zu erhalten und dort weiterzuverarbeiten, benötigen Sie den Event-Handler `on getURL`.

```
on getURL me, a, b
  put a -- zeigt "Hallo" im Nachrichtenfenster an
  put b -- zeigt "Welt" im Nachrichtenfenster an
end
```

Damit erhält `me` die Referenz auf die Skriptinstanz (s. S. 203), `a` den Wert `Hallo` und `b` den Wert `Welt` zugewiesen. Am günstigsten verwenden Sie das Skript als Verhalten, welches Sie dem Flashsprite auf der Bühne bzw. im Drehbuch zuweisen. Der Event-Handler `on getURL` kann aber auch in Darsteller-, Frame- und Filmskripten genutzt werde.

Verwenden Sie `on getURL` in Darsteller- oder Filmskripten, müssen Sie auch dort `me` mit angeben. Obwohl `me` in diesen Skripttypen nicht existiert, wird im Zusammenhang mit `getURL` für `me` der Wert `NULL` übergeben!

4.1.5.2 Übergabe Variante 2

Entspricht weitestgehend der Variante 1, nur dass Sie hierbei statt `getURL` ein eigenes Ereigniss mit dem Schlüsselwort `event` definieren. Außerdem können

Sie hier mehrere Parameter mit Komma getrennt übergeben. Dabei werden auch andere Datentypen als Zeichenketten akzeptiert, z.B. Listen, Ganz- und Gleitkommazahlen.

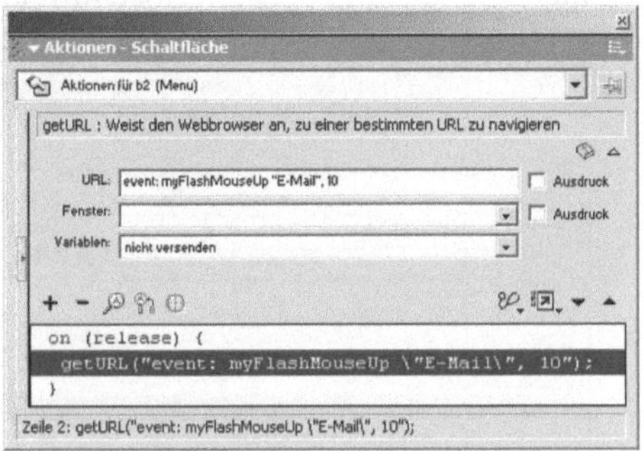

Abb. 4-5: Action-Skript mit eigenem Event

Die Übernahme der Parameter entspricht Variante 1, nur benötigen Sie jetzt einen Event-Handler, der dem in Flash definierten Ereignis entspricht, z.B.:

```
on myFlashMouseUp me, a, b
  put a -- zeigt "E-Mail" im Nachrichtenfenster an
  put b -- zeigt 10 im Nachrichtenfenster an
end
```

Auch hier gilt, dass `me` immer mitgeschrieben werden muss, egal welchen Skripttyp Sie verwenden. Am günstigsten ist, wie in Variante 1, ein Verhalten zu verwenden, das Sie dem Flashsprite auf der Bühne bzw. im Drehbuch zuweisen.

4.1.5.3 Übergabe Variante 3

Die dritte Variante zur Übergabe von Parametern aus Flash ist die flexibelste. Hier können nicht nur Daten aus Flash übertragen werden, sondern sogar Lingo-Befehle. Das Prinzip entspricht der Übergabe von JavaScript-Befehlen an HTML-Seiten. Dort lautet das Schlüsselwort `javascript`, hier `lingo`. Das heißt, die Funktion `getURL()` in Flash erhält als Parameter `lingo` und getrennt durch einen Doppelpunkt den zu sendenden Lingo-Befehl (s. Abb.).

Zwei Dinge sind dabei zu beachten. Zum einen kann immer nur ein Befehl mit `getURL()` gesendet werden. Wollen Sie mehrere Befehle senden, so schreiben Sie `getURL()` mehrfach nacheinander, für jeden Befehl ein `getURL()`. Zum anderen müssen Sie dafür sorgen, dass nach der Ausführung der Befehle das Flashsprite noch auf der Bühne vorhanden ist. Sie dürfen also nicht im Drehbuch an eine Stelle springen, an der das Flashsprite nicht existiert, und schon gar nicht einen anderen Film aus Flash direkt aufrufen.

Das Gefährliche daran ist, dass diese Vorgehensweise sehr wohl möglich ist und in der Regel nicht sofort zu einem Fehlverhalten führt, sondern oft erst nach mehrmaliger Ausführung der Funktion `getURL()`. Um derartige Probleme zu vermeiden, setzen Sie für einen Frame- oder Filmaufruf aus Flash nur eine Variable und fragen diese in einem separaten Event-Handler ab. Ein entsprechendes Beispiel schauen wir uns im nächsten Abschnitt an.

Abb. 4-6: Lingo-Befehle aus Flash übermitteln

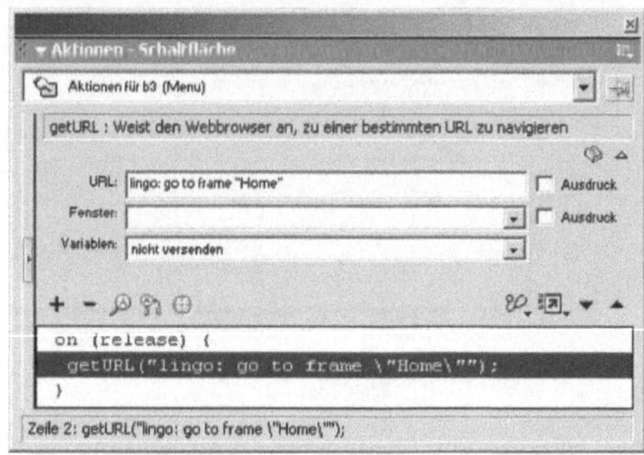

4.1.5.4 Beispiel: Menüleiste mit Flash

Flash bietet sich geradezu an, Menüelemente für Director zu erstellen. Zum einen sind Rollovereffekte sehr leicht in Flash zu erstellen, zum anderen benötigen wir in Director nur einen Darsteller und ein Skript für die Auswertung der Mausaktionen. So lässt sich das Drehbuch wesentlich übersichtlicher gestalten. Für unser Beispiel erstellen wir eine Menüleiste bestehend aus fünf Schaltflächen in Flash:

Abb. 4-7: Flashmenü zur Verwendung im Director

Jede Schaltfläche erhält in Flash das nachfolgende Skript zugewiesen. Lediglich der Parameter nach `myFlashMouseUp` wird immer um eins erhöht, also für „Home“ 1, für „Rundgang“ 2 usw.:

```
on (release) {
	getURL("event: myFlashMouseUp 1");
}
```

Anschließend stellen Sie die Bühnengröße in Flash (Menü *Modifizieren / Dokument*) auf die Größe des Menüs ein und erzeugen eine Shockwave-Flashdatei (*.swf) aus dem Menü. Diese importieren Sie anschließend in Director, ziehen dann den Flash-Darsteller auf die Bühne und weisen ihm das folgende Skript zu:

```
on myFlashMouseUp me, a
  case a of
    1: ziel = "Home"        --  gehe zu Frame "Home"
    2: ziel = "Rundgang"    --  gehe zu Frame "Souvenirs"
    3: ziel = "Souvenirs"   --  gehe zu Frame "Souvenirs"
    4: ziel = "Lotterie"    --  gehe zu Frame "Lotterie"
    5: ziel = "Video"       --  Directorfilm "doku" auf-
  end case                      rufen (s. Text)
  call (#geheZu, me, ziel)
end

on geheZu me, ziel
 go to frame ziel
end

on mouseEnter me
  cursor 280   -- Cursor als Hand
end

on mouseLeave me
  cursor -1    -- Cursor als Pfeil
end

on endSprite me
  cursor -1    -- Cursor als Pfeil
end
```

Die letzten drei Event-Handler haben nur die Aufgabe den Mauscursor über einer Schaltfläche als Hand anzuzeigen und beim Verlassen wieder zurückzusetzen. Dies funktioniert aber nur, wenn das Flashmenü einen einfarbigen Hintergrund besitzt und der Ink-Effekt des Flashsprites auf *Transparent* oder *Hintergrund transparent* eingestellt ist. Ist das nicht der Fall, verwenden Sie das Skript von Seite 153 zur Steuerung des Mauscursors.

Für die eigentliche Aufgabe des obigen Skriptes, die Übernahme von Parametern aus Flash, ist der Event-Handler `myFlashMouseUp` verantwortlich. Dort wird der von Flash übergebene Parameter in die Variable `a` geschrieben und in einer `case`-Anweisung abgefragt. Dabei steht 1 für die erste Schaltfläche, 2 für die zweite usw. Je nachdem welche Schaltfläche angeklickt wurde erhält die Variable `ziel` das entsprechende Sprungziel. Dies ist wesentlich flexibler, als wenn bereits in Flash das Sprungziel in `getURL()` festgelegt werden würde.

Nach der `case`-Anweisung wird mit `call()` der Event-Handler on `geheZu` aufgerufen, der den Abspielkopf zum entsprechenden Frame schickt. Dies hat den Vorteil, dass der Aufruf von on `myFlashMouseUp` aus dem Flashsprite vom Setzen des Abspielkopfes in Director entkoppelt wird. Anzuraten ist diese Vorgehensweise wie gesagt immer dann, wenn das Flashsprite im neuen Frame nicht mehr existiert. Für den Fall, dass das Flashsprite im neuen Frame noch existiert, ist das Skript aber genauso verwendbar.

Während mit den ersten vier Schaltflächen nur ein anderer Frame im aktuellen Directorfilm aufgerufen wird, soll die fünfte Schaltfläche (Video) einen neuen Directorfilm aufrufen. Dafür setzt diese Schaltfläche den Abspielkopf in Director in Frame *Video*, dort befindet sich im Skriptkanal das folgende Verhalten:

```
on exitFrame me
  go to movie "doku"      -- ruft den Directorfilm "doku" auf
end
```

Einen Directorfilm mit diesem Beispiel finden Sie auf der beiliegenden CD-ROM.

Damit wird der aktuelle Film geschlossen und der Directorfilm „doku.dir“ gestartet. Dies ist wesentlich sicherer als der direkte Aufruf des Films im Event-Handler on `myFlashMouseUp`.

4.2 Sound Lingo

Das Wichtigste gleich zu Anfang. Wenn Sie Sound mit Lingo steuern, sollten Sie grundsätzlich **keine** Darsteller in die Soundkanäle des Drehbuches platzieren. Zwar ist dies durchaus möglich, aber meist sind damit auch Wiedergabeprobleme verbunden. Das heißt, Sounddarsteller **verbleiben** in der Besetzung und werden per Lingo direkt von dort genutzt.

In Director 8 wurde das Soundmodell von Macromedia grundlegend überarbeitet. Während noch in Director 7 der Schwerpunkt auf den Darstellern selbst lag, wurden ab Director 8 die Soundkanäle als oberstes Objekt zur Programmierung von Klang definiert.

In Director 7 musste man zum Abspielen von Klang mittels Lingo noch schreiben:

```
puppetsound 1, "Klang"
```

Diese Syntax ist zwar weiterhin möglich. Nach dem neuen Soundmodell ab Director 8 schreibt man aber **besser:**

```
sound(1).play(member("Klang"))
```

In diesem Soundmodell erhält jeder Soundkanal eine separate Speicher-Queue (Warteschlange), in die der Sound vorgeladen werden kann. Daher ist es **noch besser** zu schreiben:

```
sound(1).queue(member("Klang"))
sound(1).play()
```

Mit dem ersten Befehl werden die ersten 1500 Millisekunden des Darstellers `"Klang"` in die Speicher-Queue von Soundkanal 1 vorgeladen, aber noch nicht abgespielt. Erst der zweite Befehl spielt den Sound dann auch ab.

Beim Vorladen von Sound lassen sich bei Bedarf auch andere Vorladezeiten einstellen, einmal durch die Eigenschaft `preloadTime` des Sound-Objektes, z.B.:

```
sound(1).preLoadTime = 5000 -- 5000 Millisekunden vorladen
```

Oder indem Sie `#preloadTime` in der PlayList des jeweiligen Soundkanals mit der Methode `queue()` oder `setPlayList()` einen anderen Wert zuweisen, z.B.:

```
sound(1).queue([#member: member("Lied"), #preLoadTime: 5000])
```

Achten Sie hier bitte auch auf die etwas andere Schreibweise bei der Methode `queue()`. Sobald mehr Angaben erfolgen als nur die des Darstellers, muss der Darsteller mit der Eigenschaft `#member` als Listenelement (eckige Klammern) übergeben werden!

4.2.1 Sound synchron abspielen

Durch das Vorladen von Sound wird es auch möglich, mehrere Sounds annähernd synchron abzuspielen:

```
-- Sounds vorladen:
sound(1).queue(member("Klang"))
sound(2).queue(member("Sprache"))
sound(3).queue(member("Effekt"))

-- Sounds synchron abspielen:
sound(1).play()
sound(2).play()
sound(3).play()
```

Allerdings müssen Sie darauf achten, dass auch alle Sounds vorgeladen sind, damit Director sie synchron abspielen kann. Das erreichen Sie entweder dadurch, dass Sie die Sounds in einem separaten Skript rechtzeitig in den Soundkanal vorladen. Oder indem Sie mittels der Soundeigenschaft `status` testen, ob alle Sounds bereits vorgeladen sind.

Sobald der für einen Kanal angegebene Sound vorgeladen ist, nimmt dessen Eigenschaft `status` den Wert 2 an (s. Tabelle unten). Damit lässt sich ein Verhaltensskript programmieren, das alle Sounds erst dann abspielt, wenn auch alle vorgeladen sind:

```
on beginSprite me
  sound(1).queue([#member:member("Klang"), #preLoadTime:2000])
  sound(2).queue([#member:member("Sprache"), #preLoadTime:2000])
  sound(3).queue([#member:member("Effekt"), #preLoadTime:2000])
end

on exitFrame me
  if (sound(1).status = 2) and (sound(2).status = 2) and \
     (sound(3).status = 2) then
    sound(1).play()
    sound(2).play()
    sound(3).play()
  else
    go to the frame
  end if
end
```

Erstellen Sie das Skript als Verhalten und ziehen Sie es mit der Maus in den Skriptkanal des Drehbuches an die Stelle, an der die Sounds synchron abgespielt werden sollen. Alternativ kann das Skript auch einem Sprite zugewiesen werden; damit wird derselbe Effekt erreicht: Der Abspielkopf wird so lange angehalten, bis alle Sounds vorgeladen sind.

Sie können auch mehrere Sounds in einen Soundkanal vorladen. Allerdings werden diese dann **nacheinander** und nicht gleichzeitig abgespielt. Dies ist mit mehreren `queue()`-Anweisungen für denselben Kanal oder mit der Methode `setPlayList()` realisierbar:

```
on beginSprite me
  sound(1).setPlayList( \
    [#member:member("Klang")], [#member:member("Sprache")], \
    [#member:member("Effekt"), #preLoadTime:2000])
end

on exitFrame me
  if (sound(1).status = 2) then
    sound(1).play()
else
    go to the frame
  end if
end
```

4.2.2 Sound-Status

Die im obigen Skript verwendete Eigenschaft `status` des Sound-Objektes kann insgesamt fünf verschiedene Werte annehmen und damit den aktuellen Zustand eines Soundkanals kennzeichnen:

Status	Beschreibung
0	es befindet sich kein Sound im angegebenen Kanal
1	der zugewiesene Sound wird gerade vorgeladen
2	der dem Kanal zugewiesene Sound ist, mit der durch preLoadTime angegebenen Zeitdauer, komplett im Arbeitsspeicher vorgeladen
3	der Sound im angegebenen Kanal wird gerade abgespielt
4	der Sound im angegebenen Kanal wurde unterbrochen

4.2.3 Eigenschaften der PlayList

Neben dem Darsteller und der Vorladezeit können Sie mit den Methoden `play()`, `queue()`, und `setPlayList()` des Sound-Objektes noch weitere Angaben zum Abspielen des Sounds festlegen:

`#member`	Darsteller, der in die Speicher-Queue des angegebenen Soundkanals vorgeladen werden soll; diese Eigenschaft muss angegeben werden, alle anderen sind optional
`#startTime`	Startpunkt auf der Zeitleiste des Sounds in Millisekunden, ab dem der Sound mittels `play()`-Befehl wiedergegeben wird (die Wiedergabe erfolgt dabei unmittelbar, d.h., der Abspielkopf springt direkt zum angegebenen Startpunkt)
`#endTime`	Endpunkt auf der Zeitleiste des Sounds in Millisekunden, bei dem die Wiedergabe des Sounds abgebrochen wird
`#loopCount`	gibt die Anzahl der Wiederholungen an, mit der ein Sound abgespielt werden soll, beim Wert 0 wird die Schleife endlos abgespielt
`#loopStartTime`	Startpunkt auf der Zeitleiste des Sounds in Millisekunden, ab dem die mit `#loopCount` angegebenen Wiederholungen beginnen sollen
`#loopEndTime`	Endpunkt auf der Zeitleiste des Sounds in Millisekunden, an dem die mit `#loopCount` angegebenen Wiederholungen enden sollen
`#rateShift`	Wiedergabegeschwindigkeit des Sounds, negative Integerwerte verlangsamen den Sound, positive beschleunigen ihn, Standardwert: 0 (normale Geschwindigkeit), eine Änderung um 1 ändert dabei auch die Tonhöhe um jeweils einen Halbton, 12 ergibt somit eine Änderung um eine Oktave
`#preLoadTime`	Zeit in Millisekunden, die der jeweilige Sound vorgeladen wird, Standardwert:1500

Eigenschaften und Methoden des Sound-Objektes, die nicht über die PlayList gesetzt werden, finden Sie ab Seite 254.

4.2.4 PlayList ändern

Wie bei anderen Lingo-Objekten (`vertexList()`, `color()` etc.) lassen sich nicht einzelne Eigenschaften der PlayList direkt ändern, sondern nur mit einer anderen Liste komplett überschreiben. Um also einzelne Eigenschaften einer PlayList zu ändern, erzeugt man deshalb eine Kopie, nimmt dort die Änderungen vor und schreibt die Kopie wieder zurück in den betreffenden Soundkanal.

Soll zum Beispiel der Darsteller und die Wiedergabegeschwindigkeit für den ersten Eintrag in der PlayList von Soundkanal 1 geändert werden, könnte das wie folgt geschehen:

```
tmpList = sound(1).getPlayList()
tmpList[1].rateShift = 10
tmpList[1].member = member("neu")
sound(1).setPlayList(tmpList)
```

Um zu erfahren, wie viele Sounds schon in die Warteschlange eines Kanals eingereiht wurden, können Sie die Eigenschaft `count` mit `getPlayList()` verwenden:

```
put sound(1).getPlayList().count
```

Das Löschen einer einmal gesetzten PlayList oder einzelner Einträge ist ebenfalls **nur** mit der Methode `setPlayList()` des Sound-Objektes möglich. Der folgende Befehl löscht die PlayList von Soundkanal 1:

```
sound(1).setPlayList([])
```

4.2.5 Eigenschaften des Sound-Objektes

Eigenschaften von Sound-Objekten lassen sich außer per PlayList auch direkt per Wertzuweisung nutzen, wie Sie das schon von anderen Objekten her kennen. Die allgemeine Syntax dafür lautet:

```
sound(kanal).eigenschaft = wert
```

Welche Eigenschaften ein Sound-Objekt zur Verfügung stellt, können Sie mit der Methode `showProps()` ermitteln, z.B.:

```
sound(5).showProps()
```

Damit werden alle Eigenschaften von Sound-Objekt 5 im Nachrichtenfenster angezeigt. Eine Zusammenfassung der verfügbaren Eigenschaften des Sound-Objektes gibt Ihnen auch die nachfolgende Tabelle.

Die einzelnen Eigenschaften des Sound-Objektes lassen sich immer nur mit Hilfe der Methoden `play()`, `queue()` und `setPlayList()` **oder** direkt per

Wertzuweisung ändern. Eine Ausnahme bildet lediglich die Eigenschaft `preloadTime`, sie kann sowohl über einen Methodenaufruf als auch direkt gesetzt werden.

Eigenschaft	Beschreibung

`member`	Gibt den Darsteller des aktuellen Sounds an, z.B.:
	`put sound(5).member`
	`-- (member 1 of castLib 1)`

`volume`	Lautstärke, Werte von 0 bis 255 möglich, z.B.: `sound(5).volume = 100`
`pan`	Balance, Werte von -100 (nur linker Kanal) bis 100 (nur rechter Kanal) möglich. Achtung, läuft nicht bei „MacroMix".
`currentTime`	aktuelle Zeit auf der Zeitleiste des Sounds in Millisekunden, kann gelesen und gesetzt werden, z.B.: `sound(5).currentTime = 10000`
`loopCount`	Gibt an, wie oft ein Sound hintereinander abgespielt wird, Standard ist 1. Bei 0 wird der Sound endlos abgespielt. Die Eigenschaft ist hier nur lesbar, gesetzt werden kann sie in der PlayList (s.o.)
`loopsRemaining`	Gibt die Anzahl der noch abzuspielenden Schleifendurchläufe an, nur lesbar.
`loopStartTime`	Gibt die Startzeit in Millisekunden auf der Zeitleiste des aktuellen Sounds an, bei der der Schleifendurchlauf beginnt, Standardwert: 0. Kann nur in der PlayList gesetzt werden, hier ist sie nur lesbar.
`loopEndTime`	Gibt die Endzeit der laufenden Schleife im aktuellen Sound in Millisekunden an. Kann nur in der PlayList gesetzt werden, hier ist sie nur lesbar.
`elapsedTime`	Gesamtzeit, die der Sound bereits spielt, in Millisekunden inklusive eventueller Soundschleifen, nur lesbar.
`rateShift`	Wiedergabegeschwindigkeit des Sounds, hier nur lesbar. Gesetzt werden kann die Eigenschaft in der PlayList (s.o.), Standardwert: 0 (normale Geschwindigkeit).
`preloadTime`	Gibt die Zeit in Millisekunden an, die der jeweilige Sound vorgeladen wird, Standardwert: 1500, les- und schreibbar, z.B.: `sound(5).preloadTime = 2000`
`status`	Status des Soundkanals, nur lesbar

4.2.6 Soundbeispiel

Ein Sound soll durch Lingo abgespielt bzw. wieder gestoppt werden, je nachdem auf welche Schaltfläche der Anwender klickt.

Außerdem soll beim Abspielen die erste Sekunde des Sounds übersprungen und der Abschnitt von der dritten bis zur vierten Sekunde 5-mal wiederholt werden, entsprechend der folgenden Abbildung:

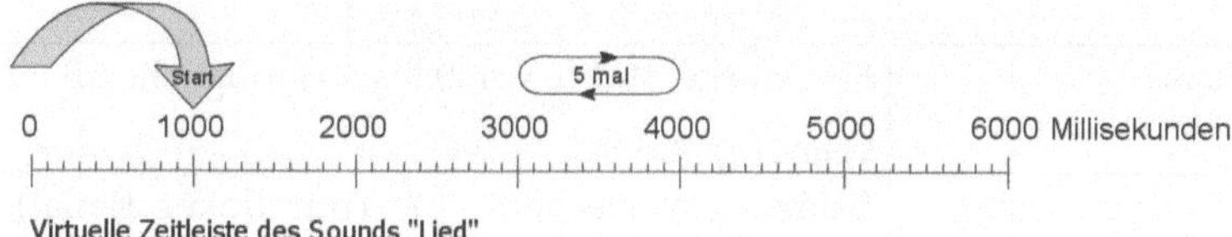

Abb. 4-8: Visualisierung des Zeitverhaltens eines Sounds

Zur Umsetzung des Beispiels importieren Sie in die Besetzung eines neuen Directorfilms einen Sound, geben ihm den Namen „Lied“ und erstellen ein Filmskript mit folgendem Inhalt:

```
on prepareMovie
    sound(1).queue([#member:member("Lied"), #startTime:1000, \
    #loopCount:5, #loopStartTime:3000, #loopEndTime:4000])
end prepareMovie
```

Achten Sie hier bitte auch auf die etwas andere Schreibweise beim Queue-Befehl, sobald mehr Angaben als nur die des Darstellers gemacht werden!

Damit der so vorbereitete Sound abgespielt wird, schreiben Sie ein Verhaltensskript, und weisen Sie es einer Schaltfläche mit der entsprechenden Aufschrift zu:

```
on mouseUp me
  sound(1).play()
end
```

Verhaltensskript — Play Sound

Um den Sound zu stoppen, gibt es die Funktion `stop()`. Notieren Sie also ein weiteres Verhaltensskript, das Sie diesmal einer Schaltfläche mit der Aufschrift „Stop Sound“ zuweisen:

```
on mouseUp me
  sound(1).stop()
end
```

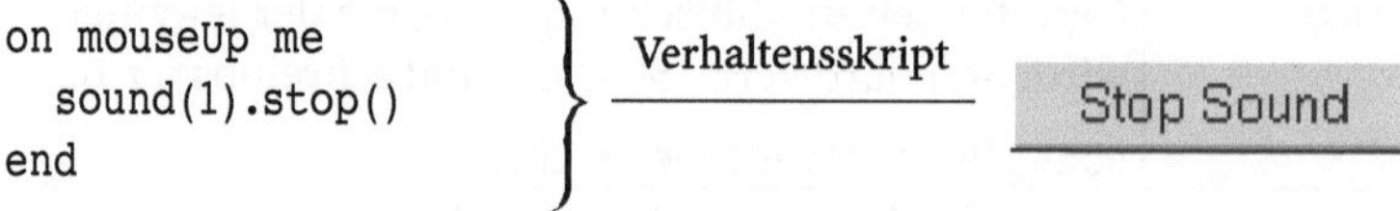

Die Besetzung und das Drehbuch für dieses kleine Beispiel könnten dann so aussehen:

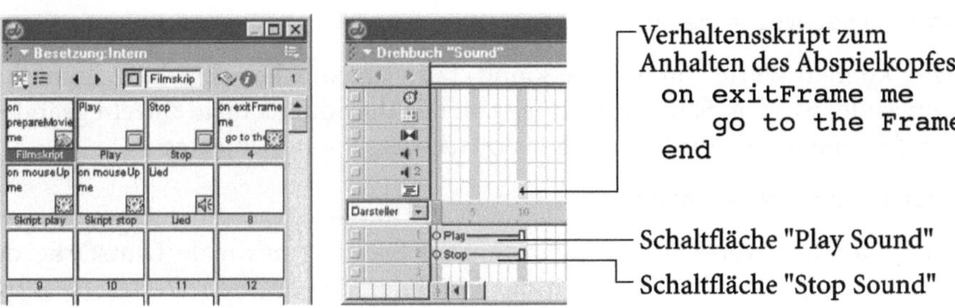

Abb. 4-9: Besetzung und Drehbuch für das Soundbeispiel

4.2.7 Sound-Abspielsteuerung

Neben den Befehlen zum Abspielen `play()` und Beenden `stop()` von Sound, gibt es noch weitere Möglichkeiten zur Steuerung.

So kann der Sound mit `pause()` unterbrochen werden. Das heißt, bei einem erneuten `play()` spielt der Sound genau an der Stelle weiter, an der er unterbrochen wurde. Und mit `rewind()` wird der Sound wieder zurückgespult, aber **nur** dann, wenn er noch nicht bis zum Ende abgespielt wurde.

4.2.7.1 Soundschleifen manipulieren

Es ist auch möglich, eine Soundschleife vorzeitig zu beenden, hierfür gibt es die Funktion `breakLoop()`. Dabei wird der Sound nicht sofort gestoppt, sondern die gerade noch laufende Schleife zu Ende abgespielt.

Während der Sound wiedergegeben wird, können Sie auch ermitteln, wie viele Wiederholungen eine vorhandene Schleife aufweist (im obigen Beispiel also 5):

```
put sound(1).loopCount
```

und wie oft die Schleife noch abgespielt werden soll:

```
put sound(1).loopsRemaining
```

4.2.7.2 Lautstärke einstellen

Um die Lautstärke des Sounds zu ändern gibt es prinzipiell zwei Möglichkeiten. Sie können die Lautstärke unmittelbar auf einen neuen Wert setzen oder Sie faden (blenden) die Lautstärke auf einen neuen Pegel.

Für die unmittelbare Änderung der Lautstärke aller Kanäle dient der Befehl:

```
the soundLevel = neuerWert
```

Hier können Werte von 0 (kein Sound) bis 7 (maximal eingestellte Lautstärke) verwendet werden, Standardwert ist 7. Sollen die Soundkanäle einzeln geändert werden, nutzen Sie die Eigenschaft `volume` des Sound-Objektes:

```
sound(1).volume = neuerWert
```

Die erlaubten Werte sind 0 (kein Sound) bis 255 (maximale Lautstärke des Computers!). Sie sollten hier mit der Wahl der verwendeten Werte respektive der Lautstärke sehr vorsichtig sein, damit Sie die Nutzer Ihrer Anwendung nicht zu Tode erschrecken.

Wollen Sie den Sound lieber von einem Wert auf den anderen überblenden (faden) nutzen Sie die Befehle:

```
sound(1).fadeOut(millisekunden)        -- zum Ausblenden des Sounds
sound(1).fadeIn(millisekunden)         -- zum Einblenden des Sounds
```

Soll z.B. der Sound „IntroMusic" drei Sekunden eingeblendet werden, schreiben Sie:

```
sound(1).fadeIn(3000)
sound(1).play(member("IntroMusic"))
```

Zum Überblenden des Sounds auf einen bestimmten neuen Wert dient der Befehl: `sound(1).fadeTo(lautstärke, zeit)`

Für die *`lautstärke`* sind wieder Werte von 0 bis 255 möglich, für *`zeit`* gibt man die Millisekunden an, die die Überblendung dauern soll.

4.2.7.3 Synchronisation von Bild und Ton

Bild und Tonereignisse können in Director mit so genannten *Cue Points* synchronisiert werden. Cue Points sind dabei nichts anderes als Marken auf der Zeitleiste des jeweiligen Sounds. Um Cue Points zu setzen, können Sie verschiedene Sound-Editoren verwenden, z.B. SoundForge XP (Menü *Special / Regions List / Add…*) oder CoolEdit (Menü *View / Cue List*).

Um Cue Points (Marken) in Director zu nutzen, stehen die folgenden Befehle zur Verfügung:

isPastCuePoint(sound(1), "Rome")	Überprüft, ob und wie oft der Cue Point mit der Bezeichnung "Rome" schon im Soundkanal 1 passiert wurde; 0 noch nicht passiert
mostRecentCuePoint	Sound-, Sprite- und Darstellereigenschaft, die die Nummer des zuletzt passierten Cue Points angibt

cuePointNames	Darstellereigenschaft, erstellt eine Liste mit den Namen der Cue Points des jeweiligen Darstellers, nur lesbar, z.B.:
	`put member("Lied").cuePointNames[2]`
	`- - "Mitte"`

cuePointTimes	Darstellereigenschaft, erstellt eine Liste mit den Aufrufzeiten der Cue Points des jeweiligen Darstellers, nur lesbar, z.B.:
	`put member("Lied").cuePointTimes`
	`- - [10807, 35672, 35672]`

on cuePassed *me, channel, number, name* . . end	zu „on exitFrame" analoges Ereignis, welches entsprechend genutzt werden kann; die Parameter haben folgende Bedeutung: *channel* gibt den Kanal des Ereignisses an, z.B. 4 *number* die Nummer des Cue Points *name* den Namen des Cue Points

4.2.7.4 Soundtreiber auswählen

Für die Wiedergabe des Sounds können unterschiedliche Treiber verwendet werden, je nachdem welche auf dem System vorhanden sind. Um die verfügbaren Sounddevices auf Ihrem System anzuzeigen, verwenden Sie den Befehl:

```
put the soundDeviceList
```

Standardmäßig ist unter Windows „DirectX" eingestellt. Für größtmögliche Kompatibilität sorgt der Soundtreiber von Macromedia „Macromix". Dieser Treiber ist aber leider etwas langsam und besitzt eine gewisse Latenzzeit (Verzögerung).

Falls Sie in Ihrem Projekt Quicktime nutzen, sollten Sie auch dessen Soundtreiber „QT3Mix" verwenden. Dieser Treiber ist sehr schnell, d.h. besitzt eine nur geringe Latenzzeit und arbeitet sowohl unter Windows als auch Mac-Plattformen zuverlässig. Voraussetzung ist, dass eine Quicktime-Installation 3.02 oder höher auf dem Ziel-System existiert. Die Abfrage der Quicktime-

Installation und das Setzen des „QT3Mix"-Treibers erledigt das folgende Frameskript:

```
on exitFrame me
  if quickTimeVersion() >= 3.02 then
    set the soundDevice = "QT3Mix"
  else
    if the platform contains "Mac" then
      open "@:Mac:Quicktime6:Install"
    else
      open "@\pc\Quicktime6\Quicktimeinstaller"
    end if
    quit  -- beendet den Directorfilm
  end if
end
```

Außerdem müssen Sie bei der Verwendung von „QT3Mix" darauf achten, dass im Projektor das „QT3Asset-Xtra" mit eingebunden wird (Menü *Modifizieren / Film / Xtras ...*) bzw. dieses Xtra extern dem Projektor zur Verfügung steht (s. auch S. 33).

Ein Nachteil von „QT3Mix" sei an dieser Stelle auch nicht verschwiegen: Der Ton von AVI-Clips wird von diesem Sound-Treiber **nicht** wiedergegeben! Abhilfe schafft hier beim Importieren die Option, AVI-Clips als Quicktime MOVs einzulesen.

4.2.8 Sprachausgabe

Ab Director MX befindet sich auch ein Xtra zur Sprachausgabe im Lieferumfang. Damit wird es möglich, beliebigen Text in Feld- und Textdarstellern vorlesen zu lassen.

Als Systemvoraussetzung für die Sprachausgabe muss unter Windows das Microsoft Speech Application Programming Interface (SAPI), Version 4 oder höher, installiert sein. Bei der Installation von Windows XP wird SAPI 5 bereits automatisch eingerichtet. Im Lieferumfang früherer Windows-Versionen ist SAPI nicht enthalten, kann aber unter `http://www.microsoft.com/speech/` aus dem Internet heruntergeladen werden. Von dort können auch Komponenten für die Sprachlokalisierung bezogen werden. Standardmäßig ist eine englische Sprachausgabe installiert.

Unter Macintosh OS ist ab Version 8.6 die Sprachausgabesoftware installiert, so dass keine weiteren Zusatzprogramme erforderlich sind. Allerdings erfolgt auch hier standardmäßig eine englischsprachige Wiedergabe des Textes.

Ob die Software zur Sprachausgabe auf dem jeweiligen System installiert ist, können Sie mit dem Befehl `voiceInitialize()`, z.B. im Nachrichtenfenster, ermitteln:

```
put voiceInitialize()
```

Ist die Sprachausgabe installiert, liefert die Funktion den Wert `1` zurück, andernfalls `0`.

Die Sprachausgabe von Zeichenketten kann dann mit der Funktion `voiceSpeak()` erfolgen. Um beispielsweise den Text `"Sprachausgabe mit Director"` auszugeben, schreiben Sie:

```
put voiceSpeak("Sprachausgabe mit Director")
```

Diesen Befehl können Sie zum Testen in das Nachrichtenfenster eingeben oder Sie verwenden ihn innerhalb eines Skriptes. Natürlich können Sie mit der Funktion auch direkt Text von Feld- oder Textdarstellern ausgeben lassen, z.B.:

```
voiceSpeak(member("info").text)
```

Bei der Verwendung der Sprachausgabe in eigenen Projekten sollten Sie bedenken, dass dies nicht auf allen Systemen ohne weiteres funktioniert. Zum Teil muss erst eine entsprechende Software nachinstalliert werden. Sie sollten daher dem Anwender eine Möglichkeit geben, zu testen, ob auf seinem Rechner die Sprachausgabe möglich ist. Dafür können Sie die Funktion `voiceInitialize()` nutzen.

Unbedenklich hingegen ist der Einsatz der Sprachausgabe z.B. auf Messeständen, wo Sie selbst die Sprachfunktion überprüfen und gegebenenfalls die entsprechende Software einrichten können.

Zusammenfassung der verfügbaren Funktionen für die Sprachausgabe:

Methode	Beschreibung
`voiceInitialize()`	Die Funktion lädt die Text-to-Speech-Engine des Computers. Wurde die Sprachsoftware erfolgreich geladen, ist der Rückgabewert 1, andernfalls 0.
`voiceSpeak()`	Diese Funktion liest die angegebene Zeichenkette vor, z.B.: `voiceSpeak("Hallo Welt")`
`voiceStop()`	Die Funktion stoppt die Sprachausgabe und leert den Sprachausgabepuffer. War die Ausführung erfolgreich, ist der Rückgabewert 1, ansonsten 0.
`voicePause()`	Diese Funktion hält die Sprachausgabe für die Text-to-Speech-Engine an. Sie liefert 1 bei erfolgreicher Ausführung zurück, andernfalls 0.
`voiceResume()`	Hiermit wird eine unterbrochene Sprachausgabe fortgesetzt. Bei Erfolg ist der Rückgabewert 1, ansonsten 0.

Methode	Beschreibung

`voiceCount()`	Die Funktion liefert die Anzahl der installierten Stimmen auf dem Computer, z.B.:
	`put voiceCount()`
	`-- 2`

`voiceGetRate()`	Die Funktion liefert eine Ganzzahl für die Geschwindigkeit der Sprachausgabe zurück, z.B.:
	`put voiceGetRate()`
	`-- 5`
	Welche Werte gültig sind, hängt vom Betriebssystem und der Sprachsoftware ab. Im Allgemeinen sind Werte von –10 bis 10 zu erwarten.

`voiceSetRate()`	Mit dieser Funktion können Sie die Sprechgeschwindigkeit einstellen, z.B.: `voiceSetRate(10)`

`voiceGetPitch()`	Gibt die aktuelle Tonhöhe der verwendeten Stimme als Ganzzahl zurück. Welche Werte gültig sind, hängt vom Betriebssystem und der Sprachsoftware ab, z.B.:
	`put voiceGetPitch()`
	`-- 1`

`voiceSetPitch()`	Setzt die Tonhöhe der aktuellen Stimme als Ganzzahl. Welche Werte gültig sind, hängt wieder vom Betriebssystem und der Sprachsoftware ab, z.B.: `voiceSetPitch(50)`
`voiceState()`	Liefert den Status der aktuell verwendeten Stimme zurück, mögliche Werte sind: #playing Text wird gesprochen #paused Sprachausgabe wurde unterbrochen #stopped Sprachausgabe wurde angehalten

4.3 Digitalvideo

Director kann drei verschiedene Videoformate anzeigen: Quicktime, AVI und RealMedia. Letzteres ist in Version 8.5 von Director neu hinzugekommen. RealMedia ist ein so genanntes Streaming-Format, das heißt, es ist dafür vorgesehen Video-Übertragungen aus dem Internet zu realisieren. Dabei werden die ersten Video-Sequenzen angezeigt, sobald sie heruntergeladen wurden. Im Gegensatz dazu müssen in der Regel bei AVI und Quicktime-Videos diese komplett auf dem Rechner vorhanden sein um sie wiedergeben zu können.

Aus diesem technischen Unterschied resultiert auch eine unterschiedliche Steuerung der Videoformate in Director. Zunächst werden wir uns die Möglichkeiten für AVI und Quicktime ansehen.

4.3.1 AVI- und Quicktime-Video

Die einfachste Art Digitalvideos zu steuern erfolgt mit Hilfe des Tempokanals im Drehbuch. Platzieren Sie dafür ein Video aus der Besetzung in einem Spritekanal des Drehbuches. Anschließend führen Sie einen Doppelklick im Tempokanal über dem Videosprite aus:

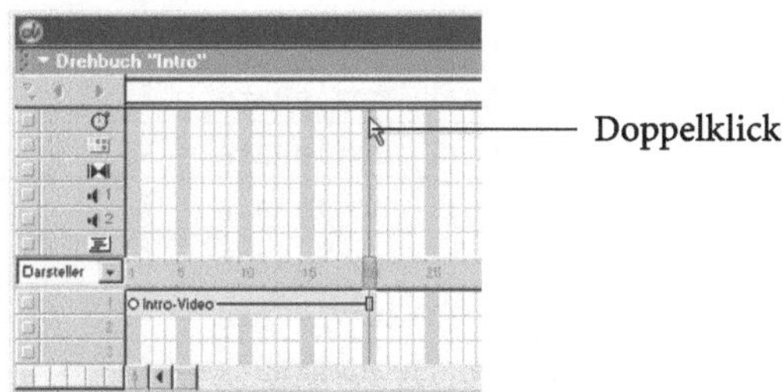

Abb. 4-10:
Steuern von Digitalvideos mit dem Tempokanal im Drehbuch

Darauf öffnet sich eine Dialogbox:

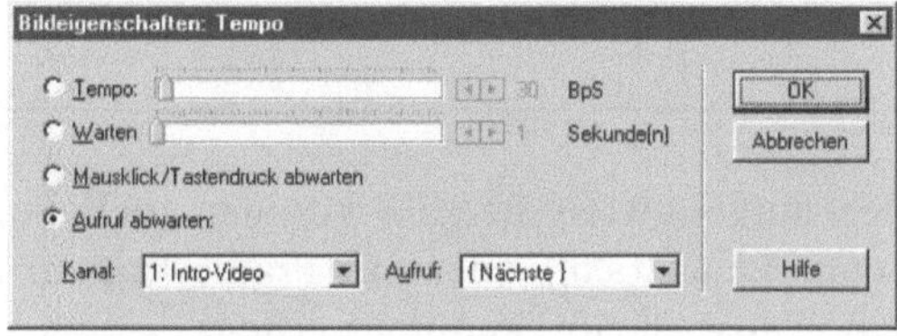

Abb. 4-11:
Dialogbox zum Einstellen der Parameter im Tempokanal

Wählen Sie hier *Aufruf abwarten*: können Sie unter der Option *Kanal:* das entsprechende Video oder auch einen Sound auswählen. Enthält das ausgewählte Medium (hier „Intro Video") Cue Points werden diese unter der Option *Aufruf* aufgelistet. Entsprechend den dort ausgewählten Cue Points, hält der Abspielkopf im Drehbuch so lange an, bis das Video bzw. der Sound diesen beim Abspielen passiert. Wählen Sie bei *Aufruf* `{Nächste}`, wird der nächste Cue Point abgewartet. Bei der Auswahl `{Ende}` hält der Abspielkopf so lange an, bis das Video oder der Sound vollständig abgespielt wurde.

Diese Steuerung funktioniert **nur** für AVI- und QuickTime-Digitalvideos sowie Sounddarsteller. Flashfilme lassen sich auf diese Weise **nicht** steuern. Um den Abspielkopf bei Flashfilmen anzuhalten, bis der Film abgespielt ist, sei auf das Beispiel Seite 242 verwiesen.

Wesentlich flexibler lässt sich ein Digitalvideo natürlich mit Lingo steuern. Hier stehen Ihnen Möglichkeiten wie Vorwärts- und Rückwärtsspulen, Anhalten, Slow-Motion und weitere Optionen zur Verfügung.

Um beispielsweise ein Video auf den Anfang zurückzusetzen, weisen Sie dessem Eigenschaft `movieTime` den Wert 0 zu, wie es das folgende Verhaltensskript für eine Schaltfläche zeigt:

```
on mouseUp me
  sprite(1).movieTime = 0
end
```

Dabei wird davon ausgegangen, dass sich das Video im Spritekanal 1 des Drehbuches befindet. In der folgenden Tabelle finden Sie weitere Befehle zur Video-Steuerung:

Funktion	Lingo-Code
Vorwärts abspielen	sprite(1).movieRate = 1
Rückwärts abspielen	sprite(1).movieRate = -1
Pause	sprite(1).movieRate = 0
Slow Motion vorwärts	sprite(1).movieRate = 0.5
Slow Motion rückwärts	sprite(1).movieRate = -0.5
Schneller Vorlauf	sprite(1).movieRate = 2
Schneller Rücklauf	sprite(1).movieRate = -2
Zum Anfang	sprite(1).movieTime = 0
Zum Ende	sprite(1).movieTime = sprite(1).member.duration

Hinweis: Die hier aufgeführten Befehle können auch kombiniert mit Einstellungen im Tempokanal (s.o.) oder mit Frameskripten zur Steuerung des Abspielkopfes (z.B.: Pause-Skript) genutzt werden.

4.3.2 RealMedia

Die oben aufgeführten Befehle können für das RealMedia-Format nicht verwendet werden. Genauer gesagt, die meisten Befehle können Sie zwar auch für RealMedia angeben, nur haben sie keine Auswirkungen auf die Wiedergabe.

Um z.B. einen bestimmten Wiedergabe-Zeitpunkt im Video anzusprechen verwenden Sie hier nicht die Eigenschaft `movieTime`, sondern `currentTime`. Die verwendete Zeitbasis ist dabei die Millisekunde. Soll ein RealMedia-Video per Lingo gestartet werden, steht dafür die Methode `play()` zur Verfügung. Für die Ermittlung des aktuellen Ladestatus eines RealMedia-Videos sind die Eigenschaften `status` und `mediaStatus` verfügbar (s. folgende Tabelle).

Damit lässt sich beispielsweise ein Frameskript erstellen, das ein RealMedia-Video als Schleife abspielt:

```
on exitFrame me
  if sprite(1).member.mediaStatus = #closed then
    sprite(1).member.play()
  end if
  go to the frame
end
```

Ein komplettes RealMedia-Beispiel für das Internet, bei dem das Video auf einem bewegten Quader dargestellt wird, finden Sie ab Seite 444. Eine Zusammenfassung der verfügbaren Eigenschaften und Methoden für RealMedia bietet die folgende Tabelle:

Befehl	Beschreibung
`state`	Darstellereigenschaft, nur lesbar, gibt den Ladestatus des Videos an, es bedeuten 1) Streaming wurde noch nicht gestartet 2) Video wurde zum Streaming geöffnet 3) das Video wird vorgeladen (gepuffert) und alle Eigenschaften des Darstellers sind bekannt 4) Das RealMedia-Video wird problemlos wiedergegeben bzw. pausiert –1) ein Fehler ist aufgetreten.
`mediaStatus`	Darstellereigenschaft, nur lesbar, liefert erweiterte Informationen zum Ladestatus des Videos, folgende Werte sind möglich: `#connecting`, `#buffering`, `#playing`, `#seeking`, `#paused`, `#closed`, `#opened`, `#error`
`percentBuffered`	Darsteller- und Spriteeigenschaft, nur lesbar. Sie gibt an, wieviel Prozent des Videos bereits in den Medienpuffer geladen wurden. Bei 100 % beginnt die Wiedergabe des gepufferten Streamabschnittes.
`video`	Darstellereigenschaft, die bestimmt, ob die Video-Komponente angezeigt wird (TRUE) oder nicht (FALSE), Standardwert: TRUE, z.B.: `member("RealMedia").currentTime = FALSE` Der Befehl schaltet die Bildwiedergabe aus.
`audio`	Darstellereigenschaft, die bestimmt, ob die Audio-Komponente wiedergegeben wird (TRUE) oder nicht (FALSE), Standardwert: TRUE

`duration`	Darsteller- und Spriteeigenschaft, gibt die Länge eines Videos in Millisekunden an, nur lesbar, z.B.:
	`put member("RealMedia").duration`
	`-- 10000`

Befehl	Beschreibung
`currentTime`	Darsteller- und Spriteeigenschaft, sie gibt die aktuelle Zeit in Millisekunden seit Streambeginn des RealMedia-Darstellers an, les- und schreibbar, z.B.: `member("RealMedia").currentTime = 0` Dies setzt das Video auf den Anfang zurück. Dieselbe Wirkung lässt sich mit dem Befehl `seek` erzielen, z.B.: `member("RealMedia").seek(0)`
`play()`	Methode für RealMedia-Sprites und -Darsteller, startet das Streaming des Videos, z.B.: `member("RealMedia").play()`
`pausedAtStart()`	Bestimmt, ob das Video nach Abschluss der Pufferung automatisch gestartet wird (FALSE) oder nicht (TRUE), Standardwert: FALSE
`pause()`	Darsteller- und Spritemethode, mit der ein RealMedia-Video unterbrochen werden kann, z.B.: `member("RealMedia").pause()` Dabei wird weder die Einstellung von `currenTime` geändert noch der Pufferinhalt gelöscht.
`stop()`	Darsteller- und Spritemethode, mit der die Wiedergabe eines RealMedia-Videos abgebrochen wird. Außerdem werden die Eigenschaften `currentTime` und `percentBuffered` auf 0 gesetzt.

4.4 Xtras

Xtras sind Zusatzmodule, die die Arbeitsumgebung von Director oder Lingo um bestimmte Fähigkeiten erweitern. Xtras werden sowohl von Macromedia für ein modulares Konzept von Director benutzt, als auch von anderen Herstellern angeboten. Eine umfangreiche Liste der verfügbaren Xtras finden Sie z.B. im Internet unter http://www.directordevelopers.com/lingopark/.

Der Vorteil von Xtras besteht darin, dass nicht alle Xtras in einem Projekt mit eingebunden werden müssen, sondern nur die, deren Funktionen man wirklich benötigt und nutzt. Dadurch werden die Filme nicht unnötig aufgebläht und Ressourcen gespart. Wie die Einbindung von Xtras in einen zu veröffentlichen Film erfolgt, lesen Sie ausführlich auf Seite 33.

Xtras gibt es in einer großen Vielfalt. Manche ergänzen Lingo um neue Befehle. Andere ermöglichen neue Dateitypen zu importieren. Einige erweitern Director um neue Druckfunktionen. Teilweise integrieren sich Xtras direkt in die Autorenumgebung von Director und erweitern diese. Bei wiederum anderen Xtras muss erst ein neues Objekt im Speicher erzeugt werden, um sie zu nutzen.

Je nach Funktion werden Xtras daher in verschiedene Typen unterteilt:

- **Lingo-Xtras** stellen neue Befehle zur Verfügung, z.B. das FileIO- und MUI-Xtra.
- **Asset-Xtras**, sie stellen neue Darstellertypen zur Verfügung, zum Teil auch neue Befehle und Properties, z.B. das Alphamania-Xtra.
- **Transition-Xtras** bieten neue Darsteller vom Typ `#transition` für Drehbuchübergänge, z.B. das DMXtreme Transition Pack.
- **Import-Export-Extras**, sie ermöglichen es Director fremde Dateiformate in ein in Director verfügbares Format umzuwandeln, z.B. Photocaster.
- **Agent-Xtras** sie ermöglichen die Kommunikation von Director mit externen Editoren. Sie gelangen nur in der Autorenumgebung zum Einsatz, z.B.: JPEG Agent und AVI Agent.

4.4.1 Installation von Xtras

Die Installation von Xtras ist im Grunde recht einfach. Die meisten Xtras werden einfach in den Ordner Xtras von Director kopiert, fertig! Dabei können Sie auch weitere Unterordner mit beliebigen Namen anlegen, in die Sie die Xtras kopieren. Wichtig ist nur, dass sich alle Xtras im oder unterhalb des Ordners Xtras von Director befinden.

Einige Xtras bringen auch ein eigenes Installationsprogramm mit.

Um die neuen Fähigkeiten, die Version sowie weitere Eigenschaften eines installierten Xtras in Director anzuzeigen, können Sie die Funktion `interface()` zusammen mit dem Namen des Xtras nutzen:

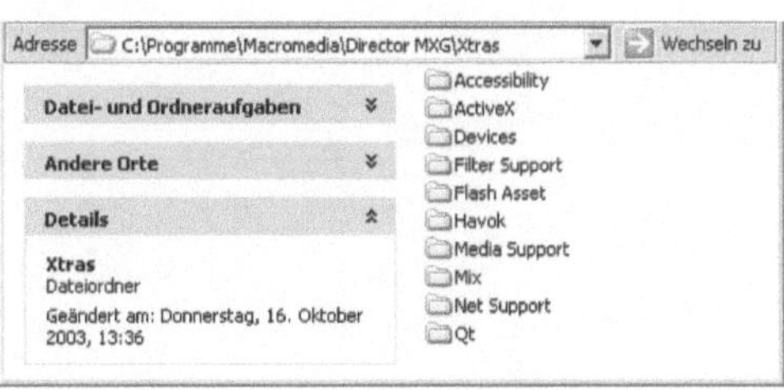

Abb. 4-12: XTra-Ordner von Director MX unter Windows XP

```
put interface(xtra "name des xtras")
```

z.B. für das FileIO Xtra:

```
put interface(xtra "FileIO")
```

Darüber hinaus gibt es noch die globale Liste `the xtraList`, die alle verfügbaren Xtra-Erweiterungen auflistet. Die globale Liste `the movie Xtra List` beinhaltet dagegen nur die dem aktuellen Directorfilm hinzugefügten Xtras. Dies entspricht der Anzeige in der Dialogbox „Film-Xtras" (Menü *Modifizieren / Film / Xtras ...*).

5 Grafik

Datei Bearbeiten Ansicht Einfügen Modifizieren Steuerung Xtras Fenster Hilfe
Werkzg.
Bühne (100%) "komplette_3DSzene"
100 %
Skript:Verhaltensskript 5
[global]
global g3d, cam1, cam2, mod2, shadr
on beginSprite me
g3d = member("szene") -- Referenz auf den 3D-Darstelle
g3d.resetWorld() -- 3D-Welt in den Ausgangszustan
-- Kugel erstellen
res1 = g3d.newModelResource("kugel", #sphere)
mod1 = g3d.newModel("sphere1", res1)
-- Quader erstellen
res2 = g3d.newModelResource("quader", #box)
mod2 = g3d.newModel("box1", res2)
mod2.translate(65, 0, 0)
mod2.rotate(45, 45, 45)
-- Zylinder erstellen
res3 = g3d.newModelResource("zylinder", #cylinder)
res3.topRadius = 0
res3.bottomRadius = 40
res3.height = 200
mod3 = g3d.newModel("zylinder1", res3)
mod3.translate(-60,-30,0)
mod3.rotate(90,0,0) -- Zylinder drehen
-- Texturen erstellen
text1 = g3d.newTexture("t1", #fromCastMember, member("
text2 = g3d.newTexture("t2", #fromCastMember, member("
text3 = g3d.newTexture("t3", #fromCastMember, member("
-- Shader für den Quader erstellen
shadr = g3d.newShader("myShader", #standard)
shadr.emissive = rgb(255, 255, 0) -- gelbes Licht e
shadr.blend = 75 -- 25 % Transparenz für Quader-
shadr.texture = text1 -- weist dem Shader die Textur
mod2.shaderList = shadr -- weist dem Quader den neuen
-- Kameras vorbereiten
cam1 = g3d.camera(1) -- Referenz auf Stand
cam1.insertBackDrop(1, text3, point(0,0), 0) -- Hinter
cam2 = g3d.newCamera("myCamera") -- erzeugt eine neue
-- Kamera 2 positionieren
cam2.translate(0,350,0) -- Kamera um 350 nach oben ver
cam2.pointAt(0,0,0) -- Kamera ausrichten
end
-- Tastaturabfrage für Kamera-Steuerung
on exitFrame
go to the frame
if not keyPressed(the keyCode) then exit -- Abbruch
Besetzung:Interne
szene
back
bild1
bild2

5.1 Farben in Director

Für die Darstellung am Monitor sind Farben, wie allgemein auch, eine grundlegende Voraussetzung. Daher werden wir uns in diesem Kapitel, bevor wir zu den grafischen Möglichkeiten von Director kommen, mit den Grundlagen der Farbdarstellung und den Farbmodellen in Director befassen.

Farben lassen sich in Director über die Icons für Vorder- und Hintergrundfarbe, z.B. im Fenster Malen und Vektorform, im Text- und Eigenschafteninspektor, oder über entsprechende Lingo-Befehle zuweisen.

Dabei wird zwischen zwei Farbmodellen unterschieden, Palettenfarben (s. S. 277) und RGB-Farben. Palettenfarben werden durch ihren Index (Nummer) in einer Palette (Tabelle) definiert. Solche Paletten können bis zu 256 Farben speichern. Das heißt, mit einer Palette lassen sich maximal 256 Farben darstellen. Der Vorteil von Palettenfarben ist, dass sie relativ wenig Speicher benötigen, nämlich nur 8-Bit je Pixel bei 256 Farben. Auch Farbtiefen von 4-, 2- oder 1-Bit sind möglich, mit entsprechend weniger möglichen Farben und Speicherbedarf.

5.1.1 RGB-Farbmodell

Seit Director Version 7 steht auch das RGB-Farbmodell zur Verfügung, bei dem Farbangaben mit Hilfe der drei Primärfarben – Rot, Grün und Blau – erfolgen. Dabei handelt es sich um eine additive Farbdarstellung. Beginnend mit Schwarz, das aus dem Wert 0 für Rot, Grün und Blau resultiert, wird durch entsprechendes Hinzufügen der drei Primärfarben die gewünschte Farbe erzeugt. Wird für alle drei Primärfarben der gleiche Wert angegeben, erhalten wir Grau. Aus der Angabe des maximalen Wertes für alle drei Farben resultiert Weiß. Dies entspricht weitestgehend der Farbdarstellung des Monitors.

Abb. 5-1: RGB-Farbmodell

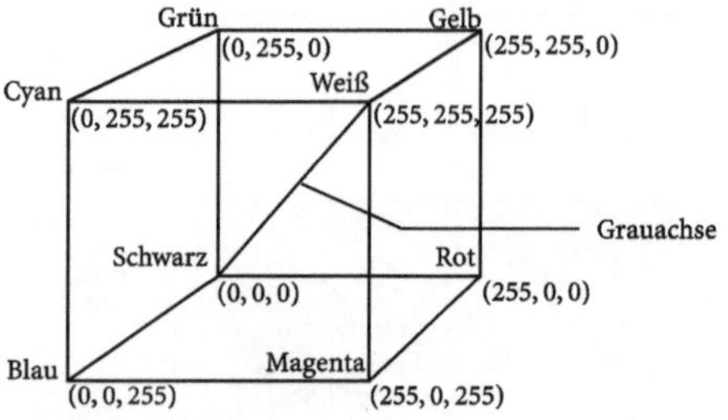

Jeder Farbkanal – Rot, Grün und Blau – besitzt eine Farbtiefe von 8-Bit. Das heißt, jede dieser drei Farben kann mit 256 Abstufungen ($2^8 = 256$) angegeben werden, so dass mit dem RGB-Farbmodell insgesamt ca. 16,7 Mio. Farben darstellbar sind (256*256*256 = 16 777 216). Daher benötigt ein Darsteller mit RGB-Farben prinzipiell dreimal mehr Speicherplatz als ein Darsteller mit Palettenfarben.

Bitmaps, die das RGB-Farbmodell verwenden, besitzen also eine Farbtiefe von 24-Bit, je 8-Bit für Rot, Grün und Blau. Außerdem kann bei diesen Grafiken ein weiterer Kanal, der so genannte *Alphakanal*, definiert werden. Er speichert ein Graustufenbild von 8-Bit, das die Transparenz einer Grafik in 256 Abstufungen definiert (s. S. 353). Grafiken mit Alphakanal besitzen dadurch eine Farbtiefe von 32-Bit.

5.1.1.1 RGB-Farben zuweisen

RGB-Farben können zum einen mit Hilfe des Fensters *Farbe* zugewiesen werden, erreichbar z.B. in der Werkzeugpalette (Strg + 7) über die Icons für Vorder- und Hintergrundfarbe:

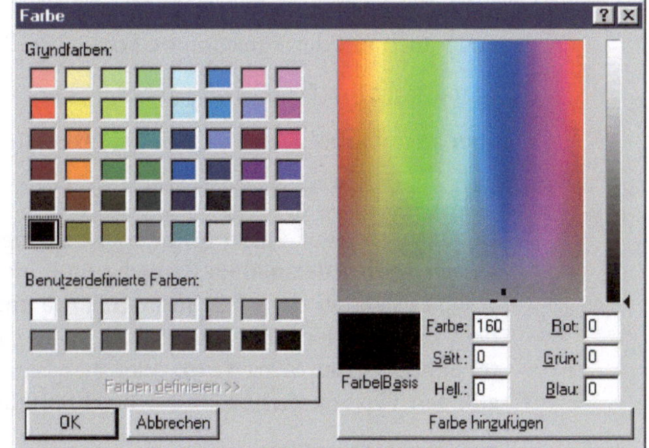

Abb. 5-2: Farbauswahl über die Werkzeugpalette in Director

Zum anderen lassen sich RGB-Farben natürlich auch mit Lingo zuweisen. Dafür stellt Director die Funktion `rgb()` zur Verfügung, mit welcher die Angabe der drei Primärfarben – Rot, Grün und Blau – dezimal oder hexadezimal erfolgen kann:

```
farbe = rgb(255, 0, 12)         -- hexadezimale Farbangabe
farbe = rgb("#FF000C")          -- dezimale Farbangabe
```

Bei dezimaler Farbangabe steht der erste Parameter für den Rot-, der zweite für den Grün- und der dritte für den Blauanteil einer Farbe. Jeder Farbanteil kann dabei einen Wert von `0` bis `255` aufweisen.

Bei der hexadezimalen Angabe einer Farbe kennzeichnet das Rautezeichen (#) die Ziffern als hexadezimalen Wert, es kann aber auch weggelassen werden. Die Anführungsstriche dagegen sind unbedingt erforderlich. Die ersten beiden Ziffern stehen für Rot, die nächsten beiden für Grün und die letzten beiden Ziffern für Blau:

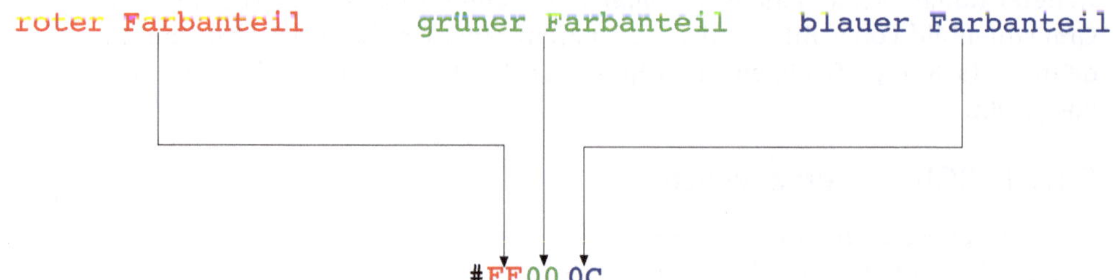

Abb. 5-3: Hexadezimale Angabe von RGB-Farben

Der Wertebereich für die einzelnen Farbanteile reicht dabei von `00` bis `FF`. Dies entspricht der dezimalen Angabe von `0` bis `255`. Außer mit `rgb()` lassen sich auch noch mit der Funktion `color()` RGB-Farbobjekte erzeugen:

```
farbe = color(#rgb, rot, gruen, blau)
```

aber auch Farbobjekte mit Palettenfarben (s. S. 277):

```
farbe = color(#paletteIndex, palettenIndex)
```

Im Gegensatz zur Funktion `rgb()` verlangt `color()` die Angaben für RGB-Farben immer dezimal im Bereich von `0` bis `255` je Kanal.

Ob es sich bei einer bestimmten Farbe um eine RGB- oder Palettenfarbe handelt, kann mit Hilfe der Eigenschaft `colorType` ermittelt werden. Sie beinhaltet entweder den Wert `#rgb` oder `#paletteindex`. Der folgende Befehl gibt z.B. den Typ von *farbe* im Nachrichtenfenster aus:

```
put farbe.colorType
-- #paletteindex
```

Um aus einer RGB-Farbe wieder die einzelnen Werte für die drei Farbkanäle zu erhalten, stehen die drei Eigenschaften `red`, `green` und `blue` des Farbobjektes zur Verfügung. Sollen z.B. von dem oben erstellten Farbobjekt *farbe* die drei Primärfarben ermittelt werden, so kann das wie folgt geschehen:

```
rot = farbe.red         -- roter Farbkanal
gruen = farbe.green     -- grüner Farbkanal
blau = farbe.blue       -- blauer Farbkanal
```

Damit steht in der Variablen `rot` der rote, in `gruen` der grüne und in `blau` der blaue Farbanteil von *farbe* zur Verfügung. Die Angabe der einzelnen Werte erfolgt immer dezimal, unabhängig von der Angabe bei der Erstellung der RGB-Farbe.

5.1.1.2 Raw-Farbwerte

Sicher können Sie sich vorstellen, dass Director intern die Farbwerte weder dezimal noch hexadezimal speichert. Da unsere Rechner letztendlich nur im Dualsystem arbeiten, das heißt mit Einsen und Nullen, werden auch die Farbwerte in diesem Format gespeichert. Bei einem Farbwert von 32 Bit wird somit intern eine 32-stellige Dualzahl gespeichert. Die ersten 8 Stellen (von rechts) speichern den Blauwert, die nächsten 8 Stellen den Grünwert, die dritten 8 Stellen den Rotwert und die letzten 8 Stellen die Alphainformation für die Transparenz:

1000 1111	0110 0010	0111 0000	0000 1100
Alpha = 143	Rot = 98	Grün = 112	Blau = 12

Umgerechnet in einen dezimalen Integerwert wird dies wie folgt:

$$\text{Integerwert} = \text{Alpha} * 256^3 + \text{Rot} * 256^2 + \text{Grün} * 256^1 + \text{Blau} * 256^0$$

oder mit:

$$\text{Integerwert} = \text{Bit}_{31} * 2^{31} + \text{Bit}_{30} * 2^{30} + \ldots + \text{Bit}_2 * 2^2 + \text{Bit}_1 * 2^1 + \text{Bit}_0 * 2^0$$

Bit_{31} ist dabei das ganz linke, Bit_0 das ganz rechte Bit der 32stelligen Dualzahl. Jedes Bit kann den Wert 1 oder 0 besitzen, abhängig davon, ob es gesetzt ist oder nicht. Daraus ergibt sich der maximal größte Integerwert, wenn alle Bits gesetzt sind, mit $2^{32} - 1 = 4\,294\,967\,295$. Mit diesem Integerwert können wir, oder besser gesagt der Rechner, aber nicht arbeiten. Denn die meisten Rechnersysteme können nur Integerwerte bis $2^{31}-1$ verarbeiten. Sie können das leicht im Nachrichtenfenster mit dem Befehl:

```
put the maxInteger
-- 2147483647
```

nachprüfen, der die maximal verwendbare Integerzahl auf dem jeweiligen System ausgibt. Um dennoch den Farbwert auch als Integerwert zu nutzen, stellt man ihn als *signed Integer* dar. Das heißt, man verwendet auch den negativen Zahlenbereich von −2 147 483 648 bis −1 zur Darstellung von Farbwerten. In der Ermittlung des Integerwertes spiegelt sich dies dadurch wider, dass das Bit_{31} negativ in die Berechnung mit eingeht:

$$\text{Integerwert} = \text{Bit}_{31} * -2^{31} + \text{Bit}_{30} * 2^{30} + \ldots + \text{Bit}_2 * 2^2 + \text{Bit}_1 * 2^1 + \text{Bit}_0 * 2^0$$

Sicher werden Sie eher selten in die Verlegenheit geraten, derartige Integerwerte zu berechnen. Daher ist es nur wichtig sich zu merken, dass Raw-Farbwerte sowohl negativ als auch positiv sein können.

Der Punkt in Director, an dem wir mit diesen Werten in Berührung kommen können, ist vor allem die Methode `getPixel()` des Image-Objektes. Sie liest bei den angegebenen Koordinaten eines Images den entsprechenden RGB- oder Palettenfarbwert aus (s. S. 341). Wird dieser Methode als dritter optionaler Parameter `#integer` übergeben, erhalten wir den Farbwert als Integerwert, z.B.:

```
integerwert = imageObjekt.getPixel(20, 30, #integer)
```

Nun können Sie fragen, wozu der Integerwert überhaupt benötigt wird. Schließlich kann man ja den RGB- oder Palettenfarbwert nutzen. Dafür gibt es zwei Gründe, zum einen ist die Verarbeitung von Raw-Farbwerten erheblich schneller als mit RGB-Werten. Zum anderen können die LINGO-Funktionen für bitweise Operationen `bitAND()`, `bitOR()`, `bitXOR()` und `bitNOT()` nur mit den Raw-Farbwerten arbeiten.

Bitweise Operationen

Besonders für umfangreiche Farbmanipulationen von Bildern sind diese Funktionen sehr gut geeignet, da in einem Arbeitsgang alle drei Farbkanäle und der Alphakanal verarbeitet werden. Die Verwendung der ersten drei Funktionen ist dabei immer gleich. Es werden zwei Integerwerte als Parameter übergeben und die jeweilige Funktion berechnet daraus einen neuen Integerwert, z.B.:

```
ergebnis = bitAND(integer1, integer2)
ergebnis = bitOR(integer1, integer2)
ergebnis = bitXOR(integer1, integer2)
```

Die Funktionen vergleichen jeweils Bit_0 bis Bit_{31} von *`integer1`* mit *`integer2`* und setzen in Abhängigkeit dieser das entsprechende Bit in *`ergebnis`*. Die folgende Tabelle zeigt das Ergebnis der drei Funktionen für alle möglichen Kombinationen:

integer1	integer2	bitAND()	bitOR()	bitXOR()
1	1	1	1	0
1	0	0	1	1
0	1	0	1	1
0	0	0	0	0

Beispielsweise ergeben die beiden dualen Werte:

integer1:	1100 1111	0001 1001	1001 1000	0001 1011
integer2:	0011 0111	1010 1001	0110 1000	0111 1100

mit der Funktion `bitAND()` verknüpft den dualen Wert:

ergebnis:	0000 0111	0000 1001	0000 1000	0001 1000

Die Funktion `bitNOT()` hingegen arbeitet nur mit einem Integerwert und negiert diesen auf Bit-Ebene:

```
ergebnis = bitNOT(integer1)
```

Ab Seite 347 finden Sie zwei Beispiele, die zeigen, wie man mit diesen Funktionen die Ink-Effekte von Director nachbilden und eigene Effekte erzeugen kann.

Wie bereits gesagt, wird es eher selten notwendig, die Integerwerte selbst zu berechnen, da wir sie ja mit der Methode `getPixel()` erhalten. Wichtiger hingegen ist, aus den Integerwerten die einzelnen Farbanteile und den Alphakanal wieder zu ermitteln. Dazu müssen wir die entsprechenden Dualstellen in Dezimalwerte umrechnen und für die Alphawerte berücksichtigen, dass diese negativ im Raw-Farbwert enthalten sein können.

Am einfachsten geht dies, indem wir dafür die Funktion `bitAND()` verwenden und ein kleines Lingo-Skript schreiben, das uns die einzelnen Farbanteile und den Alphakanal für einen gegebenen Integerwert ermittelt:

```
on integer2RGB wert
  -- Alphaanteil ermitteln
  a = bitAND(wert, 255 * 256 * 256 * 256) / (256 * 256)
  -- Entfernung des Vorzeichen-Bits für Alpha
  a = bitAND(a, 255 * 256) / 256

  r = bitAND(wert, 255 * 256 * 256) / (256 * 256)
  g = bitAND(wert, 255 * 256) / 256
  b = bitAND(wert, 255)

  return [#alpha:a,#rot:r,#gruen:g,#blau:b]
end
```

Ein Aufruf dieser Funktion wäre z.B. möglich mit:

```
farbe = member("Bild").image.getPixel(20, 30, #integer)
put integer2RGB(farbe)
```

Achtung! Die unter getPixel() in der Director-Hilfe angegebene Ermittlung der Alphawerte:

```
alpha = myImage.getPixel(25, 33, #integer) / power(2, 8+8+8)
```

ist schlicht und einfach falsch. Da dabei das Vorzeichen nicht mit berücksichtigt wird, erhält man zum Teil völlig andere als die realen Alphawerte.

24 Bit Farbtiefe

Bis jetzt haben wir stillschweigend eine Farbtiefe von 32 Bit für die jeweilige Grafik vorausgesetzt. 24-Bit-Grafiken, die im Malfenster erstellt wurden, werden aber von Director als 32-Bit-Grafiken mit einem Alphawert von 0 behandelt! Sie liefern daher auch einen anderen Integerwert als Grafiken mit Alphakanal.

Dagegen werden Bitmaps, die als 24-Bit-Grafiken importiert wurden, als 32-Bit-Grafiken mit einem Alphawert von 255 behandelt. Die Integerwerte dieser Grafiken entsprechen daher auch denen von 32-Bit-Grafiken. Das trifft im Übrigen auch auf die Bühnenfarbe zu. Sie wird zwar von Director mit 24 Bit Farbtiefe angegeben, der Integerwert entspricht aber einer 32-Bit-Grafik mit einem Alphawert von 255.

16 Bit Farbtiefe

Bei 16-Bit-Grafiken sind die Integerwerte generell positiv, da der Alphawert mit 0 angegeben wird. Dies entspricht also dem Integerwert von 24-Bit-Grafiken, die im Malfenster erstellt wurden. Welche Farbtiefe eine Grafik besitzt, können Sie dabei mit der Eigenschaft `depth` des Image-Objektes ermitteln, z.B.:

```
put member("Bitmap").image.depth   -- Farbtiefe ermitteln
```

Für 16-Bit-Grafiken bietet die Verwendung des Integerwertes keinen wirklichen Nutzen. Hier sollten Sie besser auf die RGB-Farbwerte zurückgreifen (s. S. 273). Der Vollständigkeit halber sei aber noch die Bit-Struktur von 16-Bit-Images gezeigt:

10011	00100	11011
Rot	Grün	Blau

Das heißt, es werden für jeden Kanal fünf Bit verwendet, das 16te Bit bleibt dabei ungenutzt. Mit der folgenden Funktion können daraus die einzelnen RGB-Farbwerte ermittelt werden:

```
on int16Bit2RGB wert
  r = bitAND(wert, 31 * 32 * 32) * 8 / (32 * 32)
  g = bitAND(wert, 31 * 32) * 8 / 32
  b = bitAND(wert, 31) * 8
  return [#rot:r,#gruen:g,#blau:b]
end
```

5.1.2 Farbpaletten

Bei Bitmaps mit einer Farbtiefe von nur 8-Bit oder weniger, werden die darzustellenden Farben mit Hilfe von Farbpaletten bestimmt. Auf Bitmaps mit 16-, 24- und 32-Bit-Farbtiefe haben Farbpaletten **keinen** Einfluss!

5.1.2.1 Director-Farbpaletten

Farbpaletten stellt einmal Director selbst zur Verfügung, eine Übersicht zeigt die Tabelle auf Seite 282. Zum anderen können Sie auch eigene Farbpaletten erzeugen bzw. importieren. Die Verwaltung erfolgt über das Fenster Farbpaletten (Menü *Fenster / Farbpaletten*):

Abb. 5-4:
Farbpaletten in Director

Ein Doppelklick auf eine Farbe ermöglicht deren Änderung. Dabei wird ein neuer Palettendarsteller in der Besetzung erzeugt. Sie können auch eine einzelne Farbe markieren und deren Farbwert mit Hilfe der Pipette oder den Einstellern für Farbton, Sättigung und Helligkeit ändern. Das Farbauswahlrad öffnet dasselbe Menü wie ein Doppelklick auf eine Farbe.

Mit dem Icon *Schloss* können Sie einzelne Farbpositionen über alle Paletten als reserviert kennzeichnen. Durch das Icon *Verwendete Farben auswählen* werden alle Farbpositionen eines markierten 8-, 4- oder 2-Bit-Darstellers ausgewählt. Über das Icon *Auswahl umkehren* werden alle markierten Farben abgewählt und die zuvor nicht markierten jetzt markiert. Mittels der nächsten vier Icons im Fenster Farbpaletten lassen sich die ausgewählten Farben ordnen, in ihrer Sequenz umkehren, rotieren und mischen.

5.1.2.2 Eigene Farbpaletten

Eigene Farbpaletten erhalten Sie, indem Sie eine in Director vorhandene Palette modifizieren (s.o.) oder über das Menü *Einfügen / Mediaelement / Farbpalette* einen neuen Palettendarsteller erzeugen. Dabei wird für den neuen Palettendarsteller immer die Farbpalette verwendet, die gerade im Fenster Farbpaletten eingestellt war. Im Nachhinein lässt sich einem Palettendarsteller **keine** andere Farbpalette zuweisen!

Die erzeugten Palettendarsteller werden automatisch mit in die Palettendialoge von Director integriert und sind so, wie die bereits vorhandenen Paletten, nutzbar.

Eine weitere Möglichkeit Palettendarsteller zu erhalten bietet Director durch den Import von Farbpaletten im Microsoft- (PAL) und Photoshop-Format (CULT). Beim Import von Bitmaps, die Paletten in diesen Formaten enthalten, werden entsprechende Palettendarsteller automatisch angelegt.

5.1.2.3 Farbpaletten im Drehbuch

Paletten im Drehbuch von Director haben **nur** Auswirkungen auf die Anzeige von Rechnern mit einer Farbtiefe von 8-Bit oder weniger! Bei solchen Systemen kann man durch wechselnde Farbpaletten zeitlich nacheinander mehr als die eigentlich nur 256 Farben bei 8-Bit anzeigen.

Da heutige Multimedia-Rechner aber mit 24-Bit Farbtiefe (16,7 Mio. Farben) ausgestattet sind, kann der Palettenkanal des Drehbuches eigentlich als obsolet angesehen werden. Nichtsdestoweniger soll hier der Vollständigkeit halber eine kurze Beschreibung für den Einsatz von Farbpaletten im Drehbuch folgen.

Stellen Sie den Abspielkopf in das entsprechende Frame, dem Sie eine Farbpalette zuweisen wollen und wählen den Menüpunkt *Modifizieren / Bild / Palette*. Schneller geht es noch mit einem Doppelklick in den Palettenkanal des Drehbuches:

Abb. 5-5: Farbpalette im Drehbuch von Director erzeugen

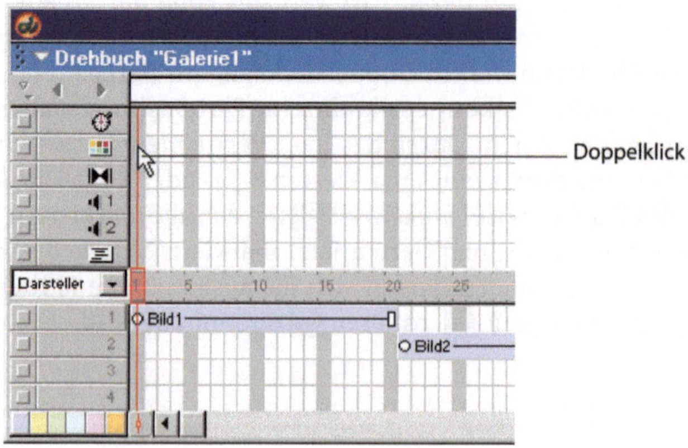

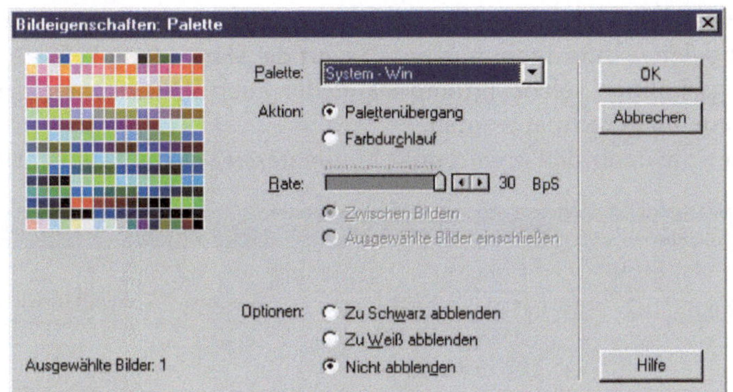

Abb. 5-6: Einstellungen für Farbpaletten im Drehbuch

Sie erhalten daraufhin den Dialog zur Paletteneinstellung für das betreffende Frame angezeigt. Dort können Sie die Art und Weise sowie die Zeit für den Wechsel von einer zur nächsten Palette festlegen.

Paletten im Drehbuch werden als globale Farbpalette für die **gesamte** Bildschirmdarstellung des Rechnersystems verwendet, nicht nur für die Darstellung des Directorfilms! Und sie gelten **nur**, wie gesagt, wenn die Farbtiefe des Rechners auf 8-Bit, also 256 Farben, eingestellt ist.

5.1.2.4 Farbpaletten von Darstellern

Im Gegensatz zu Farbpaletten des Drehbuches, werden Farbpaletten von Darstellern auch auf Rechnersystemen mit einer größeren Farbtiefe als 8-Bit genutzt, wenn der Darsteller selbst nur eine 8- oder 4-Bit-Farbtiefe besitzt. Standardmäßig verwenden Darsteller die jeweilige Systempalette (Macintosh/ Windows). Wurde der Darsteller allerdings mit einer eigenen Farbpalette importiert oder beim Import bereits eine andere Farbpalette zugewiesen, so wird diese verwendet.

Die Zuweisung von Farbpaletten für Bitmap-Darsteller erfolgt über den Eigenschafteninspektor unter dem Register *Bitmap*:

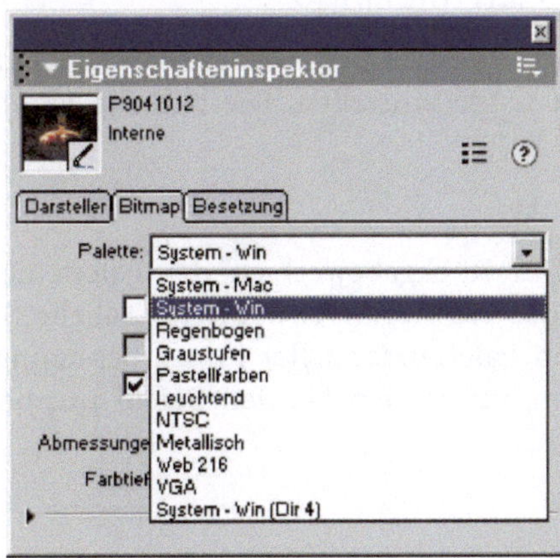

Abb. 5-7: Farbpaletten Bitmap-Darstellern zuweisen

Auch Darstellern mit einer größeren Farbtiefe als 8-Bit lassen sich auf diese Art Farbpaletten zuordnen, nur hat das auf die Darstellung keine Auswirkung. Allerdings können solche Bitmap-Darsteller auch in Director auf eine 8-Bit-Farbpalette umgerechnet werden.

Wählen Sie dafür den Menüpunkt *Modifizieren / Bitmap transformieren*:

Abb. 5-8: Bitmap-Darsteller auf 8-Bit-Farbpalette umrechnen

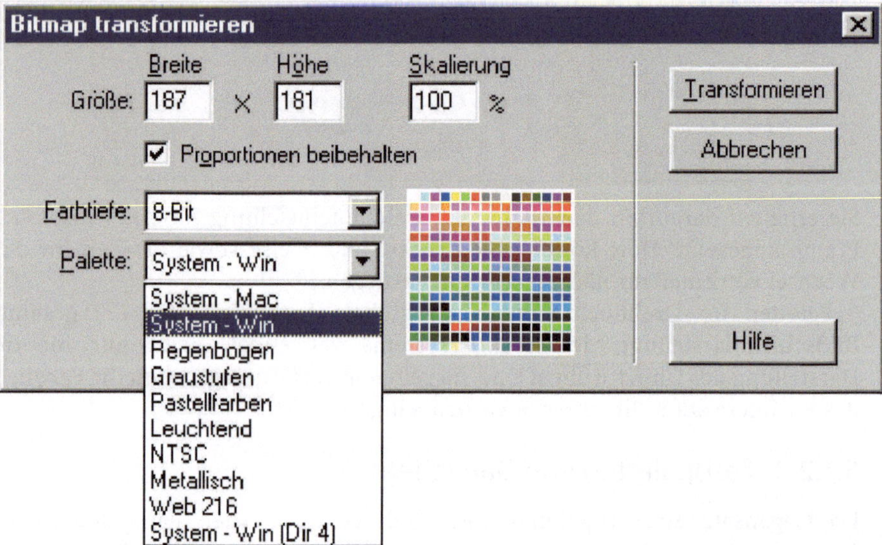

Die so transformierte Bitmap erhält automatisch die Farbpalette zugewiesen, mit der sie umgewandelt wurde. Im Gegensatz zur Zuweisung von Farbpaletten ist die Transformation in eine Farbpalette nicht mehr rückgängig zu machen, da die Farben des Darstellers physisch reduziert wurden. Bei der Zuweisung von Farbpaletten wird hingegen nur festgelegt, mittels welcher Palette die Bitmap angezeigt werden soll, sie wird dabei aber nicht geändert.

5.1.2.5 Farbpaletten mit Lingo

Natürlich lassen sich die oben beschriebenen Farbpaletten für den Film und Darsteller auch mit Lingo einstellen. Die aktuelle Filmpalette kann mit dem Befehl:

```
put the framePalette
```

ermittelt werden. Der Rückgabewert ist der Palettenindex. Bei Director-eigenen Paletten ist das ein negativer Wert (s. Tabelle S. 282). Positive Werte hingegen bezeichnen Palettendarsteller in der Besetzung. Um die Farbpalette des Films zu ändern, verwenden Sie den Befehl `puppetPalette` und den

Palettenindex oder -namen. Der folgende Befehl setzt z.B. die Palette des Films auf *Metallisch*:

```
puppetPalette "Metallic"
```

oder

```
puppetPalette -7
```

Achtung! Der Befehl wird nur dann ausgeführt, wenn anschließend der Abspielkopf bewegt wird, entweder durch Director im laufenden Film oder mit der Maus im Drehbuch. Das heißt, eine Palettenänderung muss immer vor dem Frame angegeben werden, in dem sie sich auswirken soll.

Durch den Befehl `puppetPalette` werden alle Farbpaletten im Drehbuch deaktiviert, auch wenn sie zeitlich erst danach angeordnet sind. Zwei weitere Parameter können noch optional mit dem Befehl übergeben werden:

```
puppetPalette farbPalette {, speed} {, nFrames}
```

Dabei steht *`speed`* für die Geschwindigkeit, mit der die Palette eingeblendet werden soll. Es können Integerwerte von 1 (langsam) bis 60 (schnell) angegeben werden. Der Parameter *`nFrames`* bestimmt, über wie viele Frames eine Palette eingeblendet werden soll, die Angabe erfolgt ebenfalls als Integerwert. Während der Überblendung wird der Abspielkopf angehalten, entsprechend wie bei den Übergangs-Effekten von Director.

Um eine mit `puppetPalette` gesetzte Palette wieder zu deaktivieren, notieren Sie:

```
puppetPalette 0
```

Eine eventuell vorher im Drehbuch gesetzte Palette wird dadurch wieder aktiv.

Darstellerpaletten

Die Zuweisung von Darstellerpaletten erfolgt mit dem Befehl:

```
darsteller.paletteRef = farbPalette
```

Als *`darsteller`* kann ein Bitmap-Darsteller mit beliebiger Farbtiefe verwendet werden. Allerdings wird die angegebene Farbpalette, wie bereits erwähnt, von Bitmaps mit 8- oder 4-Bit Farbtiefe zur Anzeige genutzt. Für *`farbPalette`* muss das Symbol einer Director-eigenen Farbpalette (s. Tabelle) oder einer Farbpalette aus der Besetzung als Darstellerreferenz angegeben werden. Der folgende Befehl weist beispielsweise die Farbpalette *Pastellfarben* dem Darsteller `Herbst` zu:

```
member("Herbst").paletteRef = #pastels
```

Oder eine Farbpalette aus der Besetzung mit der Bezeichnung `Natur`:

```
member("Herbst").paletteRef = member("Natur")
```

Um einer Bitmap eine Palette mit Hilfe des Palettenindex zuzuweisen verwenden Sie den Befehl `palette`. Das folgende Beispiel weist die Palette *Metallisch* dem Darsteller `Auto` zu:

```
member("Auto").palette = -7  -- Farbpalette Metallisch
```

Soll eine Palette aus der Besetzung zugewiesen werden, so verwenden Sie die Darstellernummer; der Name eines Palettendarstellers kann **nicht** angegeben werden.

Vordefinierte Farbpaletten in Director:

Palettenname	Symbol	Palettenindex	Beschreibung
System – Mac	`#systemMac`	–1	Macintosh-Systempalette
System – Win	`#systemWin`	–102	Windows-Systempalette
Rainbow	`#rainbow`	–2	Regenbogen
Grayscale	`#grayscale`	–3	Graustufen
Pastels	`#pastels`	–4	Pastellfarben
Vivid	`#vivid`	–5	Leuchtend
NTSC	`#ntsc`	–6	NTSC
Metallic	`#metallic`	–7	Metallisch
Web 216	`#web216`	–8	Web 216
System – Win (Dir 4)	`#systemWinDir4`	–101	Windows bis Director 4

Bei der Arbeit mit Farbpaletten sollten Sie darauf achten, dass während der Zuweisung einer neuen Palette das Bühnenbild nicht geändert wird. Andernfalls kann es zu Darstellungsfehlern kommen.

Bei Farbpaletten, die Sie einem Directorfilm zuweisen, kann es sinnvoll sein, die Bühne während des Palettenwechsels nur mit einer Farbe darzustellen, z.B. Schwarz, die in beiden Paletten an derselben Position existiert. Manchmal hilft aber nur, den Film anzuhalten und gleich wieder zu starten, was Sie auch mit den beiden Befehlen `pause` und `continue` erledigen können. Allerdings wird eine eventuelle Soundwiedergabe dabei auch unterbrochen!

Palettenfarben zuweisen

Um eine bestimmte Farbe aus einer Farbpalette zuzuweisen, verwenden Sie die Funktion `paletteIndex()` und übergeben als Parameter den Index der Farbe, z.B.:

```
member("text").bgColor = paletteIndex(3)
```

Der Befehl stellt die Hintergrundfarbe des Darstellers `text` auf den Palettenindex 3 ein. Wurde zuvor keine andere Palette als Filmpalette definiert, wird die Standardeinstellung verwendet. Unter Windows ist dies „System – Win" und beim Mac „System – Mac". Dadurch wird die Hintergrundfarbe des Darstellers unter Windows blau und bei Mac OS gelb angezeigt:

System – Win

System – Mac

Abb. 5-9: Dargestellte Farben bei Palettenindex 3 mit den Paletten „System – Win" und „System – Mac", hier für den Texthintergrund

Mit dem Befehl `puppetPalette` können Sie die Farbpalette bestimmen, die systemweit, also auch von `paletteIndex()` (s. S. 281), verwendet werden soll. Eine eventuelle Einstellung im Palettenkanal des Drehbuches wird dadurch außer Kraft gesetzt. Der folgende Befehl stellt z.B. die Mac-Palette als aktuelle Farbpalette ein:

```
puppetPalette "System - Mac"
```

5.2 Ink-(Farb-)Effekte

Mit den Ink-Effekten (in Photoshop als *Füllmethode* bezeichnet) wird in Director die Erscheinung von Sprites auf der Bühne festgelegt. Das heißt, wie die Farbdarstellung erfolgt und ob dabei darunter liegende Sprites oder der Bühnenhintergrund mit einbezogen werden, z.B. durch Farbmischung oder Transparenz.

Director kennt insgesamt 20 Ink-Effekte. Die meisten Effekte sind allerdings nur bei Bitmap-Sprites wirksam. Sie können die Effekte sowohl mit Hilfe des Eigenschafteninspektors bzw. des Drehbuches und Lingo nutzen.

Ink-Effekte im Eigenschafteninspektor oder Sprite-Symbolleiste des Drehbuches einstellen:

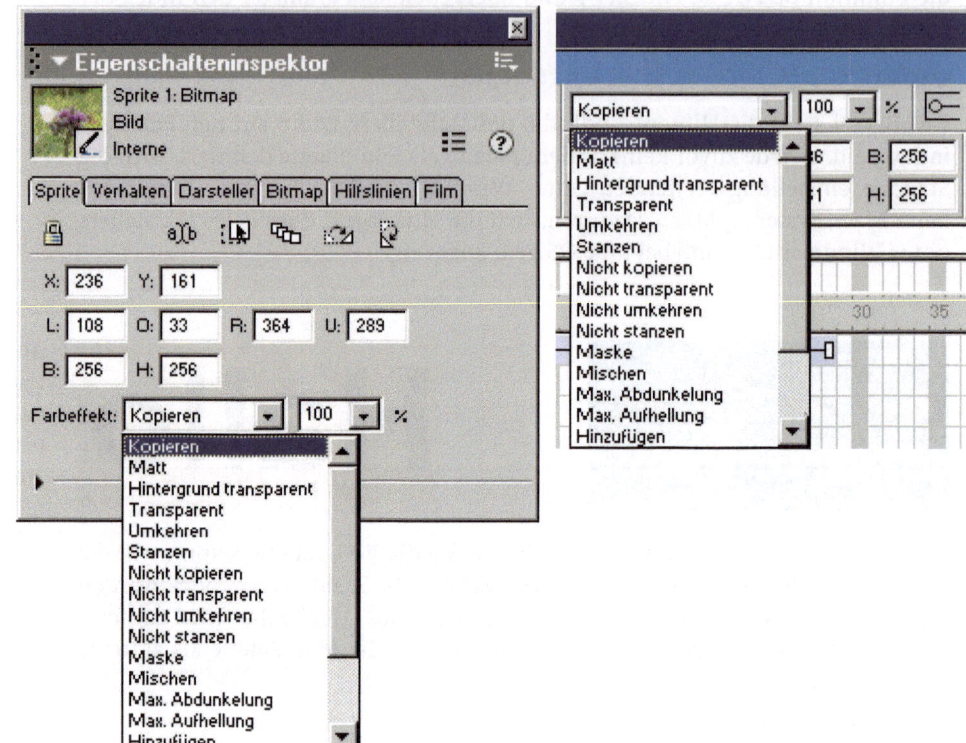

Abb. 5-10: Einstellen von Ink-Effekten über den Eigenschafteninspektor (links) und das Drehbuch (rechts)

In Lingo stellen Sie die Ink-Effekte über die Spriteeigenschaft `ink` ein. Dieser können Sie sowohl einen symbolischen, als auch einen numerischen Wert zuweisen:

```
sprite(1).ink = #darkest  -- Symbol
```

oder

```
sprite(1).ink = 39        -- numerischer Wert
```

Die entsprechenden Werte für die einzelnen Ink-Effekte finden Sie in der Tabelle unten. Für den Effekt *Mischen*, der die Deckkraft (Opazität) eines Sprites bestimmt, steht noch die Eigenschaft `blend` zur Verfügung um die Stärke des Effektes einzustellen:

```
sprite(1).blend = 40      -- Deckkraft 40%
```

Hier sind Integerwerte von 0 – das Sprite ist nicht sichtbar, bis 100 – das Sprite ist vollständig sichtbar, möglich. Alternativ zu `blend` kann auch die Spriteeigenschaft `blendLevel` genutzt werden. Beide Eigenschaften sind gleichwertig, einziger Unterschied ist, dass der Wertebereich von `blendLevel` von 0 – das Sprite ist nicht sichtbar, bis 255 – das Sprite ist vollständig sichtbar, reicht.

Der folgende Befehl stellt z.B. die Deckkraft von Sprite 1 auf 75% ein:

```
sprite(1).blendLevel = 191   -- Deckkraft 75%
```

In der folgenden Tabelle finden Sie alle in Director verfügbaren Ink-(Farb)Effekte im Überblick sowie die zugehörigen Symbole und numerischen Werte für die Verwendung der Effekte mit Lingo (s.o.). Ab Seite 347 werden wir einige Ink-Effekte mit Lingo nachbauen.

Ink-Effekt	Wert	Symbol	Ink-Effekt	Wert	Symbol
Kopieren	0	#copy	Mischen	32	#blend
Transparent	1	#trans	Farbaddition bis max.	33	#add_pin
Umkehren	2	#reverse	Hinzufügen	34	#add
Stanzen	3	#ghost	Farbsubtraktion bis min.	35	#sub_pin
Nicht kopieren	4	#not_copy	Hintergrund transparent	36	#bkgnd_trans
Nicht transparent	5	#not_trans	Max. Aufhellung	37	#lightest
Nicht umkehren	6	#not_reverse	Farbsubtraktion	38	#sub
Nicht stanzen	7	#not_ghost	Max. Abdunkelung	39	#darkest
Matt	8	#matte	Aufhellen	40	#lighten
Maske	9	#mask	Abdunkeln	41	#darken

Achtung! Viele Effekte (*Kopieren*, *Transparent*, *Stanzen*, *Matt*, *Maske*, *Mischen*, *Hintergrund transparent*) hängen von der eingestellten Vorder- und/oder Hintergrundfarbe des jeweiligen Sprites ab. Die Standardeinstellung für den Sprite-Vordergrund ist Schwarz, für den Hintergrund Weiß.

Außer bei den Ink-Effekten *Kopieren* und *Maske* wird **jedes** Bitmap-Sprite **zusätzlich** dem Effekt *Matt* unterworfen! Einzige Ausnahme hiervon, die Bitmap nutzt ihren eigenen Alphakanal (s. S. 353).

5.2.1 Die Effekte im Einzelnen

Zunächst wollen wir uns die Funktion und Wirkung der einzelnen Effekte genauer anschauen. Ab Seite 296 folgen dann einige Beispiele für die Anwendung der Ink(Farb)-Effekte.

➢ **Kopieren (#copy)**

Hierbei überdeckt das jeweilige Sprite die darunter liegenden vollständig. Die Farbwerte des Sprites bleiben dabei unverändert. Dies entspricht in Photoshop der Füllmethode *Normal.*

Allerdings gilt das nur, wenn die Vordergrundfarbe des Sprites auf schwarz und die Hintergrundfarbe auf weiß eingestellt sind. Sind dagegen der Hintergrund auf schwarz und der Vordergrund auf weiß eingestellt, werden die Farben des Sprites negiert, wobei sich dies nicht auf schwarz und weiß beschränkt. Das heißt, durch entsprechende Farbauswahl von Vorder- und Hintergrund können Sie Sprites auch kolorieren.

Verwenden Sie für Vorder- und Hintergrund dieselbe Farbe, so zeigt das Sprite nur noch diese Farbe.

➢ **Transparent (#trans)**

Die Farbwerte des Sprites werden mit denen des Untergrundes bitweise durch eine „Und-Verknüpfung" verbunden. Dadurch scheint der Untergrund des Sprites durch. Das entspricht in etwa einem Projektor, in den zwei Dias hintereinander gesteckt wurden. Der Effekt ist von der Vordergrundfarbe des Sprites abhängig, **nicht** aber von dessen Hintergrundfarbe. Ähnliche Ergebnisse lassen sich in Photoshop mit der Füllmethode *Multiplizieren* erreichen.

Bei Vektorgrafiken ist der Effekt identisch mit dem Effekt *Hintergrund transparent.*

➢ **Umkehren (#reverse)**

Entspricht dem Ink-Effekt *Nicht umkehren.* Nur werden hier die Farbwerte des Sprites erst negiert und dann bitweise durch ein „Exklusiv-Oder" mit den Farbwerten des Untergrundes verbunden. Das heißt, bei einem weißen Untergrund bleiben die Farben des Sprites unverändert. Auch ist der Effekt unabhängig von der Vorder- und Hintergrundfarbe des Sprites.

Auf Vektorgrafiken hat der Effekt keine Auswirkungen.

➢ **Stanzen (#ghost)**

Hier werden die negierten Farbwerte des Sprites und die des Untergrundes mit einer „Oder-Verknüpfung" bitweise verbunden. Dadurch wird die Struktur des Sprites heller herausgearbeitet. Der Effekt ist von der Hintergrundfarbe des Sprites abhängig, **nicht** aber von dessen Vordergrundfarbe.

Auf Vektorgrafiken hat der Effekt keinen Einfluss.

➢ **Nicht kopieren (#not_copy)**

Der Effekt negiert die Farbwerte eines Sprites bitweise. Der Untergrund des Sprites wird dabei **nicht** mit einbezogen.

Das gilt allerdings nur bei einem schwarzen Vordergrund und weißen Hintergrund des Sprites. Sind dagegen der Hintergrund auf schwarz und der Vordergrund auf weiß eingestellt, ist der Effekt identisch mit dem Effekt *Kopieren*. Der Einfluss der Vorder- und Hintergrundfarbe beschränkt sich auch hier nicht auf schwarz und weiß. Das heißt, durch eine entsprechende Farbauswahl von Vorder- und Hintergrund lassen sich Sprites auch so kolorieren.

Vektorgrafiken zeigt der Effekt ohne Farbänderungen auf der Bühne an.

➢ **Nicht transparent (#not_trans)**

Entspricht dem Effekt *Transparent*. Nur werden hier die Farbwerte des Sprites erst negiert und dann bitweise durch eine „Und-Verknüpfung" mit den Farbwerten des Untergrundes verbunden. Der Effekt ist ebenfalls von der Vordergrundfarbe des Sprites abhängig, **nicht** aber von dessen Hintergrundfarbe.

Auf Vektorgrafiken hat der Effekt keinerlei Einfluss.

➢ **Nicht umkehren (#not_reverse)**

Die einzelnen Farbwerte des Sprites und des Untergrundes werden durch ein „Exklusiv-Oder" bitweise miteinander verknüpft. Das Resultat ist ein negativer Transparenz-Effekt; er ist unabhängig von der Vorder- und Hintergrundfarbe des Sprites. Die Füllmethode *Differenz* in Photoshop erzielt ähnliche Ergebnisse.

Auf Vektorgrafiken hat dieser Effekt keinen Einfluss.

➢ **Nicht stanzen (#not_ghost)**

Im Gegensatz zu *Stanzen* werden hier die einzelnen Farbwerte eines Sprites **nicht** negiert, sondern nur bitweise mit dem Untergrund durch eine „Oder-Verknüpfung" verbunden. Ein schwarzer Untergrund verändert das Sprite dadurch nicht. Weiße Bereiche des Untergrundes hingegen werden, wie bei *Stanzen*, auch im Sprite weiß dargestellt.

Der Effekt ist von der Hintergrundfarbe des Sprites abhängig, **nicht** aber von dessen Vordergrundfarbe.

Auf Vektorgrafiken hat der Effekt keinen Einfluss.

➢ **Matt (#matte)**

Durch diesen Effekt wird der weiße äußere Bereich eines Bitmap-Sprites transparent dargestellt. Weiße Bereiche innerhalb des Sprites, die durch andere Farben zum Rand hin abgegrenzt werden, erscheinen **nicht** transparent.

Mit Hilfe dieses Effekts lassen sich bei Bitmap-Sprites auch nicht-rechteckige Bereiche als Hotspots für den Mauszeiger definieren, s. S. 142.

Die Vordergrundfarbe des Sprites sollte hier auf schwarz, die Hintergrundfarbe auf weiß eingestellt sein. Die Farben haben zwar auf den Effekt selbst keinen Einfluss, aber andere Einstellungen als schwarz und weiß ändern die Farbwerte des Sprites wie beim Ink-Effekt *Kopieren*.

Beachten Sie, dass der Effekt *Matt* wie der Effekt *Maske* mehr Arbeitsspeicher benötigt als andere Ink-Effekte und dadurch Animationen von Sprites mit diesem Effekt auch etwas langsamer ablaufen.

Auf Vektorgrafiken hat der Effekt keine Auswirkungen.

➢ Maske (#mask)

Mit diesem Effekt kann für ein Sprite eine Alphatransparenz definiert werden. Dabei dient der Bitmap-Darsteller, der sich in der Besetzung unmittelbar hinter dem Darsteller befindet, aus dem das Sprite erzeugt wurde, als Maske. Die schwarzen Bereiche dieser Maske lassen das Sprite undurchsichtig, die weißen durchsichtig erscheinen. Andere Farben wirken entsprechend ihrem Helligkeitswert mehr oder weniger transparent.

Die Ausrichtung der Maske und des zu maskierenden Sprites erfolgt anhand ihrer Registrierungspunkte. Vorder- und Hintergrundfarbe des Sprites haben auf die sichtbaren Bereiche denselben Einfluss wie beim Effekt *Kopieren*.

Auf Vektorgrafiken hat der Effekt keine Auswirkungen.

➢ Mischen (#blend)

Der Effekt wird maßgeblich vom eingestellten Mischwert beeinflusst. Bei einem Mischwert von 100 % arbeitet der Effekt wie *Kopieren*, mit denselben Abhängigkeiten von Vorder- und Hintergrundfarbe. Ein Mischwert von 0 % zeigt nur den Untergrund an und blendet das jeweilige Sprite vollständig aus. Bei Werten zwischen 100 % und 0 % werden die Farbwerte des Sprites und die des Untergrundes anteilmäßig addiert. In Photoshop ist der Effekt *Mischen* über die Einstellung der Deckkraft erreichbar.

Auf Vektorgrafiken wirkt dieser Effekt wie der Ink-Effekt *Transparent*. Das heißt, weiße Flächen werden vollständig, alle übrigen entsprechend dem Mischwert anteilmäßig transparent dargestellt.

➢ Farbaddition bis max. (#add_pin)

Die Farbwerte des Sprites werden kanalweise mit denen des Untergrundes addiert. Das Ergebnis ist aber auf den maximalen Farbwert je Kanal (255) begrenzt. Das Resultat entspricht zwei Projektoren, die zwei Dias auf dieselbe Leinwand projizieren. Vorder- und Hintergrundfarbe des Sprites haben auf diesen Effekt keinen Einfluss. In Photoshop lassen sich mit der Füllmethode *Negativ multiplizieren* ähnliche Ergebnisse erreichen.

Auf Vektorgrafiken hat der Effekt keine Auswirkungen.

➢ Hinzufügen (#add)

Eigentlich sollte dieser Effekt Farbaddition heißen, da er genau dies macht. Das heißt, es werden die Farbwerte des Sprites kanalweise mit denen des Untergrundes addiert. Allerdings ist das Ergebnis hier nicht auf den maximalen Farbwert (255) begrenzt. Höhere Ergebnisse werden einfach umgebrochen und beginnen wieder bei 0. So wird z.B. 300 in 44 umgewandelt. Vorder- und Hintergrundfarbe des Sprites haben auf diesen Effekt keinen Einfluss.

Auf Vektorgrafiken hat der Effekt keine Auswirkungen.

➢ Farbsubtraktion bis min. (#sub_pin)

Die Farbwerte des Sprites werden kanalweise von denen des Untergrundes subtrahiert. Das Ergebnis ist aber auf den minimalen Farbwert (0) begrenzt. Dadurch wird in den dunklen Bereichen des Sprites der Untergrund sichtbar. Aus gleichen oder helleren Farbwerten des Sprites zum Untergrund wird schwarz. Das heißt, weiße Farbwerte ergeben immer schwarz. Vorder- und Hintergrundfarbe des Sprites haben auf diesen Effekt keinen Einfluss.

Auf Vektorgrafiken hat der Effekt keine Auswirkungen.

➢ Hintergrund transparent (#bkgnd_trans)

Dieser Effekt setzt die Hintergrundfarbe des Sprites auf transparent. Die Vordergrundfarbe hat auf das Sprite denselben Einfluss wie beim Ink-Effekt *Kopieren*. Daher sollte sie in der Regel auf schwarz gesetzt sein, um die Farbwerte des Sprites nicht zu beeinflussen.

Bei Vektorgrafiken wird immer der weiße Bereich transparent gesetzt. Wird die Vektorgrafik als Schaltfläche verwendet, ist der Mauszeiger im transparenten Bereich inaktiv (s. S. 140).

➢ Max. Aufhellung (#lightest)

Es werden die einzelnen Farbwerte des Sprites und des Untergrundes kanalweise verglichen und jeweils der hellste dargestellt. Vorder- und Hintergrundfarbe des Sprites haben auf diesen Effekt keinen Einfluss. In Photoshop entspricht dieser Effekt der Füllmethode *Aufhellen*.

Auf Vektorgrafiken hat der Effekt keinen Einfluss.

➢ Farbsubtraktion (#sub)

Die Farbwerte des Sprites werden kanalweise von denen des Untergrundes subtrahiert; insoweit entspricht dies dem Effekt *Farbsubtraktion bis min*. Allerdings ist das Ergebnis hier nicht auf den minimalen Farbwert (0) begrenzt. Niedrigere Ergebnisse werden einfach umgebrochen und beginnen wieder bei 255. So wird z.B. –30 in 226 umgewandelt. Vorder- und Hintergrundfarbe des Sprites haben keinen Einfluss auf diesen Effekt.

Auf Vektorgrafiken hat der Effekt keine Auswirkungen.

➢ Max. Abdunkelung (#darkest)

Es werden die einzelnen Farbwerte des Sprites und des Untergrundes kanalweise verglichen und jeweils der dunkelste dargestellt. Vorder- und Hintergrundfarbe des Sprites haben auf den Effekt keinen Einfluss. In Photoshop entspricht der Effekt der Füllmethode *Abdunkeln*.

Auf Vektorgrafiken hat der Effekt keinen Einfluss.

➢ Aufhellen (#lighten)

Dieser Effekt, wie auch *Abdunkeln*, wird maßgeblich von der Vorder- und Hintergrundfarbe des jeweiligen Sprites beeinflusst. Zunächst werden die einzelnen Farbwerte des Sprites mit dem relativen Farbwert des Sprite-Hintergrundes (bg/255) multipliziert und anschließend der Farbwert des Sprite-Vordergrundes addiert. Dies ist bis hierher die Berechnung für den Effekt *Abdunkeln*! Bei *Aufhellen* wird zu dem ermittelten Wert noch die Differenz von 256 zur Hintergrundfarbe des Sprite addiert.

Das heißt, bei einem schwarzen Vordergrund und einem weißen Hintergrund hat der Effekt **keinen** Einfluss auf das Sprite! Eine hellere oder gleich helle Vordergrundfarbe wie die des Hintergrundes lässt das Sprite vollständig **weiß** erscheinen. In Photoshop ist der Effekt mit dem Dialog *Helligkeit/Kontrast* erreichbar.

Auf Vektorgrafiken hat der Effekt keinen Einfluss.

➢ Abdunkeln (#darken)

Hier werden die einzelnen Farbwerte des Sprites mit dem relativen Farbwert des Hintergrundes (bg/255) multipliziert und anschließend der Farbwert des Sprite-Vordergrundes addiert.

Das heißt, bei einem schwarzen Vordergrund und einem weißen Hintergrund hat der Effekt **keinen** Einfluss auf das Sprite! Ist dagegen die Vordergrundfarbe des Sprites auf weiß eingestellt, wird es **vollständig** weiß angezeigt. In Photoshop ist derselbe Effekt mit dem Dialog *Helligkeit/Kontrast* erreichbar.

Auf Vektorgrafiken hat der Effekt keine Auswirkungen.

5.2.1.1 Grafische Referenz der Ink-Effekte

Zur besseren Veranschaulichung sind nachfolgend alle Ink-Effekte mit drei unterschiedlichen Kombinationen von Vorder- und Hintergrundfarbe dargestellt. Als Beispiel für die Ink-Effekte kamen die folgenden Bilder zum Einsatz:

Abb. 5-11:
Die verwendeten Bitmaps für die Darstellung der Ink-Effekte, Hintergrund (links), Bitmap für Ink-Effekt (Mitte), Maske (rechts)

Dabei diente das erste Bild als Untergrund für das zweite und wurde immer mit dem Effekt *Kopieren* auf der Bühne dargestellt. Das zweite Bild wurde mit dem jeweils angegebenen Ink-Effekt dargestellt. Das dritte Bild diente als Masken-Darsteller für den Ink-Effekt *Maske*.

Abb. 5-12:
Alle in Director verfügbaren Ink-Effekte mit unterschiedlichen Einstellungen für Vorder- und Hintergrundfarbe

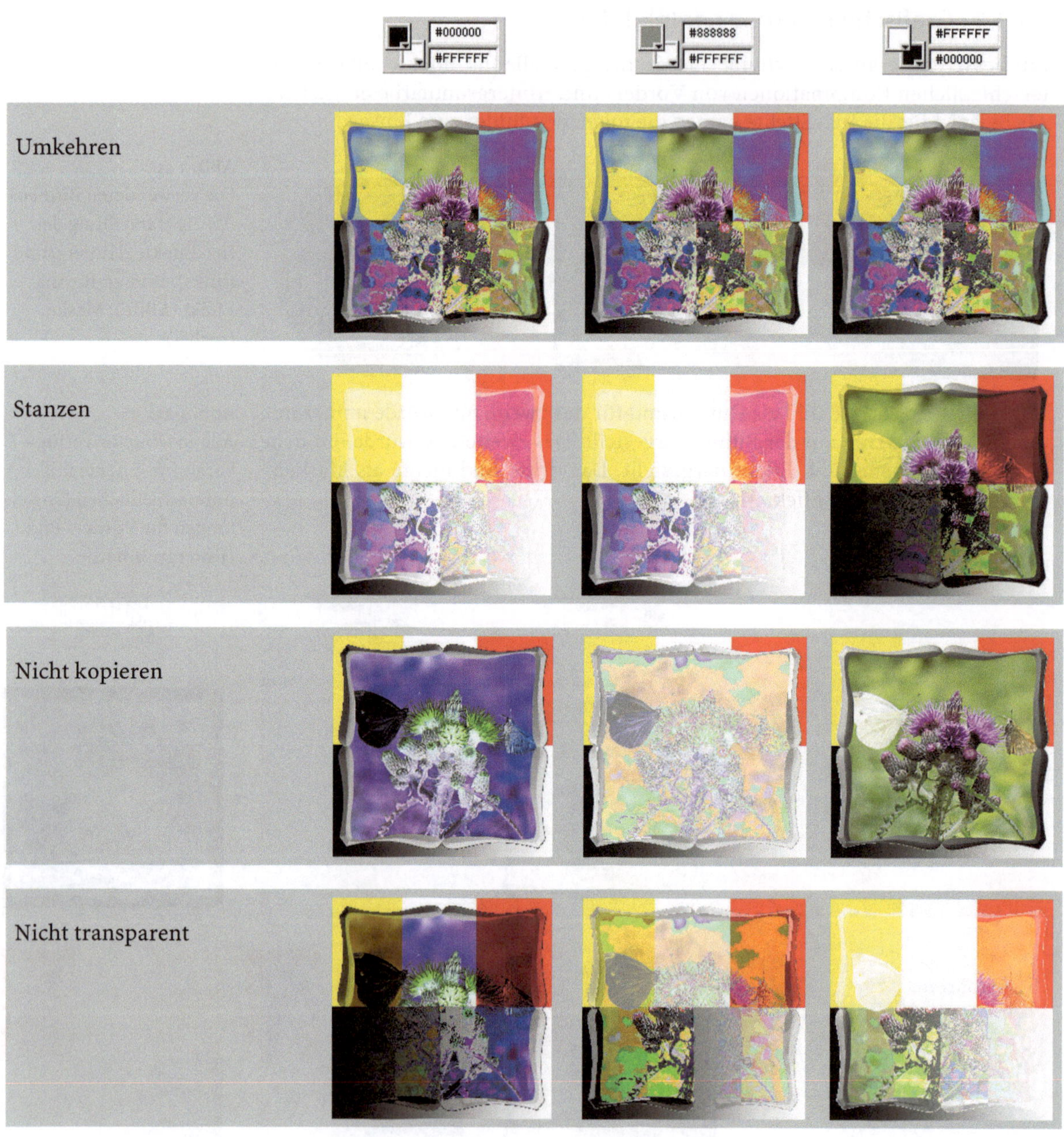
#000000
#FFFFFF
#888888
#FFFFFF
#FFFFFF
#000000
Umkehren
Stanzen
Nicht kopieren
Nicht transparent

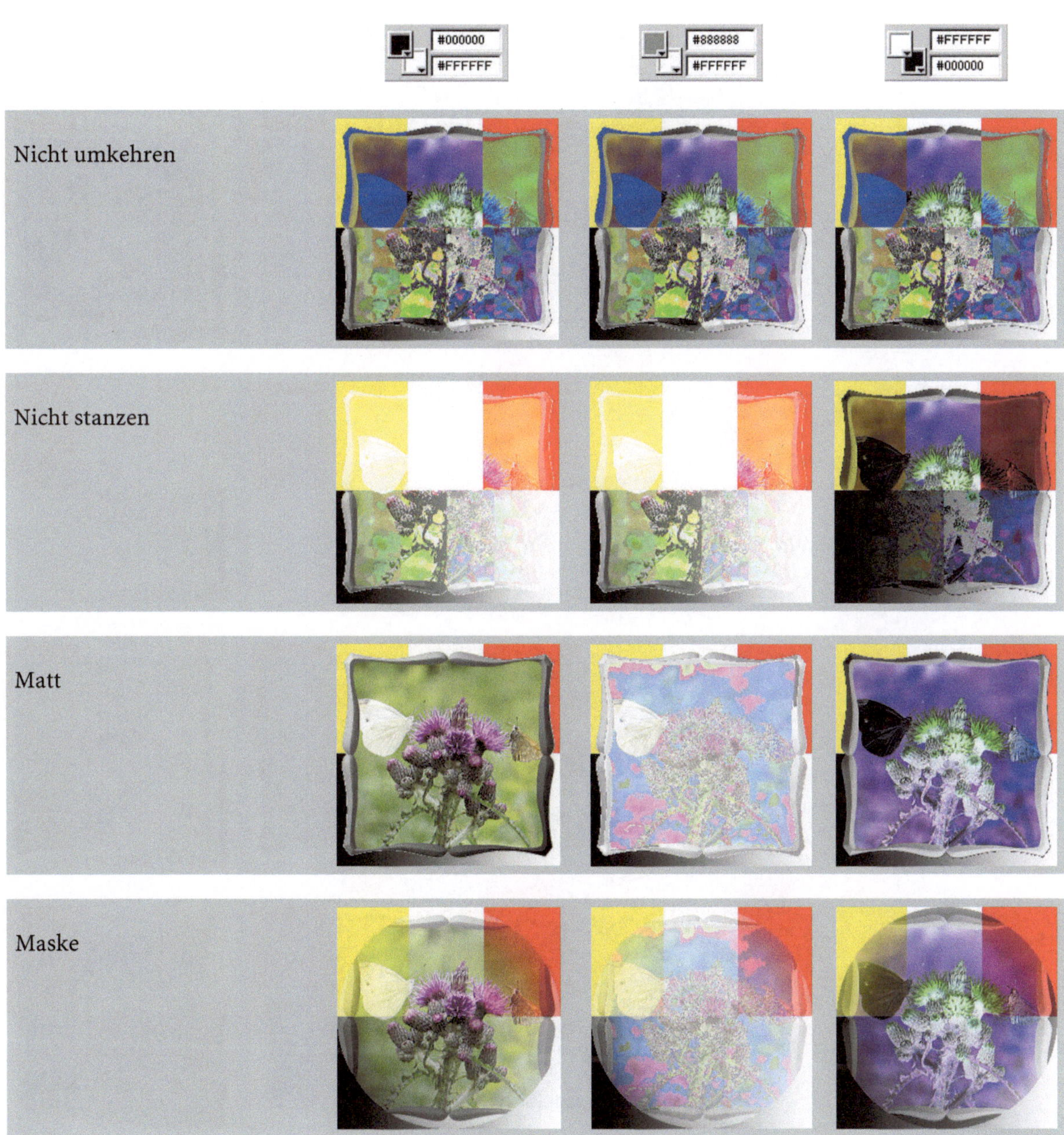
#000000
#FFFFFF
#888888
#FFFFFF
#FFFFFF
#000000
Nicht umkehren
Nicht stanzen
Matt
Maske

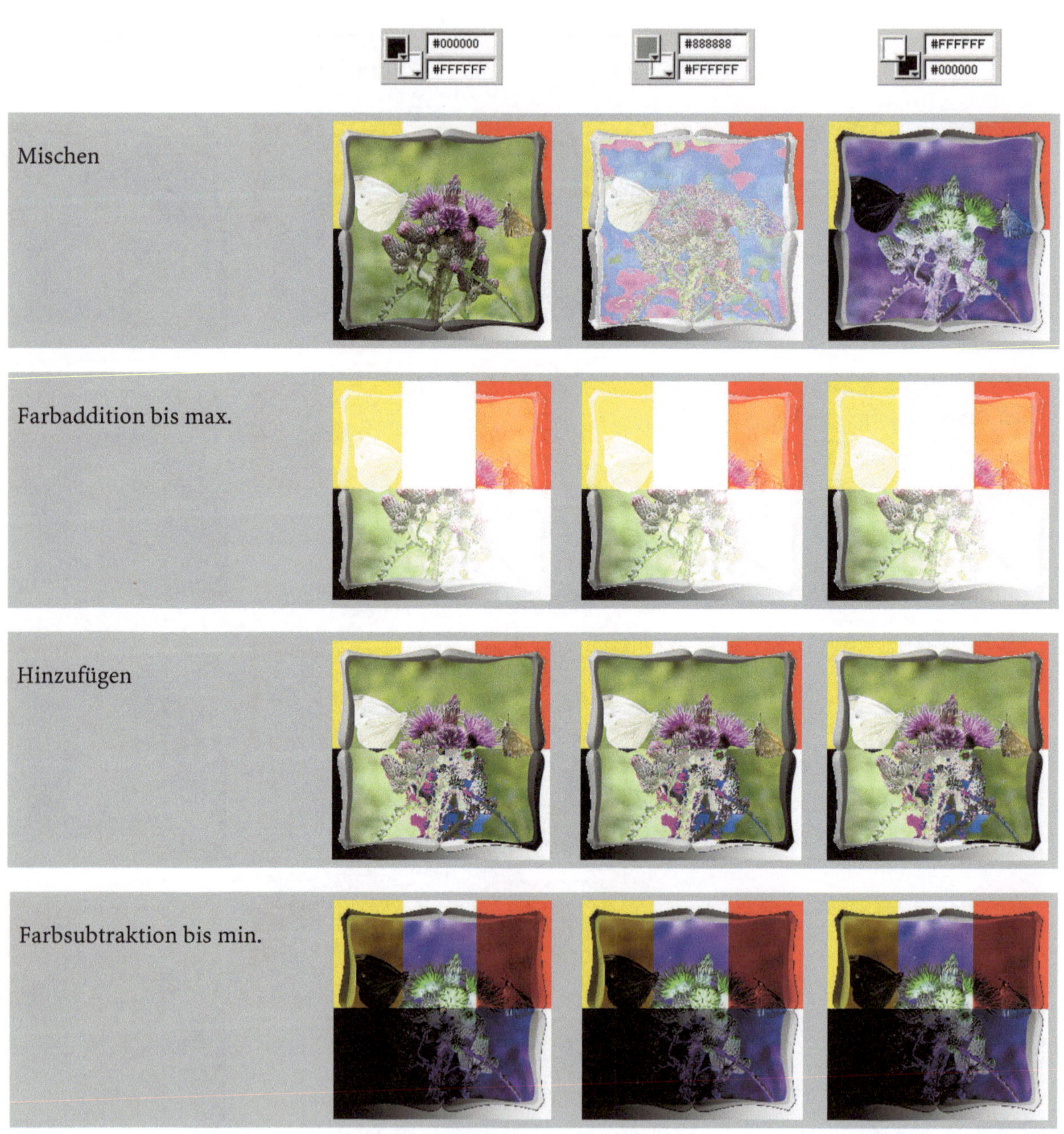
#000000
#FFFFFF
#888888
#FFFFFF
#FFFFFF
#000000
Mischen
Farbaddition bis max.
Hinzufügen
Farbsubtraktion bis min.

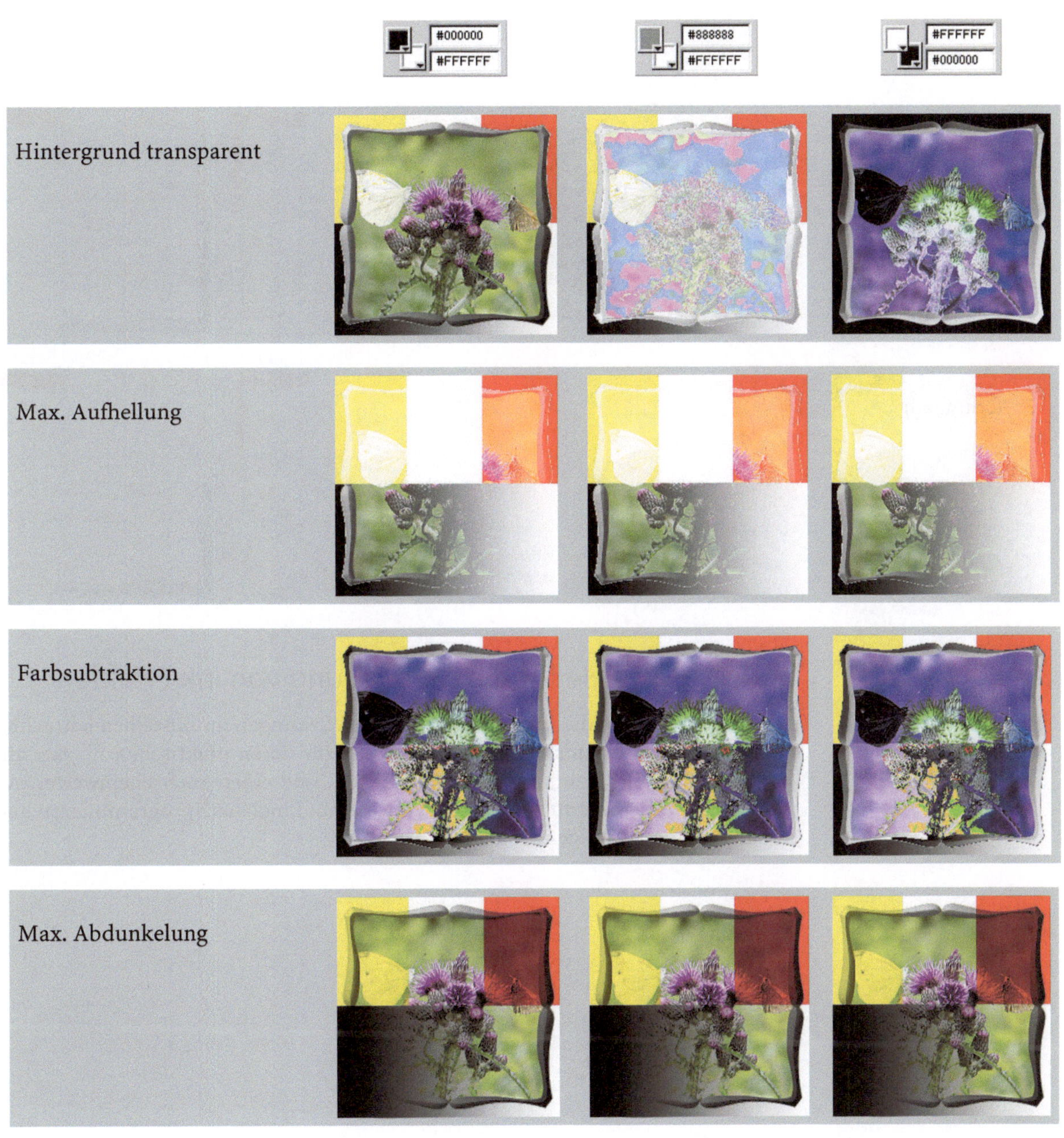
#000000
#FFFFFF
#888888
#FFFFFF
#FFFFFF
#000000
Hintergrund transparent
Max. Aufhellung
Farbsubtraktion
Max. Abdunkelung

5.2.2 Beispiele für die Anwendung von Ink-Effekten

Nachdem wir nun die Ink-Effekte und ihre Wirkungen im Einzelnen betrachtet haben, wollen wir uns jetzt einige Beispiele für deren praktischen Einsatz anschauen: ein Spotlight, einen Textgradienten und einen Suchscheinwerfer. Ab Seite 347 werden wir auch einige Ink-Effekte mit Lingo nachprogrammieren und darauf aufbauend eigene Ink-Effekte erstellen.

5.2.2.1 Spotlight

Die Zielstellung für dieses Beispiel ist es, auf der Bühne ein abgedunkeltes Bild darzustellen. Außerdem soll ein kreisförmiger Bereich des Bildes, das Spotlight, mit der ursprünglichen Helligkeit angezeigt werden und mit der Maus bewegbar sein:

Abb. 5-13: Spotlight, mit Ink-Effekten erzeugt

Wir benötigen dafür ein Bild und einen schwarzen Kreis, der uns als Maske für das Bild dient. Soll der Kreis weiche Kanten erhalten, ist es zweckmäßig ihn in Fireworks oder Photoshop mit einem eigenen Alphakanal zu erstellen. Ansonsten reicht auch ein einfacher Kreis, im Malfenster von Director erstellt, aus.

Nachdem das Bild und der Kreis in die Besetzung eingefügt wurden, wird das Bild in Kanal 1 und 3 des Drehbuches gezogen. Die Maske kommt in den Kanal 2. Als nächstes wird das Bild abgedunkelt. Dazu stellen wir den Ink-Effekt des Bildes in Kanal 1 auf *Abdunkeln* und wählen mit der Sprite-Hintergrundfarbe den Grad der Abdunkelung, z.B. #666666.

Noch hat sich die Erscheinung des Bildes auf der Bühne nicht geändert. Dafür muss erst der Ink-Effekt des Bildes in Kanal 3 auf *Max. Abdunkelung* eingestellt sein. Danach sollte das Bild mit der gewünschten Abdunkelung angezeigt werden.

Jetzt fehlt noch das Spotlight. Dafür stellen wir den Ink-Effekt der Maske im Spritekanal 2 auf *Nicht kopieren* ein. Dadurch wird im Bereich der Maske das Bild mit der ursprünglichen Helligkeit angezeigt.

Die Besetzung und das Drehbuch für dieses Beispiel könnten wie folgt aussehen:

Abb. 5-14: Besetzung und Drehbuch für das Spotlight

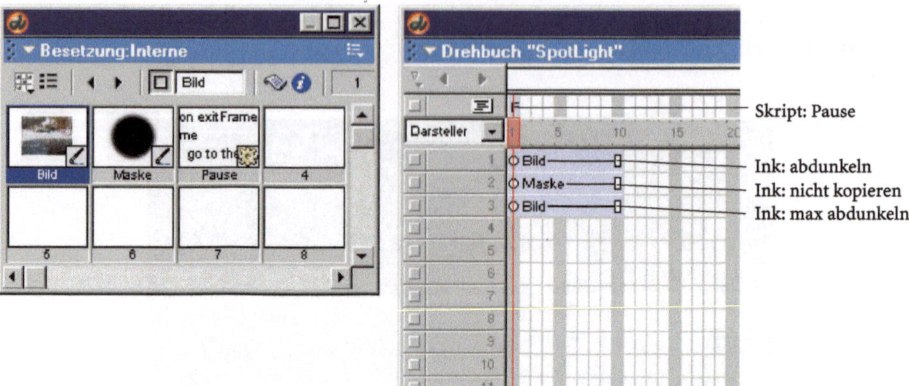

Nun muss nur noch die Maske für die Maus bewegbar gemacht werden. Dazu markieren Sie die Maske im Drehbuch und wählen im Eigenschafteninspektor unter dem Register *Sprite* die Option *Verschiebbar*.

Dieser Effekt ist mit etwas Experimentierfreude auch noch weiter ausbaubar. Beispielsweise können Sie ein Spotlight selbstständig über eine Textzeile bewegen um diese auffälliger zu gestalten. Dafür muss die Maske nur mit einem Tweening (s. S. 24) versehen werden:

Abb. 5-15: Tweening eines Spotlights

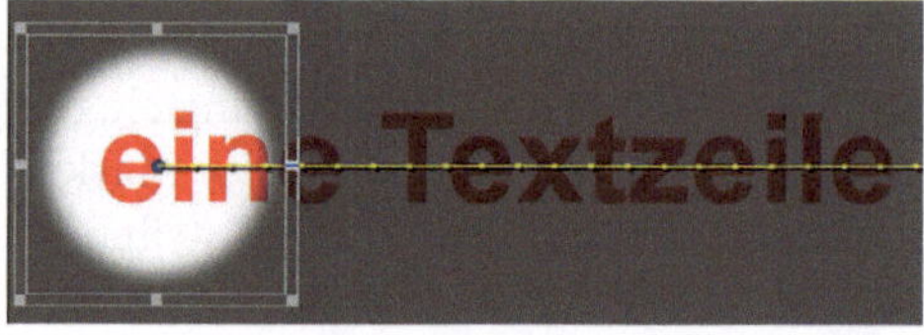

Da Textdarsteller als Vektorgrafik behandelt werden und auf diese die meisten Ink-Effekte nicht wirken, müssen Sie den Text als Bitmap im Malfenster oder in einem Grafikprogramm erzeugen. Oder Sie verwenden das Image eines Textdarstellers (s. S. 362).

Mit Text lassen sich auch weitere interessante Effekte erzielen. So muss die verwendete Maske nicht unbedingt ein Kreis sein. Sie können statt dessen auch Text im Bitmap-Format als Maske verwenden. Dadurch wird der Schriftzug mit dem verwendeten Bild gefüllt:

Abb. 5-16: Text als Maske für die darunter befindliche Bitmap

5.2.2.2 Textgradient

Für den nächsten Effekt greifen wir die letzte Überlegung, Text als Maske zu verwenden, auf. Jetzt wollen wir aber nicht nur den Text mit einem Bild füllen, sondern der Text soll durch einen animierten Farbverlauf dargestellt werden. Dazu benötigen wir zunächst einen entsprechenden Farbverlauf, den wir im Malfenster von Direktor oder in einem Grafikprogramm wie Fireworks erstellen:

Abb. 5-17: Farbverlauf für Text-Effekt

Der Farbverlauf wird statt des Bildes im Kanal 3 des Drehbuches angeordnet und erhält auch den Ink-Effekt Max. Abdunkelung. In Kanal 2 kommt, wie im vorherigen Beispiel, der Text. Dieser arbeitet hier wieder als Maske und erhält den Ink-Effekt Nicht kopieren. Der Kanal 1 bleibt diesmal leer. Dafür wird die Hintergrundfarbe der Bühne auf schwarz eingestellt.

Damit nun der Farbverlauf auch im Text animiert ist, müssen Sie für den Farbverlauf noch ein Tweening erstellen. Die Bühne sollte dann in etwa wie folgt aussehen:

Abb. 5-18: Text-Effekt mit Farbverlauf und Tweening

Statt nur einer Tweening-Bewegung können Sie den Farbverlauf natürlich auch vor- und zurückbewegen oder das Tweening in einer diagonalen oder vertikalen Richtung anordnen.

Für eine kontinuierliche Animation müssen Sie am Ende des Tweenings im Drehbuch noch ein Frameskript platzieren, das den Abspielkopf wieder zurückschickt. Die Besetzung und das Drehbuch für dieses Beispiel könnten dann wie folgt aussehen:

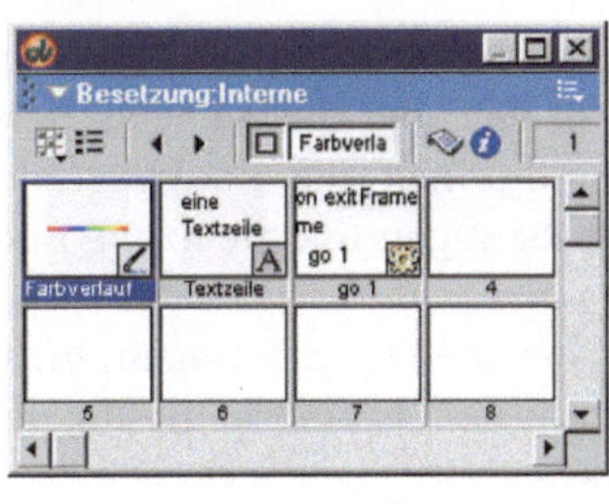

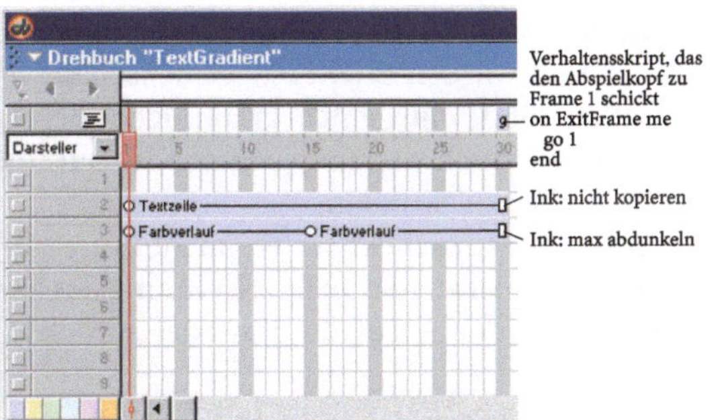

Abb. 5-19: Besetzung und Drehbuch für den Text-Effekt mit Farbverlauf und Tweening

Übrigens können Sie für den Farbverlauf z.B. auch den Ink-Effekt *Farbsubtraktion bis min.* verwenden. Dies führt ebenfalls zu interessanten Variationen der Textdarstellung. Probieren Sie doch einfach mal verschiedene Ink-Effekte aus.

5.2.2.3 Suchscheinwerfer

Für das nächste Beispiel verwenden wir den Ink-Effekt *Farbsubtraktion bis min.* Es soll dabei der Eindruck entstehen, dass eine Szene periodisch von einem Scheinwerfer überstrichen wird. Dafür nutzen wir die Tatsache, dass schwarze Bereiche mit dem Ink-Effekt *Farbsubtraktion bis min.* quasi durchsichtig sind und weiße Bereiche die darunter liegenden auf schwarz reduzieren.

Das heißt, wenn wir einen Farbverlauf von weiß nach schwarz und wieder nach weiß mit dem Ink-Effekt *Farbsubtraktion bis min.* über einem Bild anordnen, können wir durch die schwarzen Bereiche das darunter liegende Bild sehen. Die weißen Bereiche dagegen decken das Bild schwarz ab:

Abb. 5-20: Suchscheinwerfer mit Ink-Effekten

Wichtig! Achten Sie darauf, dass im Eigenschafteninspektor unter dem Register *Bitmap* die Option *Weiße Flächen beschneiden* für den Farbverlauf abgewählt ist, da Director standardmäßig alle äußeren weißen Flächen einer Bitmap abschneidet.

Sollten Sie das erfolgreich verhindert haben, indem Sie im Eigenschafteninspektor die Option *Weiße Flächen beschneiden* unter dem Register *Bitmap* abwählten, so nützt dies leider auch nichts, da, wie bereits erwähnt, bei fast allen Ink-Effekten zusätzlich der Effekt *Matt* mit angewandt wird, der alle äußeren **weißen** Bereiche eines Sprites transparent darstellt!

Zum Schluss muss der Farbverlauf noch mit einem Tweening versehen werden, damit wir den Effekt eines Suchscheinwerfers, der über die Szene streicht, erhalten. Statt nur einer gradlinigen Bewegung können Sie natürlich den Farbverlauf auch vor und zurück oder auf und ab bewegen um die Szene noch realistischer zu gestalten.

Soll sich der „Scheinwerfer" nicht nur einmal über die Szene bewegen, muss, wie im Beispiel zuvor, im letzten Frame des Tweenings ein Frameskript platziert werden, das den Abspielkopf wieder zurückschickt.

5.3 Grafik-Transformation

Die Transformation von Grafiken bezogen auf Sprites haben Sie bereits im Abschnitt „Grundlagen Director“ kennen gelernt. Sowohl über den Eigenschafteninspektor, die Spriteleiste des Drehbuches als auch über den Menüpunkt *Modifizieren / Transformieren* ist es möglich Sprites zu drehen, spiegeln, kippen, skalieren und neigen.

Die meisten dieser Transformationen sind auch direkt in Lingo verfügbar. In der nachfolgenden Tabelle finden Sie die entsprechenden Spriteeigenschaften. Dagegen lassen sich die Transformationen Kippen und Skalieren zum Teil nur durch mehrere Befehle realisieren.

Bei allen Grafik-Transformationen mit Lingo wird der Registrierungspunkt des Sprites als Bezugspunkt für die Transformation verwendet, so z.B. bei der Rotation als Drehpunkt oder bei der Spiegelung als Position für die Symmetrieachse.

Eigenschaft	Wert	Transformation
`rotation`	Float (Grad)	drehen
`flipH`	TRUE/FALSE	spiegeln (horizontal)
`flipV`	TRUE/FALSE	spiegeln (vertikal)
`width`	Integer (Pixel)	skalieren (Breite)
`height`	Integer (Pixel)	skalieren (Höhe)
`skew`	Float (Grad)	neigen

Soll z.B. ein Sprite im Kanal 1 des Drehbuches um 12,4 Grad nach links gedreht werden, erledigt das der folgende Befehl:

```
sprite(1).rotation = -12.4
```

Möchten Sie ein Sprite im Kanal 3 auf 150 % in der Breite skalieren, notieren Sie den folgenden Befehl:

```
sprite(3).width = sprite(3).width * 1.5
```

Und für die Höhe gilt Entsprechendes:

```
sprite(3).height = sprite(3).height * 1.5
```

Um ein Sprite im Kanal 1 horizontal zu spiegeln schreiben Sie:

```
sprite(1).flipH = TRUE
```

Dabei bleibt der Registrierungspunkt an der ursprünglichen Position auf der Bühne. Das heißt, das Sprite wird an der horizontalen Position seines Registrierungspunktes gespiegelt. Wollen Sie dagegen das Sprite an seiner Mittellinie spiegeln, schreiben Sie:

```
a = (sprite(1).left + sprite(1).width/2)*2 - sprite(1).locH
sprite(1).flipH = TRUE
sprite(1).locH =  a
```

Dies entspricht im Übrigen dem Menüpunkt *Transformieren / Horizontal auf der Stelle kippen*. Entsprechend können Sie ein Sprite auch vertikal an seiner Mittellinie spiegeln:

```
a = (sprite(1).top + sprite(1).height/2)*2 - sprite(1).locV
sprite(1).flipV = TRUE
sprite(1).locV =  a
```

In der Director-Autorenumgebung erreichen Sie dies über den Menüpunkt *Transformieren / Vertikal auf der Stelle kippen*. Alternativ zu den beiden obigen Befehlssequenzen können Sie auch mit der Darstellereigenschaft `regPoint` den Registrierungspunkt versetzen, dann das Sprite spiegeln und bei Bedarf den Registrierungspunkt wieder zurücksetzen.

5.3.1 Freies Verzerren – Quads

Für Bitmap- und Text-Darsteller sowie für animierte GIFs besteht die Möglichkeit, die Eckpunkte eines Sprites innerhalb seines Begrenzungsrechtecks beliebig zu positionieren:

Abb. 5-21: Quad-Eckpunkte einer Bitmap, innerhalb des Begrenzungsrechtecks versetzt

Für dieses als *Quad* bezeichnete Viereck gibt es in der Autorenumgebung von Director kein eigenes Werkzeug, die Parameter müssen direkt mit Lingo eingestellt werden. Allerdings sind die beiden Transformationen Rotation und Neigung spezielle Quadformen, die über das Drehbuch oder den Eigenschafteninspektor von Director manipuliert werden können.

Das Lingo-Interface für die Quadmanipulation ist recht simpel als Sprite-Eigenschaft realisiert und besteht aus einer linearen Liste mit vier Pointwerten. Das erste Listenelement gibt die Position der linken oberen Ecke, das zweite der rechten oberen, das dritte der unteren rechten und das vierte der unteren linken Ecke an. Die Angaben erfolgen in Pixeln bezogen auf die linke obere Ecke der Bühne, z.B.:

```
put sprite(1).quad
-- [point(0.0000, 0.0000), point(265.0000, 0.0000),
point(265.0000, 200.0000), point(0.0000, 200.0000)]
```

Die Eigenschaft `quad` ist für alle Sprites verfügbar. Aber nur bei Sprites vom Typ Bitmap, Text und Animiertes GIF können die Parameter direkt per Lingo geändert werden. Dabei kann allerdings nicht ein einzelner Listenwert geändert werden, sondern `quad` erwartet immer eine komplette Liste mit vier Pointwerten. Um z.B. die linke obere Ecke einer Bitmap um 20 Pixel nach unten und rechts zu versetzen, gehen Sie wie folgt vor:

```
qTemp = sprite(1).quad
qTemp[1] = qTemp + point(20, 20)
sprite(1).quad = qTemp
```

So simpel die `quad`-Eigenschaft auf den ersten Blick aussehen mag, so hat sie doch zu vielen kreativen Lösungen bis hin zu kompletten 3D-Engines in Director geführt. Ab Version 8.5 besitzt Director eine eigene, sehr leistungsfähige 3D-Engine, weshalb sich Quads dafür im Grunde erübrigt haben. Dagegen sind sie z.B. zur Erzeugung von 360-Grad-Panoramen ohne QuickTime oder eines Goo-Effektes sehr nützlich. Für letzteren finden Sie im Abschnitt „Imaging Lingo“ auf Seite 321 ein entsprechendes Beispiel.

Ein einfaches Verhaltensskript für Bitmaps und Text zum Ziehen der einzelnen Eckpunkte mit der Maus, findet sich auch in der Bibliothekspalette Interaktiv: „Quad-Punkte ziehen“. Weisen Sie das Verhalten einem Sprite zu, können Sie nach dem Start des Directorfilms dessen Eckpunkte mit gedrückter Maustaste beliebig hin und her ziehen.

5.3.2 Vertex-Manipulation

Vektorform-Darsteller bestehen aus Kontrollpunkten, so genannten Vertices, die durch Bezierkurven miteinander verbunden sind. Ein einfacher Vektorform-Darsteller besteht aus zwei Vertices und einer Bezierkurve:

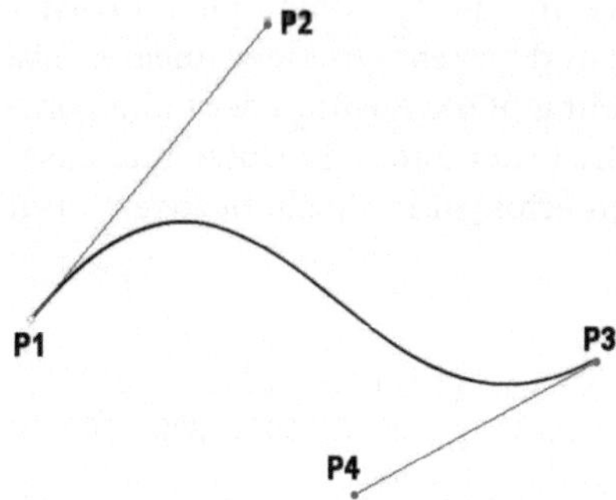

Abb. 5 221 einfacher Vektorform-Darsteller mit Anfassern

Mathematisch gesehen handelt es sich dabei um eine relationale Funktion 3. Grades. Ein Punkt auf der Kurve kann durch das folgende Gleichungssystem beschrieben werden:

$A = 3 * (P2 - P1)$
$B = 3 * (P4 - P2) - A$
$C = P3 - P1 - A - B$
$Pt = P1 + (A * t) + (B * t^2) + (C * t^3)$

Dabei ist t der relative Abstand zu P1 und kann Werte von 0 bis 1 annehmen. Um die einzelnen Punkte eines Vektorform-Darstellers mit Lingo zu ermitteln, können wir dessen Eigenschaft `vertexList` nutzen. Diese lineare Liste hat z.B. für die obige Kurve den folgenden Inhalt:

```
put member("vektorForm").vertexList
-- [[#vertex: point(-187.0000, 11.0000),
#handle1: point(157.0000, -197.0000)],
[#vertex: point(187.0000, 39.0000),
#handle2:point(-158.8325, 89.3433)]]
```

Die Angaben der Kontrollpunkte auf der Bezierkurve – `#vertex`, beziehen sich immer auf den Registrierungspunkt des Darstellers. Das heißt, eine Angabe von `point(-187, 11)` bedeutet, dass sich dieser Punkt 187 Pixel links und 11 unter dem Registrierungspunkt befindet.

Die mit `#handle1` und `#handle2` bezeichneten Elemente stellen die Koordinaten der Punkte außerhalb der Bezierkurve dar, in obiger Abbildung sind dies P2 und P4. Diese Punkte werden als *Handle* oder *Anfasser* bezeichnet und bestimmen maßgeblich den Verlauf der Kurve. Ihre Angaben beziehen sich immer auf den zugehörigen Kontrollpunkt. Beispielsweise bedeutet eine Angabe von `point(157, -197)`, dass sich der Anfasser 157 Pixel rechts und 197 Pixel über seinem Kontrollpunkt befindet.

Wie schon bei Quads können auch bei `vertexList` nicht einzelne Elemente der Liste geändert werden. Versuchen Sie es dennoch, führt das zwar zu keinem Skriptfehler, hat aber auch sonst keine Wirkung. Um ein einzelnes Element zu ändern, müssen Sie die komplette Liste in eine temporäre Variable speichern, dort die gewünschten Änderungen vornehmen und die temporäre Variable wieder `vertexList` zuweisen. Die gleiche Prozedur haben wir bereits für Quads durchgeführt, s. S. 302.

Es gibt aber noch eine zweite Eigenschaft für Vektorform-Darsteller, über die der Zugriff etwas einfacher vonstatten geht: `vertex[`*`index`*`]`. Mit *`index`* wird dabei angegeben, um welchen Punkt auf der Kurve es sich handelt, also P1, P3 etc., z.B.:

```
put member("vektorForm").vertex[1]
-- point(-187.0000, 11.0000)
```

Mit Hilfe von `vertex` können Sie auch einzelne Punkte eines Vektorform-Darstellers ändern, z.B.:

```
member("vektorForm").vertex[1] = point(-100, 50)
```

Auch kann über `vertex` auf die Anfasser der Kontrollpunkte zugegriffen werden. Wollen Sie z.B. die Koordinaten des Anfassers für P1 ermitteln, so schreiben Sie den folgenden Befehl:

```
put member("vektorForm").vertex[1].handle1
-- point(157.0000, -197.0000)
```

Entsprechend lassen sich die Koordinaten von Anfassern auch ändern:

```
member("vektorForm").vertex[1].handle1 = point(80, -20)
```

Damit haben Sie bereits weitreichende Möglichkeiten um die Form von Vektordarstellern zu ändern. Lingo bietet aber noch weitere Befehle für die Manipulation, z.B. um Kontrollpunkte zu löschen oder hinzuzufügen.

Eine Zusammenfassung aller relevanten Befehle zeigt die folgende Tabelle:

Vertex-Befehle	Beschreibung
vertexList	lineare Liste, die alle Kontrollpunkte und Anfasser einer Vektorform enthält, der folgende Befehl gibt z.B. vertexList im Nachrichtenfenster aus: put member("vektor").vertexList - - [[#vertex: point(-187.0000, 11.0000), #handle1: point(157.0000, -197.0000)], [#vertex: point(187.0000, 39.0000),#handle2:point(-158.8325, 89.3433)]]
closed	gibt an, ob der Kurvenverlauf einer Vektorform geschlossen – 1 (TRUE) oder offen – 0 (FALSE) ist, z.B.: put member("vektor").closed - - 0
vertex.count	gibt die Anzahl der Kontrollpunkte (Vertices) einer Vektorform an, z.B.: put member("vektor").vertex.coun - - 5
vertex[*index*]	gibt die Koordinaten des durch *index* bezeichneten Kontrollpunktes (Vertex) an, z.B.: put member("vektor").vertex[2] - - point(250, 12)
vertex[*index*].handle1 vertex[*index*].handle2	gibt die Koordinaten des Anfassers 1 oder 2 an, der zu dem mit *index* bezeichneten Kontrollpunkt (Vertex) gehört, z.B.: put member("vektor").vertex[2].handle1 - - point(-180, 72)
addVertex()	fügt der Liste vertexList einer Vektorform einen neuen Kontrollpunkt (Vertex) an der mit *index* angegeben Position hinzu, z.B.: member("vektor").addVertex(*index*, point(25, 15))
moveVertex()	ändert die Koordinaten des durch *index* angegebenen Kontrollpunktes, z.B.: member("vektor").moveVertex(*index*, 25, 10)
moveVertexHandle()	versetzt einen Anfasser des mit *index* angegebenen Kontrollpunktes auf eine neue Position, der zweite Parameter bestimmt dabei, ob dies Anfasser 1 oder 2 betrifft, z.B.: member("vektor").moveVertexHandle(*index*, 1, 15, -5)
deleteVertex()	löscht den mit *index* bezeichneten Kontrollpunkt aus der Liste vertexList einer Vektorform, z.B.: member("vektor").deleteVertex(*index*)

5.3.2.1 Beispiel: Pfadanimation mit Lingo

In diesem Beispiel wollen wir einmal nachprüfen, ob der Kurvenverlauf von Vektorform-Darstellern wirklich einer Bezierkurve entspricht. Dafür soll, mit dem obigen Gleichungssystem, ein Kreis auf der Kurve einer Vektorform bewegt werden.

Wir benötigen für das Beispiel einen Vektorform-Darsteller mit zwei Kontrollpunkten, einen Kreis und eine Schaltfläche um die Animation zu starten. Das Verhaltensskript für den Startbutton ruft nur den Event-Handler on `startSpline` in einem Filmskript auf:

```
on mouseUp me
  startSpline
end
```

Dieser berechnet die Punkte auf der Kurve des Vektorform-Darstellers zwischen den beiden Kontrollpunkten und speichert sie in der linearen Liste `pfad`:

```
global pfad

on startSpline
  pfad = []
  kurve = member("vektorform").vertexList
  P1 = kurve[1][#vertex] + sprite(1).loc
  P3 = kurve[2][#vertex] + sprite(1).loc
  P2 = kurve[1][#handle1] + P1
  P4 = kurve[2][#handle2] + P3

  A = 3 * (P2 - P1)
  B = 3 * (P4 - P2) - A
  C = P3 - P1 - A - B

  schritte = 20

  repeat with i = 0 to schritte
    t = i / float(schritte)
    Pt = P1 + A * t + B * (t * t) + C * power(t,3)
    pfad.add(Pt)
  end repeat
  go to frame "zeichnen"
end
```

Bei der Ermittlung der Kontrollpunkte P1 und P3 muss darauf geachtet werden, dass sich ihre Koordinaten auf den Registrierungspunkt des Darstellers beziehen. Damit diese auch der Position auf der Leinwand entsprechen, müsste der Registrierungspunkt des Sprites in die linke obere Ecke der Bühne platziert werden. Soll das Sprite hingegen beliebig positionierbar sein, muss der Offset zwischen der linken oberen Ecke der Leinwand und dem Registrierungspunkt des Sprites beiden Punkten P1 und P3 hinzugerechnet werden. Der Offset ist in der Spriteeigenschaft `loc` enthalten:

```
P1 = kurve[1][#vertex] + sprite(1).loc
P3 = kurve[2][#vertex] + sprite(1).loc
```

Die Koordinaten für die beiden Anfasser P2 und P4 beziehen sich auf die zugehörigen Kontrollpunkte P1 und P3, so dass deren Positionen jeweils addiert werden müssen:

```
P2 = kurve[1][#handle1]  + P1
P4 = kurve[2][#handle2]  + P3
```

Die eigentliche Berechnung der Punkte Pt auf der Kurve erfolgt in einer `repeat`-Schleife mit 20 Durchläufen. Das heißt, 20 Positionen werden auf dem Kurvenverlauf berechnet und in der Liste `pfad` gespeichert. Sie können auch mehr oder weniger Punkte berechnen lassen. Dabei müssen Sie aber darauf achten, dass t nur Werte von 0 bis 1 annehmen darf.

Wurden alle Punkte in der `repeat`-Schleife berechnet, schickt das Skript den Abspielkopf zum Frame *zeichnen* im Drehbuch. Dort befindet sich ein Frameskript, das den Kreis nacheinander auf die berechneten Positionen setzt:

Abb. 5-23: Pfadanimation mit einem Vektorform-Darsteller

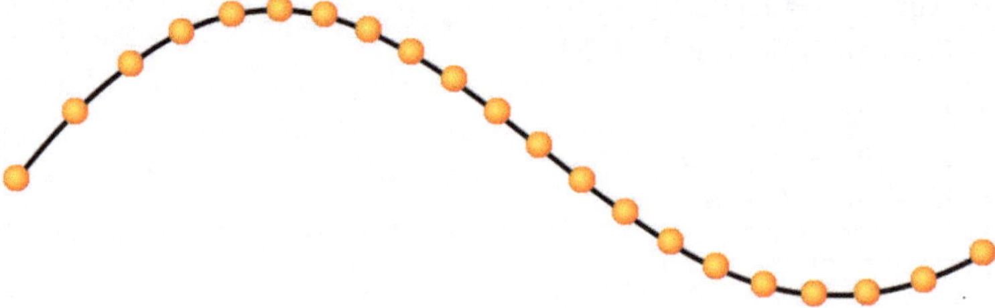

Wie Sie aus der Abbildung erkennen können, befindet sich der Kreis an jeder Position exakt auf der Linie des Vektorform-Darstellers. Das heißt, der Kurvenverlauf von Vektorformen entspricht wirklich Bezierkurven, da wir zur Positionsberechnung des Kreises die Gleichungen für Bezierkurven verwendet haben. Dass der Kreis in der Abbildung an jeder Position sichtbar ist liegt daran, dass wir im Drehbuch die Option *Spuren* eingeschaltet haben.

Hier noch das Frameskript für die Positionierung des Kreises auf der Kurve:

```
global pfad, n

on beginSprite me
  n = 0
end
```

```
on exitFrame me
  n = n + 1
  if n > pfad.count then n = 1
  sprite(3).loc = pfad[n] -- Kreis positionieren

  go to the frame
end
```

Sowie Besetzung und Drehbuch:

Abb. 5-24:
Besetzung und Drehbuch für die Pfadanimation

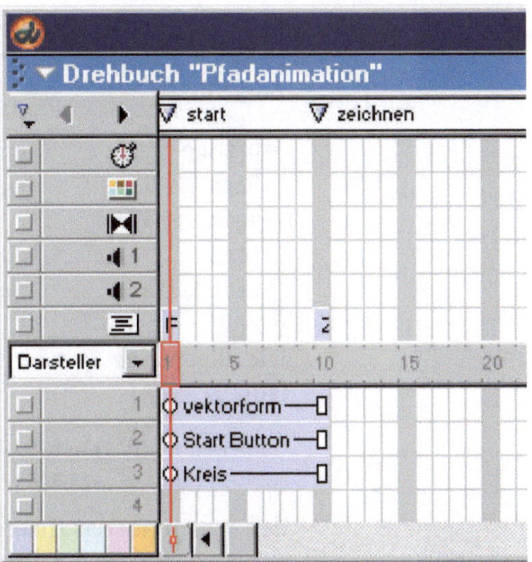

Auf diese Weise lassen sich auch Vektorform-Darsteller für die Pfadanimation von Sprites verwenden. Im Abschnitt „Grundlagen Director" haben Sie bereits das Tweening im Drehbuch kennen gelernt. Sollten diese Möglichkeiten nicht reichen, können Sie jetzt mit Lingo beliebige Animationen erstellen. Dabei müssen Sie sich nicht auf Bezierkurven beschränken, sondern können auch andere Kurvengleichungen verwenden.

Im Kapitel „Workshop" finden Sie ab Seite 468 ein Beispiel, in dem wir Sprites auf einer Kreisbahn bewegen.

5.4 Imaging Lingo

Mit Imaging Lingo ist es ab Version 8 von Director möglich direkt auf die Rendering Engine zuzugreifen. So können Sie *Image-Objekte* im Speicher erstellen oder aus vorhandenen Darstellern kopieren, sie modifizieren und anschließend Darstellern, der Bühne (`the stage`) oder MIAWs (s. S. 194) zuweisen.

Das Image-Objekt besitzt (wie auch Sprites, Darsteller, Skript-Objekte u.a.) eigene Methoden (Funktionen) und Eigenschaften (Properties), die mit Hilfe von Lingo genutzt werden können. Neben Fenstern (MIAWs) und der Bühne besitzen folgende Darstellertypen ein Image-Objekt und erlauben darauf den Zugriff:

```
#bitmap
#flash
#vectorShape
#text
#realMedia
```

Hinweis!
Nur das Image-Objekt von Fenstern und #bitmap-Darstellern erlaubt den Zugriff lesend und schreibend. Die Eigenschaften der anderen Darstellertypen können nur gelesen werden.

Die allgemeine Syntax für den Zugriff auf das Image-Objekt eines Darstellers lautet:

```
member("name").image.methode()
```
bzw.
```
member("name").image.eigenschaft
```

der Zugriff auf das Image-Objekt der Bühne erfolgt mit:

```
(the stage).image.methode()
```
bzw.
```
(the stage).image.eigenschaft
```

und der Zugriff auf das Image-Objekt von MIAWs lautet:

```
window("miawMovie").image.methode()
```
bzw.
```
window("miawMovie").image.eigenschaft
```

Die wichtigsten Methoden des Image-Objektes sind auf S. 370 zusammengefasst, die Eigenschaften auf S. 372.

5.4.1 Image-Objekte kopieren oder referenzieren

Um den Zugriff auf Image-Objekte (s.o.) in Lingo-Skripten zu vereinfachen, kann man sie auch Variablen zuweisen und diese dann für den weiteren Zugriff nutzen. Soll beispielsweise das Image des Darstellers `Haus` der Variablen `imgHaus` zugewiesen werden, kann das wie folgt aussehen:

```
imgHaus = member("Haus").image -- Referenz
```

Dabei gilt zu beachten, dass die Variable `imgHaus` nur eine Referenz (s. S. 75) auf das Image-Objekt ist und **keine** Kopie desselben. Das heißt, jede Änderung des Image-Objektes spiegelt sich auch in der Variablen `imgHaus` wider, da diese ja nur ein Verweis auf das Image des Darstellers `Haus` ist.

Weisen Sie dagegen einem Bitmap-Darsteller ein Image zu, so wird **immer** eine Kopie erstellt. Änderungen eines Images haben also **keinen** Einfluss auf das jeweils andere Image. Dabei ist es egal, ob das zugewiesene Image von einem Darsteller, einem Fenster oder von einer Referenz-Variablen, wie hier `imgHaus`, stammt:

```
member("bild").image = imgHaus -- Kopie
```

Soll auch eine Variable eine Kopie eines Image-Objektes erhalten, anstatt nur einer Referenz darauf, so stehen in Lingo dafür die Methoden `duplicate()` und `crop()` zur Verfügung.

Der Unterschied zwischen beiden Methoden besteht darin, dass mit `duplicate()` immer eine 1:1-Kopie des ursprünglichen Images erstellt wird, z.B.:

```
meinImage = (the stage).image.duplicate()
```

Hier wird aus dem aktuellen Image der Bühne `(the stage).image` eine Kopie erzeugt und der Variablen `meinImage` zugeordnet.

Dagegen verlangt die Methode `crop()` die Angabe eines rechteckigen Bereiches im ursprünglichen Image-Objekt, aus dem die Kopie erstellt werden soll, z.B.:

Hinweis: Vermeiden Sie es, das Ergebnis der Methode crop() direkt dem Image zuzuweisen, auf das crop() angewandt wurde. Dies kann zu einem unvorhersehbaren Fehlverhalten der Methode führen.

```
rechteck = member("bitmap").rect  -- zu kopierender Bereich
meinImage = member("bitmap").image.crop(rechteck)
```

Zunächst wird das Begrenzungsrechteck des Darstellers `bitmap` der Variablen `rechteck` zugewiesen. Anschließend kopiert die Methode `crop()` das Image des Darstellers, das dann in der Variablen `meinImage` gespeichert wird. So erhalten wir eine 1:1-Kopie vom Image des Darstellers `bitmap`, da hier sein eigenes Begrenzungsrechteck der Methode `crop()` als Parameter übergeben wird. In diesem Fall hätten wir natürlich auch `duplicate()` verwenden können um dasselbe Ergebnis zu erzielen.

5.4.1.1 Rechteckigen Kopierbereich festlegen

Mit der Methode `crop()` lässt sich aber nicht nur das gesamte Image eines Darstellers kopieren, sondern auch ein beliebiger rechteckiger Bereich des Images. Dabei kann der Bereich ein bereits existierendes Rechteck sein, z.B. das Begrenzungsrechteck eines Darstellers:

```
rechteck = member("bild").rect
```

oder das Begrenzungsrechteck eines Sprites auf der Bühne:

```
rechteck = sprite(1).rect
```

oder mittels der Funktion `rect(links, oben, rechts, unten)` bestimmt werden. Die Parameter `links`, `oben`, `rechts` und `unten` geben den Abstand in Pixeln bezogen auf die linke bzw. obere Begrenzung des zu kopierenden Images an, z.B.:

```
links = 120    -- Abstand in Pixeln vom linken Rand des Images
oben = 80      -- Abstand in Pixeln vom oberen Rand des Images
rechts = 230   -- Abstand in Pixeln vom linken Rand des Images
unten = 190    -- Abstand in Pixeln vom oberen Rand des Images
rechteck = rect(links, oben, rechts, unten)
```

Damit wird ein rechteckiger Bereich in einem Image festgelegt, wie aus der folgenden Abbildung ersichtlich:

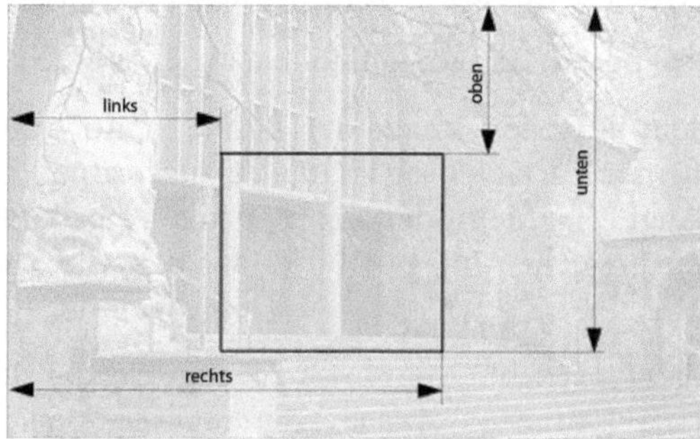

Abb. 5-25: Festlegen eines rechteckigen Bereiches in einem Image-Objekt

5.4.1.2 Sprites von der Bühne kopieren

Mit der Methode `crop()` können Sie auch Sprites in ihrer aktuellen Darstellung von der Bühne kopieren. Durch die beiden folgenden Befehle wird z.B. das Image von Sprite 1 in die Variable `spriteImg` kopiert:

```
rechteck = sprite(1).rect
spriteImg = (the stage).image.crop(rechteck)
```

Wichtig! Das zu kopierende Sprite darf sich auf der Bühne **nicht** im Modus *directToStage* befinden, was bei Digitalvideos und 3D-Darstellern die Standardeinstellung ist. In diesem Modus wird ein Sprite direkt in den Offscreen-Puffer von Director kopiert und befindet sich nicht im Image der Bühne.

Im Eigenschafteninspektor schalten Sie den Modus *directToStage* unter dem Register des jeweiligen Medienelementes aus, indem Sie die Option *Direkt auf Bühne* abwählen. Mit Lingo schalten Sie diesen Modus für einen Darsteller aus durch:

```
member(1).directToStage = FALSE
```

Oder für ein einzelnes Sprite mit:

```
sprite(1).directToStage = FALSE
```

Macromedia empfiehlt hier für Flash- und Vektorform-Darsteller die Einstellung der Eigenschaft `directToStage` über das jeweilige Sprite vorzunehmen. Bei allen anderen Darstellertypen soll dafür die Darstellereigenschaft verwendet werden, also der obere Befehl.

5.4.1.3 Image von Darstellern ohne Image-Objekt

Die eben besprochene Vorgehensweise, Sprites von der Bühne zu kopieren, lässt sich auch nutzen, um von Darstellern ohne Image-Objekt (z.B. QuickTime-Videos) über den Umweg der Bühne ein Image zu erhalten. Dies wollen wir uns an einem konkreten Beispiel ansehen. Dabei soll auf der Bühne ein QuickTime-Video abgespielt und per Mausklick von dem Video Snapshots erstellt werden. Der jeweils letzte Snapshot wird dann auf der Bühne angezeigt.

Die Bühne für dieses Beispiel könnte wie folgt aussehen:

Abb. 5-26: Snapshot von einem Video erstellen

Links auf der Bühne ist das QuickTime-Video angeordnet. Daneben befindet sich die graue Fläche eines Bitmap-Darstellers für die Anzeige des Snapshots. Erstellt werden die Snapshots mit dem folgenden Verhaltensskript, das der Schaltfläche *Snapshot* zugeordnet ist:

```
on beginSprite me
  member("video").directToStage = FALSE
end

on mouseUp me
  rechteck = sprite(1).rect
  member("bitmap").image = (the stage).image.crop(rechteck)
end
```

Der Befehl im Event-Handler `on beginSprite` schaltet den Modus *directToStage* für das Video aus, da sonst das Video nicht von der Bühne kopiert werden kann (s.o.).

Im Event-Handler `on mouseUp` schreibt der erste Befehl die Koordinaten des QuickTime-Videos auf der Bühne in die Variable `rechteck`. Der zweite Befehl kopiert diesen Bereich mit der Methode `crop()` aus der Bühne und weist ihn als Image dem Darsteller `bitmap` zu. So wird der Snapshot des Videos anstelle der grauen Fläche auf der Bühne angezeigt.

Den umgekehrten Weg, das heißt, das Image eines Darstellers in die Bühne zu kopieren, schauen wir uns im Beispiel ab Seite 316 näher an.

5.4.1.4 Bühne als Bitmap-Darsteller sichern

Natürlich lässt sich entsprechend dem vorherigen Beispiel auch die gesamte Bühne in einem Bitmap-Darsteller kopieren. Im Prinzip müssen Sie dafür nur die Methode `crop()` im letzten Beispiel weglassen.

Ein Verhaltensskript, das auch gleich noch den Bitmap-Darsteller erzeugt um die Bühne zu sichern könnte wie folgt aussehen:

```
on mouseUp me
  memRef = new(#bitmap)                  -- neue Bitmap erstellen
  memRef.image = (the stage).image       -- Bühnenimage kopieren
end
```

Während der erste Befehl einen neuen Bitmap-Darsteller in der Besetzung erzeugt, sichert der zweite Befehl das Image der Bühne in diesem.

In den meisten Fällen mag dieses Skript bereits genügen, wenn man einen Screenshot von einem Directorfilm benötigt. Für einen vollständigen Screenshot des gesamten Monitors reichen allerdings die Fähigkeiten von Director nicht aus. Hier müssen Sie schon auf ein entsprechendes Xtra, z.B. das ScreenXtra oder Grabber-Xtra, zurückgreifen (s. S. 266).

5.4.2 Bildbereiche ineinander kopieren

Eine der wichtigsten Methoden des Image-Objektes ist `copyPixels()`. Mit Hilfe dieser Methode können Sie das Image-Objekt von Darstellern, der Bühne und von Fenstern (MIAW), in Bitmap-Darsteller, die Bühne oder Fenster kopieren. Dabei ist es sowohl im Ausgangs- als auch im Ziel-Image möglich, nur einen rechteckigen Teilbereich für den Kopiervorgang auszuwählen:

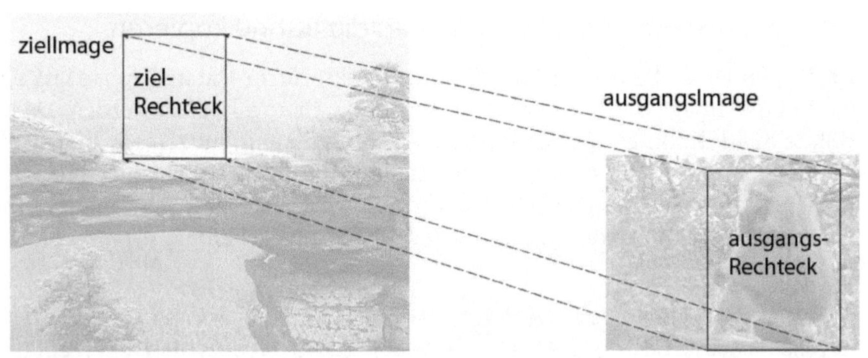

Abb. 5-27:
Bildbereiche mit der Methode copyPixels() ineinander kopieren

Ist die Größe des Ausgangsrechtecks zum Zielrechteck unterschiedlich, wird das Image des Ausgangsrechtecks entsprechend **skaliert**, s. auch S. 328 „Beispiel: Lupe I".

Die allgemeine Syntax für die Methode `copyPixels()` sieht wie folgt aus:

```
zielImage.copyPixels(ausgangsImage, zielBereich, ausgangsRechteck \
                    {, eigenschaftsListe})
```

Dabei haben die einzelnen Parameter folgende Bedeutung:

zielImage	Image, in das kopiert wird
ausgangsImage	Image, von dem die Kopie erstellt wird
zielBereich	Quad (s. S. 302) oder Rechteck im zielImage, in das kopiert wird
ausgangsRechteck	Bereich im ausgangsImage, von dem die Kopie erstellt wird
eigenschaftsListe	zusätzliche Einstellungen

Optional kann als vierter Parameter eine Eigenschaftsliste für weitere Einstellungen übergeben werden. Damit werden wir uns im nächsten Abschnitt „Masken verwenden", ab S. 324 näher befassen.

Die Festlegung des Ziel- und Ausgangsrechtecks kann wie bereits auf S. 311 für die Methode `crop()` beschrieben erfolgen.

Ein Verhaltensskript für eine Schaltfläche, das entsprechend der obigen Abbildung einen Teilbereich aus einer Bitmap kopiert und in eine zweite wieder einfügt, kann z.B. wie folgt aussehen:

```
on mouseUp me
  zielImage = member("Bild1").image        -- Referenz auf "Bild1"
  ausgangsImage = member("Bild2").image    -- Referenz auf "Bild2"
  zielRechteck = rect(120, 10, 200, 110)
  ausgangsRechteck = rect(135, 5, 250, 145)
  zielImage.copyPixels(ausgangsImage, zielRechteck, ausgangsRechteck)
end
```

5.4.2.1 Beispiel: Darsteller-Image in die Bühne kopieren

Im Folgenden soll das gesamte Image des Vektorform-Darstellers `meinVektor` in das Image der Bühnen `(the stage).image` kopiert werden. Da der Bühne nicht direkt ein Image zugewiesen werden kann, nutzen wir hierfür die Methode `copyPixels()`. Das Verhaltensskript für dieses Beispiel entspricht dem bereits oben angegebenen Skript, nur wird jetzt statt des Images eines Darstellers, das Image der Bühne als Ziel-Image angegeben:

```
on mouseUp me
  imgVekt = member("meinVektor").image
  (the stage).image.copyPixels(imgVekt, imgVekt.rect, imgVekt.rect)
  updateStage
end
```

- ➢ Im ersten Befehl wird das Image-Objekt des Vektorform-Darstellers mit der Bezeichnung `meinVektor` der Variablen `imgVekt` zugewiesen (referenziert).
- ➢ Der zweite Befehl kopiert das Image des Vektorform-Darstellers in die linke obere Ecke des Bühnen-Images `(the stage).image`. Als Ausgangs- und Zielbereich wird dabei jeweils das Imagerechteck `imgVekt.rect` des Vektorform-Darstellers genutzt.
- ➢ Zum Schluß aktualisiert der Befehl `updateStage` noch die Darstellung der Bühne. Dies ist nicht unbedingt notwendig, dient aber zur Sicherheit, dass die Änderung auch auf der Bühne angezeigt wird.

Statt das Image eines Vektorform-Darstellers kann natürlich auch jedes andere Image in die Bühne kopiert werden, z.B. ein Text-Image oder das Image eines MIAWs. So können, ohne einen einzigen Sprite im Drehbuch, Darsteller auf der Bühne angezeigt werden.

5.4.2.2 Beispiel: Tooltips anzeigen

Eine andere nützliche Anwendung der Methode `copyPixels()` sind Tooltips, Hinweis-Fenster am Mauszeiger. Zwar gibt es dafür bereits ein Verhalten in der Bibliothek (QuickInfo). Allerdings basiert es nicht auf Imaging Lingo und kann daher auch nur Text verwenden.

Abb. 5-28: Tooltip mit Imaging Lingo erzeugen

Das im Folgenden aufgelistete Verhaltensskript wird den Sprites zugewiesen, die beim Darüberfahren mit der Maus einen Tooltip anzeigen sollen. Der Text und die Erscheinung des Tooltips werden als Image vom Darsteller `tooltip` kopiert. Dies kann ein Textdarsteller oder jeder andere Darstellertyp mit einem Image sein (s. S. 310).

```
property pImgText, pRectText, pRectStage, pImgStage

on beginSprite me
  pImgText = member("tooltip").image    -- Tooltip-Image
  pRectText = pImgText.rect             -- Tooltip-Rechteck
  sprite(me.spriteNum).cursor = 280     -- Hand als Mauszeiger
end

on endSprite me
  sprite(me.spriteNum).cursor = 0       -- Pfeil als Mauszeiger
  call(#ausblenden, me)                 -- Tooltip ausblenden
end

on mouseEnter me
  links = the mouseH + 10               -- horiz. Mausposition + 10
  oben =  the mouseV + 15               -- vertk. Mausposition + 15
  rechts = links + pImgText.width
  unten = oben + pImgText.height
  pRectStage = rect(links, oben, rechts, unten)
  pImgStage = (the stage).image.crop(pRectStage)
  (the stage).image.copyPixels(pImgText, pRectStage, pRectText)
  timeout("zu").new(3000, #ausblenden, me)
end

on mouseLeave me
  call(#ausblenden, me)                 -- Tooltip ausblenden
end

on ausblenden me
  (the stage).image.copyPixels(pImgStage, pRectStage, pRectText)
  timeout("zu").forget()
end
```

Zunächst werden vier Variable als Property (Eigenschaft) des Sprites definiert, dem das Skript zugeordnet wurde: das Image des Darstellers für den Tooltip `pImgText`, dessen Begrenzungsrechteck `pRectText`, das Rechteck, in dem der Tooltip auf der Bühne angezeigt wird, `pRectStage`, sowie das dazugehörige Image der Bühne `pImgStage`.

Im Event-Handler on `beginSprite` werden die Werte für `pImgText` und `pRectText` festgelegt. Die Eigenschaft `cursor` des Sprites erhält `280` zugewiesen, wodurch der Mauszeiger zur Hand wird, sobald er sich über dem Sprite befindet. Die eigentliche Funktion, die Anzeige des Tooltips, befindet sich im Event-Handler on `mouseEnter` und erfolgt mit der Methode `copyPixels()`, die das Image des Tooltips in das Image der Bühne kopiert. Zuvor wird dieser Bereich der Bühne allerdings noch in der Property `pImgStage` gesichert.

Der Event-Handler `on ausblenden` blendet den Tooltip wieder aus, indem er das zuvor in der Property `pImgStage` gesicherte Image in die Bühne zurückschreibt. Der Aufruf dieses Event-Handlers erfolgt beim Verlassen des Sprites durch die Maus (on `mouseLeave`), durch den Timer `"zu"` nach 3000 Millisekunden oder am Ende des Sprites (on `endSprite`).

5.4.2.3 Beispiel: Bitmap-Darsteller skalieren

Eine weitere Einsatzmöglichkeit für die Methode `copyPixels()` ist das Skalieren von Bitmap-Darstellern. Denn so ohne weiteres lässt sich im Nachhinein die Größe eines Bitmap-Darstellers mit Lingo nicht ändern. In der Entwicklungsumgebung ist dies noch über das Menü *Modifizieren / Bitmap transformieren* möglich:

Abb. 5-29: Bitmap in Director skalieren

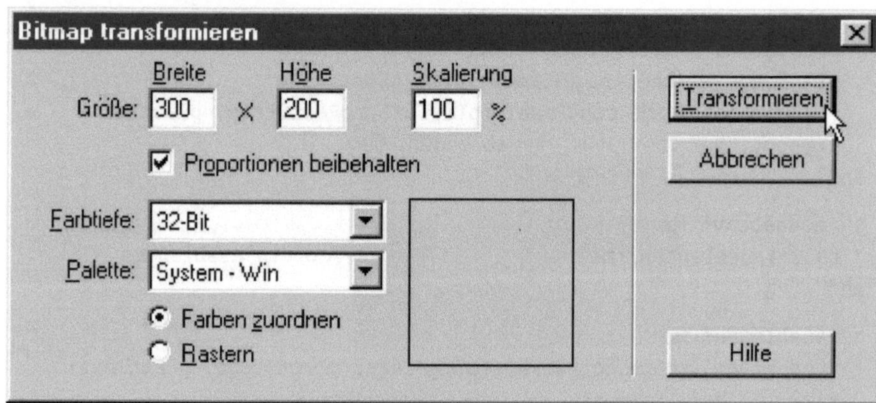

Doch will man die Größe zur Laufzeit eines Directorfilms ändern und weist den Eigenschaften `width` und `height` neue Werte zu, ergibt das zwar keinen Fehler, hat aber auch sonst keinerlei Auswirkung. Und obwohl im Eigenschafteninspektor Breite und Höhe von Bitmap-Darstellern als editierbar angegeben sind, wird auch dort eine Änderung nicht angenommen.

Mit Imaging Lingo lässt sich aber u.a. die Größe eines Images ändern, was bei Bitmaps dem Darsteller selbst entspricht. So ist es auf diesem Umweg möglich, einen Bitmap-Darsteller mit Lingo zu verkleinern, wie es das folgende Filmskript für den Darsteller `Bild` zeigt:

```
on startMovie
  zoom = 0.2                    -- Zoom-Faktor, Werte von 1 bis 0
  m1 = member("Bild").image     -- Image referenzieren
  newRect = m1.rect * zoom      -- neue Bildgröße berechnen
  m1.copyPixels(m1, newRect, m1.rect)
  member("Bild").image = m1.crop(newRect)
end
```

Im letzten Befehl auf der linken Seite muss das Image des Darstellers `Bild` selbst stehen und nicht die Referenz `m1` darauf, da sonst `m1` ins Leere verweisen würde!

Auch der umgekehrte Weg, d.h. einen Bitmap-Darsteller zu vergrößern, ist mit der Methode `copyPixels()` möglich. Allerdings muss dafür zuvor ein entsprechend großes Image mit der Funktion `image()` erzeugt werden, wie dies im folgenden Skript in Zeile fünf zu sehen ist. Der dritte Parameter, hier `24`, gibt dabei die Farbtiefe des neuen Images `tempImg` an:

```
on startMovie
  zoom = 1.2                    -- Zoom-Faktor
  m1 = member("Bild").image     -- Image referenzieren
  newRect =  m1.rect * zoom     -- neue Bildgröße berechnen
  tempImg = image(newRect.width, newRect.height, 24)
  tempImg.copyPixels(m1, newRect, m1.rect)
  member("Bild").image = tempImg
end
```

5.4.2.4 Beispiel: Farbreduktion von 32- auf 8-Bit

Innerhalb der Arbeitsumgebung von Director kann man die Farbtiefe von Bitmaps, wie zuvor für die Skalierung beschrieben, über das Menü *Modifizieren / Bitmap transformieren* einstellen. Soll eine Farbreduktion zur Laufzeit eines Directorfilms erfolgen, so lässt sich das analog zum letzten Beispiel realisieren – mit der Funktion `image()` wird ein neues Image mit entsprechender Farbtiefe erstellt und in dieses mit der Methode `copyPixels()` die ursprüngliche Bitmap einkopiert. Das Resultat wird der Bitmap dann wieder zugewiesen:

```
on startMovie
  m1 = member("Bild").image                -- Referenz auf Image
  newImg = image(m1.width, m1.height, 8)   -- neues 8-Bit-Image
  newImg.copyPixels(m1, m1.rect, m1.rect)  -- Bitmap umkopieren
  member("Bild").image = newImg            -- 8-Bit-Image zuweisen
end
```

Der Funktion `image()` kann bei 2-, 4- und 8-Bit Farbtiefe als vierter, optionaler Parameter noch die zu verwendende Farbpalette (s. S. 277) mit übergeben werden. Erfolgt hier keine Angabe, wird die Standardpalette des Directorfilms genutzt. Bei `copyPixels()` lässt sich mit `#dither` (s. S. 326) festlegen, ob die ursprünglichen Farben der Bitmap auf die verwendete Farbpalette gemapt (Standard) oder gerastert werden sollen. Das folgende Skript rastert z.B. die Farbtiefe auf 8-Bit unter Verwendung der Farbpalette *Metallisch*:

```
on startMovie
  m1 = member("Bild").image
  newImg = image(m1.width, m1.height, 8, #metallic)
  newImg.copyPixels(m1, m1.rect, m1.rect, [#dither: TRUE])
  member("Bild").image = newImg
end
```

Hatte die ursprüngliche Bitmap eine Alphamaske, geht diese bei der Farbreduktion verloren. Director bietet aber die Möglichkeit, auch bei Bitmaps mit weniger als 32-Bit, Masken zu verwenden (s. S. 354). Das heißt, Sie können bei der Farbreduktion eine eventuell vorhandene Alphamaske weiter nutzen. Extrahieren Sie dazu vor der Farbreduktion die Alphamaske der Bitmap mit der Methode `extractAlpha()`. Mit dem erhaltenen Graustufen-Image erzeugen Sie dann einen neuen Darsteller und legen diesen in der Besetzung **direkt** nach der zu reduzierenden Bitmap an. Nun muss nur noch das Sprite, das die Bitmap auf der Bühne anzeigt, auf den Ink-Effekt *Maske* eingestellt werden.

So bleibt der Effekt der Alphamaske erhalten:

```
on startMovie
  m1 = member("Bild").image                     -- Referenz auf Image
  m1Alpha = m1.extractAlpha()                   -- Alphakanal extrahieren
  maskeNum = member("Bild").number + 1          -- Bitmap-Besetzung + 1
  maske = new(#bitmap, member(maskeNum))        -- neue Bitmap erzeugen
  if m1Alpha<>0 then maske.image = m1Alpha -- Alphamaske zuweisen
  newImg = image(m1.width, m1.height, 8)        -- neues 8-Bit-Image
  newImg.copyPixels(m1, m1.rect, m1.rect)       -- Bitmap umkopieren
  member("Bild").image = newImg                 -- neues Image zuweisen
  sprite(1).ink = 9        -- Sprite auf Ink-Effekt Maske einstellen
end
```

Der letzte Befehl im obigen Filmskript stellt mit der Eigenschaft `ink` das Sprite 1 auf den Ink-Effekt *Maske* ein. Dabei wird davon ausgegangen, dass sich die in der Farbtiefe zu reduzierende Bitmap im Spritekanal 1 des Drehbuches befindet.

Die obigen Skripte funktionieren übrigens nicht nur mit 32-Bit-Darstellern, sondern auch bei geringerer Farbtiefe. Auch lässt sich die Farbtiefe entsprechend erhöhen, z.B. von 8-Bit auf 32-Bit, indem in der Funktion `image()` die gewünschte Farbtiefe angegeben wird.

5.4.2.5 Beispiel: Goo-Effekt mit Quads

Bis jetzt haben wir als Zielbereich für die Methode `copyPixels()` immer ein Rechteck verwendet. Aber bereits im Abschnitt „Bildbereiche ineinander kopieren" konnten Sie erfahren, dass auch Quads (s. S. 302) als Zielbereich verwendet werden können.

In diesem Beispiel werden wir eine Bitmap, ausgehend von der Mauspoition, in vier rechteckige Bereiche unterteilen. Nachdem die Maus bewegt wurde, sollen diese Bereiche als Quads an der neuen Mausposition wieder in das Bild einkopiert werden:

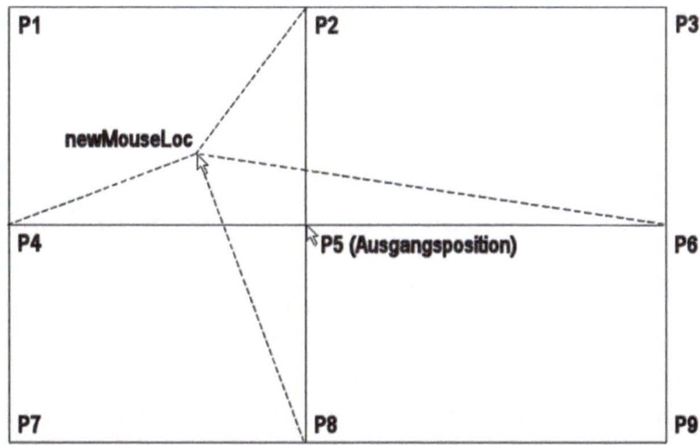

Abb. 5-30: Einteilung der Bitmap in vier Bereiche für die Quad-Manipulation

Die Bereiche mit den durchgezogenen Linien kennzeichnen die vier Rechtecke, die als Quad in die durch gestrichelte Linien gekennzeichneten Bereiche kopiert werden. Ein fertiges Beispiel zeigen die beiden folgenden Abbildungen:

Abb. 5-31: Quad-Manipulation, links – Original, rechts – Quad-Bereiche verschoben

Die Umsetzung erfolgte hier als Spriteskript mit den drei Event-Handlern on `beginSprite`, on `mouseDown` und on `stepFrame`.

Im ersten Event-Handler werden auf einige Ressourcen Referenzen erstellt um den Zugriff darauf zu vereinfachen:

```
property pSprite, pBildImg, pWidth, pHeight
property pK, pQ1, pQ2, pQ3, pQ4

on beginSprite me

  -- Referenz auf dieses Sprite
  pSprite = sprite(me.spriteNum)

  -- Breite und Höhe des Bildes
  pWidth = pSprite.member.width
  pHeight = pSprite.member.height

  -- Liste für die Koordinaten der Grafik
  pK = [:]
end
```

Die Eigenschaftsliste `pk` soll die Punkte P1 bis P9 aus obiger Abbildung aufnehmen, um mit deren Hilfe die zu kopierenden Rechtecke und die Quads zu bestimmen.

Der Event-Handler on `mouseDown` wird auf das Drücken der Maustaste hin aktiv. Er ermittelt, ausgehend von der aktuellen Mausposition, die neun Punkte entsprechend obiger Abbildung und speichert sie in der Liste `pk`. Mit Hilfe dieser Punkte und der Imaging-Methode `crop()` wird das Bild in vier rechteckige Bereiche aufgeteilt und deren Images in die Variablen `pQ1` bis `pQ4` kopiert. Zum Schluss wird das Skript in die globale Liste `the actorList` aufgenommen und damit der Event-Handler on `stepFrame` aktiviert.

```
on mouseDown me
  pBildImg = pSprite.member.image.duplicate()

  myMouseH = the mouseH - pSprite.left
  myMouseV = the mouseV - pSprite.top

  pK.setaProp(#p1,point(0,0))
  pK.setaProp(#p2,point(myMouseH,0))
  pK.setaProp(#p3,point(pWidth,0))
  pK.setaProp(#p4,point(0,myMouseV))
  pK.setaProp(#p5,point(myMouseH,myMouseV))
  pK.setaProp(#p6,point(pWidth,myMouseV))
  pK.setaProp(#p7,point(0,pHeight))
  pK.setaProp(#p8,point(myMouseH,pHeight))
  pK.setaProp(#p9,point(pWidth,pHeight))
```

```
  pQ1 = pBildImg.crop(pK.p1, pK.p5)
  pQ2 = pBildImg.crop(pK.p2, pK.p6)
  pQ3 = pBildImg.crop(pK.p4, pK.p8)
  pQ4 = pBildImg.crop(pK.p5, pK.p9)

  (the actorList).add(me)
end
```

Im Event-Handler on `stepFrame` wird zunächst die Systemeigenschaft `the stillDown` abgefragt, ob die Maustaste noch gedrückt ist. Ist dies der Fall, wird die jetzt aktuelle Mausposition, korriegiert um den Offset des Sprites zur Bühne, in der Variablen `newMouseLoc` gespeichert. Diese wird zur Ermittlung der vier Quadbereiche benötigt, in die die Images `pQ1` bis `pQ4` anschließend kopiert werden sollen. Das Kopieren übernimmt dann wieder die Methode `copyPixels()`. Nur diesmal wird als Zielbereich kein Rechteck, sondern ein Quad angegeben. Das Einpassen der rechteckigen Images in die Quadbereiche übernimmt auch die Methode `copyPixels()`:

```
on stepFrame me
  if the stillDown then
    newMouseLoc = the mouseLoc - point(pSprite.left, pSprite.top)

    quad1 = [pK.p1, pK.p2, newMouseLoc, pK.p4]
    quad2 = [pK.p2, pK.p3, pK.p6, newMouseLoc]
    quad3 = [pK.p4, newMouseLoc, pK.p8, pK.p7]
    quad4 = [newMouseLoc, pK.p6, pK.p9, pK.p8]

    pBildImg.copyPixels(pQ1, quad1, pQ1.rect)
    pBildImg.copyPixels(pQ2, quad2, pQ2.rect)
    pBildImg.copyPixels(pQ3, quad3, pQ3.rect)
    pBildImg.copyPixels(pQ4, quad4, pQ4.rect)
    pSprite.member.image = pBildImg
  else
    (the actorList).deleteOne(me)
  end if
end
```

Wurde die Maustaste losgelassen, verzweigt die `if`-Bedingung in on `stepFrame` in den `else`-Zweig, der das Skript wieder aus der Liste `the actorlist` entfernt.

5.4.3 Masken mit copyPixels()

Mit der Methode `copyPixels()` des Image-Objektes ist es nicht nur möglich rechteckige Bildbereiche von einem Darsteller in einen anderen zu kopieren, wie bereits auf Seite 316 gezeigt. Auch Masken können in den Kopiervorgang mit eingebunden werden. Dabei stehen alle in Director vorhandenen Ink-Effekte (s. S. 283) zur Verfügung. Das heißt, alle Effekte, die beim Rendering eines Sprites auf der Bühne verfügbar sind (*Kopieren*, *Stanzen*, *Transparent*, *Aufhellen* etc.), können mit Imaging Lingo on the fly – also während der Laufzeit eines Directorfilms – erzeugt werden.

Um Masken mit der Methode `copyPixels()` zu nutzen, wird als vierter, optionaler Parameter eine Eigenschaftsliste mit den entsprechenden Werten übergeben (für die ersten drei Parameter s. S. 315):

```
zielImage.copyPixels(ausgangsImage, zielRechteck, ausgangsRechteck, \
                     eigenschaftsListe)
```

Diese Liste kann eine oder mehrere Eigenschaften aus der Tabelle von Seite 326 enthalten. Die Einbindung von Masken erfolgt mit der Eigenschaft `#maskImage`, z.B.:

```
zielImage.copyPixels(...,[#maskImage: Maske])
```

Als Masken lassen sich nutzen:

- Image eines 8-Bit-Bitmap-Darstellers, vorzugsweise mit der Farbpalette `#grayscale`, in Director über das Menü *Modifizieren / Bitmap transformieren…* erzeugbar (s. S. 279)
- Alphamaske einer Bitmap, mit der Methode `extractAlpha()` erzeugt (s. S. 355)
- eine mit der Image-Methode `createMask()` erzeugte Maske (s. S. 371)
- eine mit der Image-Methode `createMatte()` erzeugte Maske (s. S. 371)

Das heißt, eine Maske in `copyPixels()` arbeitet wie der Alphakanal von Bitmaps (s. S. 355) mit bis zu 256 Graustufen, die als Transparenzinformation für das Ausgangs-Image gewertet werden. Schwarze Bereiche der Maske lassen die darunter liegenden Pixel des Ausgangs-Image sichtbar, weiße dagegen transparent erscheinen. Andere Farben wirken entsprechend ihrem Helligkeitswert mehr oder weniger transparent. Somit ist es auch möglich weiche Kanten und Übergänge zu erzeugen.

Die Maskenposition ist standardmäßig die linke obere Ecke `point(0,0)` des Ausgangs-Images. Mit der Eigenschaft `#maskOffset` ist aber jede beliebige Position einstellbar:

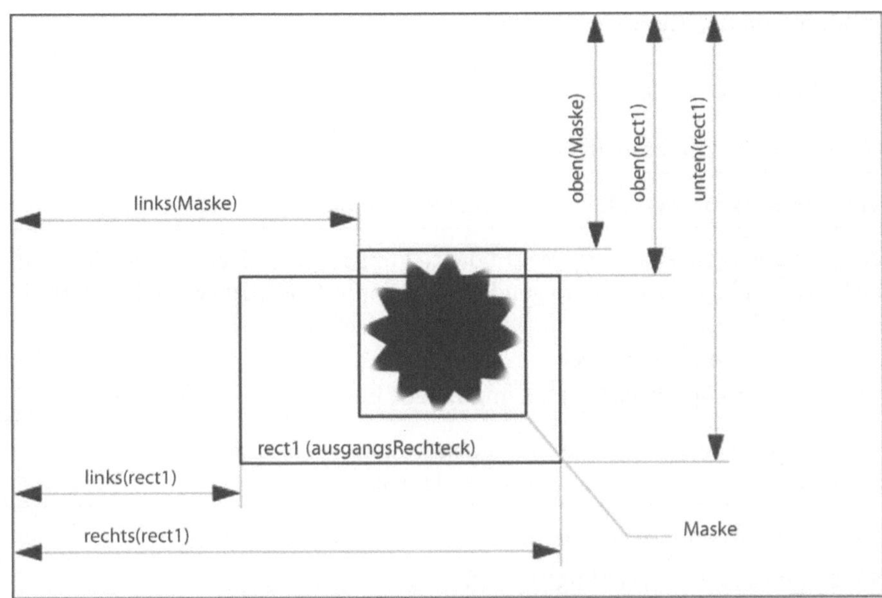

Abb. 5-32:
Ausgangs-Image für die Methode copyPixels() unter Verwendung einer Maske

Wie aus der obigen Abbildung ersichtlich, muss der Maskenbereich nicht unbedingt mit dem Ausgangsrechteck der Methode `copyPixels()` übereinstimmen. Es werden aber nur Pixel aus dem Bereich kopiert, der durch die Maske **und** das Ausgangsrechteck vorgegeben ist, also aus der Schnittmenge beider. Das heißt, gibt es keinen gemeinsamen Bereich, wird auch nichts kopiert!

Die Umsetzung der obigen Abbildung in Lingo-Code kann wie folgt geschrieben werden:

```
zielImage.copyPixels(ausgangsImage, rect2, rect1, \
  [#maskImage:Maske, #maskOffset:point(links, oben)])
```

Dabei ist `rect1` der zu kopierende Bereich im Ausgangs-Image und `rect2` der im Ziel-Image. Die Festlegung dieser Bereiche wurde bereits auf Seite 311 beschrieben.

Da es bei der Angabe des Masken-Offsets leicht zu Fehlern kommen kann, hier nochmals ausdrücklich der Hinweis, dass sich die Angaben zur Position der Maske immer auf das Ausgangs-Image beziehen und **nicht** auf das Ausgangsrechteck `rect1`.

Eigenschaften für die Verwendung mit der Methode `copyPixels()`

#color	Vordergrundfarbe für den Farbeffekt #ink, Standard ist: schwarz
#bgColor	Hintergrundfarbe für den Farbeffekt #ink, Standard ist: weiß
#ink	Farbeffekt (s. S. 283) für die zu kopierenden Pixel, Standardwert ist: 0 (Kopieren)
#blendLevel	Grad der Mischung (Transparenz), der auf die zu kopierenden Pixel angewendet wird, mögliche Werte sind 0 bis 255; der folgende Befehl kopiert beispielsweise den Darsteller "Button1" mit 75% Transparenz in den Darsteller "m": imgB1 = member("Button1").image member("m").image.copyPixels(imgB1, imgB1.rect, imgB1.rect, [#blendLevel: 63])
#blend	entspricht der Eigenschaft #blendLevel mit dem Unterschied, dass der Wertebereich nur von 0 bis 100 geht; d.h., 0 entspricht 100% Transparenz
#maskImage	die mit der Methode copyPixels() zu verwendende Maske (s.o.), z.B.: member("m").image.copyPixels(imgB1, imgB1.rect, imgB1.rect, \ [#maskImage: maske])
#maskOffset	Masken-Offset (Versatz) als Point-Angabe für die mit #maskImage angegebene Maske, bezogen auf das Ausgangs-Image (**nicht** auf das Ausgangsrechteck!); der Standard-Offset ist (0,0), d.h. die linke obere Ecke des Ausgangs-Images
#dither	boolsche Eigenschaft (TRUE/FALSE), bestimmt bei 8- und 16-Bit-Darstellern, ob die Farben gerastert werden sollen; der Standardwert ist: FALSE
#useFastQuads	boolsche Eigenschaft (TRUE/FALSE), die beim Kopiervorgang festlegt, ob der schnellere FastQuads-Modus genutzt werden soll, der allerdings eine geringere Qualität aufweist (ungenauer kopiert); der Standardwert ist: FALSE

5.4.3.1 Images mit Alphamaske kopieren

Einer besonderen Abhandlung bedarf das Kopieren von Darstellern mit eigener Alphamaske, da es hier unterschiedliche Modi in der Arbeitsweise der Methode `copyPixels()` gibt.

Entscheidend ist dabei, ob mit `#maskImage` eine zusätzliche Maske angegeben wurde. Außerdem gilt zu beachten, ob der Alphakanal des Ausgangs-Images aktiviert ist. Denn in Director ist es möglich, den Alphakanal eines Darstellers sowohl über den Eigenschafteninspektor unter dem Register *Bitmap* als auch mit Lingo (s. S. 355) zu deaktivieren.

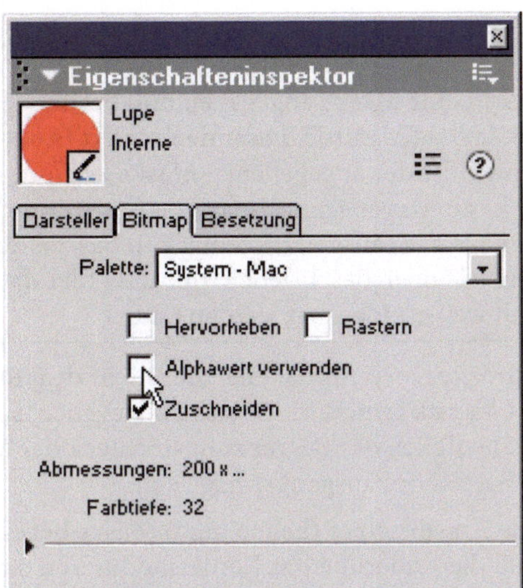

Abb. 5-33:
Alphakanal von Bitmaps deaktivieren

Bei Vektorform- und Textdarstellern lässt sich der Alphakanal **nicht** direkt ausschalten, da er bei jedem Zugriff auf den Darsteller neu erstellt wird. Hier muss zunächst eine Kopie des Darsteller-Images (s. S. 310) erzeugt, und bei dieser der Alphakanal deaktiviert werden.

Ein ausführliches Beispiel für das Kopieren von Darstellern mit Alphakanal finden Sie ab Seite 356.

Die nachfolgende Tabelle fasst alle möglichen Kombinationen von `#maskImage` und der Alphamaske des Darstellers mit der jeweiligen Arbeitsweise von `copyPixels()` zusammen.

<table>
<tr><th>Maske*</th><th>Alpha**</th><th>Arbeitsweise von copyPixels()</th></tr>
<tr><td>–</td><td>FALSE</td><td rowspan="2">Wurde keine Maske mit <code>#maskImage</code> angegeben, hat auch eine Alphamaske des ausgangsImages keinen Einfluss auf den Kopiervorgang mit <code>copyPixels()</code>. Es werden immer die Farbwerte vom ausgangsRechteck in das zielRechteck kopiert. Oder, falls mit <code>#ink</code> ein anderer Farbeffekt als Kopieren eingestellt ist, wird dieser verwendet. Verfügt das ausgangsImage über einen Alphakanal, ersetzt er den Alphakanal des zielImages im zielRechteck.

Besitzt das zielImage eine Farbtiefe von weniger als 24-Bit, wird der Alphakanal des ausgangsImages als Maske für den Kopiervorgang genutzt, selbst aber nicht kopiert.</td></tr>
<tr><td>–</td><td>TRUE</td></tr>
</table>

Maske*	Alpha**	Arbeitsweise von copyPixels()
x	FALSE	Wird mit `#maskImage` eine Maske angegeben und besitzt das ausgangs-Image keinen Alphakanal oder wurde dieser deaktiviert (s.o.), so werden die Bildinformationen mit Hilfe der angegebenen Maske kopiert. Das heißt, unter Anwendung der Maske auf das ausgangsImage (s. S. 320) werden alle Farbwerte sowie der Alphakanal aus dem ausgangsRechteck in das zielRechteck kopiert, also derselbe Vorgang wie oben beschrieben, nur dass hier das ausgangsRechteck durch die Maske noch weiter eingeengt werden kann.
x	TRUE	Besitzt das ausgangsImage einen Alphakanal, der **nicht** deaktiviert wurde, und wurde außerdem mit `#maskImage` eine Maske angegeben, so wird diese **nicht** als solche verwendet. Lediglich das Begrenzungsrechteck der Maske schränkt den zu kopierenden Bereich im ausgangsImage ein. Weiterhin bewirkt die Angabe einer (beliebigen!) Maske bei einem ausgangs-Image mit Alphakanal die Änderung des Kopiermodus von `copyPixels()`. Es werden hierbei die Farbinformationen des ausgangsImages unter Verwendung seiner Alphamaske in die Farbinformationen des zielImages kopiert. Die Alphamasken beider Images werden anschließend zusammengefasst und dem zielImage zugewiesen. Allerdings ist die optische Qualität der Zusammenfassung beider Masken nicht optimal, so dass es sich lohnen kann dies separat zu erledigen (s. S. 359).

* Angabe einer (x) oder keiner (–) Maske mit `#maskImage` bei `copyPixels()`

** Alphakanal des ausgangsImages vorhanden und aktiviert (`TRUE`) oder nicht vorhanden bzw. deaktiviert (`FALSE`)

5.4.3.2 Beispiel: Lupe I

Das folgende Beispiel soll die Verwendung von Masken veranschaulichen. Dabei wird mittels einer Maske ein kreisförmiger Bereich eines Bitmap-Darstellers definiert und mit der Methode `copyPixels()` vergrößert.

An Darstellern benötigen wir für dieses Beispiel ein Bild, das etwas größer als die Bühne sein sollte und einen Kreis, ca. 90 Pixel groß, der als Vorlage für die Maske dient. Außerdem brauchen wir noch einen zweiten Kreis, der die Lupe darstellt. Er sollte doppelt so groß sein wie die Maske plus ca. 10 Pixel für den Rand der Lupe, also rund 200 Pixel. Das Verhältnis der Maskengröße zur Größe der Lupe bestimmt den Zoomfaktor. Genauer gesagt, das Verhältnis von Ausgangsbereich `rect1` zu Zielbereich `rect2`, die bei der Methode `copyPixels()` angegeben werden, ist für den Zoomfaktor verantwortlich.

Der Darsteller für die Maske erhält in der Besetzung den Namen `RoundMaske`, die Lupe bekommt die Bezeichnung `Lupe` und das zu vergrößernde Bild den

Namen `Bild`. Ziehen Sie dann das Bild und die Lupe aus der Besetzung in das Drehbuch, entsprechend Abb. 5-35.

Die Koordinaten für den Ausgangsbereich `rect1` beziehen sich im folgenden Skript auf den Registrierungspunkt des Lupen-Darstellers. Das heißt, Sie müssen dafür sorgen, dass sich der Registrierungspunkt in der Mitte des Lupen-Bereiches befindet, Menü *Fenster / Malen / Registrierungskreuz* → ⊕. Andernfalls würde der Bereich unter der Lupe nicht mit dem vergrößert angezeigten Bereich übereinstimmen:

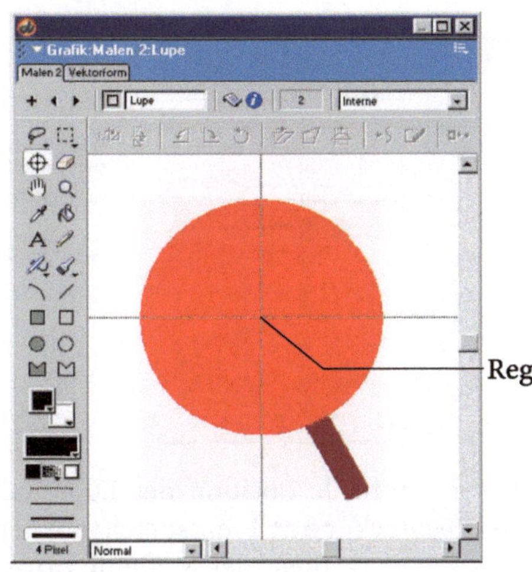

Abb. 5-34: Registrierungspunkt der Lupe im Malfenster einstellen

Lupe per Maus bewegen

Nun muss nur noch die Lupe für die Maus bewegbar gemacht werden. Dazu markieren Sie die Lupe im Drehbuch oder auf der Bühne und wählen im Eigenschafteninspektor unter dem Register *Sprite* die Option *Verschiebbar*.

Das folgende Verhalten für einen Lupeneffekt ist als Frameskript ausgeführt, muss also dem Skriptkanal des Drehbuches zugewiesen werden (s. Abb. 5-35).

```
property rect2, m1, maske

on beginSprite me
  m1 = member("RoundMaske")        -- Vorlage für Maske
  maske = m1.image.createMask()    -- erzeugt eine Maske
  rect2 = rect(10,10,190,190)      -- Ziel-Rechteck in der Lupe
end

on exitFrame me
  s2 = sprite(2)                   -- Lupen-Sprite
  links = s2.locH - m1.width/2     -- linker Rand für Kopierbereich
  oben = s2.locV - m1.width/2      -- oberer Rand für Kopierbereich
  rechts = s2.locH + m1.width/2    -- rechter Rand für Kopierbereich
```

```
  unten = s2.locV + m1.width/2    -- unterer Rand für Kopierbereich
  rect1 = rect(links, oben, rechts, unten)
  member("Lupe").image.copyPixels(member("Bild").image, rect2, \
    rect1,[#maskimage:maske,#maskOffset:point(links, oben)])
  go the frame
end
```

Die Besetzung und das Drehbuch für dieses Beispiel könnten wie folgt aussehen:

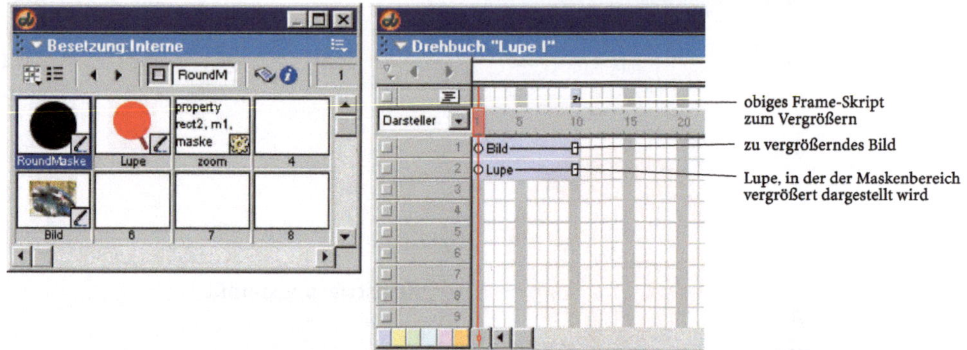

Abb. 5-35: Besetzung und Drehbuch für das Beispiel: Lupe I

Das Skript ermittelt zunächst die aktuelle Position der Lupe auf der Bühne und berechnet um diese das Rechteck `rect1` entsprechend der Größe des Darstellers `RoundMaske`. Das Rechteck dient der Methode `copyPixels()` als Ausgangsrechteck. Auf dieselbe Position wird die Maske mit `#maskOffset: point(links, rechts)` eingestellt. Das heißt, aus dem Rechteck `rect1` wird nur der durch die Maske vorgegebene Bereich aus dem Darsteller `Bild` in den Darsteller `Lupe` kopiert. Da sich die Lupe auf der Bühne befindet, sehen wir das Resultat auch dort.

Bühnenposition des Bildes

Damit wirklich der Bereich vergrößert anzeigt wird, über dem sich gerade die Lupe befindet, müssen die Positionsangaben für den Darsteller `Bild` und das Sprite des Darstellers auf der Bühne übereinstimmen! Dies erreichen Sie, indem Sie das Bild genau in der linken oberen Ecke der Leinwand anordnen.

Um die Positions- und Größenangaben für dieses Beispiel besser zu veranschaulichen, sind diese für das Image des Darstellers `Bild` und das Sprite des Darstellers auf der Leinwand in den beiden folgenden Abbildungen dargestellt:

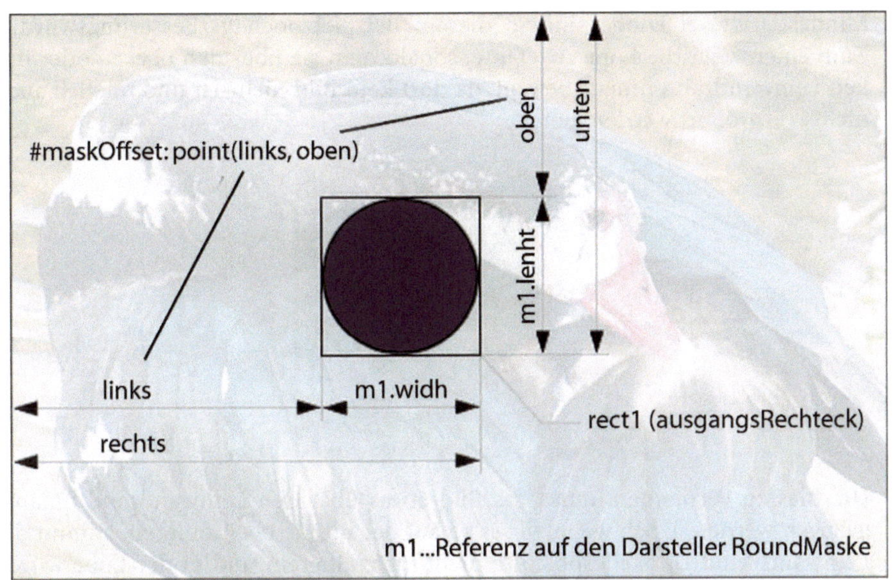

Abb. 5-36:
Image des Darstellers `Bild` mit den Positionsangaben für die Maske

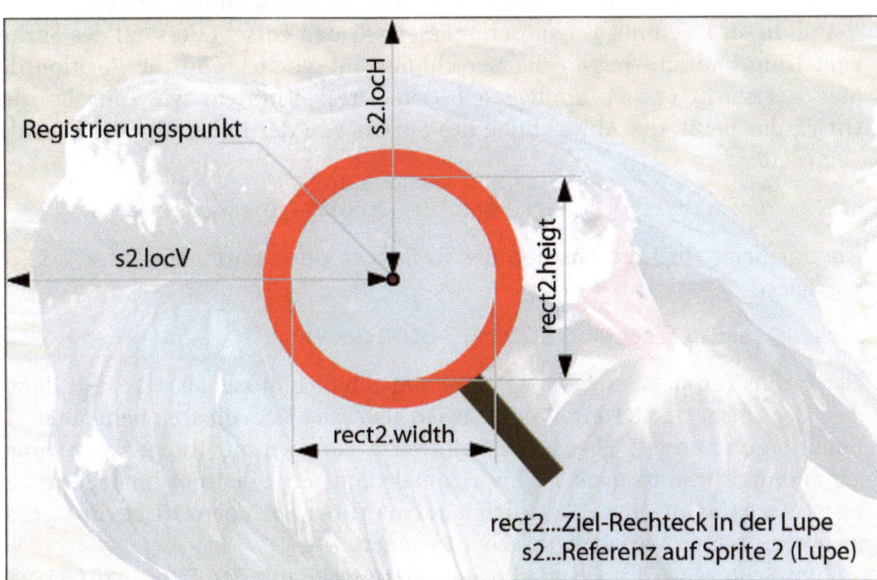

Abb. 5-37:
Lupe mit Größen- und Positionsangaben auf der Leinwand

Mindestens zwei Dinge sind in diesem Beispiel noch verbesserungswürdig. Zum einen zeigt die Lupe Artefakte, sobald man sie über den oberen oder linken Leinwandrand hinaus bewegt, da dort kein Bild mehr ist und folglich auch nichts vergrößert werden kann:

Abb. 5-38:
Artefakte in der Lupe am Bildrand

Offset von Sprite 1

Um dies zu vermeiden, muss das Bild etwas über den Leinwandrand hinausgezogen werden. Doch wenn wir es so auf der Bühne positionieren, stimmt die Leinwand- und Darstellerposition nicht mehr überein und in der Lupe würde nicht genau der Bereich vergrößert, über dem sie sich gerade befindet!

Um dieses Dilemma aufzulösen müssen wir den Offset (Versatz) des Sprites zum Leinwandrand mit in die Berechnung für `rect1` und die Position der Maske `#maskOffset` einfließen lassen. Dazu ermitteln wir zunächst den Offset, das heißt, die Abweichung des Sprites von der linken oberen Ecke der Leinwand:

```
offS1 = point(sprite(1).left, sprite(1).top) -- Offset Sprite 1
```

Anschließend wird die Position des Rechtecks `rect1` um den Offset `offS1` korrigiert:

```
rect1 = rect1.offset(-offS1.locH, -offS1.locV)
```

Der rechte Teil des Befehls mag etwas umständlich aussehen. Das liegt daran, dass der Offset `offS1` ein Pointwert ist, also zwei Koordinaten beinhaltet, die Funktion `offset()` aber keine Pointwerte, sondern nur Integerwerte entgegennimmt. Wir müssen also die horizontale und vertikale Koordinate bei `offset()` separat angeben. Natürlich hätte man aber auch den Offset von Sprite 1 in zwei einzelnen Variablen speichern können.

Zum Schluss wird noch die Position der Maske um den Offset `offS1` versetzt:

```
#maskOffset:point(links, oben)-offS1
```

Nun können Sie das Sprite des Bildes beliebig auf der Bühne positionieren, der Offset vom linken oberen Leinwandrand wird bei der Position des Rechtecks `rect1` und der Maske `maske` immer mit berücksichtigt.

Ein zweites Manko bei diesem Beispiel, die geringe Qualität der vergrößerten Darstellung, ist nicht ganz so einfach zu ändern.

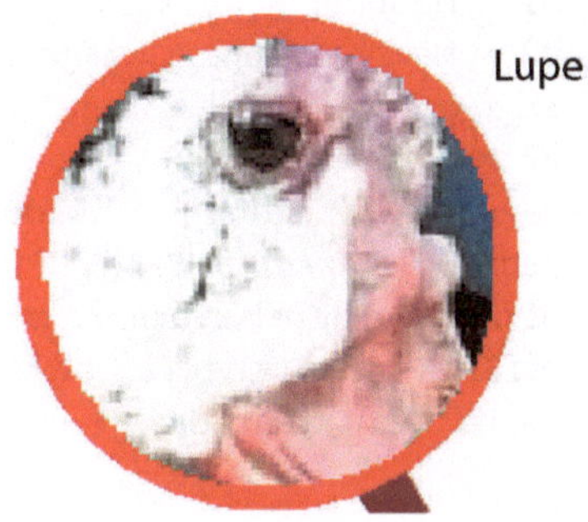

Abb. 5-39: Originalbild und Lupendarstellung von Beispiel: Lupe I

Die Ursache dafür liegt in dem einfachen Pixelwiederholungs-Algorithmus, den Director verwendet um ein kleineres Ausgangsrechteck in ein größeres Zielrechteck zu skalieren. Eine Möglichkeit dies zu umgehen wollen wir uns im nächsten Beispiel ansehen.

5.4.3.3 Beispiel: Lupe II

Ziel dieses Beispiels ist es, den vergrößerten Bildbereich in der Lupe in einer besseren Qualität darzustellen als im letzten Beispiel. Um dies zu erreichen, vergrößern wir mit der Methode `copyPixels()` nicht wirklich einen Teil des Bildes, sondern wir verwenden ein Bild, das wir in zwei Größen in der Besetzung von Director vorliegen haben. Die eigentliche Vergrößerung erfolgt z.B. in Photoshop oder IrfanView (`http://www.irfanview.com/`) mit einem Bikubischen-, besser noch B-Spline- oder Lanczos-Algorithmus.

Noch bessere Ergebnisse erzielen Sie, wenn Sie ein Bild bereits in einem großen Format vorliegen haben und daraus für die Darstellung auf der Bühne eine kleinere Version erzeugen. Wie auch immer, auf alle Fälle haben wir dasselbe Bild mit zwei unterschiedlichen Vergrößerungen in der Besetzung von Director vorliegen. Alles weitere ist dann recht einfach.

Ordnen Sie das kleinere Bild auf der Bühne entsprechend dem letzten Beispiel an. In die Lupe wird hier aber nicht ein Ausschnitt aus dem Darsteller mit dem kleineren Bild kopiert, sondern aus dem bereits vergrößerten Darsteller! Dabei ist zu beachten, dass sich die Position der Lupe auf der Bühne auf das kleine Bild bezieht, aber aus dem großen Bild kopiert wird. Daher muss die Lupenposition mit dem Größenverhältnis `zoom` beider Bilder multipliziert werden.

Ein entsprechendes Frameskript kann dann wie folgt aussehen:

```
property m2, s2, offM, offS1, maske, rect2, zoom

on beginSprite me
  zoom = 2                    -- realer Zoomfaktor Darsteller gross:Bild
  m1 = member("RoundMaske").image      -- Image Darsteller 1 Maske
  m2 = member("Lupe").image            -- Image Darsteller 2 Lupe
  s1 = sprite(1)                       -- Bild auf der Bühne
  s2 = sprite(2)                       -- Lupe in Kanal 2
  randL = (m2.width - m1.width)/2      -- Rand der Lupe
  rect2 = m1.rect + randL              -- Ziel-Rechteck
  offM = point(m1.width/2, m1.height/2)-- halbe Maskengröße
  offS1 = point(s1.left, s1.top)       -- Offset für Sprite 1
  maske = m1.createMask()              -- erzeugt eine Maske
end

on exitFrame me
  locS2 = (s2.loc - offS1) * zoom           -- Position der Lupe
  rect1 = rect(locS2 - offM, locS2 + offM) -- Ausgangs-Rechteck
  m2.copyPixels(member("gross").image, rect2, rect1, \
     [#maskImage:maske, #maskOffset:locS2-offM])
  go the frame
end
```

Abb. 5-40: Besetzung und Drehbuch für das Beispiel: Lupe II

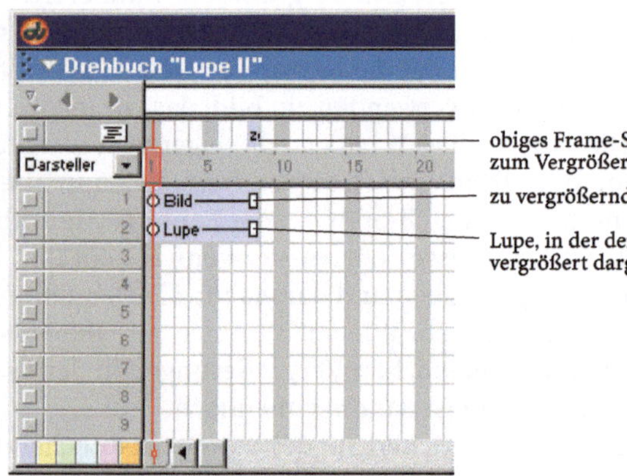

Das Frameskript für dieses Beispiel besteht wieder aus der Festlegung der Property-Variablen (Eigenschaften) und den beiden Event-Handlern on `beginSprite` und on `exitFrame`. Prinzipiell arbeitet das Skript wie jenes im ersten Lupen-Beispiel. Hier ist aber bereits der Offset `offS1` von Sprite 1 (das Bild auf der Bühne) zur Leinwand mit berücksichtigt.

Außerdem erfolgt die Ermittlung der Koordinaten für das Ausgangsrechteck `rect1` kompakter. Dafür wird die Lupenposition ermittelt, um den Offset `offS1` von Sprite 1 korrigiert und mit dem Zoomfaktor multipliziert. Dadurch wird die Lupenposition von der Bühne umgerechnet in die Position für das Ausgangsrechteck im Darsteller `gross`. Nun muss diese Position nur noch um die halbe Größe des Masken-Darstellers nach links, oben, rechts und unten erweitert werden und wir erhalten die Koordinaten für `rect1`.

Was bleibt, ist die Methode `copyPixels()`. Der Unterschied zum ersten Beispiel besteht hier, wie schon gesagt, darin, dass als Ausgangs-Image das größere Bild angegeben wird.

Die Qualität der Darstellung im Gegensatz zum ersten Beispiel ist erheblich besser, wie die folgenden Abbildungen belegen. Auch der sehr stufige äußere Rand des vergrößerten Bereiches fällt hier wesentlich feiner aus:

Abb. 5-41: Originalbild und Lupendarstellung von Beispiel: Lupe I und Lupe II

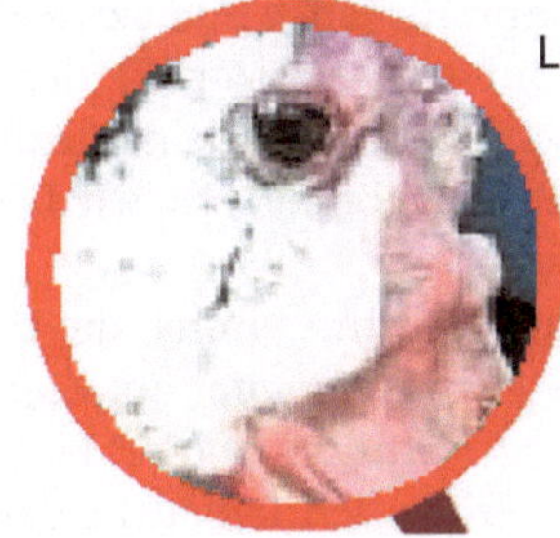

Noch zwei wichtige Hinweise für beide Lupen-Beispiele zum Schluss. Um die Lupe auf der Bühne ohne rechteckigen weißen Bereich darzustellen, sollten Sie **nicht** den Ink-Effekt (s. S. 283) *Hintergrund transparent* einstellen, da hierbei die Hintergrundfarbe überall im Bild transparent geschaltet wird. Wählen Sie statt dessen den Ink-Effekt *Matt*, dieser schaltet nur den äußeren weißen Rand einer Bitmap transparent.

Vermeiden Sie dann aber beim Erstellen eines Projektors aus dem Directorfilm, die Option *Komprimieren* (s. S. 30) zu verwenden, denn dabei können Artefakte in der Darstellung auftreten:

Abb. 5-42: Artefakte beim Ink-Effekt *Matt* am Rand der Lupe (Nur im Projektor)

Um derartige Artefakte zu vermeiden und dennoch die Option *Komprimieren* zu nutzen um die Dateigröße des Film zu reduzieren, wählen Sie für die Lupe den Ink-Effekt *Kopieren*. Und für die Freistellung der Lupe spendieren Sie ihr in Fireworks oder Photoshop einen entsprechenden Alphakanal, das funktioniert problemlos.

Grundsätzlich sollte für die Freistellung von Sprites die Alphamaske (s. S. 352) des Darstellers genutzt werden und **nicht** die Ink-Effekte *Hintergrund transparent* oder *Matt*, da es dabei immer wieder zu Fehldarstellungen kommen kann.

5.4.3.4 Beispiel: Lupe III

Mit dem Beispiel Lupe II haben wir nun die Möglichkeit, den vergrößerten Bildteil in der Lupe mit guter Qualität abzubilden. Doch was tun, wenn das Bild erst zur Laufzeit zur Verfügung steht? Oder falls mehrere Bilder vergrößert werden sollen? Dann für jedes Bild extra einen weiteren Darsteller in der Besetzung abzulegen würde die Dateigröße des Directorfilms rasch ins Riesenhafte anwachsen lassen. Auch wenn eine flexible, das heißt durch den Nutzer einstellbare Vergrößerung benötigen wird, stoßen wir schnell an die Grenzen des letzten Beispiels.

Doch schauen wir uns einmal die Ursachen der sehr pixligen Darstellung im Beispiel Lupe I etwas genauer an. Zum einen wird das Bild durch die Methode `copyPixels()` nur mit einer Pixelwiederholung vergrößert, wodurch die Bildqualität beträchtlich leidet. Leider lässt sich dies nicht ohne weiteres ändern, wenn wir Bilder on the fly – also während der Laufzeit eines Directorfilms – vergrößern. Zum anderen wird aber nicht nur das Bild, sondern auch die Maske durch `copyPixels()` vergrößert, was zu den pixligen Rändern in der Lupe führt. Und hier können wir sehr wohl Abhilfe schaffen, indem wir erst den jeweiligen Bildausschnitt ohne Maske vergrößern und in einem zweiten Schritt die Vergrößerung mit der Maske in die Lupe kopieren. Somit ist die Maske von der Vergrößerung ausgeschlossen und die Ränder des vergrößerten Bildausschnittes in der Lupe fallen feiner aus.

Für die Umsetzung dieser Überlegungen bietet sich das Beispiel Lupe II an, indem wir dort im Event-Handler on `beginSprite` eine vergrößerte Kopie des Bildes anlegen:

```
bildRef = member("Bild").image -- Referenz auf das Bild
newRect = bildRef.rect * zoom  -- neue Bildgröße
bildImg = image(newRect.width, newRect.height, 24)
bildImg.copyPixels(bildRef, newRect, bildRef.rect)
```

Das vergrößerte Image `bildImg` verwenden wir dann in der Methode `copyPixels()` an Stelle des zuvor genutzten Bitmap-Darstellers `gross`:

```
m2.copyPixels(bildImg, rect2, rect1, \
  [#maskImage:maske, #maskOffset:locS2-offM])
```

Denken Sie auch daran, `bildImg` mit in die Property-Liste im Kopf des Skriptes aufzunehmen, da die Variable sonst nicht im Event-Handler `on exitFrame` verfügbar ist. Das Ergebnis dieser Änderungen im Skript zeigen die nächsten drei Abbildungen:

Abb. 5-43: Lupendarstellung von Beispiel: Lupe III mit zwei-, fünf- und zehnfachem Zoom

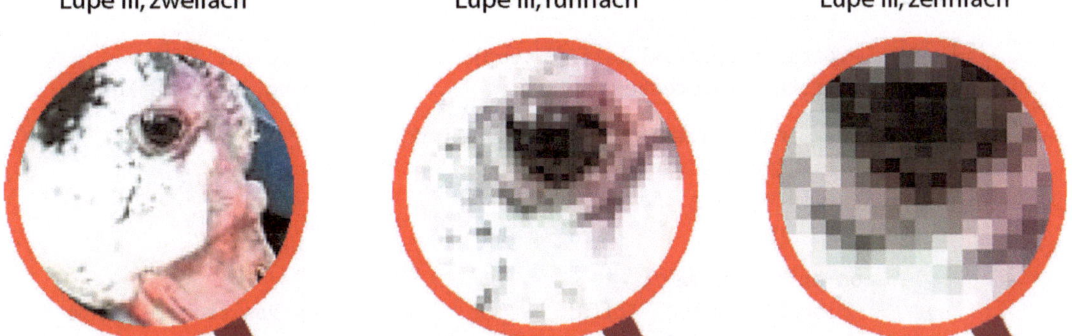

In den drei Abbildungen ist sehr schön zu sehen, wie der Bildrand des vergrößerten Bereiches unabhängig vom gewählten Zoomfaktor dargestellt wird, entgegen dem Aufpixeln des Randes bei Lupe I (s. S. 333).

Damit hätten wir das Problem des pixligen Randes der Vergrößerung eigentlich gelöst. Eigentlich deshalb, weil die Kopie des vergrößerten Bildes Director oder sogar unseren Rechner in die Knie zwingen kann. Wählen Sie z.B. als Zoomfaktor `zoom` den Wert `30`, steigt Director dann schon meist mit einer Fehlermeldung aus. Auch wenn Sie mehrere Bilder gleichzeitig vergrößern, wird es schnell eng. Ursache dafür ist, dass der Arbeitsspeicher des Rechners irgendwann mal erschöpft ist. Und bei großen Vergrößerungen oder mehreren Bildern kann das sehr schnell gehen, wie dies mit Hilfe des Speicherinspektors sehr gut nachvollzogen werden kann (s. Abb. 5-44).

Das heißt, die oben besprochene Lösung arbeitet für nur ein Bild und einen kleinen Zoomfaktor noch recht gut. Bei höheren Anforderungen müssen wir das Skript aber anpassen, so dass der Arbeitsspeicher nicht überlastet wird. Der Grund für eine mögliche Überlastung ist die im Arbeitsspeicher komplett abgelegte Vergrößerung des Bildes. Dies ist aber gar nicht notwendig. Es genügt, nur den jeweils zu vergrößernden Ausschnitt im Arbeitsspeicher zu halten, wie dies im folgenden Frameskript umgesetzt wurde:

```
property m2, s2, offM, offS1, maske, rect2, bildImg

on beginSprite me
  zoom = 4                              -- Zoomfaktor
  m1 = member("RoundMaske").image       -- Vorlge f. Maske - member 1
  m2 = member("Lupe").image             -- Darsteller Lupe - member 2
  s1 = sprite(1)                        -- Bild auf der Bühne
  s2 = sprite(2)                        -- Lupe in Kanal 2
  randL = (m2.width - m1.width)/2       -- Rand der Lupe
  rect2 = m1.rect + randL               -- Ziel-Rechteck
  offM = point(m1.width/2, m1.height/2)
  offM = offM/zoom
  offS1 = point(s1.left, s1.top)        -- Offset für Sprite 1
  maske = m1.createMask()               -- erzeugt eine Maske

  -- Image erzeugen, in das skaliert wird
  bildImg = m1.duplicate()
  bildImg.useAlpha = FALSE
end

on exitFrame me
  locS2 = s2.loc - offS1                      -- Position der Lupe
  rect1 = rect(locS2 - offM, locS2 + offM) -- Ausgangs-Rechteck

  -- Bildausschnitt vergrößern
  bildImg.copyPixels(member("Bild").image, bildImg.rect, rect1)

  -- Vergrößerung in Lupe kopieren
  m2.copyPixels(bildImg, rect2, \
    bildImg.rect,[#maskImage:maske])

  go the frame
end
```

Dass das Skript wirklich mit den Speicherressourcen sparsamer umgeht, zeigen die nächsten beiden Abbildungen des Speicherinspektors, Menü *Fenster / Inspektoren / Speicher*, den Sie insbesondere bei grafiklastigen Projekten immer im Auge behalten sollten:

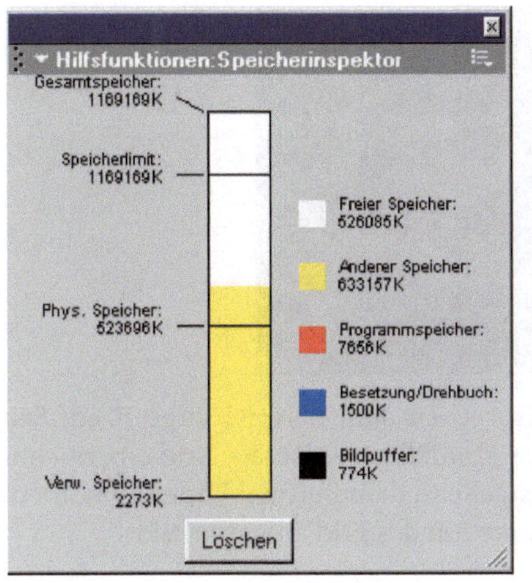

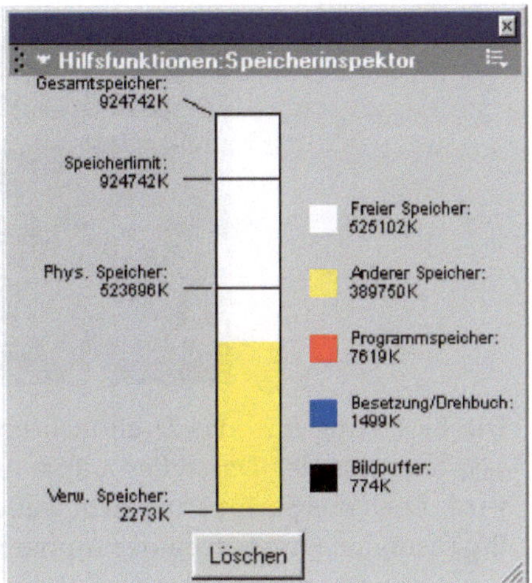

Abb. 5-44:
Speicherinspektor, links – Das gesamte vergrößerte Image des Bildes wurde im Arbeitsspeicher abgelegt, bei 10 × Zoom. rechts – Nur der vergrößerte Ausschnitt des Bildes wurde im Arbeitsspeicher abgelegt, bei 10 × Zoom (obiges Skript).

5.4.3.5 Beispiel: Lupe als Spotlight

Eine interessante Variation unseres Lupen-Beispiels ist ein Spotlight-Effekt. Dafür müssen wir im Grunde nur wenige Änderungen an dem Skript von Lupe II vornehmen. Das Bild auf der Bühne muss abgedunkelt werden und die Lupe vergrößert diesmal nicht, sondern zeigt das Bild 1:1 an. Das heißt, Maske und Lupe sind gleich groß.

Um das Bild abzudunkeln stellen wir den Bühnenhintergrund im Eigenschafteninspektor auf Schwarz und setzen den Alphakanal des Bildes mit `setAlpha(80)` auf ca. 70% Transparenz. Durch den schwarzen Hintergrund erscheint das Bild dann abgedunkelt. Voraussetzung für die Nutzung des Alphakanals ist natürlich, dass das verwendete Bild eine Farbtiefe von 24- oder 32-Bit besitzt.

Für die Maske verwenden wir einen schwarzen Kreis mit entsprechender Alphamaske, z.B. in Fireworks oder Photoshop erstellt. Um sicherzugehen, dass bei der Darstellung keine Vergrößerung erfolgt, kopieren wir die Maske in der Besetzung und nennen den neuen Darsteller `Spot`; anschließend ziehen wir ihn auf die Bühne. Damit der Spot auch mit der Maus bewegt werden kann, markieren wir ihn auf der Bühne und wählen im Eigenschafteninspektor unter dem Register *Sprite* den Button *Verschiebbar* .

Nun muss noch das Bild auf die Bühne und das Skript in den Skriptkanal des Drehbuches gezogen werden und Sie können den Film testen:

Abb. 5-45:
Spotlight mit dem modifizierten Skript von Lupe II

Die Besetzung und das Drehbuch entsprechen dem Beispiel Lupe II auf Seite 333, nur dass der Darsteller `Lupe` hier sinnfälligerweise als `Spot` bezeichnet wird. Auch das Skript entspricht weitestgehend dem Beispiel Lupe II, bis auf die Ergänzungen zum Setzen der Alphamaske um das Bild abzudunkeln:

```
property m2, s2, offM, offS1, maske, rect2, bildImg

on beginSprite me
  dark = 80                    -- Grad der Abdunkelung (0 bis 255)
  m1 = member("RoundMaske").image     -- Image Darsteller 1 Maske
  m2 = member("Spot").image           -- Image Darsteller 2 Spot
  s1 = sprite(1)                      -- Bild auf der Bühne
  s2 = sprite(2)                      -- Spot auf der Bühne
  rect2 = m1.rect                     -- Ziel-Rechteck
  maske = m1.createMask()             -- erzeugt eine Maske
  offM = point(m1.width/2, m1.height/2)-- halbe Maskengröße
  offS1 = point(s1.left, s1.top)      -- Offset für Sprite 1

  -- Kopie des Bildes erstellen und Bild abdunkeln
  bildImg = member("Bild").image.duplicate()
  member("Bild").image.setAlpha(dark)

  -- Sichtbarkeit für das Image bildImg auf 100% einstellen
  -- und die Verwendung des Alphakanals deaktivieren
  bildImg.setAlpha(255)
  bildImg.useAlpha = 0
end

on exitFrame me
  locS2 = s2.loc - offS1                       -- Spot-Position - offS1
  rect1 = rect(locS2 - offM, locS2 + offM) -- Ausgangs-Rechteck
  m2.copyPixels(bildImg, rect2, rect1, \
    [#maskImage:maske, #maskOffset:locS2-offM])
  go the frame
end
```

Die beiden letzten Befehle im Event-Handler on `beginSprite` sind hier notwendig, um vom Darsteller `Bild` ein Image zu erhalten, das nicht transparent ist und beim Kopieren mit der Methode `copyPixels()` den Alphakanal nicht verwendet. Andernfalls würde das Bild mit der Transparenz `dark` in den Darsteller `Spot` kopiert werden.

Verwenden Sie einen Spot- sowie Masken-Darsteller mit weichen Kanten und stellen die Abdunklung `dark` des Bildes auf `255` ein (keine Abdunkelung), werden Sie beim Bewegen des Spots leichte dunkle Ränder feststellen, die, sobald der Spot nicht mehr bewegt wird, verschwinden. Der Effekt tritt auch bei abgedunkeltem Bild auf, nur ist er dort kaum zu sehen.

Wollen Sie dies vermeiden, müssen Sie eine Maske für die Methode `copyPixels()` erstellen, die in den weißen Bereichen des Darstellers `RoundMaske` dieselbe Alphatransparenz besitzt wie das abgedunkelte Bild (die im Skript verwendete Maske besitzt in diesem Bereich keine Transparenz). Umgesetzt in Lingo kann das so aussehen:

```
tempImg = m1.duplicate()
tempImg.fill(tempImg.rect, rgb(255-dark,255-dark,255-dark))
tempImg.copyPixels(m1, tempImg.rect, m1.rect, [#ink:#darkest])
maske = tempImg.createMask()
```

Außerdem muss dann vor jedem Kopiervorgang mit der Methode `copyPixels()` der Darsteller `Spot` auf schwarz zurückgesetzt werden:

```
m2.fill(m2.rect, rgb(0,0,0)) -- Darsteller Spot mit schwarz füllen
```

Dadurch haben Sie immer definierte Bedingungen beim Kopieren und die Ränder des Spots laufen nicht zu. Dies bedeutet aber auch mehr Rechenleistung die notwendig wird, in wieweit das gerechtfertigt ist, muss man von Fall zu Fall entscheiden.

5.4.4 Zeichnen mit Lingo-Befehlen

Vier weitere interessante Methoden des Image-Objektes sind `getPixel()`, `setPixel()`, `draw()` und `fill()`, mit denen es möglich ist, einzelne Pixel zu lesen sowie direkt in das Image eines Darstellers, der Bühne oder eines Fensters (MIAWs) zu zeichnen.

5.4.4.1 Die Methoden getPixel() und setPixel()

Die Methode `getPixel()` liest einzelne Farbwerte eines Images aus:

```
farbWert = imageObjekt.getPixel(links, oben {, #integer})
```

Die beiden ersten Parameter, *links* und *oben*, geben den Abstand vom linken bzw. oberen Rand des Image-Objektes zu dem zu lesenden Pixel an. Dabei wird hier mit 0 begonnen zu zählen. Das heißt, der ganz linke obere Pixel eines Images besitzt die Koordinaten 0,0.

Der Rückgabewert *farbWert* der Funktion getPixel() ist bei Images mit 16-Bit Farbtiefe und höher ein RGB-Farbobjekt, z.B.: rgb(200, 90, 120)

Bei Farbtiefen des Images von 8-Bit oder weniger, wird der Farbwert des Pixels als Index der aktuellen Palette des Directorfilms angegeben, z.B.: paletteIndex(117)

Der dritte, optionale Parameter #integer der Methode getPixel() ist dafür verantwortlich, dass der Farbwert des jeweiligen Pixels immer als Raw-Farbangabe (s. S. 273) ausgelesen wird, z.B.: -6710836

Für die gegenteilige Funktion, also einzelne Pixel in einem Image zu setzen, gibt es die Methode setPixel() des Image-Objektes:

```
imageObjekt.setPixel(links, oben, farbWert)
```

Als *imageObjekt* sind nur Images von Bitmap-Darstellern, der Bühne und von Fenstern nutzbar (s. S. 310). Die Parameter *links* und *oben* bezeichnen den Abstand vom linken und oberen Rand des Images für das zu setzende Pixel. Als Farbwert ist entweder ein Farbobjekt oder eine Raw-Farbangabe (Integerwert) möglich (s. S. 273), z.B.:

```
the stage).image.setPixel(100, 200, rgb(255,255,0))
```

Hier wird ein gelbes Pixel direkt in die Bühne geschrieben, 101 Pixel vom linken und 201 Pixel vom oberen Bühnenrand, da auch bei der Methode setPixel() mit 0 begonnen wird zu zählen. Ein komplettes Beispiel mit den Methoden getPixel() und setPixel() finden Sie ab Seite 347.

Wollen Sie mit setPixel() größere Teile eines Darstellers ändern, sollten Sie zunächst eine Kopie vom Image des Darstellers im Arbeitsspeicher anlegen, diese ändern und das geänderte Image dem Darsteller wieder zuweisen:

```
tempImg = member("m").image.duplicate() -- Kopie des Images
--  Anweisungen mit setPixel()
...
tempImg.setPixel(...)
...
--  Ende setPixel() Anweisungen
member("m").image = tempImg     -- Image Darsteller zuweisen
```

Der Grund dafür ist, dass die Methode setPixel() relativ langsam arbeitet, wenn sie direkt auf das Image eines Darstellers angewandt wird (s. S. 351).

Wird die Methode setPixel() auf ein Image im Arbeitsspeicher angewendet, lässt sich die Geschwindigkeit noch um ca. 50 Prozent steigern, indem die Angabe der Farbwerte als Raw-Farbangabe (Integerwert) erfolgt. Bei der Manipulation von Darsteller-Images hat die Art der Farbangabe hingegen keine Relevanz für die Geschwindigkeit.

5.4.4.2 Die Methoden draw() und fill()

Sollen größere Bereiche in einem Image auf denselben Farbwert eingestellt werden, bieten sich die beiden Methoden `draw()` und `fill()` an. Der Unterschied zwischen den Methoden ist, dass `draw()` nur einen Umriss einer Form oder eine Linie und `fill()` einen ausgefüllten Bereich zeichnet. Die allgemeine Syntax lautet:

```
zielImage.draw(rechteck, farbWertOderEingenschaftsliste)
```

bzw.

```
zielImage.fill(rechteck, farbWertOderEigenschaftsliste)
```

Der erste Parameter, *`rechteck`*, gibt den Bereich an, in den gezeichnet werden soll. Die Festlegung von *`rechteck`* erfolgt wie bereits auf S. 313 beschrieben. Der zweite Parameter kann entweder ein Farbwert oder eine Eigenschaftsliste sein. Mögliche Werte der Eigenschaftsliste sind: `#shapeType`, `#lineSize`, `#color` und `#bgColor`.

Dabei ist die Eigenschaft `#bgColor` nur mit `fill()` nutzbar und gibt dort die Farbe der Umrandung an. Die Zeichenfarbe wird mit `#color` und die Linienstärke mit `#lineSize` festgelegt. Die zu zeichnende Form schließlich wird mit `#shapeType` angegeben. Die möglichen Werte für `#shapeType` finden Sie in der folgenden Tabelle.

Werte für `#shapeType` bei den Methoden `fill()` und `draw()`:

Wert	Beschreibung
`#line`	**nur** für `draw()`, zeichnet eine Linie, Standardwert
`#rect`	zeichnet ein Rechteck; Standardwert bei `fill()`
`#oval`	zeichnet eine Ellipse
`#roundRect`	zeichnet ein Rechteck mit abgerundeten Ecken

Soll beispielsweise in die Bühne ein blaues Rechteck mit abgerundeten Ecken, einem roten Rand von fünf Pixeln und der Größe von 100 mal 200 Pixeln gezeichnet werden, können Sie wie folgt schreiben:

```
(the stage).image.fill(rect(0,0,100,200), [#shapeType: #roundRect, \
 #lineSize: 5, #color: rgb(0,0,255), #bgColor: rgb(255,0,0)])
```

Nachfolgend finden Sie weitere Beispiele für das Zeichnen mit Lingo:

Aussehen	Befehl
	Punkt: (the stage).image.setPixel(150, 150, rgb(0, 0, 255) - - (left, top, farbwert)
	Linie: rechteck = rect(100, 100, 200, 80) (the stage).image.draw(rechteck, [#shapeType:#line, #lineSize:2, #color: \ rgb(255, 50, 0)])
	Rechteck mit Rand: rechteck = rect(100, 100, 200, 150) (the stage).image.fill(rechteck, [#shapeType:#rect, #lineSize:5, #color: \ rgb(255, 50, 0), #bgColor: rgb(0, 0, 0)])
	Rechteck ohne Rand: rechteck = rect(100, 100, 200, 150) (the stage).image.fill(rechteck, [#shapeType:#rect, #lineSize:0, #color: \ rgb(255, 0, 255)])
	Rechteck leer: rechteck = rect(100, 100, 200, 150) (the stage).image.draw(rechteck, [#shapeType:#rect, #lineSize:2, #color: \ rgb(0, 50, 255)])
	Ellipse mit Rand: rechteck = rect(100, 100, 200, 150) (the stage).image.fill(rechteck, [#shapeType:#oval, #lineSize:5, #color: \ rgb(255, 255, 0), #bgColor:rgb(0, 0, 0)])
	Ellipse ohne Rand: rechteck = rect(100, 100, 200, 150) (the stage).image.fill(rechteck, [#shapeType:#oval, #lineSize:0, #color: \ rgb(255, 50, 0)])
	Ellipse leer: rechteck = rect(100, 100, 200, 150) (the stage).image.draw(rechteck, [#shapeType:#oval, #lineSize:2, #color: \ rgb(0, 0, 0)])

Das Ziel-Image in den obigen Beispielen ist immer die Bühne (`the stage`). Sie können aber auch jedes andere Image als Ziel-Image angeben, s. S. 310. Die Funktion `rect()` legt die Größe **und** Position des Bereiches im Ziel-Image fest, in den gezeichnet werden soll. Im Einzelnen haben die vier Parameter von `rect()` folgende Bedeutung:

1. Parameter: Abstand vom linken Rand des Rechtecks zum linken Rand des Ziel-Images
2. Parameter: Abstand vom oberen Rand des Rechtecks zum oberem Rand des Ziel-Images
3. Parameter: Abstand vom rechten Rand des Rechtecks zum **linken** Rand des Ziel-Images
4. Parameter: Abstand vom unteren Rand des Rechtecks zum **oberen** Rand des Ziel-Images

Hinweis! Wenn Sie die obigen Beispiele zum Testen im Nachrichtenfenster eingeben, müssen Sie mit der Maus auf die Bühne klicken, damit das Ergebnis auch angezeigt wird.

5.4.4.3 Beispiel: Zeichnen mit der Maus

Jetzt wollen wir uns einmal ein komplettes Beispiel mit der Methode `fill()` anschauen. Damit es noch etwas interessanter wird, soll nicht einfach nur mit Lingo eine geometrische Figur oder Linie auf die Bühne gezeichnet werden, sondern Größe und Position sollen mit der Maus bestimmbar sein. Sozusagen der Grundstock für ein einfaches Zeichenprogramm.

Dabei soll beim Drücken der Maustaste der Anfangspunkt und beim Loslassen der Endpunkt der zu zeichnenden Figur bestimmt werden. Solange die Maustaste gedrückt gehalten wird, wird die Figur zwischen Anfangspunkt und Mauszeiger kontinuierlich gezeichnet. Erst beim Loslassen der Maustaste bleibt die Figur unverändert auf der Bühne.

Da die Figur beim Zeichnen nicht nur Teile der Bühne verdeckt, sondern auch wieder freigeben kann, muss dort der ursprüngliche Inhalt der Bühne restauriert werden. Dafür bietet sich die Methode `copyPixels()` an, die wir bereits auf Seite 315 besprochen haben.

Im folgenden Frameskript wird im Event-Handler `on stepFrame` der Bühnenbereich, in den mit der Methode `fill()` gezeichnet wurde – `drawArea`, mit `copyPixels()` restauriert. Dafür wird zuvor im Event-Handler `on mouseDown` das Image der Bühne in der Variablen `myStageImage` gesichert. Auch wird dort das Skript in die Liste `the actorList` aufgenommen. Dies ist notwendig, da nur Skripte das Ereignis `stepFrame` erhalten, die in dieser Liste enthalten sind (s. S. 111).

Das Ereignis `stepFrame` wird immer beim Verlassen eines Frames durch den Abspielkopf und beim Aktualisieren der Bühne ausgelöst und ruft damit kontinuierlich den Event-Handler `on stepFrame` auf. Dort wird mit der System-Variablen `the stillDown` die Maustaste abgefragt. Solange sie gedrückt ist, ist die Variable auf `TRUE` gesetzt und die Befehle zum Restaurieren der Bühne und zum Zeichnen werden abgearbeitet.

Wird die Maustaste wieder losgelassen, enthält `the stillDown` den Wert `FALSE`. Das heißt, der `else`-Zweig der `if`-Bedingung wird abgearbeitet, in dem das Skript aus der Liste `the actorList` entfernt wird. Dadurch wird der Event-Handler `on stepFrame` nicht mehr aufgerufen und die gezeichnete Figur verbleibt auf der Bühne.

Eine Besonderheit beim Zeichnen von Figuren mit Rand muss noch erwähnt werden. Director zeichnet bei Figuren, deren Begrenzungsrechteck kleiner ist als die Randangaben, trotzdem den Rand **mindestens** in halber Stärke! Das bedeutet, die Figuren werden größer dargestellt, als ursprünglich festgelegt.

Dies ist beim Restaurieren der Bühne mit zu berücksichtigen, damit nicht Reste einer zu löschenden Figur zurückbleiben. Im Skript wird der Rand durch die Variable `lineOff` zum Zeichenrechteck `drawArea` hinzugerechnet.

Die Besetzung und das Drehbuch für dieses Beispiel sind denkbar einfach. Lediglich das unten abgebildete Skript befindet sich als Verhalten in der Besetzung und wurde im Drehbuch in den Skriptkanal gezogen. Nach dem Start des Films können Sie beliebig große Rechtecke mit der Maus auf der Bühne zeichnen:

Abb. 5-46: Rechtecke mit der Maus auf der Bühne zeichnen

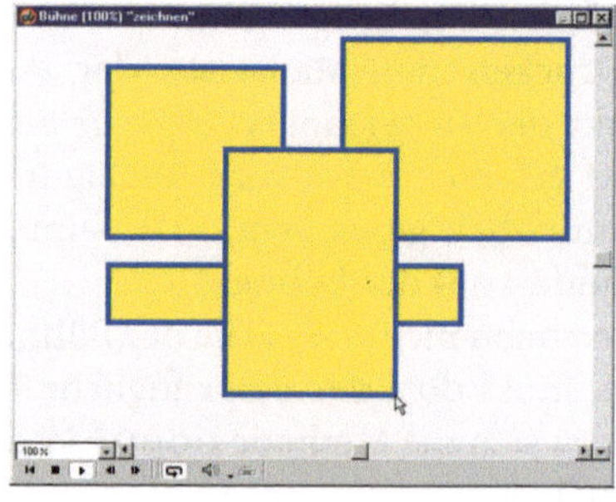

Und hier das entsprechende Frameskript:

```
property myStartH      -- horiz. Startpunkt beim Zeichnen
property myStartV      -- vertk. Startpunkt beim Zeichnen
property drawArea      -- rechteckiger Zeichenbereich
property myStageImage -- Sicherung des Bühnen-Images
property drawColor     -- Farbe des Rechtecks
property borderColor  -- Linienfarbe des Rechtecks
property borderSize   -- Linienstärke des Rechtecks
```

```
on exitFrame me
  go to the frame
end

on beginSprite me
  drawColor = rgb(255,255,0)     -- Zeichenfarbe gelb
  borderColor = rgb(0,0,255)     -- Linienfarbe blau
  borderSize = 5                 -- Linienstärke 5 Pixel
end

on mouseDown me
  myStageImage = (the stage).image.duplicate()
  drawArea = rect(0,0,0,0)
  myStartH = the mouseH          -- horiz. Mausposition
  myStartV = the mouseV          -- vertk. Mausposition
  (the actorList).add(me)        -- Skript in the actorList
end

on stepFrame me
  if the stillDown then
    (the stage).image.copyPixels(myStageImage,drawArea,drawArea)
    lineOff = integer(borderSize/2.0)
    drawLeft = min(myStartH,the mouseH) - lineOff
    drawRight = max(myStartH,the mouseH) + lineOff
    drawTop = min(myStartV,the mouseV) - lineOff
    drawBottom = max(myStartV,the mouseV) + lineOff
    drawArea = rect(drawLeft,drawTop,drawRight,drawBottom)
    (the stage).image.fill(drawArea, [#shapeType:#rect, \
      #lineSize:borderSize, #color:drawColor, #bgColor:borderColor])
  else
    (the actorList).deleteOne(me)
  end if
end
```

5.4.4.4 Beispiel: Simulation von Ink-Effekten I

Jetzt wollen wir uns einmal anschauen, wie man die Ink-Effekte von Director, mit denen wir uns bereits befasst haben (s. S. 283), mit Lingo nachbauen kann. Zum einen ist dies für das Verständnis der Arbeitsweise der Ink-Effekte recht nützlich. Zum anderen eröffnet uns das die Möglichkeit, auch in Director nicht vorhandene Effekte zu erzeugen.

Dafür verwenden wir zwei Bitmap-Darsteller, `Bild1` und `Bild2`. In diesem Beispiel werden wir mit dem Ink-Effekt *Nicht transparent* `Bild2` in `Bild1` kopieren. In dem verwendeten Skript (s.u.) erstellen wir zunächst eine Referenz `imgBild1` auf das Image von `Bild1` und kopieren das Image von `Bild2` in die Variable `imgBild2`. Anschließend wird die Höhe und Breite des Images von `Bild1` ermittelt und zwei `repeat`-Schleifen erstellt, die mit den beiden Laufvariablen `x` und `y` von `0` bis zur Breite und Höhe des Images hochzählen.

Innerhalb der `repeat`-Schleifen erfolgt die Berechnung des Ink-Effektes. Jeder einzelne Pixel aus `Bild1` wird mit der Methode `getPixel()` ausgelesen und in der Variablen `d` gespeichert. Aus `Bild2` wird der entsprechende Pixel mit denselben Koordinaten gelesen und in der Variablen `s` gespeichert. Die Methode `getPixel()` nutzt hier den dritten, optionalen Parameter `#integer`. Dadurch werden die einzelnen Pixel als Raw-Farbangaben (Integerwert) ausgelesen. Die Verarbeitung ist damit zum einen schneller. Zum anderen sind hier die Integerwerte unbedingt erforderlich, da der Ink-Effekt mit Bit-Operationen berechnet wird.

Mit der Funktion `bitNOT()` wird zunächst jeweils ein Pixel aus `Bild1` bitweise negiert. Das Ergebnis wird dann, wieder bitweise, mit dem entsprechenden Pixel aus `Bild1` verknüpft und mit der Methode `setPixel()` in `Bild1` zurückgeschrieben. Da sich `Bild1` auf der Bühne befindet, wird das Resultat auch dort angezeigt.

Das folgende Verhaltensskript wird einer Schaltfläche auf der Bühne zugewiesen. Die Besetzung und das Drehbuch für dieses Beispiel finden Sie auf der nächsten Seite.

```
on mouseUp me
  imgBild1 = member("Bild1").image                    -- Referenz
  imgBild2 = member("Bild2").image.duplicate()        -- Kopie
  hoehe = imgBild1.height
  breite = imgBild1.width
  repeat with y = 0 to hoehe - 1
    repeat with x = 0 to breite - 1
      d = imgBild1.getPixel(x, y, #integer)           -- Ziel-Pixel
      s = imgBild2.getPixel(x, y, #integer)           -- Quell-Pixel

      -- Ink-Effekt: Nicht transparent
      d = bitAND(d, bitNOT(s))

      imgBild1.setPixel(x, y, d)   -- neuen Bildpunkt setzen
    end repeat
    updateStage
  end repeat
end
```

Ein Hinweis noch zu dem Befehl `updateStage` im Skript. Ohne ihn wird die Bühne nicht aktualisiert und der Ink-Effekt nicht angezeigt. Die Anordnung dieses Befehls im Skript ist davon abhängig, was man optisch erreichen will. So wie hier, zwischen den beiden `repeat`-Schleifen, wird immer eine Zeile des Bildes komplett berechnet und erst dann angezeigt.

Wird der `updateStage`-Befehl dagegen gleich nach `setPixel()` geschrieben, wird jeder neu berechnete Pixel auch sofort angezeigt. Allerdings dauert die Berechnung des Bildes insgesamt länger. Am schnellsten erfolgt die Abarbeitung, wenn `updateStage` erst nach dem Ende der zweiten `repeat`-Schleife steht.

Und hier die Besetzung und das Drehbuch für die Simulation der Ink-Effekte:

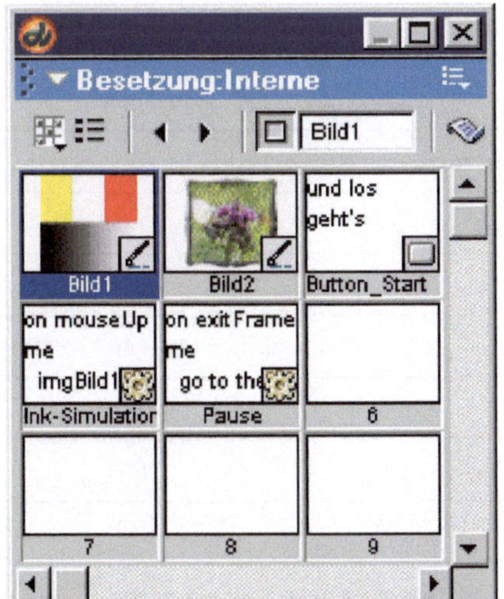

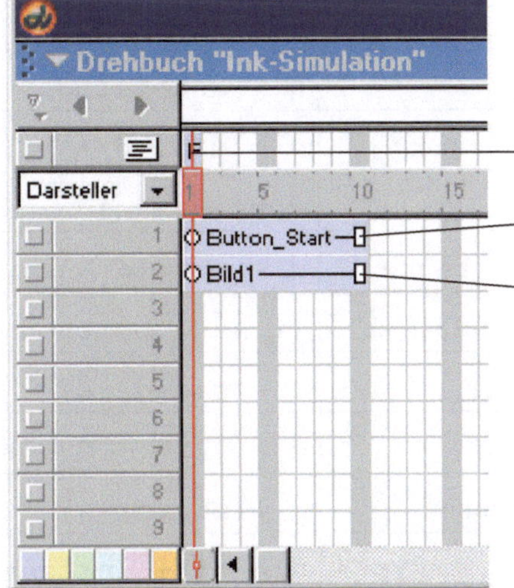

Abb. 5-47: Besetzung und Drehbuch für die Simulation von Ink-Effekten mit Imaging Lingo

Für `Bild1` und `Bild2` wurden übrigens dieselben Bilder verwendet wie im Kapitel „Ink-Effekte" (s. S. 283); so kann man sehr gut die Originaleffekte mit den nachgebauten vergleichen. Bei dem im Beispiel programmierten Effekt *Nicht transparent* werden Sie festellen, dass das Ergebnis mit dem Originaleffekt identisch ist, Director-intern also einen entsprechenden Algorithmus verwendet.

Versuchen Sie nach dem obigen Skript auch einmal andere Ink-Effekte zu simulieren. Die notwendigen Befehle für die einzelnen Effekte finden Sie in der folgenden Tabelle:

Ink-Effekt	Befehl
Kopieren	d = s
Transparent	d = bitAND(d, s)
Umkehren	d = bitXOR(d, bitNOT(s))
Stanzen	d = bitOR(d, bitNOT(s))
Nicht kopieren	d = bitNOT(s)
Nicht transparent	d = bitAND(d, bitNOT(s))
Nicht umkehren	d = bitXOR(d, s)
Nicht stanzen	d = bitOR(d, s)
Mischen*	d = integer(d * (1-blend) + s * blend)
Farbaddition bis max.*	d = min((d + s), 255)
Hinzufügen*	d = (d + s) mod 256
Farbsubtraktion bis min.*	d = max((d - s), 0)
Hintergrund transparent	if s <> bg then d = s
Max. Aufhellung*	d = max(d, s)
Farbsubtraktion*	d = (256 + d - s) mod 256
Max. Abdunkelung*	d = min(d, s)
Aufhellen*	d = fg + integer(s * bg/255.0) + (255 - bg)
Abdunkeln*	d = fg + integer(s * bg/255.0)
Multiplikation*	d = integer(d * s/255.0)
Differenz*	d = abs(d - s)

s.. Quell-Pixel für Ink-Effekt, d..Untergrund- und Ziel-Pixel, fg.. Vordergrundfarbe, bg.. Hintergrundfarbe des Quell-Bildes für den Ink-Effekt, blend.. Mischungsverhältnis (0 bis 1), * Berechnung muss für jeden Farbkanal getrennt erfolgen (s. S. 351, Beispiel: Simulation von Ink-Effekten II).

Die letzten beiden Ink-Effekte in obiger Tabelle, Multiplikation und Differenz, sind in Director nicht implementiert. Mit den angegebenen Befehlen können Sie diese aber selbst berechnen. Entsprechend sind auch weitere, in Director nicht vorhandene Ink-Effekte realisierbar.

Zu beachten gilt dabei, dass einige Effekte nicht über alle Farbkanäle zusammen berechnet werden können, sondern jeder Kanal einzeln berechnet werden muss. In der Tabelle sind die entsprechenden Effekte mit einem Stern (*) gekennzeichnet. Die skriptmäßige Umsetzung schauen wir uns im nächsten Beispiel an.

5.4.4.5 Beispiel: Simulation von Ink-Effekten II

Im letzten Beispiel haben wir den Ink-Effekt *Nicht transparent* verwendet. Dabei wurden alle drei Farbkanäle gleichzeitig berechnet. In diesem Beispiel wollen wir uns anschauen, wie Ink-Effekte realisiert werden können, bei denen jeder Farbkanal einzeln berechnet werden muss. Dafür bauen wir den Effekt *Max. Abdunkelung* nach.

Das verwendete Skript entspricht weitestgehend dem aus dem letzten Beispiel. Allerdings müssen hier nach der Ermittlung des Ziel-Pixels `d` und Quell-Pixels `s` für beide Farbangaben die einzelnen Farbkanäle separiert werden (s. S. 274). Anschließend erfolgt die Berechnung des Ink-Effektes für jeden Kanal, also für rot, grün und blau, getrennt. Zum Schluss werden die Ergebnisse für die drei Farbkanäle mit der Funktion `rgb()` in einen RGB-Farbwert konvertiert und mit der Methode `setPixel()` in `Bild1` gesetzt.

Alternativ zu dem Vorgehen im Skript, können Sie auch die einzelnen Bildpunkte mit der Methode `getPixel()` ohne Angabe von `#integer` auslesen. Dadurch erhalten Sie `d` und `s` als RGB-Farbwerte und können die einzelnen Farbkanäle mit `d.red`, `d.green`, `d.blue` bzw. mit `s.red`, `s.green` und `s.blue` separieren.

```
on mouseUp me
  imgBild1 = member("Bild1").image                    -- Referenz
  imgBild2 = member("Bild2").image.duplicate()        -- Kopie
  hoehe = imgBild1.height
  breite = imgBild1.width
  repeat with y = 0 to hoehe - 1
    repeat with x = 0 to breite -1
      d = imgBild1.getPixel(x, y, #integer)           -- Ziel-Pixel
      s = imgBild2.getPixel(x, y, #integer)           -- Quell-Pixel

      -- Berechnung der 3 Farbkanäle des Ziel-Pixels
      r = bitAND(d, 255*256*256)/(256*256)
      g = bitAND(d, 255*256)/256
      b = bitAND(d, 255)
      -- Berechnung der 3 Farbkanäle des Quell-Pixels
      r_ = bitAND(s, 255*256*256)/(256*256)
      g_ = bitAND(s, 255*256)/256
      b_ = bitAND(s, 255)
```

```
        -- Ink-Effekt: Max. Abdunkelung
        r = min(r, r_)  -- roter Farbkanal
        g = min(g, g_)  -- grüner Farbkanal
        b = min(b, b_)  -- blauer Farbkanal
        d = rgb(r,g,b)  -- Farbkanäle in RGB-Farbwert konvertieren

        imgBild1.setPixel(x, y, d)   -- neuen Bildpunkt setzen
      end repeat
      updateStage
    end repeat
end
```

5.4.5 Transparenz

Transparenz ist uns im Zusammenhang mit Imaging Lingo bereits in den vorherigen Abschnitten begegnet. So ist z.B. die Verwendung von Masken (s. S. 324) auch nichts anderes als die Nutzung von Transparenz zur Darstellung grafischer Objekte. In diesem Abschnitt wollen wir uns aber etwas ausführlicher mit der Transparenz befassen. Grundsätzlich kann man dabei zwei Arten von Transparenz unterscheiden, die Index- und die Alphatransparenz.

5.4.5.1 Indextransparenz

Als Indextransparenz bezeichnet man bei Grafiken die „durchsichtige" Darstellung bestimmter Farbwerte aus einer Farbpalette. Das heißt, eine Grafik mit Indextransparenz lässt an den Stellen, an denen sich die als transparent definierten Farbwerte befinden, den Untergrund 100% durchscheinen. Verfügbar ist die Indextransparenz für die Grafikformate GIF und PNG.

Leider wird von Director die Indextransparenz beim Import nicht unterstützt. Das heißt, die als transparent definierten Farben werden deckend (sichtbar) dargestellt. Jedoch besteht mit dem Ink-Effekt *Hintergrund transparent* die Möglichkeit, die Hintergrundfarbe eines Sprites transparent zu setzen oder mit dem Effekt *Matt* nur die äußere weiße Fläche eines Sprites transparent zu schalten:

Abb. 5-48: Ink-Effekt Hintergrund Transparent (links) und Ink-Effekt Matt (rechts)

Das Ausgangsbild für beide Darstellungen ist eine 8-Bit-Grafik mit weißem Hintergrund. In der linken Abbildung wurde der Ink-Effekt *Hintergrund transparent* verwendet und die Hintergrundfarbe des Sprites auf weiß eingestellt. Dadurch werden alle weißen Flächen transparent dargestellt. Das heißt, an Stelle der weißen Flächen ist der Untergrund des Sprites zu sehen. Dies betrifft auch die farblich eingeschlossenen weißen Flächen in der Mitte der Grafik.

In der rechten Grafik wurde der Ink-Effekt *Matt* verwendet. Der Unterschied zur linken Grafik ist dabei deutlich zu sehen, die farblich eingeschlossenen weißen Flächen in der Mitte der Grafik werden nicht transparent dargestellt. Für animierte GIF-Grafiken stehen diese Ink-Effekte leider nicht zur Verfügung, hier hilft nur der Umweg über die Einbettung in Flash.

Die Indextransparenz ist allerdings durch eine Reihe von Einschränkungen gekennzeichnet:

- Nur von Darstellern mit einer Farbpalette (s. S. 277) nutzbar, also nur von Bitmaps mit 8-Bit Farbtiefe oder weniger.
- Die transparent geschaltete Farbe wird überall in der Grafik durchsichtig. Will man z.B. nur den weißen Hintergrund einer Bitmap transparent erscheinen lassen, so werden trotzdem weiße Flächen innerhalb der Bitmap ebenfalls transparent dargestellt. In Director kann man das Problem zwar mit dem Ink-Effekt *Matt* umgehen. Allerdings schaltet dieser nur einen weißen Hintergrund transparent, eine andere Farbe ist nicht einstellbar.
- Es können keine Bereiche einer Grafik unabhängig von ihren Farbwerten transparent dargestellt werden.
- Es gibt nur zwei Zustände für einen Farbwert, entweder ganz durchsichtig oder ganz sichtbar. Zwischenstufen existieren nicht und damit auch nicht die Möglichkeit weiche Übergänge zu erzeugen.

5.4.5.2 Alphatransparenz

Im Gegensatz zur Indextransparenz können mit der Alphatransparenz Bereiche in einer Bitmap, unabhängig von Farbwerten, mit 256 Abstufungen als transparent definiert werden. Dafür wird ein zusätzlicher Farbkanal, der so genannte Alphakanal, mit einer Farbtiefe von 8-Bit angelegt. Der Alphakanal entspricht dabei einem Graustufenbild, das sozusagen über der Bitmap liegt. Dunklere Bereiche des Graustufenbildes lassen die Bitmap sichtbarer, hellere Bereiche transparenter erscheinen. So können auch weiche Übergänge zwischen einzelnen Bildbereichen realisiert werden.

Director unterstützt den direkten Import von Bitmaps mit Alphakanal in den Formaten PNG und PSD (Photoshop). Allerdings ist die Alphatransparenz nur für 32-Bit-Bitmaps verfügbar. 24-Bit-Bitmaps können aber um einen Alphakanal erweitert werden, so dass sie dann auch eine Farbtiefe von 32-Bit besitzen. Für

Grafiken mit geringerer Farbtiefe ist keine Alphatransparenz definiert. Hier bietet aber Director die Möglichkeit ein 8-Bit-Graustufenbild als Alphamaske zu nutzen.

Legen Sie dafür das Graustufenbild **direkt** nach der Bitmap, für die es als Maske fungieren soll, in der Besetzung an. Ziehen Sie die Bitmap auf die Bühne, markieren Sie sie dort mit der Maus und wählen im Eigenschafteninspektor unter dem Register *Sprite* den Effekt *Maske*. Damit bestimmt jetzt das Graustufenbild in der Besetzung die Transparenz des Sprites, wie dies die beiden folgenden Abbildungen zeigen:

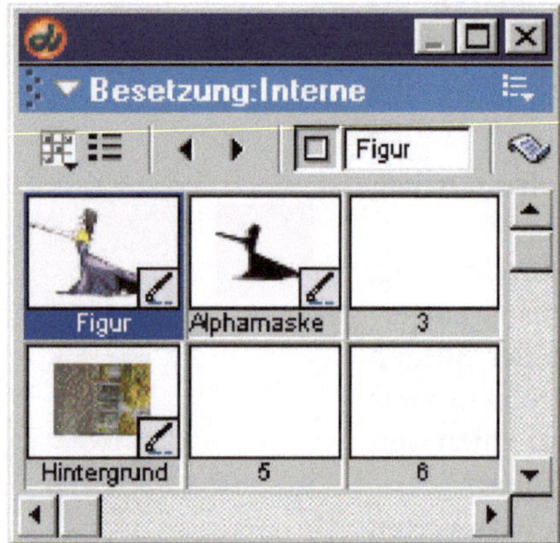

Abb. 5-49: Maskierung des 8-Bit-Darstellers `Figur` durch den Ink-Effekt *Maske*

Der Darsteller `Figur` ist eine 8-Bit-GIF-Grafik. Die verwendete Maske wurde in Photoshop mit dem Auswahlwerkzeug erstellt. Die Maske lässt sich aber auch in Director selbst, mit Imaging Lingo erzeugen (s. S. 366).

5.4.5.3 Transparenz mit Lingo

Die eben besprochenen Ink-Effekte *Hintergrund transparent*, *Matt* und *Maske* können natürlich auch mit Lingo für ein Sprite eingestellt werden (s. auch S. 283):

```
sprite(1).ink = #bkgnd_trans    -- Sprite 1: Hintergrund transparent
sprite(2).ink = #matte          -- Sprite 2: Matt
sprite(3).ink = #mask           -- Sprite 3: Maske
```

Darüber hinaus stehen noch die vier Methoden des Image-Objektes `extractAlpha()`, `setAlpha()`, `createMask()` und `createMatte()` zur Verfügung. Mit der ersten Methode lässt sich der Alphakanal einer 32-Bit-Grafik als 8-Bit-Graustufen-Image kopieren:

```
alpha = imageObjekt.extractAlpha()
```

Das so in der Variablen *alpha* gespeicherte Graustufen-Image kann z.B. in der Methode `copyPixels()` als Maske genutzt werden (s. S. 324) oder dem Image eines anderen 24- oder 32-Bit Darstellers zugewiesen werden. Der folgende Befehl weist beispielsweise das in der Variablen `alpha` gespeicherte Graustufen-Image dem Darsteller `Haus` zu:

```
member("Haus").image.setAlpha(alpha)
```

Wichtig! Die Größe des mit `setAlpha()` zugewiesenen Images muss mit der Größe der Bitmap, hier der Darsteller `Haus`, übereinstimmen. Andernfalls kommt es zwar nicht zu einem Skriptfehler, aber der Alphakanal wird auch **nicht** gesetzt.

Außer einem Image, vorzugsweise mit der Farbpalette `#grayscale`, können Sie mit der Methode `setAlpha()` auch einen Graustufenwert von 0 (transparent) bis 255 (sichtbar) angeben, der dann für den gesamten Bereich einer Bitmap die Transparenz festlegt:

```
member("Haus").image.setAlpha(200)        -- Alphatransparenz setzen
```

Dieser Befehl stellt die Transparenz für den gesamten Darsteller `Haus` auf ca. 20% ein.

Der Alphakanal eines Darstellers lässt sich mit Lingo auch aktivieren und deaktivieren. Dafür stellen Bitmapdarsteller und Image-Objekte die Eigenschaft `useAlpha` zur Verfügung, die entweder `TRUE` oder `FALSE` gesetzt werden kann. Der folgende Befehl deaktiviert den Alphakanal des Darstellers `Haus`:

```
member("Haus").image.useAlpha = FALSE  -- Alphakanal deaktivieren
```

Die Methoden `createMask()` und `createMatte()` erstellen ein Masken-Objekt, das nur als Maske für die Verwendung mit der Methode `copyPixels()` bestimmt ist. Als Vorlage für die Maske dient der Methode `createMask()` ein Image-Objekt mit einer Farbtiefe von 8-Bit oder weniger, z.B.:

```
maske = member("8-BitBitmap").image.createMask()
```

Die Methode `createMatte()` erzeugt aus dem Image eines Bitmap-Darstellers mit beliebiger Farbtiefe ein Masken-Objekt *maske*, das dem Ink-Effekt *Matt* (s. S. 352) entspricht. Da es sich hierbei **nicht** um ein Grafik-Objekt handelt, kann *maske* nur als Maske mit der Methode `copyPixels()` genutzt werden. Der optionale Parameter *alpha* gibt bei 32-Bit-Images an, ab welcher Transparenz ein Pixel mit einbezogen wird, 0 bedeutet alle Pixel.

```
maske = member("32-BitBitmap").image.createMatte({alpha})
```

5.4.5.4 Beispiel: Darsteller mit Alphakanal ineinander kopieren

Mit der Methode `copyPixels()` haben wir zuvor schon mehrfach Bildbereiche ineinander kopiert. In diesem Beispiel wollen wir uns einmal ansehen, welche Probleme beim Kopieren von Darstellern mit Alphamaske auftreten und wie wir sie lösen können. Als Beispiel verwenden wir ein blaues Rechteck, dessen Transparenz von links nach rechts abnimmt und einen weißen Schriftzug, den wir in dieses Rechteck kopieren wollen.

Schrift eignet sich hierfür besonders gut, da das Image eines Textdarstellers ein einfarbiges Rechteck mit der Schriftfarbe ist und die Kontur der Schrift durch eine entsprechende Alphamaske realisiert wird. Um dies nachzuprüfen benötigen Sie nur einen Textdarsteller mit dem Namen `text` in der Besetzung und die folgenden drei Befehle im Nachrichtenfenster:

```
mRef = new(#bitmap)                      -- neuer Bitmap-Darsteller
mRef.image = member("text").image        -- Text-Image kopieren
mRef.image.useAlpha = FALSE              -- Alphamaske ausschalten
```

Ziehen Sie die mit dem ersten Befehl neu erstellte Bitmap auf die Bühne, so werden Sie nur ein Rechteck mit der Schriftfarbe sehen. Schalten Sie die Alphamaske über den folgenden Befehl im Nachrichtenfenster wieder ein, ist auch die Schrift wieder sichtbar:

```
mRef.image.useAlpha = TRUE               -- Alphamaske einschalten
```

Nach diesem Exkurs wollen wir jetzt das Image eines Textdarstellers in ein Rechteck mit Alphatransparenz kopieren. Das Rechteck erstellen wir z.B. in Fireworks oder Photoshop:

Abb. 5-50: Rechteck (Bitmap), in das Text mit Imaging Lingo einkopiert werden soll

Anschließend wird das Rechteck auf der Bühne positioniert, deren Hintergrund auf schwarz eingestellt ist. Die weiße Schrift zum Einkopieren in das Rechteck wurde mit dem Textwerkzeug (Strg + 7) in Director erstellt.

Das Problem hierbei ist, wenn wir das Image des Textdarstellers einfach mit der Methode `copyPixels()` in das Rechteck kopieren, wird das weiße Rechteck der Schrift und nicht nur der Schriftzug in das blaue Rechteck kopiert. Außerdem **ersetzt** die Alphamaske der Schrift die des Rechtecks. Damit entspricht das Resultat nicht der Zielstellung:

Abb. 5-51: Text mit `copyPixels()`, aber ohne `#maskImage` in das Rechteck (Bitmap) einkopiert

Hallo

copyPixels()
ohne
#maskImage

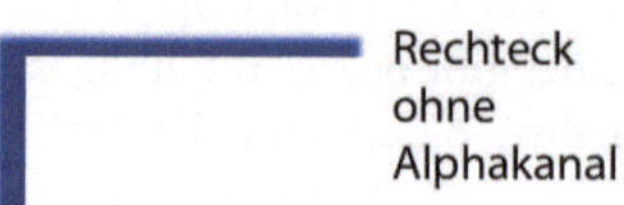

Die einfachste Lösung des Problems ist, die Alphamaske der Schrift beim Kopieren mit einzubinden, wie es das folgende Filmskript zeigt:

```
on pasteImage offsetH, offsetV
  m1 = member ("Rechteck").image    -- Referenz auf Darsteller
  m2 = member ("Schrift").image     -- Referenz auf Darsteller

  m2Mask = m2.createMask()          -- Masken-Objekt der Schrift
  zielRect = m2.rect.offset(offsetH, offsetV)
  m1.copyPixels(m2, zielRect, m2.rect,[#maskImage:m2Mask])
end
```

Die beiden Parameter `offsetH` und `offsetV` legen hier noch den horizontalen und vertikalen Abstand fest, mit dem die Schrift in das blaue Rechteck einkopiert wird. Das Ergebnis kommt der Zielstellung schon nahe, nur die Übergänge zwischen Schrift und Rechteck sind noch etwas pixelig:

Abb. 5-52: Text mit dem obigen Skript einkopiert

copyPixels() mit #maskImage

Rechteck ohne Alphakanal

Alphakanal des Rechtecks

Aber mit etwas mehr Aufwand lässt sich auch ein weicherer Schriftrand erzeugen. Dafür kopieren wir im nächsten Skript die Alphamasken der beiden Darsteller getrennt mit dem Ink-Effekt *Max. Abdunkelung* (`#ink:39`) ineinander. Anschließend werden beide Darsteller ohne Alphamaske (`useAlpha = FALSE`) mit dem Ink-Effekt: *Abdunkeln* (`#ink:41`) ineinander kopiert. Zum Schluss weisen wir die aus beiden Darstellern erhaltene Alphamaske dem blauen Rechteck mit der jetzt einkopierten Schrift zu.

Die Kombination der beiden Alphakanäle erfolgt im Skript mit Hilfe des schwarz gefüllten Images `tempImg`, das unter Verwendung der Alphamaske der Schrift in den Alphakanal des blauen Rechtecks kopiert wird. Dieser Weg ist zwar etwas aufwändiger, als wenn man die beiden Alphakanäle direkt ineinander kopieren würde, z.B. mit dem Befehl:

```
m1Mask.copyPixels(m2Mask,zielRect,m2.rect,[#ink:39])
```

Das Resultat der im Skript verwendeten Methode ist aber qualitativ besser, wie dies die beiden folgenden Abbildungen zeigen:

Alphamaske mit obigem Befehl erstellt

Alphamaske mit folgendem Skript erstellt

Abb. 5-53: Alphamaske für das Rechteck (Bitmap) mit dem einkopierten Text

Hier nun das komplette Filmskript zum Einkopieren der Schrift mit separat kopierten Alphakanälen:

```
on pasteImage offsetH, offsetV
  m1 = member ("Rechteck").image    -- Referenz auf Darsteller
  m2 = member ("Schrift").image     -- Referenz auf Darsteller

  m1Mask = m1.extractAlpha()        -- Alphamaske des Rechtecks
  m2Mask = m2.extractAlpha()        -- Alphamaske der Schrift
  zielRect = m2.rect.offset(offsetH, offsetV)
  m1.useAlpha = FALSE  -- Alphakanal des Rechtecks deaktivieren
  m2.useAlpha = FALSE  -- Alphakanal der Schrift deaktivieren

  -- Alphamasken ineinander kopieren ---------------
  tempImg = image(m2.width, m2.height, 8)       -- Image erzeugen
  tempImg.fill(tempImg.rect, paletteIndex(255)) -- schwarz füllen
  m1Mask.copyPixels(tempImg,zielRect,tempImg.rect, \
    [#maskImage:m2Mask, #ink:39])

  -- Schrift in das Rechteck kopieren --------------
  m1.copyPixels(m2, zielRect, m2.rect,[#ink:41])
  -----------------------------------------------

  m1.setAlpha(m1Mask)

-- Alphakanal dem Rechteck zuweisen
-- und Alphakanal aktivieren
  m1.useAlpha = TRUE
end
```

Hinweis! Der Übergang zwischen Schrift und Untergrund lässt sich mit beiden Skripten noch verbessern, indem Sie einfach die Methode `copyPixels()` zum Kopieren der Schrift zwei- oder dreimal, je nach Motiv, hintereinander anwenden.

Mit der gezeigten Verfahrensweise sollten sich die meisten Probleme beim Ineinanderkopieren von Bitmaps mit Alphamasken in der Praxis lösen lassen. Allerdings ist das Thema Alphamasken und weiche Übergänge derart wichtig, dass wir uns im Folgenden noch der Mühe unterziehen wollen, den Übergang von Masken noch etwas weiter aufzulösen.

Das eigentliche Problem besteht darin, dass beim Kopieren von Alphamasken mit nicht konstanten Transparenzwerten, Pixel sich gegenseitig überlagern bzw. ausblenden. Das hat zur Folge, dass an diesen Stellen Transparenzinformationen verfälscht werden, was wiederum zu pixligen Rändern führen kann.

Um dieser Ursache im Kern zu begegnen, erstellen wir eine Differenzmaske `diffMask` aus dem Alphakanal des Rechtecks `m1Mask` und der Schrift `m2Mask`. Dafür kopieren wir zunächst die Alphamaske der Schrift negiert (`#ink:2`) in sich selbst und verwenden sie dabei gleichzeitig als Maske für den Kopiervorgang. Von dem Ergebnis wird anschließend der Alphakanal des Rechtecks abgezogenen. Dazu verbinden wir das Ergebnis bitweise mit dem weiß gefüllten Image `tempImg` durch eine Oder-Verknüpfung (`#ink:7`) unter Verwendung der um den Offset versetzten Alphamaske `m1MaskCrop` des Rechtecks.

Abb. 5-54: Text mit Differenzmaske in das Rechteck (Bitmap) einkopiert

copyPixels() mit diffMask

Rechteck ohne Alphakanal

Differenzmaske diffMask

Mit Hilfe dieser Maske wird die Alphamaske der Schrift verstärkt. Dies erfolgt durch eine bitweise Und-Verknüpfung (`#ink:1`) des zuvor schwarz gefüllten Images `tempImg` mit der Alphamaske der Schrift `m2Mask` unter Verwendung der Differenzmaske `diffMask`. Danach wird `m2Mask` der Kopie des Schrift-Images `m2` als Alphakanal neu zugewiesen. Somit beeinflusst die Differenzmaske den Kopiervorgang der Schrift in das Rechteck. Zum Schluss wird noch die mit dem Ink-Effekt *Max. Abdunkelung* (`#ink:39`) erzeugte Kombination der beiden Alphakanäle dem Rechteck als neuer Alphakanal zugewiesen.

Und hier nun das entsprechende Filmskript zum Ineinanderkopieren von zwei Bitmaps mit Alphamasken unter Verwendung einer Differenzmaske:

```
on pasteImage offsetH, offsetV
  m1 = member ("Rechteck").image           -- Referenz auf Image
  m2 = member ("Schrift").image.duplicate() -- Kopie des Images

  m1Mask = m1.extractAlpha()     -- Alphamaske des Rechtecks
  m2Mask = m2.extractAlpha()     -- Alphamaske der Schrift
  zielRect = m2.rect.offset(offsetH, offsetV)
  m1MaskCrop = m1Mask.crop(zielRect)

  --- temporäres Image erstellen ---------------------------
  tempImg = image(m2.width, m2.height, 8)

  --- Ermittlung der Differenzmaske von m1Mask und m2Mask ---
  diffMask = m2Mask.duplicate()
  diffMask.copyPixels(m2Mask, diffMask.rect, m2Mask.rect, \
    [#maskImage:m2Mask, #ink:2])       -- #reverse
  diffMask.copyPixels(tempImg, diffMask.rect, tempImg.rect, \
    [#maskImage:m1MaskCrop, #ink:7]) -- #not_ghost
```

```
  --- Alphakanäle ineinander kopieren -----------------------
  tempImg.fill(tempImg.rect, paletteIndex(255)) -- schwarz
  m2Mask.copyPixels(tempImg,m2.rect,tempImg.rect, \
    [#maskImage:diffMask, #ink:1])  -- #trans
  m1Mask.copyPixels(tempImg,zielRect,tempImg.rect, \
    [#maskImage:m2Mask, #ink:39])   -- #darkest
  ------------------------------------------------------------

  m2.setAlpha(m2Mask)
  m1.copyPixels(m2, zielRect, m2.rect,[#maskImage:m2Mask])
  m1.setAlpha(m1Mask)  -- neue Alphamaske zuweisen
end
```

Der Aufruf dieses Filmskripts, wie auch der beiden Filmskripte zuvor, erfolgt beispielsweise über ein Verhaltensskript, das einer Schaltfläche zugewiesen ist:

```
on mouseUp me
  offsetH = 20  -- horiz. Offset beim Einkopieren
  offsetV = 15  -- vertk. Offset beim Einkopieren
  pasteImage offsetH, offsetV
end
```

5.4.5.5 Beispiel: Rubbel-Bild und Spotlight per Alphakanal

Den Spotlight-Effekt haben wir zwar schon mehrfach realisiert (s. S. 297 u. 339), hier entsteht er aber ohne weiteren Aufwand, quasi als „Abfallprodukt" eines Rubbel-Bildes, so dass er deshalb nicht unerwähnt bleiben soll. Das Rubbel-Bild werden wir durch die Manipulation des Alphakanals einer Bitmap erzeugen.

Das Prinzip ist schnell beschrieben. Eine 32-Bit-Bitmap mit Alphakanal wird auf der Bühne positioniert, deren Hintergrundfarbe schwarz ist. Der Alphakanal der Bitmap wird mit der Methode `setAlpha()` auf eine mittlere Transparenz, z.B. `100`, eingestellt. Dadurch scheint der Bühnenhintergrund durch und die Bitmap wirkt abgedunkelt. Außerdem wird das Image der Bitmap `bildImg` ohne Transparenz `setAlpha(255)` im Arbeitsspeicher angelegt.

In einem kontinuierlich aufgerufenen Event-Handler, im Beispiel wurde `on exitFrame` verwendet, wird zunächst geprüft, ob sich die Mausposition geändert hat. Ist dies der Fall, wird an der Position des Mauszeigers `myMouseLoc` das Image `bildImg` unter Verwendung der angelegten Maske `maske` in die Bitmap zurückkopiert. Da das Image `bildImg` keine Transparenz besitzt, erscheint es am Mauszeiger in der ursprünglichen Helligkeit des Bildes. Bei jeder Bewegung der Maus wird an der neuen Position wieder das Image `bildImg` in die Bitmap kopiert, so kommt das abgedunkelte Bild langsam zum Vorschein:

Abb. 5-55:
Rubbel-Bild per Alphakanal erzeugt

Das Skript zur Umsetzung des beschriebenen Vorgehens wurde als Spriteskript angelegt, also als Verhalten, das dem Bild auf der Bühne zugewiesen wird:

```
property myMouseLoc, maske, opak
property refS, offM, offS, bildImg

on beginSprite me
  hoehe = 70                          -- Höhe für Maske
  breite = 90                         -- Breite für Maske
  opak = 100                          -- Abdunkelung, 0 => dunkel
  refS = sprite(me.spriteNum)         -- Referenz auf das Sprite
  refS.member.image.setAlpha(opak)    -- Bild abdunkeln
  refS.member.useAlpha = 1            -- Alphakanal verwenden
  offS = point(refS.left, refS.top)   -- Offset für Sprite
  offM = point(breite, hoehe)/2       -- Offset für Alphamaske

  -- Maske in angegebene Größe (hoehe, breite) skalieren --
  maske = member("Maske").image.duplicate()
  tempImg = image(breite, hoehe, 8, #grayscale)
  tempImg.copyPixels(maske, tempImg.rect, maske.rect)
  maske = tempImg

  -- Kopie des Bildes im Arbeitsspeicher anlegen ----------
  bildImg = refS.member.image.duplicate()
  -------------------------------------------------------

  bildImg.setAlpha(255)       -- Transparenz entfernen
  bildImg.useAlpha = 0        -- Alphakanal deaktivieren
  myMouseLoc = the mouseLoc   -- aktuelle Mausposition
end
```

```
on exitFrame me
  oldMouseLoc = myMouseLoc
  myMouseLoc = the mouseLoc - offS
  if oldMouseLoc <> myMouseLoc then
    spotRect = rect(myMouseLoc - offM, myMouseLoc + offM)
    refS.member.image.copyPixels(bildImg, spotRect, spotRect, \
      [#maskImage:maske,#maskOffset:(myMouseLoc-offM)])
  end if
end
```

Um mit dem Skript einen Spotlight-Effekt zu erzeugen, kopieren Sie lediglich den Befehl:

```
refS.member.image.setAlpha(opak)
```

aus dem Event-Handler `on beginSprite` in `on exitFrame` über `copyPixels()`. Dadurch wird das Bild vor **jedem** Kopiervorgang komplett abgedunkelt und nur am Mauszeiger aufgehellt. Das heißt, die Maske erscheint als Spot an der Maus.

5.4.5.6 Beispiel: Textdarsteller mit Schatten

Zum Erzeugen von Darstellern oder Sprites mit Schatten gibt es keine eigene Funktion in Director. Mit Hilfe von Imaging Lingo können wir aber Director um eine solche Funktion erweitern. Exemplarisch werden wir einen Textdarsteller mit Schatten hinterlegen. Sie können aber auch jeden anderen Darsteller mit einem Image (s. S. 310) verwenden.

Da das Image von Text- und Vektordarstellern nur lesbar, aber nicht änderbar ist, müssen wir für die Erzeugung des Schattens einen kleinen Umweg gehen. Zunächst werden wir das Image eines Textes mit roter Schrift kopieren und in ein neues Image mit der Schattenfarbe gelb kopieren. Anschließend erzeugen wir für dieses Image eine Alphamaske, die die Kontur der Schrift und des Schattens freigibt und den Rest des Images transparent schaltet.

Abb. 5-56: Schematische Darstellung zur Erzeugung von Schatten mit Imaging Lingo

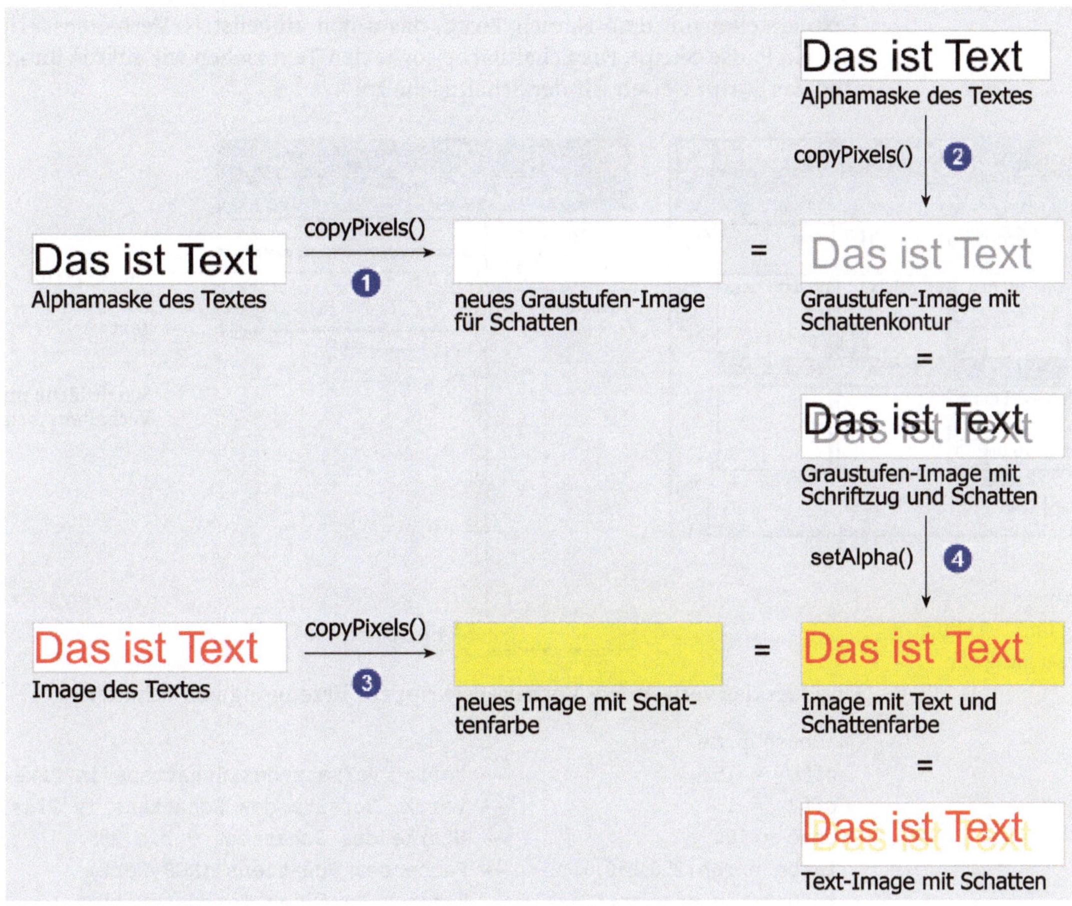

1. Alphamaske des Textdarstellers als Schattenkontur in neues Graustufen-Image kopieren, unter Verwendung von `#blendLevel` des Schattens
2. Alphamaske des Textdarstellers mit `#darkest` in das Graustufen-Image kopieren
3. Image des Textdarstellers in neues Image mit Schattenfarbe kopieren, das neue Image hat die Größe des Textdarstellers plus Versatz des Schattens `offSH` und `offSV`
4. Graustufen-Image aus Schritt 2 als Alphamaske dem neuen Image aus Schritt 3 zuweisen, dadurch ist nur noch der Schriftzug und die Schattenkontur zu sehen

Für die Umsetzung als Directorfilm, der auf Mausklick einen Text mit einem Schatten hinterlegt, benötigen wir in der Besetzung eine Schaltfläche, einen Textdarsteller mit dem Namen `Text`, das unten aufgelistete Verhaltensskript und ein Pause-Skript. Die Schaltfläche sowie den Text ziehen wir auf die Bühne. Und das Skript weisen wir der Schaltfläche zu:

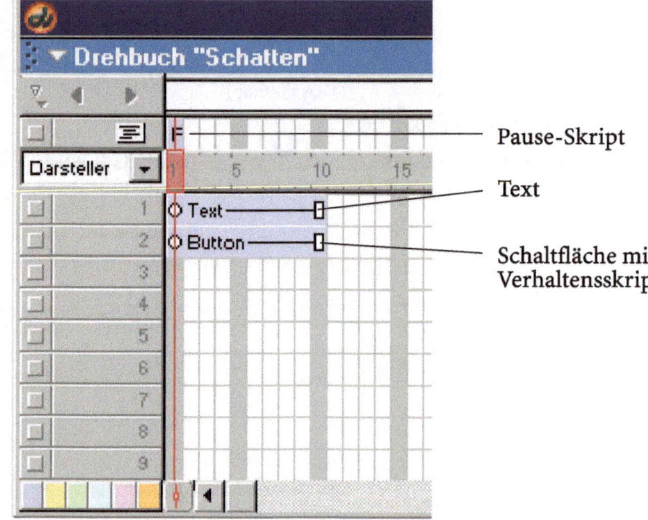

Abb. 5-57: Besetzung und Drehbuch für die Erzeugung von Schatten

Und hier das verwendete Verhaltensskript zur Erzeugung von Schatten:

```
on mouseUp me
  offH  = 15                  -- horiz. Versatz des Schattens in Pixel
  offV  = 15                  -- vertk. Versatz des Schattens in Pixel
  opac = 100                  -- Stärke des Schattens 0 bis 255
  farbe = rgb(250,250,0)      -- Farbe des Schattens (RGB-Wert)
  refDarst = member("Text") -- Referenz auf den Textdarsteller
  newDarst = new(#bitmap)     -- neuen Bitmap-Darsteller erzeugen
  newDarst.image = doSchatten(refDarst, offV, offH, farbe, opac)
  newDarst.regPoint = point(0, 0)    -- nur für Textdarsteller!
  sprite(1).member = newDarst
end

on doSchatten refDarst, offSV, offSH, farbeS, opacS
  textImg = refDarst.image.duplicate() -- Kopie des Text-Images
  textAlpha = textImg.extractAlpha()   -- Alphakanal des Text-Images
  textRect = textImg.rect              -- Rechteck des Text-Images
  textRect = textRect + rect(0,0,offSH,offSV)
```

1

```
  -- Schatten erzeugen:
  newAlpha = image(textRect.width, textRect.height, 8, #grayscale)
  newAlpha.copyPixels(textAlpha, textRect.offset(offSH, offSV), \
    textRect,[#ink:#blend,#blendlevel:opacS])
```

2

```
  -- Alphakanal vom Text einkopieren:
  newAlpha.copyPixels(textAlpha,textRect,textRect, [#ink:#darkest])
```

3

```
  -- Image des Textdarstellers in Image mit Schattenfarbe kopieren:
  newImg = image(textRect.width, textRect.height, 32, 8)
  newImg.fill(textRect, farbeS)
  newImg.copyPixels(textImg, textRect, textRect, \
    [#maskImage:textAlpha])
```

4

```
  --  Alphamaske für neues Image setzen:
  newImg.setAlpha(newAlpha)
  return newImg
end
```

Die Funktion `point(0,0)` im Event-Handler `on mouseUp` setzt den Registrierungspunkt des neuen Text-Images mit Schatten in die linke obere Ecke. Dies ist nur bei Textdarstellern notwendig, da deren Registrierungspunkt sich standardmäßig in der linken oberen Ecke befindet. Wenden Sie das Skript auf einen anderen Darstellertyp an, entfällt der Befehl.

Der durch das Skript erzeugte Schatten ist ein so genannter Schlagschatten, das heißt, er besitzt keinen weichen Übergang. Wollen Sie einen weichen Schatten erzeugen, ist das aber auch möglich. Es muss nur im 1. Schritt die Alphamaske mehrmals, mit abnehmender Deckkraft bei gleichzeitiger Änderung ihrer Position in das Image `newAlpha` kopiert werden:

```
offMax = max(offSH, offSV)        -- maxim. Versatz des Schattens
repeat with n = 1 to offMax
  h = integer(n * offSH/offMax)  -- horiz. Versatz des Schattens
  v = integer(n * offSV/offMax)  -- vertk. Versatz des Schattens
  shadowRect =  textRect.offset(h, v)
  newAlpha.copyPixels(textAlpha, shadowRect, textRect, \
    [#ink:#blend,#blendlevel:(opacS/n/(1+n/offMax))])
end repeat
```

Das Resultat ist in den beiden folgenden Abbildungen zu sehen, ein Schlagschatten und ein weicher Schatten mit Hilfe der obigen Programmzeilen:

Das ist Text   Das ist Text

Abb. 5-58: Text mit Schlagschatten (links) und weichem Schatten (rechts)

Eine Besonderheit des ursprünglichen Skriptes gilt es bei der Erzeugung des weichen Schattens zu beachten. Und zwar ist es möglich, für die horizontale Größe des Schattens `offSH` andere Werte als für die vertikale Größe `offSV` anzugeben. Daher muss beim weichen Schatten erst mal die größere Ausdehnung ermittelt werden um die `repeat`-Schleife bis dahin laufen zu lassen. Danach wird der horizontale `h` und vertikale `v` Versatz des Schattens für jeden einzelnen Schritt der `repeat`-Schleife berechnet.

Die Abnahme der Sichtbarkeit des Schattens erfolgt nach der Formel:

```
opacS/(n+n²/offMax)
```

Das Ergebnis wird der Eigenschaft `#blendLevel` in der Methode `copyPixels()` zugewiesen, so dass bei jedem Schritt der `repeat`-Schleife die Sichtbarkeit des Schattens weiter abnimmt.

Auf diese Weise ist auch perspektivischer Schatten möglich. Es muss lediglich das Rechteck für die Schattenkontur `shadowRect` beim Einkopieren des Schattens kontinuierlich vergrößert werden, den Rest erledigt dann die Methode `copyPixels()`. Der Lingo-Befehl dafür könnte wie folgt aussehen:

```
shadowRect = textRect + rect(0, -v, h*2, v*2)
```

Das Ergebnis ist dann ein Schatten, der sich nach oben rechts und unten rechts ausdehnt:

Abb. 5-59: Text mit perspektivischem Schatten

Das ist Text

So lassen sich auch weitere Varianten erstellen, sei es mit einem weichen Schatten oder als perpektivischer Schlagschatten. Wie gesagt ist der Schatten-Effekt nicht auf Textdarsteller begrenzt. Sie können auch Images anderer Darsteller verwenden. Bei Flash- und Vektorform-Darstellern funktioniert dies genauso wie bei Text, da das jeweilige Image eine der Kontur des Darstellers entsprechende Alphamaske besitzt.

Dagegen besitzen Images von Bitmap-Darstellern in der Regel keine ihrer Kontur entsprechende Alphamaske. In dem Fall müssten Sie eine solche Maske erst aus der Bitmap erzeugen, wie dies im nächsten Beispiel gezeigt wird.

Wollen Sie von einem Flashdarsteller das Image eines bestimmten Frames mit Schatten versehen, so können Sie, bevor Sie das Image von dem Darsteller kopieren, den gewünschten Frame mit `member("flash").posterFrame = myFrame` einstellen. Standardmäßig ist immer der erste Frame eingestellt.

5.4.5.7 Beispiel: Alphamaske aus Kontur von Bitmap-Darstellern

Manchmal kann es ganz nützlich sein, die Kontur einer Bitmap als Alphakanal für die Freistellung der Bitmap zur Verfügung zu haben. Zwar können Sie Bitmaps auch mit den beiden Ink-Effekten *Hintergrund transparent* und *Matt* freistellen (s. S. 352); nur kommt es dabei teilweise zu Darstellungsfehlern, insbesondere bei komprimierten Bitmaps. Eine andere Möglichkeit der Freistellung einer Bitmap ist der Ink-Effekt *Maske* (s. S. 354), allerdings wird hierfür erst mal eine entsprechende Maske benötigt.

In diesem Beispiel wollen wir uns mit Lingo eine Maske erzeugen, die den äußeren weißen Bereich einer Bitmap abdeckt und nur den Teil innerhalb der Kontur des jeweiligen Motivs freigibt. Dies entspricht dem Ink-Effekt *Matt*. Zum Erstellen einer derartigen Maske bietet sich die Methode `createMatte()` an. Mit ihr erstellen wir aus dem Image des Darstellers `cartoon` ein entsprechendes 1-Bit-Masken-Objekt und weisen es der Variablen `matt` zu.

Allerdings ist ein Masken-Objekt **kein** Image-Objekt und lässt sich somit nicht einem Darsteller als Alphakanal direkt zuweisen. Masken-Objekte können **nur** zusammen mit der Methode `copyPixels()` als Maske genutzt werden. Deshalb kopieren wir ein mit schwarz gefülltes Image `tempImg` in das zuvor erzeugte Graustufen-Image `m1Alpha` unter Verwendung von `matt` als Maske. Das Resultat ist ein Image-Objekt, das dem Masken-Objekt `matt` entspricht und das wir nun einem 24- oder 32-Bit-Bitmap-Darsteller mit `setAlpha()` als Alphamaske zuweisen können.

Das folgende Verhaltensskript erstellt aus dem Darsteller `cartoon` ein 8-Bit-Graustufen-Image entsprechend dem Ink-Effekt *Matt* und weist es ihm als Alphakanal wieder zu:

```
on mouseUp me
  m1 = member("cartoon").image  -- Referenz auf Bitmap

  -- Matt-Objekt aus Image-Objekt
  matt = m1.createMatte(0)       -- 0 -> alle Pixel einbeziehen

  -- 8-Bit Graustufen-Image erzeugen
  m1Alpha = image(m1.width,m1.height,8, #grayscale)

  -- neues schwarz gefülltes Image erstellen
  tempImg = m1Alpha.duplicate()
  tempImg.fill(tempImg.rect,rgb(0,0,0))

  -- Alphamaske erstellen und setzen
  m1Alpha.copyPixels(tempImg,m1Alpha.rect,tempImg.rect, \
    [#maskImage:matt])

  -- Alphakanal nur bei 32- oder 24-Bit-Darstellern
  -- setzen, ansonsten kommt es zum Skriptfehler
  if m1.depth > 16 then
    m1.setAlpha(m1Alpha) -- Alphakanal setzen
    m1.useAlpha = TRUE   -- Alphakanal aktivieren
  end if
end
```

Mit dem durch das Skript erzeugten Graustufen-Image `m1Alpha` lässt sich natürlich auch ein neuer Darsteller anlegen, der dann als Maske für die Bitmap fungiert (s. S. 354). Der Vorteil dabei ist, dass dies für Bitmaps mit beliebiger Farbtiefe funktioniert. Der Alphakanal lässt sich dagegen nur bei 32- oder 24-Bit-Bitmaps setzen.

Die folgenden drei Befehle erzeugen in der Besetzung eine neue Bitmap direkt nach dem Darsteller `cartoon` und weisen ihr das zuvor erzeugte Graustufen-Image `m1Alpha` zu:

```
memNum = member("cartoon").number + 1
memRef = new(#bitmap, member(memNum))      -- neue Bitmap erzeugen
memRef.image = m1Alpha  -- Graustufen-Image neuer Bitmap zuweisen
```

5.4.6 Tipps zur Performance-Steigerung

5.4.6.1 Entwicklungsumgebung

Hier ist es sinnvoll, besonders bei aufwändigen Image-Manipulationen, sowohl den Eigenschafteninspektor als auch das Besetzungsfenster zu schließen. Durch die Darstellung der Miniaturansichten und deren dynamischer Änderung wird erhebliche Rechenleistung beansprucht, die u.U. für die Darstellung auf der Bühne fehlt.

Wie allgemein, gilt auch bei Imaging Lingo, dass Ausgaben in das Nachrichtenfenster die Programmabarbeitung erheblich verlangsamen können.

5.4.6.2 Image-Operationen

Grundsätzlich gilt, der Zugriff auf Darsteller-Images und deren Manipulation ist wesentlich langsamer als die Verwendung von Image-Variablen im Arbeitsspeicher. Das zeigt auch die folgende Tabelle, in der einige Image-Methoden und deren relative Geschwindigkeitsunterschiede aufgeführt sind:

	relative Geschwindigkeit		
Methode	**Darsteller-Image**	**Bühne**	**Arbeitsspeicher**
`setPixel()`	1,0	4,4	18,9
`getPixel()`	1,0	1,1	3,8
`fill()`	1,0	2,0	1,3
`copyPixels()`	1,0	1,5	2,2
`setAlpha()`	1,0	–	1,1

Relative Geschwindigkeitsunterschiede zwischen Darsteller-, Bühnen- und Speicher-Image-Manipulationen. Die Werte wurden auf einem 1,8 GHz Athlon XP unter Windows XP und Director MX mit 32-Bit-PNG-Grafiken ermittelt.

Das heißt, z.B. die Manipulation eines Images mit der Methode `setPixel()` im Arbeitsspeicher ist 18,9-mal schneller als auf das Image des Darstellers direkt angewandt. Zur Performance-Steigerung bei Image-Operationen ergeben sich folgende Richtlinien aus obiger Tabelle:

- möglichst Kopien im Arbeitsspeicher von Images verwenden, dies gilt insbesondere für `setPixel()`-Operationen,
- Kopien von Images aufbewahren, wenn sie im späteren Programmablauf noch mal benötigt werden, anstatt mehrfach auf das Image eines Darstellers zuzugreifen,
- auch durch die Änderung des Bühnen-Images statt der Änderung eines Darsteller-Images lässt sich die Geschwindigkeit noch steigern.

Außerdem ist es sinnvoll die Farbtiefe von Bitmap-Darstellern bei Spielen und anderen Anwendungen, die eine maximale Performance benötigen, auf 8-Bit zu verringern, auch wenn der Zielrechner nicht auf 256 Farben eingestellt ist. Beispielsweise arbeitet `copyPixels()` etwa 10-mal schneller mit 8- als mit 32-Bit-Images im Arbeitsspeicher!

Generell gilt natürlich, dass Bitmap-Darsteller nur in der Größe und Farbtiefe importiert werden sollten, in der sie auch im Directorfilm benötigt werden, anstatt die Darstellung nur auf der Bühne zu verkleinern. Denn dies würde den Darsteller selbst nicht verändern. Das heißt, der Bitmap-Darsteller besäße mehr Informationen als benötigt werden, was letztlich unnötig Rechenleistung beansprucht. Auf Seite 319 finden Sie ein Beispiel, um die Farbtiefe mit Lingo zu reduzieren und trotzdem eine eventuelle Alphamaske weiter nutzen zu können.

5.4.7 Methoden und Eigenschaften des Image-Objektes im Überblick

In den beiden folgenden Tabellen finden Sie alle Methoden und Eigenschaften des Image-Objektes in Lingo zusammengefasst. Die Nutzung der Befehle erfolgt immer nach derselben allgemeinen Syntax:

```
imageObjekt.methode()                    bzw.
imageObjekt.eigenschaft = wert
```

Als *`imageObjekt`* können alle Images von Darstellern, der Bühne und Fenstern verwendet werden. Referenzen und Kopien von Images sind gleichfalls nutzbar (s. auch S. 310).

Tabelle: Methoden (Funktionen) des Image-Objektes

Methode	Beschreibung
setPixel()	setzt den *farbWert* eines Pixels an der angegebenen Position, z.B. von Darsteller "m": member("m").image.setPixel(*left*, *top*, *farbWert*) *left* X-Position in Pixel (gemessen vom linken Fensterrand), z.B.: 50 *top* Y-Position in Pixel (gemessen vom oberen Fensterrand), z.B.: 20 *farbWert* Farbangabe für das zu setzende Pixel, z.B.: rgb(200, 100, 0)
getPixel()	liefert den *farbWert* eines Pixels an der angegebenen Position, z.B. von Darsteller "m": *farbWert* = member("m").image.getPixel(*left*, *top* {, #integer}) *farbWert* ist je nach Auflösung der Grafik in der Regel ein indiziertes oder RGB-Farbobjekt; der Parameter #integer ist optional und liefert die 32-Bit-Farbinformation des Pixels als Integerwert (s. S. 273) und damit auch die Angaben zu einer eventuellen Alphatransparenz
draw()	zeichnet eine Linie oder leere Form in der angegebenen Farbe und Linienstärke, s. S. 343: member("m").image.draw(*left*, *top*, *right*, *bottom*, *colorObjectOrParameterList*) **oder** member("m").image.draw(point(*left*, *top*), point(*right*, *bottom*), *colorObjectOrParameterList*) **oder** member("m").image.draw(rect(*left*, *top*, *right*, *bottom*), *colorObjectOrParameterList*) *left*, *top* Startkoordinaten für die zu zeichnende Form oder Linie *right*, *bottom* Endkoordinaten für die zu zeichnende Form oder Linie *colorObject* Farbangabe für die zu zeichnende Form oder Linie, z.B.: rgb(0, 100, 200) in der optionalen *ParameterList* können folgende Werte übergeben werden: #shapeType Form, mögliche Symbolwerte sind: #oval, #roundRect, #rect, #line (Standard) #lineSize Linienstärke in Pixel der zu zeichnenden Form oder Linie, Standard ist 1 #color Farbangabe für die zu zeichnende Form oder Linie, z.B.: rgb(0, 100, 200)
fill()	zeichnet ein ausgefülltes Grafikobjekt mit der angegebenen Farbe und Linienstärke (s. S. 345): member("m").image.fill(*left*, *top*, *right*, *bottom*, *colorObjectOrParameterList*) **oder** member("m").image.fill(point(*left*, *top*), point(*right*, *bottom*), *colorObjectOrParameterList*) **oder** member("m").image.fill(rect(*left*, *top*, *right*, *bottom*), *colorObjectOrParameterList*) in der optionalen *ParameterList* können folgende Werte übergeben werden: #shapeType Form, mögliche Symbolwerte sind: #oval, #roundRect, #rect (Standard) #lineSize Linienstärke der Umrandung in Pixel der zu zeichnenden Form, Standard ist 1 #color Farbangabe für die zu zeichnende Form oder Linie, z.B.: rgb(0, 100, 200) #bgColor Farbe für den Formumriss, also die Linienfarbe des Objektes

Methode	Beschreibung
crop()	liefert ein Image-Objekt zurück, das eine auf das angegebene Rechteck zugeschnittene Kopie ist, das Original-Image wird dabei **nicht** verändert (d.h. anders als bei der Darsteller-Methode crop()): *newImage* = member("m").image.crop(rect(*left*, *top*, *right*, *bottom*)) *newImage* neues, zugeschnittenes Image *left*, *top* linke, obere Ecke des zu kopierenden Rechtecks *right*, *bottom* rechte, untere Ecke des zu kopierenden Rechtecks
duplicate()	Duplizieren eines Image-Objektes, ohne dass eine Referenz zum Ursprungsobjekt erzeugt wird: *newImage* = member("m").image.duplicate()
copyPixels()	kopiert den Inhalt des Image-Objektes eines Darstellers in das Image-Objekt eines anderen Darstellers, dabei muss ein entsprechender Ausgangs- und Zielbereich festgelegt werden: *zielImage*.copyPixels(*ausgangsImage*, *zielBereich*, *ausgangsRechteck* {,*eigenschaftsListe*}) das *ausgangsRechteck* im *ausgangsImage* wird in den *zielBereich* (Quad oder Rechteck) im *zielImage* kopiert, für weitere Einzelheiten s. S. 315 und S. 234
createMask()	erstellt aus einem 8-, 4-, 2-, oder 1-Bit-Image-Objekt ein **8-Bit**-Masken-Objekt für die Verwendung in der Methode copyPixels(), z.B.: *myMask* = member("Bild").image.createMaske()
createMatte()	erstellt aus dem Image eines Bitmap-Darstellers mit beliebiger Farbtiefe ein **1-Bit**-Masken-Objekt, das **nur** als Maske in der Methode copyPixels() verwendbar ist, bei 32-Bit-Bitmaps kann als optionaler Parameter ein Schwellwert für den Transparenzgrad angegeben werden, bei dem noch ein Pixel mit einbezogen wird; mögliche Werte 0 (alle Pixel) bis 255 (nur 100% sichtbare), Standardwert: 1, z.B.: *myMatte* = member("Bild").image.createMatte(128) - - nur Pixel über 50% Sichtbarkeit
setAlpha()	erzeugt eine neue Alphamaske für einen **32-Bit**-Darsteller aus einem 8-, 16- oder 32-Bit-Image: member("m").image.setAlpha(*alphaImage*) **oder** setzt einen globalen Alphawert member("m").image.setAlpha(*opacLevel*) die Abmaße von alphaImage **müssen** mit denen von "m" **übereinstimmen**; opacLevel gibt den Grad der Sichtbarkeit für Darsteller "m" an, mögliche Werte sind: 0 (transparent) bis 255 (sichtbar)

Methode	Beschreibung
extractAlpha()	liefert den Alphakanal eines **32-Bit**-Images als **8-Bit** Graustufen-Image zurück: alphaImage = member("m").image.extractAlpha()
image()	diese Funktion gehört nicht zum Image-Objekt, kann aber ein solches neu erstellen, das dann z.B. dem Image-Objekt eines Darstellers zugewiesen wird; die allgemeine Syntax lautet: image(*width, height, farbTiefe* {, *alphaTiefe*} {, *paletteSymbolOrMember*}) *width* Breite in Pixeln des neu zu erstellenden Images *height* Höhe in Pixeln des neu zu erstellenden Images *farbTiefe* Werte von 1, 2, 4, 8, 16 oder 32 für die Farbtiefe des Images *alphaTiefe* Werte 0 oder 8, nur bei 32-Bit Images verwendbar *paletteSymbol* Symbolwert für Farbpalette (s. S. 320), z.B. #grayscale *paletteMember* ein Paletten-Darsteller für die zu verwendende Farbpalette, wird keine Farbpalette angegeben, verwendet Director die Standardpalette des Films

Tabelle: Properties (Eigenschaften) des Image-Objektes

Property	Beschreibung
width	Breite eines Image-Objektes in Pixel; kann **nur** gelesen werden!
height	Höhe eines Image-Objektes in Pixel; kann **nur** gelesen werden!
rect	Rechteck eines Image-Objektes in der Form: rect(0, 0, *width, height*); kann **nur** gelesen werden! z.B.: put (the stage).image.rect - - (400, 300)
depth	Farbtiefe eines Image-Objektes; kann **nur** gelesen werden! Die Angabe erfolgt als Exponent zur Basis 2, so bedeutet z.B. 8 eine Farbtiefe von 2^8 = 256 Farben
useAlpha	gibt an, ob ein 32-Bit-Image die Alphainformation nutzt, wenn es angezeigt wird (entspricht der Darsteller-Eigenschaft: member("m").useAlpha); diese Eigenschaft kann gelesen **und** gesetzt werden!

5.5 Shockwave 3D

Ab der Version 8.5 unterstützt Macromedia Director auch die Darstellung und Animation von 3D-Objekten. Damit die Wiedergabe von Shockwave-Filmen auch im Internet relativ schnell erfolgen kann, wurde zusammen mit Intel ein neues 3D-Format entwickelt – Shockwave 3D.

Zur Erzeugung von 3D-Objekten gibt es prinzipiell drei Möglichkeiten mit Director:

- Textdarsteller mittels Eigenschafteninspektor extrudieren (s. u.)
- Import aus 3D-Programmen, z.B. Cinema 4D, 3ds max etc. (s. S. 374)
- Erstellung von 3D-Szenen mit Lingo (s. S. 376)

Einen 3D-Editor, mit dem man Elemente per Drag and Drop oder Auswahlmenüs erzeugen und manipulieren kann, besitzt Director leider noch nicht.

5.5.1 3D-Text

Für einfache Logos oder 3D-Schriftzüge können in Director TrueType- und Type-1-Fonts extrudiert werden. Dafür erzeugt man mit der Werkzeugpalette (Strg+7) einen entsprechenden Textdarsteller und wählt anschließend im Eigenschafteninspektor unter dem Register *Text* die Anzeige-Option *3D-Modus* (linke Abbildung):

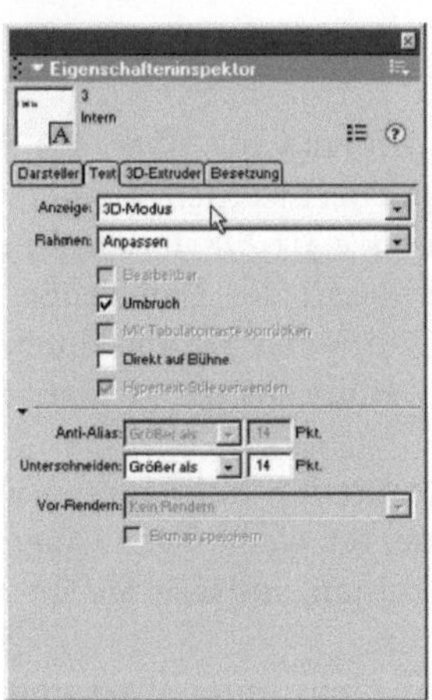

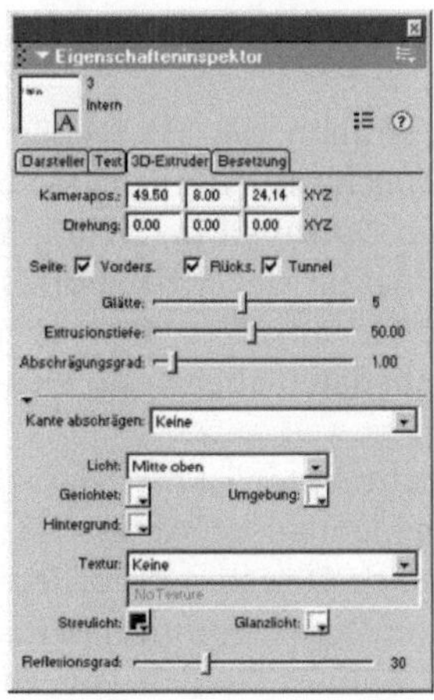

Abb. 5-60: Eigenschafteninspektor für die Erzeugung (links) und Einstellung (rechts) von 3D-Text

Anschließend können unter dem Register *3D-Extruder* die Eigenschaften für den erzeugten 3D-Text festlegt werden (rechte Abbildung). Dabei bedeuten die ersten drei Eingaben die Kameraposition auf der X-, Y- und Z-Achse. Die nächsten drei Eingaben bestimmen den Drehwinkel der Kamera in Bezug zur X-, Y-, und Z-Achse.

Neben der Glätte, Tiefe der Extrusion, Abschrägung, Licht-Position und -Farbe, lässt sich hier auch eine Textur für die Oberfläche des Textes festlegen.

5.5.2 Import aus 3D-Programmen

Stellvertretend für etliche andere 3D-Programme, die Shockwave 3D-Dateien exportieren, sei hier Cinema 4D genannt. Ab der Version 7.1 besitzt dieses Programm auch einen Exportfilter für Shockwave 3D.

Zunächst wählt man in Cinema 4D Version 7 über den Menüpunkt *Datei / Import / Export-Voreinstellungen / Shockwave 3D* bzw. in Version 8 über den Menüpunkt *Bearbeiten / Programm-Voreinstellungen ...* die gewünschten Export-Einstellungen aus:

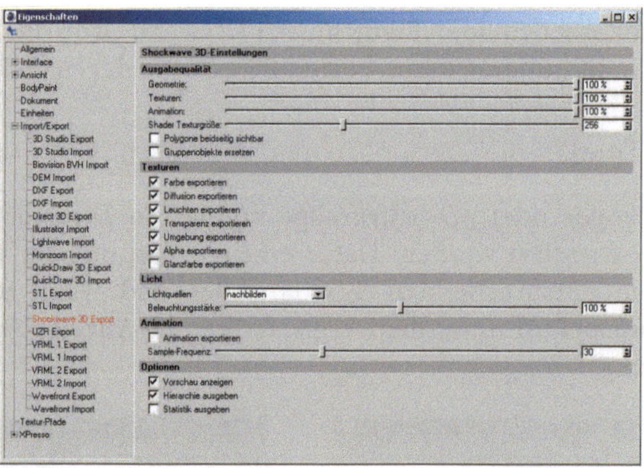

Abb. 5-61: Export-Dialog in Cinema 4D für Shockwave 3D

Anschließend können die 3D-Szenen aus Cinema 4D über das Menü *Datei / Exportieren / Shockwave 3D* für Director exportiert werden.

Die einzelnen Optionen im Dialog *Shockwave 3D-Einstellungen* dienen hauptsächlich der Qualität des 3D-Exportes und damit der Dateigröße. Das heißt, je kleinere Werte Sie einstellen, bzw. je mehr Optionen Sie abwählen, desto kleiner wird die Ausgabedatei, aber desto weniger Details aus der 3D-Szene werden auch exportiert.

Besonders zu beachten ist hier, dass der Export von Animationen aus Cinema 4D standardmäßig nicht ausgewählt ist. Das bedeutet, wenn Sie in Cinema 4D erstellte Animationen nach Director exportieren möchten, müssen Sie im obigen Dialog zuvor die Option *Export Animation* markieren.

NURBS und Splines werden von Director nicht unterstützt und beim Import daher in Polygone umgewandelt. Texturen werden nur zum Teil korrekt importiert, insbesondere bei prozeduralen Texturen kann es zu Problemen kommen. Ein Workaround bietet sich an, in dem Sie die Texturen als Bitmap separat exportieren und in Director neu zuweisen.

Der Import von Shockwave 3D in Director erfolgt analog zu anderen Medien. Das heißt, rechte Maustaste in der Besetzung klicken, im Kontextmenü *Import* wählen, die entsprechende Shockwave 3D-Datei auswählen und mit OK bestätigen – fertig.

Über den Shockwave 3D-Viewer (s.u.) können Sie sich jetzt die importierte 3D-Szene in Director ansehen, aber nicht weiter bearbeiten. Soll eine Szene nachträglich noch in Director bearbeitet bzw. angepasst werden, geht dies nur per Lingo.

5.5.3 Shockwave 3D-Viewer

Über den Shockwave 3D-Viewer, Menüpunkt: *Fenster / Shockwave 3D* oder das Icon können Sie sich 3D-Darsteller ansehen, eine Animation ablaufen lassen und die Position der Standardkamera ändern:

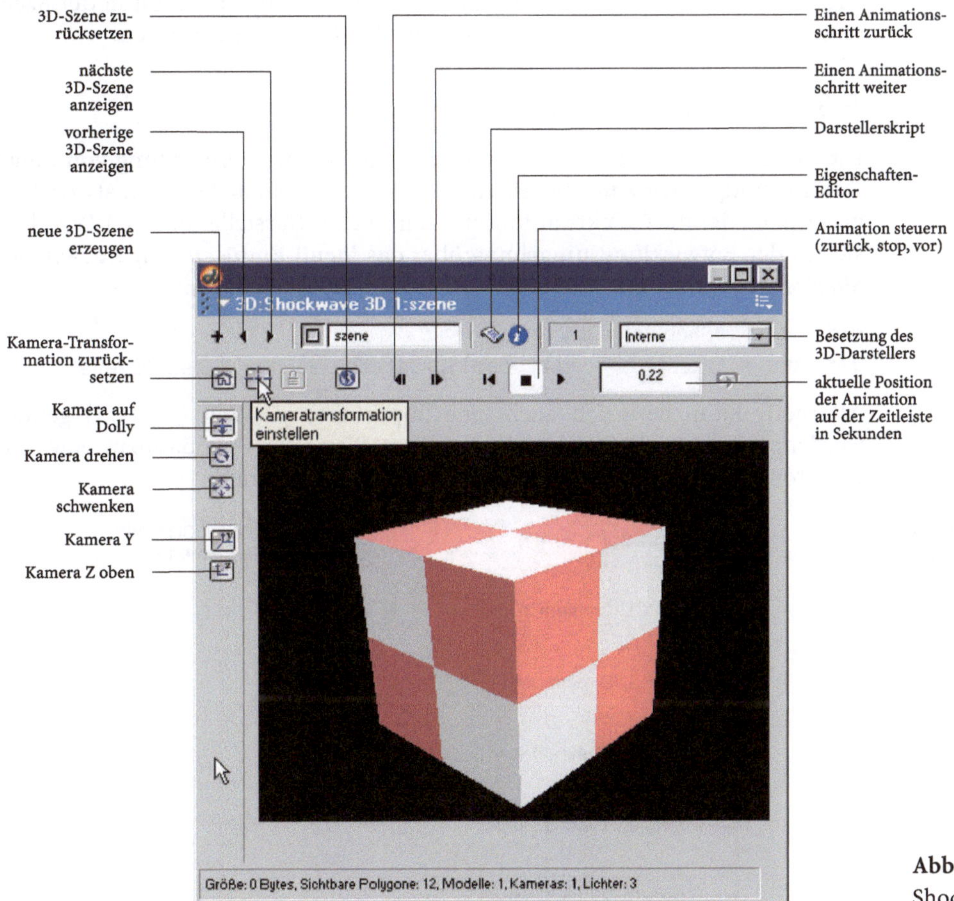

Abb. 5-62: Shockwave 3D-Viewer

Um die Standardkamera zu drehen wählen Sie entweder den Button *Kamera drehen* oder halten die Alt-Taste gedrückt. Die beiden Buttons *Kamera Y oben* und *Kamera Z oben* bestimmen dabei, um welche Achsen sich die Kamera drehen soll. Der Button *Kamera auf Dolly* bewirkt, dass die Kamera in die Szene hinein- bzw. aus ihr herausfährt. Mit der Maus wird die Kamera dann entsprechend der gewählten Optionen bewegt, **nicht** aber das 3D-Objekt selbst!

Soll eine geänderte Einstellung der Standardkamera für den 3D-Darsteller und damit auch für das Sprite auf der Bühne übernommen werden, wählen Sie den Button *Kameratransformation einstellen.*

Die Einstellung der Standardkamera ist die **einzige** Änderung, die Sie mit dem 3D-Viewer in einer 3D-Szene vornehmen können (neben der Änderung des Darstellernamens).

Die in der jeweiligen 3D-Szene verwendete Anzahl an Polygonen, Modellen, Kameras und Lichtern wird in der Statusleiste des 3D-Viewers angezeigt. Die Größe der 3D-Szene wird nur angezeigt, wenn die Modelle schon in der Szene enthalten sind und nicht erst mit Lingo zur Laufzeit erzeugt werden.

5.5.4 3D mit Lingo erzeugen

Die dritte Möglichkeit 3D-Objekte zu erzeugen ist die Verwendung von Lingo. Dafür benötigen wir zunächst einen Shockwave 3D-Darsteller, auch als 3D-Welt bezeichnet, der die Objekte aufnimmt. Ein solcher Darsteller bzw. 3D-Welt lässt sich in der Entwicklungsumgebung über das Menü *Einfügen / Mediaelement / Shockwave 3D* oder mit dem folgenden Lingo-Befehl erzeugen:

```
g3d = new (#Shockwave3D)
g3d.name = "szene"  -- gibt dem 3D-Darsteller den Namen "szene"
```

Alternativ kann natürlich auch eine importierte 3D-Welt (s. S. 374) genutzt werden, um neue 3D-Objekte darin zu erstellen. Der Grundaufbau einer mit Director erzeugten 3D-Welt entspricht der folgenden Grafik:

Abb. 5-63: Elemente einer in Director neu erzeugten 3D-Welt (Darsteller)

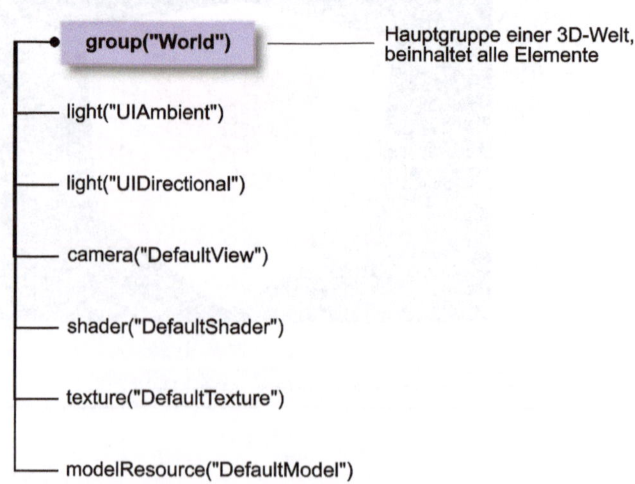

Das heißt, es gibt in der neu erzeugten 3D-Welt bereits eine Kamera, zwei Lichtquellen, eine Standard-Textur und einen Standard-Shader. Ab Seite 379 schauen wir uns an, wie wir dieser 3D-Welt weitere Elemente hinzufügen können.

Eigenschaften einer 3D-Welt

Eigenschaft	Werte	Beschreibung
name	Zeichenkette	Name des 3D-Darstellers in der Besetzung
bgColor	rgb(*rot, grün, blau*)	Hintergrundfarbe für alle Kameraansichten
ambientColor	rgb(*rot, grün, blau*)	Umgebungslicht für gesamte Szene; Standard: rgb(0, 0, 0)
directionalColor	rgb(*rot, grün, blau*)	Farbe des gerichteten Standardlichtes „UIDirectional"; Standard: rgb(255, 255, 255)
directionalPreset	#none, #topCenter, #topLeft, #topRight, #middleTop, #middleLeft, #middleRight, #bottomCenter, #bottomLeft, #bottomRight	Position des gerichteten Standardlichtes (die Ausrichtung des Lichtes ist immer zum Weltursprung hin); Standard: #topCenter
state	0 – Darsteller ist nicht geladen 1 – Ladevorgang hat begonnen 2 – erstes Segment ist geladen 3 – zusätzl. Medien werden geladen 4 – Ladevorgang ist komplett -1 – unerwarteter Fehler beim Ladevorgang	Ladestatus des streamenden Darstellers, soll der Status getestet werden, **bevor** der Abspielkopf das Sprite der 3D-Welt erreicht, so muss der Ladevorgang der 3D-Welt zuvor mit dem Befehl: `preloadMember g3d` eingeleitet werden!
preload	TRUE – muss komplett geladen sein FALSE – Anzeige erfolgt unmittelbar	bestimmt, ob ein Darsteller vollständig geladen sein muss, bevor er angezeigt wird; Standard: false
cameraPosition	vector(x, y, z)	Position der Standardkamera; Standard: vector(0.0, 0.0, 250.0)
cameraRotation	vector(x, y, z)	Rotation der Standardkamera; Standard: vector(0.0, 0.0, 0.0)

5.5.4.1 3D-Grundobjekte

Lingo kennt folgende Grundobjekte, die im 3D-Sprachgebrauch auch als *Primitive* bezeichnet werden:

`#plane`	Ebene
`#sphere`	Kugel
`#box`	Quader
`#cylinder`	Zylinder
`#particle`	Partikel

Geben Sie den folgenden Befehl im Nachrichtenfenster ein, erhalten Sie ebenfalls alle verfügbaren Grundobjekte angezeigt:

```
put getRendererServices().primitives
-- [#sphere, #box, #cylinder, #plane, #particle]
```

Die Syntax für die Erstellung eines solchen Grundobjektes (Primitive) lautet:

```
res = g3d.newModelResource("nameRes", #primitive {, #facing})
obj = g3d.newModel("nameObj", res)
```

Der erste Befehl erzeugt eine neue Modellressource (Geometrie) im 3D-Darsteller *g3d*. Dabei ist *g3d* die Referenz auf einen Shockwave 3D-Darsteller (s. S. 376). Statt *g3d* können Sie den Darsteller natürlich auch über seine Nummer oder seinen Namen in der Besetzung ansprechen, z.B. `member("szene")`. Mit *#primitive* wird festgelegt, um welches Grundobjekt es sich handelt. Die möglichen Werte für *#primitive* finden Sie in obiger Tabelle.

Durch den zweiten Befehl wird ein konkretes Objekt mit der Bezeichnung *obj* und der zuvor erstellten Modellressource erzeugt. Die Namen *nameRes* und *nameObj* sowie *res* und *obj* sind dabei frei wählbare Bezeichnungen.

Um z.B. eine Kugel in einer 3D-Welt zu erzeugen, können wir schreiben:

```
myRes = member("szene").newModelResource("meineRes", #sphere)
kugel = member("szene").newModel("meineKugel", myRes)
```

Dabei ist `szene` der Name der 3D-Welt in der Besetzung. Der dritte Parameter in der Methode `newModelResource()` bestimmt, ob das neue Objekt nur außen, nur innen oder außen und innen Gitternetzlinien erhält. Mögliche Werte für `#facing` sind:

```
#front          -- Gitternetz nur Außenseite
#back           -- Gitternetz nur Innenseite
#both           -- Außen- und Innenseite Gitternetz
```

Der Standardwert ist `#front`. Die erzeugten Gitternetzlinien sind u.a. notwendig um Texturen auf die Oberfläche von Objekten zu projizieren. Das heißt, wenn `#facing` den Wert `#both` hat, kann ein Objekt sowohl außen als auch innen Texturen erhalten. Dies ist z.B. dann unbedingt notwendig, wenn das Objekt auch von innen betrachtet werden soll.

5.5.4.2 Eigenschaften der Modellressourcen

Modellressourcen in Director besitzen, abhängig vom verwendeten Grundobjekt (`#plane`, `#box`, `#sphere`, `#cylinder`, `#particle`) bei der Erstellung, noch weitere Eigenschaften, durch die sie modifiziert werden können.

```
myRes = member("szene").newModelResource("modRes", #sphere)
myRes.eigenschaft = wert
```

Die verfügbaren Eigenschaften der einzelnen 3D-Grundobjekte sind in den folgenden Tabellen zusammengefasst:

Ebenen-Eigenschaften (#plane)

width	Breite der Ebene, les- und schreibbar; Standard: 1.0
length	Länge der Ebene, les- und schreibbar; Standard: 1.0

Kugel-Eigenschaften (#sphere)

radius	Radius der Kugel, les- und schreibbar; Standard: 25.0
resolution	Anzahl der Polygone auf der Kugeloberfläche; Standard: 20
startAngle	Startwinkel des Kreisbogens; Standard: 0.0
endAngle	Endwinkel des Kreisbogens, z.B. ergibt 180 eine Halbkugel; Standard: 360.0

Quader-Eigenschaften (#box)

width	Breite des Quaders entlang der X-Achse, les- und schreibbar; Standard: 50.0
height	Höhe des Quaders entlang der Y-Achse, les- und schreibbar; Standard: 50.0
length	Länge des Quaders entlang der Z-Achse, les- und schreibbar; Standard: 50.0
left	gibt an, ob die linke Quaderseite offen (FALSE) oder geschlossen (TRUE) ist
top	gibt an, ob die obere Quaderseite offen (FALSE) oder geschlossen (TRUE) ist
right	gibt an, ob die rechte Quaderseite offen (FALSE) oder geschlossen (TRUE) ist
bottom	gibt an, ob die untere Quaderseite offen (FALSE) oder geschlossen (TRUE) ist
front	gibt an, ob die Vorderseite offen (FALSE) oder geschlossen (TRUE) ist
back	gibt an, ob die Rückseite offen (FALSE) oder geschlossen (TRUE) ist

Zylinder-Eigenschaften (#cylinder)

height	Höhe des Zylinders entlang der Y-Achse; Standard: 50.0
topRadius	Radius Zylinderoberseite, topRadius = 0 erzeugt einen Kegel; Standard: 25.0
bottomRadius	Radius Zylinderunterseite; Standard: 25.0
topCap	gibt an, ob die obere Zylinderseite offen (FALSE) oder geschlossen (TRUE) ist
bottomCap	gibt an, ob die untere Zylinderseite offen (FALSE) oder geschlossen (TRUE) ist
resolution	Anzahl Polygonsegemente der Grundfläche, z.B. ergibt 2 einen Quader!
numSegments	Anzahl Polygonsegemente entlang der Y-Achse; Standard: 2
startAngle	Startwinkel des Kreisbogens, Standard: 0.0
endAngle	Endwinkel des Kreisbogens, z.B. ergibt 180 einen halben Zylinder; Standard: 360.0

Partikel-Eigenschaften (#particle)

lifeTime	Lebensdauer eines Partikels, Standardwert: 10 000 ms
sizeRange.start	Startgröße eines Partikels; Standardwert: 1.0
sizeRange.end	Endgröße eines Partikels; Standardwert: 1.0
colorRange.start	Startfarbe der Partikel, z.B. rgb(255, 0, 0); Standard: rgb(255, 255, 255)
colorRange.end	Endfarbe der Partikel, z.B. rgb(0, 0, 255); Standard: rgb(255, 255, 255)
blendRange.start	Startopazität eines Partikels; Standardwert: 100.0
blendRange.end	Endopazität eines Partikels; Standardwert: 100.0
tweenMode	tweent die Farbveränderung der Partikel abhängig von deren Lebensdauer (#age) oder Geschwindigkeit (#velocity); Standard: #age
texture	beim Zeichnen der Partikel zu verwendende Textur
drag	Widerstandswert für die Partikel, mögliche Werte: 0 (Standard) bis 100
gravity	Schwerkraft, wird durch die Länge eines Vektors angegeben, z.B.: res.gravity = vector(0, -0.5, 0)
wind	Richtung und Stärke der einwirkenden Windkraft als Vektor, z.B.: res.wind = vector(12.5, 0, 0)
emitter.region	Ursprung der Partikelemission (Punkt, Linie, Bereich)
emitter.numParticles	Anzahl der emittierten Partikel pro Sekunde; Standardwert: 1000
emitter.direction	Richtung der Emission; Standard: vector (1, 0, 0)
emitter.distribution	Partikelverteilung, mögliche Werte #linear (Standard) oder #gaussian

emitter.mode	bestimmt, ob in jedem Frame eine Gruppe von Partikeln (#stream) oder alle Partikel gleichzeitig (#burst) emittiert werden; Standardwert: #stream
emitter.loop	bestimmt, ob die Partikel wiederverwendet werden (TRUE) oder nicht (FALSE); Standard: TRUE
emitter.path	Pfad der Partikelbewegung, mögliche Werte: Vektorliste
emitter.pathStrength	Pfadtreue der Partikel, mögliche Werte: 0.0 bis 1.0; Standard: 0.1
emitter.minSpeed	minimale Geschwindigkeit eines Partikels; Standardwert: 0.0
emitter.maxSpeed	maximale Geschwindigkeit eines Partikels; Standardwert: 1.0

In einem Beispiel wollen wir uns nun anschauen, wie wir die Eigenschaften der Modellressourcen der einzelnen 3D-Grund-Objekte nutzen können. Dafür werden wir aus der Modellressource `#cylinder` durch Setzen der entsprechenden Eigenschaften eine vierseitige Pyramide erstellen.

Zunächst erzeugen wir einen neuen Directorfilm über das Menü *Datei / Neu / Film* oder über das Icon *Neuer Film* . Anschließend fügen wir einen neuen 3D-Darsteller über das Menü *Einfügen / Mediaelement / Shockwave 3D* in die Besetzung ein und nennen ihn `szene`. Danach wird der 3D-Darsteller aus der Besetzung in das Drehbuch gezogen. Nun muss noch das unten abgebildete Skript als Verhalten in der Besetzung erzeugt und dem 3D-Darsteller mit der Maus zugewiesen werden. Spielen Sie jetzt den Directorfilm ab, sollten Sie eine Pyramide auf der Bühne sehen.

Das Skript erzeugt zuerst eine Referenz mit der Bezeichnung `g3d` auf den 3D-Darsteller. Da 3D-Szenen, anders als 2D-Darstellungen, beim Zurückspulen des Directorfilms nicht vollständig zurückgesetzt werden, wird dies per Lingo mit dem Befehl `resetWorld()` erledigt. Anschließend erzeugt das Skript eine neue Modellressource und daraus ein konkretes 3D-Objekt. Zum Schluss werden noch die Eigenschaften der Modellressource `res` eingestellt.

Weitere Beispiele für die Verwendung der Eigenschaften der Modellressourcen und deren Auswirkungen finden Sie in der Tabelle auf der nächsten Seite.

```
on beginSprite me
  g3d = member("szene") -- Referenz auf den 3D-Darsteller "szene"
  g3d.resetWorld()      -- 3D-Welt in den Ausgangszustand setzen

  -- ein Modell erzeugen
  res = g3d.newModelResource("myRes", #cylinder)
  mod = g3d.newModel("myModel", res)

  -- Eigenschaften der Modellressource
  res.topRadius = 0     -- oberen Radius auf 0 setzen
  res.resolution = 2    -- vier Seiten erzeugen
end
```

Beispiele zur Nutzung der Eigenschaften von 3D-Grundobjekten

Aussehen	Befehl

	Fläche:
	res = g3d.newModelResource("myRes", #plane)
	mod = g3d.newModel("myMod", res)

	Kugel:
	res = g3d.newModelResource("myRes", #sphere)
	mod = g3d.newModel("myMod", res)

	Halbkugel:
	res = g3d.newModelResource("myRes", #sphere, #both)
	res.endAngle = 180
	mod = g3d.newModel("myMod", res)

	Quader:
	res = g3d.newModelResource("myRes", #box)
	mod = g3d.newModel("myMod", res)

	offener Quader:
	res = g3d.newModelResource("myRes", #box, #both)
	res.front = FALSE
	mod = g3d.newModel("myMod", res)

	runder Zylinder:
	res = g3d.newModelResource("myRes", #cylinder)
	mod = g3d.newModel("myMod", res)

Aussehen	Befehl

	fünfeckiger Zylinder:
	res = g3d.newModelResource("myRes", #cylinder)
	res.resolution = 3
	mod = g3d.newModel("myMod", res)

	vierseitige Pyramide:
	res = g3d.newModelResource("myRes", #cylinder)
	res.topRadius = 0
	res.resolution = 2
	mod = g3d.newModel("myMod", res)

	Kegel:
	res = g3d.newModelResource("myRes", #cylinder)
	res.topRadius = 0
	mod = g3d.newModel("myMod", res)

	halber Zylinder-Mantel:
	res = g3d.newModelResource("myRes", #cylinder, #both)
	res.topCap = FALSE
	res.bottomCap = FALSE
	res.endAngle = 180
	mod = g3d.newModel("myMod", res)

	Partikel-Effekt:
	res = g3d.newModelResource("myRes", #particle)
	res.emitter.minSpeed = 10
	res.emitter.maxSpeed = 1000
	res.emitter.angle = 15
	res.lifeTime = 1500
	mod = g3d.newModel("myMod", res)

5.5.4.3 Texturen

Texturen sind Muster oder andere Bitmaps, die mit Hilfe von Shadern (s. S. 386) auf die Oberfläche von 3D-Objekten projiziert werden können. In Director lassen sich Texturen auf zwei Arten für 3D-Objekte erzeugen. Zum einen kann ein Bitmap-Darsteller aus der Besetzung verwendet werden; die Syntax dafür sieht wie folgt aus:

```
member("szene").newTexture("name", #fromCastMember, member("bild"))
```

Zum anderen lässt sich aus jedem Image-Objekt eine Textur erzeugen; die Syntax lautet:

```
member("szene").newTexture("name", #fromImageObject, imageObject)
```

Das klingt zwar nicht besonders aufregend. Aber wenn wir uns daran erinnern, dass u.a. Flash- und RealVideo-Darsteller Images besitzen, heißt das, dass man auf 3D-Objekten in Director auch Animationen und Videos darstellen kann! Entsprechende Beispiele finden Sie ab Seite 449.

Texturen können auf 3D-Objekten auch skaliert, rotiert und in ihrer Position geändert werden. Dafür werden aber nicht die Texturen selbst manipuliert, sondern die entsprechenden Eigenschaften des Shaders, dem die Textur zugewiesen wurde. Ab Seite 389 werden wir uns mit derartigen Texturtransformationen genauer befassen.

Wichtig im Zusammenhang mit Texturen ist, dass ihre Abmessungen 2er-Potenzen entsprechen, z.B. 64, 128, 256 Pixel usw., da Director nur solche Texturen nutzen kann. Bei anderen Abmaßen werden die Texturen auf die nächste 2er-Potenz vergrößert bzw. verkleinert, das heißt auf die 2er-Potenz, die dem aktuellen Wert der Textur am nächsten ist. Das verursacht einen zusätzlichen Rechenaufwand, vor allem aber einen Qualitätsverlust der Textur!

Texturqualität

Neben weiteren Textureigenschaften (s. Tabelle S. 385) ist die Qualität `quality` ihrer Darstellung ein wichtiger Wert um die erforderliche Rechenleistung für das Rendern von Objekten zu beeinflussen. Der Standardwert für in Director erzeugte Texturen ist `#medium`, mit Ausnahme der Standard-Textur (`"DefaultTexture"`), dort ist `quality` auf `#low` gesetzt. Daneben ist noch die Einstellung `#high` möglich.

Soll beispielsweise ein 3D-Modell mit einer hohen Texturqualität dargestellt werden, kann dies wie folgt geschehen:

```
member("szene").texture("name").quality = #high
```

Eine weitere Eigenschaft für die Texturqualität ist `renderFormat`. Hierdurch wird die zu verwendende Farbtiefe beim Rendern der Textur vorgegeben. Voreingestellt ist eine Farbtiefe von 16 Bit mit dem Wert `#rgba5551` für `renderFormat`. Das bedeutet, jeder Farbkanal – Rot, Grün und Blau, verfügt über 5 Bit und kann damit bis zu 32 ($2^5 = 32$) Farbabstufungen darstellen. Das letzte Bit ist für die Transparenzinformation des jeweiligen Pixels vorgesehen. Das heißt, es sind keine Abstufungen in der Transparenz möglich.

Durch andere Angaben bei `renderFormat` können einzelne Texturen einer 3D-Szene auch mit höherer Qualität dargestellt werden, dies erfordert aber auch eine höhere Rechenleistung. Beispielsweise bewirkt der folgende Befehl, dass die Textur "*name*" mit 32 Bit inklusive Alphakanal dargestellt wird:

```
member("szene").texture("name").renderFormat = #rgba8888
```

Um nicht nur die Einstellung einer einzelnen Textur zu ändern, sondern für alle Texturen in allen 3D-Darstellern, kann der RenderService genutzt werden, z.B.:

```
getRenderServices().textureRenderFormat = #rgba4444
```

Die folgende Tabelle gibt einen Überblick aller verfügbaren Eigenschaften von Texturen in Shockwave 3D. Die Eigenschaften können über den Namen der jeweiligen Textur bzw. eine entsprechende Referenz angesprochen werden:

```
tex = member("3d").newTexture("name", #fromCastMember, member("m"))
member("3d").texture("name").eigenschaft = wert  -- Name der Textur
member("3d").tex.eigenschaft = wert            -- Referenz auf Textur
```

Wobei *wert* den neuen Wert der angegebenen Eigenschaft beinhaltet. Außerdem lässt sich eine Textur auch über den Shader, dem sie zugewiesen wurde (s. S. 386) ansprechen:

```
member("3d").shader("name").texture.eigenschaft = wert
```

Eigenschaften von Texturen

Eigenschaft	Werte	Beschreibung
name	Zeichenkette	Name der Textur
type	#fromCastMember – Darsteller #fromImageObject – Image #importedFromFile – 3D-Import	Ursprung der Textur: erstellt von einem Bitmap-Darsteller, von einem Image-Objekt oder importiert aus einem 3D-Programm; **nur** lesbar
width	Integer (Pixel)	Breite der Textur, **nur** lesbar; kein Standardwert
height	Integer (Pixel)	Höhe der Textur, **nur** lesbar; kein Standardwert
count	Integer	Anzahl der Texturen im entsprechenden 3D-Darsteller, **nur** lesbar, z.B.: put g3d.texture.count - - 4
quality	#flow – niedrige Qualität #medium – mittlere Qualität #high – hohe Qualität	Qualität der Texturdarstellung, Standard: #medium

Eigenschaft	Werte	Beschreibung
name	Zeichenkette	Name der Textur
nearFiltered	TRUE – bilineare Filterung FALSE – keine Filterung	bestimmt, ob bei einer Textur, die im 3D-Darsteller vergrößert angezeigt wird, die bilineare Filterung (Standard) verwendet wird, dadurch werden zum Teil Fehler bei der Darstellung ausgeglichen
member	Darsteller aus der Besetzung	verweist **nur** bei type #fromCastMember auf den Darsteller der Textur, ansonsten: void; schreib- und lesbar
compressed	TRUE – Textur komprimiert FALSE – Textur unkomprimiert	zum Rendern wird der Wert automatisch auf FALSE gesetzt; um die unkomprimierte Textur wieder aus dem Speicher zu löschen, kann der Wert auf TRUE gesetzt werden; Standard: TRUE
renderFormat	#rgba8888 32-Bit-Farbmodus mit 8-Bit-Alphakanal #rgba8880 24-Bit-Farbmodus, ohne Alphakanal #rgba5650 16-Bit-Farbmodus, ohne Alphakanal #rgba5550 16-Bit-Farbmodus, ohne Alphakanal #rgba5551 16-Bit-Farbmodus, mit einem Bit für Alphakanal #rgba4444 16-Bit-Farbmodus, mit 4-Bit-Alphakanal	diese Eigenschaft gibt an, wie viele Bits je Kanal (rot, grün, blau, alpha) für die Darstellung einer Textur verwendet werden, schreib- und lesbar; Standard: #rgba5551
scaleDown()	–	verringert die Höhe **und** Breite einer Textur auf die nächstniedrigere Potenz von 2

5.5.4.4 Shader

Texturen in einer 3D-Welt sind zunächst nur Ressourcen, die genutzt werden können, aber noch nicht sichtbar sind. Nur wenn die Textur einem Shader oder einer Kamera (s. S. 401) zugewiesen wird, kann sie auch angezeigt werden.

Ein Shader ist dabei verantwortlich für die Art und Weise, wie eine Textur auf ein 3D-Objekt projiziert wird. Dafür muss dem Shader mindestens eine Textur zugewiesen werden. Insgesamt kann ein Shader bis zu 8 Texturen verwenden.

Ein Shader kann dabei für beliebig viele Modelle und deren Flächen in der 3D-Welt, in der er erstellt wurde, genutzt werden. Um einen neuen Shader in einer 3D-Welt zu erzeugen, steht die Methode `newShader()` zur Verfügung:

```
myShadr = member("szene").newShader("name", #type)
```

Für `#type` muss einer der vier in Director verfügbaren Shader-Typen eingesetzt werden.

Standard-Shader (`#standard`): Maler-Shader (`#painter`):

Abb. 5-64: Quader mit Standard- und Maler-Shader gerendert

Zeitungs-Shader (`#newsprint`): Gravierer-Shader (`#engraver`):

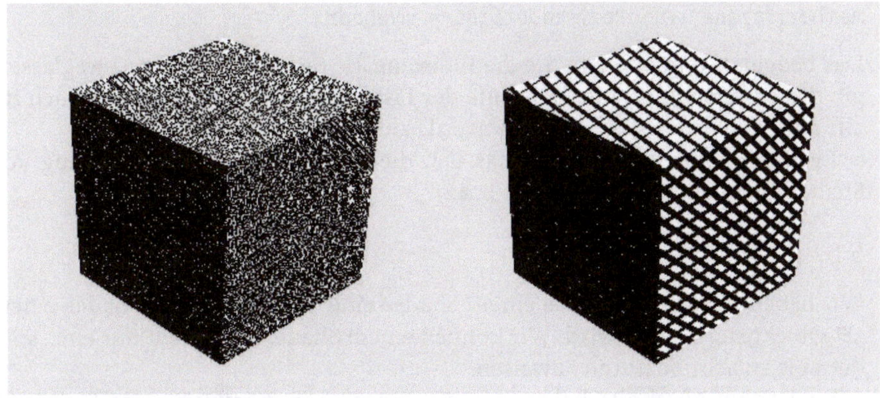

Abb. 5-65: Quader mit Zeitungs- und Gravierer-Shader gerendert

Der wichtigste und auch am meisten eingesetzte Shader ist der Standard-Shader. Er stellt Texturen fotorealistisch dar. Jeder der vier Shader-Typen besitzt eigene Eigenschaften. Die Eigenschaften des Standard-Shaders finden Sie in der Tabelle ab S. 393.

Dem neu erstellten Shader `myShader` wird nun eine zuvor erzeugte Textur (s. S. 383) zugewiesen:

```
myShadr.texture = member("szene").texture("texturName")
```

Zuletzt wird der Shader einem Objekt, hier `modRef`, in der 3D-Szene

```
member("szene").modRef.shaderList = myShadr
```

oder nur einer Fläche eines Objektes

```
member("szene").modRef.shaderList[1] = myShadr
```

zugewiesen, auf der die Textur abgebildet werden soll. Die Eigenschaft `textureList` ist dabei einmal von dem 3D-Grundmodell (Kugel, Quader, Fläche etc.) abhängig. Zum anderen davon, ob das Grundmodell innen und außen oder nur auf einer Seite ein Gitternetz aufweist. Festgelegt wird dies bei der Erstellung der Modellressource mit den Eigenschaften: `#front`, `#back`, `#both` (s. S. 379).

Bei einem Quader `#box` beispielsweise, der mit der Eigenschaft `#both` erzeugt wurde, weist die `textureList` 12 Elemente auf, nämlich genau eines für jede Innen- und Außenseite des Quaders. Das heißt, Sie können jeder Seite eines solchen Quaders einen anderen Shader und damit auch eine andere Textur zuweisen.

Wollen Sie hingegen allen Seiten eines Objektes dieselbe Textur zuweisen, müssen Sie dies nicht für jedes Element der `shaderList` einzeln, sondern können dies mit einem Befehl erledigen:

```
member("szene").modRef.shaderList = myShadr
```

Das bedeutet, immer wenn Sie die Indexangabe (eckige Klammern) weglassen, gilt die Zuweisung für **alle** Elemente der Liste. Entsprechend trifft dies auch für alle anderen Listen, die in Shockwave 3D zur Verfügung stehen, zu!

Ein komplettes 3D-Beispiel, das u.a. die Erzeugung und Verwendung von Shadern beinhaltet, finden Sie ab S. 427.

5.5.4.5 Multitexturing

Wir haben jetzt gesehen, wie einem Shader eine Textur und der Shader einem 3D-Objekt zugewiesen wird. Wir können einem Shader aber nicht nur eine, sondern bis zu acht Texturen zuweisen.

Im letzten Abschnitt haben wir die Eigenschaft `texture` des Standard-Shaders genutzt, um eine Textur zuzuweisen. Dabei beziehen wir uns immer auf die erste Texturebene eines Shaders. Um eine beliebige Texturebene anzusprechen steht die Eigenschaft `textureList` zur Verfügung. Hier gilt das Gleiche, was schon zur `shaderList` gesagt wurde. Immer wenn bei der Zuweisung ein Index angegeben wird, beziehen wir uns auf die entsprechende Texturebene:

```
myShadr.textureList[4] = member("szene").texture("texturName")
```

Wird der Index weggelassen, so beziehen wir uns auf alle Texturebenen des Shaders:

```
myShadr.textureList = member("szene").texture("texturName")
```

Neben dem Zugriff mit `textureList[`*`index`*`]`, können wir auf die ersten fünf Texturebenen auch noch mit speziell dafür reservierten Schlüsselwörtern zugreifen: `texture` (Ebene 1), `diffuseLightMap` (Ebene 2), `reflectionMap` (Ebene 3), `glossMap` (Ebene 4), `specularLightMap` (Ebene 5), s. auch Tabelle Seite 393.

5.5.4.6 Texturtransformationen

Für die Transformation von Texturen, das heißt für deren Skalierung, Rotation und Positionierung, wird in Shockwave 3D die gleiche 4×4-Matrix wie für 3D-Objekte (s. S. 419) verwendet. Der Unterschied besteht nur darin, dass bei Texturen weniger Elemente der Transformationsmatrix genutzt werden als für 3D-Objekte. Das liegt einfach daran, dass Texturen nur zwei Dimensionen besitzen und daher auch weniger Parameter einstellbar sind.

Sie können die Transformationsmatrix über die Shader-Eigenschaft `textureTransform` anzeigen. Haben Sie z.B. einen 3D-Darsteller in Ihrer Besetzung mit dem Namen `szene` und geben den folgenden Befehl im Nachrichtenfenster ein, so wird Ihnen die Transformationsmatrix des Standard-Shaders für die erste Texturebene angezeigt:

```
put member("szene").shader("DefaultShader").textureTransform
-- transform(1.00000,0.00000,0.00000,0.00000,
             0.00000,1.00000,0.00000,0.00000,
             0.00000,0.00000,1.00000,0.00000,
             0.00000,0.00000,0.00000,1.00000)
```

Wie Sie daraus sehen können, ist die Transformation einer Textur keine Eigenschaft der jeweiligen Textur, sondern des Shaders, dem die Textur zugewiesen wurde. Die Textur selbst bleibt also unbeinflusst. Das heißt, ein und dieselbe Textur kann mit unterschiedlichen Transformationen von mehreren Shadern genutzt werden.

Nun wäre es doch recht aufwändig, müssten wir für eine Rotation oder Skalierung direkt auf die Transformationsmatrix zugreifen. Zum Glück ist dies nicht notwendig. Wie bei der Transformation von 3D-Objekten stehen auch hier die Eigenschaften `position`, `rotation` und `scale` zur Verfügung, mittels derer wir einzelne Änderungen an der Texturtransformation vornehmen können.

Die folgenden drei Befehle im Nachrichtenfenster eingegeben, zeigen für den Standard-Shader des 3D-Darstellers `szene` die aktuelle Position, Rotation und Skalierung an:

```
put member("szene").shader("DefaultShader").textureTransform.position
-- vector(0.0000, 0.0000, 0.0000)
put member("szene").shader("DefaultShader").textureTransform.rotation
-- vector(0.0000, 0.0000, 0.0000)
put member("szene").shader("DefaultShader").textureTransform.scale
-- vector(1.0000, 1.0000, 1.0000)
```

Um die Transformationseinstellungen zu ändern, haben wir grundsätzlich zwei Möglichkeiten: eine relative und eine absolute Änderung der aktuellen Werte. Bei einer relativen Änderung wird die Transformationsmatrix **um** einen bestimmten Wert, `vector()`, geändert. Bei einer absoluten Änderung wird die Transformation **auf** einen vorgegebenen Wert gesetzt. Zunächst schauen wir uns die absolute Änderung genauer an.

Absolute Änderung

Wir bleiben als Beispiel bei der Transformation des Standard-Shaders, vereinfachen uns aber den Zugriff, indem wir mit `transRef` eine Referenz darauf erzeugen:

```
transRef = member("szene").shader("DefaultShader").textureTransform
```

Um nun die Position, Rotation und Skalierung der Textur auf einen bestimmten Wert zu setzen, weisen wir den entsprechenden Eigenschaften neue Werte zu:

```
transRef.position = vector(0.2, 0.1, 0.0) -- Position
transRef.rotation = vector(0.0, 0.0, -30) -- Rotation
transRef.scale = vector(0.8, 1.2, 1.0)    -- Skalierung
```

Die ersten beiden Werte im Vektor für die Position bezeichnen die X- und Y-Koordinaten der Textur auf dem 3D-Objekt, dem der Shader zugewiesen wurde. Der dritte Wert sollte auf `0.0` gesetzt werden. Andernfalls verursacht er ungewollte Auswirkungen auf die anderen Transformationseigenschaften.

Bei der Rotation sollten die ersten beiden Werte im zugewiesenen Vektor auf `0.0` gesetzt sein. Der dritte Wert gibt dann die Drehung der Textur in Grad an. Bei positiven Werten wird die Textur im Uhrzeigersinn, bei negativen Werten entgegen gedreht.

Für die Skalierung einer Textur werden die ersten beiden Werte im zugewiesenen Vektor als Faktoren für die X- und Y-Richtung genutzt. Das heißt, ein Wert von `1.0` entspricht 100 % und ändert somit die Textur nicht, dagegen wird mit `2.0` die Größe verdoppelt und mit `0.5` halbiert. Der dritte Wert sollte hier immer auf `1.0` gesetzt sein.

Texturen, die größer als das 3D-Objekt sind, auf das sie projiziert werden, werden immer abgeschnitten. Kleinere Texturen werden standardmäßig gekachelt, das heißt so lange wiederholt, bis das 3D-Objekt vollständig mit der Textur bedeckt ist. Optional kann aber auch die Shader-Eigenschaft `textureRepeat` bzw. `textureRepeatList` auf `FALSE` gesetzt werden, wodurch die betreffenden Texturen nicht gekachelt werden:

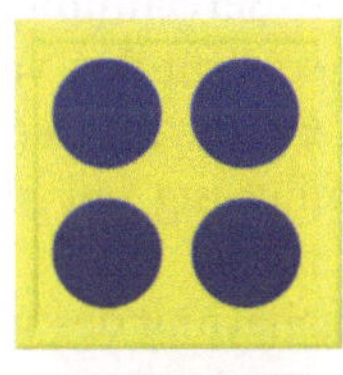

Original-Textur, mit:
scale = vector(1.0,1.0,1.0)
textureRepeat = TRUE

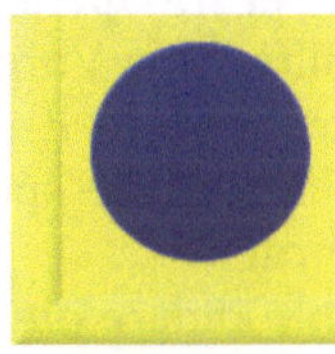

Textur skaliert, mit:
scale = vector(2.0,2.0,1.0)
textureRepeat = TRUE

Textur skaliert, mit:
scale = vector(0.5,0.5,1.0)
textureRepeat = TRUE

Textur skaliert, mit:
scale = vector(0.5,0.5,1.0)
textureRepeat = FALSE

Abb. 5-66: Unterschiedliche Skalierungen einer Textur

Wird eine kleinere Textur als das 3D-Objekt nicht gekachelt dargestellt, so erhält die verbleibende Fläche die angrenzende Farbe der Textur (s. Abb. 5-66).

Um das Texture-Clamping, das heißt, ob eine Textur gekachelt werden soll oder nicht, einzustellen, müssen wir zunächst festlegen, für welche Texturebene des Shaders dies erfolgen soll. Wie wir bereits sehen konnten, können einem Shader bis zu acht Texturen zugewiesen werden (s. S. 388). Soll das Texture-Clamping für alle acht Ebenen eines Shaders gleich eingestellt werden, verwenden wir die Eigenschaft `textureRepeatList`. Soll dagegen nur die erste Ebene geändert werden, geschieht dies durch `textureRepeat`. Und wollen wir eine bestimmte Texturebene angeben, so nutzen wir dafür `textureRepeatList[`*`index`*`]`, wobei *`index`* eine Ganzzahl von 1 bis 8 ist, entsprechend der zu ändernden Ebene.

Der folgende Befehl schaltet z.B. das Texture-Clamping für die fünfte Texturebene des Shaders `shaderRef` aus:

```
shaderRef.textureRepeatList[5] = FALSE
```

Achtung! Die Shader-Eigenschaft `textureRepeat` zeigt nur Auswirkungen, wenn **nicht** der Software-Renderer (s. S. 398) für die 3D-Darstellung verwendet wird. Ob dies der Fall ist, ermitteln Sie mit dem Befehl `put getRendererServices().renderer` im Nachrichtenfenster oder über den Eigenschafteninspektor unter dem Register *Film*.

Relative Änderung

Oft wird in der Praxis eine relative Änderung der Transformation benötigt, also eine Änderung um einen bestimmten Betrag. Dies lässt sich natürlich auch mit den obigen Befehlen umsetzen, indem man zuerst die aktuellen Werte abfragt und zu diesen die neuen Angaben hinzurechnet. Das ist der übliche Weg bei 2D-Animationen. Da aber bei 3D-Operationen aufwändige Matrizen-Berechnungen verwendet werden, sollte diese Vorgehensweise aus Performace-Gründen vermieden werden. Nutzen Sie statt dessen besser die Methoden `translate()`, `rotate()` und `scale()`, die speziell für eine relative Änderung bei 3D-Objekten optimiert wurden.

Die folgenden Befehle ändern die Position, Drehung und Skalierung des mit `shaderRef` referenzierten Objektes **um** die angegebenen Werte.

```
shaderRef.textureTransform.translate(0.0, 2.0, 0.0) -- Verschiebung
shaderRef.textureTransform.rotate(1.0, 0.0, 0.0)    -- Rotation
shaderRef.textureTransform.scale(1.0, 1.0, 1.5)     -- Skalierung
```

Die jeweils drei Parameter der Methoden `translate()`, `rotate()` und `scale()` entsprechen den Parametern der Funktion `vector()`, wie bereits zuvor für die absolute Änderung der Transformation beschrieben. Die Einstellung für das Texture-Clamping (s.o.), erfolgt ebenfalls wie bei der absoluten Änderung der Transformation beschrieben.

UV-Texturkoordinaten

Eine weitere Möglichkeit die Darstellung der Textur auf einem 3D-Objekt zu beinflussen, bietet die Shader-Eigenschaft `wrapTransform`. Wie der Name schon erahnen lässt, handelt es sich hierbei auch um eine Matrix. Sie ist mit für die Erzeugung der UV-Texturkoordinaten verantwortlich, das heißt, wie die Textur der Form eines 3D-Objektes angepasst wird. Der Zugriff auf `wrapTransform` kann, wie bei `textureTransform` auch, über die Eigenschaften `position`, `rotation` und `scale` sowie über die Funktionen `translate()`, `rotate()` und `scale()` erfolgen.

Wichtig! Änderungen von `wrapTransform` haben auf die Erzeugung der UV-Texturkoordinaten nur Einfluss, wenn die Shader-Eigenschaft `textureModeList` auf `#wrapPlanar`, `#wrapSpherical` oder `#wrapCylindrical` gesetzt ist.

Eigenschaften des Standard-Shaders

Eigenschaft	Werte	Beschreibung
name	Zeichenkette	Name des Shaders, z.B.: "myShader"
ambient	rgb(*rot, grün, blau*)	Umgebungslichtfarbe; Standard: rgb(63, 63, 63)
diffuse		Streulichtfarbe; Standard: rgb(255, 255, 255)
specular		Glanzlichtfarbe; Standard: rgb(255, 255, 255)
emissive		abgestrahltes Licht; Standard: rgb(0, 0, 0)
shininess	Ganzzahl von 0 bis 100	Glanz einer Oberfläche; Standard: 30
blend		Grad der Opazität für die gesamte Oberfläche, der der Shader zugewiesen wurde, nur wirksam, wenn die Eigenschaft transparent auf TRUE steht; Standard: 100
transparent	TRUE – mit Transparenz FALSE – ohne Transparenz	bestimmt, ob beim Rendern des Modells ein vorhandener Alphakanal der Textur bzw. blend-Wert genutzt oder das Modell undurchsichtig dargestellt wird; Standard: TRUE
flat		rendert ein Modell bei der Einstellung TRUE mit flacher Schattierung (gesamtes Gitternetz einheitlich) anstatt mit Gouraud-Schattierung; Standard: FALSE
textureList	texture(*"name"*)	Zugriff auf alle Texturebenen eines Shaders, insgesamt besitzt ein Shader 8 Texturebenen
textureList[*index*]		Zugriff auf die mit *index* angegebene Texturebene eines Shaders; Standard für die erste Ebene: texture("DefaultTexture"), sonst void
texture		erste Texturebene, entspricht: textureList[1] Standard: texture("DefaultTexture")

diffuseLightMap		gibt die der zweiten Ebene zugeordnete Textur an, und setzt die folgenden Eigenschaften:
		textureModeList[2] = #diffuse
		blendFunctionList[2] = #multiply
		blendFunctionList[1] = #replace

Eigenschaft	Werte	Beschreibung

reflectionMap	texture(*"name"*)	gibt die der dritten Ebene zugeordnete Textur an und setzt die folgenden Eigenschaften:
		textureModeList[3] = #reflection
		blendFunctionList[3] = #blend
		blendSourceList[3] = #constant
		blendConstantList[3] = 50.0

glossMap		gibt die der vierten Ebene zugeordnete Textur an und setzt die folgenden Eigenschaften:
		textureModeList[4] = #none
		blendFunctionList[4] = #multiply

specularLightMap		gibt die der fünften Ebene zugeordnete Textur an und setzt die folgenden Eigenschaften:
		textureModeList[5] = #specular
		blendFunctionList[5] = #add
		blendFunctionList[1] = #replace

textureTransformList	transform (1.0000,0.0000,0.0000,0.0000, 0.0000,1.0000,0.0000,0.0000, 0.0000,0.0000,1.0000,0.0000, 0.0000,0.0000,0.0000,1.0000)	gibt die Texturtransformationen für alle Texturebenen eines Shaders an, Verwendung wie bei textureTransform (s.u.)
textureTransformList[*index*]		Texturtransformationen der durch *index* angegebenen Texturebene eines Shaders, Verwendung wie bei textureTransform (s.u.)
textureTransform.scale	vector(x, y, z)	Texturskalierung der ersten Texturebene eines Shaders, der erste Wert in vector() gibt die x- und der zweite die y-Skalierung der Textur an, der dritte Wert wird ignoriert, 1 bedeutet 100%, d.h. keine Skalierung (s. S. 390); Standard: vector(1.0, 1.0, 1.0)

Eigenschaft	Werte	Beschreibung
textureTransform.position	vector(x,y,z)	Texturposition der ersten Texturebene eines Shaders, der erste Wert in vector() gibt die x- und der zweite die y-Position der Textur an, der dritte Wert wird ignoriert; Standard: vector(0.0, 0.0, 0.0)
textureTransform.rotation		Texturrotation, die ersten beiden Werte sollten auf 0 eingestellt werden, dann gibt der dritte Wert die Rotation der Textur in positiver oder negativer Richtung an; Standard: vector(0.0, 0.0, 0.0)
textureRepeatList	TRUE – kacheln FALSE – nicht kacheln	gibt das Texture-Clamping für alle Texturebenen eines Shaders an, bei TRUE werden Texturen, die kleinere Werte als 1 in textureTransform.scale aufweisen, gekachelt, Texturen mit größeren Werten als 1 werden hingegen immer abgeschnitten; Standard: TRUE Achtung, textureRepeatList ist **nicht** beim Software-Renderer (s. S. 398) wirksam, dort werden kleinere Texturen immer gekachelt!
textureRepeatList[*index*]		bestimmt das Texture-Clamping für die durch *index* angegebene Texturebene eines Shaders; sonst wie bei textureRepeatList
textureRepeat		bestimmt das Texture-Clamping nur für die erste Texturebene; sonst wie bei textureRepeatList

Eigenschaft	Werte	Beschreibung
textureModeList	#none – Werte der Modellressource verwenden #wrapSpherical – Kugel #wrapPlanar – Fläche #wrapCylindrical – Zylinder #diffuseLight – Streulicht #specularLight – Glanzlicht #reflection – Kugel, aber Textur bewegt sich nicht mit dem Objekt	gibt für alle Texturebenen eines Shaders an, ob die Texturkoordinaten **abweichend** von den Vorgaben der verwendeten Modellressource erzeugt werden sollen; Standard: #none
textureModeList[*index*]		gibt für die durch *index* bezeichnete Texturebene an, ob die Texturkoordinaten **abweichend** von den Vorgaben der verwendeten Modellressource erzeugt werden sollen; Standard: #none
textureMode		gibt für die erste Texturebene an, ob die Texturkoordinaten **abweichend** von den Vorgaben der Modellressource (s. S. 378) erzeugt werden sollen, entspricht: textureModeList[1]
blendFunctionList	#replace – überdeckt die darunter liegende Textur #multiply – RGB-Werte der Texturen multiplizieren #add – RGB-Werte der Texturen werden addiert #blend – Alphamischung, entspr.blendSource #alpha – Alphamischung entspr.Texturalpha #constant – Mischung entspr. blendConstant	Mischung für die Texturebenen eines Shaders mit der jeweils darunter liegenden Textur, z.B.: modRef.shaderList.blendFunctionList = #blend Standard: #multiply
blendFunctionList[*index*]		gibt die Mischung für die mit *index* bezeichnete Texturebene mit der darunter liegenden Textur eines Shaders an; Standard: #multiply
blendFunction		gibt die Mischung für die erste Texturebene mit den Farbwerten des Shaders (emissive, ambient, diffuse etc.) an; Standard: #multiply
blendConstantList	0.0 bis 100.0	Opazität aller Texturen eines Shaders, nur wirksam, wenn blendFunctionList auf #blend und blendSourceList auf #constant gesetzt wurden; Standard: 50.0

Eigenschaft	Werte	Beschreibung
blendConstantList	0.0 bis 100.0	Opazität für die durch *index* angegebene Texturebene eines Shaders, nur dann wirksam, wenn blendFunctionList[*index*] der jeweiligen Ebene auf #blend und blendSourceList[*index*] auf #constant gesetzt sind; Standard: 50.0
blendConstant		Opazität der ersten Texturebene, nur wirksam, wenn blendFunction auf #blend und blendSource auf #constant gesetzt wurden; Standard: 50.0
blendSourceList	#constant – blendConstantList #alpha – Textur-Alphawerte	bestimmt, welche Werte für die Mischung **aller** acht Texturebenen genutzt werden, wenn die Eigenschaft blendFunctionList auf #blend steht: bei #constant wird für die Mischung der Wert in blendConstantList genutzt, #alpha hingegen bewirkt, dass die Alphawerte der Texturen verwendet werden; Standard: #constant
blendSourceList[*index*]		wie blendSourceList, allerdings wird hier die Mischung nur für die durch ***index*** bezeichnete Texturebene festgelegt; Standard: #constant
blendSource		wie blendSourceList[1], das heißt, hiermit wird die Mischung nur für die **erste** Texturebene des Shaders festgelegt; Standard: #constant
wrapTransformList	transform (50.0000,0.0000,0.0000,0.0000, 0.0000,50.0000,0.0000,0.0000, 0.0000,0.0000,50.0000,0.0000, 0.0000,0.0000,0.0000,1.0000)	Transformation zur Erzeugung der UV-Texturkoordinaten für alle Texturebenen eines Shaders; damit wird die Ausrichtung, der Abstand und die Skalierung für das 3D-Modell bestimmt, wirkt sich nur aus, wenn textureModeList auf #wrapPlanar, #wrapSpherical oder #wrapCylindrical gesetzt ist

<table>
<tr><th>Eigenschaft</th><th>Werte</th><th>Beschreibung</th></tr>
<tr><td>wrapTransformList[index]</td><td rowspan="2">transform
(50.0000,0.0000,0.0000,0.0000,
0.0000,50.0000,0.0000,0.0000,
0.0000,0.0000,50.0000,0.0000,
0.0000,0.0000,0.0000,1.0000)</td><td>wie wrapTransformList, allerdings wird hier nur die Transformation für die durch index bezeichnete Texturebene angesprochen</td></tr>
<tr><td>wrapTransform</td><td>wie wrapTransformList[1], das heißt, hiermit wird nur die Transformation für die erste Texturebene angesprochen</td></tr>
<tr><td>renderStyle</td><td>#fill - Flächen gerendert
#wire - nur Gitternetz
#point - Punktdarstellung</td><td>Render-Style des Shaders, Standard: #fill; #wire und #point werden nur angezeigt, wenn der aktive Renderer nicht auf #software steht, s. S. 400</td></tr>
</table>

5.5.4.7 Rendering-Einstellungen

Sie haben verschiedene Möglichkeiten auf das Rendering, das heißt die Darstellung der 3D-Modelle, Einfluss zu nehmen. Zunächst einmal stehen verschiedene Renderer in Director zur Verfügung. Unter Windows sind dies:

- DirectX 5.2
- DirectX 7.0
- OpenGL
- Software

Und unter Macintosh:

- OpenGL
- Software

Standardmäßig stellt Director den optimalen Renderer auf dem jeweiligen Rechner automatisch ein. Der langsamste Renderer ist der Software-Renderer, da hierbei keine Hardware-Unterstützung durch die Grafikkarte erfolgt. Dafür ist dieser Renderer auf allen Systemen verfügbar. Welche der oben genannten Renderer auf dem konkreten Rechner nutzbar sind, ist von dessen Hardware und Treiberausstattung abhängig.

Um die verfügbaren Renderer auf einem System zu ermitteln, lässt sich die Eigenschaft `rendererDeviceList` des „Shockwave3Dasset"-Xtras nutzen. Geben Sie dafür den folgenden Befehl im Nachrichtenfenster ein:

```
put getRendererServices().rendererDeviceList
```

dann erhalten Sie etwa die folgende Ausgabe:

```
-- [#openGL, #directX5_2, #directX7_0, #software]
```

Das heißt auf diesem Rechner sind der OpenGL- und der Software-Renderer verfügbar. Wollen Sie selbst festlegen, welcher Renderer verwendet werden soll, und dies nicht Director überlassen, so können Sie dies durch den Lingo-Befehl:

```
getRendererServices().renderer = #openGL
```

oder im Eigenschafteninspektor unter dem Register „Film“ einstellen:

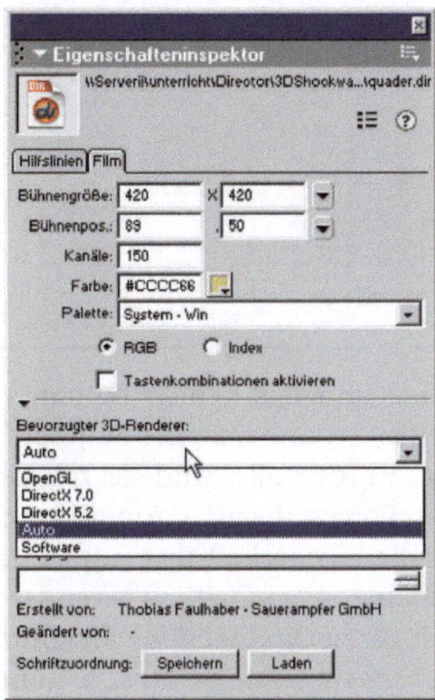

Abb. 5-67: Eigenschafteninspektor zur Einstellung des aktiven Renderers

Ob der eingestellte Renderer wirklich verwendet wird, hängt davon ab, ob er auf dem jeweiligen System verfügbar ist. Das können Sie zum einen im Eigenschafteninspektor unter *Aktiver Renderer* ablesen. Dort wird immer der aktuell verwendete Renderer angezeigt. Zum anderen lässt sich der verwendete Renderer auch mit Lingo ermitteln:

```
put getRendererServices().renderer  -- aktiven Renderer anzeigen
```

Die Renderer DirectX 5.2 und DirectX 7.0 sind nur auf Windows-Rechnern ab Version Win95 verfügbar, nicht aber auf Windows NT! Außerdem ist die DirectX-Unterstützung von der installierten DirectX-Version, der Grafikkarte und deren Treibern abhängig.

Um die aktuelle DirectX-Unterstützung eines Windows-Systems zu ermitteln, nutzen Sie das DirectX-Diagnoseprogramm; es gehört bei Windows mit zum Lieferumfang. Sie können das Programm (Dxdiag.exe) direkt aus dem Systemverzeichnis von Windows starten oder über *Start / Programme / Zubehör / Systemprogramme / Systeminformationen* „Microsoft Systeminfo“ aufrufen und über den Menüpunkt *Extras* das „DirectX-Diagnoseprogramm“ starten. Dort finden Sie unter dem Register *System* u.a. die installierte DirectX-Version und unter *Anzeige* die verfügbaren DirectX-Funktionen:

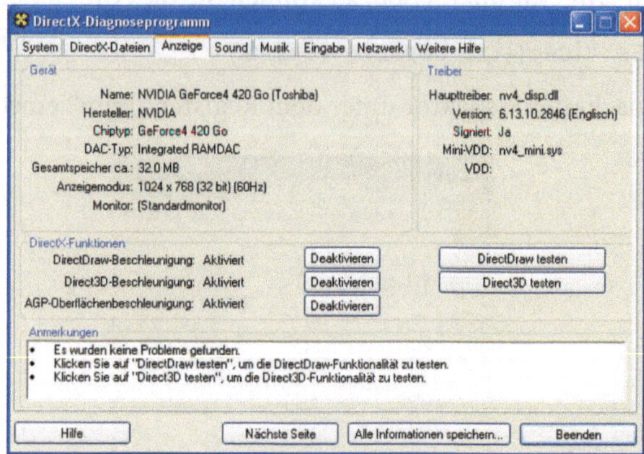

Abb. 5-68: Diagnoseprogramm unter Windows zur Ermittlung der verfügbaren DirectX-Funktionen und Version (Register „System“)

Zwei weitere Einstellungen für das Rendering von 3D-Modellen betreffen die Eigenschaften `renderStyle` und `flat` des Standard-Shaders. Normalerweise, d.h. per Voreinstellung, werden alle Modelle mit Gouraud-Schattierung dargestellt, dabei wird jede Polygonfläche einzeln berechnet. Für eine schnellere Darstellung können Sie die Eigenschaft `flat` auf `TRUE` setzen. Dadurch werden alle Flächen eines Polygonnetzes einheitlich gerendert. Aber natürlich führt das meist auch zu einer geringeren Qualität der Darstellung.

Mit der Shader-Eigenschaft `renderStyle` können Sie festlegen, ob die Modellflächen gerendert (Standard), nur das Gitternetz angezeigt oder ob nur die Scheitelpunkte (Vertices) dargestellt werden sollen. Dafür stehen entsprechend drei Angaben zur Verfügung:

`#fill` – Flächen werden gerendert
`#wire` – Gitternetz-Darstellung
`#point` – Scheitelpunkt-Darstellung

Soll z.B. nur das Gitternetz von einem Modell angezeigt werden, kann das mit dem folgenden Befehl erreicht werden:

```
myShadr.renderStyle = #wire
```

Achten Sie auch bei der Verwendung von `renderStyle` darauf, dass der aktive Renderer nicht auf `#software` gesetzt ist (s. S. 399), da `#wire` und `#point` nur bei der Verwendung eines Hardware-Renderers wirksam werden!

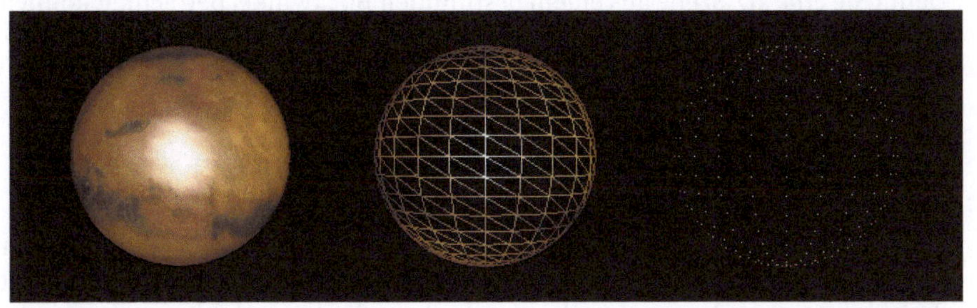

Abb. 5-69: Modell gerendert (links), als Gitternetz (Mitte) und nur durch seine Scheitelpunkte (Vertices) dargestellt

5.5.4.8 Kamera

Damit Sie in einer 3D-Szene überhaupt etwas sehen können, benötigen Sie u.a. mindestens eine Kamera. Bei der Erstellung einer 3D-Szene (s. S. 376) wird deshalb schon automatisch eine Kamera („DefaultView") mit erzeugt.

Um einen anderen Blickwinkel in einer 3D-Szene zu erhalten, können Sie diese Kamera in der Szene bewegen (s.u.) oder mehrere Kameras erstellen und zwischen diesen dann umschalten (s. S. 402).

Mit der Methode `newCamera()` erstellen Sie eine neue Kamera, z.B.:

```
camRef = g3d.newCamera("myCamera") -- erzeugt eine neue Kamera
```

Eine neue Kamera wird, wie jedes andere neu erstellte 3D-Objekt, immer im Mittelpunkt (Koordinatenursprung) der 3D-Szene erzeugt. Dabei blickt die Kamera in negativer Richtung entlang der Z-Achse der 3D-Szene. Das heißt, eine neu erzeugte Kamera blickt standardmäßig immer vom Koordinatenursprung der Szene in Richtung Hintergrund.

Der einzige Parameter, der bei der Erstellung einer Kamera angegeben wird, ist deren Name. Für die weiteren kameraspezifischen Einstellungen müssen Sie die entsprechende Kamera-Eigenschaft ändern. Die allgemeine Syntax dafür lautet:

```
camRef.eigenschaft = wert
```

Um z.B. die Kamera-Projektion auf eine orthogonale (rechtwinklige) Wiedergabe einzustellen, schreiben Sie:

```
camRef.projektion = #orthographic
```

In der Tabelle auf Seite 406 finden Sie die verfügbaren Kamera-Eigenschaften und deren mögliche Werte zusammengefasst.

Kamera positionieren und ausrichten

Damit Sie eine 3D-Szene aus einem bestimmten Blickwinkel betrachten können, müssen Sie die enthaltenen Kameras entsprechend positionieren und ausrichten. Dafür können Sie die beiden Methoden `translate()` und `rotate()` des Kamera-Objektes nutzen, z.B.:

```
member("szene").camera(1).translate(3,10,0) -- Kamera verschieben
member("szene").camera(1).rotate(35,0,0)    -- Kamera drehen
```

Die drei Parameter von `translate()` geben an, um wie viele Welteinheiten die Kamera auf der X-, Y- und Z-Achse verschoben werden soll. Im Beispiel also drei Einheiten nach rechts und 10 nach oben. Sie können hier auch negative Werte angeben, dann wird die Kamera in die entgegengesetzte Richtung bewegt.

Bei `rotate()` geben die drei Parameter den Winkel in Grad an, um den die Kamera um die X-, Y- und Z-Achse gedreht werden soll. Auch hier können negative Werte verwendet werden, wodurch sich dann die Drehrichtung ändert.

Um ein bestimmtes Objekt in den Blickwinkel der Kamera zu bekommen, können Sie jetzt durch Probieren die richtigen Parameter für `translate()` und `rotate()` ermitteln oder mit Hilfe entsprechender Matrizen-Operationen berechnen. Es geht aber zum Glück auch einfacher, indem Sie die Methode `pointAt(`*`zielObjekt`*`)` verwenden, die die Kamera auf das angegebene Objekt ausrichtet, z.B.:

```
member("szene").camera(1).pointAt(mod1)     -- Kamera ausrichten
```

In dem Beispiel ist `mod1` die Referenz auf ein 3D-Objekt, auf das die Kamera 1 des 3D-Darstellers `szene` ausgerichtet werden soll.

Außer den genannten Methoden gibt es noch weitere Möglichkeiten Kameras zu positionieren, verschieben und drehen. Da aber alle Befehle auch für alle anderen 3D-Objekte gelten, werden wir uns damit in einem gesonderten Abschnitt ab Seite 419 näher befassen.

Umschalten zwischen Kameras

Wenn Sie einen 3D-Darsteller aus der Besetzung auf die Bühne bzw. in das Drehbuch ziehen, zeigt das so erzeugte Sprite standardmäßig die erste Kamera des 3D-Darstellers an. Unabhängig davon, ob Sie bereits mit `newCamera()` weitere Kameras (s.o.) im 3D-Darsteller erzeugt haben. Um die Sicht einer anderen Kamera zu erhalten, müssen Sie diese der Spriteeigenschaft `camera` zuweisen.

Im folgenden Beispiel wird eine neue Kamera mit der Referenz `camRef` erstellt und anschließend 350 Einheiten nach oben bewegt sowie um 90 Grad nach vorn geschwenkt, so dass die Kamera von oben auf einen zuvor erzeugten Kegel blickt. Zum Schluss wird die neue Kamera mittels ihrer Referenz `camRef` der Spriteeigenschaft `camera` zugewiesen.

Um das unten abgebildete Verhaltensskript auszuprobieren, erzeugen Sie in einem neuen Directorfilm über das Menü *Einfügen / Mediaelement / Shockwave 3D* einen 3D-Darsteller mit der Bezeichnung `szene`, ziehen diesen aus der Besetzung in das Drehbuch und weisen ihm das Skript zu. Wenn Sie dann den Directorfilm starten, sollten Sie den Kegel von oben sehen. Ein komplettes Beispiel, bei dem Sie mittels Tastatur zwischen Kameras umschalten können, finden Sie ab Seite 427.

```
on beginSprite me
  g3d = member("szene")  -- Referenz auf den 3D-Darsteller "szene"
  g3d.resetWorld()       -- 3D-Welt in den Ausgangszustand setzen

  -- create a sphere
  res1 = g3d.newModelResource("kegel", #cylinder)
  res1.topRadius = 0     -- Radius der Zylinderoberseite
  mod1 = g3d.newModel("sphere1", res1)

  -- erzeugt eine neue Kamera
  camRef = g3d.newCamera("myCamera")

  -- neue Kameraposition
  camRef.translate(0,350,0) -- 350 Einheiten nach oben
  camRef.rotate(-90,0,0)    -- 90 Grad nach vorn kippen
  sprite(me.spriteNum).camera = camRef
end
```

Auf diese Weise können Sie bei einem Sprite nicht nur zwischen den Kameras des zugehörigen Darstellers umschalten. Auch Kameras anderer 3D-Darsteller lassen sich so durch ein und dasselbe Sprite anzeigen. Dafür muss nur eine entsprechende Referenz der Kamera des 3D-Darstellers angegeben werden. Soll z.B. das Sprite, dem das obige Skript zugewiesen wurde, die Kamera 1 eines 3D-Darstellers mit der Bezeichnung `quader` anzeigen, so tauschen Sie den letzten Befehl im Skript gegen die folgende Anweisung aus:

```
sprite(me.spriteNum).camera = member("quader").camera(1)
```

Multiple Kamerasichten

Eine interessante Möglichkeit in 3D-Szenen ist der zu rendernde Bereich eines Sprites. Normalerweise wird immer das gesamte Sprite gerendert. Es ist aber auch möglich, mit der Eigenschaft `rect` der Spritekamera einen rechteckigen Teilbereich vorzugeben, in den eine Kamerasicht gerendert werden soll. Damit ist es möglich, mehrere Kamerasichten gleichzeitig in einem Sprite darzustellen. Beispielsweise ließe sich so der Rückspiegel in einem Autorennen realisieren.

Zu beachten ist dabei, dass, wenn es sich nicht um die Standardkamera handelt, erst die Kamera dem Sprite mit der Methode `addCamera()` hinzugefügt werden muss, bevor ihr mit `rect` ein Teilbereich zugewiesen werden kann, z.B.:

```
sprite(1).addCamera(camRef, 2)
sprite(1).camera(2).rect = rect(25,25,100,150)
```

Der erste Befehl fügt Sprite 1 eine zuvor im 3D-Darsteller erzeugte Kamera mit der Referenz `camRef` an Position 2 der Sprite-Kameraliste hinzu. An Position 1 befindet sich automatisch die Standardkamera der 3D-Szene. Der zweite Befehl weist der hinzugefügten Kamera einen rechteckigen Teilbereich zu, in dem sie ihre Sicht auf die 3D-Szene darstellen soll.

Um das einmal auszuprobieren, können Sie die beiden obigen Befehle gegen den letzten Befehl des vorherigen Beispiels auf Seite 402 austauschen. Dadurch wird nicht auf die zweite Kamera umgeschaltet, sondern diese als Teilbereich in der Sicht von Kamera 1 eingeblendet:

Abb. 5-70: Gleichzeitige Darstellung von zwei Kamerasichten in einem Sprite

Die Standardkamera zeigt die Hauptsicht, den Kegel in der Mitte. Die zweite Kamera zeigt links im Bild denselben Kegel aus der Draufsicht im vorgegebenen Teilbereich des Sprites.

Renderbereich von Kameras

Das bedeutet zum einen, ab welcher Position auf der Z-Achse der Kamera Objekte dargestellt werden. Verantwortlich dafür ist die Kamera-Eigenschaft `hither`, die standardmäßig auf 1.0 gesetzt ist. Das heißt, alle Objekte, die sich näher als eine Welteinheit an der Kamera befinden, werden von ihr nicht angezeigt.

Zum anderen lässt sich mit der Kamera-Eigenschaft `yon` festgelegen, wie weit ein Objekt von der Kamera maximal entfernt sein darf, damit es noch gerendert, sprich dargestellt, wird. Standardmäßig ist `yon` auf 3.40282346638529e38 gesetzt.

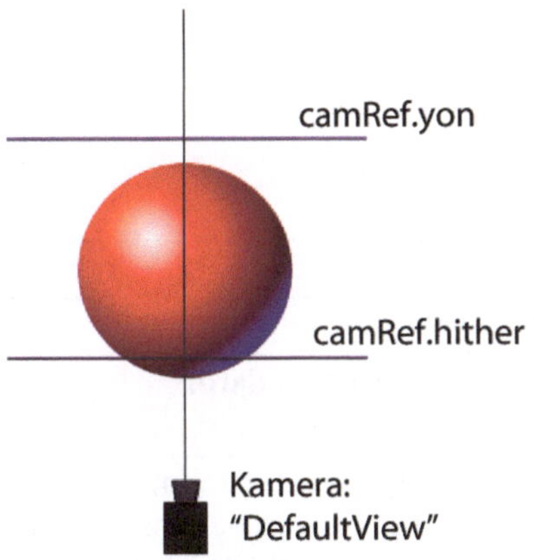

Abb. 5-71: Renderbereich der Kamera, links – schematisch, rechts – Modell auf der Bühne

Die linke Abbildung zeigt schematisch die Anordnung der Standardkamera, eines 3D-Objektes (Kugel) und der beiden Ebenen, die den sichtbaren Bereich der Kamera entlang ihrer Z-Achse definieren. In der rechten Abbildung ist die Sicht der Standardkamera zu sehen. Da der sichtbare Bereich für die Kamera erst innerhalb der Kugel beginnt, wird die Kugel vorn abgeschnitten dargestellt. Erreicht wurde dies, indem der Kamera-Eigenschaft `hither` der Wert `230` mit dem folgenden Befehl zugewiesen wurde:

```
g3d.camera("defaultView").hither = 230
```

Sinnvoll nutzen kann man z.B. `yon` um den Rechner zu entlasten, indem man 3D-Modelle, die sehr weit im Hintergrund sind, nicht mehr darstellen lässt. Dies gilt insbesondere für animierte 3D-Szenen. Was „weit im Hintergrund" konkret bedeutet, hängt dabei von der jeweiligen Szene ab.

Mit `hither` ließe sich z.B. eine dynamische Änderung einer Querschnittansicht eines 3D-Modells realisieren, in dem man hither kontinuierlich erhöht oder erniedrigt, je nachdem ob man den Querschnitt durch das Modell in Richtung Hinter- oder Vordergrund ändern möchte.

5.5.4.9 Eigenschaften von Kameras

Die folgende Tabelle gibt einen Überblick aller kameraspezifischen Eigenschaften von 3D-Objekten in Director. Die Eigenschaften können über den Namen der jeweiligen Kamera bzw. eine entsprechende Referenz angesprochen werden:

```
camRef = member("3d").newCamera("name")
member("3d").camera("name").eigenschaft = wert -- Name der Kamera
member("3d").camRef.eigenschaft = wert         -- Referenz auf Kamera
```

Wobei `wert` den neuen Wert der angegebenen Eigenschaft beinhaltet. Außerdem lässt sich eine Kamera auch über das Sprite, dem sie zugewiesen wurde (s. S. 404) ansprechen, z.B.:

```
sprite(1).camera(index).eigenschaft = wert
```

Kamera-Eigenschaften

Eigenschaft	Werte	Beschreibung
name	Zeichenkette	Name der Kamera
projection	#perspective - perspektivisch #orthographic - orthogonal	Kamera-Projektionsart; Standard: #perspective
pointAtOrientation	[*positionVector, worldUpVector*]	eine lineare Liste aus zwei Vektoren, der erste Vektor bestimmt die Vorwärts-, der zweite die Aufwärtsrichtung von 3D-Objekten, die Eigenschaft ist les- und schreibbar, s. auch S. 426
fieldOfView	Integer (Grad)	beide Eigenschaften sind gleichwertig und geben die vertikale Objektivöffnung an, wenn projection auf #perspective gesetzt ist; Standard: 30.0
projectionAngle		
orthoHeight	Integer (Einheiten)	vertikale Objektivöffnung, wenn projection auf #orthographic gesetzt ist; Standard: 200
rect	rect()	Bereich der Bühne in dem eine Kamerasicht gerendert wird; damit ist es möglich gleichzeitig mehrere Kamerasichten auf der Bühne darzustellen; standardmäßig wird immer die gesamte Spritegröße zur Darstellung der aktiven Kamera genutzt (s. S. 403)
yon	Gleitkommazahl	legt auf der Z-Achse der Kamera die Position der Ebene fest, nach der keine Modelle mehr gerendert werden, damit wird also die Blicktiefe der Kamera bestimmt bzw. eingeschränkt; Standard: 3.40282346638529e38
hither	Gleitkommazahl	legt den Punkt auf der Z-Achse der Kamera fest ab dem Modelle gerendert werden; Standard: 1.0

Eigenschaft	Werte	Beschreibung
colorBuffer. \ clearAtRender	TRUE – Bildspeicher löschen FALSE – Speicher nicht löschen	legt fest, ob der Bildspeicher bei jedem Rendervorgang gelöscht werden soll (TRUE) oder nicht (FALSE); Standard: TRUE
colorBuffer.clearValue	rgb(*rot*, *grün*, *blau*)	legt den RGB-Farbwert fest, mit dem der Bildspeicher bei jedem Rendervorgang gelöscht wird; Standard ist Schwarz: rgb(0, 0, 0)
rootNode	3D-Objekt	gibt das oberste 3D-Objekt (Node) an, ab dem Objekte einer 3D-Szene sichtbar sind, darüber liegende Objekte werden von der Kamera nicht angezeigt; Standard: group("World")
parent	3D-Objekt	gibt an und legt fest, welches 3D-Objekt in der Hierarchie direkt über der Kamera angeordnet ist; Standard: group("World")
child[*index*]	3D-Objekt	gibt an und legt fest, welches 3D-Objekt an der mit *index* bezeichneten Position in der Hierarchie der Kamera untergeordnet ist; befindet sich dort kein Objekt, beinhaltet child[*index*] VOID
child.count	Integer	gibt an, wie viele Objekte der Kamera in der Hierarchie untergeordnet sind; Standard: 0
worldPosition	vector()	gibt die x-, y- und z-Koordinaten eines 3D-Objektes bezogen auf das Koordinatensystem der 3D-Szene an, **nur** lesbar
userData	Eigenschaftsliste	enthält bei importierten 3D-Szenen oder geklonten Objekten (s. S. 436) Informationen zu den Objekten; diese Liste kann wie jede andere Liste in Director auch genutzt werden, so lassen sich z.B. mit addProp() eigene Elemente anfügen
Unterobjekte		
backdrop	kein direkter Zugriff möglich, weder lesend noch schreibend	Listenobjekt für Hintergrund-Bilder, s.u.
overlay		Listenobjekt für Überlagerungs-Bilder, s. S. 409
fog		Objekt der Nebeleigenschaften, s. S. 413

5.5.4.10 Kamera-Hintergrund – Backdrop

Shockwave 3D ermöglicht es auch, Hintergrundbilder auf der Projektionsebene von Kameras darzustellen. Dazu dienen die Methoden `insertBackdrop()` und `addBackdrop()` im Zusammmenhang mit der Liste `backdrop`, die alle Hintergründe für eine Kamera enthält.

Einen neuen Hintergrund weisen Sie einer Kamera mit der Methode `insertBackdrop()` zu, diese fügt die Textur in die Liste `backdrop` am angegebenen Index ein:

```
camRef.insertBackdrop(index, texRef, position, rotation)
```

Hierbei ist `camRef` die Referenz auf die entsprechende Kamera. Die Parameter der Methode `insertBackdrop()` haben folgende Bedeutung:

index	Position, an der die Textur in die Liste `backdrop` eingefügt wird
texRef	Referenz auf die einzufügende Textur
position	Offset (Versatz) der Textur auf der Projektionsebene, gemessen von der linken oberen Ecke (`point(0,0)`) in Pixel
rotation	Rotationswinkel der Textur auf der Projektionsebene in Grad

Alternativ können Sie auch die Methode `addBackdrop()` nutzen, die der Liste `backdrop` eine Textur am Ende hinzufügt:

```
camRef.addBackdrop(texRef, position, rotation)
```

Die Bedeutung der Parameter entsprechen denen der Methode `insertBackdrop()`.

Nur, wenn Sie der Liste `backdrop` bereits Elemente hinzugefügt haben, können Sie auch deren Eigenschaften `source`, `scale`, `loc`, `regPoint`, `rotation` und `blend` nutzen. Mit Hilfe dieser Eigenschaften können Sie die Texturen für den Hintergrund austauschen, skalieren, positionieren, rotiern und deren Opazität auf der Projektionsebene bestimmen.

Um z.B. die Textur an Position 1 der Liste `backdrop` zu ändern, schreiben Sie:

```
camRef.backdrop[1].source = texNeuRef
```

Der folgende Befehl positioniert den ersten Hintergrund der mit `camRef` referenzierten Kamera auf 15 Pixel vom linken und 10 Pixel vom oberen Rand der Projektionsebene:

```
camRef.backdrop[1].loc = point(15,10)
```

In der folgenden Tabelle finden Sie die verfügbaren Eigenschaften für den Hintergrund der Kamera `backdrop` und deren mögliche Werte zusammengefasst.

Eigenschaften des Kamera-Hintergrunds (backdrop)

Eigenschaft	**Werte**	**Beschreibung**
backdrop.count	Integer	gibt die Anzahl der zugewiesenen Texturen an
backdrop[*index*].source	texture("*name*")	Referenz der Textur, die auf der Projektionsebene der Kamera angezeigt werden soll
backdrop[*index*].scale	Integer (Einheiten)	Skalierung der mit *index* bezeichneten Textur auf der Kamera-Projektionsebene; Standard: 1.0
backdrop[*index*].loc	point(*links*, *oben*)	Positionierung der Textur von der linken, oberen Ecke der Kamerasicht (Projektionsebene) der Kamera in Pixel; Standard: point(0, 0)
backdrop[*index*].regPoint	point(*links*, *oben*)	Registrierungspunkt der Textur, wie loc, nur dass Angaben hier in entgegengesetzter Richtung wirken; Standard: point(0, 0)
backdrop[*index*].rotation	Integer (Grad)	Rotation für die Textur der Kamera-Projektionsebene; Standard: 0.0
backdrop[*index*].blend	Integer von 0 bis 100	Opazität für die Textur der Kamera-Projektionsebene; Standard: 100

Natürlich besteht auch die Möglichkeit Texturen aus der Liste `backdrop` wieder zu entfernen, dies erledigt die Methode `removeBackdrop()`. Sie entfernt die durch *`index`* angegebene Textur:

```
camRef.removeBackdrop(index)
```

Der Zugriff auf `backdrop` mit den üblichen Listenfunktionen von Lingo ist nicht möglich. Ein komplettes 3D-Beispiel, in dem u.a. `backdrop` genutzt wird, finden Sie ab Seite 427.

5.5.4.11 Kamera-Überlagerung – Overlay

Zusätzlich zum Kamera-Hintergrund kann eine 3D-Szene auch mit einer oder mehreren Texturen überlagert werden. Damit lässt sich u.a. Text im Vordergrund einer 3D-Szene einblenden. Auch können so Masken erzeugt werden, durch die die Kamera durchsieht, z.B. um den Blick durch ein Fernglas zu simulieren.

Zum Erzeugen von Überlagerungen (Overlays) dienen die Methoden `insert-Overlay()` und `addOverlay()` im Zusammenhang mit der Kamera-Liste `overlay`, die alle Überlagerungen einer Kamera enthält.

Eine neue Überlagerung weisen Sie einer Kamera mit der Methode `insert-Overlay()` zu, sie fügt die Textur in die Liste `overlay` am angegebenen Index ein:

```
camRef.insertOverlay(index, texRef, position, rotation)
```

Hierbei ist `camRef` die Referenz auf die entsprechende Kamera. Die Parameter der Methode `insertOverlay()` haben die folgende Bedeutung:

index	Position, an der die Textur in die Liste `overlay` eingefügt wird
texRef	Referenz auf die einzufügende Textur
position	Versatz der Textur bezogen auf die linke obere Ecke (`point(0,0)`) der Projektionsebene in Pixel
rotation	Rotationswinkel der Textur für die Überlagerung in Grad

Alternativ können Sie auch die Methode `addOverlay()` nutzen, die der Liste `overlay` eine Textur am Ende hinzufügt:

```
camRef.addOverlay(texRef, position, rotation)
```

Die Bedeutungen der Parameter entsprechen denen der Methode `insert-Overlay()`.

Um die eingefügten Texturen den jeweiligen Erfordernissen anzupassen, verfügt `overlay` über entsprechende Eigenschaften. Der folgende Befehl setzt z.B. die Textur an Position 1 der Liste `overlay` auf eine Opazität (Sichtbarkeit) von 60 Prozent:

```
camRef.overlay[1].blend = 60
```

Beachten Sie, dass nur auf die Eigenschaften der Elemente von `overlay` zugegriffen werden kann, die auch zuvor mit `insertOverlay()` oder `addOver-lay()` erzeugt wurden!

In der folgenden Tabelle finden Sie die Eigenschaften der Kamera-Überlagerung `overlay` und deren mögliche Werte.

Eigenschaften der Kamera-Überlagerung (overlay)

Eigenschaft	Werte	Beschreibung
overlay.count	Integer	gibt bei Kamera-Objekten die Anzahl der als Overlay zugewiesenen Texturen an **nur** lesbar
overlay[*index*].source	texture	Textur in der Überlagerungsliste der Kamera, an der durch *index* angegebenen Position
overlay[*index*].scale	Integer (Einheiten)	Skalierung der mit *index* bezeichneten Textur für die Kamera-Überlagerung; Standard: 1.0

Eigenschaft	Werte	Beschreibung
overlay[*index*].loc	point(*links*, *oben*)	Positionierung der Textur von der linken, oberen Ecke der Projektionsebene der Kamera in Pixel; Standard: point(0, 0)
overlay[*index*].regPoint	point(*links*, *oben*)	gibt den Registrierungspunkt für die als Überlagerung zugewiesene Textur in Pixel an, bezogen auf die linke, obere Ecke der Kamerasicht (Projektionsebene); Standard: point(0, 0)
overlay[*index*].rotation	Integer (Grad)	Rotation für die Textur der Kamera-Überlagerung; Standard: 0.0
overlay[*index*].blend	Integer von 0 bis 100	Opazität für die Textur der Kamera-Überlagerung; Standard: 100

Soll aus der Liste `overlay` eine zugewiesene Textur wieder entfernt werden, nutzen Sie dafür die Methode `removeOverlay()`. Sie entfernt die durch *`index`* angegebene Textur:

```
camRef.removeOverlay(index)
```

Der Zugriff auf `overlay` mit den üblichen Listenfunktionen von Lingo ist nicht möglich. Ein komplettes Beispiel, bei dem `overlay` genutzt wird um Tooltips für 3D-Modelle anzuzeigen, finden Sie ab Seite 439.

5.5.4.12 Kamera-Nebel – Fog

Nebel wird ebenfalls über das Kamera-Objekt realisiert und wirkt nur auf 3D-Objekte, nicht aber auf Overlay und Backdrop. Der Nebel ist eigentlich eine Simulation von Dunst, der in x- und y-Richtung gleichmäßig verteilt ist und in z-Richtung auf die Kamera abnimmt. Für wabernde Nebelschwaden ist diese Eigenschaft also nicht geeignet. Dafür bietet sich eher an, eine entsprechende Textur mit Overlay und Backdrop einzubinden.

Für den Kamera-Nebel gibt es insgesamt fünf Eigenschaften. Um Nebel überhaupt simulieren zu können, muss zunächst die Eigenschaft `enabled` auf `TRUE` gesetzt werden, da sie standardmäßig auf `FALSE` steht. Nun kann über die Eigenschaften `near` und `far` Anfang und Ende des Nebels, bezogen auf den Standort der Kamera, in Einheiten der 3D-Welt angeben werden. Die Farbe des Nebels wird mit `color` bestimmt. Standardmäßig ist `color` auf Schwarz eingestellt.

Bleibt noch die Eigenschaft `decayMode`. Mit ihr können Sie angeben, wie der Nebel in Richtung Kamera abnimmt. Mögliche Werte sind `#linear`, `#exponential` (Standard) und `#exponential2`. Dabei gilt zu beachten, dass die

Nebel-Eigenschaft `near` sowohl bei `#exponential` als auch bei `#exponential2` ignoriert wird!

Die Stärke des Nebels lässt sich nicht direkt angeben. Dies können Sie nur indirekt durch die Eigenschaften `near`, `far` und `decayMode`. Bei `far` ist der Sättigungspunkt des Nebels, der zu `near` hin in Abhängigkeit von `declayMode` abnimmt.

Das folgende Verhaltensskript erstellt einen Quader in der 3D-Welt `szene` und schaltet für die Standardkamera den Nebel ein:

```
on beginSprite me
  g3d = member("szene") -- Referenz auf den 3D-Darsteller "szene"
  g3d.resetWorld()      -- 3D-Welt in den Ausgangszustand setzen

  -- einen Quader erzeugen
  res = g3d.newModelResource("myRes", #box)
  quader = g3d.newModel("myModel", res)

  -- Modell drehen
  quader.rotate(45, -45, 45)

  camRef = g3d.camera("DefaultView")  -- Kamera-Referenz
  camRef.fog.enabled = TRUE           -- Nebel einschalten
  camRef.fog.color = rgb(255,255,255) -- Nebel-Farbe Weiß
  camRef.fog.far = 1200               -- Beginn des Nebels
end
```

Die 3D-Welt für dieses Skript können Sie wieder über das Menü *Einfügen / Mediaelement / Shockwave 3D* erzeugen, indem Sie dort den Namen `szene` eintragen. Den so in der Besetzung neu angelegten Darsteller ziehen Sie in das Drehbuch und weisen ihm das obige Verhaltensskript zu. Wenn Sie dann den Directorfilm abspielen, sollte der Quader auf der Bühne milchig weiß erscheinen:

Abb. 5-72: Kamerasicht mit und ohne Nebel

Quader mit Nebel

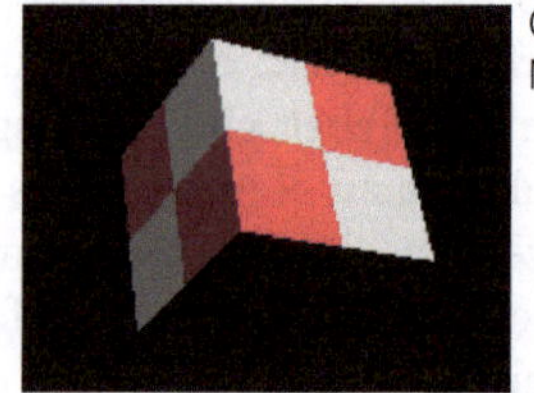
Quader ohne Nebel

Wie gesagt, der Nebel wird nur auf 3D-Objekten simuliert, nicht aber auf der Kamera-Projektionsfläche. Soll diese auch als Nebel wirken, kann das entweder durch eine entsprechende Einstellung der Hintergrundfarbe erfolgen, z.B.:

```
g3d.bgColor = rgb(230, 230, 230)
```

Oder mit einer entsprechenden Textur als Backdrop für die Kamera:

```
camRef.insertBackdrop(1, texturRef, point(0,0), 0)
```

Um den Nebel-Effekt noch deutlicher zu zeigen, können Sie den Quader auch kontinuierlich aus dem Hintergrund in den Vordergund bewegen. Dabei kann man sehr schön beobachten, wie die Stärke des Nebels abnimmt. Ergänzen Sie dafür das obige Verhaltensskript mit dem folgenden Event-Handler:

```
on exitFrame me
  zPos = zPos + 2
  if zPos > 240 then zPos = -400
  quader.transform.position.z = zPos
end
```

Außerdem müssen Sie ganz zu Anfang des Skripts noch die beiden Variablen `quader` und `zPos` als Eigenschaften (property) des Skripts definieren:

```
property quader, zPos
```

Der Event-Handler `on exitFrame` zählt bei jedem Aufruf die Variable `zPos` um 2 hoch und setzt sie als z-Koordinate des Quaders. Wird der Wert von `zPos` größer als `240`, so wird `zPos` auf `-400` und damit der Quader ganz in den Hintergrund gesetzt. Von dort wird er durch die Erhöhung von `zPos` wieder nach vorn bewegt.

Nicht unbedingt notwendig, aber für einen sauberen Porgrammierstil anzuraten ist es, die Variable `zPos` im Event-Handler `on beginSprite` auf einen definierten Anfangswert, z.B. `-400`, zu setzen.

In der folgenden Tabelle finden Sie nochmals alle Nebel-Eigenschaften im Überblick:

Eigenschaften des Kamera-Nebels (fog)

Eigenschaft	Werte	Beschreibung
fog.enabled	TRUE – Nebel eingeschaltet FALSE – Nebel ausgeschaltet	bestimmt, ob Nebel simuliert wird (TRUE); Standard: FALSE
fog.near	Integer (Einheiten)	Abstand zwischen Kamera und Nebelanfang; Standard: 0.0
fog.far		Entfernung von der Kamera, in der der Nebel seine maximale Dichte erreicht; Standard: 1000
fog.color	rgb(*rot, grün, blau*)	Nebelfarbe; Standard: rgb(0, 0, 0)
fog.decayMode	#exponential, #exponential2, #linear	Verlauf der Nebelwand zwischen fog.near und fog.far (bei #exponential und #eponential2 wird fog.far ignoriert); Standard: #exponential

5.5.4.13 Methoden für Kameras

In der folgenden Tabelle wurden alle wichtigen Methoden für die Arbeit mit dem Kamera-Objekt zusammengefasst. Das heißt, es werden nicht nur Kamera-Methoden aufgeführt, sondern auch Methoden anderer Objekte, die für die Manipulation, Erstellung und Löschung von Kamera-Objekten verfügbar sind.

Methoden für 3D-Kameras

Methode	Beschreibung
newCamera()	Methode von 3D-Darstellern zur Erzeugung einer neuen Kamera, z.B.: camRef = member("3D-Welt").newCamera("myCamera") dabei ist camRef die Referenz auf die neue Kamera und "myCamera" ihr Name, über die die Kamera angesprochen werden kann: camRef **oder** member("3D-Welt").camera("myCamera")
addCamera()	Methode, mit der einem 3D-Sprite eine Kamera hinzugefügt werden kann, mit index wird dabei die Listenposition der neuen Kamera im Sprite angegeben, z.B.: sprite(1).addCamera(member("3D-Welt").camera("myCamera"), index)
cameraCount()	Methode von 3D-Sprites, gibt die Anzahl der zugewiesenen Kameras an, z.B.: put sprite(1).cameraCount() - - 4
deleteCamera()	Methode von 3D-Darstellern und 3D-Sprites um eine Kamera wieder zu löschen: member("3D-Welt").deleteCamera("myCamera") - - löscht Darsteller-Kamera sprite(1).deleteCamera("myCamera") - - löscht Sprite-Kamera
insertBackdrop()	weist dem Kamera-Objekt eine Textur als Hintergrund (Projektionsebene) zu, z.B.: camRef.insertBackdrop(index, texRef, position, rotation) index – Listenposition des Hintergrundes im Kamera-Objekt texRef – Referenz auf die zuzuweisende Textur für den Hintergrund position – Position der Textur auf der Projektionsebene der Kamera als Punktangabe, gemessen von der linken oberen Ecke; Standard: point(0, 0) rotation – Rotation der Textur auf der Projektionsebene in Grad; Standard: 0
addBackdrop()	wie insertBackdrop(), nur der Parameter index entfällt, da er automatisch festlegt wird: camRef.insertBackdrop(texRef, position, rotation)

Methode	Beschreibung
removeBackdrop()	Kamera-Methode zum Löschen eines zugewiesenen Hintergrundes, z.B.: camRef.removeBackdrop(index) **oder** member("3D-Welt").camera("myCamera").removeBackdrop(index)
insertOverlay()	weist dem Kamera-Objekt eine Textur als Überlagerung der 3D-Szene zu, z.B.: camRef.insertOverlay(index, texRef, position, rotation) index – Listenposition der Überlagerung im Kamera-Objekt texRef – Referenz auf die zuzuweisende Textur für die Überlagerung position – Position der Textur als Punktangabe, gemessen von der linken oberen Ecke des jeweiligen Sprites; Standard: point(0, 0) rotation – Rotation der Textur auf dem Sprite in Grad; Standard: 0
addOverlay()	wie insertOverlay(), nur der Parameter index entfällt, da er automatisch festlegt wird: camRef.insertOverlay(texRef, position, rotation)
removeOverlay()	Kamera-Methode zum Löschen einer zugewiesenen Überlagerung, z.B.: camRef.removeOverlay(index) **oder** member("3D-Welt").camera("myCamera").removeOverlay(index)
modelUnderLoc(*point*)	gibt für die Kamerasicht eine Referenz des ersten Models zurück, das sich an der durch *point* definierten Position befindet, *point* bezieht sich dabei auf die linke, obere Ecke der Kamerasicht (Projektionsebene) und wird in Pixeln angegeben; ein Beispiel für diese Methode finden Sie ab Seite 439, „Tooltips für 3D-Objekte"
modelsUnderLoc(*point*, \ *{anzahl, details}*)	entspricht modelUnderLoc, allerdings wird hier eine Liste aller Modelle an der durch *point* angegebenen Position zurückgegeben, optional können noch zwei weitere Parameter mit übergeben werden; der Parameter *anzahl* gibt an, wie viele Modelle an der Position maximal zurückgegeben werden, der Parameter *details* bestimmt, ob noch weitere Informationen zu diesem Objekt zurückgeliefert werden sollen, er kann entweder den Wert #simple oder #detailed haben; ein Beispiel hierfür finden Sie ab Seite 444, „3D-Menü mit Quader"
translate(*x*, *y*, *z*)	bewegt die Kamera und jedes andere 3D-Objekt um den Wert von *x*, *y* und *z* in Welteinheiten in die jeweilige Richtung, s. S. 422
rotate(*x*, *y*, *z*)	dreht die Kamera und jedes andere 3D-Objekt um die jeweilige Achse und den angegebenen Winkel in Grad, s. S. 422

Methode	Beschreibung
scale(*x*, *y*, *z*)	diese Methode existiert zwar auch für Kameras und mit ihr werden auch die angegebenen Werte in die Transformationsmatrix (s. S. 419) der Kamera geschrieben, aber auf die Darstellung bzw. Kamerasicht haben diese Werte **keine** Auswirkung
pointAt(*3D-Objekt*)	mit dieser Methode lassen sich 3D-Objekte, also auch Kameras, an dem angegebenen *3D-Objekt* ausrichten, s. S. 400
addChild(*3D-Objekt*)	fügt einem 3D-Objekt das angegebene *3D-Objekt* als Child hinzu
child(*name*)	liefert das mit *name* bezeichnete Child-Objekt zurück, z.B.: camRef1 = member("szene").camera("DefaultView") camRef2 = member("szene").newCamera("Kamera2") camRef1.addChild(camRef2) put camRef1.child("Kamera2") - - camera("Kamera2")
clone(*name*)	diese Methode erstellt eine Kopie von 3D-Objekten, also auch von Kameras, z.B.: camRef = member("szene").camera("DefaultView") camRef.clone("neuStandard") damit wird eine zweite Kamera erzeugt, die die aktuellen Eigenschaften der Standardkamera besitzt, s. auch S. 436
removeFromWorld()	mit dieser Methode wird ein 3D-Modell aus der Hierarchie der 3D-Szene entfernt und ist damit nicht mehr verfügbar, es wird aber **nicht** aus der 3D-Szene gelöscht, z.B.: camRef.removeFromWorld() dieselbe Wirkung hat es, die Parent-Eigenschaft des 3D-Objektes auf VOID zu setzen: camRef.parent = VOID
addToWorld()	fügt ein 3D-Objekt, das sich nicht in der Hierarchie der 3D-Szene befindet, dieser unterhalb von group("World"), s. S. 376, wieder hinzu, z.B.: camRef.addToWorld()

Methode	Beschreibung
isInWorld()	hiermit lässt sich testen, ob ein 3D-Objekt in der Hierarchie der 3D-Szene eingebunden ist oder aus ihr entfernt wurde, z.B.: put camRef.isInWorld() -- 1 ein Rückgabewert von 1 bedeutet, das 3D-Objekt befindet sich in der Hierarchie der 3D-Szene, bei einem Rückgabewert von 0 wurde es aus der Hierarchie entfernt

5.5.4.14 Licht

Neben einer Kamera ist Licht eine weitere Voraussetzung in einer 3D-Szene um etwas sehen zu können. Daher werden bei der Erstellung von 3D-Szenen mit Director gleich zwei Lichtquellen (s. S. 376) automatisch mit erzeugt, eine gerichtete `light("UIDirectional")` und eine ungerichtete `light("UIAmbient")`.

Zum Erzeugen einer weiteren Lichtquelle können Sie die Methode `newLight()` von 3D-Darstellern nutzen. Die allgemeine Syntax dafür lautet:

```
lightRef = member("darsteller").newLight("nameLicht", lichtart)
```

Mit *`lightRef`* wird eine Referenz auf die neue Lichtquelle erzeugt. Diese Angabe ist optional, kann also auch weggelassen werden. Für *`darsteller`* tragen Sie den Namen des betreffenden 3D-Darstellers in der Besetzung ein. Die Bezeichnung *`nameLicht`* ist ein frei wählbarer Name für die Lichtquelle. Er darf allerding **nicht** bereits für ein anderes 3D-Objekt dieses Darstellers vergeben sein! Der zweite Parameter in `newLight()` – *`lichtart`*, gibt die Lichtart der neu zu erstellenden Lichtquelle an. Insgesamt stehen in Director vier verschiedene Lichtarten zur Verfügung:

`#ambient`	Umgebungslicht
`#directional`	gerichtetes Licht
`#point`	Punktlicht
`#spot`	Spotlight

Soll z.B. ein Spotlight in dem 3D-Darsteller `szene` erzeugt werden, so sieht der Befehl dafür wie folgt aus:

```
l1 = member("szene").newLight("mySpot", #spot)
```

Die neue Lichtquelle `mySpot` wird, wie jedes andere 3D-Objekt auch, im Mittelpunkt (Koordinatenursprung) der 3D-Szene erzeugt. Um eine Lichtquelle zu verschieben, drehen oder auszurichten, können Sie alle Befehle, die wir bereits für Kameras besprochen haben (s. S. 402) nutzen. Ausführlich befassen wir uns mit der Bewegung, Positionierung, Rotation etc. von 3D-Objekten, wozu ja auch Lichtquellen zählen, ab S. 419.

Da bei einer neuen Lichtquelle nicht mehr als ihr Name und die Art der Lichtquelle angegeben werden kann, müssen die weiteren Einstellungen von Lichtquellen über ihre Eigenschaften (s. Tabelle) vorgenommen werden. Die jeweilige Lichtquelle kann dafür entweder über ihren Namen oder eine entsprechende Referenz angesprochen werden:

```
member("darsteller").light("nameLicht") = wert  -- Name des Lichts
lightRef.eigenschaft = wert                      -- Referenz auf Licht
```

Wobei `wert` den neu zuzuweisenden Wert für die angegebene Eigenschaft beinhaltet. In der folgenden Tabelle finden Sie alle lichtspezifischen Eigenschaften zusammengefasst.

Eigenschaften von Lichtquellen

Eigenschaft	Werte	Beschreibung
name	Zeichenkette	Name der Lichtquelle, z.B. "mySpot"
type	#ambient – Umgebungslicht #directional – gerichtetes Licht #point – Punktlicht #spot – Spotlight	Typ der Lichtquelle, les- und schreibbar
spotDecay	TRUE – Licht abnehmend FALSE – Licht konstant	bestimmt, ob die Lichtintensität mit zunehmender Entfernung abnimmt (TRUE) oder nicht (FALSE); Standard: FALSE
attenuation	vector(*konst*, *linear*, *quadratisch*)	gibt den konstanten, linearen und quadratischen Dämpfungsfaktor für Spot- und Punktlichter an; Standard: vector(1.0, 0.0, 0.0)
color	rgb(*rot*, *grün*, *blau*)	Farbe der Lichtquelle; Standard: rgb(191,191,191)
specular	TRUE – Glanzlicht ein FALSE – Glanzlicht aus	bestimmt, ob das Licht auf ein 3D-Modell an der Stelle, an der es zur Kamera hin reflektiert wird, ein Glanzpunkt simuliert wird; Standard: TRUE

Eigenschaft	Werte	Beschreibung
spotAngle	Gleitkommawert 0.0 bis 180.0	diese Eigenschaft ist nur wirksam, wenn type auf #spot gesetzt ist, sie gibt den Winkel des Lichtprojektionskegels bezogen auf die Z-Achse der Lichtquelle an, der Öffnungswinkel des Lichtkegels ist daher doppelt so groß wie der angegebene Wert; Standard: 90.0 (entspricht 180°)
userData	Eigenschaftsliste	enthält bei importierten 3D-Szenen oder geklonten Objekten (s. S. 436) Informationen zu den Objekten; diese Liste kann wie jede andere Liste in Director auch genutzt werden, so lassen sich z.B. mit addProp() eigene Elemente anfügen

5.5.4.15 Transformation – Bewegung von 3D-Objekten

Die Bewegung von 3D-Objekten (Modelle, Kameras, Lichter und Gruppen) errreichen Sie, indem Sie deren Transformation in der 3D-Szene ändern. Die Transformation ist eine 4×4-Matrix, die die Position, Drehung, Skalierung und den Koordinatenursprung eines 3D-Objektes festlegt. Mit der Eigenschaft `transform` von 3D-Objekten können Sie die aktuelle Transformation ermitteln und ändern.

Der folgende Befehl zeigt im Nachrichtenfenster die Transformation von dem mit `modRef` referenzierten 3D-Modell an. Das heißt, `modRef` muss sich auf ein konkretes Modell eines 3D-Darstellers in der Besetzung beziehen:

```
put modRef.transform
-- transform(1.00000,0.00000,0.00000,0.00000,
             0.00000,1.00000,0.00000,0.00000,
             0.00000,0.00000,1.00000,0.00000,
             0.00000,0.00000,0.00000,1.00000)
```

Zum Glück müssen wir nicht direkt auf die Transformationsmatrix zugreifen um ein 3D-Objekt zu positionieren, zu drehen oder zu skalieren, dafür stehen die Eigenschaften `position`, `rotation` und `scale` zur Verfügung. Geben Sie die folgenden Angaben im Nachrichtenfenster ein, erhalten Sie die aktuellen Werte für das entsprechende Objekt angezeigt:

```
put modRef.transform.position
-- vector(0.0000, 0.0000, 0.0000)
put modRef.transform.rotation
-- vector(0.0000, 0.0000, 0.0000)
put modRef.transform.scale
-- vector(1.0000, 1.0000, 1.0000)
```

Um die Transformations-Einstellungen zu ändern, stehen grundsätzlich zwei Möglichkeiten zur Verfügung: die relative und die absolute Änderung. Bei der relativen Änderung werden die aktuellen Einstellungen **um** den angegebenen Wert geändert, bei der absoluten Änderung hingegen **auf** den angegebenen Wert gesetzt. Bevor wir uns dies aber genauer ansehen können, müssen wir uns zuvor mit den Positionsangaben in einer 3D-Welt befassen.

Koordinatensysteme

Wenn Sie ein 3D-Objekt in seiner Position, Ausrichtung, Skalierung oder anderweitig in seiner Transformation ändern wollen, benötigen Sie dafür u.a. ein Bezugssystem, das es Ihnen ermöglicht eine bestimmte Position anzugeben, auf die z.B. ein Objekt bewegt werden soll. Ein solches Bezugssystem wird auch als Koordinatensystem bezeichnet.

Shockwave 3D verwendet nur kartesische Koordinatensysteme, bei denen die einzelnen Achsen senkrecht aufeinander stehen. Ein solches Koordinatensystem besitzt drei Achsen, die mit X, Y und Z bezeichnet werden. Der Punkt, in dem sich alle drei Achsen kreuzen, nennt man *Koordinatenursprung*. Jeder 3D-Darsteller besitzt ein so genanntes *Weltkoordinatensystem*, dessen Ursprung sich im Mittelpunkt des Darstellers befindet:

Abb. 5-73: Weltkoordinatensystem eines 3D-Darstellers in Director mit Angabe eines Vektors

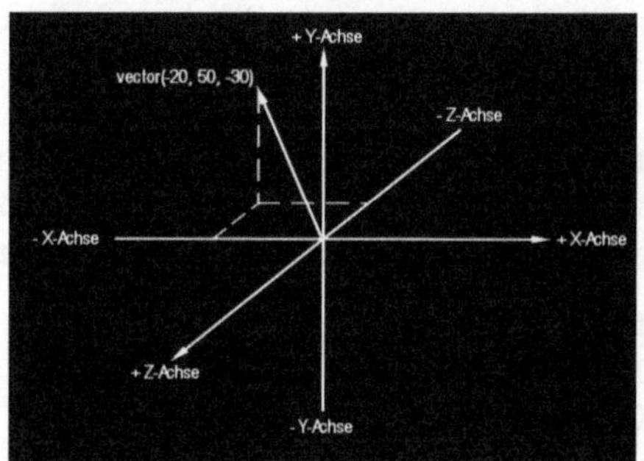

Wie Sie aus der Abbildung erkennen können, wird in Director die senkrechte Achse mit Y, die waagerechte mit X und die Achse für die dritte Dimension mit Z bezeichnet. Diese Zuordnung ist nicht zwingend notwendig und in einigen 3D-Programmen auch abweichend zur obigen Abbildung definiert.

Zu beachten ist auch, in welche Richtung der positive und negative Teil der einzelnen Achsen zeigt. Denn davon ist es abhängig, ob sich ein Objekt z.B. beim Verschieben nach oben oder unten bewegt. Negative Werte für die Y-Achse würden es nach unten, positive nach oben bewegen.

Um eine bestimmte Position in einem 3D-Darsteller zu beschreiben, können wir nun dieses Koordinatensystem nutzen. Die Positionsangabe erfolgt dabei als Vektor mit den drei Koordinaten für die X-, Y- und Z-Achse. Dies ist in Director ein eigener Datentyp, der mit Hilfe der Funktion `vector()` erzeugt werden kann, z.B.:

```
vector(-20, 50, -30) -- X-, Y-, und, Z-Koordinaten
```

Die Angabe beschreibt einen Punkt, der sich vom Koordinatenursprung −20 Einheiten in X-, 50 Einheiten in Y- und −30 Einheiten in Z-Richtung befindet, wie dies die obige Abb. zeigt.

Einheiten sind dabei ein relatives Maß und haben nichts mit Pixel, Punkt, Zentimeter etc. zu tun, sondern beschreiben nur die relativen Verhältnisse in einer 3D-Welt. Das heißt, wenn Sie einen Quader und einen Zylinder mit einer Höhe von je 60 Einheiten erzeugen, dann sind beide Objekte gleich hoch. Und wenn sie sich auch noch in gleicher Entfernung zur Kamera befinden, erscheinen sie auch gleich hoch.

Neben jeder 3D-Welt besitzt auch jedes 3D-Objekt (Modelle, Kameras, Lichter und Gruppen) ein eigenes Koordinatensystem. Wurde das jeweilige Objekt noch nicht bewegt oder besser gesagt seine Transformation noch nicht geändert, so ist das Koordinatensystem des Objektes identisch mit dem der 3D-Welt. Das heißt, jedes neue 3D-Objekt wird im Koordinatenursprung der 3D-Welt mit identischer Ausrichtung erzeugt.

Absolute Bewegung

Soll die Transformation eines 3D-Objektes auf einen neuen Wert gesetzt werden, so erfolgt die Zuweisung der X-, Y- und Z-Koordinaten als Vektor bzw. mittels der Funktion `vector()`. Im folgenden Beispiel wird die Position, Drehung und Skalierung des mit `modRef` referenzierten 3D-Modells **auf** die angegebenen Werte gesetzt:

```
modRef.transform.position = vector(0.0, 2.0, 0.0) -- Position
modRef.transform.rotation = vector(1.0, 0.0, 0.0) -- Drehung
modRef.transform.scale = vector(1.0, 1.0, 1.5)    -- Skalierung
```

Die Angaben in der Funktion `vector()` erfolgen bei `position` in Einheiten, bei `scale` als Faktor bezogen auf die Originalgröße des Objektes und bei `rotation` in Grad. Die Grundeinstellungen eines neu erzeugten Objektes sind bei `position` und `rotation` für alle Achsen `0.0` sowie `1.0` bei `scale`.

Relative Bewegung

In der Praxis ist aber meist eine relative Änderung der Transformation gefragt. Natürlich lässt sich das auch mit den obigen Befehlen erreichen, indem man erst die aktuelle Transformation ermittelt und diese dann um einen bestimmten Wert ändert. Das ist die übliche Vorgehensweise bei 2D-Animationen. Aber schon allein aus Performance-Gründen sollten Sie dies bei 3D-Animationen vermeiden. Da jede Ermittlung der aktuellen Transformation intern umfangreiche Matrizen-Berechnungen erfordert, würde der Rechner so unnötig stark beansprucht. Nutzen Sie statt dessen besser die Methoden `translate()`, `rotate()` und `scale()`, die speziell für eine relative Bewegung von 3D-Objekten optimiert wurden.

Die folgenden Befehle ändern die Position, Drehung und Skalierung des mit `modRef` referenzierten Objektes **um** die angegebenen Werte.

```
modRef.transform.translate(0.0, 2.0, 0.0) -- Verschiebung
modRef.transform.rotate(1.0, 0.0, 0.0)    -- Drehung
modRef.transform.scale(1.0, 1.0, 1.5)     -- Skalierung
```

Die jeweils drei Parameter der Methoden `translate()`, `rotate()` und `scale()` entsprechen den bei der absoluten Bewegung mit der Funktion `vector()` zugewiesenen Parametern, sind also die Angaben für die X-, Y- und Z-Achse. Standardmäßig wird dabei auf das **Parent-Koordinatensystem** Bezug genommen. Wurden in der Hierarchie der 3D-Welt noch keine Änderungen vorgenommen (s. S. 427), ist das Parent-Koordinatensystem identisch mit dem der 3D-Welt.

Bei der Methode `scale()` müssen Sie beachten, dass die Werte **nicht** zu den aktuellen Werten des 3D-Objektes addiert werden, wie bei `translate()` und `rotate()`, sondern multipliziert. So ergibt z.B. die Angabe von `1.5` eine Vergrößerung des Objektes **um** das 0,5fache, also um 50%. Die Angabe von `1.0` für eine Achse bedeutet **keine** Größenänderung des Objektes in dieser Ausrichtung. Der Wert `0` ist bei der Methode `scale()` nicht zulässig und würde zu einem Skriptfehler führen!

Bezugs-Koordinatensystem

Sollen sich die Angaben hingegen auf das **Koordinatensystem des Objektes** selbst beziehen, so wenden Sie die obigen Methoden direkt auf das Modell an und nicht über `transform`:

```
modRef.translate(0.0, 2.0, 0.0) -- Verschiebung zur eigenen Y-Achse
modRef.rotate(1.0, 0.0, 0.0)    -- Drehung um eigene X-Achse
modRef.scale(1.0, 1.0, 1.5)     -- Skalierung zur eigenen Z-Achse
```

Um auch auf andere als das Parent- oder eigene Koordinatensystem Bezug nehmen zu können, kann optional ein vierter Parameter mit den folgenden Werten übergeben werden:

`#self` – das modelleigene Koordinatensystem (Standard)
`#parent` – das Parent-Koordinatensystem
`#world` – das Welt-Koordinatensystem
`objRef` – Koordinatensystem des angegebenen Objektes

Als *objRef* wird hier die Referenz auf ein beliebiges anderes 3D-Objekt bezeichnet. Das kann ein 3D-Modell, eine Lichtquelle, eine Kamera oder eine Gruppe sein. Im folgenden Beispiel wird das mit `modRef1` referenzierte 3D-Modell zwei Einheiten auf der Y-Achse, bezogen auf das Koordinatensystem von Modell `modRef2`, verschoben:

```
modRef1.translate(0.0, 2.0, 0.0, modRef2)
```

Beachten Sie, dass die Angabe des Bezugs-Koordinatensystems nur in dieser Form erfolgen kann. Bei der Verwendung von `transform` ist die Angabe eines Bezugs-Koordinatensystems **nicht** zulässig, da sich `transform` immer auf das Parent-Koordinatensystem bezieht!

An Stelle der einzelnen Angabe der Werte für die X-, Y- und Z-Achse, können Sie in allen Methoden auch einen entsprechenden Vektor verwenden, z.B.:

```
myVector = vector(0.0, 2.0, 0.0)
modRef1.translate(myVektor, modRef2)
```

Beispiel: Bewegung eines Quaders

Zur Veranschaulichung der Bewegung von 3D-Objekten soll jetzt ein Quader erstellt und kontinuierlich um alle drei Achsen seines eigenen Koordinatensystems rotiert werden. Dafür können wir ein Frameskript verwenden, das den Quader im Event-Handler `on exitFrame` mit der Methode `rotate()` jeweils ein Grad um die X-, Y-, und Z-Achse dreht.

Das folgenden Skript setzt voraus, dass zuvor eine 3D-Szene mit dem Namen `szene`, z.B. über das Menü *Einfügen / Mediaelement / Shockwave 3D*, erstellt wurde (s. auch S. 427: „Beispiel: Eine komplette 3D-Szene“).

```
global modRef

on beginSprite me
  g3d = member("szene") -- Referenz auf den 3D-Darsteller "szene"
  g3d.resetWorld()      -- 3D-Welt in den Ausgangszustand setzen

  -- create a box
  resRef = g3d.newModelResource("quader", #box)
  modRef = g3d.newModel("box", resRef)
end

on exitFrame
  go to the frame
  modRef.rotate(1,1,1)    -- Befehl zur Rotation des Quaders
end
```

Statt `rotate` können Sie hier auch `translate` für eine gradlinige Bewegung oder `scale` für eine kontinuierliche Größenänderung einsetzen. Natürlich können Sie auch alle drei Eigenschaften kombinieren. Dafür schreiben Sie für jede Eigenschaft einen eigenen Befehl, z.B.:

```
modRef.rotate(0,1,1.5)     -- kontinuierliche Drehung
modRef.translate(0,2,0)    -- gradlinige Bewegung
modRef.scale(1,1.2,1)      -- kontinuierliche Skalierung
```

Für `modRef` lässt sich außer 3D-Modellen auch jedes andere 3D-Objekt einsetzen, also Lichtquellen, Kameras und Gruppen.

Beispiel: Rotation der Kamera um einen Quader

In diesem Beispiel werden wir nicht den Quader rotieren lassen, sondern die Kamera um den Quader. Dafür verwenden wir das letzte Skript und nehmen dort die notwendigen Änderungen vor. Zunächst ersetzen wir den Befehl für die Rotation des Quaders gegen den Befehl für die Kamerarotation:

```
g3d.camera("DefaultView").rotate(0,5,0)  -- Kamerarotation
```

Außerdem müssen wir zu Beginn des Skriptes die Referenz `g3d` auf die 3D-Szene noch als `global` definieren, damit sie auch im Event-Handler `on exitFrame` verfügbar ist:

```
global modRef, g3d
```

Lassen Sie nun den Directorfilm ablaufen, bewegt sich der Quader scheinbar vom linken zum rechten Bühnenrand und verschwindet wieder um erneut am linken Bühnenrand aufzutauchen. Da wir aber nicht den Quader, sondern die Kamera bewegen, muss hier eine optische Täuschung vorliegen.

Was ist passiert? Die Kamera rotiert, und zwar nicht um den Quader, sondern um ihre eigene Y-Achse! Damit die Kamera um die Y-Achse des Quaders rotiert, müssen wir das bei der Methode `rotate()` mit angeben:

```
g3d.camera("DefaultView").rotate(0,5,0, modRef)  -- Kamerarotation
```

Jetzt dreht sich die Kamera um die Y-Achse des Quaders. Entsprechend können Sie die Kamera auch um die X- und Z-Achse des Quaders oder um mehrere Achsen gleichzeitig rotieren lassen.

3D-Objekte aneinander ausrichten

Eine weitere wichtige Anforderung in der Praxis ist es, Objekte aneinander auszurichten. Sei es, dass Lichtquellen oder Kameras auf ein bestimmtes Objekt auszurichten ist oder ein Objekt immer in die Richtung eines anderen Objektes zeigen soll.

Im Abschnitt „Kamera" (S. 401) hatten wir uns bereits kurz mit der Methode `pointAt()` befasst. Mit dieser Methode lassen sich aber nicht nur Kameras auf 3D-Objekte ausrichten, sondern auch Lichter, 3D-Modelle und Gruppen. Die allgemeine Syntax dafür lautet:

```
objRef1.pointAt(objRef2)
```

Dabei wird das mit `objRef1` referenzierte 3D-Objekt an dem mit `objRef2` referenzierten ausgerichtet. Das bedeutet, die negative Richtung der Z-Achse von `objRef1` wird auf den Koordinatenursprung von `objRef2` ausgerichtet. Die folgende Abbildung zeigt beispielhaft, wie ein Kegel auf eine Kugel ausgerichtet werden kann:

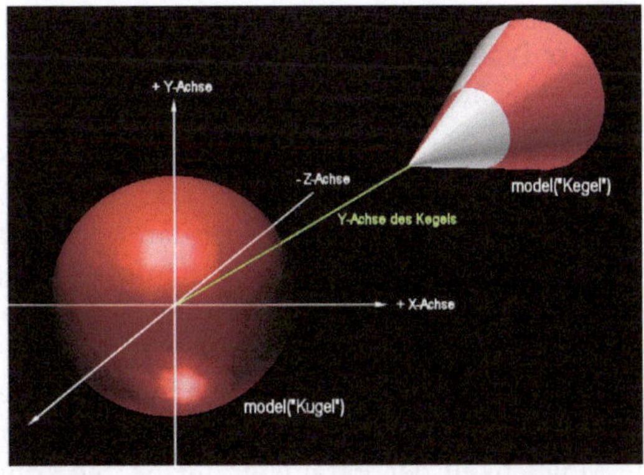

Abb. 5-74: Ausrichtung eines Kegels auf eine Kugel mit der Methode `pointAt()`

Dies wurde durch die folgenden beiden Befehle erreicht:

```
g3d.model("Kegel").pointAt(g3d.model("Kugel"))
g3d.model("Kegel").rotate(-90, 0, 0)
```

Hinweis: Die Position des auszurichtenden Modells darf **nicht** identisch mit den Zielkoordinaten sein, da dann `pointAt()` einen Skriptfehler verursachen würde.

Wie bereits in den vorherigen Beispielen, wird mit `g3d` die Referenz auf die 3D-Szene bezeichnet. Der erste Befehl richtet den Vorwärtsvektor (standardmäßig die negative Z-Achse) des Kegels auf den Koordinatenursprung der Kugel. Da bei einem Zylinder, dem hier verwendeten Grundkörper für den Kegel, die Z-Achse parallel zur Zylindergrundfläche verläuft, wird der Zylinder seitlich zur Kugel ausgerichtet. Damit die Spitze des Kegels in Richtung des Koordinatenursprungs der Kugel zeigt, wird der Kegel mit dem zweiten Befehl noch um 90 Grad in negativer Richtung um seine X-Achse gedreht.

In diesem Zusammenhang ist noch die Eigenschaft `pointAtOrientation` von 3D-Objekten interessant. Sie bestimmt, wie ein 3D-Objekt auf die Methode `pointAt()` reagiert. Diese Eigenschaft ist eine lineare Liste, bestehend aus zwei Vektoren. Der erste Vektor bestimmt die Vorwärtsrichtung des 3D-Objektes, der zweite die Aufwärtsrichtung. Beide Vektoren beziehen sich dabei auf das Koordinatensystem der 3D-Szene. Der Standardwert von `pointAtOrientation` lautet:

```
[vector(0.0, 0.0, -1.0), vector(0.0, 1.0, 0.0)]
```

Das heißt, die Vorwärtsrichtung ist standardmäßig entlang der Z-Achse in Richtung Hintergrund der 3D-Szene und die Aufwärtsrichtung ist die Y-Achse in positiver Richtung, also im Sprite nach oben. Ändern wir diese Eigenschaft für den obigen Kegel so ab, dass die Vorwärtsrichtung entlang der positiven Y-Achse und die Aufwärtsrichtung entlang der positiven Z-Achse zeigt, können wir die Kegelspitze direkt auf die Kugel ausrichten. Das heißt, eine anschließende Rotation des Kegels ist dann nicht mehr notwendig:

Hinweis: Besitzt ein Modell bei der Verwendung von `pointAtOrientation` nicht die Standardskalierung, kann es bei der Transformation mit `pointAt()` zu einer Verzerrung des Modells kommen.

```
tempVect = [vector(0.0, 1.0, 0.0), vector(0.0, 0.0, 1.0)]
g3d.model("Kegel").pointAtOrientation = tempVect
g3d.model("Kegel").pointAt(g3d.model("Kugel"))
```

Eigentlich müssen der Vorwärts- und der Aufwärtsvektor senkrecht zueinander verlaufen. Es genügt aber, wenn Sie bei `pointAtOrientation` die ungefähre Aufwärtsrichtung angeben. Director berechnet dann den korrekten Aufwärtsvektor, der senkrecht zum Vorwärtsvektor verläuft, selbstständig. Allerdings dürfen beide Vektoren nicht parallel zueinander verlaufen, dies würde zu einem Skriptfehler führen.

Bis jetzt haben wir mit der Methode `pointAt()` immer ein 3D-Objekt angegeben, auf das das referenzierte Objekt ausgerichtet werden soll. Es gibt aber noch eine zweite Möglichkeit der Parameterangabe. Sie können mit `pointAt()` auch zwei Vektoren übergeben, dann gibt der erste die Position für die Ausrichtung und der zweite den Aufwärtsvektor für das referenzierte 3D-Objekt vor. Beide Vektoren beziehen sich auf das Welt-Koordinatensystem der 3D-Szene.

Die beiden möglichen Schreibweisen für die Methode `pointAt()` lauten:

```
objRef1.pointAt(objRef2, {aufwärtsVektor})
objRef1.pointAt(positionsVektor, {aufwärtsVektor})
```

Die in geschweiften Klammern angegebenen Parameter sind optional, das heißt, sie können auch weggelassen werden. Nützlich ist die Angabe eines anderen Aufwärtsvektors z.B. beim Import von Szenen aus 3D-Programmen. Standardmäßig ist in Director der Aufwärtsvektor die positive Y-Achse, in einigen gängigen 3D-Programmen aber die Z-Achse.

Die Angabe des Positionsvektors an Stelle eines 3D-Objektes kann u.a. für Kameras oder Lichter sinnvoll genutzt werden. Soll z.B. eine Kamera auf den Mittelpunkt der 3D-Szene, also auf den Welt-Koordinatenursprung, ausgerichtet werden, genügt der folgende Befehl:

```
camRef.pointAt(vector(0, 0, 0))
```

5.5.4.16 Beispiel: Eine komplette 3D-Szene

Im Folgenden sollen die bis hier vorgestellten 3D-Befehle und Eigenschaften in einer kompletten 3D-Szene genutzt werden. Dafür werden drei Grundobjekte, ein Quader, ein Kegel und eine Kugel erstellt.

Da Objekte grundsätzlich im Koordinatenursprung einer 3D-Welt erzeugt werden, soll die Ursprungsposition vom Kegel und Quader mit der Methode `translate()` geändert werden. Andernfalls würden sich alle drei Objekte an der gleichen Position befinden. Der Quader soll mit einer Textur überzogen werden, gelbes Licht emittieren und 25% Transparenz besitzen.

Die Standardkamera der 3D-Welt erhält ein Hintergrundbild. Außerdem wird noch eine zweite Kamera erzeugt, die die Szene von oben zeigt. Die Umschaltung zwischen Kamera 1 und 2 soll über die Tasten 1 und 2 der Tastatur erfolgen. Außerdem soll die Kamera über die Cursortasten bewegt und über die Tasten ‚w' und ‚s' an die Objekte heran- bzw. von ihnen wegbewegt werden können. Die Tasten ‚l' und ‚r' sollen den Quader links- bzw. rechtsherum rotieren lassen.

Eine Zusammenfassung aller vorgesehenen Interaktivitäten zeigt die folgende Tabelle:

Taste	Beschreibung
l	Quader linksherum rotieren
r	Quader rechtsherum rotieren
w	Kamera in die Szene hineinbewegen
s	Kamera aus der Szene herausbewegen
1	Standardkamera (cam1)
2	Zusatzkamera (cam2)
3	Textur 1 für den Quader
4	Textur 2 für den Quader
Pfeil nach links	Kamera nach links bewegen
Pfeil nach rechts	Kamera nach rechts bewegen
Pfeil nach oben	Kamera nach oben bewegen
Pfeil nach unten	Kamera nach unten bewegen

Zur Umsetzung der gestellten Anforderungen erzeugen wir zunächst einen neuen Directorfilm (Menü *Datei / Neu / Film*), fügen dort über das Menü *Einfügen / Mediaelement / Shockwave 3D* eine neue 3D-Szene in den Film und geben dieser den Namen „szene".

Anschließend importieren wir drei Bilder, die uns als Hintergrund für die Kamera und als Textur für den Quader dienen sollen. Achten Sie dabei darauf, dass die Größe der Bilder einer 2er-Potenz entspricht, dass sie z.B. 32, 64, 128 oder 256 Pixel groß sind (die Bildseiten müssen dabei **nicht** gleich groß sein). Bei abweichenden Abmessungen werden die Bilder für Texturen von Director automatisch umgerechnet, was unnötig Rechenleistung beansprucht, aber vor allem einen Qualitätsverlust in der Darstellung bedeutet.

Nun werden wir das Skript für die Funktionalität des Directorfilms erstellen. Es soll als Frameskript, also als Verhalten für den Skriptkanal des Drehbuches, ausgelegt werden. Für die Vorbereitung der 3D-Szene nutzen wir im Skript den Event-Handler `on beginSprite`. Dort werden alle Modelle, Texturen, eine zusätzliche Kamera und der Hintergrund für die Standardkamera erzeugt. Im zweiten Event-Handler, `on exitFrame`, wird in einer `case`-Anweisung (s. S. 88) die Tastatur mittels der Systemeigenschaft `the keyCode` abgefragt und abhängig von der gedrückten Taste der entsprechende Befehl ausgelöst.

Das komplette Skript ist nachfolgend abgedruckt; legen Sie es als Verhalten in der Besetzung an. Öffnen Sie dazu das Skriptfenster, geben dort das Skript ein und achten darauf, dass im Eigenschafteninspektor bei Skripttyp „Verhalten" ausgewählt ist. Ziehen Sie anschließend das Skript in den Skriptkanal des Drehbuches. Zum Schluss muss noch die 3D-Szene in das Drehbuch gezogen werden. Danach sollte die Besetzung und das Drehbuch in etwa wie folgt aussehen:

Abb. 5-75: Besetzung und Drehbuch für das Beispiel: Eine komplette 3D-Szene

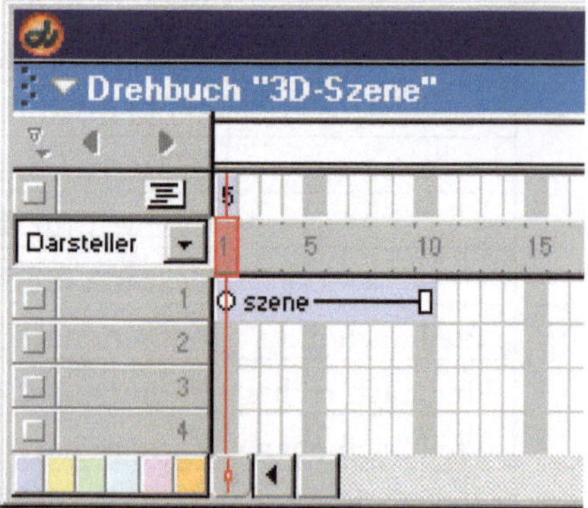

Achten Sie auch darauf, dass die Bezeichnungen Ihrer Darsteller im Drehbuch denen in der obigen Abbildung entsprechen. Da teilweise die Darstellernamen im Skript verwendet werden, würden Abweichungen davon zu Skriptfehlern führen.

Spielen Sie nun den Film ab, sollte die Bühne etwa so aussehen:

Abb. 5-76: Bühnendarstellung des Beispiels: Eine komplette 3D-Szene

Und hier nun das vollständige Frameskript für die abgebildete 3D-Szene:

```
global g3d, cam1, cam2, mod2, shadr

on beginSprite me

  g3d = member("szene") -- Referenz auf den 3D-Darsteller "szene"
  g3d.resetWorld()      -- 3D-Welt in den Ausgangszustand setzen

  -- Kugel erstellen
  res1 = g3d.newModelResource("kugel", #sphere)
  mod1 = g3d.newModel("sphere1", res1)

  -- Quader erstellen
  res2 = g3d.newModelResource("quader", #box)
  mod2 = g3d.newModel("box1", res2)
  mod2.translate(65, 0, 0)
  mod2.rotate(45, 45, 45)

  -- Zylinder erstellen
  res3 = g3d.newModelResource("zylinder", #cylinder)
  res3.topRadius = 0
  res3.bottomRadius = 40
  res3.height = 200
  mod3 = g3d.newModel("zylinder1", res3)
  mod3.translate(-60,-30,0)
  mod3.rotate(90,0,0)     -- Zylinder drehen

  -- Texturen erstellen
  tex1 = g3d.newTexture("t1", #fromCastMember, member("bild1"))
  tex2 = g3d.newTexture("t2", #fromCastMember, member("bild2"))
  tex3 = g3d.newTexture("t3", #fromCastMember, member("back"))
```

```
  -- Shader für den Quader erstellen
  shadr = g3d.newShader("myShader", #standard)
  shadr.emissive = rgb(255, 255, 0)     -- gelbes Licht emittieren
  shadr.blend = 75            -- 25 % Transparenz für Quader-Textur
  shadr.texture = tex1        -- weist dem Shader die Textur "text1" zu
  mod2.shaderList = shadr -- weist dem Quader den neuen Shader zu

  -- Kameras vorbereiten
  cam1 = g3d.camera(1)                -- Referenz auf Standardkamera
  cam1.insertBackDrop(1, tex3, point(0,0), 0) -- Hintergrundbild
  cam2 = g3d.newCamera("myCamera") -- erzeugt eine neue Kamera

  -- Kamera 2 positionieren
  cam2.translate(0,350,0) -- Kamera um 350 nach oben versetzen
  cam2.pointAt(0,0,0)      -- Kamera ausrichten
end

on exitFrame me
  go to the frame

  -- wenn keine Taste gedrückt wurde, dann
  -- Abbruch von 'on exitFrame'
  if not keyPressed(the keyCode) then exit

  -- Referenz auf aktive Sprite-Kamera
  scam = sprite(1).camera

  -- Tastaturabfrage
  case (the keyCode) of

    -- Kamera umschalten
    18: sprite(1).camera = cam1  -- cam1, Taste '1'
    19: sprite(1).camera = cam2  -- cam2, Taste '2'

    -- Textur ändern
    20: shadr.texture = g3d.texture("t1") -- Taste '3'
    21: shadr.texture = g3d.texture("t2") -- Taste '4'

    -- Quader drehen
    15: mod2.rotate(0,-1,0) -- links drehen, Taste 'r'
    37: mod2.rotate(0,1,0)  -- rechts drehen, Taste 'l'

    -- Pfeiltasten für die Kamerabewegung
    123: scam.translate(-1, 0, 0) -- links
    124: scam.translate( 1, 0, 0) -- rechts
    125: scam.translate( 0,-1, 0) -- runter
```

```
    126: scam.translate( 0, 1, 0) -- hoch
    013: scam.translate( 0, 0,-1) -- in die Szene, Taste 'w'
    001: scam.translate( 0, 0, 1) -- aus der Szene, Taste 's'
  end case
end
```

5.5.4.17 3D-Hierarchie ändern – Parent-Child-Linking

Wir haben bereits am Anfang dieses Kapitels, auf Seite 376, den Grundaufbau einer in Director erstellten 3D-Welt kennen gelernt. Das oberste Objekt in dieser Hierarchie ist die Gruppe group("World"). Darunter ordnen sich die weiteren Objekte, wie Lichter, Kameras, neu erstellte Objekte etc., an. Das Objekt, das sich in der Hierarchie über einem anderen befindet, bezeichnet man als dessen Parent (Elter), das darunter angeordnete Objekt als dessen Child (Kind). In einer mit Director erstellten 3D-Welt gibt es standardmäßig nur ein Parent-Objekt - group("World"). Ihm sind alle übrigen Objekte als Child zugeordnet.

Diese Struktur erweist sich u.a. dann als ungünstig, wenn mehrere Objekte in Abhängigkeit voneinander zu bewegen sind. Soll z.B. eine Kugel um eine zweite rotieren, während sich die erste Kugel selbst auch bewegt, können die dafür notwendigen Anweisungen schon recht komplex ausfallen. Einfacher hingegen gestaltet es sich, wenn die Objekte zuvor miteinander verbunden werden.

Die Eigenschaft `parent`

Um dies zu erreichen, erklärt die zweite Kugel mit Hilfe der Eigenschaft `parent` die erste zu ihrem Parent-Objekt, z.B.:

```
modKugel2.parent = modKugel1  -- Parent-Child-Linking
```

Da sich die zweite Kugel jetzt in der Hierarchie unter der ersten befindet, wird sie als Child der ersten bezeichnet und somit die erste Kugel als Parent der zweiten. Befinden sich keine weiteren Objekte in der 3D-Welt, so besitzt sie die folgende Modell-Struktur:

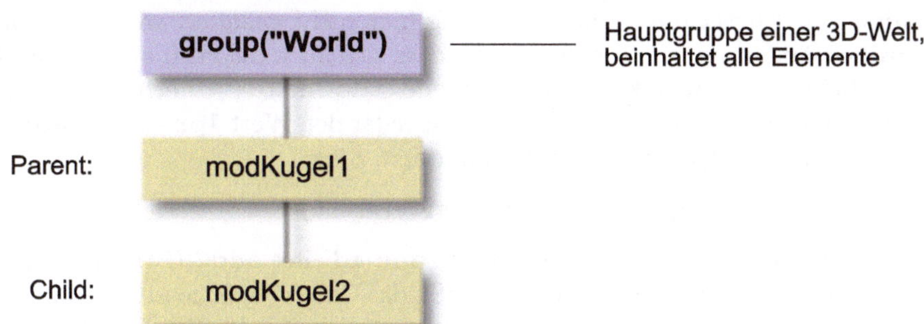

Abb. 5-77: Modell modKugel2 als Child des Modells modKugel1 in der 3D-Hierarchie

Fortan bewegt sich die zweite Kugel stets relativ zur ersten mit. Unabhängig davon kann die zweite Kugel aber auch selbst animiert werden ohne dass diese Animation die erste Kugel beeinflusst; ein entsprechendes Beispiel finden Sie ab Seite 433.

Eine Besonderheit bei dieser Art des Parent-Child-Linkings besteht darin, dass das Child nach der Zuweisung eines neuen Parent diesem gegenüber dieselbe relative Position einnimmt, wie zuvor zu seinem ursprünglichen Parent. Nehmen wir einmal an, wir erzeugen in einer neuen 3D-Szene zwei Kugeln. Beide Kugeln besitzen dann standardmäßig als Parent die Gruppe group("World"). Nun bewegen wir Kugel1 um -1000 Einheiten auf der X-Achse und setzen die Eigenschaft `parent` von Kugel2 auf Kugel1:

```
resKugel = g3d.newModelResource("myKugelRes", #sphere)
modKugel1 = g3d.newModel("Kugel1", resKugel)
modKugel2 = g3d.newModel("Kugel2", resKugel)
modKugel1.translate(-1000,0,0)
modKugel2.parent = modKugel1
```

Die Folge ist, dass Kugel2 in den Mittelpunkt von Kugel1 versetzt wird, da sich Kugel1 ja zuvor im Mittelpunkt von group("World"), seinem ursprünglichen Parent, befand. Ist diese Reaktion nicht erwünscht, so nutzen Sie die Methode `addChild()` von 3D-Objekten.

Die Methode addChild()

Die zweite Möglichkeit ein Parent-Child-Linking zu erstellen besteht darin, dass ein 3D-Objekt ein anderes mit der Methode `addChild()` zu seinem Child (Kind) erklärt. Bleiben wir bei dem obigen Beispiel, lassen diesmal aber Kugel2 von Kugel1 „adoptieren", dann können wir in Lingo den folgenden Befehl schreiben:

```
modKugel1.addChild(modKugel2)
```

Der Unterschied zur Eigenschaft `parent` besteht darin, dass die Position von Kugel2 durch die Zuweisung hier nicht geändert wird. Erst eine Positionsänderung von Kugel1 bewirkt, dass sich auch die Position von Kugel2 mit ändert. Optional kann der Methode `addChild()` noch ein zweiter Parameter mit übergeben werden, der entweder den Wert `#preserveWorld` (Standard) oder `#preserveParent` besitzt, z.B.:

```
modKugel1.addChild(modKugel2, #preserveParent)
```

Durch die Angabe von `#preserveParent` arbeitet `addChild()` entsprechend der Eigenschaft `parent`. Das heißt, das Child-Objekt `modKugel2` wird durch die Zuweisung so verschoben, dass es sich anschließend in derselben relativen Position zu seinem neuen Parent `modKugel1` befindet, wie zuvor zu seinem ursprünglichen Parent-Objekt.

Beispiel: Animation mit Parent-Child-Linking
Dafür wollen wir uns ein kleines Beispiel ansehen. Zur besseren Verständigung nennen wir die größere Kugel Erde und die kleinere Mond. Im Beispiel soll sich die Erde um sich selbst drehen und dabei den Mond mit bewegen:

Abb. 5-78: Rotation des Child-Objektes (linke Kugel) mit und um das Parent-Objekt (rechte Kugel)

Ein entsprechendes Verhaltensskript könnte wie folgt aussehen:

```
global g3d, gModErde

on beginSprite me
  g3d = member("Planeten")      -- Referenz auf 3D-Darsteller
  g3d.resetWorld()              -- 3D-Welt zurücksetzen
  createErde
  createMond
  g3d.camera(1).transform.position = vector(200,600,3000)
  g3d.camera(1).pointAt(0, 0, 0)        -- Kamera auf Mittelpunkt
end                                     -- der 3D-Szene ausrichten

on createErde me
  resErde = g3d.newModelResource("myErdeRes", #sphere)
  resErde.radius = 250
  gModErde = g3d.newModel("myErde", resErde)
end

on createMond me
  resMond = g3d.newModelResource("myMondRes", #sphere)
  resMond.radius = 100
  modMond = g3d.newModel("myMond", resMond)
```

```
  modMond.parent = gModErde
  modMond.translate(1000,0,0)
end

on exitFrame me
  gModErde.rotate(0,3,0) -- Erde rotiert um sich selbst
end
```

Das Skript ist als Spriteskript ausgelegt, wird also aus der Besetzung auf das 3D-Sprite auf der Bühne bzw. im Spritekanal gezogen. Die Erstellung der beiden Modelle wurde der Übersichtlichkeit halber hier in zwei separate Event-Handler ausgelagert. Dabei ist für uns besonders der Event-Handler `on createMond` von Interesse, da dort das Parent-Child-Linking stattfindet. Mit dem Befehl:

```
gModMond.parent = gModErde
```

erklärt der Mond die Erde zu seinem Parent. Außerdem lässt der Befehl:

```
gModErde.rotate(0,3,0)
```

im Event-Handler `on exitFrame` die Erde um sich selbst rotieren. Durch das Parent-Child-Linking behält der Mond dabei immer dieselbe Position zur Erde. Das hat zur Folge, dass er sich mit der Erdrotation bewegt, ohne dass wir dafür einen weiteren Befehl benötigen.

Dies funktioniert nicht nur, wenn die Erde um ihre eigene Y-Achse rotiert, wie im obigen Skript. Sondern bei jeder Animation der Erde wird der Mond so mitbewegt, dass er immer dieselbe relative Position zur Erde behält. Um das besser zu veranschaulichen werden wir das obige Skript soweit ändern, dass die Erde jetzt zusätzlich noch um den Mittelpunkt (Koordinatenursprung) der 3D-Szene rotiert.

Dafür fügen wir in den Event-Handler `on createErde` am Ende den Befehl:

```
gModErde.translate(-1000,0,0)
```

der die Erde –1000 Einheiten auf der X-Achse in negativer Richtung, also nach links bewegt. Nun lassen wir die Erde noch zusätzlich um den Mittelpunkt der 3D-Szene rotieren und notieren dafür im Event-Handler `on exitFrame` den Befehl:

```
gModErde.rotate(0, 1, 0, #world) -- Rotation um Y-Achse der Welt
```

Wenn Sie jetzt den Directorfilm starten, sollte die Erde um ihre eigene Y-Achse sowie um die der 3D-Szene rotieren und der Mond immer dieselbe relative Position zur Erde einnehmen.

Sie können das Beispiel auch noch weiter ausbauen, indem Sie z.B. den Mond zusätzlich um die Z-Achse der Erde rotieren lassen.

Gruppen in der 3D-Hierarchie

Beim Erstellen eines 3D-Darstellers in Director wird bereits die Gruppe group("World") erzeugt (s. S. 376), sie befindet sich an der obersten Position in der Hierarchie eines 3D-Darstellers. Eine Gruppe besitzt immer einen Namen, eine Transformation, ein übergeordnetes 3D-Objekt – Parent und eventuell untergeordnete 3D-Objekte – Children (s. S. 427).

Für uns ist in diesem Zusammenhang besonders die Transformation interessant. Das heißt, Gruppen lassen sich genauso positionieren, drehen oder skalieren, wie wir dies bereits für einzelne 3D-Objekte kennen gelernt haben. So können mittels Gruppen mehrere 3D-Objekte zusammengefasst und gemeinsam transformiert werden.

Besonders bei komplexen Modellen, die aus mehreren Objekten bestehen, ist das eine sehr nützliche Option. Um eine neue Gruppe zu erstellen, steht die Methode `newGroup()` von 3D-Darstellern zur Verfügung, z.B.:

```
g1 = member("szene").newGroup("myGroup")
```

Die Variable `g1` enthält die Referenz auf die neue Gruppe. Diese Angabe ist optional, kann also auch weggelassen werden. Die neue Gruppe wird im Darsteller `szene` erzeugt und erhält den Namen `myGroup`. Sie besitzt standardmäßig als Parent die Gruppe group("World"), aber noch keine Children. Diese können über das Parent-Child-Linking (s. S. 431) der Gruppe hinzugefügt werden.

Wollen Sie eine solche Gruppe ansprechen, um sie z.B. zu verschieben oder neue Objekte hinzuzufügen, so bestehen dafür drei Möglichkeiten. Entweder Sie nutzen eine Referenz auf die Gruppe:

```
g1.translate(0, 100, 0)
```

ihren Namen:

```
member("szene").group("myGroup").translate(0, 100, 0)
```

oder ihren Index:

```
member("szene").group(2).translate(0, 100, 0)
```

Alle drei Befehle bewirken dasselbe, nämlich die Verschiebung der Gruppe `myGroup` um 100 Einheiten auf der Y-Achse nach oben. Die letzte Variante sollte aber vermieden werden, da sich der Index einer Gruppe z.B. durch das Löschen einer anderen verschieben kann! Der Index 2 ist hier auch kein Schreibfehler, sondern rührt daher, dass die Gruppe group("World") bereits den Index 1 besitzt.

5.5.4.18 Klonen von 3D-Objekten

Das Klonen ist ebenfalls eine recht nützliche Technik in Shockwave 3D. Im Prinzip kennen Sie es unter der Bezeichnung Kopieren bereits aus dem 2D-Teil des Buches. Das Kopieren oder hier das Klonen bewirkt, dass von einem Objekt physisch ein zweites angelegt wird. Natürlich benötigt das mehr Arbeitsspeicher als eine Referenz auf ein Objekt. Dafür erhalten wir aber die Möglichkeit, beide Objekte unabhängig voneinander zu ändern. Das heißt, wird z.B. ein Objekt skaliert, hat dies keinen Einfluss auf das andere Objekt.

Geklont werden können alle Objekte der 3D-Hierarchie, also 3D-Modelle, Lichter, Kameras und Gruppen. Gruppen haben den besonderen Vorteil, dass alle enthaltenen Objekte mit geklont werden. So können Sie recht einfach von einem 3D-Modell, das Ihnen gefällt, ein zweites, drittes usw. erstellen. Dafür steht die Methode `clone()` von 3D-Objekten zur Verfügung, die allgemeine Syntax lautet:

```
cloneRef = objRef.clone("name")
```

Die Variable *`cloneRef`* ist die Referenz auf das neue, geklonte Objekt. Diese Angabe ist optional und kann somit auch entfallen. Die Bezeichnung *`objRef`* ist die Referenz auf das zu klonende Objekt und *`name`* der Name des neuen Objektes. Soll z.B. aus dem Darsteller `szene` das 3D-Modell `myMond` geklont werden (s. Beispiel: „Eine komplette 3D-Szene"), so können Sie schreiben:

```
member("szene").model("myMond").clone("myMondClone")
```

Der Name des geklonten Mondes lautet dann `myMondClone`. Um Ressourcen zu sparen, kopiert die Methode `clone()` aber keine Texturen oder Shader. Dies wäre auch nur dann notwendig, wenn Sie Texturen oder Shader des geklonten Objektes unabhängig vom Ausgangsobjekt ändern wollen. Ist dies der Fall, nutzen Sie die Methode `deepClone()`, z.B.:

```
member("szene").model("myMond").deepClone("myMondClone")
```

Sie arbeitet wie `clone()`, nur werden hier alle Shader und Texturen des Objektes sowie von den Child-Objekten kopiert, was natürlich mehr Rechnerressourcen erfordert.

Darüber hinaus gibt es noch die Methode `cloneModelFromCastmember()`, sie arbeitet entsprechend `deepClone()`, bietet allerdings die Möglichkeit 3D-Modelle von einem Darsteller in einen anderen zu kopieren, z.B.:

```
member("szene").cloneModelFromCastmember("myMondClone", \
"myMond", member("planeten"))
```

Dieser Befehl kopiert aus dem 3D-Darsteller `planeten` das Modell `myMond` in den Darsteller `szene` und nennt es `myMondClone`.

5.5.4.19 Löschen von 3D-Objekten

Meist werden innerhalb eines Directorfilms nur Elemente einer 3D-Szene genutzt bzw. neue erstellt. Bei komplexeren 3D-Szenen, insbesondere bei Spielen, kann es aber durchaus sinnvoll sein, auch Elemente aus einer Szene wieder zu entfernen um die Rechnerressourcen zu schonen.

Damit Sie in den einzelnen Abschnitten die nötigen Befehle nicht mühsam zusammensuchen müssen, wurden alle Befehle zum Löschen von 3D-Objekten in der folgenden Tabelle mit je einem Beispiel zusammengefasst. Dabei gehen alle Beispiele davon aus, dass es in der Besetzung einen 3D-Darsteller mit dem Namen `szene` gibt.

Methoden zum Löschen von 3D-Objekten

Methode	Beschreibung
erase()	löscht einen Darsteller, also auch 3D-Darsteller, aus der Besetzung, z.B.: member("szene").erase()
deleteGroup()	löscht eine Gruppe aus einer 3D-Szene, z.B.: member("szene").deleteGroup("myGroup") dieser Befehl löscht die Gruppe myGroup aus dem Darsteller "szene"
deleteModelResource()	löscht die angegebene Modellressource aus einem 3D-Darsteller, z.B.: member("szene").deleteModelResource("myErdeRes")
deleteModel()	löscht ein Modell aus einer 3D-Szene, z.B.: member("szene").deleteModel("myErde")
deleteCamera()	löscht eine Kamera aus einer 3D-Szene, z.B.: member("szene").deleteCamera("myCam") oder aus der Kameraliste eines Sprites, dabei wird die Kamera **nicht** aus dem Darsteller gelöscht, z.B.: sprite(1).deleteCamera("Draufsicht")
removeOverlay()	entfernt aus der Overlayliste einer Kamera die durch index angegebene Textur, z.B.: member("szene").camera(1).removeOverlay(index)

Methode	Beschreibung
removeBackdrop()	entfernt aus der Backdropliste einer Kamera die mit index angegebene Textur, z.B.: member("szene").camera(1).removeBackdrop(index)
deleteLight()	löscht eine Lichtquelle aus einer 3D-Szene, z.B.: member("szene").deleteLight("mySpot")
deleteTexture()	löscht eine Textur aus einer 3D-Szene, z.B.: member("szene").deleteTexture("Hintergrund")
deleteShader()	löscht einen Shader aus einer 3D-Szene, z.B.: member("szene").deleteShader("myShader")
removeFromWorld()	mit dieser Methode wird ein 3D-Modell aus der Hierarchie der 3D-Szene entfernt und ist damit nicht mehr verfügbar, es wird aber **nicht** aus der 3D-Szene gelöscht, z.B.: member("szene").model("myErde").removeFromWorld() dieselbe Wirkung hat es, die Parent-Eigenschaft des 3D-Objektes auf VOID zu setzen: member("szene").model("myErde").parent = VOID um das Objekt wieder in die Hierarchie einzufügen, nutzen Sie addToWorld(), die Methode fügt es unterhalb von group("World"), s. S. 376, wieder hinzu, z.B.: member("szene").model("myErde").addToWorld()
deleteMotion()	diese Methode löscht eine Animation in einer importierten 3D-Szene, z.B.: member("szene").deleteMotion("Karussell")

5.5.4.20 Anti-Aliasing von 3D-Modellen

Ab der Version 8.5.1 unterstützt Director auch Anti-Aliasing (Kantenglättung) von 3D-Modellen. Das kostenlose Update von Version 8.5 finden Sie im Internet auf der Seite: http://`www.macromedia.com/support/director/downloads.html`. Anti-Aliasing bezieht sich immer auf Sprites. Ob die Funktion für ein bestimmtes Sprite verfügbar ist, testen Sie über die Eigenschaft `antiAliasingSupported`. Ist sie auf `TRUE` gesetzt, kann die Funktion genutzt werden. Eingeschaltet wird das Anti-Aliasing über die Spriteeigenschaft `antiAliasingEnabled`, ist sie auf `TRUE` gesetzt, wird das betreffende Sprite mit Anti-Aliasing angezeigt. Die komplette Befehlsfolge zum Einschalten von Anti-Aliasing, z.B. für Sprite 1, sieht dann wie folgt aus:

```
if sprite(1).antiAliasingSupported then
  sprite(1).antiAliasingEnabled = TRUE
end if
```

Die Wirkung zeigen die nächsten beiden Abbildungen auf die Kantendarstellung bei einem Quader:

Abb. 5-79: Quader ohne (links) und mit (rechts) Anti-Aliasing

Die Darstellung einer 3D-Szene mit Anti-Aliasing benötigt natürlich mehr Rechnerressourcen. Daher sollten Sie es während der Animation von 3D-Modellen ausschalten, um eine flüssige Bewegung zu gewährleisten, z.B. für Sprite 1:

```
sprite(1).antiAliasingEnabled = FALSE
```

Anschließend können Sie das Anti-Aliasing über die Eigenschaft `antiAliasingEnabled` wieder einschalten.

5.5.4.21 Beispiel: Tooltips für 3D-Modelle

Nachdem wir nun die grundlegenden Befehle und Techniken in Shockwave 3D kennen gelernt haben, werden wir uns einige praxisrelevante Beispiele ansehen. Zunächst werden wir mit der Overlay-Technik von Kameras Tooltips für 3D-Modelle erzeugen. Aber auch Techniken wie das Klonen, das Erzeugen von Gruppen und das Parent-Child-Linking gelangen zum Einsatz.

Um eine bessere Vorstellung von der Zielstellung in diesem Beispiel zu erhalten, hier gleich eine Abbildung der Bühne mit der fertigen 3D-Szene:

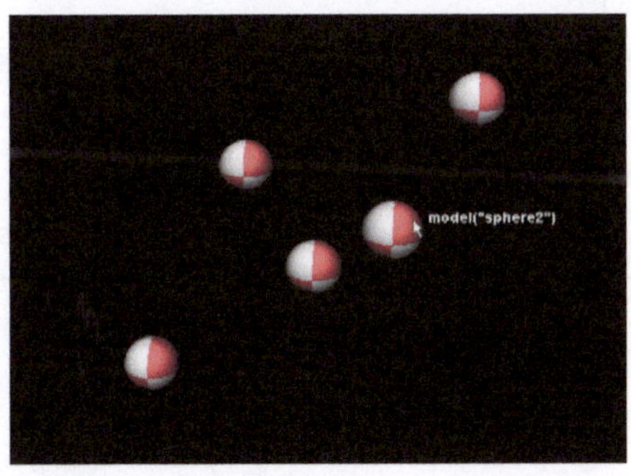

Abb. 5-80: Tooltips für 3D-Modelle mit dem Kamera-Overlay

Immer wenn der Mauscursor sich über einem Modell befindet, wird dessen Name angezeigt. Natürlich könnte man dort auch irgendeinen anderen Text anzeigen lassen. Für die Umsetzung dieses Beispiels erstellen wir zunächst wieder einen neuen Directorfilm (Menü *Datei / Neu / Film*), fügen dort über das Menü *Einfügen / Mediaelement / Shockwave 3D* eine neue 3D-Szene in den Film und geben dieser den Namen „szene".

Außerdem benötigen wir noch einen Textdarsteller in der Besetzung, den wir `tooltip` nennen. Er wird im laufenden Film den jeweils anzuzeigenden Text für den Tooltip beinhalten.

Nun kommen wir zur Erstellung des notwendigen Skriptes. Es wird als Frameskript, das heißt, für den Skriptkanal des Drehbuches angelegt. Es besteht wieder aus zwei Event-Handlern, `on beginSprite` und `on exitFrame`.

In `on beginSprite` wird die 3D-Szene zunächst in den Ausgangszustand gesetzt. Dies sollte in jedem 3D-Darsteller erfolgen, da, anders als bei 2D-Darstellern, ein Neustart des Directorfilms nicht alle Einstellungen automatisch zurücksetzt. Anschließend wird eine Kugel erstellt und diese vier Mal geklont, so dass wir insgesamt fünf Kugeln in der Szene haben. Damit sich nicht alle Kugeln im Weltmittelpunkt befinden, werden sie mit der Methode `translate()` in unterschiedliche Richtungen verschoben.

Etwas interessanter lässt sich die Szene noch gestalten, wenn wir alle Kugeln animieren. Um dies nicht für jede Kugel einzeln programmieren zu müssen, wird zunächst eine neue Gruppe „Kugeln" erstellt. Dieser werden dann die einzelnen Kugeln mit der Methode `addChild()` hinzugefügt.

Danach wird der Textdarsteller `tooltip` formatiert und sein Image einem neu erstellten Bitmapdarsteller zugewiesen. Diese Bitmap dient dann als Vorlage für die Erzeugung einer Textur, die die Kamera als Overlay erhält. Der Umweg über eine Bitmap ist notwendig, da der Text für den Tooltip im laufenden Film änderbar sein muss. Aus dem Image des Textdarstellers könnten wir zwar auch eine Textur erzeugen. Diese dann aber gegen eine neue zu ersetzen ist recht umständlich.

Der erste Teil des Skriptes ist damit abgeschlossen und wir kommen nun zum Event-Handler `on exitFrame`, in dem die Kugeln animert werden und der Tooltip angezeigt wird.

Da wir alle Kugeln in der Gruppe „Kugeln" zusammengefasst haben, genügt es jetzt, nur die Gruppe mit dem Befehl:

```
kugelG.rotate(-1.1,0.5,0.2, #world)
```

zu animieren, um alle Kugeln zu bewegen. Durch die zusätzliche Angabe von `#world` wird das Koordinatensystem der 3D-Szene als Bezugssystem verwendet.

Der nächste Befehl ermittelt die Mausposition auf der Bühne und korrigiert diese um den Offset (Versatz) des 3D-Sprites zur Bühne. Mit dieser Berechnung hatten wir uns bereits im „Beispiel: Lupe I“ auf Seite 328 befasst. Für die so erhaltene Position fragen wir dann mit der Methode `modelUnderLoc()` des Kamera-Objektes ab, ob sich dort gerade ein 3D-Modell befindet. Die Methode erhält als Parameter die Position und liefert als Rückgabewert entweder das dort befindliche Modell oder den Wert `VOID`, falls sich dort kein Modell befindet.

Die anschließende `if`-Bedingung fragt ab, ob der Rückgabewert vom Typ `#model` ist. Trifft dies zu, wird er in der Variablen `aktTip` gespeichert. Andernfalls wird dieser Variablen eine leere Zeichenkette zugewiesen. Die zweite `if`-Bedingung fragt ab, ob der Inhalt von `aktTip` bereits angezeigt wird. Trifft dies nicht zu, wird `aktTip` dem Textdarsteller `tooltipText` zugewiesen und dessen Image der Bitmap `memTextur`. Mit der Bitmap wird letztendlich die Textur des Overlays aktualisiert:

```
tooltip.member = memTextur
```

Damit ist das Skript komplett; ziehen Sie es dann aus der Besetzung in den Skriptkanal des Drehbuches. Auch die 3D-Szene muss noch in das Drehbuch gezogen werden. Anschließend sollten Besetzung und Drehbuch entsprechend den beiden folgenden Abbildungen aussehen:

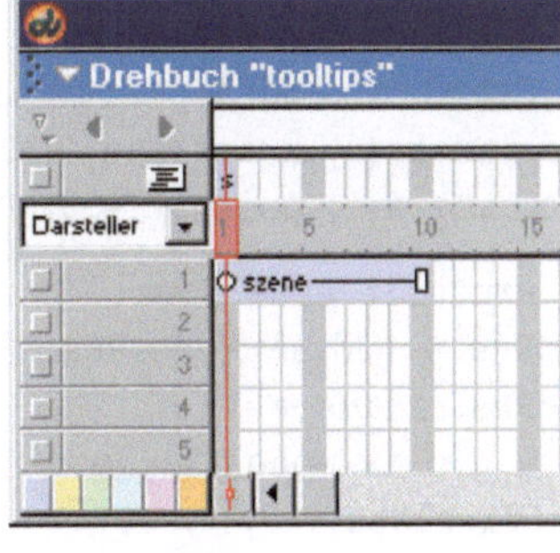

Abb. 5-81: Besetzung und Drehbuch zur Erzeugung von Tooltips für 3D-Modelle

Spielen Sie nun den Film ab, erscheint immer der Name des Modells, über dem sich gerade der Mauszeiger befindet, entsprechend obiger Abbildung.

Allerdings sieht die Schrift wahrscheinlich noch ungleichmäßig oder ausgefranst aus. Das liegt dann daran, dass in Shockwave 3D nur Texturen genutzt werden können, die einer 2er-Potenz entsprechen. Wahrscheinlich besitzt Ihr Textdarsteller aber eine andere Größe und Director muss das Image des Textes erst auf eine 2er-Potenz umrechnen. Dass diese Rechnerei der Texturqualität nicht gut tut, liegt auf der Hand.

Hinweis: Die Höhe eines Textdarstellers lässt sich nur einstellen, wenn seine Eigenschaft `boxType` nicht auf `#adjust` gesetzt ist!

Abhilfe schafft hier, den Textdarsteller vorher auf eine entsprechende Größe einzustellen. In Lingo geht dies mittels der Eigenschaften `width` und `height`:

```
member("tooltipText").width = 256
member("tooltipText").height = 16
```

Die Zeilenhöhe kann auch im Textfenster eingestellt werden. Die Angabe erfolgt dort in Pixeln:

Abb. 5-82: Einstellung der Zeilenhöhe für Textdarsteller

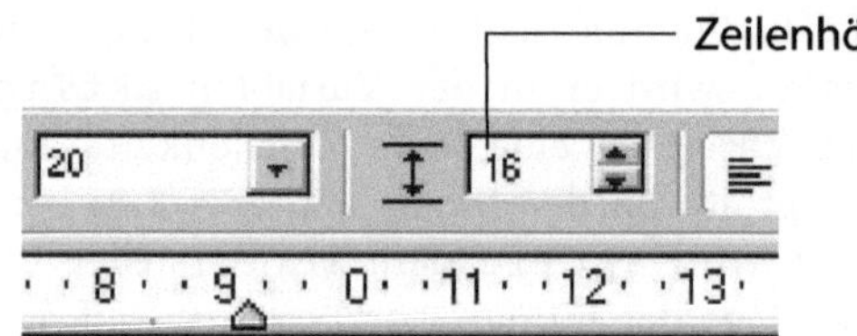

Nachfolgend ist das vollständige Frameskript zur Erzeugung von Tooltips mit Hilfe des Kamera-Overlays abgedruckt:

```
global g3d, kugelG, memTextur, tooltip, aktTip

on beginSprite me
  -- 3D-Welt auf Anfangswerte setzen
  g3d = member("szene")
  g3d.resetWorld()

  -- Standardkamera positionieren
  g3d.camera(1).translate(0,300,250)
  g3d.camera(1).pointAt(-50, 0, 0)

  -- erstellt eine Kugel
  modRes = g3d.newModelResource("sphere", #sphere)
  modRes.radius = 15
  m1 = g3d.newModel("sphere1", modRes)
  m1.translate(-40,40,-40)

  -- Kugel klonen
  m2 = m1.clone("sphere2")
  m2.translate(40,40,40)

  m3 = m1.clone("sphere3")
  m3.translate(80,80,-40)

  m4 = m1.clone("sphere4")
  m4.translate(-40,40,-40)

  m5 = m1.clone("sphere5")
  m5.translate(-80,-40,40)
```

```
  -- erstellt eine Gruppe
  kugelG = g3d.newGroup("Kugeln")

  -- Kugeln gruppieren
  kugelG.addChild(m1)
  kugelG.addChild(m2)
  kugelG.addChild(m3)
  kugelG.addChild(m4)
  kugelG.addChild(m5)

  -- Text für Tooltip formatieren
  memText = member("tooltipText")  -- Referenz auf Textdarsteller
  memText.text = ""
  memText.font = "Arial"
  memText.fontSize = 14
  memText.alignment = #left
  memText.color = rgb(255,255,255)

  -- Textur für Overlay erzeugen
  memTextur  = new (#bitmap)        -- neue Bitmap erzeugen
  memTextur.image = memText.image
  tooltip = g3d.newTexture("myTT", #fromCastMember, memTextur)

  -- Overlay für Standardkamera hinzufügen
  g3d.camera(1).addOverlay(tooltip, point(0,0),0)
end

on endSprite me
  -- Darsteller für Textur löschen
  memTextur.erase()
end

on exitFrame me
  go to the frame

  -- Gruppe animieren
  kugelG.rotate(-1.1,0.5,0.2, #world)

  -- Position der Maus abfragen
  myMouseLoc = the mouseLoc - point(sprite(1).left, sprite(1).top)
  myModel = sprite(1).camera.modelUnderLoc(myMouseLoc)
  if ilk(myModel) = #model then
    neuTip = string(myModel)
  else
    neuTip = ""
  end if
```

```
  -- neuen Tooltip anzeigen
  if aktTip <> neuTip then
    -- neuen Tooltip speichern
    aktTip = neuTip

    -- Text aktualisieren
    member("tooltipText").text = aktTip
    memTextur.image = member("tooltipText").image

    -- aktualisierten Darsteller zuweisen
    tooltip.member = memTextur

    -- Kamera-Overlay positionieren
    g3d.camera(1).overlay[1].loc = myMouseLoc + point(10,-5)
  end if
end
```

5.5.4.22 Beispiel: 3D-Menü mit Quader

In diesem Beispiel werden wir einen Quader erstellen, der mit der Maus gedreht werden kann und dessen einzelne Flächen sich ändern, sobald die Maus darüber gelangt. Außerdem soll bei einem Mausklick, abhängig von der jeweiligen Quaderseite, eine vorgegebene Internet-Adresse im Browser aufgerufen werden.

Abb. 5-83: Mit der Maus rotierbarer Quader als 3D-Menü

Die vollständigen Skripte finden Sie, wie auch schon die der vorherigen Beispiele, in den fertigen Directorfilmen auf der beiliegenden CD-ROM.

Da wir bis jetzt schon mehrere 3D-Beispiele ausführlich besprochen haben und Sie die prinzipielle Vorgehensweise dabei kennen lernen konnten, werden wir uns ab hier in den Beispielen nur noch mit den neuen Elementen und Techniken befassen. Auch auf einen Abdruck der kompletten Skripte werden wir aus Platzgründen und zu Gunsten der Übersichtlichkeit verzichten.

Quader drehen

Der benötigte Lingo-Code ist, wie auch im letzten Beispiel, wieder in einem Frameskript untergebracht. Als erstes werden wir uns damit befassen, den Quader mit der Maus zu drehen. Der Event-Handler on `mouseDown` wartet dabei auf das Drücken der Maustaste. Sobald sie gedrückt wurde, setzt er die Variable `pMouseDown` auf `TRUE` und speichert in `pMouseLoc` die aktuelle Mausposition. Der Event-Handler on `exitFrame` fragt regelmäßig die Variable `pMouseDown` ab. Ist sie auf `TRUE` gesetzt, wird die Differenz der aktuellen Mausposition zu der in `pMauseLoc` gespeicherten berechnet und daraus die horizontale und vertikale Mausbewegung ermittelt. Diese Werte werden dann für die Rotation des Quaders genutzt:

```
if pMouseDown then
    -- Mausposition ermitteln und Quader drehen
    diffMouseLoc = the mouseLoc - pMouseLoc
    rotateY = diffMouseLoc.locH / 10
    rotateX = diffMouseLoc.locV / 10
    myQuader.rotate(rotateX, rotateY ,0, #world)
end if
```

Das heißt, je größer die Mausbewegung ist, desto schneller dreht sich der Quader. Wichtig ist hier, bei der Methode `rotate()` mit `#world` das Welt-Koordinatensystem als Bezug anzugeben. Würden Sie diese Angabe weglassen, bezieht sich die Rotation auf das Koordinatensystem des Quaders. Da dieses aber durch die Mausbewegung rotiert, ändert sich seine Ausrichtung im Sprite ständig. So hätte z.B. eine Mausbewegung nach rechts immer wieder eine andere Auswirkung auf die Drehrichtung und man würde schnell die Orientierung verlieren.

Rollover-Effekt

Als nächstes wollen wir uns den Texturwechsel für die einzelnen Quaderseiten ansehen, wenn die Maus auf diese gelangt. Dazu müssen wir zunächst ermitteln, über welcher Quaderfläche sich die Maus gerade befindet. Im letzten Beispiel haben wir bereits die Methode `modelUnderLoc()` des Kamera-Objektes kennen gelernt. Mit ihr konnten wir das sich aktuell unter dem Mauszeiger befindliche Modell ermitteln. Benötigen wir aber weitere Informationen über das betreffende Modell, müssen wir auf eine andere, wenn auch ähnliche Methode zurückgreifen: `modelsUnderLoc()`. Ihr können beim Aufruf drei Parameter übergeben werden:

```
liste = modelsUnderLoc(position {, anzahl, details})
```

Die Parameter haben im Einzelnen folgende Bedeutung:

position Position im 3D-Sprite als Pointwert, bezogen auf die linke, obere Ecke in Pixeln

anzahl Integerwert, Anzahl der maximal zurückzuliefernden 3D-Modelle an der angegebenen Position

details bestimmt den Umfang der zurückgelieferten Informationen zu den Modellen an der angegebenen Position, für *details* kann entweder der Wert `#simple` (Standard) oder `#detailed` eingesetzt werden

liste der Rückgabewert der Methode ist eine lineare Liste, die bei der Angabe von `#simple` nur die Namen der Modelle, bei `#detailed` für jedes Modell an der angegebenen Position eine Eigenschaftsliste mit genaueren Informationen enthält, s. folgende Tabelle.

Für unser Beispiel ist dabei besonders die `meshID` von Interesse. Sie beinhaltet den Index des Gitternetzes bei der angegebenen Position. Diesem Gitternetz können wir dann entweder einen neuen Shader zuweisen oder dem aktuellen Shader eine andere Textur. Damit haben wir also eine Möglichkeit, für einzelne Flächen (Gitternetze) des Quaders einen Rollover-Effekt zu realisieren.

Mit der Methode `modelsUnderLoc()` zurückgelieferte Eigenschaften für die einzelnen Modelle bei Angabe von `#detailed`

Eigenschaft	Beschreibung
model	das Modell unter dem Mauszeiger, z.B.: model("myModel")
distance	Entfernung zwischen Kamera und Schnittpunkt auf der Modelloberfläche in Welteinheiten
isectPosition	Vektor, der die Position des Schnittpunkts, bezogen auf das Welt-Koordinatensystem, angibt
isectNormal	der Vektor isectPosition auf einen Einheitsvektor umgerechnet
meshID	Index des Gitternetzes an der angegebenen Position
faceID	Index der geschnittenen Seite zur Verwendung mit dem Modifizierer meshDeform
vertices	lineare Liste bestehend aus drei Vektoren, die die Scheitelpunkte (Vertices) der geschnittenen Fläche, bezogen auf das Welt-Koordinatensystem, angeben
uvCoord	Eigenschaftsliste mit den beiden Eigenschaften #u und #v, die die baryzentrischen u- und v-Koordinaten der Seite angeben

Um die `meshID` für die aktuelle Mausposition zu erhalten, müssen wir zunächst die Mausposition bezogen auf das 3D-Sprite ermitteln und anschließend `modelsUnderLoc()` übergeben:

```
myMouseLoc = the mouseLoc - point(sprite(1).left, sprite(1).top)
modelUnderMouse = sprite(1).camera.modelsUnderLoc(myMouseLoc, \
1, #detailed)
```

Der erste Befehl ermittelt mit der Systemeigenschaft `the mouseLoc` die aktuelle Mausposition und zieht davon den Offset (Versatz) des Sprites zur linken, oberen Ecke der Leinwand ab. Mit diesem Wert ermittelt `modelsUnderLoc()` das erste Modell unter dem Mauszeiger und speichert die zurückgelieferten Informationen in der Variablen `modelUnderMouse`. Nun müssen wir noch abfragen, ob sich überhaupt ein Modell unter dem Mauszeiger befindet, um dann die `meshID` abzufragen:

```
if modelUnderMouse <> [] then
  aktID = modelUnderMouse[1].meshID
  if ID <> aktID then
    ID = aktID
```

Die Abfrage, ob `modelUnderMouse` keine leere Liste ist, ist unbedingt notwendig. Wird sie weggelassen und es befindet sich gerade kein Modell unter der Maus, würde der zweite Befehl einen Skriptfehler verursachen. Mit dem erhaltenen Index `ID` für das Gitternetz unter dem Mauszeiger können wir direkt die Textur des zugehörigen Shaders ansprechen und gegen eine andere Textur austauschen:

```
    myQuader.shaderList[ID].texture = g3d.texture("Tover"&ID)
  end if
```

Dabei ist `"Tover"&ID` die Textur für den Rollover-Effekt mit dem Index für das jeweilige Gitternetz (Quaderfläche). Für einen vollständigen Rollover-Effekt muss die Quaderfläche, die die Maus verlässt, natürlich wieder zurückgesetzt werden. Der Befehl dafür ist prinzipiell derselbe wie für das Setzen des Effektes, nur wird diesmal die Ursprungstextur zugewiesen:

```
if ID <> 0 then \
myQuader.shaderList[ID].texture = g3d.texture("Tout"&ID)
```

Dieser Befehl muss zum einen vor der Zuweisung der aktuellen ID (`ID = aktID`) stehen. Die `if`-Abfrage ist hier notwendig, da Index 0 nicht definiert ist und eine Verwendung einen Skriptfehler verursachen würde.

Jetzt wird zwar die Quaderfläche zurückgesetzt, wenn der Mauszeiger von einer Fläche auf eine andere gelangt und daraus eine neue `meshID` resultiert. Verlässt die Maus aber den Quader, gibt es keine `meshID` unter dem Mauszeiger und die letzte Quaderfläche verbleibt im Over-Zustand. Daher muss der Befehl zum Zurücksetzen der Textur auch noch im `else`-Zweig der äußeren `if`-Bedingung stehen:

```
else
  if ID <> 0 then
    myQuader.shaderList[ID].texture = g3d.texture("Tout"&ID)
    cursor 0
    ID = 0
  end if
end if
```

Damit ist der Rollover-Effekt vollständig implementiert.

Verlinkung der Quaderflächen

Die Verlinkung der einzelnen Quaderflächen zum Aufruf von Internet-Adressen im Browser ist relativ trivial. Zur Erkennung eines Mausklicks nutzen wir den Event-Handler `on mouseUp`. Dort fragen wir in einer `case`-Anweisung die aktuelle ID der Quaderfläche unter dem Mauszeiger ab und rufen entsprechend eine Internet-Seite auf:

```
on mouseUp me

  -- Maustaste wurde losgelassen
  pMouseDown = FALSE

  -- Abfrage der ID der Quaderfläche
  case (ID) of
    1: goToNetPage("http://www.springer.de/")
    2: goToNetPage("http://www.macromedia.com/de/")
    3: goToNetPage("http://www.google.de/")
    4: goToNetPage("http://www.screenentwicklung.de/director")
    5: goToNetPage("http://www.leipzig.de/")
    6: goToNetPage("http://director.hans-seifert.de/")
  end case
end
```

Die Variable `ID` muss dabei vor dem Event-Handler als global oder property definiert sein.

Anti-Aliasing

Um den Quader optisch noch etwas aufzuwerten, können Sie auch im Event-Handler `on beginSprite` das Anti-Aliasing (Kantenglättung) für die Darstellung einschalten:

```
if sprite(1).antiAliasingSupported = TRUE then
    sprite(1).antiAliasingEnabled = TRUE
end if
```

Wenn der Quader mit der Maus gedreht wird, sollten Sie, um eine flüssige Bewegung zu gewährleisten, das Anti-Aliasing wieder ausschalten:

```
sprite(1).antiAliasingEnabled = FALSE
```

Wird der Quader nicht mehr gedreht, können Sie das Anti-Aliasing auch wieder einschalten. Anti-Aliasing steht in Director ab Version 8.5.1 zur Verfügung. In früheren Versionen eingesetzt, würden die entsprechenden Befehle Skriptfehler verursachen.

Auf der beiliegenden CD-ROM finden Sie das „3D-Menü mit Quader" als fertigen Directorfilm, sowohl mit, als auch ohne Anti-Aliasing.

5.5.4.23 Animationen auf 3D-Objekten

Eine interessante Möglichkeit von Shockwave 3D ist auch die Animation der Oberflächen von 3D-Modellen. Das grundlegende Prinzip haben Sie bereits in mehreren Beispielen kennen lernen können: Austausch von Texturen oder Shadern während eines laufenden Directorfilms. Auf Seite 427 im Abschnitt „Eine komplette 3D-Szene" haben wir dies über eine Tastatureingabe realisiert und im letzten Abschnitt in Abhängigkeit von der Maus als Rollover-Effekt.

Um nun eine Animation auf einer 3D-Oberfläche zu erzeugen, müssen wir den Texturaustausch nur automatisch ablaufen lassen, z.B. im Event-Handler `on exitFrame`. Als Vorlage für die Texturen der Animation gibt es drei Möglichkeiten: Einzelbilder, Flash-Animationen und RealMedia-Video.

Einzelbilder animieren

Zusätzlich zur Animation von Einzelbildern werden wir in diesem Beispiel auch die notwendigen Techniken kennen lernen, um Shockwave 3D im Internet zu verwenden.

Bis jetzt sind wir immer davon ausgegangen, dass sowohl die Szene als auch die benötigten Ressourcen quasi sofort zur Verfügung stehen, wenn ein Film gestartet wird. Im Internet können wir aber nicht davon ausgehen. Es dauert immer eine gewisse Zeit, bis der Film komplett auf den Rechner des Nutzers heruntergeladen wurde. Würden wir in dieser Phase schon Befehle für die 3D-Szene ausführen, käme es zu Skriptfehlern.

Wir werden daher unseren Directorfilm in zwei Abschnitte untergliedern. Im ersten Abschnitt wird geprüft, ob alle notwendigen Ressourcen geladen sind und im zweiten wird die eigentliche Animation ausgeführt. Für die Abfrage des Ladezustandes erstellen wir ein Frameskript in Frame 1, das den Abspielkopf so lange anhält, bis alle Ressourcen geladen sind. Ist dies der Fall, wird der Abspielkopf zu Frame 10 geschickt, in dem sich das eigentliche Skript für die Animation befindet.

Für die Abfrage des Ladezustandes der Darsteller können wir deren Eigenschaft `mediaReady` nutzen. Ist sie auf `TRUE` gesetzt, ist der betreffende Darsteller komplett aus dem Internet auf den lokalen Datenträger heruntergeladen. Daneben sollten wir noch die 3D-Szene abfragen, ob alle Objekte komplett erstellt wurden. Ist dies nicht der Fall, kann es auch hierbei zu Skriptfehlern kommen. Für die Abfrage nutzen wir die Eigenschaft `state` von Shockwave 3D-Darstellern, ist sie auf 4 gesetzt, ist der Aufbau der 3D-Szene abgeschlossen. Eine Zusammenfassung aller möglichen Werte von `state` und deren Bedeutung finden Sie in der folgenden Tabelle:

Wert	Beschreibung
0	der 3D-Darsteller ist nicht geladen
1	das Laden des 3D-Darstellers hat begonnen, Befehle auf den Darsteller sollten aber noch nicht angewandt werden
2	das erste Ladesegment ist abgeschlossen
3	die weiteren Medien des Darstellers werden geladen und vorbereitet
4	alle Medien des Darstellers sind komplett, es können alle Befehle auf den 3D-Darsteller angewandt werden
–1	es ist ein undefinierter Fehler beim Laden des Darstellers aufgetreten

Zunächst erstellen wir also ein Skript in Frame 1 des Drehbuchs zur Abfrage des Ladezustandes. Es setzt sich aus vier Event-Handlern zusammen: on `beginSprite`, on `enterFrame`, on `exitFrame` und on `init`, wobei letzterer ein selbstdefinierter Event-Handler ist.

Im Event-Handler on `beginSprite` wird die Anzahl der zu animierenden Bilder in der Variablen `pAnzBilder` festgelegt und zwei Listen angelegt. In der ersten Liste `pMediaList` werden die Verweise auf die 3D-Szene und auf alle zu animierenden Bilder gespeichert. Die zweite Liste `pMediaReadyList` gibt den Ladezustand des 3D-Darstellers und der einzelnen Bitmaps an. Hier werden alle Elemente auf 0 gesetzt, was für nicht geladen steht. Die Anzahl der Einträge entspricht dabei der ersten Liste.

```
on beginSprite me
  pAnzBilder = 35
  pMediaList = []
  pMediaReadyList = []
  repeat with i = 1 to pAnzBilder + 1
    pMediaList.add(member(i)) -- Referenz auf Darsteller
    pMediaReadyList.add(0)    -- Liste mit 0 initialisieren
  end repeat
end
```

Daran schließt sich der Event-Handler `on enterFrame` an, in dem mittels der Eigenschaft `mediaReady` alle Einträge von `pMediaList` daraufhin getestet werden, ob der jeweilige Darsteller bereits lokal gespeichert ist. Ist dies der Fall, wird in `pMediaReadyList` der entsprechende Eintrag auf 1 gesetzt und der Darsteller mit dem Befehl `preloadMember` in den Arbeitsspeicher geladen:

```
on enterFrame me
  repeat with i = 1 to pMediaList.count()
    if pMediaList[i].mediaReady = 1 then
      pMediaReadyList[i] = 1
      preloadMember pMediaList[i]
    end if
  end repeat
end
```

Hieran schließt sich der Event-Handler `on exitFrame` an. In ihm werden alle Einträge von `pMediaReadyList` abgefragt, ob sie größer 0 sind, also ob alle Darsteller auf dem lokalen Datenträger zur Verfügung stehen. Trifft dies zu, wird im nächsten Befehl mit `status` abgefragt, ob die 3D-Szene komplett erstellt ist. Wird auch diese Frage positiv beantwortet, erfolgt der Aufruf von `on init` und der Abspielkopf wird anschließend zum Frame „start" geschickt, bei dem die eigentliche Animation erfolgt. Ansonsten verbleibt der Abspielkopf in Frame 1:

```
on exitFrame me

  -- sind alle Darsteller geladen (mediaReady)?
  if min(pMediaReadyList) > 0 then

    -- ist 3D-Darsteller komplett?
    if member("szene").state = 4 then
      init
      go frame "start"
    end if
  end if
  go to the frame
end
```

Der eigene Event-Handler `on init` setzt die 3D-Szene mit `resetWorld()` zurück, erstellt aus den geladenen Bitmaps die Texturen für die Animation, gibt ihnen einen fortlaufenden Namen und speichert sie in der Liste `gAniTexturen` ab. Anschließend wird ein Quader erstellt und ihm die erste Textur der Animation zugewiesen. Außerdem wird, wenn sie aus einem vorherigen Aufruf noch nicht existiert, dort die Variable `gIndex` deklariert und auf 1 gesetzt. Sie gibt an, welche Textur der Animation gerade auf dem Quader angezeigt wird.

Beachten Sie, dass das Skript die 3D-Szene in der Besetzung auf Platz 1 erwartet und die Bitmaps für die Animation ab Platz 2 hintereinander folgen. Falls Sie die Darsteller in der Besetzung anders anordnen, müssen Sie das Skript entsprechend anpassen, damit es fehlerfrei arbeitet.

Kommen wir nun zum zweiten Skript, das die Textur animiert und den Quader dreht. Es wird in Frame 10 im Skriptkanal platziert – wobei Sie auch einen anderen Frame verwenden können. Wichtig ist nur, dass Sie den Frame, in den Sie das Skript platzieren, mit „start" benennen, da dies die Sprungmarke für das erste Skript ist.

Das Skript selbst besteht lediglich aus einem Event-Handler: `on exitFrame`. In ihm wird die Variable `gIndex` hochgezählt, die den Index der aktuell anzuzeigenden Textur beinhaltet. Wird der Index größer als die Anzahl der vorhandenen Texturen, wird er auf 1 zurückgesetzt. Anschließend erfolgt der Austausch der Textur des Shaders, der dem Quader zugewiesen ist. Nun wird noch der Quader mit `rotate()` um je 1 Grad um die X-, Y- und Z-Achse gedreht und der Abspielkopf mit dem letzten Befehl im aktuellen Frame gehalten:

```
global gIndex, gAniTexturen

on exitFrame me

  -- Texturindex hochzählen
  gIndex = gIndex + 1
  -- Texturindex zurücksetzen
  if gIndex > count(gAniTexturen) then
    gIndex = 1
  end if

  -- Textur austauschen
  member(1).model(1).shaderList.texture = gAniTexturen[gIndex]

  -- Quader rotieren
  member(1).model(1).rotate(1,1,1)

  go to the frame

end
```

In diesem Beispiel wurden 35 Einzelbilder für die Animation verwendet. Das Drehbuch und die Besetzung zeigen die beiden folgenden Abbildungen:

Das vollständige Beispiel finden Sie als fertigen Directorfilm auf der beiliegenden CD-ROM.

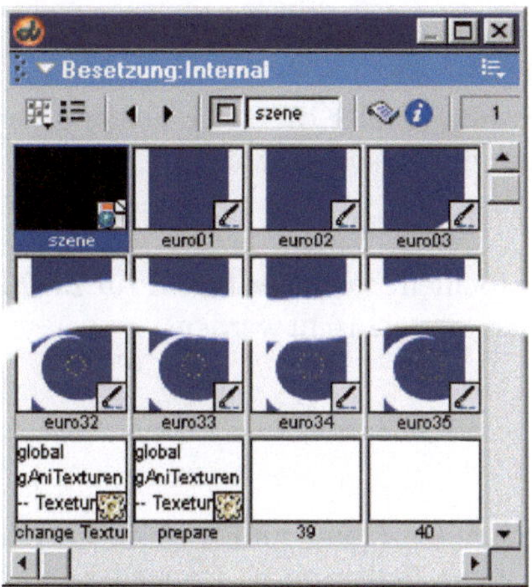

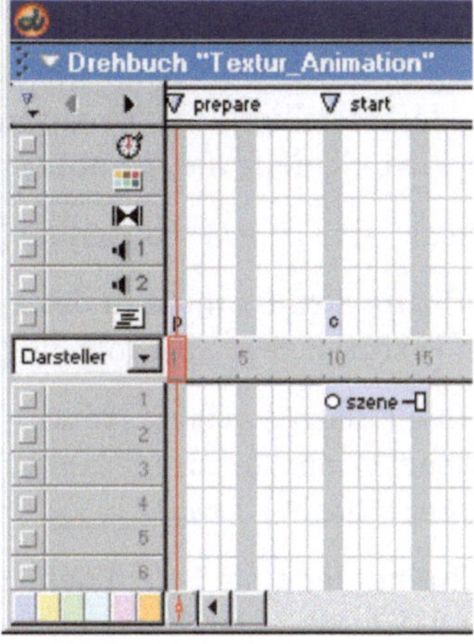

Abb. 5-84: Besetzung und Drehbuch für die Animation der Textur auf einem Quader

Flashfilme auf 3D-Objekte projizieren

Es ist nicht unbedingt notwendig, so viele Einzelbilder in der Besetzung zu speichern, wie die Animation lang ist. Wir können auch eine komplette Animation in Form eines Flashfilms nutzen, um diese auf einem 3D-Modell abzubilden. Das wird dadurch möglich, dass auch Flashdarsteller ein eigenes Image besitzen, aus dem wir eine Textur erzeugen können:

```
member("szene").newTexture("name",     \
#fromImageObjekt, member("flash").image)
```

Allerdings erhalten wir so nur den ersten Frame eines Flashdarstellers als Image. Um das Image eines beliebigen Frames zu erhalten, müssen wir diesen zuvor über die Eigenschaft `posterFrame` angeben, z.B.:

```
member("flash").posterFrame = 10
```

Der Befehl stellt Frame 10 im Darsteller `flash` ein.

Wir haben somit alle notwendigen Voraussetzungen um einen Flashfilm auf einem 3D-Modell darzustellen. Da zum letzten Beispiel die Unterschiede nur sehr gering sind, was die Umsetzung anbelangt, werden wir dieses entsprechend anpassen.

Zunächst sollten wir uns eine Kopie des letzten Beispiels anlegen. Dann löschen wir darin alle Bitmaps und importieren auf Platz 2 der Besetzung einen Flashfilm. Achten Sie dabei darauf, dass die Bühnengröße des Flashfilms einer 2er-Potenz entspricht, also 64, 128, 256 etc. Pixel groß ist (s. S. 383). Denn dies ist auch die Größe des Images, das wir von einem Flashfilm erhalten.

Im Skript von Frame 1 des Drehbuches sind nur drei Änderungen notwendig. Geben Sie dort die Anzahl der Bilder mit 1 an, da wir nur noch einen Darsteller für die Animation haben:

```
pAnzBilder = 1
```

Bei der Erstellung der Texturen im Event-Handler `on init` geben Sie in der `repeat`-Schleife die Anzahl der Frames des Flashfilms an:

```
repeat with i = 1 to member("flash").frameCount
```

Und zum Schluss muss in der `repeat`-Schleife noch der Befehl zur Erzeugung der Texturen gegen die folgenden beiden ausgetauscht werden:

```
member("flash").posterFrame = i
member(1).newTexture(texName, #fromImageObject, \
member("flash").image)
```

Während der erste Befehl den entsprechenden Frame im Flashfilm einstellt, erzeugt der zweite aus dessen Image eine neue Textur im 3D-Darsteller `szene`.

Im zweiten Skript benötigen wir keinerlei Änderungen.

Ein fertiges Beispiel finden Sie auf der beiliegenden CD-ROM, dort wird ein animiertes Logo auf einem Quader abgespielt.

Abb. 5-85: Quader mit animierter Textur auf der Bühne

RealVideo auf 3D-Objekte projizieren

Prinzipiell können wir zur Darstellung von RealMedia-Video auch das letzte Skript entsprechend anpassen. Da für RealMedia-Darsteller die Eigenschaft `posterFrame` nicht existiert, müssten wir hier statt dessen mit der Methode `play()` das Video abspielen:

```
member("RealMedia").play()
```

Nun fehlt noch die Möglichkeit das Video zu loopen, wenn der letzte Frame erreicht ist. Denn die Eigenschaft `frameCount`, wie bei Flashdarstellern, gibt es für RealMedia-Darsteller nicht. Dafür steht aber die Eigenschaft `duration` zur Verfügung, die die Länge eines RealMedia-Videos in Millisekunden angibt sowie die Eigenschaft `mediaStatus`, die den Wert `#closed` besitzt, sobald das Video abgespielt ist. Somit haben Sie jetzt das nötige Rüstzeug um das letzte

Skript für RealMedia-Videos anzupassen. Wir werden in diesem Beispiel aber einen etwas anderen Weg gehen.

Die Programmierung der Animation wird diesmal in einem Spriteskript umgesetzt, also einem Skript, das dem 3D-Sprite auf der Bühne zugewiesen wird. Es besteht aus zwei Event-Handlern: `on beginSprite` und `on exitFrame`. Während in `on beginSprite` nur die benötigten Variablen deklariert und initialisiert werden:

```
on beginSprite me
  pRMStartFlag = FALSE  -- Start-Flag für RealMedia-Video
  pRMVideo = member("RealMedia")        -- RealMedia-Video
  pSzene = sprite(me.spriteNum).member -- 3D-Darsteller
  pSprite = sprite(me.spriteNum)       -- 3D-Sprite
end
```

erfolgt die gesamte Funktionalität für die Darstellung des Videos auf dem Quader im Event-Handler `on exitFrame`. Dort wird zunächst die Variable `pRMStartFlag` abgefragt, ob das Video bereits gestartet wurde:

```
if pRMStartFlag then
```

Das trifft beim Start des Directorfilms natürlich noch nicht zu und wir gelangen in den `else`-Zweig der Abfrage. Dort wird mit der Eigenschaft `state` abgefragt, ob die 3D-Szene bereits vollständig aufgebaut ist. Ist dies der Fall, wird sie mit der Methode `resetWorld()` zurückgesetzt sowie ein Quader und ein Shader erstellt. Der Quader erhält dann den Shader zugewiesen. Der nächste Befehl erzeugt aus dem ersten Bild des Videos eine Textur und weist diese dem Shader zu. Anschließend wird das Video gestartet und die Variable `pRMStartFlag` auf `TRUE` gesetzt:

```
else if pSzene.state = 4 then

-- 3D-Szene zurücksetzen
pSzene.resetWorld()

-- Quader erstellen
quaderRes = pSzene.newModelResource("myRes",#box)
pRMQuader = pSzene.newModel("myModel",quaderRes)

-- Shader erzeugen und zuweisen
RMShader = pSzene.newShader("myShader",#standard)
pRMQuader.shaderList = RMShader

-- Textur erstellen und zuweisen
pRMTexture = pSzene.newTexture("myTexture",#fromCastMember, pRMVideo)
pRMQuader.shader.texture = pRMTexture
```

```
-- Video starten
pRMVideo.play()
pRMStartFlag = TRUE
```

Bei der Erstellung der Textur können Sie alternativ auch das Image des Videos angeben:

```
pRMTexture = pSzene.newTexture("myTexture",#fromImageObject, \
pRMVideo.image)
```

Trifft die obige Abfrage zu, das heißt, wurde das Video bereits gestartet, wird kontinuierlich der jeweils aktuelle Frame des Videos der Textur des Quaders zugewiesen. Außerdem wird die Eigenschaft `mediaStatus` abgefragt, ob das Video zu Ende abgespielt ist. Ist dies der Fall, wird es neu gestartet:

```
-- Quadertextur aktualisieren
pRMTexture.member = pRMVideo

-- Quader rotieren
pRMQuader.rotate(1,1,1)

-- RealMedia-Video loopen
if pRMVideo.mediaStatus = #closed then
  pRMVideo.play()
end if
```

Ein vollständiges Beispiel hierzu finden Sie wieder auf der beiliegenden CD-ROM.

Damit haben wir alle notwendigen Schritte für die Darstellung von RealMedia-Video auf 3D-Modellen besprochen.

Voraussetzung für die Funktion des Skriptes ist, dass ein RealMediaPlayer auf dem System installiert ist. Trifft dies nicht zu, verursacht das Skript zwar keinen Fehler, aber gibt dem Nutzer auch sonst keinen Hinweis, warum die Bühne leer bleibt. Um in diesem Fall eine entsprechende Meldung zu erzeugen, können wir die Funktion `realPlayerVersion()` nutzen. Sie liefert die Version des installierten RealMediaPlayers zurück, ist kein Player vorhanden, wird eine leere Zeichenkette zurückgeliefert. Damit können wir ein kleines Filmskript schreiben, das zu Anfang testet, ob kein Player installiert ist:

```
on startMovie
  if realPlayerVersion() = "" then
    go frame "noRealPlayer"
  end if
end
```

Wird auf dem System kein RealMediaPlayer gefunden, schickt das Skript den Abspielkopf zum Frame `noRealPlayer`. Dort können Sie z.B. einen entsprechenden Hinweis anzeigen.

Ist ein RealPlayer vorhanden, wird noch ein Schönheitsfehler beim Loopen des Videos sichtbar. Immer wenn das Video zu Ende abgespielt wurde und anschließend wieder gestartet wird, setzt die Darstellung auf dem Quader kurz aus. Dies liegt daran, dass das Video eine gewisse Zeit benötigt um neu initialisiert zu werden, hat also unmittelbar nichts mit der 3D-Darstellung zu tun.

Einzige Möglichkeit dies zu umgehen ist, das Video ca. eine Sekunde vor seinem Ende auf den Anfang zurückzufahren:

```
pRMtime = pRMVideo.duration - 1000
if pRMVideo.currentTime > pRMTime then
  pRMVideo.currentTime = 0
end if
```

Zunächst wird mit der Eigenschaft `duration` die Gesamtlänge des Videos in Millisekunden ermittelt und um 1000 Millisekunden verringert in der Variablen `pRMTime` gespeichert. Anschließend wird das laufende Video abgefragt, ob es diese Zeit bereits überschritten hat. Trifft das zu, wird das Video wieder auf den Anfang gesetzt. Die Befehlsfolge sollte im Skript vor der Abfrage von `mediaStatus` auf `#closed` stehen.

5.5.5 Bibliotheksverhalten für 3D-Objekte

Bis jetzt haben wir alle benötigten Skripte selber erstellt. Aber bereits im ersten Teil „Grundlagen Director" haben Sie erfahren, wie Sie vorgefertigte Skripte aus der Bibliothekspalette nutzen können. Dort gibt es unter anderem auch zwei Paletten für 3D-Verhalten: *Aktionen* und *Auslöser.* Mit ihnen werden wir uns jetzt näher befassen.

Ist in der Bibliothekspalette bereits ein Verhalten vorhanden, das unseren Anforderungen entspricht, können wir es ganz ohne Programmierung in einer 3D-Szene nutzen. Die eigentlichen Funktionen sind der Palette *Aktionen* der Bibliothekspalette enthalten:

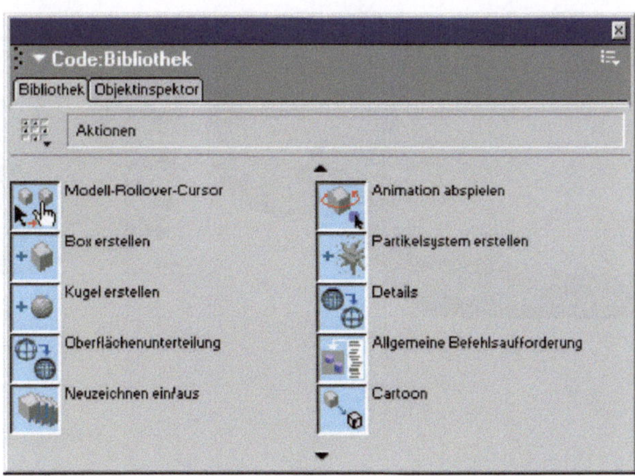

Abb. 5-86: Bibliothekspalette mit 3D-Aktionen

In der Palette *Auslöser* sind dagegen Skripte zu finden, die die *Aktionen* starten, z.B. per Mausklick oder Tastatur:

Abb. 5-87: Bibliothekspalette mit 3D-Auslösern

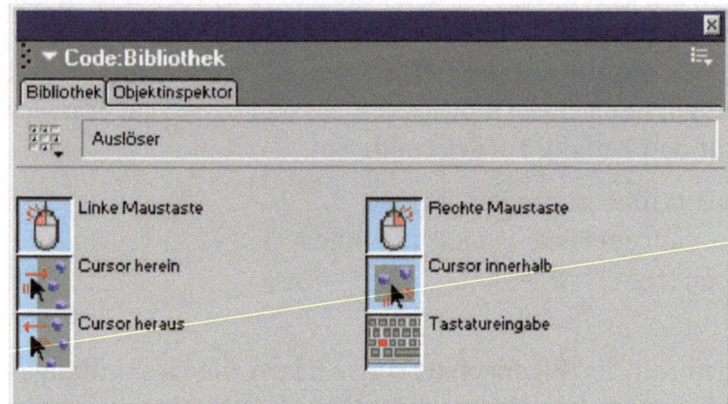

Allerdings benötigen nicht alle Aktionen einen Auslöser, einige laufen auch automatisch ab. Zur Veranschaulichung werden wir uns je ein Beispiel einer Aktion mit und einer ohne Auslöser ansehen.

5.5.5.1 Verhalten der Palette Aktionen ohne Auslöser

Als Beispiel verwenden wir das Verhalten *cartoon*, das ein cartoonartiges Rendern von Modellen bewirkt. Um es zu nutzen benötigen wir eine 3D-Szene mit mindestens einem Modell. Sie können dafür eines der vorhergehenden Beispiele nutzen.

Ziehen Sie dort aus der Palette Auslöser das Verhalten *cartoon* auf die 3D-Szene auf der Bühne. Sie erhalten daraufhin ein Dialogfenster zur Einstellung der verfügbaren Parameter, wie Cartoonstil, Anzahl der Farben etc. angezeigt. Diese können Sie bei Bedarf ändern oder gleich mit OK bestätigen. Starten Sie nun den Directorfilm, sollte die Darstellung der Modelle in etwa der folgenden Abbildung entsprechen.

Abb. 5-88: 3D-Szene, gerendert mit dem Verhalten *cartoon* aus der Bibliothekspalette *Aktionen*

5.5.5.2 Verhalten der Palette Aktionen mit Auslöser

Zunächst benötigen Sie eine 3D-Szene mit mindestens einem Modell. Wir verwenden hier wieder die Szene aus dem Beispiel „Eine komplette 3D-Szene“ von Seite 427. Als Aktion wählen wir aus der Bibliothekspalette *Modell ziehen und drehen*. Wenn Sie diese Aktion jetzt auf die Bühne ziehen wollen, werden Sie merken, dass dies nicht geht. Die meisten Aktionen lassen sich nur 3D-Szenen zuweisen, in denen Modelle bereits existieren. In unserem Beispiel werden die Modelle aber erst zur Laufzeit erzeugt.

Die Lösung des Problems ist recht simpel. Starten Sie zunächst den Directorfilm und halten Sie ihn gleich wieder an, sobald alle Modelle auf der Bühne zu sehen sind. Nun können Sie die Aktion *Modell ziehen und drehen* aus der Palette auf die Bühne ziehen. Sie erhalten daraufhin ein Dialogfenster angezeigt (Abb. 5-89), in dem die Empfindlichkeit vorgegeben, ein Modell ausgewählt sowie ein Gruppenname festgelegt werden kann.

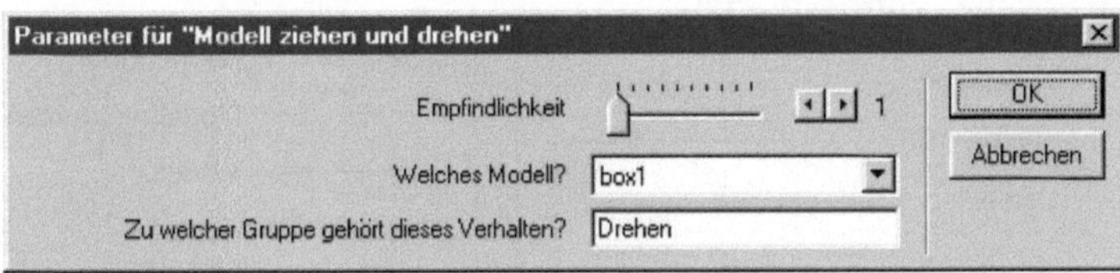

Abb. 5-89: Parameter für das Ziehen und Drehen von Modellen einstellen

Empfindlichkeit bedeutet hier, wie stark das Modell bei einer entsprechenden Mausbewegung gezogen und gedreht wird. Sie können außerdem ein Modell für die Aktion auswählen oder die Aktion für alle Modelle aktivieren. Der Gruppenname ist für den Auslöser notwendig. Sie können dort einen frei wählbaren Namen, z.B. „Drehen“, eintragen. Bestätigen Sie die Angaben mit OK.

Anschließend ziehen Sie aus der Bibliothekspalette Auslöser ein Verhalten auf die Bühne. Wir werden das Verhalten *Linke Maustaste* nutzen. Das heißt, immer wenn die linke Maustaste gedrückt wird, wird die Aktion *ziehen und drehen* gestartet. Beim Zuweisen des Verhaltens der 3D-Szene erhalten Sie ebenfalls ein Dialogfenster angezeigt. Dort erscheint bereits der Gruppenname, bei uns *Drehen*, der bei Aktionen vergeben wurde. Und Sie können angeben um welche Achsen sich die Modelle der Gruppe drehen sollen:

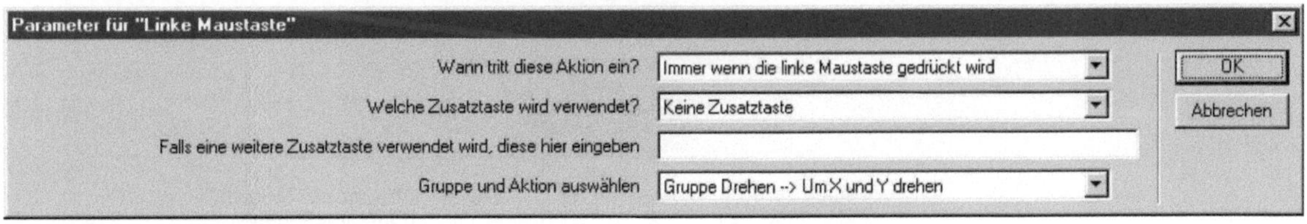

Parameter für "Linke Maustaste"
Wann tritt diese Aktion ein? Immer wenn die linke Maustaste gedrückt wird
Welche Zusatztaste wird verwendet? Keine Zusatztaste
Falls eine weitere Zusatztaste verwendet wird, diese hier eingeben
Gruppe und Aktion auswählen Gruppe Drehen --> Um X und Y drehen
OK
Abbrechen

Abb. 5-90: Einstellungen für das Verhalten *Linke Maustaste* aus der Palette Auslöser der Verhaltensbibliothek

5.5.6 3D Property Inspector (3DPI)

Der Eigenschafteninspektor von Director, eingeführt mit der Version 8.0, ist sehr hilfreich um Einstellungen in der Autorenumgebung zentral vorzunehmen. Leider bietet er nur sehr wenig Optionen zur Einstellung von 3D-Objekten. Dafür wurde von Ursula Gusenbauer ein eigenes Tool zur 3D-Manipulationen entwickelt, der 3DPI. 3DPI steht für 3D Property Inspector, zu Deutsch 3D-Eigenschafteninspektor. Die aktuellste Version können Sie aus dem Internet über `http://www.3dpi-director.com/` als Shareware beziehen.

Da es sich beim 3DPI selbst auch um einen Directorfilm handelt, erfolgt die Installation als Xtra. Entpacken Sie dafür das aus dem Internet heruntergeladene Archiv und kopieren die enthaltene Datei „3dpi.dcr" in den Ordner „Xtras" Ihrer Directorinstallation. Nach einem Neustart von Director können Sie den 3DPI über das Menü *Xtras / 3DPI* öffnen.

Die folgende Abbildung zeigt den 3DPI geöffnet im Directorfilm „Eine komplette 3D-Szene" von Seite 427:

Abb. 5-91: 3D Property Inspector (3DPI) – Übersicht

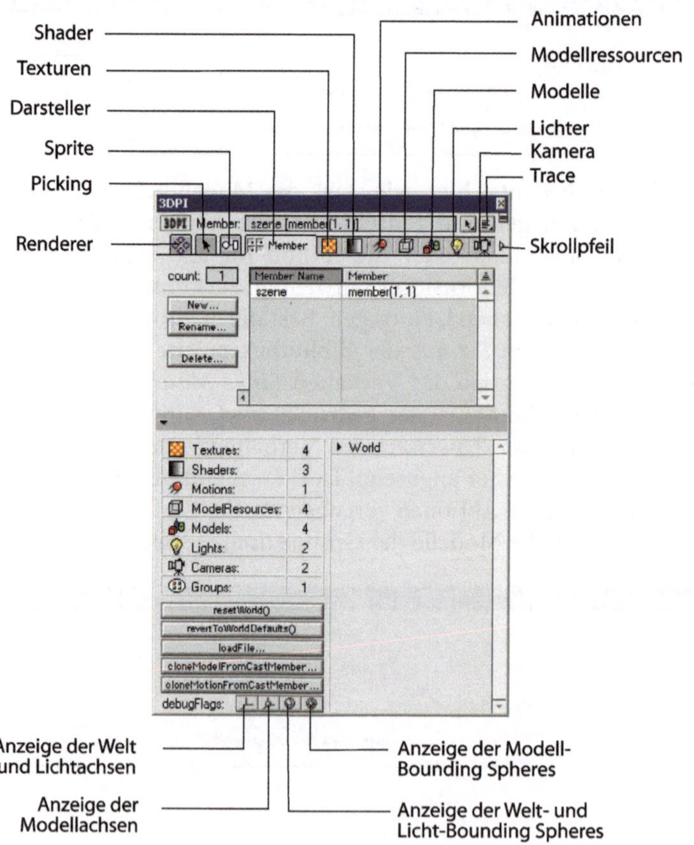

Über die verschiedenen Register des 3DPI können Sie die einzelnen Elemente einer 3D-Szene inspizieren, ändern, neue hinzufügen, löschen sowie die Eigenschaften von 3D-Objekten als Lingo-Code ausgeben lassen. Damit Sie einen besseren Eindruck von den möglichen Optionen erhalten, sollten Sie den 3DPI in einem Film öffnen, der bereits einen 3D-Darsteller enthält. Interessant dabei ist u.a., die Einträge unter dem Register *Member* zu beobachten bevor der Film läuft und nach dem Start. Da in Director erstellte 3D-Objekte nicht gespeichert, sondern erst zur Laufzeit generiert werden, zeigt sie der 3DPI auch erst dann an.

Wenn Sie die Option *Picking* (s. Abb. 5-91) wählen, können Sie auch direkt mit der Maus ein 3D-Modell auf der Bühne anklicken und erhalten die aktuellen Einstellungen des Objektes im 3DPI angezeigt.

5.5.6.1 Erste praktische Schritte

Jetzt wollen wir einmal einen kompletten 3D-Darsteller nur mit Hilfe des 3DPI erstellen. Dafür legen wir zunächst einen neuen Directorfilm an (Menü *Datei / Neu / Film*), speichern ihn unter dem Namen „3dpi_firststep.dir" und öffnen anschließend den 3DPI (Menü *Xtras / 3DPI*).

Zuerst benötigen wir einen 3D-Darsteller, den wir uns über den Button *New...* erzeugen. In dem sich daraufhin öffnenden Fenster erhält der neue Darsteller einen Namen, z.B. „szene":

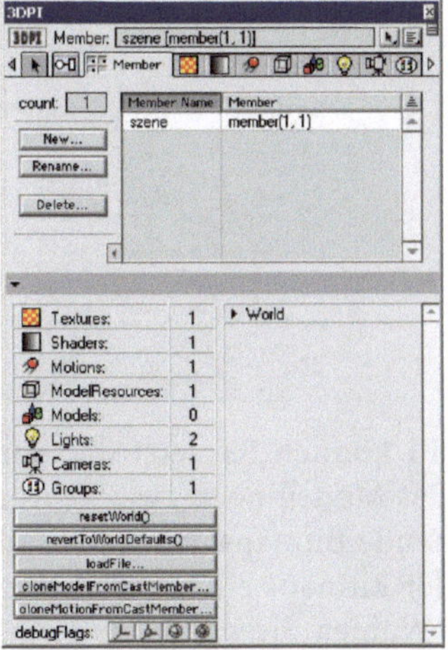

Abb. 5-92: Neu mit dem 3DPI erzeugter 3D-Darsteller

Nun gehen wir so vor, wie wir das bereits bei der Erstellung von 3D-Modellen mit Lingo gelernt haben. Das heißt, um ein Modell erzeugen zu können, benötigen wir als Vorlage eine Modellressource. Diese erstellen wir uns über das Register *ModelResource* und den Button *New...*. Dabei können wir zwischen den vorhandenen Grundobjekten in Director eines auswählen, z.B. #box:

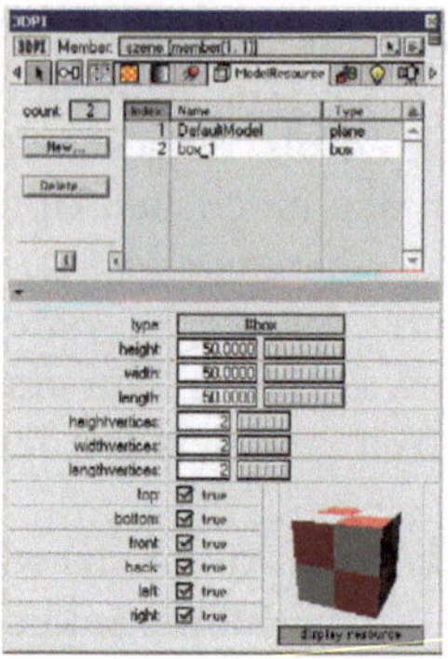

Abb. 5-93:
Neu mit dem 3DPI
erzeugte Modellressource

Im unteren Teil des 3DPI können Sie die Einstellungen der Modellressource Ihren Anforderungen entsprechend vornehmen. Haben Sie den Button *display resource* angeklickt, werden die Änderungen auch gleich optisch an einem 3D-Modell dargestellt.

Anschließend erstellen Sie mit der Modellressource ein 3D-Modell. Dazu wechseln Sie zum Register *Model* und wählen dort den Button *New...*. Im sich darauf öffnenden Fenster geben Sie dem Modell einen Namen und wählen aus den zuvor erstellten Modellressourcen eine als Vorlage aus:

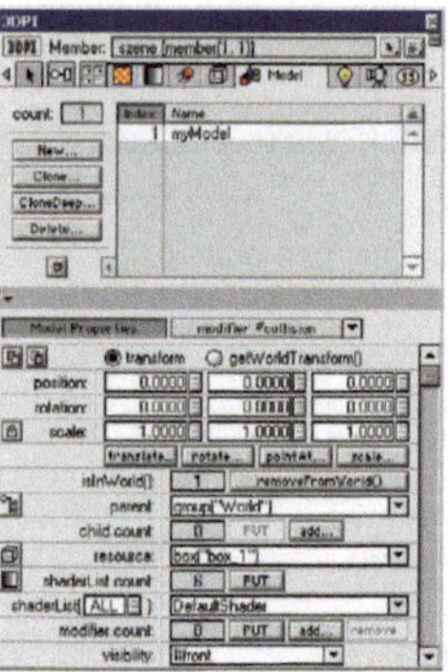

Abb. 5-94:
Neu mit dem 3DPI
erzeugtes 3D-Modell

Im unteren Teil des 3DPI können Sie jetzt die Einstellungen für das Modell ändern. Außerdem soll das Modell noch zwei Texturen erhalten. Dafür importieren Sie zwei entsprechende Bitmaps. Auch hier gilt wieder darauf zu achten, dass die Abmessungen der Bitmaps einer 2er-Potenz entsprechen, also z.B. 64, 128, 256 Pixel betragen. Wählen Sie dann das Register *Texture* und dort den Button *New...*. Im sich darauf öffnenden Fenster geben Sie der Textur einen Namen und bestätigen ihn mit OK. Nun können Sie im unteren Teil des 3DPI eine Bitmap als Vorlage für die Textur angeben. Auf die gleiche Weise erzeugen Sie eine zweite Textur:

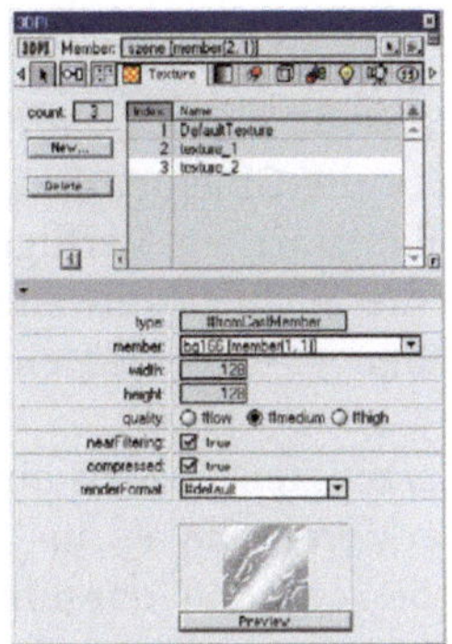

Abb. 5-95:
Neu mit dem 3DPI erzeugte Texturen

Wie Sie bereits wissen, nützt uns eine Textur alleine noch nicht sehr viel. Erst mit Hilfe eines Shaders können wir sie auch auf dem Gitternetz eines 3D-Modells anzeigen lassen. Daher wechseln wir jetzt zum Register *Shader* und erzeugen über den Button *New...* einen neuen Shader. Als Typ für den Shader geben wir #standard an. Im unteren Teil des 3DPI weisen wir dem neu erstellten Shader die erste Textur zu. Entsprechend erzeugen wir einen zweiten Shader und weisen ihm die zweite Textur zu.

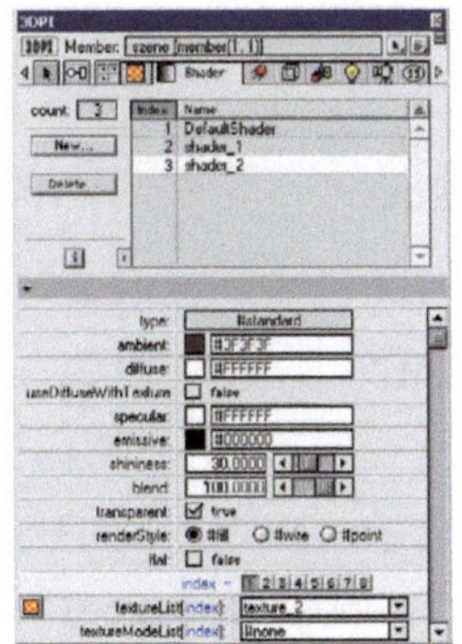

Abb. 5-96:
Neu mit dem 3DPI erzeugter Shader

Danach wechseln Sie wieder zum Register *Model*. Unter der Option *shaderList* können Sie den einzelnen Seiten des Modells unterschiedliche Shader zuweisen.

Entsprechend lassen sich auch Lichter, Kameras und Gruppen mit dem 3DPI erstellen. Und natürlich können auch alle Objekte über den 3DPI wieder gelöscht werden, inklusive 3D-Darsteller.

5.5.6.2 3D-Szenen sichern

3D-Objekte, die in Director erstellt wurden, werden nicht mit dem Film gespeichert. So natürlich auch nicht die Objekte, die mit dem 3DPI erstellt wurden. Um die Objekte bei jedem Filmstart zur Verfügung zu haben, müssen sie mit Lingo generiert werden. Um dies nicht zu aufwändig werden zu lassen, bietet der 3DPI die Möglichkeit, von allen 3D-Objekten einen Dump ihrer Eigenschaften zu erzeugen.

Soll z.B. von dem eben erzeugten Modell ein Dump seiner Eigenschaften ausgegeben werden, so markieren Sie es im 3DPI und klicken dann den Button *Trace* (Abb. 5-91). Sie erhalten daraufhin die folgende Ausgabe im Nachrichtenfenster:

```
-- "*********** 3DPI Tracing ***********
theModel = member(1, 1).model("myModel")
put theModel.name
-- "myModel"
theModel.transform.position = vector( 0.0000, 0.0000, 0.0000 )
theModel.transform.rotation = vector( 0.0000, 0.0000, 0.0000 )
theModel.transform.scale = vector( 1.0000, 1.0000, 1.0000 )
put theModel.isInWorld()
-- 1
theParent = member(1, 1).group("World")
theModel.parent = theParent
put theModel.child.count
-- 0
put theModel.userData.count
-- 0
put theModel.userData
-- [:]
theResource = member(1, 1).ModelResource("box _ 1")
theModel.resource = theResource
put theModel.shaderList.count
-- 6
theShader = member(1, 1).shader("shader _ 2")
theModel.shaderList = theShader
...
```

Diese Befehle können Sie dann in einem Skript zum Einstellen der Modelleigenschaften nutzen.

Eine weitere Möglichkeit eine 3D-Szene zu sichern bieten die Alex3D-Tools:

Abb. 5-97:
Alex3D-Tools zum Speichern von 3D-Szenen

Die aktuelle Version der Tools können Sie als Freeware aus dem Internert unter der Adresse: `http://www.farbflash.de/alex3-DTool/` herunterladen. Sie sind ebenfalls als Directorfilm realisiert und somit wie der 3DPI zu installieren, d.h. einfach in den Ordner Xtras Ihrer Director-Installation zu kopieren.

Nach einem Neustart von Director öffnen Sie das Programm über das Menü *Xtras / Alex3-D Tools*. Sie können mit diesen Tools eine komplette 3D-Szene als Parentskript sichern. Das Parentskript besteht aus dem Event-Handler `on getData` und beinhaltet alle nötigen Befehle um die 3D-Szene neu zu erzeugen.

Sie haben nun zwei Möglichkeiten, die Szene wiederherzustellen. Die einfachste Variante ist, den Button *Restore 3-D Scene* der Tools anzuklicken. Das ist aber nur in der Autorenumgebung möglich. Möchten Sie bei jedem Neustart des Sprites die Szene automatisch zurücksetzen, dann kopieren Sie die beiden Verhalten *RestoreBehavior* und *OnlyRestoreScript* aus der Datei „RuntimeRestore.cst" mit in die Besetzung des Films. Diese Datei gehört mit zu den 3D-Tools. Anschließend ziehen Sie das Verhalten *RestoreBehavior* auf das 3D-Sprite. In dem dann folgenden Dialogfenster sollten Sie beide Optionen auswählen:

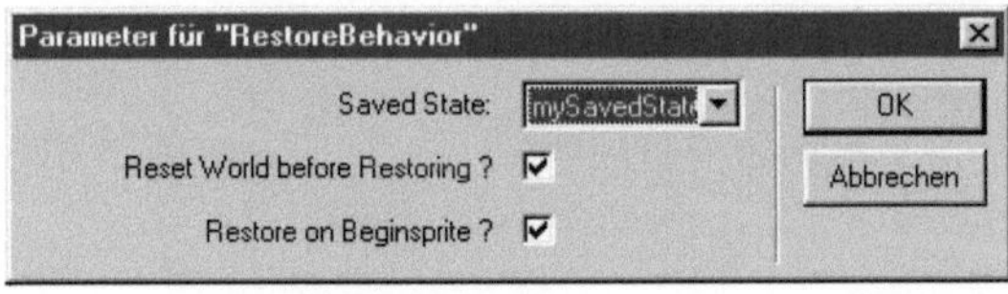

Abb. 5-98:
Parameter für das Verhalten *RestorBehavior* der Alex3D-Tools

Bei jedem Neustart erscheint die 3D-Szene jetzt so, wie Sie sie zuletzt mit den 3D-Tools gesichert haben. Achten Sie dabei darauf, dass dann kein anderes Skript von Ihnen versucht die Szene neu aufzubauen, da es sonst in der Regel zu Skriptfehlern kommt. Das heißt, wollen Sie per Lingo noch Veränderungen in der Szene vornehmen, sollte dies erst erfolgen, nachdem das Verhalten *RestoreBehavior* abgearbeitet wurde.

6 Workshops

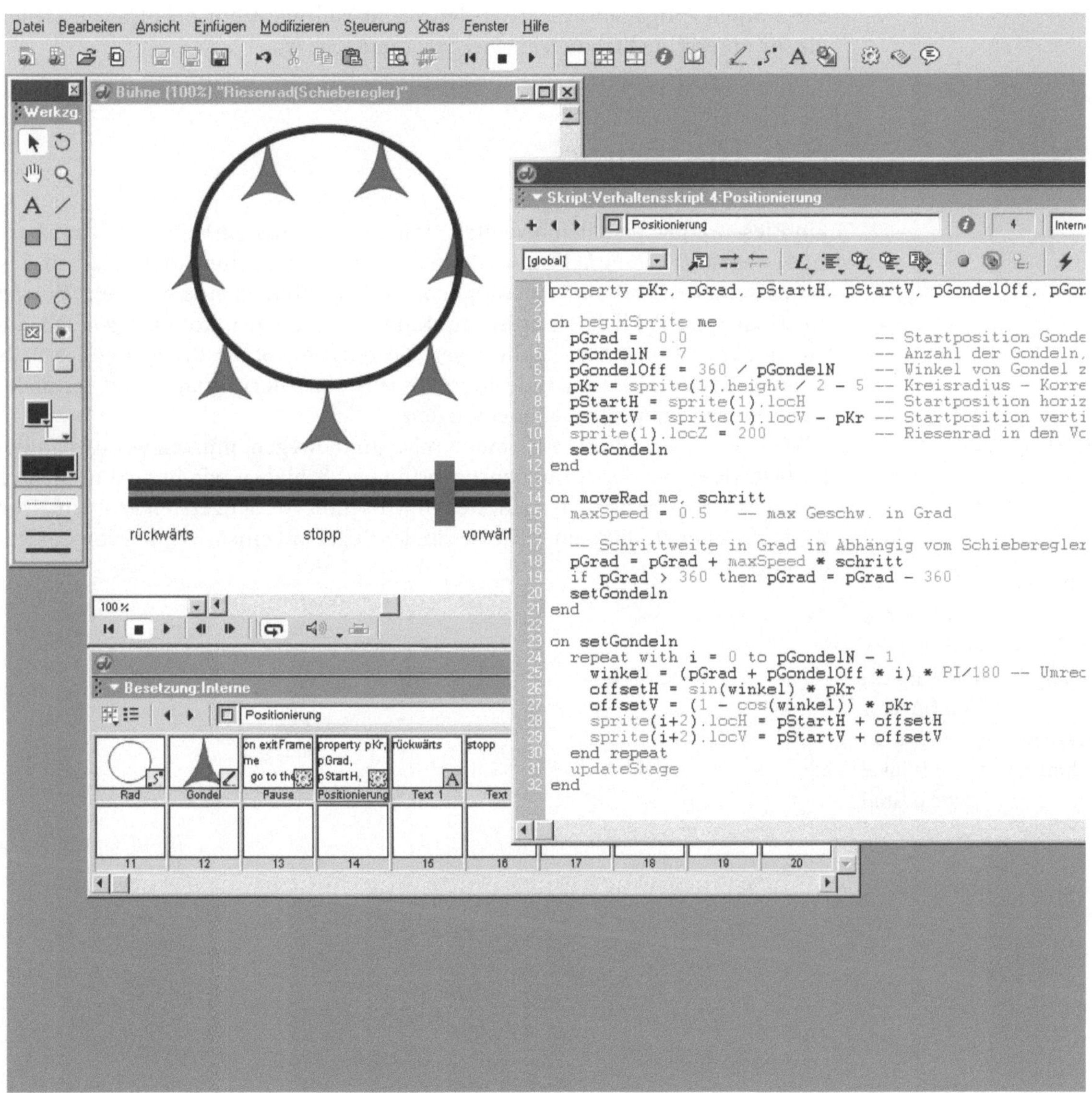

Datei Bearbeiten Ansicht Einfügen Modifizieren Steuerung Xtras Fenster Hilfe
Werkzg.
Bühne (100%) "Riesenrad(Schieberegler)"
rückwärts
stopp
vorwärt
100 %
Skript:Verhaltensskript 4:Positionierung
Positionierung
[global]
property pKr, pGrad, pStartH, pStartV, pGondelOff, pGon
on beginSprite me
pGrad = 0.0 -- Startposition Gonde
pGondelN = 7 -- Anzahl der Gondeln,
pGondelOff = 360 / pGondelN -- Winkel von Gondel z
pKr = sprite(1).height / 2 - 5 -- Kreisradius - Korre
pStartH = sprite(1).locH -- Startposition horiz
pStartV = sprite(1).locV - pKr -- Startposition verti
sprite(1).locZ = 200 -- Riesenrad in den Vc
setGondeln
end
on moveRad me, schritt
maxSpeed = 0.5 -- max Geschw. in Grad
-- Schrittweite in Grad in Abhängig vom Schieberegler
pGrad = pGrad + maxSpeed * schritt
if pGrad > 360 then pGrad = pGrad - 360
setGondeln
end
on setGondeln
repeat with i = 0 to pGondelN - 1
winkel = (pGrad + pGondelOff * i) * PI/180 -- Umrec
offsetH = sin(winkel) * pKr
offsetV = (1 - cos(winkel)) * pKr
sprite(i+2).locH = pStartH + offsetH
sprite(i+2).locV = pStartV + offsetV
end repeat
updateStage
end
Besetzung:Interne
Positionierung
Rad
Gondel
Pause
Positionierung
Text 1
Text

In diesem Teil des Buches werden wir keine neuen Funktionen von Director kennen lernen, sondern mit dem bis hierher erworbenen Know-how zwei Projektanforderungen realisieren, die Director nicht direkt unterstützt. Zum einen soll ein Riesenrad erstellt werden, das mit einem Schieberegler vorwärts und rückwärts mit unterschiedlicher Geschwindigkeit bewegt werden kann. In der zweiten Aufgabe werden wir dann eine Multiple-Choice-Abfrage erstellen, die für unterschiedliche Zielstellungen anpassbar ist.

6.1 Riesenrad

Ein Riesenrad zu erstellen bedeutet, Objekte (die Gondeln) auf einer Kreisbahn zu bewegen. Diese Funktion wird aber nicht von Director unterstützt, so dass wir dies mit den vorhandenen Möglichkeiten nachbilden müssen. Wenn Sie sich an unser Geschicklichkeitsspiel aus Kapitel 2 erinnern, konnten wir Objekte nur horizontal oder vertikal bewegen. So musste z.B. die Bewegung des Balls, wenn er schräg von der Bande abprallte, aus einer horizontalen und vertikalen Positionsänderung nachgebildet werden.

Wollen wir ein Objekt auf einer Kreisbahn bewegen, müssen wir uns an den Einheitskreis aus der Schule zurückerinnern. Schlagen wir in einem entsprechenden Mathematikbuch nach, stehen wir schon vor dem ersten Problem. Dort wird der Scheitelpunkt eines Kreises in der Regel mit einem Winkel von 90 Grad gleichgesetzt:

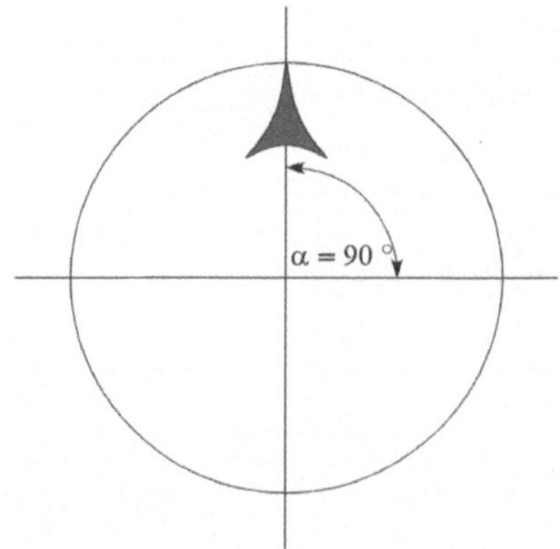

Abb. 6-1:
In der Geometrie übliche Gradangabe eines Winkels, in Flash und Director bezeichnet diese Position hingegen einen Winkel von 0 Grad

In Autorenprogrammen wie Flash und Director wird dieser Winkel aber als null Grad definiert. Das heißt, dass wir die Darstellung des Einheitskreises entsprechend durch Drehung und Spiegelung anpassen müssen. Als Ergebnis erhalten wir dann die folgende Abbildung:

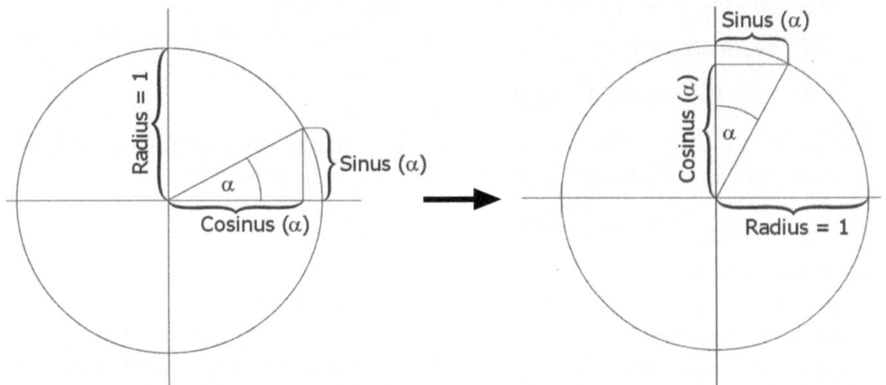

Abb. 6-2:
links: Einheitskreis
rechts: an Director angepasster Einheitskreis

Nun können wir daraus die entsprechenden Formeln für eine Kreisbewegung ableiten, dabei gehen wir schrittweise voran. Zunächst werden wir ein Sprite (Gondel), das sich am Scheitelpunkt des Kreises befindet, um einen bestimmten Winkel versetzen. Anschließend wird diese Bewegung kontinuierlich ausgeführt und zum Schluss auf mehrere Sprites (Gondeln) angewandt.

6.1.1 Kreisbewegung der Gondel

Aus der Abbildung 6-2 werden wir jetzt die horizontal und vertikal notwendige Bewegung ermitteln, um eine Gondel vom Scheitelpunkt auf eine neue Kreisposition zu setzen. Dafür ergänzen wir die Abbildung wie folgt:

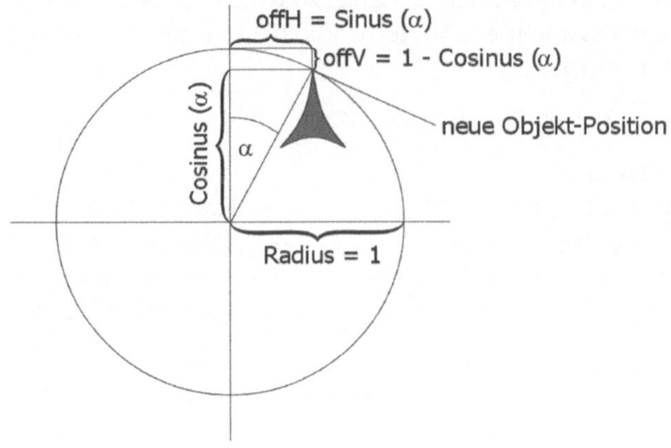

Abb. 6-3:
Ermittlung der Gondelposition für einen vorgegebenen Winkel α

Das heißt, der Sinus des Winkels, um den die Gondel bewegt werden soll entspricht der horizontalen Positionsänderung. Die vertikale Positionsänderung ergibt sich aus der Differenz von 1 und dem Cosinus des Winkels. Dies gilt so natürlich nur im Einheitskreis. Für einen Kreis mit einem beliebigen Radius, muss dieser noch entsprechend berücksichtigt werden:

offH = Sinus(α) * Radius

offV = (1 - Cosinus(α)) * Radius

Damit lässt sich ein Verhalten für eine Schaltfläche programmieren, das eine Gondel um einen bestimmten Winkel auf dem Kreis bewegt:

```
property pKr, pStartH, pStartV

on beginSprite me
  pKr = sprite(1).height / 2              -- Kreisradius
  pStartH = sprite(1).locH                -- Scheitelpunkt horizontal
  pStartV = sprite(1).locV  - pKr         -- Scheitelpunkt vertikal
end

on mouseDown me
  winkel = 20.0/180 * PI -- Umrechnung in Bogenmaß
  offH = sin(winkel) * pKr
  offV = (1 - cos(winkel)) * pKr
  sprite(2).locH = pStartH + offH
  sprite(2).locV = pStartV + offV
  updateStage
end
```

Die Gondel wird dadurch um 20 Grad auf der Kreisbahn versetzt. Allerdings nur ein einziges Mal. Soll sie bei jedem Mausklick um 20 Grad bewegt werden, müssen wir zu dem jeweils aktuellen Winkel 20 Grad dazurechnen. Dafür führen wir die Variable `pGrad` neu ein, in der wir speichern, um wieviel Grad die Gondel bereits bewegt wurde:

```
property pKr, pStartH, pStartV, pGrad

on beginSprite me
  pKr = sprite(1).height / 2              -- Kreisradius
  pStartH = sprite(1).locH                -- Scheitelpunkt horizontal
  pStartV = sprite(1).locV  - pKr         -- Scheitelpunkt vertikal
  pGrad = 0                               -- Startposition der Gondel
end
```

```
on mouseDown me
  pGrad = pGrad + 20.0
  winkel = pGrad/180 * PI -- Umrechnung in Bogenmaß
  offH = sin(winkel) * pKr
  offV = (1 - cos(winkel)) * pKr
  sprite(2).locH = pStartH + offH
  sprite(2).locV = pStartV + offV
  updateStage
end
```

Für eine kontinuierliche Bewegung, schließen wir nun die Befehle des Event-Handlers `on mouseDown` in eine `repeat`-Schleife ein, die solange laufen soll, wie die Maustaste gedrückt gehalten wird:

```
on mouseDown me
  repeat while the stillDown
    pGrad = pGrad + 0.01
    if pGrad > 360 then pGrad = pGrad - 360
    winkel = pGrad/180 * PI -- Umrechnung in Bogenmaß
    offH = sin(winkel) * pKr
    offV = (1 - cos(winkel)) * pKr
    sprite(2).locH = pStartH + offH
    sprite(2).locV = pStartV + offV
    updateStage
  end repeat
end
```

Zusätzlich wird noch abgefragt, ob der Winkel `pGrad` der Gondel größer als 360 Grad ist. Trifft dies zu, werden davon 360 Grad abgezogen. Andernfalls würde es zu einem Programmabsturz kommen. Außerdem wurde der Winkel für die Gondelbewegung mit 0.01 Grad angegeben, da 20 Grad eine unrealistisch schnelle Bewegung zur Folge hätte.

Einen entsprechenden Directorfilm finden Sie auf der beiliegenden CD-ROM.

Nach demselben Prinzip können Sie nun weitere Gondeln auf dem Kreis bewegen.

6.1.2 Bewegung per Schieberegler steuern

Im Abschnitt „Menü- und Steuerelemente" hatten wir uns angesehen, wie wir mit Lingo einen Schieberegler erstellen können. Diesen wollen wir nun zur Steuerung des Riesenrads nutzen. Der Regler soll dabei **horizontal** angeordnet werden und Werte von –1 (nach links drehen) bis 1 (nach rechts drehen) liefern.

Eine entsprechende Anpassung des Reglerskriptes könnte dann wie folgt aussehen:

```
property pReglerSprite

on mouseDown me
  thisSprite = me.spriteNum
  leftRegler = sprite(pReglerSprite).left
  rightRegler = sprite(pReglerSprite).right

  repeat while the stillDown
    sprite(thisSprite).locH = constrainH(pReglerSprite, the mouseH)
    updateStage

    -- erzeugt Werte von -1 bis 1
    halfRegler = sprite(pReglerSprite).width/2.0
    relGriffH  = sprite(thisSprite).locH - leftRegler
    relPos = relGriffH/halfRegler - 1

    -- relative Position an Regler-Sprite senden
    sendSprite(pReglerSprite, #moveRad, relPos)
  end repeat
end

on getPropertyDescriptionList me
  pList = [:]
  pList[#pReglerSprite] = [#comment:"Kanalnummer des Reglers:", \
    #format:#integer, #default:1]
  return pList
end
```

Ziehen Sie das Skript auf den Griff des Reglers. Nun müssen wir noch das Skript für die Bewegung des Riesenrads anpassen. Es wird anschließend dem Regler zugewiesen.

```
on moveRad me, schritt
  maxSpeed = 2          -- max Geschw. in Grad
  pGrad = pGrad + maxSpeed * schritt
  if pGrad > 360 then pGrad = pGrad - 360
  winkel = pGrad/180 * PI -- Umrechnung in Bogenmaß
  offH = sin(winkel) * pKr
  offV = (1 - cos(winkel)) * pKr
  sprite(2).locH = pStartH + offH
  sprite(2).locV = pStartV + offV
  updateStage
end
```

Dieser Event-Handler wird statt des Event-Handlers `on mouseDown` in das erste Skript eingefügt. Wird der Film abgespielt, kann dann mit dem Schieberegler die Richtung und Geschwindigkeit der Gondel bestimmt werden.

6.2 Multiple-Choice-Abfrage

Wir werden die Abfrage weitestgehend drehbuchgesteuert realisieren. So können mit nur geringem Programmieraufwand Fragen hinzugefügt, geändert oder entfernt werden. Zunächst benötigen wir eine Startseite. Diese soll in Frame 1 des Drehbuches platziert werden. Das wichtigste Element dieser Seite ist eine Schaltfläche, die zur ersten Frage führt. Die Fragen werden ab Frame 10 fortlaufend angeordnet. Dabei erhält jeder Frame mit einer Frage eine Marke und ein Pause-Skript (s. S. 67) im Drehbuch zugewiesen:

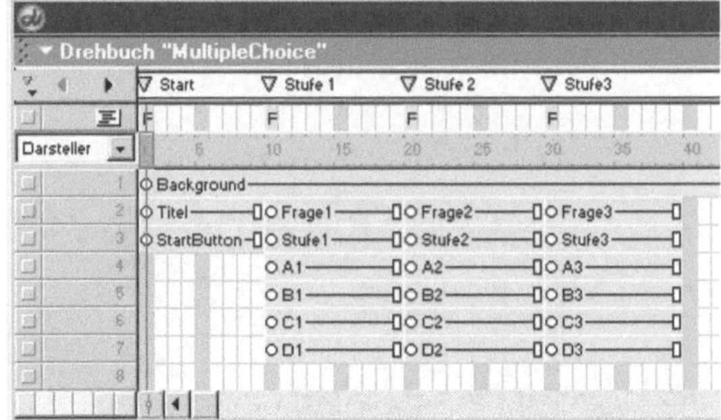

Abb. 6-4:
Drehbuch

Das Skript für die Start-Schaltfläche der ersten Seite (Frame 1) sieht dann wie folgt aus:

```
on mouseDown me
  go to next
end
```

Damit wird der Abspielkopf zur nächsten Marke, also zur ersten Frage geschickt. Für jede Frage legen wir eine eigene Besetzung an. Diese erhält die Frage als Textdarsteller und vier Schaltflächen mit den jeweils möglichen Antworten. Die Schaltflächen bezeichnen wir mit A bis D und der Nummer der Frage, z.B.

A1. Außerdem erstellen wir in der Besetzung noch einen Textdarsteller, der anzeigt, die wievielte Frage gerade zu beantworten ist:

Abb. 6-5:
Die Besetzung

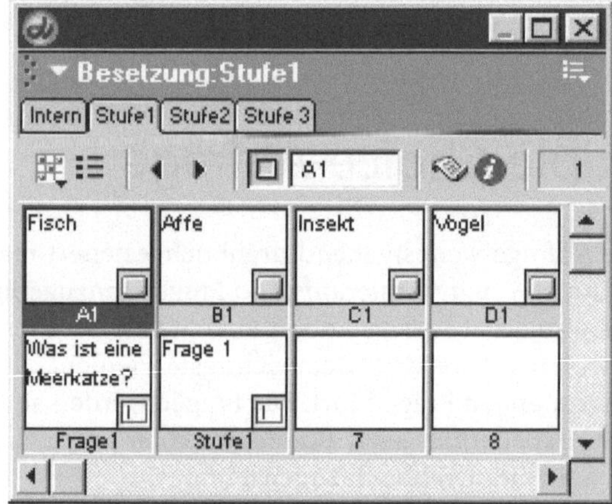

Diese Elemente werden im entsprechenden Frame, für Frage 1 ist das Frame 10, im Drehbuch bzw. auf der Bühne angeordnet:

Abb. 6-6:
Fragescreen

Nun benötigen wir noch für jede Schaltfläche ein entsprechendes Skript, eines für die falschen Antworten und eines für die richtige Antwort. Da die Skripte für alle Fragen dieselben sind, fügen wir sie in die erste Besetzung (Intern) ein. Das Skript für die richtige Antwort schickt den Abspielkopf einfach zur nächsten Frage:

```
on mouseDown me
  go to next
end
```

Falls Sie noch Punkte pro richtig beantworteter Frage vergeben möchten, könnten Sie hier eine globale Variable, z.B. `gPunkte`, um einen bestimmten Wert erhöhen:

```
gPunkte = gPunkte + 2
```

Bleibt noch das Skript für die Schaltflächen mit den falschen Antworten. Hier müssen wir unterscheiden, ob eine falsch beantwortete Frage sofort zum Abbruch führen soll oder ob nur keine Punkte vergeben werden. Soll bei einer falsch beantworteten Frage sofort abgebrochen werden, verweist das Skript direkt auf eine Seite, auf der dem Nutzer mitgeteilt wird, dass seine Antwort falsch ist, z.B.:

```
on mouseDown me
  go to "falsch"
end
```

Dabei ist `"falsch"` die Marke des entsprechenden Frames. Außerdem sollten Sie auf dieser Seite dem Nutzer zwei Schaltflächen anbieten, die ihm die Möglichkeit geben, die Fragen noch einmal neu zu starten oder den Film zu beenden.

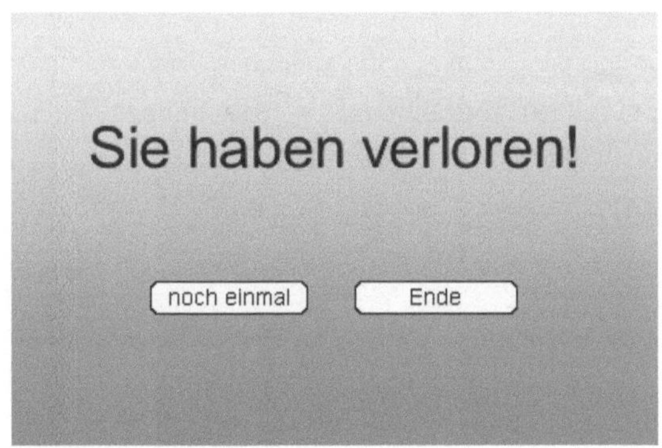

Abb. 6-7:
Screen für eine falsche Antwort

Die Schaltfläche „Ende" erhält das Skript:

```
on mouseDown me
  quit  -- beendet den Directorfilm
end
```

Und die Schaltfläche „noch einmal" schickt den Abspielkopf zur Startseite:

```
on mouseDown me
  go to "Start"
end
```

Wollen Sie dagegen die Abfrage nicht abbrechen, wenn der Nutzer eine falsche Antwort gibt, schicken Sie den Abspielkopf mit `go to next` einfach zur nächsten Frage, erhöhen aber nicht die Variable `gPunkte`. Wurden alle Fragen beantwortet, schicken Sie den Abspielkopf auf eine Auswertungsseite, die im Drehbuch nach den Fragen angeordnet ist. Dort kann dann u.a. der erreichte Punktestand angezeigt werden:

Abb. 6-8:
Auswertungs-Screen

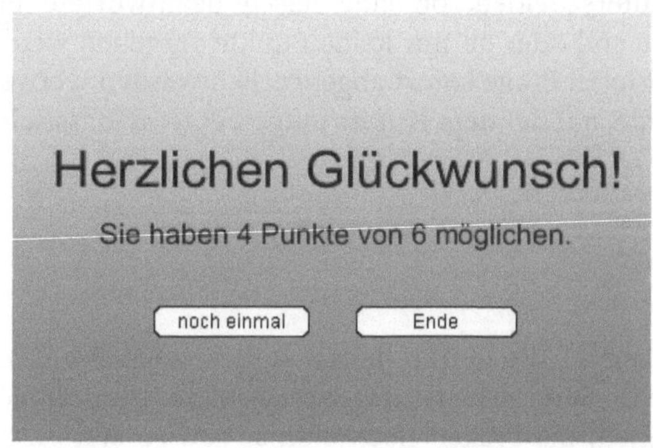

Auf der beiliegenden CD-ROM finden Sie drei Beispielfilme für Multiple-Choice-Abfragen. Beim ersten Film erfolgt der sofortige Abbruch bei einer falsch beantworteten Frage. Im zweiten Film werden dagegen Punkte für richtig beantwortete Fragen vergeben und diese zum Schluss angezeigt. Und im dritten Film werden die Fragen in zufälliger Reihenfolge angezeigt.

Das Skript für ein Textsprite auf der Bühne um den Punktestand anzuzeigen lautet:

```
on beginSprite me
  sprite(me.spriteNum).member.text = "Sie haben" && \
    gPunkte && "Punkte von 8 möglichen."
end
```

7 Anhang

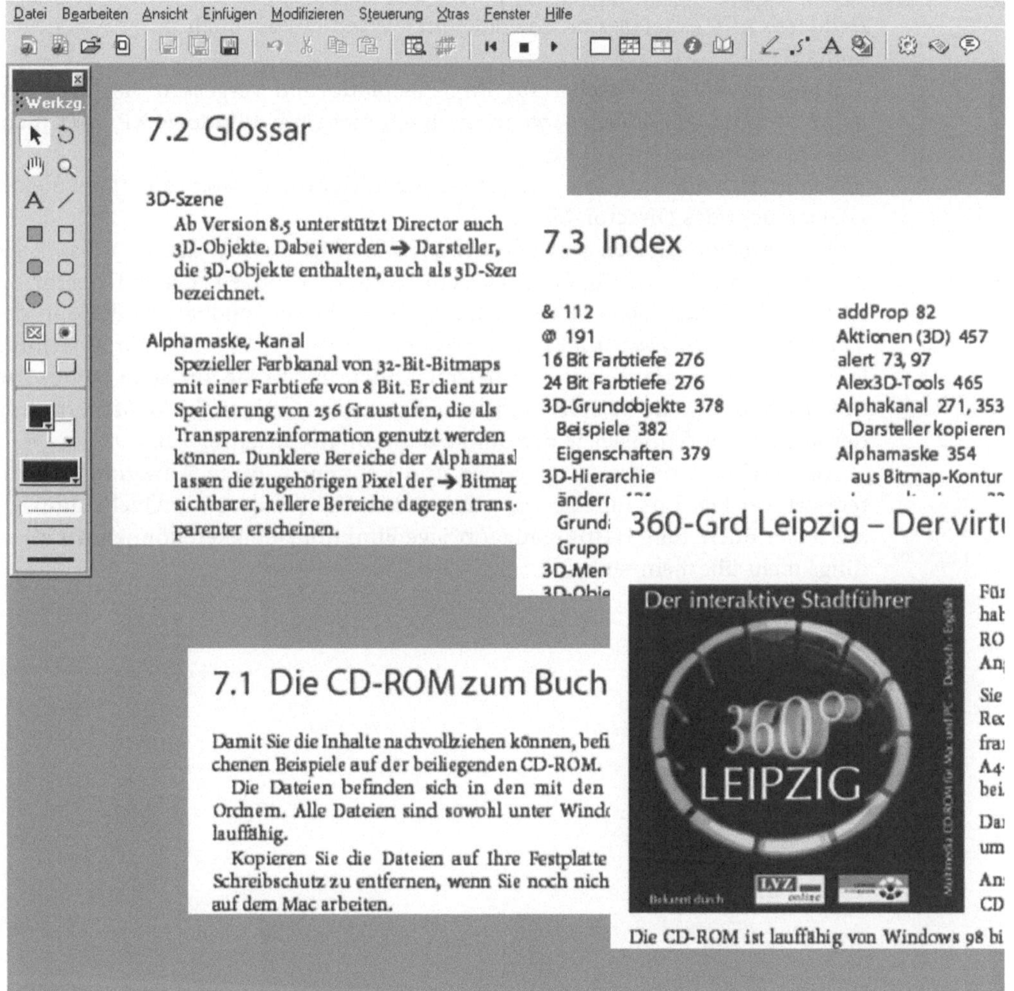
Datei Bearbeiten Ansicht Einfügen Modifizieren Steuerung Xtras Fenster Hilfe
Werkzg.
7.2 Glossar
3D-Szene
Ab Version 8.5 unterstützt Director auch 3D-Objekte. Dabei werden → Darsteller, die 3D-Objekte enthalten, auch als 3D-Sze
bezeichnet.
Alphamaske, -kanal
Spezieller Farbkanal von 32-Bit-Bitmaps mit einer Farbtiefe von 8 Bit. Er dient zur Speicherung von 256 Graustufen, die als Transparenzinformation genutzt werden können. Dunklere Bereiche der Alphamas
lassen die zugehörigen Pixel der → Bitma
sichtbarer, hellere Bereiche dagegen transparenter erscheinen.
7.3 Index
& 112
@ 191
16 Bit Farbtiefe 276
24 Bit Farbtiefe 276
3D-Grundobjekte 378
Beispiele 382
Eigenschaften 379
3D-Hierarchie
addProp 82
Aktionen (3D) 457
alert 73, 97
Alex3D-Tools 465
Alphakanal 271, 353
Darsteller kopieren
Alphamaske 354
aus Bitmap-Kontur
360-Grd Leipzig – Der virt
Der interaktive Stadtführer
360°
LEIPZIG
Die CD-ROM ist lauffähig von Windows 98 bi
7.1 Die CD-ROM zum Buch
Damit Sie die Inhalte nachvollziehen können, befi
chenen Beispiele auf der beiliegenden CD-ROM.
Die Dateien befinden sich in den mit den
Ordnern. Alle Dateien sind sowohl unter Wind
lauffähig.
Kopieren Sie die Dateien auf Ihre Festplatte
Schreibschutz zu entfernen, wenn Sie noch nich
auf dem Mac arbeiten.

7.1 Die CD-ROM zum Buch

Damit Sie die Inhalte nachvollziehen können, befinden sich alle im Buch besprochenen Beispiele auf der beiliegenden CD-ROM.

Die Dateien befinden sich in den mit den Kapitelnummern versehenen Ordnern. Alle Dateien sind sowohl unter Windows als auch unter Macintosh lauffähig.

Kopieren Sie die Dateien auf Ihre Festplatte und vergessen Sie nicht den Schreibschutz zu entfernen, wenn Sie noch nicht mit Windows XP oder nicht auf dem Mac arbeiten.

Sollten sich die Dateien nicht mit Doppelklick öffnen lassen, so öffnen Sie die Dateien über das Director-Menü.

Alle Director-Dateien wurden mit Director MX erstellt, dadurch lassen sie sich auch mit Director 8.5 und Director MX 2004 nutzen. Unter Director 8.5 ist lediglich das Beispiel zur Sprachausgabe nicht verwendbar, da diese in der Version 8.5 noch nicht unterstützt wurde. Die Vorgehensweise zur Erstellung lauffähiger Programme aus den Beispielfilmen finden Sie auf Seite 29 bzw. 30 beschrieben. Um die Beispiele in Director zu testen, wählen Sie im Steuerpult in der unteren Funktionsleiste der Bühne das Icon *Abspielen*, s. S. 8.

Alle Skripte sind frei verwendbar und können in Ihren Anwendungen integriert werden. Das Einzige was wir möchten ist ein dezenter Quellenhinweis auf unser Buch. Eine Haftung für 100%ige Funktionsfähigkeit können wir allerdings nicht übernehmen!

7.2 Glossar

3D-Szene
: Ab Version 8.5 unterstützt Director auch 3D-Objekte. Dabei werden → Darsteller, die 3D-Objekte enthalten, auch als 3D-Szene bezeichnet.

Alphamaske, -kanal
: Spezieller Farbkanal von 32-Bit-Bitmaps mit einer Farbtiefe von 8 Bit. Er dient zur Speicherung von 256 Graustufen, die als Transparenzinformation genutzt werden können. Dunklere Bereiche der Alphamaske lassen die zugehörigen Pixel der → Bitmap sichtbarer, hellere Bereiche dagegen transparenter erscheinen.

Anti-Aliasing
: Kantenglättung von Pixel-Darstellungen. Das sind u.a. alle Darstellungen auf dem Bildschirm, da diese aus einzelnen Pixeln bestehen. Selbst → Vektorgrafiken werden auf dem Bildschirm nur in Pixeln dargestellt. Dadurch entsteht besonders bei schrägen Kanten der so genannte *Treppeneffekt*. Um dies zu vermindern werden an den Kanten Halbtöne zwischen der Darstellung und dem Hintergrund platziert. Für das menschliche Auge erscheinen die Kanten dann als geglättet.

Array
: Array (dt. Feld) ist eine Art Container, für mehrere → Variable. In Lingo wird es als → Liste bezeichnet.

Aufwärtsvektor
: Vektor, der die Aufwärtsrichtung angibt. In Shockwave 3D-Szenen ist dies standardmäßig entlang der Y-Achse des Welt-Koordinatensystems in positiver Richtung.

Bedingte Anweisungen
: Befehle, die abhängig von dem → Wahrheitswert, den eine zuvor festgelegte Bedingung ergibt, abgearbeitet oder übersprungen werden. Bedingte Anweisungen können in Lingo mit dem Befehl `if` oder `case` geschrieben werden (s. S. 88).

Bild
: Deutsche Bezeichnung für „Frame", s. dort.

Bildrate
: Deutsche Bezeichnung für „Frame-Rate", s. dort.

Bildskript
: Deutsche Bezeichnung für „Frameskript", s. dort.

Bitmap
: Grafik, bei der jeder einzelne Bildpunkt (Pixel) als Farbwert gespeichert wird. Bitmaps werden daher auch als Pixelgrafiken bezeichnet, s. auch: Vektorgrafik.

Bug
: Fehler in einem Programm (wörtl.: Käfer, Insekt).

Bühne
Fenster in der Autorenumgebung von Director, in dem die grafischen Elemente, die → Sprites, im Film angeordnet werden. Im anschließend erzeugten Projektor- oder Shockwavefilm wird aber nur der als → Leinwand bezeichnete Teil der Bühne angezeigt (s. S. 7).

Callback
Dt. Rückruf. Programmiertechnik für die Strukturierung von Nachrichtenwegen zwischen Objekten. Dabei erhalten Objekte Instruktionen über ihr Callback-Verhalten, d.h. wann sie welche Nachrichten an welche Objekte senden sollen. Dies ist besonders bei asynchronen Operationen sehr nützlich, die unabhängig von ihrer Umgebung ablaufen müssen.

Chunk
Beliebig lange Teilbereiche von Zeichenketten in Director, die durch die Bezeichner `char`, `word`, `item`, `line` und `paragraph` definiert werden s. S. 115.

Cue Point
Marken auf der → Zeitleiste von Sound- und Video-Darstellern. Cue Points lösen beim Abspielen des Sounds bzw. Videos in Director, das → Event `cuePassed` aus und lassen sich mittels Lingo abfragen, s. S. 259.

Darsteller
Ressourcen (Bilder, Skripte, Texte, Filme etc.), die in Director in in- oder externen Besetzungen (s. S. 14) verwaltet werden. Von einem Darsteller können beliebig viele → Instanzen (Kopien) auf der → Bühne bzw. im Drehbuch erzeugt werden. Ein Darsteller kann daher aus Sicht der objektorientierten Programmierung auch als Prototyp bezeichnet werden.

Default
Engl. Bezeichnung für Voreinstellung oder Standardwert.

Dithering
Verfahren zur Simulation zusätzlicher Farb- oder Graustufen in Bildern durch die Verwendung von Punktmustern (Rastern). Dabei hat jeder Punkt, im Gegensatz zu Halbtonbildern, dieselbe Größe. Durch Dithering ist effektiv eine höhere Farb- oder Graustufenanzahl erreichbar, als ein Dateiformat speichern oder ein Ausgabegerät physisch wiedergeben kann.

Eigenschaft
→ Variable und → Konstante von → Objekten werden als Eigenschaften (engl. Property) bezeichnet.

Einheiten (3D)
siehe: Welteinheiten

Empty
Eine leere Zeichenkette, die durch zwei hintereinander stehende Anführungsstriche "" oder die → Konstante `EMPTY` in Lingo gebildet werden kann.

Ereignisprozedur
Dt. Bezeichnung für „Event-Handler", s. dort.

Event (Ereignis)
Vorgang, der während eines Programmablaufs eintritt, z.B. das Drücken der Maustaste oder

der Aufruf einer ➔ Funktion. Findet ein bestimmtes Ereignis statt, wird eine entsprechende ➔ Nachricht im Programm erzeugt und in der Event-Hierarchie weitergeleitet (s. S. 205). Existiert für diese Nachricht ein ➔ Event-Handler, so wird dieser durch die Nachricht aufgerufen (aktiviert).

Event-Handler
: Auch als *Ereignisprozedur* bezeichnet, ist eine ➔ Funktion oder ➔ Prozedur, die durch ein gleichnamiges ➔ Event (Ereignis) aufgerufen (aktiviert) wird.

Extrusion
: Verfahren zur Erzeugung von 3D-Objekten aus 2D-Elementen. Dabei wird das zu extrudierende Element in Richtung Z-Achse um einen bestimmten Betrag erweitert. In Director werden so beispielsweise 3D-Schriften erzeugt, s. S. 373.

Frame
: Dt. Bild. Umfasst Vorgaben und Medien für eine bestimmte Bühneneinstellung, die durch die Position des Abspielkopfes in der ➔ Zeitleiste des Drehbuches (s. S. 9) repräsentiert wird. Beim Abspielen eines Directorfilms wird Frame für Frame nacheinander abgespielt. Die Zeitdauer, die ein Frame angezeigt wird, ist dabei von der Einstellung im Steuerpult abhängig, kann aber durch den Tempokanal und Lingo manipuliert werden.

Frameskript
: Dt. Bildskript. Ein ➔ Skript vom Typ ➔ Verhalten, das einem ➔ Frame im Drehbuch von Director zugeordnet wurde, s. auch: Spriteskript.

Funktion
: Ist ein Programmblock (Abschnitt) mit einem eigenen Namen, Befehlen, ➔ Variablen und ➔ Konstanten. Es gibt in Lingo bereits vorhandene Funktionen und selbst definierte. Selbst definierte Funktionen entsprechen Event-Handlern, sie beginnen immer mit `on` gefolgt vom Funktionsnamen und optional angegebenen ➔ Parametern. Beendet werden Funktionen immer mit `end` oder `end funktionsname`.
Nach der Abarbeitung der Funktion liefert sie einen ➔ Rückgabewert an den Ort des Aufrufes zurück. Dort kann, muss aber nicht der Rückgabewert genutzt werden. Ein einfaches Beispiel für eine Funktion ist die Addition von zwei Parametern und die Rückgabe des Ergebnisses, s. auch: Parameter.

```
s = myAddition(4, 5)
put s
-- gibt 9 im Nachrichtenfenster aus
on myAddition a, b
  -- eigene Funktion zur Addition
  summe = a + b
  return summe
end
```

Instanz
: Wird von einer Vorlage (➔ Klasse oder Prototyp) ein konkretes ➔ Objekt (Kopie) erzeugt, so wird es auch als Instanz bezeichnet.

Keyframe
: Dt. Schlüsselbild. Einzelne Frames eines ➔ Sprites können als Keyframe festgelegt werden (s. S. 13). Sie dienen zur Einstellung verschiedener Eigenschaften, hauptsächlich für die Anzeige des betreffenden Sprites.

Den Übergang zwischen zwei Keyframes, d.h. die Werte für die Anzeige der dazwischen liegenden Frames, berechnet Director, s. auch: Tweening.

Klasse
: Eine Klasse ist quasi der Bauplan für ein konkretes → Objekt. Klassen können → Methoden (Funktionen und Prozeduren) sowie → Eigenschaften (Variable und Konstante) beinhalten. Außerdem besitzen Klassen eine oder mehrere spezielle Methoden, die als → Konstruktor bezeichnet werden, um Objekte von ihnen zu erzeugen.

Konstante
: Ein Name mit einem festgelegten → Wert, der nicht geändert werden kann. Ein Beispiel für eine Konstante in Lingo ist `PI`.

Konstruktor
: Speziell → Methode einer → Klasse um ein → Objekt von ihr zu erzeugen, s. auch: Klasse.

Kopie – Pass by Value
: Bei einer Kopie wird, im Gegensatz zur → Referenz, der Inhalt einer → Variablen oder eines → Objektes physisch übergeben. Das heißt, eine Änderung am Original hat keinen Einfluss auf die Kopie. Das bezeichnet man auch als *pass by value*. Ein Beispiel für eine Kopie ist die → Methode `duplicate()` des Image-Objektes:
newImage = member(„m“).image.duplicate()
Hierbei ist `newImage` die Kopie des Image-Objektes des → Darstellers m.

Leinwand
: Der Teil der → Bühne, den der Anwender im fertigen Directorfilm (Projektor- oder Shockwavefilm) zu sehen bekommt.

Liste
: Eine Art Container für → Variable. In einer Liste können auch unterschiedliche Arten von Variablen enthalten sein. In anderen Programmiersprachen werden Listen als Felder (engl. Arrays) bezeichnet.
In Lingo gibt es zwei Arten von Listen, so genannte *lineare Listen* und *Eigenschaftslisten.* Lineare Listen sind im Grunde eindimensional, können aber selbst auch Listen enthalten. Eigenschaftslisten sind assoziative Felder. Das heißt, jede Listenposition erhält einen Namen. Einzelne Listenelemente können dann über den Positionsnamen oder den Index ihrer Listenposition angesprochen werden. Zu beachten ist, dass der Listenindex in Lingo immer mit 1 beginnt.

Literal
: In einem → Skript verwendeter → Wert, der für sich selbst steht und nicht den Wert einer → Variablen oder das Ergebnis eines Ausdrucks bezeichnet. Beispielsweise die Zahl 21 oder die Zeichenkette „Hallo“.

LoD – Level of Details
: Dt. Detaillierungsgrad. → Modifizierer um die Scheitelpunkte und damit die Anzahl der → Polygone von 3D-Modellen zu verringern.

Mesh
Gitternetz von 3D-Modellen, bestehend aus ➔ Polygonen. Um ein Modell als Gitternetz anzuzeigen, muss der ➔ Eigenschaft `renderStyle` des Standard-Shaders `#wire` zugewiesen werden. Außerdem darf als aktiver 3D-Renderer (Eigenschafteninspektor, Register „Film") **nicht** `#software` eingestellt sein, s. S. 398.

Methode
Bezeichnung für eine ➔ Funktion oder ➔ Prozedur eines ➔ Objektes, s. auch: Klasse.

MIAW
Movie **i**n **a** **W**indow (MIAW) wird die Technik in Lingo bezeichnet, neben der Bühne gleichzeitig noch weitere Filme in eigenen Fenstern abspielen zu können (s. S. 194).

Modell-Modifizierer
Standardisierte Module um 3D-Modellen weitere Eigenschaften hinzuzufügen. Sie sind in Director als Xtras realisiert und mit den Plugins, z.B. in Photoshop, vergleichbar.
Mit Director werden acht Modifizierer mitgeliefert: `#collision`, `#bonesPlayer`, `#inker`, `#lod`, `#keyFramePlayer`, `#meshDeform`, `#sds`, `#toon`.

Nachricht
Eine Mitteilung, die aufgrund eines ➔ Events (Ereignisses) von Director an die Lingo-Skripte gesendet wird. Ob ein ➔ Skript auf eine solche Nachricht reagiert, hängt davon ab, ob es einen entsprechenden ➔ Event-Handler besitzt.
Die Reihenfolge, in der die einzelnen Lingo-Skripte die Nachricht erhalten, ist in der Event-Hierarchie (s. S. 205) festgelegt.

Node
Dt. Knoten. Als Nodes werden in Director Modelle, Lichter, Kameras und Gruppen innerhalb der Parent-Child-Hierarchie (s. S. 431) einer 3D-Szene bezeichnet.

NURBS
Non-Uniformal Rational B-Splines. Auf Spline-Extrusion, -Lathing, -Lofting oder Sweeping basierende Erzeugung von Körpern in 3D-Programmen.

Objekt
Ein Objekt ist eine ➔ Instanz (Kopie) aus einer Vorlage (Klasse oder Prototyp). Es besitzt eine eigene Identität (Bezeichnung) und einen eigenen Satz Instanzvariablen.
Die Variablen der Vorlage hingegen sind für alle daraus erzeugten Objekte nur **einmal** vorhanden.
Ein Beispiel für ein Objekt in Director ist eine Instanz (Kopie) eines ➔ Darstellers auf der Bühne. Ein weiteres Beispiel ist die Erzeugung eines Image-Objektes mit Lingo:
myImage = new (#image)

opak
Eigenschaft eines grafischen Elementes, die angibt, inwieweit die darunter liegenden Elemente abgedeckt werden. Die Angabe erfolgt im Allgemeinen in Prozent. Gegenteil: transparent.

Opazität
Deckkraft eines grafischen Elementes. Gegenteil: ➔ Transparenz.

Parameter
➔ Werte, die beim Aufruf an eine ➔ Funktion oder ➔ Prozedur an diese übergeben werden. Beispielsweise:
myFunktion (4, 6, „Hallo") – Funktion mit Parameterübergabe

```
on myFunktion n, s, text
.
.
end
```

Hier werden drei Parameter der Funktion `myFunktion` beim Aufruf übergeben. Die Namen der Parameter können beliebig im Kopf der aufgerufenen Funktion festgelegt werden, im Beispiel sind sie mit `n`, `s` und `text` bezeichnet.
Welcher Wert welchem Parameter beim Aufruf zugewiesen wird, ist von der Reihenfolge der Werte, respektive der Parameter abhängig. Das heißt, der erste Wert (`4`) wird dem ersten Parameter (`n`), der zweite Wert (`6`) dem zweiten Parameter (`s`) usw. zugewiesen.

Parser
Teil einer Programmiersprache wie Lingo, durch den ein Quellprogramm syntaktisch analysiert und die enthaltenen Anweisungen für ihre Abarbeitung aufbereitet werden.

Polygon
Für die Begrenzung von 3D-Modellen werden u.a. reguläre Polygone verwendet. Dies sind zweidimensionale Strukturen, die durch einen geschlossenen, sich nicht schneidenden Kantenzug definiert werden. Director verwendet für die Darstellung aller 3D-Modelle Polygone mit drei Kanten, d.h. Dreiecke, s. auch: Vertex.

Projektionsebene
Die Abbildung der Modelle in einer 3D-Szene erfolgt auf der Projektionsebene der jeweiligen Kamera, die sich vor dieser befindet, ähnlich wie die Leinwand vor einem Filmprojektor. Die Projektionsebene stellt die Ansicht dar, die Sie im 3D-Sprite sehen.

Property
Eigenschaft (➔ Variable oder ➔ Konstante) eines ➔ Objektes.

Prozedur
Eine Prozedur entspricht einer ➔ Funktion, mit der einen Ausnahme, dass eine Prozedur **keinen** ➔ Rückgabewert an den Ort des Aufrufes zurückliefert.

Quad
Dt. Viereck. In Director wird der Bereich, in dem eine ➔ Bitmap auf der ➔ Bühne dargestellt wird, als Quad bezeichnet, s. auch: Quadding.

Quadding
Bezeichnet die Änderung der rechteckigen Darstellung von Bitmap-Sprites. Seit Director 7 ist es möglich, die vier Eckpunkte von Bitmaps innerhalb des Begrenzungsrechtecks beliebig anzuordnen. Die Bitmap wird entsprechend an die neue Form angepasst.

Rastern
: Deutsche Bezeichnung für „Dithern", s. dort.

Referenz – Pass by Reference
: Eine Referenz einer ➔ Variablen oder eines ➔ Objektes enthält nicht den ➔ Wert des Originals, sondern nur einen Verweis (Zeiger) darauf. Dies wird auch als *pass by reference* bezeichnet. Eine Referenz ist nur ein Alias, d.h., wenn sich das Original ändert, ändert sich auch das Ergebnis der Referenz. Ein Beispiel in Lingo ist die Referenz auf ein Image-Objekt:
newImage = (the stage).image
Hierbei ist `newImage` die Referenz auf das Image-Objekt der Bühne (`the stage`) von Director, s. auch: Kopie.

Registrierungspunkt
: Bezugspunkt eines Sprites auf der Bühne, für Drehung und Positionierung. Außerdem lässt sich durch Ziehen mit der Maus ein Bewegungspfad für das Tweening des Sprites erzeugen.

Rekursion
: Als Rekursion wird bezeichnet, wenn sich eine ➔ Funktion mit veränderten ➔ Parametern selbst wieder aufruft, s. auch S. 109.

Rendering
: Dt. Übertragung. Visuelle Informationen, z.B. eine HTML-Seite oder ein 3D-Modell, werden in eine Pixeldarstellung für die Ausgabe auf einem Display, für den Ausdruck oder in eine Datei übertragen. In ➔ 3D-Szenen ist das Rendering das einfachste Verfahren um aus Modellen 2D-Abbildungen zu erzeugen.

Rückgabewert
: Der ➔ Wert, den eine ➔ Funktion nach der Abarbeitung an den Ort des Aufrufes zurückliefert. Beispielsweise:
s = myAddition (4, 5)
Hier ist `myAddition` die aufgerufene Funktion, `s` wird der Rückgabewert der Funktion zugewiesen, s. auch: Funktion.

Schleife
: Ein Programmabschnitt, der mehrmals hintereinander abgearbeitet wird, s. S. 108.

Schlüsselbild
: Deutsche Bezeichnung für „Keyframe", s. dort.

Score Recording
: Automatische Drehbucherzeugung mit Lingo. Dies kann sowohl während der Laufzeit eines Directorfilms, als auch zur Drehbuchvorbereitung in der Autorenumgebung genutzt werden. Sinnvoll ist aber eigentlich nur Letzteres.

SDS – Sub Devision Surfaces
: Dt. Oberflächenunterteilung. ➔ Modell-Modifizierer um ➔ Polygone zum Gitternetz von 3D-Modellen hinzuzufügen.

Shader
: Um auf einem 3D-Modell ➔ Texturen anzeigen zu können, müssen sie Shadern zugewiesen werden, die wiederum dem jeweiligen 3D-Modell zugewiesen werden. Abhängig von den Einstellungen und vom Typ des Shaders stellt dieser dann die Texturen auf dem 3D-Modell dar. In Director gibt es insgesamt vier Shadertypen: `#standard`, `#painter`, `#news-`

`print` und `#engraver`. Wobei `#standard` der gebräuchlichste Shader ist, da er Texturen fotorealistisch darstellt, s. S. 386.

Skript
: Alle Befehle, Funktionen, Kommentare etc. die im Skriptfenster (s. S. 59) untereinander stehen, werden als ein Skript bezeichnet. Skripte dienen dazu das Verhalten und den Ablauf eines Films und der enthaltenen Elemente zu steuern, als Skriptsprache wird Lingo verwendet.

Sprite
: Wird ein → Darsteller aus der Besetzung auf die → Bühne bzw. in das Drehbuch gezogen, so wird die dadurch erzeugte → Instanz des Darstellers, sowohl der sichtbare Teil auf der Bühne als auch die Anordnung im Drehbuch, als Sprite bezeichnet, s. S. 8.

Spriteskript
: Ein → Skript vom Typ → Verhalten, welches einem → Sprite auf der → Bühne bzw. im Drehbuch zugewiesen wurde, s. auch: Frameskript.

Streaming
: Wird eine Datei bereits während des Ladevorganges, z.B. beim Download aus dem Internet, wiedergegeben, so wird dies als Streaming bezeichnet. Das ist besonders bei größeren Sound- und Videodateien nützlich, da der Nutzer nicht warten muss, bis die ganze Datei auf seinen Rechner geladen ist um sie abzuspielen.

Symbol
: Datentyp in Lingo, der Zeichenketten speichert, die Bedingungen oder Attribute darstellen können. Symbole benötigen generell weniger Platz als Zeichenketten und können schneller verarbeitet werden als diese. Außerdem wird bei Symbolen nicht zwischen Groß- und Kleinschreibung unterschieden.

Syntax
: Umfasst alle Regeln zum Umgang mit einer Programmiersprache, hier mit Lingo. Die Syntax einer Programmiersprache legt u.a. die verfügbaren Schlüsselwörter, die Schreibweise von Befehlen und den Aufbau von Programmstrukturen fest.

Textur
: → Bitmap, die mittels → Shader auf Gitternetze von 3D-Modellen projiziert werden kann, s. S. 383.

Tick
: Tick ist die grundlegende Zeiteinheit von Director, ein Tick entspricht 1/60 Sekunde. Die meisten internen Abläufe misst Director in Ticks, siehe auch: `the ticks` (Systemeigenschaft)

Transformation
: 4×4-Matrix, die die Position, Drehung und Skalierung eines 3D-Modelles relativ zu seinem Parent (s. S. 419) angibt.

Transition
: siehe: Übergang

Translation
: Mit der Methode translate() kann die Position von 3D-Modellen um eine bestimmte Strecke geändert werden, ohne direkt auf die Transformation des Modells zugreifen zu müssen.

Transparenz
: Optische Durchlässigkeit von grafischen Elementen, die Angabe erfolgt im Allgemeinen in Prozent. Gegenteil: → Opazität.

Tweening
: Animationstechnik, bei der für ein → Sprite → Keyframes definiert werden. Ihnen lassen sich verschiedene Eigenschaften für die Darstellung des Sprites zuweisen. Der Übergang zwischen zwei Keyframes wird von Director ermittelt und als Tweening bezeichnet.

Übergang
: Engl. Transition. Bezeichnet in Director Überblendungen zwischen zwei Bildern (→ Frames).

Variable
: Name, dem ein → Wert zugewiesen werden kann. Variable können während der Programmausführung verschiedene Werte annehmen, das heißt, sie können überschrieben werden.
In Lingo gibt es lokale und globale Variable. Lokale Variable gelten nur innerhalb des → Event-Handlers, in dem sie definiert wurden. Globale Variable hingegen gelten überall dort, wo sie mit dem Schlüsselwort `global` definiert wurden.

Vektorgrafiken
: Grafiken, bei denen die einzelnen Elemente durch mathematische Funktionen und Parameter beschrieben und gespeichert werden. Dadurch können solche Grafiken ohne Qualitätsverlust skaliert werden, s. auch: Bitmap.

Verhalten
: Engl. Behavior. Ein → Skript, welches → Sprites oder dem Skriptkanal zugewiesen werden kann (s. S. 17).

Vertex
: Die Eckpunkte eines → Polygons werden als Vertex oder auch als Scheitelpunkt bezeichnet. In Director werden die einzelnen Vertices eines Polygons in der so genannten `vertexList` gespeichert, s. S. 306.

Void
: Bezeichnet → Variable, denen kein Wert zugeordnet ist, d.h., die nicht definiert sind. Die entsprechende → Konstante in Lingo lautet: `VOID`.

Vorwärtsvektor
: Vektor, der die Vorwärtsrichtung angibt. In Shockwave 3D-Szenen ist dies standardmäßig entlang der Z-Achse des Welt-Koordinatensystems in negativer Richtung.

Wahrheitswert
: Ergebnis von logischen Operationen und Vergleichen, kann nur die → Werte `TRUE` (wahr) und `FALSE` (falsch) annehmen, was in Lingo gleichbedeutend mit `1` und `0` ist. Wahrheitswerte werden vor allem in → bedingten Anweisungen genutzt.

Beispielsweise:

```
on mouseUp me
if (a>b) then
--Abarbeitung, wenn (a>b) den Wert
  TRUE ergibt
else
--Abarbeitung, wenn (a>b) den Wert
  FALSE ergibt
  end if
end
```

Welteinheit

Maßeinheit für die Länge in 3D-Szenen. Dabei ist eine Welteinheit ein relatives Maß, das nicht mit Pixel, Meter oder Inch gleichzusetzen ist. Vielmehr werden damit nur Proportionen beschrieben. Das heißt, wenn z.B. eine Strecke 100 Welteinheiten beträgt und eine zweite 200 Einheiten, dann ist die zweite doppelt so lang.

Wert

Eine Größe, die sich einer → Variablen, einem → Symbol oder einem entsprechenden Element zuordnen lässt, z.B.: `1.4` oder `"Text"`

Wrapper

Eine Software-Schicht, die als Schnittstelle zwischen Funktionsaufrufen und den eigentlichen → Funktionen agiert. Durch einen Wrapper kann ein standardisierter Zugriff auf eine Funktionalität gewährleistet werden, auch wenn sich der dahinter verborgene Algorithmus ändert.

Xtra

Zusatzmodule, die nicht selbstständig lauffähig sind, sondern Director um neue Fähigkeiten erweitern, vergleichbar mit Plug-ins in anderen Programmen. Es werden fünf Typen von Xtras in Director unteschieden:
Lingo-, Asset-, Transition- , Import-Export- und Agent-Xtras, s. S. 266.

Zeitleiste

Gibt im Drehbuch die einzelnen → Frames eines Directorfilms in der Abspielreihenfolge an. Der Frame, in dem sich gerade der Abspielkopf befindet, wird auf der Bühne angezeigt. Wann sich der Abspielkopf beim Abspielen in welchem Frame befindet, hängt maßgeblich von der → Frame-Rate ab.

7.3 Index

Z

360-Grd Leipzig – Der virtuelle Stadtführer

Für alle, die dieses Buch gekauft haben und Interesse an der CD-ROM haben, mache ich folgendes Angebot:

Sie schicken mir eine Kopie der Rechnung, legen einen ausreichend frankierten und an Sie adressierten A4-Umschlag und 5 Euro in bar bei.

Dann bekommen Sie die CD-ROM umgehend zugeschickt.

Ansonsten beträgt der Preis für die CD-ROM 9 Euro zuzügl. Versand.

Bestelladresse:
Hans Seifert
Diakonissenstr. 5
04177 Leipzig

Die CD-ROM ist lauffähig von Windows 98 bis XP, außerdem unter Mac OS 8 bis Mac OS 10.3 Panther (im Classicmodus). Die Internetfassung finden Sie unter http://www.360-grd.de. Sie wurde inzwischen im Design und Inhalt aktualisiert, weicht also von der CD-ROM-Fassung etwas ab. Die Panoramen für das Internet sind auf 30% in der Qualität reduziert. Die CD-ROM enthält 300 Panoramaansichten aus allen Teilen der Stadt. Alle Sehenswürdigkeiten in allen Stadtteilen wurden berücksichtigt. Die Texte wurden von dem renommierten Stadtführer Herrn Plate geschrieben. CD-ROM-Fassung Stand 2000.

Die Abbildung unten links zeigt den Panorama-Screen und rechts die Auswahlkarte Leipzig-Zentrum. Die roten Punkte zeigen jeweils das Panorama des Standortes, wenn Sie darauf klicken.

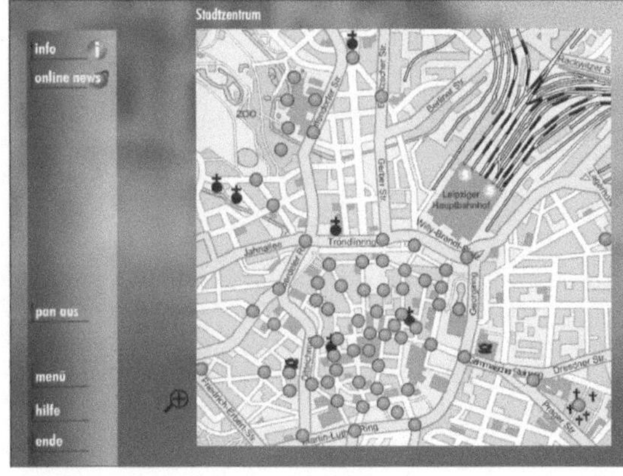